LA SANTÉ AU TRAVAIL

Droit et pratique

Emmanuelle
WURTZ

Hervé
LANOUZIÈRE

LA SANTÉ AU TRAVAIL

Droit et pratique

Préface de **Yves Struillou**

ECONOMICA
49, rue Héricart, 75015 Paris

En mémoire de Bastien Collin
A Morgane, Alix et Matéo

Merci à Kim et Philippe,
pour leur aide précieuse, leur patience et leur soutien

PRÉFACE

Lecteur, ne passe pas ton chemin !

Les ouvrages traitant de la santé au travail peuvent se rattacher à plusieurs catégories :

- **La première** est constituée par les ouvrages techniques abordant un aspect spécifique sous l'angle soit de la profession concernée (celle des « ripeurs » par exemple) ou du métier (celui du soudeur exposé à l'inhalation de fumées toxiques) ou sous celui des normes applicables (la présentation de la « réglementation amiante », etc.) ; toujours utiles, ces livres sont le plus fréquemment difficiles d'accès et présentent trop souvent l'inconvénient de faire l'économie de la présentation et de la déclinaison des principes généraux de prévention aux dangers et aux risques qui y sont abordés.
- **La deuxième** catégorie est celle qui traite du risque sous l'angle contentieux : selon la position de l'auteur et du public qu'il cible, l'accent est mis soit du point de vue supposé de l'employeur – on parlera alors de « *management stratégique des risques juridiques* » ou, plus prosaïquement des voies et moyens permettant d'échapper à une sanction civile, pénale ou administrative – soit du point de vue du travailleur – le but étant alors de maximiser la réparation, finalité légitime mais qui n'est pas la seule du droit : les normes applicables dans le champ très vaste de la santé au travail ont d'abord pour objectif de prévenir le dommage, c'est-à-dire l'accident ou la maladie. Au demeurant, historiquement, c'est bien là le premier objet du droit du travail centré sur la protection du corps humain.
- **La troisième catégorie** englobe tous les ouvrages qui traient du « *bien-être au travail* » et qui, hélas, trop souvent se résument à présenter des mesures, voire des recettes, qui ne peuvent pas nuire en soi – comme saluer ses collègues le matin ou « *mieux*

comprendre ses émotions pour tirer parti de son potentiel » afin de mieux vivre au travail ; si on peut convenir facilement que la bonne humeur et la bonne entente ne nuisent ni à la santé ni à la performance et si le « *bien être* » est toujours préférable au « *mal être* », le danger est grand que cette focale ne fasse oublier tout simplement l'essentiel : le travail lui-même et son organisation.

- **Enfin, la dernière catégorie** comprend les ouvrages qui déclinent selon un ordre plus ou moins varié les pathologies affectant aujourd'hui le travail : souffrance, *burn-out* ou *bore-out*, harcèlement, discrimination, suicide, etc. ; il ne s'agit pas de nier ces aspects, ni de cacher ou minorer les évolutions aux effets négatifs des conditions de travail. Cependant, ces analyses conduisent le lecteur à la conclusion que le travail est devenu bel et bien un « *enfer sartrien* » – la personne sait bien qu'elle est en enfer mais sait aussi qu'aucune sortie n'est possible – car le travail est par essence gravement pathogène. Un tel constat n'incite guère à l'optimisme et encore moins à engager une politique de prévention aussi ardue que finalement vaine, voire pernicieuse car elle tendrait à faire croire qu'il y aurait bien une « *sortie* » ! Cette vision est d'autant plus surprenante que la France a pu et peut compter sur des ergonomes de talent et des études ergonomiques d'une grande richesse qui ont su mettre l'accent sur la nécessité de prendre en compte la réalité du travail et les marges de manœuvre existantes pour adapter le travail à l'homme en agissant, avec les travailleurs sur l'organisation du travail et les conditions de travail.

Rassurez-vous cher lecteur, l'ouvrage que vous avez entre les mains ne se rattache à aucune de ces catégories car il est tout simplement **UNIQUE !**

Unique par son ambition : fournir à tous ceux que la question de la santé au travail intéresse – dans tous les sens du terme – les clefs pour comprendre les ressorts tant théoriques que pratiques de la prévention en n'esquivant aucun angle mort, ni aucune difficulté ; à ce titre, les développements consacrés à l'obligation de sécurité incombant à l'employeur à l'égard de ses travailleurs mettent en lumière – enfin ! – à la fois son contenu et sa portée tant opérationnelle – que faut-il faire et que ne faut-il pas faire ? – que juridique en conduisant le lecteur à la conclusion qui n'a rien d'évidente : l'obligation de sécurité et la prévention sont les deux volets indissociables de la santé au travail.

Unique par sa démarche : présenter sous une forme aussi claire que pédagogique le « *continent* » que constitue à elle-seule la santé au travail et ses sous-continents constitue un défi que les auteurs, Emmanuelle Wurtz et Hervé Lanouzière, ont su relever grâce à leurs qualités et à leurs compétences professionnelles acquises tout au long de carrières riches en expériences et qui les ont conduit à traiter de la santé au travail selon des angles de vue successivement différents mais que leur ouvrage a rendu finalement complémentaires. Tous deux, tant par leur action directe – en tant que juge pour Emmanuelle Wurtz ou inspecteur du travail puis coordonnateur santé et sécurité au sein d'un groupe industriel puis directeur de l'ANACT – pour Hérvé Lanouzière – que par leur réflexions et travaux, notamment lors de l'élaboration de normes législatives et réglementaires, ont été des acteurs de la santé au travail.

Unique par son exigence et sa rigueur : la santé au travail – réalité multiforme et complexe que chacun ne voit que par son seul regard dont l'acuité est réduite par l'habitude – ne se laisse pas appréhender facilement et encore moins « *démonter* » et expliciter. Il fallait à tout le moins la force de travail de nos auteurs et leurs exigences à l'égard d'eux-mêmes pour réaliser ce bel ouvrage qui atteste une fois de plus que le travail collectif, fût-il à quatre mains, ne se réduit pas à la somme des compétences individuelles.

Unique par la richesse de son contenu : l'ouvrage ne se limite pas à exposer le droit positif mais « *met en discussion* » les enjeux et les débats sans artifice et en combinant tant l'approche théorique que pratique, sans oublier de critiquer pour proposer. Le développement consacré à la culture de prévention en est la parfaite illustration tout comme les développements portant sur le « *paysage remodelé de la santé au travail* ».

Unique, enfin, par son usage : il appartient au lecteur de s'approprier le travail qui a été accompli – tel est notamment l'objectif du chapitre central consacré à la mise en œuvre concrète des principes généraux de prévention – et de l'utiliser dans sa vie professionnelle qu'il soit employeur, salarié, représentant du personnel, membre d'un service de contrôle ou de santé au travail, préventeur, etc. Il a été conçu par ses auteurs dans ce but et c'est bien là leur espoir car, comme le résumait si bien le grand préventeur que fut Pierre Caloni : « *La sécurité a contre soi qu'il faut la vouloir, qu'il faut agir et qu'elle se dérobe, si on se borne à la souhaiter* » (*Échec au risque, pour la sauvegarde des hommes au travail*, 1952).

Yves Struillou
Conseiller d'État
Ancien directeur général du travail

PRÉAMBULE

1. La santé au travail[1] est incontestablement passée au-devant de la scène mais reste un sujet complexe à appréhender dès lors qu'elle ne relève d'aucun champ disciplinaire particulier. Elle est qualifiée de pluridisciplinaire puisque sont convoqués historiquement le droit (droit du travail), la médecine (médecine du travail) et les sciences de l'ingénieur (hygiène et sécurité). Elle mobilise en réalité bien d'autres disciplines, telles que l'ergonomie, laquelle n'appartient pas elle-même à un champ académique unique, ainsi que la sociologie, la psychologie, les sciences de gestion… Toutes les connaissances issues de ces matières sont nécessaires pour comprendre la complexité du rapport de l'homme au travail, décrypter les situations de travail, agir efficacement sur leurs conditions. Depuis une décennie, le champ de la santé au travail s'est encore complexifié en se confrontant aux problématiques de santé publique (notamment le covid) ou de santé environnementale (en particulier le changement climatique), s'enrichissant au passage des concepts issus de ces domaines. On parle d'*exposome*, de *santé globale*, de *polyexposition*…

2. Cette pluralité de points de vue peut être considérée sous l'angle de la complémentarité, donc constitutive de richesse. Elle est aussi une source de complexité parce qu'elle s'accompagne d'une multiplicité d'acteurs conduits à porter un regard différent sur le même objet, avec le risque d'un traitement cloisonné et partiel de problèmes qui appellent pourtant une réponse globale. Le paradoxe est qu'une littérature foisonnante se développe, du fait du regain d'intérêt pour le sujet, mais tend à reproduire le cloisonnement disciplinaire faute de référentiel réunissant l'ensemble des concepts et outils utiles à chacun, pour mobiliser efficacement son propre champ disciplinaire.

1. Dans la suite de l'ouvrage, la locution « santé au travail » englobe ce qui était et reste encore parfois nommé « hygiène et sécurité au travail » ou désormais « santé et sécurité au travail » ou encore « santé, sécurité et conditions de travail ». Elle vise à embrasser l'ensemble des dispositions contenues dans la partie IV du Code du travail. Lorsqu'une autre formule sera utilisée, ce sera à dessein.

3. En réponse à cette dispersion, la santé au travail pourrait être, au contraire, reconnue comme une véritable spécialité, rassemblant l'ensemble des compétences dans un corpus cohérent donnant naissance à une discipline œcuménique nouvelle. Mais ce serait aller à contre-courant d'une évolution contemporaine majeure, visant au contraire à déspécialiser la prévention des risques, afin qu'elle ne soit plus l'affaire de quelques-uns dans l'entreprise mais puisse être prise en charge par tous au quotidien et intégrée comme un paramètre parmi et au même titre, que les autres dans tous les processus décisionnels et managériaux. L'enjeu devient alors de faire de la prévention un acte de gestion courante et une condition simultanée de la santé au travail et de la performance de l'entreprise.

4. Un tel parti pris postule la reconnaissance d'une interdépendance entre la santé au travail et les résultats de l'entreprise, lesquels sont eux-mêmes dépendants de la satisfaction du destinataire final, le client[1]. Ainsi, dans le triptyque « travailleur/employeur/client », le travail en tant que processus et résultat d'une activité de production de biens et services d'une part et le travail en tant que conditions d'exercice de cette activité d'autre part ne sont pas dissociables[2]. L'égale attention due aux trois parties doit donner lieu à des arbitrages équilibrés, afin que chacune y trouve son compte au regard de ses contraintes et aspirations respectives. Lorsque cet équilibre n'est pas assuré, par exemple lorsque l'arbitrage favorise à l'excès le client, au nom de l'efficacité et de la compétitivité, l'expérience montre que les conditions de travail en pâtissent. Cette dégradation se répercute à terme sur le résultat du travail.

5. Ainsi, une acception globale de la santé au travail, telle qu'elle se dessine aujourd'hui, ne saurait être réduite à une obligation légale, voire morale, fatalement perçue comme une contrainte supplémentaire. Elle est une condition nécessaire pour concilier les intérêts en présence : satisfaction au travail ou épanouissement professionnel d'une part, atteinte des objectifs ou performance économique d'autre part[3].

1. L'usager dans les services publics.

2. C'est à ce titre que la notion de « qualité du travail » est préférée par certains à celle de « qualité de vie au travail » car, du fait même de son ambivalence, le « travail de qualité » mêle indissociablement la qualité du résultat et la qualité des conditions de travail qui ont permis l'obtention de ce résultat. La locution désormais consacrée de « qualité de vie et des conditions de travail » (QVCT) semble destinée à englober toutes les dimensions du sujet.

3. On parle aujourd'hui de *performance globale*, englobant performance sociale et performance économique.

6. Sortir la santé au travail de son isolement passe donc non seulement par un décloisonnement des acteurs traditionnels de la prévention mais aussi de tous les acteurs de l'entreprise.

7. Dans l'univers des préventeurs, cette approche est souvent résumée par l'affirmation selon laquelle « *la prévention est l'affaire de tous* ». La formule est parfois utilisée dans un sens restrictif, qui sous-entend qu'employeur et travailleur sont concernés à égale importance par l'application des consignes de prévention. Dans un sens plus ambitieux, elle rappelle que tous les acteurs concourant à l'acte de production, y compris en dehors de l'entreprise, influent par leurs choix et leurs actes sur les conditions de travail et doivent, à ce titre, anticiper les conséquences potentiellement néfastes de ces choix sur la santé. Cette vision élargie induit une acception systémique de la santé au travail.

8. L'approche systémique – ou globale ou encore holistique selon les auteurs – ne doit toutefois pas, au nom de la complexité, retarder l'action de prévention. Elle doit en revanche permettre de rompre avec le mythe de la solution universelle, trop souvent à l'œuvre face à l'émergence de phénomènes aux ressorts effectivement complexes. En ce sens, le décloisonnement des approches et des acteurs entend être la réponse à des phénomènes puissants et durables, tels que les troubles musculosquelettiques (TMS), première maladie professionnelle de France, ou les risques psychosociaux (RPS). La prise de conscience de la plurifactorialité de ces phénomènes et de la nécessité d'agir sur de nombreux déterminants pour les prévenir, oblige à mobiliser au-delà des seules compétences spécialisées du juriste, du médecin ou de l'ingénieur, lesquels peinent à agir avec leurs outils habituels sur des évolutions que leur discipline appréhende encore mal.

9. Incarnée par la création du comité social et économique (CSE), fusion des ex-comité d'entreprise et CHSCT, afin de traiter simultanément les incidences économiques et sanitaires des orientations stratégiques de l'entreprise, cette déspécialisation implique une montée en compétence de tous les acteurs concourant, à quelque titre que ce soit, à la santé des travailleurs. L'enjeu n'est pas de faire de tout membre de la ligne hiérarchique un *super-préventeur* omniscient, juriste, médecin, psychologue, ni de se priver du concours indispensable des spécialistes. Il est de doter chacun, dans son domaine d'intervention propre, d'une culture et d'une autonomie suffisantes pour lui permettre de travailler et de réagir en prévention.

10. L'ambition de cet ouvrage est par conséquent d'outiller les acteurs intéressés à la santé au travail, de les mettre en capacité de faire face aux principales questions auxquelles ils sont confrontés sur les plans juridiques, techniques et méthodologiques. Il développe et explicite l'apport jugé central des principes généraux de prévention (PGP) énoncés aux articles L. 4121-1 et suivants du Code du travail. C'est pourquoi, les auteurs s'affranchissent de l'entrée habituelle par les obligations légales, les risques ou les expositions et privilégient une approche compréhensive de ces principes, et particulièrement de leur portée juridique et pratique.

11. Car si tout préventeur peut aujourd'hui citer les neuf PGP, si chaque formation en santé au travail commence immanquablement par leur énumération, beaucoup peinent à les illustrer et à leur donner corps « *dans la vraie vie* », à échapper à leur caractère déclaratoire, alors qu'ils sont au fondement des exigences jurisprudentielles en cas d'actions en justice. Le juriste se concentre en effet sur le risque contentieux, dont la menace est jugée paralysante, tandis que le technicien se focalise sur les prescriptions réglementaires, dont la maîtrise apparaît inatteignable. Comment, dès lors, rendre les PGP opérationnels ? Que signifie en pratique le passage d'une obligation de sécurité de résultat à une obligation de moyens renforcée ou d'objectif à atteindre ? Qu'est-ce que le juge attend et comment en faire la démonstration de manière effective ?

12. Pour les auteurs, l'amarrage aux PGP autorise à renoncer à l'exhaustivité des questions. Les situations contemporaines les plus fréquemment rencontrées, et parfois peu règlementées, ont donc été sélectionnées afin de permettre au lecteur qui s'y trouve confronté de s'appuyer sur une mise en œuvre robuste de la démarche générale de prévention. Une fois appropriée, cette démarche peut en effet être déployée dans toute situation à risques, notamment celles qui se profilent et qui, faute de réglementation spécifique susceptible de leur être appliquée, ne peuvent être régies que par les seuls principes généraux.

13. Il sera donc question en premier lieu d'éclairer la philosophie qui irrigue les évolutions réglementaires et jurisprudentielles des dernières décennies, ainsi que celles qui se font jour et leur périmètre d'application en expansion (chapitres 1 à 3), afin de saisir ce qui est attendu aujourd'hui de l'employeur et la manière dont il peut concrètement s'y prendre, pour satisfaire ses obligations (chapitres 4 et 5). Celles-ci n'ont rien d'insurmontable pour peu que leurs exigences soient bien comprises et intégrées à la politique globale de l'entreprise.

14. Il s'agira également d'examiner la manière dont le CSE peut s'adapter aux évolutions précitées, à travers l'articulation réfléchie des fonctions respectivement stratégique, experte et opérationnelle des trois composantes de la représentation du personnel que sont le CSE, la commission santé, sécurité et conditions de travail (CSSCT) et le représentant de proximité. Cette articulation doit contrecarrer l'approche artificielle et inopérante dissociant les lieux où sont discutées les questions de santé au travail, de ceux où sont délibérées les orientations, les décisions économiques ou l'organisation productive de l'entreprise[1]. La délibération doit en outre être réalisée *en toute connaissance de cause*, c'est-à-dire entre parties symétriquement éclairées (chapitre 6).

15. Dans un autre registre, quelques piliers de l'obligation de sécurité de l'employeur font l'objet d'interrogations récurrentes dans la vie quotidienne de l'entreprise et sur lesquels les juges sont régulièrement conduits à se prononcer. La formation en santé au travail (chapitre 7), le suivi de l'état de santé du travailleur (chapitre 8) et les questions de coactivité (chapitre 9), feront à ce titre l'objet d'un éclairage particulier, toujours sous le prisme privilégié des principes généraux de prévention.

16. D'autres évolutions ont bouleversé le champ de la santé au travail ces dernières décennies et méritent également un détour particulier. Les problématiques de harcèlement, de burnout et plus généralement de risques psychosociaux, de qualité de vie au travail, de bien-être et même d'engagement, appellent en effet un état des lieux des modèles de compréhension et de prévention, et des exigences légales qui s'y rattachent. Traversées par ces évolutions, les acceptions traditionnelles de l'espace de travail, de la charge de travail et du temps de travail sont réinterrogées, bousculent les outils juridiques de régulation habituels et mettent les principes généraux de prévention à l'épreuve (chapitre 10).

17. Enfin, la santé au travail accueille un faisceau toujours plus large de problématiques nouvelles dont certaines sont issues de transitions technologiques, d'autres de transformations sociétales, voire liées à l'anthropocène[2]. Des effets du changement climatique à ceux du vieillissement des populations, en passant par le développement des maladies chroniques ou les risques de pandémies telles que le Covid-19, nombre de ces problématiques peuvent être qualifiées d'*exogènes* car, bien que non inhérentes à l'activité de travail, elles s'imposent à l'entreprise et impactent à l'évidence la santé des travailleurs[3]. Dès lors, les cadres de référence traditionnels de l'accident du travail ou de la maladie professionnelle ne suffisent plus pour

1. Cette articulation de la protection de la santé avec l'activité économique de l'entreprise a été au centre des débats sur le rôle du CSE à l'occasion de la crise sanitaire liée au covid.

2. L'anthropocène désigne la « *période actuelle des temps géologiques, où les activités humaines ont de fortes répercussions sur les écosystèmes de la planète (biosphère) et les transforment à tous les niveaux. (On fait coïncider le début de l'anthropocène avec celui de la révolution industrielle, au 18e siècle.*), Larousse.

3. Certaines problématiques sont même le fruit de questions sociales traduites en langage sanitaire. On parle parfois de « sanitarisation » pour illustrer la manière dont les concepts de vulnérabilité, de discrimination, de violence, de diversité, de dignité au travail, sont décrits sous l'angle de leurs effets sur le bien-être physique et mental.

appréhender les enjeux pour la santé de sujets aussi transverses que l'égalité professionnelle, l'usure liée au travail, la prévention de la désinsertion professionnelle, la conciliation des vies privée et professionnelle, la transition écologique ou énergétique. Ces phénomènes contemporains seront donc examinés sous l'angle des *risques* dont la prévention peut être assurée à partir des seuls principes généraux de prévention, mais aussi évoqués sous l'angle des *opportunités* devant être instruites systématiquement, dans une logique d'amélioration constante et de promotion de la santé (chapitre 11).

CHAPITRE 1

REPÈRES THÉORIQUES SUR LA SANTÉ AU TRAVAIL

1.1 Glossaire du risque et de la prévention

18. *Danger, risque, prévention primaire, secondaire, tertiaire…* Comme toute matière, la santé au travail possède son propre registre lexical. Les notions usuelles du domaine ainsi que le vocabulaire qui lui est associé donnent lieu fréquemment à des mésusages conduisant à des contresens qui expliquent en partie l'écart entre la politique de prévention affichée par l'entreprise et la perception qu'en ont les destinataires, ainsi qu'entre les résultats escomptés et ceux obtenus. Il n'est pas rare, par exemple, qu'une entreprise communique sur une démarche de prévention primaire alors que les mesures effectivement mises en œuvre relèvent au mieux de la prévention secondaire voire tertiaire[1]. Cet écart de perception entre le discours et les actes est une source potentielle de rejet de la part des travailleurs et d'incompréhension de la part de l'employeur. Les effets d'une démarche de prévention étant dépendants des déterminants auxquels l'employeur s'attaque, il est crucial que celui-ci prenne la mesure de la nature exacte des actions qu'il engage, du registre sur lequel il se situe et de ce qu'il peut ce faisant raisonnablement en attendre. Dans cette optique, la définition de quelques concepts de base constitue un préalable indispensable.

1. Cet écueil n'est pas le propre des entreprises et la confusion se retrouve aussi parfois dans la formulation des politiques publiques.

1.1.1 Le danger

19. Parler de prévention en santé au travail conduit nécessairement à parler de risque mais aussi de danger. Ces deux termes sont régulièrement confondus et cette confusion peut nuire à la pertinence et à l'adéquation des mesures de prévention envisageables.

20. Le danger peut recevoir des acceptions différentes selon le domaine auquel il s'applique (médecine, environnement, finance, défense, risques professionnels, etc.), mais il possède des caractéristiques récurrentes communes à chacun. Il peut ainsi être défini comme « *toute source potentielle de dommage, de préjudice ou d'effet nocif à l'égard d'une chose ou d'une personne* »[1]. Il s'ensuit que, dans tous les cas :
- le danger est objectivable : une chose ou une situation constitue un danger dès lors qu'elle peut causer un dommage. Un plancher glissant est un danger, un volcan en éruption aussi, de même qu'une vague de quatre mètres de hauteur en mer. On verra pour autant que ces dangers ne constituent pas nécessairement un risque ;
- le danger est un potentiel certain mais non concrétisé : il est la propriété intrinsèque de nuisance d'un événement, d'une situation, d'un phénomène. On parle de potentiel de nuisance ;
- le danger est associé à l'idée de dommage : il produit des effets indésirables (perte, pollution, décès, blessure, destruction, etc.).

1.1.2 Le risque

1.1.2.1 Une exposition de l'homme au danger

21. Le risque est la conséquence de l'exposition au danger. Il est la rencontre de l'humain avec ce danger. Un danger important présente donc un risque nul aussi longtemps que le contact de l'humain avec ce danger est évité. Dans les exemples de danger du paragraphe précédent, un plancher glissant ne présente pas de risque s'il n'est pas possible de pénétrer dans la pièce et de marcher dessus ; l'éruption volcanique ne constitue pas un risque si personne ne gravit les flancs du volcan ; une vague de quatre mètres de hauteur ne constitue pas non plus un risque dès lors qu'on s'en tient à distance. Si en revanche un véliplanchiste s'aventure dans l'eau, le danger que constitue la vague induit un risque évident pour le baigneur qui s'expose. Dès lors, il est admis et généralement vérifié que :
- pour qu'il y ait risque, il faut au préalable qu'il y ait un danger ;

1. La norme ISO 45001 sur les systèmes de management de la SST le définit comme « *une source ou situation susceptibles de causes des traumatismes et des dommages* ».

– éviter ou supprimer un risque consiste à ne pas s'exposer ou exposer autrui au danger identifié.

22. Dans certains cas, toutefois, on préfère parler de *situation à risques* car celle-ci peut ne pas résulter de l'exposition directe et univoque à une source de danger mais d'un ensemble de circonstances dont la combinaison crée le risque. Le risque psychosocial (RPS), par exemple, est plurifactoriel[1]. Si le changement consécutif à la restructuration d'une organisation peut être facteur de RPS, notamment en raison des incertitudes qu'il génère, on ne peut en déduire que tout changement d'organisation est intrinsèquement dangereux. Ce sont la finalité et les modalités de conduite de ce dernier qui peuvent, selon les circonstances, créer une *situation à risques.*

1.1.2.2 Le produit d'une fréquence et d'une gravité

23. Le risque induit une certaine incertitude[2]. À la différence du danger, qui est certain, le risque est plus ou moins probable et ses conséquences sont plus ou moins importantes. Les méthodes d'évaluation du risque les plus courantes reposent sur l'idée qu'il est la combinaison de la probabilité et de la conséquence d'un événement[3] dangereux, souvent résumée par la formule : Risque = fréquence X gravité.

24. En d'autres termes, plus l'occurrence d'un risque (la probabilité qu'il se réalise) et sa gravité (les dommages qu'il cause) sont élevées, plus le risque est grand. À l'inverse, si la probabilité qu'il se réalise et ses conséquences sont peu élevées, le risque peut être qualifié de faible, voire négligeable. Entre ces deux extrêmes, de nombreuses variations sont bien entendu possibles, qui rendent d'ailleurs le travail de hiérarchisation délicat : un risque peut avoir de faibles probabilités de se produire (utilisation d'une machine dangereuse quelques heures par an), mais avoir des conséquences fatales lorsqu'il se réalise (amputation, écrasement, etc.) ; un risque peut à l'inverse avoir une fréquence élevée (utilisation d'un produit toute la journée), mais des conséquences de faible gravité (simple irritation cutanée).

1. Raison pour laquelle, avant que la formule de RPS ne soit consacrée, certains lui préféraient la dénomination de TPS pour désigner des troubles psychosociaux, par comparaison aux troubles musculosquelettiques (TMS), eux-mêmes réputés multifactoriels.

2. La norme ISO 31000 sur le management du risque, dont le champ d'application dépasse le seul risque professionnel, définit le risque comme « *l'effet de l'incertitude sur l'atteinte des objectifs* ». La norme précise qu'il est souvent caractérisé en référence à des événements et des conséquences potentiels ou à une combinaison des deux.

3. La norme ISO 45001 sur les systèmes de management de la SST prévoit que l'événement peut résulter de changements de circonstances.

25. Si le risque est le produit de la fréquence et de la gravité, les actions de prévention vont consister à agir sur l'un et/ou l'autre des deux facteurs de ce produit, chaque facteur renvoyant à un registre d'action différent :

– agir sur la gravité revient à agir sur les *conséquences*. Le risque peut se réaliser (survenue d'un événement indésirable), mais les actions de prévention prises vont en limiter les effets. Ce sont donc prioritairement des actions dites de *protection* (porter un harnais de sécurité ne permet pas d'éviter la chute mais d'en limiter les conséquences) ;
– agir sur la fréquence revient à agir sur l'*occurrence*. Les actions de prévention visent à réduire la probabilité que l'événement redouté se produise. Dans le meilleur des cas le risque est totalement éliminé. À défaut, sa fréquence est réduite au niveau le plus bas possible. Ce sont des actions dites de *prévention* (réaliser une charpente au sol puis la monter à l'aide d'une grue permet d'éviter les chutes et rend inutile ou réduit considérablement le recours au harnais).

26. Selon la classification des actions de prévention retenue par l'Organisation mondiale de la santé (OMS), les actions dites de prévention primaire agissent en général sur l'occurrence (évitement du risque) tandis que les mesures dites de prévention secondaire et tertiaire sont plutôt de l'ordre de la protection (limitation du risque) (*cf. infra* 1.3).

1.1.2.3 La nécessaire distinction du danger et du risque

27. La confusion entre danger et risque n'est pas anodine. Elle conduit à rappeler qu'il existe une étape préalable à l'évaluation des risques : l'identification d'un danger. Dans l'absolu, les neuf PGP qui inaugurent la partie IV du Code du travail devraient être précédés d'un principe préliminaire : « *identifier les dangers* »[1]. Car si l'absence de danger rend l'analyse de risque superflue, sa présence en revanche n'implique pas nécessairement l'existence d'un risque ou d'un risque important :

– soit parce que l'employeur parvient à éviter l'exposition du travailleur au danger (exemple : un robot intervenant en milieu hostile en lieu et place du travailleur) ;
– soit parce qu'il a mis en place des mesures de prévention qui aboutissent à un risque résiduel mineur.

1. L'article 1.2-8 du code belge du bien-être au travail (BET) opère bien la distinction entre danger et risque en précisant que le plan global de prévention de l'employeur doit intégrer : « *1. Les résultats de l'identification des dangers et la définition, la détermination et l'évaluation des risques* ».

28. En conséquence, l'existence de dangers inhérents à une activité de travail n'emporte pas nécessairement celle de risques. L'employeur n'est donc pas sommé de renoncer à cette activité mais d'éviter ou de réduire les risques qui en résultent et donc de les *prévenir*. C'est la logique qui est à l'œuvre en matière de risques chimiques. L'article R. 4412-13 du Code du travail dispense l'employeur de l'application des principales dispositions du décret régissant ces risques quand le résultat de leur évaluation montre que les quantités dans lesquelles un agent chimique dangereux présent sur le lieu de travail ne présentent qu'un risque faible et que les mesures de prévention prises sont suffisantes pour le réduire. Le danger est bien présent mais le risque est considéré comme minime. Cette disposition, longtemps considérée comme une tolérance indue, est en fait une puissante incitation à la prévention puisqu'elle conduit à alléger les contraintes de l'employeur lorsqu'il fait la démonstration qu'il est parvenu à maîtriser ses risques.

29. Par ailleurs, l'amalgame entre danger et risque peut générer des logiques de compensation paradoxales. Durant de nombreuses décennies, le fait d'assimiler la présence d'un danger à l'exposition à un risque – ce qui a longtemps été vrai – et donc de considérer le risque comme une conséquence inéluctable du danger, a conduit à rémunérer le risque sous forme de compensation financière. De nombreuses conventions ou accords collectifs ont ainsi instauré des primes à caractère indemnitaire aux intitulés divers : prime de pénibilité, de chaleur, d'intempérie, de nuit, ou tout simplement de risque. Mais une telle politique freine la prévention lorsque tout changement d'affectation d'un travailleur qui a pour effet de le soustraire d'un *poste à risques* ou toute action de prévention aboutissant à ne plus pouvoir qualifier ledit poste comme tel, se traduit pour lui par une perte de rémunération. Difficile en effet de renoncer à des tâches néfastes pour la santé lorsque la suppression du risque a pour effet de priver le salarié d'une part de ses revenus. Mais difficile aussi de promouvoir des actions de prévention si le fruit de ces dernières n'emporte aucun gain pour l'employeur. Ainsi, voit-on qu'une logique indemnitaire, qui préserve les revenus, peut venir concurrencer une démarche de prévention, qui préserve la santé.

Encadré 1 : Le juge, aux prises avec le danger et le risque

Un arrêt de la Cour de cassation du 30 mars 2022[1] illustre l'acuité du débat entre danger et risque.

La convention collective nationale des activités du déchet prévoit que les entreprises du secteur doivent définir des majorations de salaire pour les travaux pénibles ou dangereux. Les conducteurs poids-lourds collecteurs de déchets d'activités de soins à risques infectieux (Dasri) d'une entreprise demandaient le paiement d'une prime conventionnelle pour travaux dangereux. L'employeur contestait aux motifs que :

– la reconnaissance de la dangerosité des déchets de soin n'entraîne pas nécessairement celle de l'activité proprement dite de collecte et de transport de ces déchets ;

– il justifiait de mesures qui minimisaient le risque : formation des salariés sur les déchets spéciaux, consignes de sécurité, protocoles à respecter, véhicules adaptés, EPI obligatoires, contrôles de conformité, contenants spécifiques hermétiques et autorisation des salariés de ne pas collecter d'emballages non conformes, non verrouillés ou non identifiés ;

– le caractère intrinsèquement dangereux d'une activité doit être retenu que s'il persiste un risque suffisamment élevé pour être considéré comme dangereux en dépit des mesures prises par l'employeur ;

– l'existence de procédures mises en place par l'employeur pour préserver la santé et la sécurité du salarié et d'un protocole de soins en cas d'accident ne permet pas de déduire le caractère dangereux de l'activité.

La Cour de cassation a validé l'arrêt de la cour d'appel qui, ayant constaté que la dangerosité des déchets n'était pas contestée et que les mesures mises en place ne supprimaient pas le danger, a pu décider que l'activité de collecte, de manipulation et de transport des contenants de ces produits était une activité à risques spécifiques et que les salariés qui y étaient affectés effectuaient un travail dangereux leur ouvrant droit à la majoration de salaire prévue par la convention collective en contrepartie de ce travail.

Cette formulation de la Cour de cassation démontre qu'une marge de manœuvre certaine est laissée aux juges quant à l'appréciation de cette équation entre danger et risque.

1.1.2.4 La notion de risque émergent

30. Selon l'Autorité européenne de sécurité alimentaire (EFSA), un risque émergent est défini comme « *un risque résultant d'un danger nouvellement identifié auquel une exposition significative pourrait se produire, ou un risque résultant d'une exposition et/ou d'une sensibilité nouvelle ou accrue et inattendue à un danger déjà connu* ».

31. Cette définition, qui peut s'appliquer aux risques professionnels, illustre la nécessité de disposer d'une doctrine générale de prévention mobilisable face à un danger nouveau, par définition méconnu et

1. Cass. soc., 30 mars 2022, n° 20.18537.

non réglementé. La démarche de prévention induite par les PGP du Code du travail constitue bien entendu une telle doctrine. La seconde partie de la définition est en outre particulièrement intéressante au regard de la jurisprudence sur l'obligation de sécurité de l'employeur et la conscience du danger qu'il est censé avoir. La prise en compte de la sensibilité nouvelle ou accrue à un danger déjà connu est la reconnaissance de la maturation de la société à l'égard de problématiques identifiées et tolérées par le passé mais devenues inacceptables[1]. Elle montre que, même à droit constant, l'employeur doit savoir analyser un tel changement de circonstances comme un *risque émergent* qu'il est alors tenu de prendre en compte dans son évaluation des risques et sa prévention[2]. On pense par exemple à l'importance croissante accordée à la santé mentale au travail ou plus récemment aux violences sexuelles et sexistes dans l'entreprise et, plus généralement, à toutes les atteintes à la dignité humaine susceptibles de dégrader la santé et les conditions de travail (*cf.* chapitres 10 et 11).

---

1. Le regain d'attention pour une source de danger peut aussi être dû à une meilleure compréhension scientifique des mécanismes d'action d'une nuisance sur l'organisme, par exemple un agent chimique dangereux bien identifié pour provoquer certaines pathologies mais reconnu responsable d'autres maladies jusqu'alors non identifiées. D'une manière générale, les progrès des connaissances médicales, toxicologiques, épidémiologiques ainsi que les apports des sciences sociales (psychologues, sociologues, etc.) modifient le regard porté sur le travail et le degré de tolérance à l'égard de risques anciens et ce d'autant plus quand ils sont relayés par les acteurs sociaux, les institutions, les médias et désormais les réseaux sociaux. La sensibilité accrue de la population générale à certaines problématiques (chimie de l'environnement, maladies chroniques, etc.) irrigue par ailleurs le champ professionnel. L'émergence d'un risque est ici avant tout l'émergence d'une conscience ou d'une conscientisation du risque.

2. L'endométriose ou les symptômes de la ménopause au travail sont une autre illustration de problématiques connues mais peu médiatisées et n'ayant pas bénéficié jusqu'à la période récente d'une prise en compte dans le cadre de l'activité professionnelle. Elles tendent aujourd'hui à donner lieu, au titre de l'égalité des sexes et du principe général d'adaptation du travail, à des politiques d'aménagements de postes ou d'horaires de travail visant à réduire leurs conséquences sur la qualité de vie professionnelle voire la présence au travail (*cf.* Rapport de proposition d'une stratégie nationale contre l'endométriose (2022–2025) ; Dr Chrysoula Zacharopoulou, Députée européenne et gynécologue). À ce titre, la stratégie nationale de lutte contre l'endométriose lancée par le gouvernement en février 2022 rappelle que cette pathologie « *ne doit empêcher aucune femme de vivre la vie professionnelle qu'elle a choisie. Ainsi l'endométriose sera-t-elle érigée en véritable enjeu de la santé au travail (...). De plus, l'ensemble des acteurs du monde du travail sera sensibilisé aux causes, aux réalités et aux conséquences de l'endométriose, à travers l'élaboration d'un kit de sensibilisation, et la création d'un MOOC à destination des managers en entreprise pour les aider à repérer, orienter et aménager le cadre de travail des employées en souffrance. Enfin, une charte "endométriose et emploi" sur la conciliation de l'endométriose et de la vie professionnelle sera établie (...)* ».

1.1.3 La prévention

32. Le verbe *prévenir* a deux usages : empêcher quelque chose de fâcheux de se produire (prévenir une maladie) et informer (avertir)[1]. Le mot *prévention* désigne l'ensemble des mesures prises contre des risques[2]. Faire de la prévention consiste donc à agir sur les facteurs de risque[3].

33. Nous verrons qu'il existe différents registres et différents niveaux de prévention (*cf. infra* 1.2). Les approches ne sont pas non plus exactement les mêmes selon les domaines (santé publique, sécurité routière, sécurité civile, protection de l'environnement, défense nationale, etc.), même si elles tendent à s'inspirer mutuellement et se réfèrent de plus en plus souvent au socle des définitions de l'Organisation mondiale de la santé (OMS). Au sein même du Code du travail, le concept de prévention n'est pas utilisé que dans le champ de la santé au travail. Des obligations pèsent notamment sur l'employeur en matière d'emploi (prévention des licenciements) et de formation (obligation d'adaptation)[4].

1. Dictionnaire historique de la langue française (sous la direction d'Alain Rey, Le Robert). Le mot prévention peut aussi être synonyme de défiance (avoir des préventions à l'égard de…).

2. Toutefois, nombre des actions de prévention, en pratique, relèvent d'une information/sensibilisation dans laquelle prévenir revient à avertir (ex. : information précoce sur l'existence d'un risque et les précautions à prendre pour s'en prémunir).

3. En santé publique, « *un facteur de risque est tout attribut, caractéristique ou exposition d'un sujet qui augmente la probabilité de développer une maladie ou de souffrir d'un traumatisme. Les facteurs de risque les plus importants sont par exemple, le déficit pondéral, les rapports sexuels non protégés, l'hypertension artérielle, la consommation de tabac ou d'alcool, l'eau non potable, l'insuffisance de l'hygiène ou de l'assainissement* » (OMS).

4. Les branches professionnelles sont invitées à négocier les actions éventuelles de prévention requises au vu des prévisions d'évolution économique et de la situation de l'emploi dans la branche (L. 2241-9). Le comité de groupe reçoit des informations similaires à l'échelle des entreprises du groupe (L. 2332-1). L'extension d'une convention collective de branche est conditionnée à l'existence de clauses en matière de prévention des discriminations (10° de L. 2261-22). Dans le champ de l'emploi, les aides à l'emploi ont notamment pour objet de favoriser la mise en place d'actions de prévention permettant de préparer l'adaptation professionnelle des salariés à l'évolution de l'emploi et des qualifications (L. 5111-1). L'employeur ne peut procéder à un licenciement pour motif économique que lorsque les efforts de formation et d'adaptation ont été réalisés et que le reclassement de l'intéressés n'a pu être opéré sur des emplois disponibles (L. 1233-4). Dans le champ de la formation, les actions de prévention sont au nombre des actions de formation entrant dans le champ de la formation professionnelle continue, au titre notamment du maintien dans l'emploi (L. 6311-1) ou du développement des compétences (L. 6312-1, L. 6313-3, L. 6321-1).

1.1.3.1 L'éclairage de la directive-cadre de 1989

34. La partie IV Code du travail ne donne pas de définition de la prévention en matière de santé au travail mais la directive-cadre du 12 juin 1989, visant à promouvoir l'amélioration de la sécurité et de la santé des travailleurs au travail, définit dans son article 3 la prévention comme « *l'ensemble des dispositions ou des mesures prises ou prévues à tous les stades de l'activité dans l'entreprise en vue d'éviter ou de diminuer les risques professionnels* ».

35. Cette définition très courte est déjà riche d'enseignements. Elle acte que la prévention englobe les mesures *prises ou prévues*. Elle entérine ce faisant l'idée selon laquelle toutes les mesures requises ne sont peut-être pas encore effectives mais qu'elles sont néanmoins prévues :

- soit parce qu'elles ont vocation à n'être mises en œuvre que dans des circonstances précises non advenues (exemples : une opération annuelle de maintenance ou une procédure d'évacuation d'urgence), ce qui suppose une anticipation de l'événement ;
- soit parce qu'elles n'ont pas encore été mises en place mais sont à tout le moins programmées (ex : investissement lourd nécessitant des travaux), ce qui suppose une planification.

36. Dans tous les cas, la prévisibilité admise par la directive induit une démonstration et une traçabilité des *mesures et dispositions* en devenir, ce qui appelle une organisation interne adéquate. La généralité des termes « *mesures et dispositions* » indique au passage que ces dernières peuvent prendre toute forme utile – matérielle ou immatérielle – et couvrir des actions de toute nature : techniques, procédurales, informatives…

37. La définition de la directive vise par ailleurs « *tous les stades de l'activité* », ce qui signifie que la prévention ne concerne pas seulement la phase de production du bien ou du service mais tout ce qui se passe en amont et en aval. Ainsi, si la peinture par pulvérisation est une activité qui présente des risques parfaitement identifiés durant l'application du produit, ces risques doivent être également pris en compte pendant les phases de préparation (commande, livraison, stockage, transvasements, préparation des mélanges) et celles qui suivent l'opération de pulvérisation (séchage, nettoyage des équipements, élimination des déchets, etc.), ainsi que durant toute opération ponctuelle périphérique à la production (changement de filtre, etc.). L'exigence suppose également que la prévention soit envisagée dès le stade de conception d'un projet, notamment dès la réalisation du cahier des charge confié aux bureaux d'étude et des méthodes.

38. La définition vise en outre *l'entreprise*. Ceci pourrait laisser supposer un champ d'application restreint. Il faut toutefois lire ce terme de manière générique c'est-à-dire comme comprenant tout lieu où sont produits des biens et des services à titre professionnel. Cette interprétation est permise par le champ d'application de l'article 2 de la directive, qui intègre explicitement « *tous les secteurs d'activité, privés ou publics* », y compris les activités « *de service, éducatives, culturelles, de loisirs, etc.* ».

39. Enfin, la prévention englobe tout ce qui concourt à *éviter ou diminuer les risques*, ce dont on peut déduire l'acceptation d'un risque résiduel lorsqu'il n'a pu être éliminé.

1.1.3.2 La différence entre prévention et protection

40. Les notions de prévention et de protection sont très imbriquées puisque chacune s'intéresse au danger et au risque[1]. Pour autant, même s'ils sont souvent utilisés l'un pour l'autre dans le langage courant, parfois même dans les textes, les deux termes ne sont pas synonymes.

41. L'article L. 4121-1 du Code du travail prévoit que l'employeur doit prendre les mesures nécessaires pour *protéger* la santé du travailleur. Il précise que ces mesures doivent comprendre des *actions de prévention*. Il semble donc faire de la protection une finalité et de la prévention un moyen. En réalité, la protection n'est pas l'aboutissement de la prévention. Les deux notions n'ont tout simplement pas le même sens. Là où cette dernière se fixe pour objectif premier d'éviter le risque, la protection induit de le contenir. Ainsi, la prévention routière n'est pas la même chose que la protection routière, de même que la prévention des incendies ne se confond pas avec la protection contre l'incendie. Si la prévention fait son office, il n'est en quelque sorte plus nécessaire de protéger. La protection, quant à elle, se révèle utile et efficace au moment où le risque se réalise (*protection sociale* contre les risques maladie, vieillesse, perte d'emploi, *protège-tibia* contre les coups reçus lors de pratiques sportives...).

42. La protection indique donc que le risque n'a pu être évité mais que l'on va néanmoins faire de son mieux pour empêcher ou réduire le dommage résultant de sa réalisation en mettant la victime potentielle à l'abri de ses conséquences. Elle revêt une dimension défensive, l'idée d'un rempart ou d'un cordon sanitaire contre le risque irréductible. La protection n'emporte pas non plus nécessairement la réussite. Elle témoigne de la proactivité de celui qui doit protéger mais ne garantit pas le résultat. En droit du travail, les *salariés protégés* sont à l'abri de mesures arbitraires de licenciement mais ne bénéficient pas pour autant d'une garantie absolue de refus d'autorisation de licenciement.

1. Le verbe protéger signifie « défendre quelque chose ou quelqu'un contre un danger, un risque » (Dictionnaire historique de la langue française, Le Robert »).

43. Dans le champ de la santé au travail, la notion de protection est historiquement associée à celle de barrière ou d'écran. Le *protecteur*, le *moyen* ou le *dispositif de protection* sont en règle générale une solution technique, matérielle, visant à séparer physiquement le travailleur de la source de danger (lisses et sous-lisses de protection contre les chutes de hauteur, grille de protection devant l'outil d'une presse, écran plastique au guichet, en dernier, lieu lors de la crise du Covid-19)[1]. Dans le meilleur des cas, la protection est collective. À défaut elle est individuelle (*équipement de protection individuelle* ou EPI). La barrière peut aussi être immatérielle, sous forme de règle interdisant par exemple l'accès ou le franchissement d'une zone. Dans tous les cas, le risque subsiste et l'on parlera alors de prévention secondaire[2]. Durant longtemps, la prévention des risques professionnels a privilégié une approche protectrice consistant à équiper les machines qui étaient dépourvues de protecteurs (sécurité rajoutée) ou de doter les travailleurs d'équipements de protection individuelle (masques, gants, harnais, etc.). On privilégie aujourd'hui l'évitement du risque par la prévention primaire car l'expérience montre que la barrière, qui éloigne mais n'évite pas le risque, peut aussi constituer un obstacle au travail, devenir une contrainte et finalement être contournée.

44. Dès lors, si protection et prévention ont souvent été indifférenciées, il est plus juste aujourd'hui de considérer qu'elles ne s'opposent pas mais doivent être vues comme des séquences différentes de la chaîne de responsabilité préventive : prévenir/protéger/réparer. Une acception moderne de la prévention permet d'y voir un ordre de priorité.

Encadré 2 : Un droit à la protection de la santé

La Charte des droits fondamentaux de l'Union européenne prévoit dans son article 35 que « *Toute personne a le droit à la prévention en matière de santé (...). Un niveau élevé de protection de la santé humaine est assuré dans la définition de la mise en œuvre de toutes les politiques et actions de l'Union* ».

Le préambule de la Constitution du 27 octobre 1946 prévoit pour sa part que « *La Nation garantit à tous... la protection de la santé* ». Il est donc plus juste, là où l'on parle parfois de « *droit à la santé* » de parler de « *droit à la protection de la santé* ». La distinction n'est pas neutre puisque

1. On notera que si l'on parle le plus souvent de *dispositifs* et *moyens* de protection, on parle plutôt de *mesures* et *d'actions* de prévention, l'organisationnel l'emportant alors sur le strictement technique. Les différences entre protection et prévention sont aussi des différences de nature.

2. Un garde-corps est-il un moyen de protection ou de prévention ? Il peut assurément être les deux car il prévient les chutes ou protège contre les risques de chute mais dans une acception moderne de la prévention, il réduit le risque sans le supprimer : il protège plus qu'il ne prévient.

l'objectif de réussite et l'obligation de résultat induits par la première locution deviennent un objectif d'effort et une obligation de moyens dans la seconde.

À l'idéal de santé prôné par l'Organisation mondiale de la santé (*cf. infra* 1.2.2), correspond donc un droit de la santé dont l'objectif ou l'engagement n'est pas de garantir la santé mais l'accès à sa restauration, sa protection et la prévention de sa dégradation.

1.2 Les différentes approches de la prévention

45. Les pratiques[1] de prévention des entreprises sont évidemment influencées par la réglementation en vigueur, à laquelle elles tendent *a minima* de se conformer. Mais lorsque la conformité est gouvernée par des principes généraux, il existe nécessairement une marge d'appréciation entre ce qu'un idéal de prévention voudrait que l'on fasse et ce que, en bout de course, les juges estiment effectivement satisfaisant. Cette marge reflète l'existence de différentes approches de la prévention – *de styles* de prévention – qui vont du strict respect des obligations réglementaires au déploiement d'une démarche développementale[2] de la santé au travail. L'approche retenue *in fine* par l'employeur détermine son registre d'intervention vis-à-vis des risques professionnels et les résultats qu'il peut raisonnablement en attendre. Ainsi, « *Dis-moi ce que tu fais et je te dirai ce que tu préviens !* ».

46. Ces différentes approches transparaissent en premier lieu dans les orientations des politiques publiques à travers la nature et les niveaux d'exigence des textes rendus applicables, l'organisation et l'allocation des ressources du système d'acteurs de la prévention, les dispositifs incitatifs ou répressifs mis en place et les risques priorisés. Cet environnement juridique et institutionnel tend à infléchir les comportements et trouve sa traduction à l'échelle de l'entreprise dans les actions de prévention effectivement déployées, les investissements réalisés, le niveau d'engagement de la direction et le management de la prévention.

47. Les développements qui suivent ont pour objet d'identifier les courants de pensée qui irriguent les différentes acceptions de la santé au travail et de la prévention des risques professionnels afin de savoir décrypter et situer, à travers la nature des actions concrètes déployées

1. Il est coutumier de parler du *comportement* des travailleurs face au risque mais il est tout aussi pertinent d'évoquer celui de l'employeur, qui détermine amplement, au-delà des textes, les pratiques en vigueur dans l'entreprise.

2. Falzon P., Ergonomie, conception et développement. Conférence introductive, 40e Congrès de la SELF, Saint-Denis, La Réunion, 21-23 septembre 2005.

par l'employeur, la démarche de prévention consciente ou non qu'il a adoptée et les résultats qu'elle permet en conséquence d'escompter (*cf. infra* 1.2.1 et 1.2.2). Ces différentes acceptions déterminent en effet des niveaux de prévention différents, qui seront examinés dans un second temps (*cf. infra* 1.3).

1.2.1 L'approche par les risques

1.2.1.1 La logique gestionnaire des risques

48. Dans le champ de la santé, l'approche par les risques, ou fondée sur la notion de risque, se caractérise selon l'OMS par une politique qui propose « *quelque chose pour tous mais davantage pour ceux qui ont des besoins particuliers, proportionnellement à ces besoins*[1] ». Cette approche ciblée signifie que personne n'est écarté de l'analyse des risques *a priori* mais que les actions prises se concentreront sur les populations identifiées comme les plus exposées aux risques les plus importants.

49. L'approche par les risques conduit naturellement à la *gestion des risques* laquelle n'est jamais déconnectée de la gestion des ressources. C'est parce qu'un programme de prévention est nécessairement encadré par un budget, et que celui-ci est limité, qu'une gestion dite efficiente et efficace des ressources, elles aussi limitées et parfois rares, s'impose. L'OMS indique ainsi que la gestion des ressources a pour objet « *de garantir l'usage le plus rationnel possible des personnels, des connaissances, des installations et des fonds disponibles pour atteindre les objectifs fixés en tirant un effet optimal d'un investissement minimum*[2] ». Une approche gestionnaire des risques induit une hiérarchisation et donc une priorisation des risques.

50. Ce qui s'applique aux politiques publiques est déclinable dans l'entreprise. En santé publique, l'approche gestionnaire conduit au choix de cibles en termes de prévention, de soins, de territoires ou de populations. En entreprise, plus particulièrement dans les grandes entreprises, l'approche gestionnaire se traduit par un *management des risques*, adossé le plus souvent à l'adoption formalisée d'un *système de management des risques*. Appliquée au champ de la santé au travail, la *gestion des risques* renvoie à *l'évaluation des risques* à laquelle l'employeur s'est nécessairement livré et aux choix qui en découlent.

1. Glossaire de la série « Santé pour tous », volumes 1 à 8, OMS, 1984.
2. *Ibid.*

Encadré 3 : Le management du risque ou la logique de risque assumé

Du point de vue de l'entreprise, le risque professionnel est souvent appréhendé comme un risque parmi d'autres, indissociable du système des contraintes dans lequel elle évolue. Sa gestion *du* risque est en fait une gestion *des* risques de toute nature qu'elle encourt : économique, financier, technique, sociétal, environnemental, géopolitique, etc.

La norme ISO 31000 sur le management du risque illustre cette approche générique des risques en fournissant aux décideurs des lignes directrices qui se veulent de nature à « *gérer toute forme de risque* ». Dans cette optique, le management du risque est défini comme l'ensemble des « *activités coordonnées dans le but de diriger et piloter un organisme vis-à-vis du risque* ». Celui-ci est abordé sous l'angle de sa vraisemblance, c'est-à-dire de la possibilité que quelque chose se produise et de la manière dont l'appréciation qui en est faite conduit à prendre des décisions, sans nécessairement chercher à l'éradiquer.

La norme repose ainsi sur une logique de *maîtrise des risques* et s'appuie sur des « *moyens de maîtrise* » qui ont pour objet de « *maintenir et / ou modifier un risque* ». Elle intègre la notion de *prise de risque* et prévoit à ce titre que la phase de sélection des options de traitement du risque « *implique de comparer les avantages potentiels en termes d'atteinte des objectifs par rapport aux coûts, aux efforts et aux inconvénients de leur mise en œuvre* ». Par conséquent, si la norme prévoit bien la possibilité pour l'organisme de décider « *de ne pas commencer ou poursuivre l'activité porteuse du risque* », de procéder à une élimination de la source de risque, à une modification de sa vraisemblance ou encore de ses conséquences, elle place ces options sur le même pied d'égalité que « *la prise ou l'augmentation d'un risque afin de saisir une opportunité* », « *un partage du risque, par exemple par le biais de contrats, de souscription de couvertures d'assurance* » ou « *un maintien du risque fondé sur une décision éclairée* ».

Il est important de garder cette approche globale à l'esprit pour mesurer les dissonances possibles entre la logique de préventeur, axé sur le seul objectif de santé, et celle de la ligne hiérarchique, que l'évaluation gestionnaire du risque permise par la norme peut conduire à décider « *de ne rien faire de plus* » ou de « *maintenir les moyens de maîtrise du risque existant* ».

51. L'approche par les risques est d'autant plus popularisée qu'elle est formellement alignée sur la construction du droit de la santé au travail. Celui-ci a historiquement privilégié une production réglementaire organisée autour de la parution successive de décrets régissant un type de risque (risques chimique, biologique, bruit, vibrations, machines dangereuses, etc.) ou les risques propres à une activité particulière (BTP, manutention manuelle, travail sur écran, etc.). Cette catégorisation réglementaire transparaît clairement dans l'organisation de la partie IV du Code du travail. Mais la segmentation qui en résulte n'est pas propice à une appréhension globale de l'ensemble des contraintes auxquelles le travailleur est simultanément exposé dans la réalité (situations de multi-expositions). Cette réalité est mieux restituée dans une approche par *les situations de travail* qui passe par une analyse de l'activité de travail[1] et qui conduit à des mesures de prévention plus adaptées aux réalités du travail[2] (*cf.* encadré 4).

Encadré 4 : La question montante des polyexpositions

Bien qu'encore insuffisamment documentés[3], les effets des polyexpositions aux risques sur la santé sont bien identifiés, comme la perte d'audition consécutive à l'exposition simultanée au bruit et à certaines substances chimiques (produits dits ototoxiques) ou les risques accrus de troubles musculosquelettiques lorsque les contraintes organisationnelles (cadences…) se cumulent avec des contraintes physiques au poste de travail (gestes répétitifs, postures…).

Une étude Dares/Anses/Santé publique France parue en septembre 2021 et consacrée à l'exposition simultanée à plusieurs facteurs de risques (agents biologiques, substances chimiques, manque de moyens, tensions…)[4], a mis en évidence que 97 % des salariés en France sont exposés simultanément à au moins deux facteurs de risques professionnels. Parmi eux, les contraintes relationnelles et organisationnelles affectent l'ensemble des salariés. Une étude épidémiologique de l'INRS parue en mars 2023 a par ailleurs exploité les données de l'enquête « Conditions de travail » réalisée par la DARES entre 2013 et 2016. Elle conclut qu'une exposition simultanée à des contraintes psychosociales (intensité du travail, charge émotionnelle, manque d'autonomie, etc.) et physiques (port

1. *L'activité de travail,* résumée de manière très simplifiée, est un concept clé de l'ergonomie qui privilégie l'observation directe du travail afin d'appréhender le *travail concret,* ou *en situation* ou *en train de se faire* ou encore *travail réel*. Cette approche, qui est aussi une méthode, permet d'observer le travail dans son contexte et d'échapper à la fragmentation pratique mais artificielle d'une approche par risque. Le travailleur est en pratique aux prises à de multiples contraintes auxquelles il s'accommode et cet ensemble constitue ses *conditions de travail* (*cf. infra* encadré 9).

2. Un travailleur exposé à du bruit et à des poussières est soumis à deux réglementations prévoyant des mesures propres à chacune de ces nuisances. En théorie, l'application cloisonnée des règles applicables à chaque risque est censée le protéger. En pratique, il travaille dans un environnement bruyant et poussiéreux et se trouve placé dans des situations de travail l'exposant tantôt à l'un, tantôt à l'autre, tantôt aux deux, situations auxquelles il faut ajouter de nombreux autres paramètres (déplacements, cadences, manutention, etc.) qui permettent de caractériser l'ensemble de son système de contraintes et sa *situation réelle de travail*. L'observation de cette situation conduit parfois à constater que le dispositif de captage des poussières est coupé… parce qu'il est trop bruyant.

3. Le 4e Plan santé au travail rappelle que l'exposition à plusieurs agents chimiques concerne 15 % des salariés en France et existe dans la quasi-totalité des secteurs d'activité. Après avoir rappelé que les travaux exploratoires conduits par l'ANSES sur l'état des connaissances scientifiques et techniques concluaient à une sensibilisation insuffisante des travailleurs sur le sujet et que l'ANI du 2 décembre 2020 en émettait le vœu, le PST4 se fixe pour objectif de mieux connaitre les polyexpositions professionnelles.

4. Plan santé travail 3, « Profils homogènes de travailleurs polyexposés », Anses, SPF, Dares.

de charges lourdes, postures contraignantes, etc.), multiplie par quatre le risque d'accident du travail dans le secteur de la santé et de l'aide à la personne. De même, des horaires, contraints, irréguliers et imprévisibles et une mauvaise conciliation vie privée/vie professionnelle sont des facteurs organisationnels associés aux taux d'accidents du travail les plus élevés dans le secteur en l'absence de mesures de prévention suffisantes.

Cette dimension est aujourd'hui très peu appréhendée par les textes en raison même de l'approche généralement segmentée des risques qui a prévalu jusqu'ici. Néanmoins, le terme de *polyexpositions* a été introduit pour la première fois dans le Code du travail par la loi du 2 août 2021 qui modifie l'article L. 4412-1 en prévoyant, pour les seuls risques chimiques[1] toutefois, que les règles de prévention doivent être encadrées par des décrets tenant compte des *polyexpositions*.

Ainsi, l'efficacité d'une démarche de prévention sera de plus en plus conditionnée à la prise en compte des profils type d'expositions cumulées, appelant à s'émanciper de l'approche uni causale de la santé au travail et intégrant, au-delà de l'entreprise, tous les facteurs de risques et les sources d'exposition environnementales pertinentes.

1.2.1.2 Les notions de sécurité réglée et sécurité gérée

52. La logique gestionnaire des risques ne doit pas être confondue avec la notion de *sécurité gérée*. Cette dernière relève bien d'une approche par les risques mais reflète une façon de les aborder qui sous-tend une approche organisationnelle et managériale que l'on oppose en général à la *sécurité réglée*[2].

53. *Sécurité réglée* et *sécurité gérée* constituent en effet deux approches différentes de la prévention au sens où elles renvoient à une représentation spécifique des causes d'accidents et des comportements adoptés par les travailleurs face aux risques. Elles mobilisent en conséquence des registres et des leviers d'action différents. La distinction entre les deux est essentielle pour accéder à la compréhension de la manière dont une entreprise analyse et combat plus ou moins efficacement sa sinistralité. Les deux approches présentant des avantages et des limites, certains cherchent désormais plutôt à les articuler[3].

54. La sécurité réglée, que l'on pourrait qualifier de descendante, est celle qui régit la prévention des risques à travers la formalisation de règles prescriptives que les travailleurs sont chargés d'appliquer et

1. Selon l'étude Sumer 2017, parmi l'ensemble des salariés exposés à au moins un produit chimique ; 45 % sont multi-exposés à au moins trois produits chimiques, ce qui peut accroître les risques d'effet cocktail.

2. En clair, *gestion de la sécurité* et *sécurité gérée* sont deux notions qui, malgré la proximité des locutions, ne traitent pas de la même chose.

3. Pierre Falzon (dir.), *Ergonomie constructive*, PUF, 2013.

dont la hiérarchie doit garantir le respect. Elle procède de l'idée selon laquelle, puisque l'employeur se voit imposer des règles de protection sous forme de lois et décrets, il doit installer des protecteurs, instaurer des procédures et dicter des consignes de sécurité aux travailleurs dont il surveille le respect, voire sanctionne le non-respect. La sécurité réglée se situe par conséquent dans une logique de conformité qui contraint à tenter d'encadrer le plus de situations possibles, afin d'éviter que le travailleur, confronté à un aléa, soit contraint d'improviser une solution inappropriée. Plus l'activité présente de risques, plus elle sera mise *en procédures*, l'acmé de ce modèle étant incarné par l'industrie du nucléaire où la majorité du processus de travail est constitué de règles de sécurité incontournables. Dans ce schéma, l'employeur espère *a minima* échapper à l'engagement de sa responsabilité.

55. En pratique, la sécurité réglée correspond au modèle traditionnel d'appréhension de la prévention et est très répandue dans les entreprises, notamment les plus grandes. Elle postule le fait que la sécurité repose sur la connaissance par les opérateurs des procédures dont l'édiction a été confiée aux instances régulatrices de l'entreprise (prescripteurs, concepteurs, ingénieurs sécurité, etc.), et sur le contrôle de leur respect par la hiérarchie. Elle véhicule à ce titre de nombreux stéréotypes, en particulier quant aux motivations du non-respect des consignes par les travailleurs (négligences, étourderie, etc.) et se construit sur un mode action/réaction dans lequel un accident ou un événement dit indésirable entraîne l'élaboration d'une nouvelle procédure, assortie au besoin d'une note de service, de formations obligatoires et souvent même de signatures de formulaires par les travailleurs, attestant qu'ils ont bien pris connaissance des règles de sécurité applicables. La sécurité réglée se traduit dès lors par une production normative interne foisonnante.

Encadré 5 : Les limites de la sécurité réglée

L'expérience montre que la sécurité réglée, centrée sur l'efficacité faciale des actions de prévention, ne garantit pas leur effectivité. Reposant sur un fonctionnement en mode nominal, elle s'appuie sur une standardisation qui conduit souvent à des procédures de travail rigides, incompatibles avec les exigences réelles de la production, ses aléas constants, en particulier ses contraintes temporelles.

Vécues par le travailleur comme une entrave, ces procédures génèrent régulièrement un rejet ou un dévoiement des règles de sécurité. Les violations qui en résultent sont fréquemment tacitement acceptées par la hiérarchie intermédiaire, confrontée à une double injonction paradoxale de sécurité et de productivité.

Sur la durée, l'agrandissement croissant de l'écart entre le travail prescrit et le travail réel favorise l'installation du non-dit et d'une zone grise où, quotidiennement, des presqu'accidents sont miraculeusement déjoués par les opérateurs, qui transgressent la règle inadaptée ou improvisent la règle inexistante pour permettre au travail de se faire. Lorsque l'accident survient néanmoins, la logique de sécurité réglée pousse l'employeur à vouloir redresser la barre en « chassant » les situations de travail non régulées ou autorégulées, et à les encadrer et les surveiller toujours plus, renforçant ainsi l'effet inflationniste des prescriptions.

Il s'ensuit une dérive autoritaire, quasi disciplinaire, peu féconde au développement d'une culture de prévention, ainsi que la poursuite d'une autorégulation masquée par les travailleurs dont l'employeur ignore les aspects vertueux et transmissibles (développement de savoirs-faires de prudence, etc.) comme les aspects néfastes (prise de risque attestant d'une perte de maîtrise de la sécurité).

56. *A contrario*, la sécurité gérée part du principe qu'il est impossible de prévoir et donc de régir par avance toutes les situations dans lesquelles les travailleurs sont exposés à des risques dans le cours de leur activité. Prétendre le contraire reviendrait à nier un principe fondamental de l'ergonomie selon lequel, le travail ne se passant jamais comme prévu, le travailleur doit sans cesse faire face à des imprévus qu'aucune règle n'aura préalablement régis. Il doit par conséquent être outillé pour faire face aux aléas tout en préservant sa santé et sa sécurité. Cette approche s'appuie sur les capacités d'initiatives des travailleurs, qui ne sont plus seulement appréhendés comme des « majeurs vulnérables », objets de règles de protection imposées mais comme des sujets acteurs de leur propre sécurité. Les compétences qui leur sont reconnues et les conditions d'exercice de cette autonomie ne doivent cependant pas conduire à un déport de responsabilité ni à un abandon managérial les condamnant à l'improvisation et à la prise de risque inconsidérée.

57. De nombreux préventeurs[1] prônent une application combinée de la sécurité réglée et de la sécurité gérée. La première constitue en effet le socle des règles incontournables instaurées par l'employeur. Elle est à ce titre une ressource pour les opérateurs. Certains risques sont en effet si importants que les consignes strictes visant à les prévenir ne sont pas négociables. Ils ne laissent aucune marge d'appréciation ou d'initiative et constituent l'équivalent d'un « ordre public absolu de la sécurité ». Il n'y a par exemple pas de dérogation possible aux consignes régissant le travail à proximité de lignes haute tension.

1. Voir en particulier les travaux de François Daniellou, ancien directeur scientifique de l'Institut pour une culture de sécurité industrielle (ICSI) et de la Fondation pour une culture de sécurité industrielle, précédemment professeur d'ergonomie à l'Université Victor Segalen Bordeaux 2 puis à l'École Nationale Supérieure de Cognitique de l'Institut polytechnique de Bordeaux, et directeur du Département d'ergonomie des systèmes complexes.

58. La seconde admet que les règles ne permettent pas de régir par avance toutes les situations de travail auxquelles les travailleurs sont confrontés dans une journée et que ceux-ci ont une capacité d'apprécier les circonstances dans lesquelles elles peuvent ou doivent être adaptées, notamment à partir de leur expérience et de leur savoir-faire. L'enjeu consiste alors pour l'employeur à parvenir à instaurer une organisation qui favorise l'expression et la délibération sans crainte des travailleurs et de la ligne hiérarchique sur les écarts possibles à la règle. Elle doit permettre d'analyser leur justification, l'acceptabilité ou non de la transgression qu'ils constituent ou du vide qu'ils comblent, afin de les autoriser, voire de les intégrer comme nouvelle règle de travail et de garder le contrôle de la situation. Une telle organisation met l'accent sur les espaces de discussion appropriés pour ce faire et la compétence de l'encadrement comme des opérateurs pour en débattre et décider. Elle suppose de la part des travailleurs, et à tous les niveaux de la hiérarchie, une appropriation élevée des neuf PGP, véritable démarche réflexive devant leur permettre de savoir *gérer* l'imprévu.

Encadré 6 : La sécurité gérée ou l'adaptation aux changements de circonstances

La sécurité gérée a pour objet de mettre un travailleur ou un collectif de travail en capacité d'analyser des situations atypiques et de prendre des décisions *ici et maintenant* permettant de réaliser le travail en mode dégradé tout en agissant en sécurité. L'existence d'une telle compétence[1], qui suppose l'acceptation de marges de manœuvre et d'un éventail de modes opératoires, ne peut se présumer et doit être accompagnée (cf. *infra* 5.1.4.2) :

– d'une organisation propice à la remontée des alertes et à leur traitement dans un cadre délibératif. Le travailleur doit se sentir autorisé et même encouragé à signaler les situations qui ne permettent pas de respecter les standards prescrits, sans craindre le risque de jugement de ses pairs et de la hiérarchie pour le temps productif sacrifié ;

– d'une formation des travailleurs à l'*attitude interrogative* à partir des principes d'action issus des PGP. Ils doivent être préparés à repérer une situation atypique et à savoir s'interrompre pour se poser les bonnes questions (quelle est la manière la plus sûre d'agir dans tel contexte ?) et prendre une décision réfléchie sur la base d'un diagnostic robuste avant de poursuivre leur activité : nature des changements induits par l'aléa, dangers potentiels, incidences sur le mode opératoire habituel, prise en compte des paramètres individuels (compétence, fatigue…) et environnementaux (délais, effectifs et moyens disponibles…) ;

1. Les compétences du travailleur ne s'expriment pas seulement à travers sa connaissance des procédures et leur application mais aussi sa capacité d'adaptation face aux caractéristiques des situations auxquelles il est confronté.

– de l'existence de cordes de rappel permettant de s'assurer que l'autonomie des personnes et la variation des processus restent sous contrôle et ne conduisent pas à une perte de prise dangereuse sur l'activité réelle (exemples : ritualisation d'exercices du type « pre-job briefing[1] » ou processus régulier de validation des aménagements proposés).

59. En résumé, la sécurité gérée vient en complément de la sécurité réglée. Elle se propose de pallier les carences de cette dernière en s'appuyant sur la confiance en la capacité des travailleurs à prendre des initiatives opportunes pour gérer les variations inévitables de l'activité prescrite, tout en veillant à ce que les marges de manœuvre qui leur sont données soient utilisées dans un cadre sécurisé.

60. En permettant au système de prescriptions initial basé sur l'analyse des risques identifiés[2] d'évoluer en temps réel au profit d'un système adaptatif, la sécurité gérée privilégie une approche axée sur une aptitude générale à *agir en sécurité* et permet ainsi de mettre concrètement en œuvre le principe général aux termes duquel l'employeur doit veiller à l'adaptation des mesures de prévention « *pour tenir compte du changement des circonstances et tendre à l'amélioration des situations existantes* » (L. 4121-1) (*cf. infra* 5.1.4).

Encadré 7 : La sécurité réglée à l'épreuve des situations de crise

Le PST4 prévoit de mieux anticiper les situations de crise et, par exemple, « *d'inclure des mesures de prévention et de protection des salariés en cas d'accident dans les plans de prévention des risques technologiques que certaines entreprises doivent produire* » ou de « *tester l'organisation et le dispositif préexistants, les circuits de décision ainsi que les réflexes adoptés pour permettre la prise en compte des questions de santé et sécurité au travail dans la continuité d'activité* ». On escompte qu'en se préparant à des scénarios de situations de travail dégradées, l'entreprise peut mieux identifier l'organisation requise pour préserver les conditions de travail. Les retours d'expérience des exercices d'alerte montrent cependant que la préparation aux situations d'urgences ne peut se régir exclusivement à travers une sécurité réglée. Celle-ci permet en revanche de provoquer les réactions incontournables, à l'exercice desquelles les travailleurs doivent être régulièrement entraînés afin de leur permettre d'analyser et *gérer* le

1. Exercice consistant à commencer la journée par un état des lieux de quelques minutes, avec l'ensemble de l'équipe, sur le travail à réaliser et les ajustements organisationnels à prévoir en fonction des aléas du jour (ex : chaque matin sur un chantier du BTP, recensement et allocation des tâches à effectuer en fonction des compétences présentes, en intégrant les absences imprévues, l'inexpérience des intérimaires ou leur moindre qualification, les retards de livraison annoncés, les défectuosités d'un équipement, etc.).

2. Identification opérée notamment à partir des accidents, incidents, anomalies, événements indésirables, erreurs et autres violations passés et connues.

moment venu la part d'inconnu à laquelle ils devront toujours faire face. La crise du Covid-19 a mis en évidence l'importance d'être doté d'un cadre de référence, en l'occurrence les PGP, mais aussi de savoir les traduire de manière opérationnelle à une situation inédite métier par métier.

1.2.2 L'approche par la santé

61. De plus en plus de voix se font l'écho des limites d'une approche par les risques en raison de ses insuffisances mais aussi de la perception négative véhiculée par une vision d'un travail nécessairement facteur de risques. La dimension d'un travail *producteur de santé*, voire émancipateur, serait sous-estimée et appellerait aujourd'hui une approche proactive, s'appuyant sur des actions positives en faveur de la santé plutôt que sur des actions de nature défensive. L'évolution n'est pas que sémantique car elle porte en germe des politiques publiques et des pratiques d'entreprises agissant sur des registres résolument différents. La promotion de la santé, l'approche développementale de l'ergonomie constructive et la qualité de vie au travail font partie de ce courant.

1.2.2.1 La promotion de la santé

62. Encore émergente dans le champ de la santé au travail, *la promotion de la santé* est une approche issue de la santé publique qui rencontre indéniablement un succès grandissant[1]. Ce courant de pensée tend à inspirer les acteurs institutionnels de la prévention et l'on observe la parution croissante de publications et de travaux prospectifs s'en réclamant, notamment dans des documents à portée programmatique tels que le Plan santé au travail. En tant qu'elle renouvelle l'acception même de la notion de santé au travail, la prévention de la santé constitue probablement la pierre angulaire d'une nouvelle étape de la prévention des risques professionnels, examinée à ce titre sous son angle institutionnel et pratique au paragraphe 1.5.5 *infra*. Nous l'examinerons ici sous l'angle de ses fondements théoriques[2].

---

1. La promotion de la santé est un axe fort des politiques de santé publique. Promouvant tout à la fois l'action sur les milieux et sur les comportements individuels des personnes, il n'est pas surprenant que l'entreprise soit identifiée comme une des cibles de déploiement des messages de santé publique. Une des conditions de réussite de cette ambition est que les interventions en promotion de la santé, « au sens ARS » (activité physique, conduites de consommation, éducation sanitaire, dépistage, etc.), n'entrent pas en concurrence avec les préventions des risques strictement liés au travail mais les complètent.

2. Voir *La promotion de la santé. Comprendre pour agir dans le monde francophone*, Pesses de l'EHESP, 2017.

1.2.2.1.1 Une acception renouvelée de la santé au travail

63. Il faut dans un premier temps en revenir au texte constitutif de l'OMS[1]. La santé, comme on le sait, y est définie comme « *un état de complet bien-être physique, mental et social, qui ne consiste pas seulement en une absence de maladie ou d'infirmité* ».

64. Selon l'OMS, la santé n'est pas la finalité mais le moyen d'atteindre un objectif au service d'une finalité supérieure : le bonheur des personnes. La première phrase de la constitution de l'OMS vise en effet le bonheur des peuples, leurs relations harmonieuses et leur sécurité. Par ailleurs, la santé n'est pas définie en creux (une absence de maladie ou d'infirmité) et englobe les ressources individuelles et sociales de la personne. Le bien-être ou le bonheur, selon l'OMS, ne saurait donc être atteint ou espéré sans la prise en compte de tous ses déterminants : la subjectivité de la personne et sa situation sociale, intrinsèquement liées, en font intégralement partie. Enfin, la santé n'est pas non plus un état stationnaire. Elle implique une dynamique constante de régulation afin de maintenir un équilibre idéal entre les déterminants physiques, psychiques et sociaux.

65. Le courant de promotion de la santé s'inscrit dans le prolongement de cette approche originelle en mêlant systématiquement des actions visant à renforcer les aptitudes et les capacités des individus et des mesures visant à changer la situation sociale, environnementale et économique[2]. À son tour, la promotion de la santé au travail porte sur les facteurs liés aux comportements individuels en matière de santé mais aussi sur le revenu, le statut social, l'instruction, l'emploi et les conditions de travail.

Encadré 8 : Une logique duale source d'ambivalences pour la santé au travail

La promotion de la santé comprenant un volet comportemental et un volet environnemental, tout l'enjeu consiste à trouver l'équilibre entre les deux. La propension fréquente à mettre l'accent sur les comportements individuels de santé tend à la réduire à la « ... *la science et l'art d'aider les gens à modifier leurs habitudes de vie en vue d'un état de santé*

1. Signé le 22 juillet 1946.
2. Le concept a été formalisé en 1986 dans la charte d'Ottawa qui en fait « le *processus qui rend les populations ou les personnes (people) capables d'assurer un plus grand contrôle sur leur propre santé* ». Pour l'OMS, « *la promotion de la santé représente un processus social et politique global, qui comprend non seulement des actions visant à renforcer les aptitudes et les capacités des individus mais également des mesures visant à changer la situation sociale, environnementale et économique, de façon à réduire ses effets négatifs sur la santé publique et sur la santé des personnes (...)* ».

optimal[1]... ». Vue sous cet angle restrictif, la promotion de la santé prend la forme de programmes et campagnes de sensibilisation sur l'alimentation, la diététique, la pratique d'une activité physique, le sevrage tabagique, la réduction d'alcool, les déplacements en toute sécurité, l'équilibre travail-vie... De tels programmes d'éducation peuvent être bien accueillis par les travailleurs mais aussi regardés avec suspicion s'ils y voient la volonté de l'employeur de leur faire porter la responsabilité de la maladie, une ingérence dans leur vie privée ou un moyen d'occulter les questions liées à leurs conditions de travail.

Le Réseau européen de promotion de la santé au travail a donc tenté de rétablir l'équilibre en définissant la promotion de la santé au travail comme « *... les efforts combinés des employeurs, des travailleurs et de la société pour améliorer la santé et le bien-être des personnes au travail. Ceci peut être obtenu par une combinaison de l'amélioration de l'organisation et de l'environnement de travail, la promotion de la participation active, et de l'encouragement du développement personnel*[2]... ». Dans cette démarche, qui rejoint la logique de santé globale, les programmes de prévention agissant simultanément sur les facteurs personnels et collectifs, comportementaux et environnementaux, professionnels et extra-professionnels. Un programme de prévention du cancer en entreprise intégrera par exemple à la fois des actions sur le tabagisme, la consommation d'alcool, la nutrition et des actions de réduction de l'exposition professionnelle à agents cancérogènes[3].

66. Dans cette approche, la santé au travail devient une composante de la santé globale et le travailleur est avant tout perçu comme une personne. Sa santé est déterminée par de nombreux facteurs, dont ceux de l'environnement professionnel sont un sous-ensemble. Cette acception modifie les représentations du rôle de l'employeur et de la nature des responsabilités qui lui incombent. Elle intègre l'interaction entre les mesures qu'il prend et le cadre général de la santé publique dont il devient partie prenante et auquel il participe pour ce qui le concerne[4]. Il est attendu de lui qu'il offre un environnement de travail qui non seulement préserve le travailleur des risques de son activité mais soit propice au développement de sa santé.

---

1. O'Donnell, 1989.

2. The Lisbon statement on workplace health in SMEs, *Small, Healthy and Competitive: New Strategies for Improved Health in Small and Medium-Sized Enterprises*, 2001.

3. Michel Muller, Philippe Mairiaux, « Promotion de la santé en milieu de travail : modèles et pratiques », *Santé Publique* 2008/hs, vol. 20, p. 161 à 169.

4. On voit bien ici l'une des causes du rapprochement de la santé publique et de la santé au travail. La santé publique a bien entendu un intérêt particulier à ce que ses politiques générales de santé soient relayées dans le milieu de travail, qui devient ainsi un terrain de délivrance de ses messages au mettre titre que le milieu scolaire. L'employeur peut également s'y retrouver à travers une réduction de l'absentéisme découlant de meilleurs comportements de santé des travailleurs.

67. Cette évolution conceptuelle conduit à considérer le travail comme un facteur de santé et le lieu de travail comme un lieu favorable à la santé. Elle s'exprime notamment par la montée en puissance du concept de « qualité de vie au travail[1] », et sa reconnaissance récente par le Code du travail, quand bien même sa définition et sa portée juridique présentent encore des contours incertains (*cf. infra* 10.1.6). Elle va enfin jusqu'à interroger la finalité de l'entreprise dont les actions de prévention doivent en tout état de cause porter sur les déterminants positifs de la santé et ne pas se limiter à une démarche curative.

1.2.2.1.2 Le rôle central de l'autonomie du travailleur

68. La promotion de la santé postule qu'une action de santé ne peut être efficace que si elle s'appuie sur l'autonomie des individus. Elle accorde donc une place prédominante aux ressources individuelles dont les personnes doivent disposer pour adopter des comportements favorables à la protection et au développement de leur santé. Or, cette idée percute la représentation selon laquelle, dans l'entreprise, le salarié en état de subordination est placé sous la seule responsabilité de l'employeur. L'autonomie dont il est toutefois question dans la promotion de la santé ne vise pas à inverser les responsabilités mais à reconnaitre au travailleur le droit à être pleinement informé et impliqué pour pouvoir être acteur de sa prévention.

69. On touche ici l'une des limites de la transposition sans adaptation des concepts de la santé publique à la santé au travail. Le vocabulaire de la santé publique s'adresse souvent à des patients auxquels une place de plus en plus grande est donnée dans les démarches de soin afin qu'ils comprennent et maîtrisent leur processus de guérison. On parle ainsi d'*autonomisation du patient,* d'*autodidaxie, d'éducation thérapeutique,* de *patient actif* ou encore d'*autogestion de la santé,* qui sont autant de traductions possibles du terme anglais « empowerment ». Or, l'autonomie du travailleur en santé au travail renvoie aux marges de manœuvre dont il dispose pour réaliser son travail, considérées comme facteurs de prévention des RPS[2] (*cf. infra* 10.1.2).

1. On parle depuis la loi du 2 août 2021 de « Qualité de vie et des conditions de travail » (QVCT), ce qui ne fait que renforcer la dualité d'une approche entremêlant dans un ensemble complexe « qualité de vie », « vie au travail », « conditions de vie », « conditions de travail » et où le travail est appréhendé comme un facteur nourrissant à la fois le *pilier psychique* et le *pilier social* de la personne.

2. Le terme « empowerment » tend aussi à être de plus en plus utilisé dans le domaine des ressources humaines pour désigner le processus permettant à une personne ou un groupe d'accroître sa capacité d'action et d'émancipation. Connoté positivement dans la littérature managériale américaine, il est défini par Rappaport (1987) comme « *un processus, un mécanisme par lequel les personnes, les organisations et les communautés augmentent leur maîtrise sur les sujets qui les concernent* » (traduction Christine Vidal-Gomel).

70. Ainsi, l'usage sans précaution de terminologies identiques appliquées à des réalités différentes peut conduire à des amalgames et des contresens qui seront levés en rappelant la responsabilité première qu'a l'employeur d'assurer une montée en compétence de ses salariés, notamment en leur permettant de s'approprier une culture de prévention qui les rende autonomes dans la prise de décisions face à une situation de travail non régie par un mode opératoire impératif. L'enjeu est de dépasser la logique d'une prévention délivrée et prescrite au profit d'une prévention participative (*cf. supra* 1.2.1.2 ; *infra* 4.6 ; *infra* 7 et *infra* encadré 17).

1.2.2.2 L'approche développementale ou constructive des ergonomes

71. L'ergonomie se caractérise historiquement par le souci d'adapter le travail à l'homme et non le contraire. Cependant, très peu de dispositions réglementaires se réfèrent explicitement à une telle obligation d'adaptation des systèmes, des machines, de l'environnement du poste au travailleur. Il aura fallu attendre la parution des PGP en 1991 pour que la notion apparaisse en toutes lettres, dans le corpus légal de la prévention des risques professionnels, sous la forme d'un principe (cf. *infra* 5.1.4). Celui-ci, qui tient en une phrase, est au demeurant longtemps resté inaperçu. Mais, alors qu'il est de plus en plus mobilisé, y compris par la jurisprudence, une partie des ergonomes tente aujourd'hui de le dépasser au profit d'une approche du travail qu'elle qualifie de *constructive* ou *développementale*.

72. L'ambition de l'approche constructive[1] est de faire du *développement des individus* l'objectif central du travail et en tout cas de la démarche ergonomique. Elle s'émancipe donc d'une intervention circonscrite à l'aménagement adaptatif du poste de travail local pour faire plus largement des conditions d'exercice du travail un facteur d'épanouissement au travail. Le développement des connaissances, des savoir-faire et des compétences[2] font partie de ces conditions et sont considérés comme décisifs car ils contribuent à la maîtrise des situations de travail et participent au développement des

1. L'objectif de l'ergonomie constructive est de « *contribuer à la conception d'environnements permettant de développer l'activité dans tous ses aspects, gestuels, cognitifs et sociaux, en cherchant constamment le meilleur compromis entre les objectifs de bien-être et de performance* », P. Falzon, *Ergonomie constructive*, 2013b. Selon Volkoff et Molinier (2011), le développement des compétences professionnelles est intimement lié à la construction de la santé.

2. Un paradoxe toutefois est que si la maîtrise des compétences, qui s'acquiert dans la durée, permet au travailleur d'organiser son travail en réduisant sa pénibilité, elle peut en corolaire, avec le temps et l'âge, réduire la polyvalence et faire obstacle au changement de poste, ce qui constitue un facteur de vulnérabilité et doit être pris en compte dans le processus de vieillissement au travail (Gaudart, 2003).

organisations et à la performance économique de l'entreprise. Le lien entre santé et performance est ici explicitement affiché.

73. Faire des compétences – ou du fait de se sentir compétent – un facteur de santé a revêtu une acuité particulière avec l'émergence des RPS et l'accent mis sur le sens du travail, la nécessité de disposer d'autonomie, de marges de manœuvre et de capacité d'innovation dans des contextes de fortes réorganisations d'entreprises. Cette approche, en établissant un lien entre la santé et la compétence, fait de cette dernière une source de *santé cognitive* qui éloigne le sentiment d'insécurité, facteur de stress. Elle considère que l'être humain possède une appétence à apprendre et que lui fournir un cadre lui permettant de le faire *prévient* l'usure et le déclin qui, sur le temps long, conduisent au désengagement, à la fatigue, voire à l'exclusion du travail ou de l'emploi (répétitivité, pénibilité, etc.). On parle à ce propos « *d'environnement capacitant* » ou « *d'organisation apprenante* ».

74. Cette approche décloisonne le champ traditionnel de la santé au travail pour englober celui beaucoup plus large des conditions de travail. Celles-ci intègrent toutes les conditions d'exercice du travail, c'est-à-dire d'emploi, de formation, de rémunération, de temps de travail, qui sont autant de facteurs que la politique de prévention de l'employeur devrait prendre en compte dans une logique de bien-être physique, psychique et social du travailleur.

75. Cette vision n'a pas trouvé de relais explicite à ce jour dans les politiques publiques mais inspire néanmoins quelques dispositifs légaux récents tels que les *formations en situation de travail* (FEST), dont la reconnaissance a été consacrée par le droit de la formation professionnelle[1]. La rédaction de l'article D. 6313-3-2 du Code du travail s'inspire clairement des concepts ergonomiques dont elle reprend le vocabulaire en faisant reposer ces actions de formation, notamment, sur *l'analyse de l'activité de travail* et la mise en place de *phases réflexives* destinées à permettre *d'observer et d'analyser les écarts* entre les attendus, les réalisations et les acquis de chaque mise en situation afin de consolider et d'expliciter les apprentissages.

76. À l'instar de la promotion de la santé évoquée plus haut, l'approche développementale assume une émancipation du champ de la santé au travail *stricto sensu* à travers « *le rejet d'une ergonomie défensive, où le travail est pensé prioritairement comme une source de contraintes et où le rôle de l'ergonome se borne à la réduction de ces contraintes. L'objectif de l'ergonomie constructive étant l'élimination des entraves à la réussite et au développement, elle vise la maximisation des opportunités*[2] ».

1. Article L. 6313-7 du Code du travail, précisé par l'article D. 6313-3-2.
2. P. Falzon, *Ergonomie constructive*, *op. cit.*

Encadré 9 : L'approche par l'activité de travail

L'approche par l'activité de travail, de préférence à une entrée par les risques, est un concept issu de l'ergonomie.

L'analyse de l'activité est généralement définie comme l'analyse des stratégies de régulation et d'anticipation mises en œuvre par le travailleur pour gérer l'écart entre le travail prescrit et le travail réel[1]. Elle rend cet écart visible et ne cherche pas à le nier mais à l'exploiter :

– soit en tentant de le faire disparaître ou de le réduire s'il est considéré trop dangereux pour les travailleurs ou la performance de travail et donc non acceptable. Il s'agira alors d'apporter des correctifs au travail prescrit afin de le rendre compatible avec les pratiques réelles (ex. : prévoir une passerelle d'accès permettant d'enjamber une ligne de production s'il apparaît nécessaire de circuler régulièrement de part et d'autre de la ligne plutôt que d'imposer un contournement qui n'est pas respecté en pratique) ou de comprendre les déterminants du comportement adopté par le travailleur (croyances, rapport au risque…) afin de le corriger (formation, sensibilisation…). Cela pourra aller jusqu'à interdire certains modes opératoires s'ils présentent des risques insurmontables ;

– soit en tolérant l'existence de modes opératoires alternatifs dès lors qu'ils n'excèdent pas des limites acceptables. Il s'agira d'analyser l'écart à la règle, de repérer les avantages qu'il procure et de reconnaître son potentiel régulateur dès lors qu'une évaluation des risques conclut qu'il n'augmente pas les risques pour la sécurité ;

– soit en considérant que l'écart est vertueux et améliore la santé et la sécurité sans nuire à la performance de travail voire l'améliore. L'écart pourra alors devenir une règle de métier et être intégré au mode opératoire.

1.2.2.3 La qualité de vie et des conditions de travail

77. La qualité de vie au travail (QVT) est une bonne illustration de la manière dont un courant de pensée s'enracine lentement dans le paysage de la prévention avant d'obtenir une reconnaissance légale. Elle est typiquement un concept dont l'introduction dans le champ de la santé au travail s'est faite en dehors de tout cadre normatif avant de faire l'objet d'un accord national interprofessionnel, l'ANI du 19 juin 2013 sur l'égalité professionnelle et la QVT, puis d'être repris dans la loi. L'accord lui-même a été jugé peu prescriptif et s'apparentait plus, dans un contexte de forte prégnance des RPS, à une invitation politique à changer de paradigme et à renouveler les clés de lecture des relations sociales dans l'entreprise. Sa principale caractéristique était d'établir explicitement le lien entre santé au travail et performance économique (*cf. infra* 10.1.6).

1. F. Guérin, A. Laville, F. Daniellou, J. Duraffourg et A. Kerguelen, *Comprendre le travail pour le transformer*, Agence Nationale pour l'Amélioration des Conditions de Travail, 1997, p. 37.

78. Beaucoup de critiques ont reproché au nouveau vocable d'être un artifice purement sémantique visant à sortir des représentations négatives du travail généralisées par les RPS, au profit d'un discours positif sur le travail, facteur de santé et de bien-être mais sans réelle portée sur le fond. La réalité est plus complexe car la QVT, sur le plan conceptuel, reprend l'idée centrale selon laquelle les RPS reproduisent les limites de toute approche par les risques et réduisent la santé mentale au travail à sa dimension sanitaire.

79. L'accord du 19 juin 2013 n'a certes pas donné de la QVT une définition précise et concise permettant de lui conférer une portée opérationnelle immédiate. Il a en revanche considérablement élargi le spectre des déterminants sur lesquels agir pour améliorer les conditions de travail et a constitué à cet égard un marqueur de la transition ayant ouvert la voie à une acception beaucoup plus large de la santé au travail et à une reconnaissance de l'importance de l'organisation du travail et du dialogue social comme leviers de santé.

80. L'accord en premier lieu entendait « *dépasser les approches des RPS sur les seules dimensions de la souffrance au travail* » et rappelait que « *l'enjeu de la prévention n'est plus seulement de réduire les risques, mais de développer des conditions d'organisation pour bien travailler* » … « *En s'appuyant sur l'activité concrète des salariés, leur vécu et leur expression.* » Ainsi, ce qui se rapproche le plus d'une définition de la QVT est l'affirmation selon laquelle, « *les conditions dans lesquelles les salariés exercent leur travail et leur capacité à s'exprimer et à agir sur le contenu de celui-ci déterminent la perception de la qualité de vie au travail qui en résulte* ».

81. En pratique, la principale novation de la QVT, mais elle est de taille, est de mobiliser des acteurs et des dispositifs autres que ceux habituellement convoqués par la santé au travail. Les facteurs permettant d'agir sur l'organisation du travail et le dialogue social ou professionnel ne relèvent pas des seules commissions spécialisées en santé au travail (CSSCT), médecin du travail, ingénieur de prévention ou même du service des ressources humaines mais de tous les acteurs de l'entreprise.

82. Reprenant l'approche initiée par l'ANI de 2013, l'accord national interprofessionnel du 9 décembre 2020 indique dans son préambule que « *la qualité de vie au travail, dont la santé et la sécurité au travail sont un des aspects, est un facteur de santé et de réalisation personnelle pour les salariés* » et que « *sur le plan collectif, la qualité de vie au travail est une des conditions de la performance de l'entreprise* ». Le PST4 fait de la QVT, renommée qualité de vie et des conditions de travail par l'ANI (QVCT), un des trois objectifs de son axe consacré à la prévention primaire et à la culture de prévention. Il met explicitement l'accent sur le plan organisationnel (*cf. infra* 10.1.6).

83. Le Code du travail fait désormais de la QVCT un objet de négociation périodique obligatoire dans l'entreprise, dont les contours très larges englobent les thèmes les plus récurrents tels que la conciliation entre la vie personnelle et la vie professionnelle, l'exercice du droit d'expression, le droit à la déconnexion, la régulation des outils numériques (L. 2242-17).

1.3 Les différents niveaux de prévention

84. Les approches de la prévention examinées aux paragraphes précédents conduisent chacune à agir sur des leviers différents et induisent donc des niveaux de prévention également différents. Les plus connus, introduits récemment dans le champ de la santé au travail, sont les niveaux dits de *prévention primaire, secondaire et tertiaire*. Ils n'ont pas de portée normative et ne sont pas les seuls pouvant être mobilisés mais ils sont utilisés dans d'autres disciplines et constituent aujourd'hui un cadre de référence largement partagé par les préventeurs. Ces niveaux sont implicitement ceux que la jurisprudence mobilise lorsqu'elle exige que l'employeur fasse la démonstration qu'il a mis en œuvre *toutes les actions* de préventions prévues par les articles L. 4121-1 et L. 4121-2 du Code du travail (*cf. infra* 4.2.1).

1.3.1 Préventions primaire, secondaire et tertiaire

85. C'est dans le Glossaire de la série « Santé pour tous » de l'OMS[1] qu'apparaissent véritablement en 1984 les définitions de préventions primaire[2], secondaire et tertiaire. Pendant très longtemps ces notions sont restées étrangères à l'univers des risques professionnels. Les définitions qui suivent ont en effet été pensées dans une logique de santé publique et plus particulièrement de lutte contre la maladie. Le triptyque « primaire/secondaire/tertiaire » tend cependant à être appliqué aujourd'hui à de plus en plus de domaines tels que, par exemple, la protection de l'enfance et plus généralement à tout domaine dans lequel une action préventive peut être conduite. Cette extension se fait avec plus ou moins de bonheur mais prospère en raison de la catégorisation commode qu'elle permet de réaliser entre les différents niveaux de prévention envisageables face à un risque. Dans le champ de la santé au travail, la déclinaison de ce triptyque revient *grosso modo* à remplacer dans les définitions le mot « maladie » par le mot « risque ».

1. Glossaire de la série « Santé pour tous », volumes 1 à 8, OMS, 1984, 40 pages.
2. À ne pas confondre avec « les soins de santé primaires », définis comme les soins de santé essentiels, les soins de santé secondaires (souvent dispensés en établissement hospitalier) et les soins de santé tertiaires (soins les plus spécialisés).

1.3.1.1 La prévention primaire

86. Selon l'OMS, « *la prévention primaire vise à empêcher l'apparition d'une maladie ou de problèmes de santé, comme l'insuffisance pondérale à la naissance, par des mesures telles que l'éducation sanitaire, les vaccinations, l'amélioration de la nutrition, l'amélioration de l'environnement et des soins appropriés aux femmes enceintes* ». Cette définition, à l'échelle mondiale, renvoie à des situations très variées et semble couvrir des exigences de base (besoins fondamentaux). Elle se fait plus exigeante dans les économies développées où l'idée majeure est d'agir sur les déterminants, quels qu'ils soient, permettant d'éviter l'apparition de maladies. Ce faisant, la notion rejoint en partie celle de promotion de la santé, la prévention primaire étant le plus sûr moyen d'anticiper le risque en agissant à la racine[1].

87. Dans un rapport parlementaire de 2008 consacré aux disparités territoriales des politiques de prévention sanitaire, la prévention primaire est résumée par l'intitulé : « *Avant l'apparition de la maladie : la prévention primaire* ». Celle-ci y est définie comme « *l'ensemble des actes visant à diminuer l'incidence d'une maladie dans une population et donc à réduire, autant que faire se peut, les risques d'apparition de nouveaux cas* ». L'usage du terme *incidence* n'est pas neutre. Il indique que la prévention primaire agit directement sur l'occurrence, c'est-à-dire, sur la probabilité de survenue de la pathologie.

88. Agir en prévention primaire signifie donc agir sur les causes profondes, sur les déterminants, et constitue la voie privilégiée de la prévention. Dans l'idéal, la prévention primaire ne s'intéresse pas tant aux facteurs de risque qu'aux facteurs de santé. Son succès total reviendrait à rendre la prévention secondaire et tertiaire sans objet. Dans le champ de la santé au travail, elle équivaut à mettre en œuvre le premier des PGP : « *éviter les risques* ». Ainsi, par exemple, concevoir une nouvelle usine de telle sorte que les flux de production évitent la manutention de charges lourdes ou introduire dans le cahier des charges d'un nouveau système informatique des fonctionnalités qui font primer l'allègement des contraintes des futurs utilisateurs sur l'acquisition d'une solution technique standard inadaptée, sont des actes de prévention primaire.

1. En santé publique, la prévention primaire s'adresse en quelque sorte aux bien portants ou s'intéresse plus exactement à tous sans distinction de leur état initial, dans une logique universaliste. L'illustration historique la plus souvent utilisée est celle des travaux d'assainissement qui ont permis d'éradiquer au 19e siècle en Europe les grandes épidémies (choléra...) en agissant sur leurs causes, en l'occurrence l'approvisionnement et le traitement de l'eau ainsi que l'évacuation des déchets. Ces politiques d'assainissement se situent dans une logique d'hygiène publique collective et s'attaquent à la source des pathologies plutôt qu'à leurs symptômes.

89. En pratique, la prévention primaire produit les résultats optimaux lorsqu'elle est mise en œuvre dès la phase de conception d'un projet car c'est à ce moment privilégié qu'ingénieurs de production, bureaux d'études, bureaux des méthodes et décideurs peuvent anticiper un maximum de risques, *a fortiori* s'ils associent à leurs réflexions les travailleurs, principaux intéressés. Certaines entreprises vont jusqu'à intégrer les conditions de travail dans la conception de leurs produits finis (*design*), en vue par exemple d'anticiper les risques de troubles musculosquelettiques des assembleurs sur les chaînes de montage. Les spécifications techniques du produit intègrent alors dès sa conception la phase de fabrication, voire celles de réparation et d'élimination, de sorte qu'au-delà de la satisfaction d'usage du produit de consommation par le client, tous les travailleurs des métiers intervenant dans le cycle de vie amont ou aval du produit le fassent dans des conditions ergonomiques[1] (ex. : intégrer des poignées moulées sur un appareil électroménager pour éviter les opérations de vissage et dévissage lors de son assemblage). Par nature, de telles démarches, anticipatrices, correspondent à des actions de prévention assimilables à un investissement, dont la réalisation doit être planifiée et dont les effets se feront sentir à long terme. Elle doit donc être accompagnée d'actions de prévention secondaire et tertiaire pour gérer les situations de travail existantes, dans lesquelles des risques perdurent. Par ailleurs, aucune action de prévention primaire n'étant efficace à 100 %, il est toujours nécessaire de conduire des actions correctives (*cf. infra* tableau 7).

Encadré 10 : La simulation de l'activité au service de la prévention primaire

La prévention primaire consistant à agir le plus en amont possible dans les processus de conception, les méthodes de simulation, en particulier les outils de simulation 3D, deviennent un moyen robuste d'anticiper les conséquences des choix des concepteurs sur les futures conditions de travail.

La simulation 3D permet d'imaginer de manière réaliste et précise une implantation future d'atelier, de bureau, de machine, et de la soumettre à l'avis des futurs utilisateurs des lieux ou des équipements, afin qu'il puissent émettre des suggestions à partir de leur expérience du travail réel, notamment des aléas de l'activité, qu'ils connaissent et peuvent anticiper (ex. : « *y aura-t-il assez de place pour réaliser certaines opérations de maintenance ponctuelles dans cette configuration d'implantation de la*

1. Autrement dit, « *Ne pas provoquer de TMS lors du montage de l'appareil* » devient par exemple une spécification que l'ingénieur doit prendre en compte au même titre que les spécifications du produit final.

machine ? Où devront être placés les prises d'énergie, et les dispositifs de captage des polluants ? Les voies de circulation sont-elles assez larges pour manœuvrer avec un chariot automoteur ? etc.) ».

Les performances des logiciels de conception offrent la possibilité de tester de nombreuses hypothèses alternatives en limitant le temps et l'impact des simulations sur les installations en fonctionnement.

1.3.1.2 La prévention secondaire

90. La prévention secondaire, originellement, « *cherche à stopper ou à retarder l'évolution d'une maladie par le dépistage précoce et un traitement approprié, ou à réduire le risque de rechute et de chronicité, par exemple par des mesures de réadaptation, une chirurgie corrective et la fourniture de prothèses* ».

91. Le rapport parlementaire précité lui consacre un paragraphe intitulé : « Au tout début de la maladie : la prévention secondaire ». Il considère que « *le but de la prévention secondaire est de diminuer la prévalence d'une maladie dans une population. Ainsi, ce stade de la prévention recouvre les actes destinés à agir au tout début de l'apparition du trouble ou de la pathologie afin de s'opposer à son évolution, ou encore pour faire disparaître les facteurs de risque. Dans cette optique, le dépistage – dans la mesure où il permet de détecter une atteinte ou la présence de facteur de risque – trouve toute sa place au cœur de la prévention secondaire. À côté du dépistage, le diagnostic et le traitement prodigué en vue d'éviter la progression de la maladie sont des composants tout aussi essentiels de la prévention secondaire* ».

92. En tant que niveau de prévention, la prévention secondaire peut être assimilée au soin préventif : il n'est pas trop tard mais le risque, révélé par un dépistage, est avéré, voire s'est déjà réalisé. La précocité du dépistage est décisive et les mots clé sont « *diagnostic, traitement, protection, limitation* ». Il ne s'agit plus tant de prévenir, au sens d'éviter, que de circonscrire et d'enrayer, corriger.

93. Appliquée aux risques professionnels, la prévention secondaire se traduit par la mise en œuvre du deuxième PGP consistant à « *évaluer les risques qui n'ont pu être évités* » et à déployer des actions de prévention visant à éradiquer ou limiter les risques identifiés. Les nuisances sonores d'une machine pourront par exemple être réduites jusqu'à atteindre un niveau inférieur aux seuils réglementaires, sans que le bruit inhérent à l'activité puisse être totalement supprimé.

1.3.1.3 La prévention tertiaire

94. La prévention tertiaire n'est pas définie dans le glossaire OMS de 1984[1]. Elle l'est en revanche plus précisément dans le rapport OMS sur la santé dans le monde de 2001 consacré à la santé mentale[2]. Ce rapport considère que l'on « *peut classer en trois grandes catégories les interventions de prise en charge des troubles mentaux et du comportement, selon qu'il s'agit de prévention, de traitement ou de réadaptation. Ces trois catégories correspondent approximativement aux notions de prévention primaire, secondaire et tertiaire* ». La réadaptation/prévention tertiaire est alors définie comme « *l'ensemble de mesures visant à permettre aux personnes handicapées de recouvrer leurs fonctions initiales ou d'utiliser au maximum les capacités qui leur restent ; la réadaptation comprend à la fois des interventions individuelles et des actions sur l'environnement* ».

95. Le rapport parlementaire précité, à nouveau, intitule le paragraphe consacré à la prévention tertiaire : « Une fois la maladie installée : la prévention tertiaire ». Il la définit comme le fait « *de réduire les complications, invalidités ou rechutes consécutives à la maladie. En d'autres termes, il s'agit d'amoindrir les effets et séquelles d'une pathologie ou de son traitement. Par ailleurs, la prévention tertiaire vise la réadaptation du malade, sous la triple dimension du médical, du social et du psychologique* ». Il s'ensuit que la locution *prévention tertiaire* est un quasi-abus de langage car il n'est plus question de prévention mais de soin curatif, de traitement et d'accompagnement vers la guérison ou la consolidation d'une pathologie déclarée. En résumé, la prévention tertiaire agit sur les conséquences de dommages qui se sont produits et dont elle cherche à diminuer ou compenser les effets. Elle n'agit pas sur les causes et ne peut tenir lieu à ce titre de politique de prévention.

96. Appliquée aux risques professionnels, elle ne correspond véritablement à aucun PGP et renvoie aux dispositifs mis en place lorsque l'accident du travail ou la maladie professionnelle s'est déjà produit, telle une cellule d'écoute en matière de RPS.

1. On en trouve trace en revanche dans le glossaire qui lui a succédé en 1999 mais de manière allusive et sans distinction de la prévention secondaire.

2. *La santé mentale, nouvelle conception, nouveaux espoirs*, 2001.

1.3.1.4 L'articulation des trois niveaux de prévention

97. Toute démarche de prévention devrait être exclusivement orientée vers la prévention primaire[1] mais un principe de réalité oblige l'employeur à articuler les trois dimensions de la prévention. Même si ce n'est pas exprimé en ces termes dans les textes, leur philosophie doit le conduire à privilégier la prévention primaire, complétée par des actions de prévention secondaire avant, en dernier recours, de recourir à des mesures dites de prévention tertiaire[2].

98. Toute politique de prévention est en réalité constituée d'un ensemble cohérent des trois. De ce point de vue, le triptyque de la typologie proposée par l'OMS constitue une clé de lecture utile du niveau de maturité d'une entreprise car ses pratiques réelles en matière de prévention révèlent la propension primaire, secondaire ou tertiaire de la démarche qu'elle privilégie de manière explicite ou implicite. Elles reflètent sa plus ou moins grande capacité ou volonté d'agir sur les déterminants du risque, les leviers qu'elle actionne déterminant son niveau général de *maîtrise des risques*.

1.3.2 Prévention universelle et prévention ciblée

99. Une autre classification de la prévention en trois parties a été proposée[3]. À la différence de l'OMS, elle n'opère pas de distinction en fonction du stade de la maladie mais s'appuie sur la population à laquelle elle s'adresse. Sont ainsi distinguées : la prévention universelle, la prévention sélective et la prévention ciblée. En étant dissociée de la notion de soins, cette classification présente l'intérêt de se

1. Dans le glossaire sur la promotion de la santé de 1999, l'OMS indique qu'on « *établit une distinction entre la santé publique et une nouvelle santé publique, afin de mettre l'accent sur des démarches nettement différentes à l'égard de la description et de l'analyse des déterminants de la santé, et des méthodes utilisées pour résoudre les problèmes de santé publique. Cette nouvelle santé publique se caractérise par le fait qu'elle repose sur une compréhension globale des façons dont les modes de vie et les conditions de vie déterminent l'état de santé, et sur une prise de conscience de la nécessité de dégager des ressources et de faire de bons investissements dans des politiques, des programmes et des services qui créent, maintiennent et protègent la santé en favorisant des modes de vie sains et en créant des environnements favorables à la santé. Il se peut qu'à l'avenir cette distinction entre une santé publique ancienne et nouvelle ne soit plus nécessaire, si la notion générale de santé publique se développe et s'élargit* ».

2. En pratique cela revient souvent à agir respectivement sur l'organisation dans son ensemble, sur un groupe de postes de travail ou de fonctions ou sur l'individu. Bien souvent, ce qui va distinguer la prévention primaire, secondaire ou tertiaire est que plus l'action de prévention est de nature primaire plus elle porte sur des déterminants organisationnels et collectifs bénéficiant à l'ensemble de la communauté de travail. La prévention primaire « s'éloigne » en quelque sorte de l'individu tandis que la prévention tertiaire prend en charge prioritairement l'individu.

3. RS. Gordon, en 1982.

centrer exclusivement sur des actions de nature préventive (éducation, etc.). Elle semble en revanche, par construction, focalisée sur le comportement des populations/personnes qu'elle cible et accorder une moindre place aux déterminants sociaux :

- **la prévention universelle** s'adresse à l'ensemble de la population, quel que soit son état de santé. Le champ dit de « l'éducation pour la santé », qui insiste notamment sur les grandes règles d'hygiène, en fait partie ;
- **la prévention sélective** s'exerce en direction de sous-groupes de population spécifiques, présentant des facteurs de risque : automobilistes, travailleurs du bâtiment, jeunes femmes, hommes de plus de 50 ans, population défavorisée, etc. Des campagnes de prévention routière, la promotion de l'activité physique ou la contraception en sont des exemples ;
- **la prévention ciblée** vise non seulement des sous-groupes de la population mais aussi des facteurs de risque particuliers associés à cette population (cancer du sein chez les femmes, cinquantenaires *hypercholestérolémiques*, etc.).

100. Cette démarche a l'avantage de prévoir la mise en œuvre d'actions de prévention s'adressant à l'ensemble de la population (caractère universel) tout en agissant simultanément sur chaque catégorie selon ses besoins (caractère proportionné).

101. Appliquée à la santé au travail et au niveau de l'entreprise, l'approche peut être utile pour orienter les choix car, tout en ne renonçant pas à l'application de règles de prévention qui ont vocation à bénéficier à tous les travailleurs (caractère universel), elle permet de prioriser l'action en direction des catégories de travailleurs dont le résultat de l'évaluation des risques aura mis en évidence un risque majoré (ex. : les femmes, les seniors, les nouveaux arrivants, les salariés en CDD ou contrat d'intérim, etc.) ou une exposition à un facteur de risque ou une activité préoccupant (bruit, travailleurs de nuit, travailleurs de l'atelier d'assemblage, etc.). C'est un moyen potentiel de justifier un usage optimal des ressources allouées à la prévention dans l'entreprise lors de l'élaboration du plan d'action et d'argumenter au besoin le respect d'une obligation de moyens renforcée[1].

1. Pour mémoire, à l'échelle des États membres, la directive cadre du 12 juin 1989 prévoit explicitement dans son article 15 la nécessité de prendre des dispositions particulières pour la protection des groupes à risques : « *Les groupes à risques particulièrement sensibles doivent être protégés contre les dangers les affectant spécifiquement* ».

1.4 L'influence de principes non issus de la santé au travail

102. La santé au travail repose sur un cadre conceptuel qui s'est construit de manière autonome, en dégageant ses propres principes et son propre corps de règles[1]. La partie IV du Code du travail s'ouvre ainsi sur des *principes généraux de prévention* (PGP) qui irriguent tout le droit de la prévention des risques professionnels. Ces principes, issus de la directive-cadre de 1989, ont fait l'objet de modifications à la marge, introduites au fil du temps par le droit interne[2]. Ils sont déclinés ensuite dans l'ensemble des décrets de la partie IV réglementant un risque spécifique (bruit, vibrations...) ou une activité particulière (travail sur écran, manutention...). Les PGP s'adressent prioritairement à l'employeur[3], qui a la charge de les mettre en œuvre de manière opérationnelle. Ils constituent un chapeau et la grille de lecture à partir de laquelle doivent être décidées les actions de prévention. En ce sens, les pratiques des entreprises sont largement déterminées par le cadre juridique et institutionnel qui les régit, qu'il soit d'ordre principiel ou règlementaire.

103. Mais, sans même évoquer le risque économique, les entreprises sont confrontées à d'autres risques que professionnels. La gestion de ces risques est en général adossée à un cadre doctrinal et normatif de prévention reposant également sur des principes généraux, mais d'inspiration différente de ceux régissant la santé au travail. Ainsi, de plus en plus de politiques publiques s'appuient sur un tel corpus pour traiter de questions environnementales (développement durable), sanitaires (lutte contre les pandémies, stratégies de santé...), de sécurité civile (sécurité routière, catastrophes naturelles...) ou sociétales (lutte contre les discriminations...). La porosité croissante de ces politiques et des logiques qui les sous-tendent avec le monde du travail

---

1. Raison pour laquelle elle a aussi pu pâtir d'une forme d'isolement qui lui vaut aujourd'hui de suivre certaines approches plutôt que d'en être pilote.

2. Les dispositions de la directive fixant des prescriptions minimales, elles peuvent faire l'objet d'exigences supplémentaires en droit interne. Les modifications introduites en France depuis la loi de transposition de 1991 dans les articles L. 4121-1 et suivants ne modifient pas substantiellement les PGP de la directive mère. Introduites à chaque fois dans un contexte spécifique, elles relèvent plutôt de la réaffirmation politique de priorités liées à une actualité sensible et donc de clarifications, précisions, illustrations ou compléments qu'une lecture conforme à l'esprit de la directive aurait de toute façon permis d'inférer. Il en va ainsi de l'obligation de protéger la santé « *physique et mentale* » introduite à l'article L. 4121-1 en 2002 dans le contexte de parution des textes sur le harcèlement moral, de l'ajout du « *harcèlement sexuel* » en 2012 parmi les facteurs de risques devant faire l'objet d'une planification des actions de prévention énumérés au 7° de l'article L. 4121-2 ou encore de la mention de « *l'organisation du travail* » parmi les volets sur lesquels doit porter l'évaluation des risques, introduite à l'article L. 4121-3 par la loi du 2 août 2021.

3. Certaines dispositions s'adressent au concepteur, au maître d'ouvrage, etc.

n'est pas sans poser des questions d'articulation. Elle interroge leur portée juridique et pratique dans le champ des risques professionnels. Quid par exemple de l'application du principe de précaution, issu du droit de l'environnement, dans le champ de la santé au travail ? Est-il sans objet ? Emporte-t-il des obligations concrètes *de faire* ou constitue-t-il une simple source d'inspiration pertinente et transférable ?

104. Les paragraphes suivants examinent les principes généraux qui régissent la prévention de risques autres que la santé au travail car nombre d'entre eux sont susceptibles d'empiéter sur cette dernière ou pourraient rentrer en conflit avec elle. Dans une logique croissante de santé globale, ils peuvent aussi préfigurer, par extension ou capillarité, des évolutions des exigences de la société à l'égard de la prévention des risques professionnels qu'il convient d'anticiper.

1.4.1 L'obligation de prévention en santé publique

105. En matière de santé publique, on l'a vu, de nombreuses notions issues des travaux de l'OMS tendent à pénétrer le champ jusqu'ici autonome de la santé au travail (notions de *prévention primaire*, de *promotion de la santé*, etc.) (cf. *supra* 1.2.2.1 et 1.3.1). L'interpénétration de la santé publique et de la santé au travail ont pris en outre une acuité particulière depuis la crise sanitaire liée au Covid-19.

106. Sur le plan légal, une définition de la politique de prévention, donc indirectement de la prévention, est apparue pour la première fois avec la loi du 4 mars 2002 relative aux droits des malades[1]. Elle mobilisait les concepts clé de l'OMS mais a été abrogée. C'est aujourd'hui l'article L. 1411-1 du Code de la santé publique, qui fixe des obligations à la Nation à l'égard de chacun en matière de protection de la santé. Cet article rappelle que la politique de santé relève de la responsabilité de l'État et intègre explicitement la prévention et le milieu de travail parmi les onze objets qu'il énumère. Il n'emporte pas d'obligation directe à l'égard de l'employeur mais éclaire le rôle que les pouvoirs publics entendent lui confier dans le cadre de sa politique globale en matière de promotion de la santé, d'information, de dépistage, de vaccination, ce que la crise sanitaire liée au Covid-19 a

1. « *La politique de prévention a pour but d'améliorer l'état de santé de la population en évitant l'apparition, le développement ou l'aggravation des maladies ou accidents et en favorisant les comportements individuels et collectifs pouvant contribuer à réduire le risque de maladie et d'accident. À travers la promotion de la santé, cette politique donne à chacun les moyens de protéger et d'améliorer sa propre santé. La politique de prévention tend notamment : 1° À réduire les risques éventuels pour la santé liés aux multiples facteurs susceptibles de l'altérer, tels l'environnement, le travail, les transports, l'alimentation ou la consommation de produits et de services, y compris de santé ; (...)* », article L. 1417-1 du Code de la santé publique abrogé.

clairement mis en évidence en indiquant la manière dont l'entreprise devait participer à la lutte contre la pandémie.

Encadré 11 : L'article L. 1411-1 du Code de la santé publique au prisme du travail

L'article L. 1411-1 du Code de la santé publique inaugure le livre consacré à l'administration générale de la santé au sein de la première partie de ce code consacrée à la protection générale de la santé. Il définit la politique de santé incombant à l'État. Plusieurs de ses dispositions intéressent de manière directe ou indirecte le champ de la santé au travail et donnent à voir la façon dont l'employeur, à son niveau, peut-être impacté et tenu de contribuer et rendre compte de son action au titre de la santé publique. Pourrait-il à ce titre se voir un jour tenu d'organiser la non-sédentarité au poste de travail ?

« *La Nation définit sa politique de santé afin de garantir* ***le droit à la protection de la santé de chacun****.*

La politique de santé relève de la responsabilité de l'État.

Elle tend à assurer la promotion de conditions de vie favorables à la santé[1]*, l'amélioration de l'état de santé de la population, la réduction des inégalités sociales et territoriales*[2] *et* ***l'égalité entre les femmes et les hommes*** *et à garantir la meilleure sécurité sanitaire possible et* ***l'accès effectif de la population à la prévention*** *et aux soins.*

La politique de santé comprend :

1° La surveillance et l'observation de l'état de santé de la population et l'identification de ses principaux déterminants, notamment ceux liés à l'éducation et aux ***conditions de vie et de travail****. L'identification de ces déterminants s'appuie sur le concept d'exposome, entendu comme l'intégration sur la vie entière de* ***l'ensemble des expositions qui peuvent influencer la santé humaine*** *;*

2° ***La promotion de la santé dans tous les milieux de vie, notamment (...) sur le lieu de travail****, et la réduction des risques pour la santé liés à l'alimentation, à des facteurs environnementaux et aux conditions de vie susceptibles de l'altérer*[3] *;*

3° ***La prévention collective et individuelle****, tout au long de la vie, des maladies et de la douleur, des traumatismes et des pertes d'autonomie, notamment (...), par la* ***lutte contre la sédentarité*** *et par le développement de la* ***pratique régulière d'activités physiques*** *et sportives à tous les âges ; (...)*

5° L'organisation des parcours de santé. Ces parcours visent, par la ***coordination des acteurs sanitaires, sociaux et médico-sociaux,*** *en lien avec les usagers et les collectivités territoriales, à garantir la continuité, l'accessibilité, la qualité, la sécurité et l'efficience de la prise en charge de la population, en tenant compte des spécificités géographiques,*

1. Logique de *promotion de la santé.*
2. Logique d'*investissement social.*
3. Logique de *santé globale*.

> *démographiques et saisonnières de chaque territoire, afin de concourir à l'équité territoriale ; (...)*
> 7° ***La préparation et la réponse aux alertes et aux crises sanitaires** ; (...)* »

1.4.2 L'obligation de prévention en droit de l'environnement

107. L'inscription législative de la prévention en matière environnementale figure dans les principes généraux qui ouvrent le livre premier du Code de l'environnement. L'article L. 110-1, après avoir défini les domaines auxquels il s'applique[1], rappelle leur nécessaire protection dans une optique de développement durable. Il énonce les principes, au nombre de neuf, dont doivent s'inspirer les lois qui en définissent la portée. Il prévoit aussi cinq engagements dont le quatrième, « *l'épanouissement de tous les êtres humains* », rejoint la vocation universelle que l'OMS assigne à l'objectif global de santé des personnes et renforce la portée de cette finalité dans la loi.

108. À l'instar de l'article L. 1411-1 du Code de la santé publique, l'article L. 110-1 s'adresse prioritairement aux décideurs publics et plus particulièrement au législateur. Toutefois, l'article L. 110-2 indique immédiatement dans sa suite que si « *les lois et règlements organisent le droit de chacun à un environnement sain (...), il est du devoir de chacun de veiller à la sauvegarde et de contribuer à la protection de l'environnement* » et que « *les personnes publiques et privées doivent, dans toutes leurs activités, se conformer aux mêmes exigences* ». Il s'ensuit que les activités de l'employeur susceptibles d'impacter l'environnement doivent articuler les PGP qui régissent la protection des travailleurs avec les principes de l'article L. 110-1. À ce titre, on s'attardera plus particulièrement sur les deux premiers d'entre eux, sources de convergence mais aussi de potentielles tensions :

- 1° Le principe de précaution, selon lequel l'absence de certitudes, compte tenu des connaissances scientifiques et techniques du moment, ne doit pas retarder l'adoption de mesures effectives et proportionnées visant à prévenir un risque de dommages graves et irréversibles à l'environnement à un coût économiquement acceptable ;
- 2° Le principe d'action préventive et de correction, par priorité à la source, des atteintes à l'environnement, en utilisant les meilleures

1. « *Les espaces, ressources et milieux naturels terrestres et marins, les sons et odeurs qui les caractérisent, les sites, les paysages diurnes et nocturnes, la qualité de l'air, la qualité de l'eau, les êtres vivants et la biodiversité font partie du patrimoine commun de la nation.* »

techniques disponibles à un coût économiquement acceptable. Ce principe implique d'éviter les atteintes à la biodiversité et aux services qu'elle fournit ; à défaut, d'en réduire la portée ; enfin, en dernier lieu, de compenser les atteintes qui n'ont pu être évitées ni réduites, en tenant compte des espèces, des habitats naturels et des fonctions écologiques affectées.

109. S'agissant du principe de précaution, sa présence dans le seul Code de l'environnement et sa formulation sont sans ambiguïté sur le fait qu'il ne vise que les risques de dommage graves et irréversibles à l'environnement. Le champ des risques professionnels n'est pas visé mais la tentation de transposition du raisonnement pour ces derniers est grande, notamment lorsque les travailleurs sont exposés à des produits dont les effets sur la santé sont encore incertains. On notera toutefois que ce principe n'implique nullement l'interruption de l'activité mais qu'il conditionne sa mise en œuvre à des mesures proportionnées et à un coût économiquement acceptable. La prise de risque est donc entérinée pour peu qu'elle soit assortie de précautions raisonnables. L'argumentaire est-il transposable tel quel à la santé au travail ?

110. S'agissant du principe d'action préventive et de correction, la logique est plus familière et reprend celle de l'article L. 4121-2 du Code du travail. On y retrouve explicitement la hiérarchie consistant prioritairement à éviter les risques, à en réduire la portée lorsque l'évitement est impossible et à en compenser les effets lorsqu'ils se réalisent (prévention/protection/réparation). On y retrouve en filigrane l'articulation entre prévention primaire, secondaire et tertiaire.

111. Le champ de l'environnement dispose donc, comme celui de la santé au travail, d'un corpus de principes de prévention doté d'une portée juridique et constitutif d'un cadre d'action structurant pour ceux qui sont chargés de le mettre en œuvre. Bien qu'il s'intéresse aussi à la santé humaine à travers les pathologies d'origine environnementale, il ne se réfère pas à la classification de l'OMS mais propose, à travers l'article L. 110-1, une approche anticipatrice qui relève de la même logique. Cette proximité ne peut être que source d'inspirations croisées, et ce d'autant plus qu'elle se double souvent d'une interdépendance des solutions mises en œuvre et, dans les plus grandes entreprises, d'une gestion de risque chapeautée par les mêmes services.

Encadré 12 : La classification OMS adaptée à la sécurité routière

La sécurité routière recourt à deux typologies. La première distingue sécurités primaire, secondaire et tertiaire. Elle recoupe la terminologie OMS en remplaçant la notion de prévention par celle de sécurité. La sécurité primaire vise la prévention de l'accident à partir de l'analyse de l'ensemble des causes techniques et comportementales qui ont amené à un accident routier, afin de lutter contre celles-ci (idée d'action à la source).

La sécurité primaire s'intéresse donc au véhicule (aide à la conduite : système antidérapage, ABS, limiteur de vitesse, calculateur de distance…), à l'individu (réformer son comportement, afin de le mettre en situation de prévenir la survenue de l'accident) et à l'infrastructure routière (réduire les endroits les plus dangereux, aider à une conduite sûre : marquage au sol, signalisation).

La sécurité secondaire n'a pas pour objectif d'éviter l'accident mais d'en réduire les conséquences. Elle s'intéresse aussi au véhicule mais dans une logique de réduction des dommages potentiels en cas d'accident (airbags, ceintures, etc.), ainsi qu'à l'infrastructure routière, dans la même logique (glissières de sécurité, etc.).

La sécurité tertiaire, enfin, a pour objet d'analyser les accidents (recueil d'informations sur les circonstances des accidents et leurs conséquences en termes de lésions).

La sécurité routière opère par ailleurs la distinction entre sécurité active et sécurité passive. La première implique une action pour prévenir l'accident, par exemple une amélioration de la formation du conducteur ou un dispositif mécanique prévenant le blocage des roues au freinage. La seconde concerne un mécanisme n'impliquant pas une action mais conférant une protection par constitution (habitacle de véhicule résistant aux déformations lors d'un choc…).

112. Ces exemples non exhaustifs illustrent l'interpénétration des principes de prévention qui irriguent et transcendent les diverses politiques de santé et de sécurité. Ils montrent que, quel que soit le domaine observé, il existe une convergence des approches tendant à l'adoption d'une classification récurrente, fondée sur la logique prégnante de prévention primaire, secondaire et tertiaire, issue de la santé publique. Ce triptyque fournit un cadre de référence manifestement partagé en proposant une gradation des options à privilégier en fonction de ce sur quoi on entend agir : causes, symptômes ou effets. Il offre une grille de lecture commode qui peut être une source d'inspiration pour bâtir un programme d'action et une identification des moyens correspondants. Cette grille de lecture, nonobstant l'adoption de son lexique par le 4e Plan santé au travail, n'est toutefois pas formellement celle des PGP du Code du travail et n'est donc pas forcément suffisante pour justifier de la complétude des actions entreprises par l'employeur au regard des exigences jurisprudentielles dans le champ de la santé au travail. Cette dernière mérite une approche *ad hoc*, proposée à la section 5.2).

1.5 Les grandes évolutions des logiques et des pratiques de prévention

1.5.1 De la réparation des conséquences à la promotion de la santé : les quatre étapes de la prévention

113. On ne peut pas comprendre la manière dont les risques professionnels sont appréhendés aujourd'hui, ni les ambivalences qui peuvent parfois transparaître à la lecture des textes, sans identifier les paliers successifs qui ont jalonné ces cent cinquante dernières années. Ces paliers témoignent de la lente évolution du rapport à la santé au travail et de la lecture que font les pouvoirs publics et les acteurs sociaux des déterminants sur lesquels ils estiment devoir agir à un moment donné, révélant en ce sens leur maturité à l'égard de la prévention[1].

114. Chacun de ces paliers, estimés ici à quatre, est sous-tendu par un modèle de compréhension et de régulation des risques qui lui est propre. Toutefois, bien que scandée par quelques dates charnières, la transition d'un modèle à un autre est toujours lente et progressive. Ainsi, si chaque palier correspond à une approche nouvelle des risques, il ne se traduit pas pour autant par un abandon et un renouvellement concomitants de l'organisation et du cadre juridique qui l'a précédé. Il en résulte un chevauchement – pour ne pas dire une juxtaposition – et une cohabitation partielle d'approches anciennes et contemporaines qui expliquent la perception du caractère sédimentaire et parfois paradoxal des cadres conceptuel et réglementaire en vigueur[2].

115. On parle enfin de paliers parce que l'émergence d'un nouveau modèle advient à chaque fois avec le constat d'un *effet de palier* du modèle jusqu'alors en vigueur. Si chaque nouvelle ère de la prévention inaugure une amélioration plus ou moins rapide des indicateurs de sinistralité habituels (nombre d'accidents du travail, taux de fréquence, indice de gravité, etc.), elle se heurte, à partir d'un certain seuil, à une baisse tendancielle plus lente de cette sinistralité. La difficulté à appréhender des risques émergents – ou des risques existants qui n'occupaient pas

1. La révolution industrielle est le repère à partir duquel émerge une véritable politique publique à l'égard des risques du travail, dont nous sommes aujourd'hui encore en grande partie héritiers.

2. À titre d'illustration, en matière de travaux du BTP, la partie IV du Code du travail héberge aujourd'hui encore des dispositions issues d'un décret du 8 janvier 1965 dont la rédaction reflète de manière caractéristique la génération des dispositions réglementaires techniques prescrivant des obligations de moyens détaillées (ex. : l'article R. 4534-24 sur les fouilles en tranchée). Mais ces dispositions cohabitent avec des dispositions issues de la transposition de directives européennes prescrivant plutôt des objectifs à atteindre (ex. : article R. 4323-78 sur les planchers d'échafaudage, remplaçant les articles 114, 114a et 114b du décret de 1965 précité).

le devant de la scène car occultés par les risques jugés prioritaires ou jusqu'alors moins préoccupants socialement – génère un essoufflement qui appelle à chaque fois un renouvellement des approches[1].

116. À ce jour, aucun nouveau modèle n'a entrainé à lui seul l'observation de changements de comportements radicaux à travers une réduction substantielle et rapide des risques. Mais une tendance de fond se dégage néanmoins, qui est à l'évidence à l'élargissement progressif du spectre de la santé au travail et à la mobilisation des leviers se situant le plus en plus en amont possible du risque. Celui-ci s'estompe d'ailleurs progressivement au profit d'une approche privilégiant les facteurs de ressources pour la santé, première clé d'explication, par exemple, du glissement des risques psychosociaux (RPS) vers la qualité de vie au travail (QVT) (*cf. infra* 10.1.1).

117. Les quatre modèles décrits ci-après incarnent donc chacun une période durant laquelle un registre d'intervention réglementaire est privilégié. On distingue un « *modèle de réparation* », « *un modèle de protection* », « *un modèle de prévention* » puis, en dernier lieu, « *un modèle de promotion de la santé* ». Si chaque modèle se veut en rupture avec le précédent, il signe en réalité le franchissement d'une étape supplémentaire dans la compréhension des leviers à actionner pour obtenir de meilleurs résultats en matière de santé au travail. Il amorce aussi un affinement des exigences prudentielles et *in fine* jurisprudentielles à l'égard des entreprises, appelées à adapter leurs pratiques en conséquence[2].

Encadré 13 : Facteurs d'essoufflement et de transition des modèles de prévention

Il est difficile d'établir les éléments qui expliquent le passage d'un modèle de prévention à l'autre.

On peut cependant faire l'hypothèse que la prise de conscience de l'essoufflement d'un modèle repose autant sur la mise à jour de risques préexistants rendus visibles par les progrès que ce modèle a permis de réaliser à l'égard des risques qu'il ciblait en priorité (chutes de hauteur,

1. Palier atteint dans la fréquence des AT-MP, une part croissante de troubles musculosquelettiques (TMS) qui représentent 88 % des maladies professionnelles reconnues en 2018 et 30 % des arrêts de travail, en hausse depuis 2008 (Bilan PST3), la montée des risques psychosociaux liés aux modes d'organisation du travail, l'exposition aux produits chimiques encore très importante et les effets combinés de plusieurs agents chimiques, à l'origine de polyexpositions des travailleurs (bilan PST3), l'impact croissant de pathologies incapacitantes type cancers extraprofessionnels ou maladies chroniques (diabète, maladies cardiovasculaires, respiratoires, etc.), la prégnance des inégalités sociales de santé liées aux conditions de travail (expliquant en partie les six années d'écart d'espérance de vie entre les hommes cadres et ouvriers (Insee, 2016).

2. « La sécurité est une construction sociale qui s'adapte à la demande », René Amalberti, *Piloter la sécurité*, Springer, 2012.

risques machines...), que sur les transformations du travail et de la société qui ont opéré un véritable déplacement des risques.

Ainsi, les décrets techniques de l'après-guerre ont permis la réduction drastique des accidents du travail dans la seconde moitié du 20e siècle, ce qui a mis en lumière d'autres risques déjà bien présents mais moins spectaculaires, moins décelables et donc moins *chassés* (TMS, usure précoce, etc.). Par ailleurs, ces risques révélés sont aussi la conséquence de transformations profondes de l'appareil socio-productif, que le système de prévention n'était pas préparé à prendre en charge.

Un parallèle peut être fait avec la médecine. Alors que l'on constatait jusque dans les années soixante-dix une régression des maladies grâce à la vaccination et aux progrès sanitaires (réduction des maladies infectieuses, traitement des eaux usées, antibiotiques, progrès techniques de la chirurgie, progrès social), ces progrès ont été atténués par le développement concomitant des maladies comportementales (tabagisme...), d'usure (infarctus du myocarde...) et dégénératives (Alzheimer, maladies chroniques...).

Dans le champ du travail, la baisse des accidents du travail a été contrée par la montée en puissance de problématiques mal recensées par les indicateurs habituels de sinistralité : les TMS, les RPS sont les symptômes d'évolutions d'un travail qui ne convoque plus seulement la force physique mais l'engagement subjectif. Les facteurs et les manifestations de ces nouveaux risques n'ont pas pu être appréhendés par des textes et des approches conçus pour d'autres réalités. Ce phénomène a conduit à l'émergence de nouveaux concepts, pour mieux traiter les questions contemporaines sans renoncer à la prévention des risques persistants.

1.5.2 Le modèle de la réparation, ou le risque accepté

118. Le modèle de la réparation s'étend *grosso modo* de la fin 19e à la seconde guerre mondiale. Il désigne une règlementation très majoritairement tournée vers la prise en charge des accidents du travail, puis des maladies professionnelles, à travers une logique de réparation c'est-à-dire d'indemnisation des lésions survenues à l'occasion du travail. La loi du 9 avril 1898 a ainsi introduit le principe de la responsabilité sans faute de l'employeur en cas d'accident du travail. En contrepartie, la victime bénéfice de la prise en charge automatique des soins et de l'indemnisation de la perte de revenus consécutifs à l'accident. Mais la loi exclut l'indemnisation de l'intégralité du préjudice subi[1]. Les principes de cette loi, toujours en vigueur, ont été repris par le Code de la sécurité sociale par la loi du 30 octobre 1946 dans le cadre du régime d'assurance de la branche accidents du travail/maladies professionnelles et constituent aujourd'hui encore le cadre de prise en charge de ces derniers. Ainsi, sauf faute inexcusable

1. Cette contrepartie est connue sous la désignation du « compromis de 1898 ».

de l'employeur, qu'il appartient au salarié d'invoquer, ce dernier bénéficie d'une indemnisation forfaitaire.

119. Ce système protecteur est aujourd'hui critiqué en raison des comportements qu'il induit de la part des employeurs, mais aussi des travailleurs, et de ses effets contreproductifs sur la prévention. Sur le plan sociétal tout d'abord, l'accent mis sur la réparation révèle une acception du risque qui dénote une forme de fatalisme à l'égard de ce qui a longtemps été perçu comme inévitable (les *risques du métier*). Inhérent originellement à l'activité industrielle, par essence dangereuse, l'accident est en quelque sorte considéré comme *le prix à payer* pour le progrès. Cette idée selon laquelle « *le risque zéro n'existe pas* » a souvent été reprise par le passé dans les récits des mineurs de fond qui, tout en revendiquant de meilleures conditions de travail, tiraient une forme de fierté sacrificielle à travailler durement et dangereusement parce qu'ils avaient le sentiment de le faire au profit du développement économique du pays et du confort de sa population. Cette acceptabilité affleure encore dans certains propos, notamment dans les témoignages des victimes d'accident du travail contemporains à qui il est demandé de fournir une explication de ce qui leur est arrivé[1]. Elle se retrouve aussi de longue date dans les travaux des ergonomes sur l'intériorisation du risque et le déni comme mécanisme de défense pour pouvoir surmonter les difficultés du travail (ouvriers du BTP, travailleurs du nucléaire, personnel médical, etc.).

120. Les RPS, plus récemment, ont également donné lieu à une longue période de déni au motif que la nécessaire adaptation des entreprises aux mutations de l'économie ne pouvait se faire qu'au prix d'une adaptation équivalente des travailleurs à des organisations du travail devenues hypertendues et à des réorganisations désormais constantes[2]. Portée par les théories managériales valorisant l'engagement individuel, cette approche a conduit à privilégier dans un premier temps un modèle de prévention des RPS centré sur la gestion du stress et le recours à la psychologie comportementale pour préparer le travailleur à faire face à la nouvelle donne. Elle entérinait ce faisant l'idée toujours ancrée selon laquelle c'est au travailleur de

1. Cf. *Accidents du travail, des morts et des blessés invisibles*, Véronique Daubas-Letourneux, Bayard, 2021.

2. « *On ne fait pas d'omelette sans casser des œuf* », selon les propos d'un dirigeant confronté à des suicides dans son entreprise.

s'adapter au risque et non l'inverse, comme le veut l'article L. 4121-2 du Code du travail[1].

121. Par ailleurs, aussi longtemps que l'accent et les moyens des politiques publiques sont mis sur la réparation, ils n'invitent pas à développer des pratiques de prévention visant en premier lieu à éviter la survenue de l'accident et donc l'apparition du risque. Même si la tarification de la cotisation AT/MP versée par l'employeur est censée jouer un rôle préventif, il est admis que la socialisation du risque, qui a pour effet de ne pas faire varier cette cotisation – ou de manière modérée – en deçà d'un certain seuil d'effectifs, est insuffisamment incitative à la prévention. Dans une logique rationnelle de gestion du risque, l'accident du travail reste donc un coût supportable et les inconvénients d'une éventuelle sur-cotisation sont perçus comme substantiellement moindres que ceux résultant des efforts à réaliser pour prévenir un risque par nature hypothétique. Au demeurant, la gestion de l'accident étant médiée par l'organisme de sécurité sociale, celui-ci intervient en quelque sorte par délégation de l'employeur, lequel est éloigné des conséquences et des coûts directs de l'accident.

Encadré 14 : Les effets de bord de la logique réparatrice

On sait que la neutralisation réglementaire des coûts résultant d'une tarification AT déconnectée des coûts réels de l'accident dans les plus petites entreprises est peu incitative à la prévention. Mais, au-delà, il n'est pas rare qu'un chef d'atelier n'ait pas la moindre idée des conséquences financières de l'accident survenu dans son périmètre.

Ces conséquences, dans les entreprises dites *au coût réel*, sont en effet souvent gérées au niveau des services des ressources humaines, sans imputation sur les résultats du centre de coûts dont la ligne hiérarchique a la responsabilité. C'est ainsi qu'un responsable d'unité peut ignorer que l'accident de l'un de ses collaborateurs, survenu un an plus tôt dans un de ses ateliers, a donné lieu à un reversement de 300 K€ à la sécurité sociale. Autrement dit, au-delà des contraintes immédiates consécutives à la gestion de l'absence de la victime (perte de production, nécessité de la remplacer, de former le remplaçant…), le coût de la non-prévention est souvent invisible pour la ligne hiérarchique.

Dans le même ordre d'idées, le responsable juridique d'un groupe industriel a expliqué à un ingénieur de prévention dudit groupe que ses demandes d'investissements en prévention ne seraient jamais validées par le Comex de l'entreprise aussi longtemps que cette dernière gagnerait

1. On observe de ce point de vue une augmentation régulière et sensible du nombre des déclarations et reconnaissances d'accident du travail inhérents à des RPS. L'insatisfaction à l'égard de leur régime de réparation est susceptible de donner lieu à une inflation des contentieux d'indemnisation au titre de la violation de l'obligation de sécurité pour harcèlement devant les conseils de prud'homme, par ailleurs non soumis au barème des indemnités maximales pouvant être accordées en cas de licenciement sans cause réelle et sérieuse.

ses contentieux en contestation des accidents et maladies professionnelles (vices de procédure, etc.), économiquement plus *rentables* que des dépenses dans le champ de la prévention aux résultats par nature incertain.

122. L'écueil d'une logique orientée majoritairement sur la réparation est bien identifié et tend à être compensé au sein de la sécurité sociale par des ajustements périodiques de la politique de tarification dans un sens se voulant plus responsabilisant. Il se traduit aussi par des messages de prévention et des conseils techniques dispensés dans les entreprises par les agents de prévention des Carsat, ou encore par des incitations financières dites positives, consistant par exemple à subventionner l'employeur réalisant des investissements favorables à la prévention dans les secteurs d'activité où est constatée une forte sinistralité. Il reste que cette politique se concentre mécaniquement sur le ciblage des risques les plus coûteux dans un souci gestionnaire légitime d'équilibrer les comptes de la branche risques professionnels de la sécurité sociale. Elle ne parvient pas à générer un élan généralisé et durable de l'ensemble des employeurs en faveur d'une démarche résolument préventive.

123. C'était en tout cas le diagnostic partagé par les pouvoirs publics et les partenaires sociaux en introduction du 3e Plan santé au travail (PST3) pour la période 2016-2020 lorsqu'ils ont appelé de leurs vœux un « *renouvellement profond d'approche de la santé au travail* » et après avoir constaté qu'« *à rebours d'une vision centrée sur la réparation et donc d'un travail avant tout potentiellement pathogène, le PST remet le travail au centre des préoccupations et la culture de prévention au cœur de toutes les actions. La santé n'est plus, dans ce contexte, abordée uniquement au prisme de la pathologie, mais selon une approche qui privilégie la promotion de la santé et le bien-être des travailleurs. Mettre en œuvre une démarche de prévention, ce n'est pas seulement prévenir les risques mais, plus en amont encore de la survenance des accidents ou maladies, concevoir de manière plus ambitieuse un travail qui prenne en compte les enjeux de santé* ». Et de préciser dans l'axe stratégique n° 1 du plan : « *Le PST3 réalise un renversement de perspective en accordant la priorité à la prévention plutôt qu'à la réparation. Il s'agit là d'une orientation forte, qui a fait l'objet d'un consensus entre les partenaires sociaux au sein du COCT : la période 2016-2020 devra ainsi initier cette nouvelle donne, cette réorientation de fond en faveur du travail, pour concourir au passage d'une politique trop tournée vers le soin et la réparation à une politique de promotion de la santé, de prévention* ».

124. Le même constat est repris en préambule de l'accord national interprofessionnel du 9 décembre 2020. Les signataires rappellent qu'ils sont « *résolus à mettre la prévention primaire au cœur de notre* *système de santé au travail. Le dispositif de santé au travail en France, à travers ses politiques publiques et institutionnelles, a trop longtemps été centré sur la réparation au détriment d'une approche positive donnant la priorité à la prévention primaire et mettant au centre des préoccupations le développement de la culture de prévention* ». Enfin, le PST4, couvrant la période 2021-2025, s'inscrit dans la continuité en rappelant dans son avant-propos qu'il « *conforte le renversement de perspective opéré par le PST3 en accordant la priorité à la prévention sur la réparation* ».

125. Le fait qu'un tel constat soit réalisé avec force en 2016 puis à nouveau en 2020 révèle la prégnance plus que centenaire du modèle de réparation et interroge les raisons pour lesquelles nous situons néanmoins la fin de celui-ci au tournant de la seconde guerre mondiale. En réalité, cette dernière ne marque pas tant la fin d'un modèle que le début d'une nouvelle période à compter de laquelle la réparation du dommage de la victime, assuré couvert par la législation sociale, va progressivement être relayée par la protection juridique du travailleur, salarié couvert par la législation du travail.

1.5.3 Le modèle de la protection, ou le risque limité

126. Le modèle de la protection a véritablement pris naissance au début du vingtième siècle (*cf.* le décret du 10 juillet 1913 sur les mesures générales de protection et de salubrité applicables à tous les établissements assujettis), mais a pris son essor dans sa seconde moitié. Il a prospéré jusqu'à la fin des années soixante-dix et n'a vraiment été questionné qu'au terme de la décennie quatre-vingt à la faveur du droit européen, là encore, toutefois, sans jamais disparaître totalement. Ce modèle s'est traduit par la prédominance des *décrets techniques*. Plus que jamais, le droit de *l'hygiène et de la sécurité* était alors un droit de l'ingénieur, disant précisément ce qu'il faut faire et comment le faire. Il a donné naissance à des textes contenant des prescriptions très détaillées dont la lecture et la compréhension paraissent inaccessibles aux non-initiés.

127. Ce droit est un droit de la protection car il est basé sur la normalité du risque. La présence de celui-ci étant actée, il n'est pas évité mais circonscrit et jugulé par des moyens techniques dont l'objet n'est pas de le supprimer mais de permettre au travailleur de le côtoyer en sécurité. Il n'est pas encore demandé à l'employeur de déployer une démarche de prévention mais de se conformer à des prescriptions dont le respect est censé *protéger* le travailleur d'un risque désormais maîtrisé. On a parlé parfois de *sécurité apprivoisée.*

128. Ce modèle renvoie à des obligations de moyens et à une *logique de conformité* appelant des réponses relevant en général de la prévention secondaire. Il se caractérise par une génération de textes tels que le décret du 8 janvier 1965, *relatif à l'hygiène et sécurité dans les travaux du bâtiment et des travaux publics* (236 articles particulièrement détaillés) ou le décret du 14 novembre 1962, qui deviendra le décret du 14 novembre 1988, *concernant la protection des travailleurs dans les établissements qui mettent en œuvre des courants électriques* (62 articles souvent jugés d'une redoutable technicité[1]).

129. Cette approche de la réglementation prenait tout son sens dans un univers professionnel dominé par le modèle de l'entreprise industrielle. Elle a permis de *réglementer* les risques les plus voyants, parfaitement connus et prévisibles (chutes de hauteur, ensevelissements, électrocutions, etc.) et a participé à la réduction drastique des accidents du travail durant plusieurs décennies. Ainsi, le nombre annuel d'accidents du travail est passé de plus de 1 million à 626 000 entre 1955 et 2016[2]. Mais cette approche porte également en germe ses propres limites. N'assignant pas explicitement à l'employeur une obligation générale de prévention mais lui prescrivant précisément ce qu'il doit faire dans des cas déterminés et décrits par le texte, elle crée en premier lieu des *a contrario*, c'est-à-dire un vide juridique ou une absence d'obligation particulière dans toutes les situations à risques non régies par le texte[3].

130. Très détaillée et pour cette raison jugée à tort exhaustive, la réglementation technique n'incite donc pas l'employeur à dépasser ce

1. Exemple extrait de l'article 11 : « I - *Il est interdit d'employer, comme partie d'un circuit actif, la terre, une masse, un conducteur de protection, une canalisation ou enveloppe métallique ou une structure métallique faisant partie d'un bâtiment, cette interdiction ne s'opposant pas éventuellement à la mise à la terre d'un point de la source d'alimentation, généralement le point neutre, ainsi qu'à l'emploi de dispositifs de sécurité dont la technique exige, par nature, l'emploi de la terre ou d'un conducteur de protection comme circuit de retour. II. - Les rails de roulement des installations de traction électrique, autres que ceux des matériels de levage, peuvent servir de conducteur de retour à condition d'être éclissés électriquement et sous réserve qu'il n'y ait jamais un écart de tension de plus de 25 volts entre ces rails et une prise de terre voisine dite de référence (...)* ».

2. Données du régime général de la Cnam. Ces données en valeur absolue masquent en réalité de fortes disparités régionales et sectorielles (BTP, soins à la personne...) ainsi que des évolutions fortes des modèles socio-productifs (recours à l'intérim, tertiarisation...).

3. L'article 5 du décret du 8 janvier 1965 sur les travaux du BTP, aujourd'hui abrogé, prévoyait que « *lorsque du personnel travaille ou circule à une hauteur de plus de trois mètres en se trouvant exposé à un risque de chute dans le vide, il doit être installé, au niveau du plan de travail ou de circulation, des garde-corps placés à une hauteur de 90 cm et des plinthes de 15 cm de hauteur au moins* ». Cette obligation, représentative d'une prescription technique constitutive d'une obligation de moyens, a le mérite de la clarté. Mais elle induit qu'il n'existe *a contrario* aucune obligation pour les travaux en hauteur de moins de trois mètres alors que de tels travaux sont connus pour être aussi dangereux. La réglementation actuelle ne donne plus de définition du travail en hauteur et renvoie à l'employeur l'obligation de rechercher l'existence d'un risque de chute de hauteur lors de l'évaluation des risques.

qui est prescrit et à agir préventivement dans tous les cas qu'elle n'a pas prévus. L'horizon de la prévention étant borné par le seul objectif de *conformité,* le respect de la règle, vécu comme suffisamment contraignant en soi, est réputé libérer l'employeur de toute autre obligation. Cette lecture *à la lettre* des textes est évidemment peu propice au développement d'une culture de prévention.

131. Pourtant, *mise en conformité* et *mise en sécurité* ne sont pas toujours synonymes[1]. Par ailleurs, un site de production peut être aménagé conformément à des prescriptions réglementaires alors que la protection, insuffisante ou inappropriée dans un contexte donné, ne permettra pas d'éviter l'accident. Ce constat a même eu tendance à s'aggraver avec l'évolution constante des techniques et des modes d'organisation en entreprise, démultipliant à l'infini des situations de travail inédites, qu'aucun texte ne peut réglementer par avance. Le paradoxe d'une réglementation technique foisonnante est qu'elle aboutit à des « *accidents légaux* », c'est-à-dire des accidents qui, bien que résultant d'une absence évidente d'évaluation préalable des risques, ne révèlent aucun manquement à une prescription particulière (*cf. infra* encadré 15).

132. Enfin, la logique de protection tend à favoriser une approche binaire de la sécurité fondée sur la relation mécanique simplifiée « *un risque = une protection* ». Elle se traduit par l'adjonction d'un protecteur ou d'un dispositif de protection sur une machine ou une installation qui en sont dépourvus, sans considération de leur usage. Or, placer systématiquement un obstacle entre le danger et le travailleur pour protéger ce dernier revient potentiellement à créer un obstacle au travail proprement dit. Dès lors qu'il n'a pas été intégré au fonctionnement de la machine ou de l'installation lors de sa conception, un tel ajout a de fortes chances de constituer une réponse inadaptée et donc contournée[2]. Ainsi, ajouter un écran devant la zone de travail dange-

1. Lors de la transposition de la directive sur les équipements de travail en 1993, la réglementation a opéré une distinction entre les machines neuves et les machines déjà en service. Les premières étaient soumises à des règles de conception conditionnant leur mise sur le marché, assimilables à une véritable *mise en sécurité* des travailleurs, tandis que les machines en service ou vendues d'occasion, auxquelles il était techniquement impossible d'imposer les règles de conception, ont dû faire l'objet d'une *mise en conformité* avec des prescriptions moins nombreuses et moins exigeantes, permettant d'améliorer la protection des travailleurs sans atteindre le niveau de sécurité requis pour des machines neuves. La conformité reposait sur un référentiel résultant d'un compromis.

2. Les exemples d'accidents générés par une action du travailleur qui a volontairement « shunté » la sécurité ou qui l'a contournée sont légion. Ils paraissent en première analyse relever de son comportement fautif ou négligeant alors qu'ils sont le plus souvent liés à la nécessité de réaliser le travail dans les délais impartis, en dépit des contraintes d'une protection rajoutée inadaptée, raison pour laquelle les travailleurs peuvent parfois rejeter une action censée les protéger.

reuse d'une machine pour en empêcher l'accès – on parle en pratique de *sécurité rajoutée* – conduit souvent à *empêcher le travail* de l'opérateur dont l'accès à ladite zone est nécessaire[1]. De nombreux accidents trouvent leur explication dans la violation d'une consigne de sécurité par le travailleur, contraint en réalité de contourner l'écran ou de le démonter pour pouvoir réaliser la tâche demandée ou respecter les cadences attendues. S'il arrive à la ligne hiérarchique de déplorer son impuissance face au non-respect des barrières de sécurité par les travailleurs eux-mêmes, c'est trop souvent faute de s'être interrogée sur la compatibilité de ces dernières avec les contraintes de l'activité (par exemple la nécessité d'accéder fréquemment à la zone de travail dangereuse pour repositionner une pièce mal emmanchée, de démonter le protecteur pour *débourrer* les copeaux de matière accumulée entre ce dernier et l'outil de la machine ou encore de mettre fin à l'invisibilité de la zone de travail consécutive à des projections d'huile sur l'écran de protection souillé, etc.).

Encadré 15 : Accident mortel sur une installation conforme : les limites de la conformité technique

Un salarié, ayant voulu rapprocher une palette de plaques de plâtres livrées par une grue au cinquième étage d'un bâtiment en construction en se munissant d'un crochet pour tirer la charge à lui sur le balcon, s'est trouvé déséquilibré par le poids de celle-ci et emporté par son balancement en tentant de la retenir, faisant une chute mortelle.

L'article 38 du décret du 8 janvier 1965[2], seul texte en vigueur au moment des faits, prévoyait que « *les recettes doivent être aménagées de telle sorte que les travailleurs préposés aux opérations de chargement et de déchargement ne soient pas obligés, pour tirer la charge, de se pencher au-dessus du vide. Lorsqu'il s'agit du chargement ou du déchargement de matériaux ou d'objets d'un poids inférieur ou égal à 50 kilogrammes, il peut être satisfait aux prescriptions de l'alinéa précédent en mettant à la disposition des travailleurs, d'une part, des crochets d'une longueur suffisante pour amener les charges à l'aplomb du plancher de la recette, ou tout autre dispositif équivalent, d'autre part, des appuis leur permettant d'assurer efficacement leur équilibre* ».

L'employeur avançait qu'il n'avait commis aucune infraction car, d'une part il n'avait mis aucun crochet à disposition du salarié pour tirer la charge, ce dernier ayant pris l'initiative malvenue d'improviser un tel outil

1. La pandémie de Covid-19 a été l'occasion pour de nombreuses personnes d'éprouver les limites de la sécurité rajoutée. La mise en place généralisée d'écrans en plastique transparents aux guichets des commerces et services avait pour objet de protéger les personnes contre la projection du virus en érigeant un obstacle physique entre elles. Mais cette barrière, quand elle était mal conçue, a eu régulièrement pour effet d'entraver la communication de documents, de réduire la visibilité ou l'audition des conversations, générant un contournement de l'obstacle pour pallier ces inconvénients et créant un nouveau risque ou aggravant le risque initial.

2. Devenu l'article R. 4534-21 du Code du travail.

en se servant d'une tige de ferraillage abandonnée par l'entreprise de gros-œuvre sur le chantier, d'autre part il avait équipé le balcon d'une lisse et d'une sous-lisse placées respectivement à 1 m et 45 cm du plancher du balcon, ce dont il résultait qu'il avait aménagé la recette conformément aux exigences de l'article 38. Le salarié n'était donc pas obligé de se pencher au-dessus du vide, comme le prévoit le texte, ce qui aurait été le cas en l'absence de toute barrière collective, situation au demeurant fréquemment constatée sur d'autre chantiers. Il considérait par conséquent avoir satisfait à son obligation de protection.

Une telle lecture n'est évidemment plus possible aujourd'hui car l'analyse de l'accident a révélé qu'au-delà de l'apparente conformité des protections mises en place, le défaut d'évaluation préalable des risques et de coordination de la prévention sur le chantier n'avait pas permis de mettre en évidence la mauvaise implantation de la grue dès le démarrage de l'opération et l'impossibilité de livrer certaines parties du chantier.

1.5.4 Le modèle de la prévention, ou le risque évité

133. La logique de la prévention a été inaugurée par deux grands marqueurs. L'un est français, avec la loi du 6 décembre 1976 relative au développement de la prévention des accidents du travail. L'autre, européen, est la directive-cadre du 12 juin 1989 relative à l'amélioration de la santé et de la sécurité au travail, qui sera au cœur des développements de cet ouvrage. La période qui consacre ce modèle est loin d'être terminée, elle est même à bien des égards en plein essor.

134. La loi de 1976 a constitué un premier basculement en introduisant l'obligation légale de *sécurité intégrée* en réponse et en opposition à la *sécurité rajoutée* évoquée au paragraphe précédent. Sa principale innovation était de se concentrer sur l'amont et donc de s'intéresser à un nouvel acteur de la santé au travail, le concepteur. Ce dernier peut être l'employeur, mais bien plus souvent un tiers, fabricant, constructeur, responsable de mise sur le marché, d'une machine, d'un produit, d'un bâtiment. Comme son nom l'indique, la sécurité intégrée consiste à exiger que l'utilisation professionnelle d'un lieu ou d'un équipement de travail intègre, dès sa phase de conception, les risques pouvant résulter de leur usage prévisible. Si l'employeur, en tant qu'utilisateur, reste responsable des conditions de travail dans son entreprise, il incombe au concepteur de penser son produit en anticipant les risques qu'il va générer. S'est ensuivi, notamment dans la décennie 1980, une génération de textes visant respectivement les *règles de conception* applicables au fabricant et *les règles d'utilisation* applicables à l'employeur.

Encadré 16 : Séparation des règles de conception et d'utilisation

La dichotomie entre règles de conception et règles d'utilisation a été explicitement consacrée et rendue visible dans la partie IV du Code du travail lors de la recodification de ce dernier en 2008, afin de mieux identifier, chaque fois que nécessaire, les responsabilités respectives.

La partie distingue ainsi la conception des équipements de travail d'une part (titre Ier du livre III) et leur utilisation d'autre part (titre II de ce même livre), la conception des locaux de travail (titre 1er du livre II) et leur utilisation (titre II de ce même livre), la mise sur le marché des substances et mélanges (chapitre 1er du titre 1er du livre IV) et leur utilisation (chapitre II de ce même titre).

Dès lors, une double responsabilité se met en place. Elle interdit au concepteur de mettre sur le marché une machine, un produit, un immeuble, non conformes aux règles de conception auxquelles ils sont soumis et à l'employeur d'utiliser une telle machine, produit ou immeuble[1]. L'employeur se voit en outre imposer des règles d'utilisation particulières pour gérer les risques sur lesquels le concepteur n'a pas prise et qu'il ne peut anticiper[2].

135. La loi du 31 décembre 1991 constitue la dernière pièce fondatrice de l'édifice légal en santé au travail en France. Transposant la directive du 12 juin 1989, dite *directive-cadre*, elle n'a été supplantée ni substantiellement modifiée par aucun autre texte depuis cette date. C'est elle qui introduit dans le Code du travail un chapitre introductif consacré aux principes généraux de prévention (PGP) ayant vocation à chapeauter l'ensemble de l'édifice réglementaire en matière de risques professionnels. Ces principes s'appliquent de

1. Cette dichotomie, poussée dans sa logique, peut poser la question du maintien des règles de conception dans le Code du travail dès lors qu'elles ne régissent pas la relation employeur/travailleur mais les exigences auxquelles un produit ou un ouvrage doit satisfaire pour pouvoir être mis sur le marché, quel que soit son destinataire final. Ainsi, l'ordonnance n° 2020-71 du 29 janvier 2020 a procédé à la réécriture des règles de construction, qu'elle a recodifiées dans le livre Ier du Code de la construction et de l'habitation, regroupant ainsi les règles régissant la qualité des bâtiments en matière de sécurité, de santé pour les occupants, d'accessibilité, de protection contre les nuisances et les risques, et de performance énergétique et environnementale. En conséquence, les dispositions législatives du Code du travail fixant les obligations du maître d'ouvrage pour la conception des lieux de travail ont été abrogées, illustration supplémentaire de l'interpénétration croissante des obligations en milieu professionnel et des problématiques globales évoquées en début de cet ouvrage, environnementales notamment. D'un point de vue légistique, le Code du travail n'est plus code pilote mais code suiveur, ce qui n'est symboliquement pas anodin.

2. Le constructeur d'un ouvrage peut prévoir des caractéristiques compatibles avec sa destination mais ne peut anticiper son usage réel. Il ne peut garantir l'efficacité de système de ventilation initial quand l'employeur introduit ultérieurement une nouvelle source de pollution, par exemple à l'occasion de l'implantation d'une nouvelle machine. Il appartient alors à l'employeur de prendre les mesures complémentaires nécessaires pour protéger les travailleurs exposés.

manière transverse à toutes les actions de prévention conduites par l'employeur et introduisent le principe de l'évaluation des risques. Ils consacrent l'abandon des prescriptions techniques et le renoncement à la logique de moyens au profit d'une *démarche globale de prévention* et d'*objectifs à atteindre*. Le choix des solutions à employer pour les mettre en œuvre reste libre dès lors qu'elles sont efficaces. Plutôt que d'*obligation de résultat*, il convient de parler de *logique de résultat*.

136. Les PGP sont applicables à tous les risques, toutes les activités, toutes les situations de travail. Leur appropriation est longue et largement inachevée dans les entreprises et même dans le monde des préventeurs, encore fortement marqués par les logiques de réparation et de protection. Alors que se dessinent les prémices d'une nouvelle ère (*cf.* section suivante), la France doit être considérée actuellement comme majoritairement inspirée, et pour longtemps encore, par le modèle de la prévention. C'est l'objet du présent ouvrage que d'en révéler la portée juridique et pratique.

1.5.5 Le modèle de promotion de la santé ou le risque éradiqué

137. Alors que le modèle de la prévention semble à peine trouver un nouvel élan avec la primauté donnée par les pouvoirs publics et les partenaires sociaux à la prévention primaire, il se trouve déjà talonné par l'émergence d'une approche de la santé au travail axée sur le concept plus global de *promotion de la santé*[1] (*cf. supra* 1.2.2.1). Directement inspiré des recommandations de l'OMS, il se propose d'aborder la santé au travail non plus sous l'angle des risques professionnels et des moyens de les éviter mais sous celui de l'environnement de travail propice à la production de bien-être au travail et plus généralement d'un bien-être global de la personne, résultant d'une conjugaison harmonieuse de tous les facteurs, professionnels ou non, qui y participent. Là où la logique de prévention se propose encore de renverser le paradigme de la réparation, la promotion de la santé promeut une nouvelle logique, encore plus ambitieuse[2]. Elle se fonde

1. Signe de l'amorce de ce nouveau modèle, la loi du 2 août 2021 introduit la notion de « promotion de la santé » dans le Code du travail en modifiant l'article L. 4622-2 du Code du travail, aux termes duquel les services de prévention et de santé au travail : « *5° Participent à des actions de promotion de la santé sur le lieu de travail, dont des campagnes de vaccination et de dépistage, des actions de sensibilisation aux bénéfices de la pratique sportive et des actions d'information et de sensibilisation aux situations de handicap au travail, dans le cadre de la stratégie nationale de santé prévue à l'article L. 1411-1-1 du Code de la santé publique.* » (*Cf. infra* 8.1.)

2. La promotion de la santé intègre toutes les actions concourant à la santé en renforçant notamment les compétences psychosociales des individus et du collectif là où la prévention vise à empêcher la survenue ou l'aggravation d'un dommage en supprimant ou réduisant les facteurs de risque.

sur la recherche des causes – des ressources ou encore des opportunités – qui permettent de créer un contexte de travail qui soit facteur de santé, bien en amont de l'émergence d'un risque. La promotion de la santé tourne en quelque sorte la page du risque. De sorte que la prévention ne serait plus un sujet en soi mais la conséquence naturelle d'une activité de travail conçue pour participer au bien-être et à l'épanouissement.

138. En pratique, la frontière avec le modèle de prévention peut paraître ténue mais elle ne l'est au fond pas plus que celle qui différencie le passage d'une logique de protection à une logique de prévention. Le plan de prévention pluriannuel d'une entreprise s'inscrivant dans un modèle de promotion de la santé devrait reposer sur deux axes :

- la fourniture d'un cadre de travail basé prioritairement sur des actions de prévention primaire ;
- le développement des capacités préventives des individus *via* leur éducation[1].

139. Le premier point appelle des actions de nature organisationnelle portant sur le cadre et l'environnement de travail, l'articulation entre vie privée et vie professionnelle, le développement des compétences et les relations sociales (logique de qualité de vie au travail). Le second point requiert une attention accrue à l'égard des actions d'information, de sensibilisation et de formation des travailleurs de sorte que l'autonomie décisionnelle acquise par ces derniers leur permette d'adopter des comportements au travail favorables à la préservation de leur santé (*cf.* encadré 17).

140. Mais en renforçant leur capacité à mieux juger de la qualité de leurs conditions de travail, l'employeur doit également offrir aux travailleurs des espaces d'échanges et de dialogue professionnel ou social les mettant en mesure de délibérer sur ces conditions avec la ligne hiérarchique[2] (*cf. infra* 6.6). C'est pourquoi une démarche de promotion de la santé ne relève pas tant d'une logique de coresponsabilité que de codétermination.

1. Ce faisant, la promotion de la santé converge avec la logique d'investissement social dans le champ des politiques sociales. Selon la Commission européenne, les investissements sociaux « *consistent à investir dans les personnes en adoptant des mesures pour renforcer leurs compétences et leurs capacités et leur permettre de participer pleinement au monde du travail et à la société. Les domaines prioritaires sont l'éducation, les services de garde d'enfants de qualité, les soins de santé, la formation, l'aide à la recherche d'emploi et la réinsertion* ». Pour le Conseil économique, social et environnemental : « *l'investissement social invite à préparer l'avenir pour avoir moins à réparer* ».

2. La démonstration de l'efficacité et la mesure l'impact de telles politiques sont difficiles et invitent à assurer la traçabilité des échanges attestant la réalité de ces échanges.

Encadré 17 : La promotion de la santé au travail en pratique

Une entreprise se lance dans le projet de construction d'une nouvelle usine. Elle constitue un groupe projet dans lequel les futurs utilisateurs sont amenés pendant plusieurs mois à participer avec les architectes, les ingénieurs des bureaux d'étude et le service de prévention de l'entreprise à des *focus groupes* chargés, afin d'imaginer, à partir de leur retour d'expérience dans l'ancienne usine, le site dans lequel ils aimeraient travailler dans l'idéal (identifier les besoins, analyser et rechercher des solutions, etc.).

Le groupe projet s'est focalisé sur une étude des flux permettant de dimensionner l'usine au mieux et de les simplifier au plus (circulations des matières et des marchandises), aboutissant à des décisions de conception impactant substantiellement le projet. Pour répondre aux besoins et attentes exprimées il est notamment décidé de construire un bâtiment industriel dans lequel les bureaux des techniciens (ingénieurs méthode, service qualité, maintenance…) seront situés sur tout le pourtour de l'atelier de production et séparés de celui-ci par des baies vitrées leur permettant d'avoir une vision globale des conditions de production et de communiquer avec les opérateurs en temps réel en évoluant sur un passage sécurisé à 6 mètres du sol, sans accès aux zones de travail.

Par ailleurs, les bureaux se trouvant désormais au deuxième niveau – c'est-à-dire à hauteur des postes de travail de l'atelier – il est décidé d'influencer l'activité physique au quotidien de leurs occupants pour réduire les risques de certaines pathologies (maladies cardiovasculaires, hypertension artérielle, accidents vasculaires cérébraux…) et prévenir le surpoids et l'obésité, en concevant des escaliers encourageant les piétons à les utiliser : situés sur leur trajet naturel, lumineux (parois et portes vitrées anti-feu), commodes à emprunter et visibles avant les ascenseurs.

Ce faisant, les concepteurs du projet n'ont pas raisonné en termes de risques mais de cadre favorable de travail. Ils ont par ailleurs répondu aux deux volets d'une politique de promotion de la santé en agissant simultanément sur le volet organisationnel du travail et les comportements individuels. Les attendus de chaque partie ont été exprimés de manière transparente, l'employeur indiquant son objectif d'obtenir une meilleure productivité des travailleurs ou une diminution des coûts consécutive à l'amélioration de leur état de santé, les travailleurs faisant valoir le besoin de pouvoir travailler dans un cadre favorisant le contrôle, l'autonomie dans leur travail, leur qualité de vie.

La conduite du projet s'est avérée plus longue et plus coûteuse que le calendrier et le budget initiaux (plusieurs mois d'études supplémentaires et un montant d'études supérieur), mais l'entreprise observe les effets positifs sur la performance, la sécurité et les conditions de travail : « *Si nous n'avions pas mené toutes ces études, cela n'aurait pas impacté le démarrage, mais le fonctionnement à terme aurait été plus accidentogène. La montée en puissance de l'usine s'est faite comme prévu. Depuis trois ans, il n'y a pas eu de problème de sécurité lié à la conception. Par ailleurs, il y a eu très peu de modifications, de fiabilisation, qui d'habitude coûtent cher dans les premières années »*[1].

141. Le modèle de la prévention actuellement dominant est-il dépassé, contrarié ou invalidé dans ses principes par celui de la promotion de la santé ? Il convient en premier lieu de rappeler que cette dernière n'est pas advenue en pratique. Elle donne lieu à des expérimentations encore locales et circonscrites et propose donc un nouvel horizon, une piste et une promesse nouvelles, mais ne s'appuie pas à ce jour sur une doctrine et une méthodologie stabilisée dans le champ de la santé au travail. Elle n'a d'ailleurs, à la différence des trois modèles examinés précédemment (réparation, protection, prévention), aucune assise juridique, ce qui fait du droit souple son outil d'intervention privilégié. Mais elle est dans l'esprit du temps et inspire les politiques publiques au travers de déclarations, rapports ou plans stratégiques programmatiques, tels que le plan santé au travail (*cf.* encadré 18).

Encadré 18 : La promotion de la santé dans le 4e Plan de santé au travail

Le PST4, qui couvre la période 2021-2025, s'appuie sur un document d'orientation élaboré par les partenaires sociaux dans le cadre des travaux du Conseil d'orientation sur les conditions de travail (COCT). Le virage amorcé dans le PST3 en faveur de la prévention primaire et de la promotion de la santé y est clairement exprimé :

« La réussite d'un plan santé au travail ne se mesure pas uniquement à l'aune de la sinistralité. La diffusion d'une approche positive de la santé au travail doit ainsi également favoriser la qualité de vie et des conditions de travail. La prévention primaire peut ainsi avoir un impact favorable sur la performance globale de l'entreprise. Le dernier plan santé au travail a déjà permis de se libérer d'une vision institutionnelle essentiellement réparatrice pour promouvoir le travail comme vecteur de la santé des salariés. Il s'agit de situer la santé dans un processus continu tout au long de la vie, en valorisant les dynamiques positives visant la qualité de vie et des conditions de travail. Ce travail de qualité est un enjeu de premier ordre, tout à la fois facteur de santé des personnes et de prévention des risques professionnels. »

1. Considérer les dépenses de prévention comme des investissements appelle à se doter d'outils et d'indicateurs permettant de mieux évaluer leur retour sur investissement (effets sur l'absentéisme, le turn over, la qualité de vie au travail, l'état de santé, etc.) et nécessite de repenser ce qu'est la performance d'une organisation dans une perspective de long terme intégrant ces enjeux de soutenabilité (France Stratégie, « Quels défis pour une politique de santé au travail plus soutenable ? », *Les Cahiers des soutenabilités* n° 4, novembre 2021).

Le PST rappelle en conséquence de manière ambitieuse que « *la promotion de la santé, composante importante de la santé publique, est "un processus social et politique global, qui comprend non seulement des actions visant à renforcer les aptitudes et les capacités des individus mais également des mesures visant à changer la situation sociale, environnementale et économique, de façon à réduire ses effets négatifs sur la santé publique et sur la santé des personnes" :*

1. La santé environnementale comprend les aspects de la santé humaine, y compris la qualité de la vie, qui sont déterminés par les facteurs physiques, chimiques, biologiques, sociaux, psychosociaux et esthétiques de notre environnement. Elle concerne également la politique et les pratiques de gestion, de résorption, de contrôle et de prévention des facteurs environnementaux susceptibles d'affecter la santé des générations actuelles et futures. Enfin, la santé au travail qui vise à éviter la dégradation de l'état de santé du fait du travail a pour clé de voûte la prévention primaire, visant à réduire les facteurs de risques susceptibles de provoquer des maladies ou des accidents. La loi "Santé" du 27 janvier 2016 a contribué à la prise en compte de la notion de santé globale ("One Health" – Une seule santé) recouvrant la santé humaine, animale, végétale et environnementale dans la stratégie sanitaire française en consacrant dans le Code de la santé publique le concept d'exposome.

2. La politique de santé de la nation comprend ainsi "la surveillance et l'observation de l'état de la santé de la population et l'identification de ses principaux déterminants, notamment ceux liés à l'éducation et aux conditions de vie et de travail [dont l'identification] s'appuie sur le concept d'exposome" ».

De manière opérationnelle, le PST prévoit notamment que, dans les dispositifs de formation professionnelle continue, la *promotion de la santé* et sécurité au travail sera intégrée à la politique de certification du ministère du Travail. La loi du 2 août 2021 ajoute aux missions des services de prévention et de santé au travail la participation à des actions de *promotion de la santé* sur le lieu de travail (5° de l'article L. 4622-2).

La promotion de la santé au travail revêt donc une dimension globale et universelle. Elle s'inscrit dans une vision développementale du travail qui outrepasse le seul champ sanitaire et se propose d'agir sur les déterminants plutôt que sur les symptômes. En grande partie démédicalisée, elle ne se réfère ni aux risques ni aux dangers mais aux facteurs de ressources ou de protection ou aux opportunités favorables à la santé au sens large (*cf. infra* 11.2).

142. Comme son nom l'indique, la promotion de la santé promeut une vision de la santé qui incite à dépasser le constat partagé des limites des modèles antérieurs, ce qui nous conduit à considérer ici qu'elle inaugure bien une quatrième période, certes encore balbutiante, de la prévention. Il n'est pas aberrant de prédire à ce titre une extension progressive des exigences publiques à l'égard du contenu des politiques et programmes de prévention des entreprises, notamment une demande accrue d'anticipation et un enrichissement des leviers de prévention activables, qui deviendraient opposables à terme à l'employeur[1].

Encadré 19 : Quelques dates charnières de la prévention en France[2]

– Loi du 09/04/1898 sur les accidents du travail, inaugurant l'ère de la réparation ;
– Décret du 08/01/1965 sur les chantiers du BTP, illustrant l'ère de la protection ;
– Loi du 06/12/1976 et directive-cadre du 12 juin 1989 marquant l'ère de la prévention ;
– Arrêts « amiante » du 28/02/2002 instituant l'obligation de sécurité de résultat ;
– ANI du 12/06/2013 sur la QVT, initiant le courant de promotion de la santé ;
– PST3 2016/2020 affichant la rupture avec la culture de réparation ;
– Arrêt « Air France » du 25/11/2015 sur l'obligation de prendre toutes les mesures de prévention ;
– PST4 2021/2025 mettant l'accent sur la prévention primaire et amorçant la promotion de la santé.

1. La promotion de la santé reflète une orientation comparable à celle qui a conduit la loi Pacte du 24 mai 2019 à modifier le Code civil en affirmant la nécessité pour les sociétés de prendre en considération les enjeux sociaux et environnementaux inhérents à leur activité et d'amener tout dirigeant à s'interroger sur ces enjeux à l'occasion de ses décisions de gestion (art. 1833 : « *(…) La société est gérée dans son intérêt social, en prenant en considération les enjeux sociaux et environnementaux de son activité* ») et en reconnaissant la possibilité aux sociétés de se doter d'une raison d'être dans leurs statuts en vue de poursuivre un projet entrepreneurial répondant à un intérêt collectif donnant du sens à l'action de l'ensemble des collaborateurs et incitant les entreprises à être plus orientées vers le long terme (art. 835 : « (…) *Les statuts peuvent préciser une raison d'être, constituée des principes dont la société se dote et pour le respect desquels elle entend affecter des moyens dans la réalisation de son activité* »). Si la portée symbolique d'une telle mention paraît dominer, on peut néanmoins s'interroger sur son opposabilité par une partie s'estimant lésée par sa violation ou sa négligence.

2. L'histoire de la prévention des risques professionnels est bien documentée et évidemment émaillée de très nombreuses dates importantes. Seules sont retenues ici celles qui sont emblématiques d'un changement dans la manière d'appréhender la santé au travail. Ainsi, la Cour de cassation invitait les employeurs à « *prévoir les causes non seulement habituelles mais simplement possibles d'accident et à prendre toutes les mesures qui seraient de nature à les éviter* » dès un arrêt de cassation civile du… 27 avril 1877 (*S.* 1878 I, p. 413). La formulation n'est pas si éloignée de celle de l'arrêt de novembre 2015 sur l'obligation dite de « moyens renforcés », ce qui conforte l'idée selon laquelle les changements de modèles de prévention, qui sont bien réels, ne sont jamais le fruit d'une rupture brutale mais d'une lente maturation.

Tableau 1 : Synthèse des approches successives de la prévention

Caractéristique du modèle	Représentation du risque	Registre majeur d'intervention	Niveau de prévention privilégié	Principal résultat escompté(table)
Réparation	Risque accepté	Indemnisation et reclassement de la victime	Tertiaire	Gestion de l'aléa
Protection	Risque limité	Conformité réglementaire et aux standards	Secondaire et tertiaire	Responsabilité écartée
Prévention	Risque évité	Évaluation préalable des risques	Primaire et secondaire	Diminution de la sinistralité
Promotion	Risque éradiqué	Développement des ressources et opportunité	Primaire	Performance globale et promotion de la santé

1.6 L'écosystème de la prévention

143. La jurisprudence rappelle régulièrement que l'employeur avait ou aurait dû avoir conscience des risques auxquels les travailleurs sont exposés dans son entreprise. Son manque de proactivité en matière de veille pourrait donc lui être reproché, notamment le fait de ne pas s'être enquis suffisamment des évolutions des connaissances dans son champ d'activité[1]. Aussi, qu'il s'agisse de l'environnement institutionnel ou de l'offre de service privée, le système d'acteurs en charge de la prévention des risques professionnels doit être connu de l'employeur, qui doit identifier les appuis qu'il peut mobiliser, les

1. L'un des considérants de la directive-cadre du 12 juin 1989 rappelle que « *les employeurs sont tenus de s'informer des progrès techniques et des connaissances scientifiques en matière de conception des postes de travail, compte tenu des risques inhérents à leur entreprise, et d'informer les représentants des travailleurs exerçant leurs fonctions de participation dans le cadre de la présente directive, de façon à pouvoir garantir un meilleur niveau de protection de la sécurité et de la santé des travailleurs* ».

aides dont il dispose en interne et en externe et auxquelles il peut, voire devrait recourir pour satisfaire son obligation de sécurité[1].

1.6.1 Le cadre promotionnel français de la santé au travail

144. La France dispose de longue date d'un système de réparation et de prévention des risques professionnels mais celui-ci est désormais encadré par la convention internationale de l'OIT n° 187 sur le *cadre promotionnel pour la sécurité et la santé au travail* de 2006, qu'elle a ratifiée en 2014. Cette convention emporte des obligations à l'égard des États membres de l'OIT et ne s'adresse pas directement aux employeurs mais rappelle que la protection des travailleurs contre les maladies professionnelles et les accidents du travail, lesquels « *nuisent à la productivité et au développement économique et social* », justifie de veiller à ce que la santé au travail bénéficie d'une priorité au niveau national.

145. À cet effet, chaque pays signataire doit avoir une *politique nationale*, un *système national* – c'est-à-dire une infrastructure pour la mise en œuvre de la politique nationale – et un *programme national* de santé au travail, avec des objectifs, un calendrier, des priorités et des moyens d'action et d'évaluation des progrès réalisés.

146. La politique nationale doit en particulier promouvoir des principes de base tels que l'évaluation des risques imputables au travail, leur combat à la source et le développement d'une culture de prévention. Cette dernière est définie comme une culture où le droit à un milieu de travail sûr et salubre est respecté à tous les niveaux, où le gouvernement, les employeurs et les travailleurs s'emploient

1. L'État possède la même obligation de proactivité pour ce qui le concerne et se voit condamner lorsqu'il n'est pas suffisamment diligent alors qu'il dispose des informations utiles pour agir. Par quatre décisions du 3 mars 2004, le Conseil d'État a confirmé la responsabilité de l'État et l'a condamné à indemniser les victimes de l'amiante sur le fondement de la faute pour carence de l'action de l'État dans le domaine de la prévention des risques liés à l'exposition professionnelle à l'amiante. Plus récemment, dans une décision du 29 juillet 2020, le Conseil a jugé que, « *l'administration a engagé un processus de révision de l'ensemble des valeurs fixées* (concentrations de poussières) *en saisissant l'ANSES le 18 novembre 2015. Il ressort des pièces du dossier que le processus d'expertise est à ce jour achevé, l'agence ayant rendu le 19 novembre 2019 son avis, qui comporte la proposition de valeurs limites d'exposition professionnelle (...). Il en résulte qu'à la date de la présente décision, l'administration est en mesure de fixer de nouvelles valeurs limites de référence (...). Par suite, la fédération requérante est fondée à demander l'annulation de la décision qu'elle attaque, refusant de modifier les dispositions de l'article R. 4222-10 du Code du travail (...). Il est enjoint au Premier ministre de modifier les dispositions de l'article R. 4222-10 du Code du travail en fixant des concentrations moyennes en poussières totales et alvéolaires de l'atmosphère inhalée par les travailleurs dans les locaux à pollution spécifique de nature à protéger la santé de ces travailleurs dans le délai de six mois à compter de la notification de la présente décision* ».

activement à assurer un milieu de travail sûr et salubre au moyen d'un système de droits, de responsabilités et d'obligations définis et où le principe de prévention se voit accorder la plus haute priorité (*cf. infra* 5.3).

147. Il s'ensuit que les exigences à l'égard de l'entreprise et les responsabilités qui lui incombent sont d'autant plus élevées qu'elle dispose d'un environnement institutionnel propice à la mise en œuvre de la prévention et qu'elle y recourt effectivement[1]. Cet environnement (le système national) doit notamment inclure :

- une législation, des accords collectifs et tout instrument pertinent en santé au travail ;
- une (ou des) autorité ou organisme, responsables aux fins de la santé au travail ;
- des mécanismes de contrôle (système d'inspection) ;
- des mesures pour promouvoir la coopération entre direction, travailleurs et représentants du personnel ;
- des services d'information et consultatifs ;
- une offre de formation ;
- des services de santé au travail ;
- de la recherche ;
- des mécanismes de soutien pour l'amélioration progressive des conditions de santé au travail dans les micro-entreprises et les PME.

148. Le rapport au Sénat du 29 janvier 2013, réalisé à l'occasion de l'examen du projet de loi de ratification de la convention OIT par la France considérait que celle-ci « *satisfait d'ores et déjà aux exigences de la convention et dispose des politiques, systèmes et programmes visés par elles. Il n'y a donc aucun impact juridique ou économique pour notre pays, si ce n'est le maintien de ce cadre et la promotion d'une amélioration continue de la sécurité et de la santé au travail* ». Le rapport précisait toutefois que « *pour autant, il n'y a pas d'effet cliquet qui empêcherait une redistribution des objectifs, des priorités et des moyens mis en œuvre au sein de cette politique* », ce qui a conduit en 2018 aux conclusions du rapport *Santé au travail : vers un système simplifié pour une prévention renforcée*, dit « *Rapport Lecocq* », appelant à une refondation de l'offre institutionnelle de service aux entreprises en matière de prévention. Les traductions concrètes de ce rapport se retrouvent dans la loi du 2 août 2021 pour renforcer la prévention et la santé au travail.

1. Les modifications introduites par la loi du 02 août 2021, en transformant *les services de santé au travail en services de prévention et de santé au travail* et en rendant obligatoire la mise en place au sein de ces derniers d'un socle minimal de services participent de cette volonté de mettre à disposition des employeurs les moyens de satisfaire leurs obligations.

149. Ainsi, la vérification des démarches que l'employeur a entreprises auprès des services d'information, de sensibilisation, de conseil et d'appui mis à sa disposition par l'infrastructure nationale par application de la convention 187, fait partie des éléments pouvant permettre d'apprécier la réalité et l'importance de son effort de prévention. À titre d'illustration, l'article L. 2242-19-1 du Code du travail prévoit explicitement que la négociation d'entreprise sur la santé et les conditions de travail peut s'appuyer sur les acteurs régionaux et locaux de la prévention des risques professionnels.

1.6.2 Les appuis externes à l'entreprise

150. Par expérience, la prévention des risques est d'autant mieux assurée dans l'entreprise que sa prise en charge est internalisée. C'est le cas lorsque, compte tenu de sa taille ou de la nature de risques encourus, l'entreprise se dote d'une compétence interne dédiée à la santé au travail – personne ou service spécialisé – et, surtout, lorsque l'ensemble des acteurs de l'organisation, dûment sensibilisés, disposent d'une maturité suffisante pour agir au quotidien *en sécurité*. On dit alors de cette organisation qu'elle est *autonome en prévention*, situation rarement rencontrée en pratique. Par ailleurs, les plus petites entreprises n'ont souvent pas la ressource suffisante pour créer une fonction interne experte en santé et sécurité. Cette réalité est prise en compte par le législateur, qui a organisé le relais externe sur lequel l'employeur peut et devrait alors s'appuyer.

151. Ainsi, l'article L. 4644-1 du Code du travail prévoit que l'employeur doit désigner un ou plusieurs salariés compétents pour s'occuper des activités de protection et de prévention des risques professionnels de l'entreprise. Toutefois, « *si les compétences dans l'entreprise ne permettent pas d'organiser ces activités, l'employeur peut faire appel, après avis du comité social et économique, aux intervenants en prévention des risques professionnels (IPRP) appartenant au service de prévention et de santé au travail interentreprises (SPSTI) auquel il adhère ou dûment enregistrés auprès de l'autorité administrative disposant de compétences dans le domaine de la prévention des risques professionnels et de l'amélioration des conditions de travail. L'employeur peut aussi faire appel aux services de prévention des caisses de sécurité sociale (CARSAT) avec l'appui de l'Institut national de recherche et de sécurité (INRS), à l'organisme professionnel de prévention du bâtiment et des travaux publics (OPBTP) et à l'Agence nationale pour l'amélioration des conditions de travail et son réseau (ANACT)* ».

152. Les voies de recours externes de l'employeur sont donc au nombre de trois avec :
- les IPRP et autres compétences du service de prévention et de santé au travail (médecine du travail) auquel il adhère obligatoirement ;
- les IPRP exerçant hors d'un service de santé au travail, enregistrés à la direction régionale du travail (DREETS) ;
- les organismes de prévention institutionnels que sont la CARSAT, l'INRS, l'OPPBTP et l'ANACT.

153. L'encadré ci-dessous rappelle « *l'écosystème institutionnel* » dont dispose l'employeur pour l'aider à mettre concrètement en œuvre la prévention dans son entreprise, sans préjudice du recours à des prestations privées de son choix dont l'offre n'a cessé de se structurer et de se professionnaliser au cours des dernières décennies : organismes de vérification, fournisseurs de dispositifs et d'équipements de protection et plus généralement de solutions de prévention des risques, cabinets d'expertise et de conseil, organismes de formation, etc. Cette offre privée est d'ailleurs rendue de plus en plus visible et accessible à travers le développement de salons dédiés à la prévention. On doit noter également un renforcement substantiel de l'offre de diplomation universitaire dans le champ de la santé et sécurité, permettant aux entreprises de recruter des experts.

Encadré 20 : L'offre institutionnelle de prévention[1] aux entreprises

– **Opérateurs nationaux de recherche** (connaissance et veille scientifique, études, avis et recommandations) : Agence nationale de sécurité sanitaire, de l'alimentation, de l'environnement et du travail (ANSES), France Santé Publique (FSP) ;

– **Opérateurs nationaux de prévention** (production, diffusion et communication d'outils et de démarches) : INRS, ANACT, OPPBTP, les deux derniers étant dotés d'antennes locales pour assurer une proximité avec les entreprises ;

– **Opérateurs régionaux de sécurité sociale chargés d'une mission de service public** (conseil et assistance technique : Services de prévention des caisses d'assurance retraite et de la santé au travail (CARSAT) ;

– **Services locaux interentreprises et pluridisciplinaires de prévention et de santé au travail (médecine du travail)** : socle de services en prévention, appui, conseil, sensibilisation, accompagnement (SPSTI).

1. Ce tableau indique les organismes qui participent à un titre ou un autre à la prévention en entreprise (recherche, assistance technique, conseils, informations, sensibilisation, formation), ce qui ne signifie pas que l'activité desdits organismes est exclusivement dédiée à la prévention.

CHAPITRE 2

LES SOURCES DE LA SANTÉ AU TRAVAIL

2.1 Les sources normatives européennes

2.1.1 La directive-cadre 89/391/CEE du 12 juin 1989

2.1.1.1 Le caractère minimal des prescriptions

154. Deux grandes catégories de directives sont susceptibles d'intéresser le champ de la santé au travail :

- celles dont la finalité, de nature économique, est de promouvoir la réalisation du marché unique, c'est-à-dire d'harmoniser les règles de concurrence entre États membres de façon à faciliter la libre circulation des hommes, des biens et des services. Leur transposition en droit interne doit être assurée intégralement, sans en retrancher ou ajouter quoi que ce soit (ex. : les directives relatives à la conception des équipements de travail dont l'objet est de permettre qu'une machine fabriquée dans n'importe quel État membre soit soumise aux mêmes règles techniques de conception et puisse circuler librement en Europe. Les certifications de conformité délivrées par un État membre valent dès lors en France et réciproquement) ;
- celles qui sont fondées sur l'article 153 du Traité sur le fonctionnement de l'Union européenne (TFUE)[1]. Visant, notamment, « *l'amélioration du milieu de travail pour protéger la santé et la sécurité des travailleurs* », elles fixent des prescriptions minimales. Chaque État membre peut par conséquent prendre des dispositions plus

1. Ancien article 137 du Traité européen, lui-même ancien article 118 A de l'Acte Unique.

favorables pour les travailleurs ou plus contraignantes pour les employeurs, lors de leur transposition en droit interne. La directive-cadre 89/391/CEE du 12 juin 1989 s'inscrit dans cette veine.

2.1.1.2 Le caractère « cadre » de la directive

155. La directive de 1989 est dite *directive-cadre* car elle fixe le cadre général de la démarche d'évaluation et de prévention des risques en introduisant en particulier des principes généraux de prévention (PGP). Elle sert ainsi de base à toutes les *directives dites particulières* prises sur le fondement de l'article 153 du TFUE et couvrant tous les risques ayant trait à la santé et à la sécurité sur le lieu de travail.

156. Son caractère général soulève régulièrement des interrogations quant à sa portée et son articulation avec d'autres textes ou dispositions concurrentes. C'est pourquoi, bien que transposée par la loi du 31 décembre 1991 dans le Code du travail et désormais codifiée aux articles L. 4121-1 et suivants, il reste souvent utile de s'y référer pour comprendre les intentions et ambitions des rédacteurs (*cf. supra* 1.1.3.1).

2.1.1.3 Des obligations indifférenciées de prévention et de protection[1]

157. La question de la nature des dispositions de la directive est souvent posée, en particulier en France où le débat sur l'obligation de moyen ou de résultat a pris et garde une acuité particulière. Se pose en filigrane la question de savoir s'il existe un droit à la santé ou un droit à la protection de la santé (*cf. supra* encadré 2).

158. Sur ce point, la directive-cadre énonce les obligations des employeurs, lesquelles comprennent essentiellement la protection de la santé et sécurité, l'évaluation des risques, l'information et la formation des travailleurs, la consultation de leurs représentants et la mise en place de services de protection et de prévention internes ou externes à l'entreprise. Elle contient également des dispositions sur les mesures de premier secours, de lutte contre l'incendie, d'évacuation des travailleurs ou de retrait en cas de danger grave et immédiat. Elle énonce par ailleurs les obligations incombant aux travailleurs. Ce faisant, la directive convoque tous les registres d'intervention mobilisables en parlant aussi bien de protection que de prévention et en n'opérant pas de différence explicite entre les deux notions.

159. Ainsi, tandis qu'il est question dans les considérants introductifs de « *garantir un meilleur niveau de protection* », « *d'assurer la sécurité et la santé des travailleurs* », de « *préserver la sécurité et la*

1. Voir 1.1.3.2, sur la différence entre protection et prévention.

santé des travailleurs de façon à assurer un meilleur niveau de protection », l'article 6 de la directive mêle protection et prévention, sans assigner de primauté de l'une sur l'autre. Il indique que l'employeur « *prend les mesures nécessaires pour la protection de la sécurité et de la santé des travailleurs, y compris des activités de prévention*... ». La prévention apparaît ici comme un moyen d'assurer la protection et cette dernière comme la finalité. Mais rien n'indique dans la suite de la directive que la protection est considérée comme efficace en toute circonstance. Car si l'accent est souvent mis sur les actions relevant de la prévention primaire, de nature à éviter les risques, certaines dispositions relèvent clairement de la prévention secondaire et tertiaire, lesquelles n'écartent pas la réalisation du risque (*cf.* ces notions au 1.3.1).

160. En synthèse, on retiendra que la directive assigne à l'employeur un objectif général de préservation de la santé et de la sécurité par tout moyen utile. Plutôt que d'obligation de résultat ou de moyen, on peut parler de logique de résultat à atteindre, adossée en corolaire à une logique équivalente de moyens.

2.1.1.4 Un lien ténu mais explicite avec la santé publique

161. Le premier alinéa de l'article 1er de la directive ne laisse aucune ambiguïté sur le fait que son objet est la sécurité et la santé des « *travailleurs au travail* ». C'est donc bien de la condition des travailleurs au temps et sur leur lieu de travail qu'il est exclusivement question. Toutefois, l'un des considérants précise que « *la prise de mesures concernant la sécurité et la santé des travailleurs au travail contribue dans certains cas à préserver la santé et, éventuellement, la sécurité des personnes vivant dans leur foyer* »[1].

2.1.1.5 La référence implicite aux impératifs économiques

162. Les PGP sont rédigés de telle manière qu'il n'est jamais explicitement fait mention aux contraintes économiques qui pourraient être opposées à leur mise en œuvre. Autrement dit, leur application pourrait être imposée sans considération de leur coût économique. Les considérants de la directive donnent toutefois des indications sur ce point. L'un d'eux rappelle que « *l'amélioration de la sécurité, de l'hygiène et de la santé des travailleurs, au travail représente un objectif qui ne saurait être subordonné à des considérations de caractère purement économique* ». Il s'ensuit que le critère du coût financier ne

1. Par exemple une obligation de changement de tenue à l'entrée et à la sortie de l'entreprise, permettant d'éviter le transport de polluants et la contamination d'autres membres du foyer.

peut être un préalable à la réalisation d'investissements nécessaires à la prévention. Mais la formulation retenue n'interdit pas la prise en compte de la soutenabilité économique de ces derniers. Le fait de réfuter un argumentaire *purement économique* induit, *a contrario*, que le coût d'une opération puisse être pris en compte mais comme un critère parmi d'autres pour orienter des choix.

163. Ainsi, si face à deux solutions de prévention, l'employeur opte pour la moins efficace des deux au motif qu'elle est la moins coûteuse, ceci pourrait lui être reproché car il aurait subordonné sa décision à des considérations purement économiques. Si, en revanche, le coût est un critère pondéré et conduit à retarder l'acquisition d'un équipement en vue de ne pas compromettre la continuité de l'activité de l'entreprise, cette motivation pourrait être accueillie dès lors qu'elle serait accompagnée de mesures compensatoires permettant de garantir une protection efficace de la sécurité et de la santé de ses travailleurs. L'employeur ne devra donc pas renoncer à cette acquisition ou la retarder *sine die* mais la planifier ou en programmer le réexamen, le principe de planification étant, comme on le verra, explicitement prévu par les PGP.

164. Cette possible prise en compte des facteurs économiques est corroborée par un autre considérant de la directive qui rappelle que « *les directives évitent d'imposer des contraintes administratives, financières et juridiques telles qu'elles contrarieraient la création et le développement de petites et moyennes entreprises* ».

165. Enfin, la Cour de justice des Communautés européennes (CJCE devenue CJUE) a eu l'occasion de se prononcer en 2007 sur ce point en admettant qu'un État membre peut prévoir dans sa réglementation que « *tout employeur est tenu d'assurer la santé, la sécurité et le bien-être de tous ses travailleurs au travail, pour autant que ce soit raisonnablement praticable* »[1]. En l'espèce, la Commission demandait à la Cour de constater que le Royaume-Uni manquait à ses obligations au regard de la directive du 12 juin 1989. La Cour a considéré que la Commission n'avait pas démontré un tel manquement de la part du Royaume-Uni « *en circonscrivant, dans les limites de ce qui est raisonnablement praticable, l'obligation pour l'employeur de garantir la sécurité et la santé des travailleurs dans tous les aspects liés au travail* ».

1. Affaire C-127/05CJCE 14 juin 2007, Commission des Communautés européenne c/ Royaume-Uni de Grande-Bretagne et d'Irlande du Nord.

Encadré 21 : Proportionnalité et aménagement raisonnable

Si aucune disposition de la partie IV du Code du travail ne fait explicitement référence à des critères de pondération économique de nature à restreindre l'étendue des obligations de l'employeur en matière de prévention, il est possible de s'inspirer de dispositions légales tirées d'autres obligations pour identifier les critères généralement admis pour fonder légitimement des décisions d'investissement.

En matière de handicap par exemple, l'article 27 de la Convention internationale des droits des personnes handicapées (CIDPH)[1], prévoit que les États doivent prendre des mesures appropriées pour, notamment, « *faire en sorte que des aménagements raisonnables soient apportés aux lieux de travail en faveur des personnes handicapées* ». L'article 2 définit l'aménagement raisonnable comme « *les modifications et ajustements nécessaires et appropriés n'imposant pas de charge disproportionnée ou indue apportés, en fonction des besoins dans une situation donnée, pour assurer aux personnes handicapées la jouissance ou l'exercice, sur la base de l'égalité avec les autres, de tous les droits de l'homme et de toutes les libertés fondamentales* ». Par ailleurs, ce même article considère que « *la discrimination fondée sur le handicap comprend toutes les formes de discrimination, y compris le refus d'aménagement raisonnable* ».

L'article L. 5213-6 du Code du travail prévoit en conséquence que les mesures appropriées que l'employeur doit engager pour permettre aux travailleurs handicapés d'accéder à un emploi ou de le conserver « *sont prises sous réserve que les charges consécutives à leur mise en œuvre ne soient pas disproportionnées (...). Le refus de prendre des mesures au sens du premier alinéa peut être constitutif d'une discrimination* ». La nature disproportionnée de la charge s'apprécie en fonction des coûts financiers et autres qu'elle implique, de la taille et des ressources de l'entreprise et de sa possibilité d'obtenir des fonds publics ou toute autre forme d'aide.

De même, s'agissant des établissements recevant du public (ERP), la loi du 11 février 2005 leur a imposé la réalisation de travaux de mise en accessibilité mais l'article R. 111-19-10 du Code de la construction et de l'habitation prévoit qu'une dérogation peut être accordée s'il existe une *disproportion manifeste* entre les améliorations apportées par les prescriptions techniques d'accessibilité et leurs coûts, leurs effets sur l'usage du bâtiment et de ses abords ou encore la viabilité de l'exploitation de l'établissement. Cette disproportion peut notamment être constatée lorsque le coût des travaux d'accessibilité est impossible à financer par l'établissement ou lorsque le coût ou la nature des travaux ont un impact négatif critique sur la viabilité économique future de l'établissement.

En matière environnementale, l'article L. 110-1 du Code de l'environnement énumère les principes qui doivent guider l'objectif de développement durable. Le premier d'entre eux, le principe de précaution, assortit explicitement l'obligation d'adopter des mesures de prévention d'un risque de dommages graves et irréversibles à l'environnement à leur caractère proportionné et à leur coût économiquement acceptable. Le deuxième principe, dit d'action préventive et de correction des atteintes à l'environnement,

1. Ratifiée en 2010 par la France.

enjoint de recourir *aux meilleures techniques disponibles à un coût économiquement acceptable.*

La directive 96/61/CE du 24 septembre 1996 relative à la prévention et à la réduction intégrées de la pollution définit les *meilleures techniques disponibles* comme « *le stade de développement le plus efficace et avancé des activités et de leurs modes d'exploitation, démontrant l'aptitude pratique de techniques particulières à constituer, en principe, la base des valeurs limites d'émission visant à éviter et, lorsque cela s'avère impossible, à réduire de manière générale les émissions et l'impact sur l'environnement dans son ensemble* (...). *Par "disponibles", on entend les techniques mises au point sur une échelle permettant de les appliquer dans le contexte du secteur industriel concerné, dans des conditions économiquement et techniquement viables, en prenant en considération les coûts et les avantages (...), pour autant que l'exploitant concerné puisse y avoir accès dans des conditions raisonnables. Par "meilleures", on entend les techniques les plus efficaces pour atteindre un niveau général élevé de protection de l'environnement dans son ensemble* ». L'annexe IV de la directive précise qu'il convient, dans la détermination des meilleures techniques disponibles, de prendre en considération, entre autres, les « *procédés, équipements ou modes d'exploitation comparables qui ont été expérimentés avec succès à une échelle industrielle* ». En clair, il ne s'agit pas d'être à la pointe de l'innovation mais de se référer à ce qui se trouve communément accessible sur le marché.

2.1.2 Les directives particulières prises en application de la directive-cadre

166. L'article 16 de la directive-cadre de 1989 prévoit le principe de directives particulières fixant elles aussi des prescriptions minimales. Elles visent un risque (agents chimiques, biologiques, bruit, atmosphères explosives, etc.), une activité (chantiers temporaires, industries extractives, etc.) ou une catégorie particulière de travailleurs (femmes enceintes ou allaitant). Une vingtaine de directives particulières ont ainsi été adoptées à ce jour.

167. Déclinant les PGP de la directive-cadre au cas particulier qu'elles traitent, ces directives sont transposées dans la partie IV du Code du travail sous forme de dispositions législatives ou règlementaires, selon leur nature. Ainsi, la directive-cadre a principalement été transposée dans la loi parce qu'elle contient de nombreux principes relevant de principes fondamentaux du droit du travail, par nature législatifs (articles en L). Les directives particulières, de nature technique et assimilables à des dispositions d'application de la loi, sont transposées dans des décrets (articles en R), voire dans des arrêtés quand elles contiennent des prescriptions prévoyant des caractéristiques très détaillées[1] (*cf. supra* 2.3.1.1). Toutes ces directives fixant, comme la directive-cadre, des prescriptions minimales, elles peuvent donner lieu à des dispositions plus sévères en droit interne.

2.1.3 La charte des droits fondamentaux de l'Union européenne

168. Les dispositions des directives sur la santé au travail cohabitent avec d'autres dispositions communautaires qui fixent des principes, des droits, des libertés et revêtent à ce titre un caractère universel les rendant opposables. De fait, elles sont de plus en plus souvent invoquées dans les débats, textes programmatiques ou argumentaires relatifs à la protection de la santé des travailleurs. Ces dispositions sont issues de textes dont le champ est plus large que la seule santé au travail et ne s'adressent au demeurant pas aux employeurs mais aux États membres, chargés de les mettre en œuvre à travers leurs politiques publiques, leurs institutions et leur droit.

169. Il en va ainsi de la Charte des droits fondamentaux du 7 décembre 2000, dont l'article 6 du Traité sur l'Union européenne (TUE) reconnaît les droits, libertés et principes qu'elle énonce. La Charte a la même valeur juridique que le TUE et le Traité sur le fonctionnement de l'Union européenne (TFUE).

170. Plusieurs des droits énoncés par la Charte sont susceptibles d'être rattachés, directement ou indirectement, à la santé au travail :
- le droit à l'intégrité de la personne : « *Toute personne a droit à son intégrité physique et mentale* » (articlc 3) ;
- le respect de la vie privée et familiale : « *Toute personne a droit au respect de sa vie privée, de son domicile et de ses communications* » (article 7) ;
- le droit à des conditions de travail justes et équitables : « *Tout travailleur a droit à des conditions de travail qui respectent sa santé, sa sécurité et sa dignité* » et « *Tout travailleur a droit à une limitation de la durée maximale du travail et à des périodes de repos journalier et hebdomadaire ainsi qu'à une période annuelle de congés payés* » (article 31) ;
- la protection des jeunes au travail : « *Les jeunes admis au travail doivent bénéficier de conditions de travail adaptées à leur âge et être protégés contre l'exploitation économique ou contre tout travail susceptible de nuire à leur sécurité, leur santé, à leur développement physique, mental, moral ou social ou de compromettre leur éducation* » (article 32) ;

1. Ex. : arrêté du 4 novembre 1993 en matière de signalisation de sécurité prévoyant la nature des pictogrammes devant figurer sur les tuyauteries transportant des substances dangereuses.

– la protection de la santé : « *Toute personne a le droit d'accéder à la prévention en matière de santé (...). Un niveau élevé de protection de la santé humaine est assuré dans la définition et la mise en œuvre de toutes les politiques et actions de l'Union* » (article 35).

2.2 Les conventions de l'OIT et autres textes internationaux

171. Outre le droit communautaire qui régit et structure notre droit interne, de nombreux traités internationaux contiennent des dispositions en matière de santé au travail, notamment sous forme de principes généraux. Le droit français est *a priori* déjà conforme à ces traités. Ainsi, la convention OIT 155, relative à la santé et sécurité au travail, n'a jamais été ratifiée par la France mais ne contient aucune disposition à laquelle le droit interne serait contraire, l'esprit de ces conventions étant proche de celui des directives communautaires.

2.2.1 Les conventions OIT

2.2.1.1 Une activité normative importante en santé au travail

172. La Conférence générale de l'OIT a adopté le 10 mai 1944, à l'unanimité des représentants délégués des gouvernements, des employeurs et des salariés, la Déclaration de Philadelphie qui redéfinit les buts et objectifs de l'Organisation. À vocation universelle, cette déclaration consacre l'importance des questions économiques et sociales et contient plusieurs dispositions se rapportant aux conditions de travail. Elle s'assigne ainsi dans son article III l'obligation de participer à la mise en œuvre de programmes propres à réaliser « *l'emploi des travailleurs à des occupations où ils aient la satisfaction de donner toute la mesure de leur habileté et de leurs connaissances et de contribuer le mieux au bien-être commun* » ainsi que « *la possibilité pour tous d'une participation équitable aux fruits du progrès en matière de salaires et de gains, de durée du travail et autres conditions de travail* (...) » et « *une protection adéquate de la vie et de la santé des travailleurs dans toutes les occupations* ».

173. L'OIT développe à cet effet une activité normative importante en santé au travail à travers des conventions (obligatoires) ou des recommandations (facultatives). Les normes élaborées visent à orienter les politiques publiques (*cf.* convention 187, *supra* 1.6.1), à créer les conditions de la coopération entre employeurs et travailleurs pour déterminer des solutions pratiques, à leur fournir des conseils afin de les aider à se conformer à leurs obligations ou encore à protéger les travailleurs dans certaines branches d'activités (mines, construction de ports, etc.), contre certains risques (rayonnements, amiante, benzène, etc.) ou à raison de leur vulnérabilité (jeunes, etc.). À ce jour, plus de 40 normes traitant spécifiquement de la santé au travail ont été adoptées et près de la moitié des instruments de l'OIT touchent directement ou indirectement cette matière.

Encadré 22 : Principales conventions et recommandations de l'OIT dans le domaine de la santé au travail

– la convention 115 et la recommandation 114 sur les radiations (1960). Elle renvoie aux recommandations du CIPR ;

– la convention 120 et la recommandation 120 sur l'hygiène dans les bureaux et commerces y compris les administrations (1964) ;

– la convention 121 sur les prestations en cas d'accidents du travail et de maladies professionnelles (1964) ;

– la convention 139 et la recommandation 147 sur le cancer professionnel (1974). Elle régit la prévention des risques de cancer causés par l'exposition prolongée à des agents chimiques ou physiques sur les lieux de travail (interdictions, limitations, etc.) ;

– la convention 148 et la recommandation 156 sur le milieu de travail (air, bruit, vibrations) (1977). Elle pose le principe des valeurs limites d'exposition, de la suppression du risque lors de la conception, de sa réduction par des moyens techniques et organisationnels ;

– la convention 155 et la recommandation 164 sur la sécurité et la santé au travail (1981) : principe d'adoption d'une politique nationale cohérente comprenant des réglementations, un système d'inspection assorti de sanctions, le droit de retrait, la formation/éducation dès la scolarité, etc. Elle est relayée depuis 2006 par la convention 187 sur le cadre promotionnel pour la sécurité et la santé au travail ;

– la convention 161 et la recommandation 171 sur les services de santé au travail (1985). La recommandation incite à la couverture des travailleurs indépendants ;

– la convention 162 sur l'amiante (1986) ;

– la convention 167 et la recommandation 175 sur la sécurité et la santé dans la construction (1988) ;

– la convention 170 et la recommandation 177 sur les produits chimiques (1990) ;

– la convention 174 et la recommandation 181 sur les accidents industriels majeurs (1993) ;

– la convention 176 et la recommandation 183 sur la santé et sécurité dans les mines (1995).

174. Conformément à l'article 22 de la Constitution de l'OIT, la France présente au Bureau international du Travail (BIT) un rapport annuel sur les mesures prises pour mettre à exécution les conventions auxquelles elle a adhéré. Elle doit également adresser un rapport périodique sur les conventions non ratifiées (état de sa législation et de sa pratique sur la question qui fait l'objet de la convention, difficultés empêchant ou retardant la ratification, etc.).

2.2.1.2 La santé au travail au rang de Principe et droit fondamental au travail

175. La 110e Conférence internationale du Travail (CIT) a adopté le 10 juin 2022 une résolution ajoutant le principe « *d'un environnement de travail sûr et sain* » aux *Principes et droits fondamentaux au travail.* Ce nouveau principe est adossé aux conventions de l'OIT pertinentes à savoir la convention n° 155 sur la sécurité et la santé des travailleurs (1981) et la convention n° 187 sur le cadre promotionnel pour la sécurité et la santé des travailleurs (2006) (*cf. supra* 1.6.1).

176. Aux termes de cette résolution, cette décision engage tous les États membres de l'OIT à respecter et à promouvoir le droit fondamental à un environnement de travail sûr et sain, qu'ils aient ou non ratifié les conventions pertinentes.

177. Ce 5e principe s'ajoute aux quatre principes et droits préexistant adoptés en 1998 :
- la liberté d'association et la reconnaissance effective du droit de négociation collective ;
- l'élimination de toute forme de travail forcé ou obligatoire ;
- l'abolition effective du travail des enfants ;
- l'élimination de la discrimination en matière d'emploi et de profession.

2.2.2 La Charte sociale européenne du Conseil de l'Europe

178. La Charte sociale européenne est une convention du Conseil de l'Europe[1] conclue à Turin en 1961 et révisée à Strasbourg en 1996. Elle prévoit dans sa partie I que « *tous les travailleurs ont droit à la sécurité et à l'hygiène dans le travail* ». Les articles 2 et 3 de la Partie II prévoient le droit à des conditions de travail équitables, les signataires devant notamment s'engager à « *éliminer les risques inhérents aux occupations dangereuses ou insalubres et, lorsque ces risques n'ont pas encore pu être éliminés ou suffisamment réduits, assurer aux travailleurs employés à de telles occupations soit une réduction de la*

1. Pour mémoire, le Conseil de l'Europe est une organisation intergouvernementale qui ne relève pas de l'Union européenne et ne doit pas être confondue avec le Conseil de l'Union européenne et le Conseil européen.

durée du travail, soit des congés payés supplémentaires ». Les parties doivent en outre, en consultation avec les organisations d'employeurs et de travailleurs :

« *1. définir, mettre en œuvre et réexaminer périodiquement une politique nationale cohérente en matière de sécurité, de santé des travailleurs et de milieu de travail (...) ;*

2. édicter des règlements de sécurité et d'hygiène ;

3. édicter des mesures de contrôle de l'application de ces règlements ;

4. promouvoir l'institution progressive des services de santé au travail pour tous les travailleurs, avec des fonctions essentiellement préventives et de conseil. »

179. La conformité à la Charte des législations et pratiques nationales est examinée par le Comité européen des droits sociaux (CEDS). Ses conclusions donnent lieu à des recommandations adressées à l'État concerné afin qu'il apporte les modifications requises.

2.2.3 La Déclaration universelle des droits de l'homme

180. L'article 23 de la Déclaration universelle des droits de l'homme, du 10 décembre 1948, prévoit que « *toute personne a droit au travail, au libre choix de son travail, à des conditions équitables et satisfaisantes de travail et à la protection contre le chômage (...)* ». Toutefois, le Conseil d'État estime que sa seule publication au *Journal officiel* du 9 février 1949 ne permet pas de la compter parmi les textes ratifiés et publiés lui conférant, conformément aux termes de l'article 55 de la Constitution, une autorité supérieure à celle de la loi interne. Elle a donc une portée déclarative.

Encadré 23 : Les pactes internationaux onusiens

Deux pactes des Nations unies ont été adoptés en 1966 dans le prolongement de la Déclaration universelle des droits de l'homme en vue de renforcer sa portée normative. La France y a adhéré en 1980. Ils contiennent des droits fondamentaux qui peuvent être mobilisés en droit de la santé au travail :

– Le Pacte international relatif aux droits économiques, sociaux et culturels (PIDESC) prévoit dans son article 7 « *le droit qu'a toute personne de jouir de conditions de travail justes et favorables, qui assurent notamment (...) la sécurité et l'hygiène du travail (...), le repos, les loisirs, la limitation raisonnable de la durée du travail et les congés payés périodiques (...)* ». L'article 12 prévoit « *le droit qu'a toute personne de jouir du meilleur état de santé physique et mentale qu'elle soit capable d'atteindre (...)* ». À cet effet, les États parties au Pacte doivent prendre « *les mesures nécessaires pour assurer (...) l'amélioration de tous les aspects de l'hygiène du milieu et de l'hygiène industrielle, la prophylaxie et le traitement des maladies épidémiques, endémiques, professionnelles et autres, ainsi que la lutte contre ces maladies, la création de conditions propres à assurer à tous des services médicaux et une aide médicale en cas de maladie* ». Le Conseil d'État a jugé cependant que ces articles n'avaient pas d'effet direct en droit interne.

– Le Pacte international relatif aux droits civils et politiques (PIDCP) prévoit dans son article 8 l'interdiction du travail forcé et, dans son article 17, la protection de la vie privée.

Le contrôle du respect par les États des engagements contenus dans ces pactes internationaux n'est pas juridictionnel. Il prend la forme de rapports sur les mesures adoptées et les progrès accomplis. Mais un système de plaintes examinées par le Comité des droits de l'homme de l'ONU a été institué pour le PIDCP.

2.3 Les sources internes

2.3.1 Les sources légales

2.3.1.1 Un édifice fidèle à la hiérarchie des normes

181. Les sources du droit de la santé au travail sont réparties entre des textes de valeur constitutionnelle, législative et réglementaire (décrets et arrêté). Les dispositions européennes sont transposées dans les lois, des décrets, voire des arrêtés, en fonction de leur nature et de leur portée.

182. Au niveau constitutionnel, l'alinéa 11 du préambule de la Constitution du 27 octobre 1946, annexé à la Constitution de 1958, prévoit que la Nation doit garantir à tous « (...) *la protection de la santé, la sécurité matérielle, le repos et les loisirs* ». Il fixe donc une obligation de protection de la santé garantie et organisée par les pouvoirs publics (*cf. supra* encadré 2).

183. Aux niveaux législatif et réglementaire, les articles 34 et 37 de la Constitution de 1958 déterminent les domaines respectifs de la loi (principes fondamentaux du droit du travail) et du décret (dispositions autres que les principes fondamentaux). La santé au travail constitue un des rares domaines dans lesquels cette répartition des compétences entre principes et dispositions d'application est plutôt bien respectée[1]. Dès lors, la partie IV du Code du travail se caractérise par une économie évidente de dispositions de nature législative et un nombre très conséquent d'articles réglementaires, qui s'explique par la nature technique de nombreuses dispositions qui régissent la matière[2].

184. Au final, les articles législatifs en santé au travail s'en tiennent à fixer un cadre général dans lequel on retrouve principalement le champ d'application déterminant le périmètre des catégories d'employeurs assujettis, les PGP applicables aux employeurs et aux travailleurs, les droits fondamentaux tels que les droits d'alerte et de retrait applicables en cas de danger grave et imminent, les obligations générales des personnes autres que l'employeur, les procédures d'urgence susceptibles de porter atteinte aux libertés (référé, arrêt temporaire de travaux) et les sanctions pénales constitutives de délit.

185. En corollaire, l'immense majorité des très nombreuses dispositions de la partie IV du Code du travail sont issues de décrets en Conseil d'État pris en application de l'article L. 4111-6, base légale de presque toutes les dispositions réglementaires de cette partie. La plupart de ces décrets sont des modalités d'application des PGP qui transposent, sous forme d'obligations particulières, les directives européennes particulières citées plus haut. Ils portent notamment sur les caractéristiques des lieux de travail et des équipements de travail (machines essentiellement), sur la prévention des risques liés à certaines expositions (bruits, vibrations, agents chimiques, etc.), sur certaines opérations ou activités (manutention, chantiers du bâtiment, etc.).

1. De fait, le parlement s'empare relativement rarement des questions de santé au travail et peu de grandes lois ont structuré le droit de la santé au travail. La loi du 6 décembre 1976 sur l'intégration de la sécurité dès la conception nécessitait une intervention du législateur car elle créait des obligations fortes à l'égard de personnes autres que l'employeur (maîtres d'ouvrage, constructeurs, fabricants), tandis que la loi du 23 décembre 1982 sur le CHSCT contenait des principes fondamentaux du droit du travail en matière de représentation du personnel dans l'entreprise. La loi du 31 décembre 1991 transposait la directive cadre de 1989 et introduisait les PGP. La loi du 21 juillet 2011 relative à la médecine du travail contenait des obligations importantes pour l'employeur et l'organisation du suivi médical des salariés. En dernier lieu, la loi du 2 août 2021 pour renforcer la prévention en santé au travail, introduit peu de nouvelles dispositions législatives dans la partie IV du Code du travail (passeport prévention, prévention de la désinsertion professionnelle, offre de services des services de prévention et de santé au travail, gouvernance du système de prévention) ou vient modifier des dispositions déjà existantes.

2. Ceci la distingue nettement des autres parties du Code du travail, en particulier les trois premières.

186. Les arrêtés sont également nombreux et ne sont pas codifiés dans le Code du travail. Ils entrent dans un degré de détail supplémentaire en apportant des précisions qui ne relèvent ni de la loi ni du décret. Conformément à la hiérarchie des normes, ils ne peuvent pas empiéter sur ces derniers, ni augmenter ou réduire leur portée. Ils sont donc toujours pris en application d'une loi ou d'un décret qui encadre strictement la nature des dispositions qu'ils doivent contenir. Ainsi, par exemple, il est interdit de mettre sur le marché des machines n'obéissant pas aux règles de certifications auxquelles elles sont soumises (interdiction prévue par une loi fixant la règle générale). Ces règles de certification sont prévues par des dispositions réglementaires (décrets d'application du principe général fixé par la loi), l'une d'elles prévoyant l'obligation d'apposer un marquage de conformité sur chaque machine. C'est un arrêté qui précise l'emplacement, le modèle et les indications de ce marquage. Cet arrêté ne peut contenir d'autres dispositions que celles relatives à l'emplacement, au modèle et au contenu du marquage. Par nature, les décrets et arrêtés ne contiennent évidemment pas de principes généraux mais en assurent la déclinaison.

2.3.1.2 L'articulation des PGP avec les textes particuliers

187. La partie IV du Code du travail donne à voir une architecture au sommet de laquelle figurent les PGP issus de la directive-cadre de 1989. Transposés en partie législative par la loi du 31 décembre 1991, ils ont été placés en ouverture de la partie pour en constituer le chapeau. Les décrets qui suivent transposent des directives particulières annoncées par l'article 16 de la directive-cadre. Ces décrets sont une déclinaison des PGP appliqués à un cas particulier, par exemple le risque chimique, le risque biologique, le risque lié au bruit, etc. Les dispositions de ces décrets explicitent les modalités de mise en œuvre des PGP ou prescrivent des obligations spécifiques justifiées par la nature du risque et complétant les prescriptions minimales fixées par les PGP. Ainsi, le décret relatif au risque chimique comprend des dispositions à vocation pédagogique décrivant en quoi consiste l'évaluation de ce risque particulier. Elles ne créent pas d'obligation nouvelle par rapport aux PGP mais guident l'employeur pour la mise en œuvre de l'un d'entre eux[1]. Mais ce décret comprend aussi des obligations particulières qui ne sont pas prévues par les PGP, telles que le respect de valeurs limites d'exposition professionnelle (VLEP) à certains agents chimiques dangereux[2].

188. La recodification du Code du travail en 2008 a tenté de reproduire et rendre visible la cohérence de cette construction européenne au sein de sa partie IV. Toutefois, certains s'interrogent sur l'articulation des décrets particuliers avec les PGP. Par ailleurs, la coexistence de ces textes avec des décrets anciens maintenus en vigueur et issus des générations antérieures reflétant une autre approche – en particulier les décrets techniques de l'après-guerre évoqués au 1.5.3 – rend parfois la lecture et l'articulation des obligations malaisées. Ainsi, les décrets de la partie IV, d'origine européenne ou non, sont-ils des dispositions spéciales dont le respect suffit à satisfaire les PGP et l'obligation générale de sécurité ? Une telle analyse reviendrait à considérer que les PGP ne trouvent à s'appliquer qu'en l'absence de dispositions particulières – situation qui, on le verra, se rencontre de plus en plus fréquemment (*cf.* chapitre 10) – et à les écarter dès qu'existent de telles dispositions. Doit-on au contraire considérer que les décrets particuliers n'épuisent pas l'étendue des obligations de l'employeur au regard du champ plus vaste que couvrent les PGP ?

---

1. L'article R. 4112-6 n'est autre qu'un mode d'emploi du principe général d'évaluation prévu au 2° de l'article L. 4121-2 et à l'article L. 4121-3 : « *Pour l'évaluation des risques, l'employeur prend en compte, notamment :*

1° Les propriétés dangereuses des agents chimiques présents sur les lieux de travail ;

2° Les informations relatives à la santé et à la sécurité communiquées par le fournisseur de produits chimiques en application des articles R. 4411-1-1, R. 4411-73 et R. 4411-84 ;

3° Les renseignements complémentaires qui lui sont nécessaires obtenus auprès du fournisseur ou d'autres sources aisément accessibles ;

4° La nature, le degré et la durée de l'exposition ;

5° Les conditions dans lesquelles se déroulent les activités impliquant des agents chimiques, y compris le nombre et le volume de chacun d'eux ; 6° En cas d'exposition simultanée ou successive à plusieurs agents chimiques, les effets combinés de l'ensemble de ces agents ;

7° Les valeurs limites d'exposition professionnelle et les valeurs limites biologiques fixées par décret ;

8° L'effet des mesures de prévention prises ou à prendre sur le risque chimique ;

9° Les conclusions fournies par le médecin du travail concernant le suivi de l'état de santé des travailleurs ;

10° Les travaux conduits et propositions émises par les intervenants en prévention des risques professionnels mentionnés à l'article R. 4623-26 ».

2. Article R. 4412-149 : « *Les concentrations des agents chimiques présents dans l'atmosphère des lieux de travail figurant dans le tableau suivant ne doivent pas dépasser, dans la zone de respiration des travailleurs, les valeurs limites d'exposition professionnelle définies ci-après : (...)* ».

189. La réponse est sans équivoque s'agissant des décrets transposant des directives particulières. L'article 16 de la directive-cadre rappelle en effet sa portée générale et précise que les dispositions de cette dernière « *s'appliquent pleinement à l'ensemble des domaines couverts par les directives particulières, sans préjudice de dispositions plus contraignantes et/ou spécifiques contenues dans ces directives particulières* »[1]. Les décrets transposant les directives particulières ne se substituent donc pas aux PGP et ceux-ci continuent de s'appliquer dans les domaines couverts par les décrets particuliers. Lorsque ces derniers contiennent des dispositions plus strictes et spécifiques, celles-ci prévalent. Mais quand l'employeur a appliqué ces dispositions spécifiques, il n'est pas pour autant forcément quitte de ses obligations générales.

190. Cette interprétation est conforme à la volonté de sortir d'une logique de conformité au profit d'une logique de prévention effective. Les décrets particuliers, quand bien même ils sont plus précis, sont le plus souvent rédigés dans le même esprit que les PGP, sous forme d'objectifs à atteindre plutôt que de moyens détaillés. Et même lorsque les prescriptions réglementaires se font très spécifiques (ex. : la fixation d'une valeur limite d'exposition impérative), elles n'éludent pas les PGP qui les chapeautent. Ainsi, le fait de respecter une valeur limite contraignante atteste de la conformité à une obligation particulière (un seuil à ne pas dépasser au-delà duquel d'autres obligations surviennent). Il met le cas échéant l'employeur à l'abri de poursuites pénales à l'égard de cette obligation particulière mais ne le dispense pas de continuer, conformément aux PGP, à chercher à supprimer le risque en substituant à l'agent chimique en cause un agent non ou moins dangereux ou en réduisant l'exposition très en deçà de la valeur limite, laquelle n'est généralement pas un seuil de santé.

191. La même lecture doit être faite pour apprécier l'articulation des PGP avec des dispositions réglementaires antérieures aux directives européennes particulières et maintenues dans le Code du travail. La recodification du Code du travail a en effet été opérée à droit constant mais sous réserve du respect de la hiérarchie des normes. Toutes les dispositions contraires aux directives n'ont par conséquent pas été recodifiées et ont été abrogées.

1. En sens inverse, l'article 17 de la directive du 24 juin 1992 concernant les prescriptions minimales de sécurité à mettre en œuvre sur les chantiers rappelle que « *la présente directive est une directive particulière au sens de l'article 16 (...) de la directive du 12 juin 1989, (...) de ce fait, les dispositions de ladite directive s'appliquent pleinement au domaine des chantiers temporaires ou mobiles, sans préjudice de dispositions plus contraignantes et/ou spécifiques contenues dans la présente directive* ».

192. En conclusion, on retiendra que :

– les PGP s'appliquent en toute circonstance à l'égard de l'employeur, qu'il existe ou non des dispositions particulières régissant un risque ou une activité ;
– lorsque les dispositions réglementaires sont plus sévères que les PGP, elles priment sur ces derniers ;
– lorsque les dispositions particulières sont satisfaites, elles n'éludent pas pour autant l'application des PGP, conformément à la logique d'amélioration continue ;
– lorsque les dispositions particulières ne répondent pas à une question, les PGP prennent le relais (en tant que chapeau ou socle) ;
– le respect d'une obligation particulière met à l'abri de poursuites pénales au regard de ladite obligation mais n'écarte pas la responsabilité de l'employeur sur le plan civil car l'obligation générale de sécurité ne se limite pas au respect des dispositions particulières[1].

2.3.2 Les conventions et accords collectifs

2.3.2.1 Un domaine d'action revendiqué par les partenaires sociaux

193. Le thème de la santé, de la sécurité et des conditions de travail est réputé constituer un terrain propice à la négociation collective car il porte sur un objet dont la finalité, la protection des travailleurs, est censé faire consensus. Il constitue un enjeu majeur pour les employeurs, pour qui toute source normative négociée est préférable à un dispositif imposé de l'extérieur susceptible d'impacter directement leurs choix d'organisation, et parce que, du fait de leur responsabilité, le système assurantiel des risques professionnels est financé à 97 % par une cotisation des entreprises. Les organisations professionnelles d'employeurs ont donc toujours revendiqué une place de choix dans les processus d'élaboration des règles régissant la santé au travail. De leur côté, les organisations syndicales ont toujours associé leurs revendications salariales à une amélioration concomitante des

1. Les arrêts « *amiante* » du 28 février 2002 ont explicitement rejeté l'argument du respect des valeurs limites alors en vigueur pour écarter l'existence d'une faute inexcusable de l'employeur. Selon la défense, « *l'arrêt attaqué retient l'existence d'une faute inexcusable de la société E. sur le fondement d'attestations d'anciens salariés (...) sans tenir compte du fait que ces attestations ne portaient pas sur le niveau de concentration de poussières d'amiante dans l'atmosphère, seul élément légalement et scientifiquement déterminant quant au risque lié à l'exposition des salariés à ces poussières en vertu des textes spécifiques, et ne tenaient pas compte des résultats des prélèvements officiels de poussières effectués dans l'établissement de T. faisant apparaître que les densités de poussières de cet établissement étaient toujours inférieures au taux réglementairement autorisé* ». Mais pour la Cour de cassation, la société d'une part avait ou aurait dû avoir conscience du danger lié à l'amiante, d'autre part n'avait pas pris les mesures nécessaires pour en préserver son salarié.

conditions de travail. Par conséquent, les partenaires sociaux considèrent que la santé au travail est un objet incontournable de dialogue social et le principe de la concertation entre représentants des employeurs et des travailleurs préalablement à toute réglementation est constamment réaffirmé en la matière.

194. Il se traduit sur le plan institutionnel par l'omniprésence du paritarisme ou du tripartisme dans toutes les sphères de gouvernance et à tous les niveaux du système d'acteurs de la santé au travail (Conseil national d'orientation des conditions de travail, Comité national de prévention de la santé au travail, organes de gestion et de pilotage de la branche risques professionnels de la sécurité sociale, INRS, ANACT, comités régionaux d'orientation des conditions de travail, services de prévention et de santé au travail, etc.).

195. De même, sur les plans législatif et réglementaire, le dialogue social est historiquement ancré dans le processus d'élaboration des normes interprofessionnelles et professionnelles, au point qu'il est possible de parler d'un droit coconstruit et de loi négociée[1]. La loi du 2 août 2021 pour renforcer la prévention en santé au travail en fournit une illustration récente puisqu'elle est la transposition quasi intégrale d'un accord national interprofessionnel sur la santé au travail conclu le 10 décembre 2020[2], lequel est lui-même une synthèse du compromis sur lequel les partenaires sociaux se sont entendus à la suite du rapport parlementaire sur la santé au travail remis au Premier ministre en août 2018[3].

196. Enfin, le législateur tend de plus en plus à réduire son rôle à l'énonciation de dispositions d'ordre public et supplétives afin de renvoyer la détermination des règles régissant le travail à la négociation collective. Cette tendance est déjà perceptible dans le champ de la santé au travail où l'émergence des risques liés aux évolutions contemporaines du travail ne donne plus lieu, comme par le passé, à

1. La génération des décrets techniques parus dans la seconde moitié du 20e siècle est le fruit de concertations parfois très longues. Le décret du 8 janvier 1965 sur les risques du BTP, fruit de 15 ans de concertation, en est une illustration.

2. Les signataires de l'accord réaffirment dès son préambule « *la volonté des organisations professionnelles d'employeurs et les organisations syndicales de salariés, représentatives au plan national et interprofessionnel, de jouer un rôle de premier plan dans la politique française de santé au travail* ». À l'échelle de l'entreprise, « *la santé et la sécurité au travail constituent une dimension à part entière du travail, qui justifie que les employeurs, les salariés et leurs représentants en soient les principaux acteurs et pilotes* ».

3. Rapport fait à la demande du Premier ministre, *Santé au travail : vers un système simplifié, pour une prévention renforcée*, C. Lecocq, B. Dupuis, H. Forest, avec l'appui de H. Lanouzière, Igas, août 2018.

la parution systématique de décrets spécifiques[1]. C'est le cas pour les TMS, les RPS, le télétravail, etc. légalement faiblement encadrés. Les partenaires sociaux seront donc de plus en plus conduits à prendre le relais pour pallier le silence réglementaire. L'accord national interprofessionnel du 27 novembre 2020 *sur la mise en œuvre réussie du télétravail* en est une bonne illustration car il est, faute de précisions réglementaires en la matière, l'unique source normative sur les facteurs à prendre en compte pour évaluer et prévenir les risques professionnels liés à ce mode d'organisation du travail (*cf. infra* 10.4).

2.3.2.1.1 La stratégie nationale de santé[2]

197. Le premier des plans programmatiques de santé est la *Stratégie nationale de santé* (SNS) définie par le Gouvernement. L'article L. 1411-1-1 du Code de la santé publique lui donne une portée législative. Il prévoit que la SNS détermine, de manière pluriannuelle, des domaines d'action prioritaires et des objectifs d'amélioration de la santé et de la protection sociale contre la maladie après avoir procédé à une consultation publique. La SNS incarne donc la politique de santé de la nation et ses objectifs prioritaires de santé, notamment à travers la désignation de grandes causes nationales.

198. La SNS 2018-2022 faisait de la prévention sa priorité : « *Mettre en place une politique de promotion de la santé, incluant la prévention dans tous les milieux, tout au long de la vie* ». Les actions prévues à ce titre ont donc vocation à s'appliquer à l'école, dans les logements, les transports comme les lieux de travail. S'agissant des ces derniers, il s'agit en priorité de « *promouvoir des conditions de vie et de travail favorables à la santé* » et notamment « *développer une culture de prévention dans les milieux professionnels et réduire la fréquence et la sévérité des pathologies liées aux conditions de travail* ». la stratégie entend ainsi promouvoir le travail comme facteur de santé, en valorisant les pratiques managériales qui contribuent à la qualité de vie et à la santé au travail.

---

1. Ex. : décret relatif à l'utilisation d'écrans de visualisation aux articles. R. 4542-1 et suivants.

2. L'article L. 1411-1 du Code de la santé publique précise que la Nation définit sa politique de santé afin de garantir le droit à la protection de la santé de chacun. Elle tend à assurer la promotion de conditions de vie favorables à la santé, l'amélioration de l'état de santé de la population, la réduction des inégalités sociales et territoriales et l'égalité entre les femmes et les hommes et à garantir la meilleure sécurité sanitaire possible et l'accès effectif de la population à la prévention et aux soins. La politique de santé comprend notamment la promotion de la santé dans tous les milieux de vie, notamment dans les établissements d'enseignement et sur le lieu de travail, et la réduction des risques pour la santé liés à l'alimentation, à des facteurs environnementaux et aux conditions de vie susceptibles de l'altérer.

Encadré 24 : Les risques professionnels dans la stratégie nationale de santé

La SNS 2018-2022 prévoit la nécessité de développer la prévention en milieu professionnel dans une approche globale de la santé, notamment en :

– renforçant la formation des futurs salariés et dirigeants des entreprises ;

– suivant certaines populations atteintes de pathologies ayant un impact important sur leur activité professionnelle afin d'améliorer les actions de lutte contre la désinsertion professionnelle (cancers, etc.) ;

– renforçant le repérage et l'accompagnement des victimes du syndrome d'épuisement professionnel (burnout) ;

– améliorant la prévention et la prise en charge précoce des troubles musculosquelettiques en entreprise et des risques liés aux manutentions manuelles (notamment dans le secteur de l'aide et des soins à la personne) ;

– promouvant le télétravail en raison de ses impacts positifs sur la santé des personnels, la qualité de vie au travail, la productivité et sur l'environnement compte tenu de la réduction des déplacements.

La SNS contient en outre des objectifs qui se rapportent à d'autres volets que les risques professionnels mais qui trouvent des prolongements avec le milieu professionnel. Ainsi est-il prévu :

– au titre de la lutte contre les inégalités sociales et l'accès à la santé, de favoriser le recours aux dispositifs de formation et de reconversion professionnelle ouverts aux personnes exposées à certains risques professionnels ou victimes d'accidents du travail ou de maladies professionnelles (compte professionnel de prévention, compte personnel de formation) ;

– au titre des comportements favorables à la santé, de promouvoir une alimentation saine, une activité physique régulière, une prévention des pratiques addictives (tabac, alcool, substances psychoactives licites et illicites, addictions sans substances), l'application des règles d'hygiène individuelle (lavage des mains…) et collective (propreté des locaux de restauration…) de prévenir les risques liés à la conduite dangereuse sur route ;

– au titre de la prévention générale, de renforcer la protection vaccinale.

2.3.2.2 Des obligations périodiques de négocier

199. Dans le cadre de la négociation obligatoire, la branche et l'entreprise doivent négocier périodiquement dans le champ de la santé, de la sécurité et des conditions de travail.

200. À l'échelle de la branche[1], la négociation doit porter au moins une fois tous les quatre ans sur :

– la mise à disposition des entreprises d'outils de prévention du harcèlement sexuel et des agissements sexistes ;

1. Article L. 2241-1.

- les mesures destinées à faciliter la conciliation entre la vie professionnelle et la vie personnelle des salariés proches aidants ;
- les conditions de travail et la prise en compte des effets de l'exposition aux facteurs de risques professionnels énumérés à l'article L. 4161-1[1] ;
- les mesures tendant à l'insertion professionnelle et au maintien dans l'emploi des travailleurs handicapés.

201. Les branches peuvent conclure un accord organisant le calendrier et la périodicité de ces thèmes. À défaut, elles se réunissent au moins une fois tous les trois ans pour négocier sur les conditions de travail, les enjeux de la transition écologique, et la prise en compte des facteurs dits de pénibilité, ainsi que sur les conditions de travail et de maintien dans l'emploi des travailleurs handicapés[2].

202. À l'échelle de l'entreprise[3], la négociation périodique doit porter au moins une fois tous les quatre ans sur la qualité de vie et des conditions de travail[4]. En l'absence d'accord interne régissant son agenda social et prévoyant une autre périodicité[5], la négociation devient annuelle. Elle doit alors obligatoirement porter sur :

- l'articulation entre la vie personnelle et la vie professionnelle ;
- les conditions de travail des femmes ;
- les mesures relatives au maintien dans l'emploi des travailleurs handicapés, leurs conditions de travail et les actions de sensibilisation de l'ensemble du personnel au handicap ;
- l'exercice du droit d'expression directe et collective des salariés (*cf.* 6.6.2) ;
- les modalités d'exercice du droit à la déconnexion et la mise en place par l'entreprise de dispositifs de régulation de l'utilisation des outils numériques, en vue d'assurer le respect des temps de repos et de congé ainsi que de la vie personnelle et familiale ;
- dans les entreprises de cinquante salariés et plus et dont cinquante salariés au moins sont employés sur un même site, les mesures visant à améliorer la mobilité des salariés entre leur lieu de résidence habituelle et leur lieu de travail, notamment en incitant à l'usage des modes de transport vertueux ainsi que par la prise en charge de certains frais.

203. Cette négociation peut également porter sur la prévention des facteurs dits de pénibilité énoncés à l'article L. 4161-1, sur la qualité des conditions de travail, sur la santé et la sécurité au travail

1. Il s'agit des facteurs anciennement dits de pénibilité.
2. Article L. 2241-12 et L. 2241-13.
3. Article L. 2242-17.
4. Article L. 2242-1.
5. Article L. 2242-19-1.

et la prévention des risques professionnels[1], en s'appuyant possiblement sur les acteurs régionaux et locaux de la prévention des risques professionnels[2].

Encadré 25 : Le numérique et l'intelligence artificielle, nouvel objet de dialogue social ?

Le rapport du Conseil national du numérique *Humains et machines, quelles interactions au travail ?* (CNUM, décembre 2022) recommande de faire des outils du numérique, « *devenus omniprésents au travail* », un objet obligatoire de dialogue social.

Parmi les leviers qu'il préconise, il mentionne en effet la nécessité « *d'assurer l'effectivité d'un dialogue social ouvert à plusieurs niveaux, régulier et transparent incluant l'ensemble des parties concernées* ». Reprenant à son compte la proposition de l'Anact de « *s'accorder sur l'utilité, l'accessibilité, l'utilisabilité, la discutabilité, l'intelligibilité ou encore l'adaptabilité des outils utilisés* », le CNUM ajoute que ce dialogue peut également porter sur les données collectées et utilisées par les outils, leur transparence et leur sécurité ainsi que les changements organisationnels qu'ils engendrent. Les modalités de travail, comme le régime de télétravail ou le fonctionnement d'équipes hybrides peuvent aussi, selon le Conseil, « *être négociées de façon plus systématique à l'échelle des équipes elles-mêmes et non au niveau de la structure générale* ».

« *Ce dialogue social pourrait être enrichi à trois niveaux :*

– au niveau national, faisant intervenir les régulateurs et ministères concernés, les représentants nationaux des partenaires sociaux et les dirigeants d'entreprises d'un secteur ;

– au niveau du siège de chaque entreprise entre sa direction générale et les représentants du personnel ;

– au niveau de chaque équipe au sein de l'entreprise afin de permettre d'aborder les problématiques très opérationnelles, et les opportunités d'amélioration, au plus près de chaque situation de travail » (*cf. infra* 6.6.1 et 11.2.2).

2.3.2.3 Une production d'accords en volume néanmoins limitée

204. Même si toutes les sources normatives nationales et internationales prévoient explicitement la nécessité d'associer les travailleurs et leurs représentants à la définition des conditions de travail, les statistiques ne reflètent pas une propension particulière des acteurs sociaux à négocier sur ce thème.

205. Pour illustration, sur 950 accords de branche conclus en 2020, les principales thématiques abordées étaient le salaire (279 textes), la

1. Article L. 2242-19 et L. 2242-19-1.
2. Carsat, SPSST, Aract, OPPBTP.

formation professionnelle (180 textes), l'égalité professionnelle entre les femmes et les hommes (174 textes), la protection sociale complémentaire (128 textes), le temps de travail (108 textes). Les conditions de travail ont concerné 27 textes.

206. Dans l'entreprise, les accords et avenants traitant de ce thème étaient au nombre de 3 810, soit 5 % de la production conventionnelle nationale[1]. 1 980 d'entre eux portaient sur le télétravail et plus de 1 000 sur le droit à la déconnexion et les outils numériques, confirmant la tendance haussière du traitement de ces thématiques constatée depuis l'ouverture des possibilités de recours au télétravail prévues par l'ordonnance du 22 septembre 2017. Cette augmentation était en outre en partie liée aux circonstances de la crise sanitaire liée au Covid-19, qui ont conduit à généraliser le recours au télétravail. Au total, le volume et la proportion de ces accords restent modestes au regard de l'ensemble des négociations d'entreprise.

2.3.2.4 Un virage dans la nature des négociations

207. Malgré le volume modeste des accords conclus dans le champ des conditions de travail, la négociation offre un espace approprié pour la fixation de dispositions conventionnelles, notamment à l'échelle nationale[2]. On observe toutefois une évolution de la nature des accords conclus, dont le contenu, à la faveur du développement d'une logique privilégiant la prévention sur la réparation, s'apparente plus à la fixation de principes d'action ou de recommandations méthodologiques pour traiter une thématique donnée qu'à l'ouverture de droits sous forme de compensations ou indemnisations d'une exposition à un risque avéré (*cf. supra* encadré 25).

Encadré 26 : Les effets indésirables d'une logique d'indemnisation dans la négociation

On sait que la régulation assurantielle des risques professionnels introduite par la loi de 1898 reposait sur un compromis ayant abouti à faire primer la réparation automatique mais forfaitaire des accidents du travail sur la recherche de la responsabilité patronale par voie judiciaire. Le mode de gestion paritaire du système s'est accompagné d'une logique parallèle de compensation de l'exposition routinière aux risques admis dans l'entreprise. Ce modèle prédominant a conduit pendant longtemps à privilégier

1. Source : bilan de la négociation collective 2020, DGT.
2. La santé au travail et les conditions de travail ont donné lieu à des accords qui ont fait date tels que l'accord du 17 mars 1975 sur l'amélioration des conditions de travail, l'accord du 13 septembre 2000 sur la santé au travail et la prévention des risques professionnels ou, encore, l'accord du 8 juillet 2008 sur le stress et l'accord du 26 mars 2010 sur le harcèlement moral et les violences au travail, eux-mêmes issus d'accords européens conclus respectivement en 2004 et 2006.

la négociation d'indemnisations financières de l'exposition des salariés à une nuisance particulière. Il s'est traduit par le développement de primes de risque, de pénibilité, d'insalubrité, de nuit, de chaleur, etc.

Cette indemnisation du risque n'est évidemment pas un levier pour la prévention puisqu'elle fait de l'exposition au risque une composante de la rémunération et donc une garantie de gain financier pour le travailleur. Le niveau de revenu de ce dernier étant en partie déterminé par la reconnaissance d'un travail risqué, la poursuite de celui-ci est implicitement encouragée. De telles primes constituent un frein à toute politique de mobilité professionnelle de nature à soustraire le travailleur d'une exposition délétère. À cet égard, on peut s'étonner que l'article L. 2261-22 du Code du travail n'inclue pas la prévention des risques et l'amélioration des conditions de travail dans la liste des clauses exigées pour étendre une convention collective. Seul le 2° de l'article D. 2261-2, qui précise qu'une convention soumise à extension peut insérer des clauses régissant les conditions de rémunération au rendement, exclut de ce mode de rémunération les travaux dangereux, pénibles ou insalubres.

208. La compréhension par les acteurs des effets pervers d'une monétisation du risque éclaire en partie le déplacement des objets de négociation en santé au travail auquel on assiste aujourd'hui. Celui-ci donne lieu à des accords « nouvelle formule » qui portent moins sur la création de nouveaux droits que sur l'affirmation de règles prudentielles dotées d'une moindre portée normative mais fixant des objectifs à atteindre[1], des orientations à suivre, des points d'attention, des précautions méthodologiques. Les accords nationaux en particulier donnent des indications sur la vision partagée des partenaires sociaux sur une thématique donnée ainsi que sur les lignes directrices qu'ils adressent aux entreprises chargées d'en assurer la déclinaison opérationnelle. Ils fixent souvent des engagements dont les principes figurent déjà dans la loi mais attestent ce faisant d'une appropriation de ces principes par les partenaires sociaux (*cf. supra* encadré 26) et en facilitent dès lors l'acceptation et la réappropriation par leurs mandants localement. Ils se rapprochent ainsi du droit souple en proposant un cadre méthodologique – des *guidelines* – à l'attention des employeurs et des salariés, chargés de s'en emparer à l'échelon de l'entreprise pour en fixer les modalités d'application.

1. Il existe néanmoins de véritables marges de négociation sur des objets très précis avec l'obtention de droits nouveaux à la clé tels que la prise en charge du dépistage de l'endométriose dans la CCN de la métallurgie (article 4 de l'annexe 5 de l'accord du 7 février 2022). Cette pathologie est également traitée dans certains accords d'entreprises attribuant des jours de congés supplémentaires, des jours de télétravail ou des aménagements d'horaire sur production d'un certificat médical.

209. On peut citer dans cette veine l'ANI du 19 juin 2013 sur l'égalité professionnelle et la qualité de vie au travail ou l'ANI du 26 novembre 2020 sur le télétravail. Le premier se borne à délimiter le périmètre de la qualité de vie au travail. Il en donne toutefois une définition systémique ambitieuse qui permet d'orienter les objets potentiels de discussions dans les entreprises. Il outille ces dernières sur la démarche à instaurer dans le cadre du dialogue social (diagnostic, indicateurs, etc.) et décrit dans une annexe détaillée l'ensemble des items sur lesquels le dialogue doit porter (qualité des relations sociales, conciliation vie privée, contenu du travail, environnement physique, etc.) (*cf. infra* 10.1.6).

210. Le second rappelle les enjeux de l'intégration du télétravail dans le fonctionnement de l'entreprise, son fondement juridique, ainsi que des principes fondamentaux tels que la réversibilité du télétravail régulier, le double volontariat du salarié et de l'employeur, le maintien du lien de subordination, le contrôle du temps de travail, le respect de la vie privée, le droit à la formation. Il promeut des exemples de bonnes pratiques pour les équipements et l'usage des outils numériques et rappelle les règles en matière de santé et sécurité en cas de télétravail. Il fixe encore le cadre de formation de la ligne hiérarchique et des collaborateurs, celui des relations de travail avec le salarié et de la continuité du dialogue social. Il attire enfin l'attention sur le nécessaire pise en compte de publics ou situations particulières (salariés en situation de handicap, aidants familiaux, nouveaux arrivants, alternants, etc.) (*cf. infra* 10.4).

Encadré 27 : L'accord santé, sécurité, conditions et qualité de vie au travail de la métallurgie

Signé le 7 février 2022, cet accord illustre les tendances conventionnelles contemporaines énoncées au présent paragraphe.

Il énonce les « *principes d'une démarche d'amélioration de la santé, de la sécurité et de la qualité de vie et des conditions de travail* », rappelle les « *acteurs de la santé, de la sécurité et de la qualité de vie et des conditions de travail dans l'entreprise et la branche* », puis traite des actions spécifiques à conduire risque par risque.

Le préambule indique clairement que l'accord définit des « *orientations et des recommandations* ». À cet effet, « *l'accent doit être mis sur l'adaptation du travail à l'homme. Cela implique la prise en compte du principe général d'ergonomie, dès la conception des équipements de travail, mais également dans le cadre des organisations du travail, en particulier lors des démarches de changement visant à améliorer la performance* ».

Par ailleurs, « *les parties signataires du présent accord invitent les acteurs de l'entreprise à prendre conscience de l'impact éventuel de leurs activités sur les milieux naturels, notamment l'eau, l'air, les sols ainsi que sur la consommation énergétique* ».

211. En résumé, les textes conventionnels nationaux et de branche évoluent vers la fixation de principes d'action laissant des marges de manœuvre importantes aux entreprises pour adapter localement leurs accords à la réalité de leurs conditions de travail. Si l'on peut s'interroger sur la portée directe de tels accords, qui renvoient par construction à une (re)négociation locale pour leur concrétisation en entreprise, ils ne paraissent pas dénuer d'intérêt pour le juge qui aurait à s'en saisir en cas de contentieux. Ainsi, la disposition de l'ANI de 2020 sur le télétravail[1] selon laquelle, pour prévenir les risques d'isolement du salarié, il convient de fixer « *des règles de fonctionnement communes intégrant des repères relatifs aux activités, aux responsabilités individuelles et collectives, à la marge de manœuvre et à l'autonomie de chacun des salariés en télétravail, aux interlocuteurs et personnes ressources et aux modalités de leur interpellation* » et qui prévoit que « *les temps de travail collectifs réguliers sont indispensables* », sont autant de points dont la matérialité est vérifiable par les juridictions en cas de litige. La transition entre compensations financières et prévention reste toutefois délicate et illustre la difficulté d'appréhender des sujets complexes tels que la charge cognitive de travail, la déconnexion, le travail « hors les murs », etc. et de les transformer en objets de négociation aboutissant à des clauses opérationnelles.

Encadré 28 : L'accord du 17 mars 1975 : déjà « un accord de principes »

L'accord de 1975, sur l'amélioration des conditions de travail, modifié en 1984 puis en 1989, était déjà pour son temps assez moderne et paraît aujourd'hui étonnamment d'actualité. Il offre une lecture par les partenaires sociaux des enjeux auxquels ils sont confrontés dans un moment de profondes transformations socio-économiques traversées par le pays et de la manière dont les conditions de travail sont impactées et doivent être appréhendées dans l'entreprise.

Il aborde ainsi ouvertement les questions d'organisation et de charge de travail, de besoins psychologiques, de répétitivité, de pénibilité, de formations qualifiantes à destination des jeunes, des femmes, des travailleurs étrangers, d'aménagement du temps de travail, de conditions de transports et de loisirs des travailleurs postés, de rémunération au rendement, d'intégration de la santé et sécurité dès les phases de conception des machines,

1. Étendu et donc rendu obligatoire par arrêté du 2 avril 2021.

produits et procédés, du rôle de l'encadrement, de la création de services spécialisés en santé et sécurité au sein de l'entreprise. Mais il est rédigé sous forme de conseils et de souhaits plutôt que d'obligations nouvelles.

Seule exception notable, la possibilité pour chaque organisation syndicale, dans les établissements de plus de 300 salariés, de désigner un représentant au CHSCT, muni d'une voix consultative.

Un avenant du 20 octobre 1989 invite les branches à engager des négociations, notamment sur la formation à la prévention. Des accords de branche existent bel et bien mais se heurtent souvent au fait, qu'*in fine*, l'employeur est libre et responsable de ses choix organisationnels et techniques ainsi que seul garant des mesures de prévention qu'il met en œuvre dans son entreprise. L'accord de branche dans le champ de la santé au travail renvoie ainsi généralement à des recommandations plus qu'à des prescriptions.

212. Aujourd'hui, les sujets les plus souvent abordés lors des négociations sur la santé au travail portent sur la méthodologie d'évaluation des risques, le suivi médical des salariés, la formation, les règles de fonctionnement et les moyens du comité social d'entreprise (CSE). Quand ils sont normatifs, les accords peuvent prévoir des dispositions d'ordre procédural (entretiens obligatoires de seconde partie de carrière, visites de pré-reprise suite à une longue maladie, modalités de reclassement sur un poste aménagé ou en cas de passage en horaire de jour), des ouvertures de droit (majoration du nombre de représentants à la commission de santé, sécurité et conditions de travail (CSSCT), des heures de délégation, des moyens de secrétariat, budget de fonctionnement), ou encore des obligations de formation (formation à la sécurité lors de l'embauche), etc.

213. Enfin, les négociations sur les risques psychosociaux et la qualité de vie au travail ont clairement consacré le développement d'accords de méthode ou de méthodologie instaurant ou préconisant des processus de concertation élargis. Ils mettent l'accent sur le dialogue en incitant à la création de groupes de travail, d'espaces de discussion hybrides (impliquant syndicalistes, représentants élus, médecin du travail, cadres, salariés, experts extérieurs, etc.) en vue notamment d'élaborer des *diagnostics partagés* susceptibles de favoriser l'émergence de solutions concrètes dans l'entreprise.

Encadré 29 : Droits, principes et valeurs à l'échelle d'un groupe international

Les entreprises d'envergure internationale sont confrontées à la nécessité d'appliquer des cadres légaux différents selon les pays dans lesquels elles sont implantées. Le sujet se pose avec acuité en matière de santé au travail où il paraît difficile d'adopter et justifier éthiquement une approche différenciée de la protection des travailleurs en fonction du niveau d'exigence du régime juridique local. La question soulève en outre une dimension pratique bien mise en évidence par la pandémie de Covid-19. Selon les solutions adoptées par chaque pays en matière de confinement, de vaccination, de protection des salariés sur le lieu de travail, les relations entre entreprises d'un même groupe ont pu être singulièrement compliquées.

D'où la conclusion « d'accords » dont le champ d'application peut être mondial, tels que celui conclu par un groupe de restauration collective avec l'Union internationale des travailleurs-euses de l'alimentation, de l'agriculture, de l'hôtellerie-restauration (UITA). Ce document, annexé à un accord-cadre international de 2011, a été conçu « *dans la perspective de convenir ensemble de protocoles de santé et sécurité au travail, y compris durant la pandémie du Covid-19, et de s'accorder sur les droits, les principes et les valeurs qui sous-tendent une approche commune en matière de santé et sécurité au travail* ». Il se réfère explicitement aux principes de l'OMS et de l'OIT, notamment la convention 155 relative à la santé et sécurité des travailleurs, dont il s'engage à respecter les articles 16 à 21. Ces engagements portent notamment sur « *la promotion d'une démarche de prévention des risques professionnels "zéro accident"* », « *l'ancrage d'une culture positive de la santé et de la sécurité* », « *une démarche d'amélioration constante* », le contrôle des « *progrès et de l'impact des plans d'amélioration* », la déclaration « *de tous les accidents du travail et de maladies professionnelles dans le monde* ».

Ce type de document, qualifié dans ce cas tantôt de déclaration d'intention, tantôt d'accord, présente l'intérêt de constituer une feuille de route opposable à la direction de l'entreprise dans n'importe lequel de ses sites dans le monde. Toutefois, sauf à procéder à un nivellement volontariste par le haut, ce qui dans ce cas serait incontestablement un facteur de progrès, il pose la question de sa compatibilité avec les standards légaux applicables dans chaque pays et de l'émergence potentielle de conflits de normes, qu'il cherche justement, par la voie d'une norme transverse, à réguler. Il interroge en outre les voies de mobilisation de cette opposabilité en cas de non-respect de l'accord. Ne ressortissant d'aucune obligation législative, les salariés peuvent-ils s'en prévaloir devant les juridictions nationales ou uniquement devant des instances arbitrales internes (à condition qu'elles existent) ? À moins que la portée de l'accord réside plutôt dans la pression résultant du risque médiatique en cas de dénonciation publique de sa non-application.

2.4 L'emprise croissante du droit souple

214. Le champ d'application des PGP ne se résume pas à celui des risques donnant lieu à des dispositions réglementaires dans la partie IV du Code du travail. On peut même considérer qu'ils n'auraient aucune utilité s'ils ne trouvaient à s'appliquer que par l'intermédiaire de ces dernières. Par essence, les PGP ont vocation à couvrir tous les domaines et situations de risque, notamment lorsqu'ils ne sont pas régis par des dispositions particulières. Car c'est justement pour échapper à l'impossible exhaustivité des décrets que des dispositions générales applicables en toutes circonstances sont venues prendre le relais d'une surabondance de prescriptions techniques impropres à réguler toutes les situations (*cf. supra* 1.5.3 et 1.5.4)[1].

215. Le caractère général des principes leur confère une grande plasticité et permet de renouveler sans cesse leur lecture et leur interprétation en fonction des problèmes émergents, ce qui en fait une richesse mais peut aussi dérouter et donner un sentiment d'insécurité quant au périmètre mouvant de l'obligation de sécurité qui en découle. Dès lors, les acteurs de terrain, tout en redoutant les écueils d'un prescrit contraignant et inadapté sont demandeurs d'illustrations tangibles sur la manière de traduire les PGP de façon opérationnelle. C'est pourquoi s'est développé, en marge du corpus réglementaire, un mouvement de production de « *prescriptions* » non coercitives regroupées sous le vocable de droit souple. Ces productions, descendantes ou concertées, prennent la forme de guides, recommandations, lignes directrices, plans d'action ou normes de standardisation d'application volontaire.

2.4.1 Les plans gouvernementaux

2.4.1.1 De nouveaux influenceurs, préfigurateurs d'exigences sociétales et d'évolutions légales[2]

216. Les pouvoirs publics se dotent de plus en plus, en matière de santé, de plans stratégiques pluriannuels qui constituent des feuilles de route fixant les axes et les objectifs qu'ils assignent aux porteurs de politiques publiques. Certains de ces plans ont une assise légale mais aucun d'entre eux n'a de portée juridique contraignante.

217. Si ces plans visent à optimiser l'allocation des ressources disponibles dédiées à une politique donnée, ils sont aussi porteurs d'intentions qui s'apparentent à des *principes d'action* que les entreprises ont intérêt à prendre en compte. Assortis d'axes stratégiques, d'objectifs opérationnels et d'indicateurs le plus souvent chiffrés, ils sont en effet censés être évalués et susceptibles d'élever progressivement le niveau d'exigence à l'égard des destinataires des politiques publiques : priorités de contrôle, seuils à atteindre ou ne pas dépasser, interdictions à venir, etc. En tout état de cause, l'acception de plus en plus large

1. Ce faisant, les PGP ont grandement contribué à rendre la santé au travail accessible au non-spécialiste, rendant toutefois d'autant plus nécessaire la montée en compétence des acteurs pour acquérir une culture de prévention leur permettant de traduire des généralités en actes de prévention tangibles.

2. *Cf.* « Cancer et travail : le champ de la santé au travail aux prises avec la santé publique et environnementale », H. Lanouzière, *Droit social*, février 2023.

du concept de santé retenue par les pouvoirs publics a un impact par ricochet sur le niveau d'attention, de proactivité et de responsabilisation attendus de l'employeur en matière de santé des travailleurs. De même, il devrait en avoir un à terme sur le changement des pratiques et comportements de santé observables dans et hors de l'entreprise de la part de ces mêmes travailleurs[1].

218. Par ailleurs, la compréhension accrue du caractère multifactoriel et interdépendant des déterminants de la santé s'accompagne d'une volonté affirmée des politiques de procéder au rapprochement des multiples plans de santé produits jusqu'ici de manière cloisonnée. Des connections entre eux sont ainsi désormais explicitement prévues afin de les mettre en synergie et d'éviter toute concurrence ou orthogonalité potentielle[2]. Ces rapprochements font se croiser les concepts propres à chaque segment (santé environnementale, santé publique, santé en milieu de travail, santé animale...) et peuvent influencer et faire évoluer la perception communément admise de la santé au travail.

219. Ainsi, lorsque le Plan national santé environnement constate que le citoyen souhaite voir l'impact du progrès scientifique sur son environnement et sa santé évalué ou anticipé, il évoque un « *droit de savoir* »[3]. Un tel droit n'existe pas en tant que tel en droit du travail mais n'est pas sans rappeler l'obligation d'information des travailleurs par l'employeur sur les risques qu'ils encourent sur leur lieu de travail. Revêtant toutefois une dimension principielle – exigence de *transparence* – plus large que les obligations particulières d'information énoncées par le Code du travail, *un droit général de savoir* pourrait, par rapprochement, être invoqué par les travailleurs ou leurs représentants dans le champ de la santé au travail et se substituer progressivement aux obligations ciblées d'information.

220. Ces interpénétrations s'inscrivent dans une *approche globale* de la santé qui se traduit par des formules telles que « *la santé dans*

1. Les politiques de santé publique mobilisent de plus en plus le concept de *nudging* (coup de pouce), emprunté au monde du marketing, qui consiste à influer sur les comportements des personnes en matière de santé en les incitant à adopter volontairement des choix propices à leur santé. Ex. : favoriser les déplacements physiques évitant le recours à la voiture ou créer en entreprise des abris extérieurs pour fumeurs afin de réduire implicitement les lieux où la cigarette est tolérée.

2. Le PNSE 4 cite la totalité des autres plans et stratégies ministériels avec lesquels il est en interface, dont le PST. Son préambule rappelle qu'il a été préparé en concertation avec l'ensemble des ministères qui portent ou animent des politiques et démarches en lien direct ou indirect avec la santé environnementale, notamment le ministère chargé du travail.

3. Action 2 de l'axe 1, « s'informer, se former et informer », du 4e PNSE.

toutes les politiques »[1]. Elles témoignent d'un déplacement de la norme sociale de la réparation vers la prévention et de la prise de conscience de devoir intégrer des objectifs de santé dans toute politique en construction.

221. Aussi, à défaut d'être des sources juridiques directement opposables, les plans gouvernementaux en matière de santé sont des clés de lecture des ambitions et exigences de la société dans un environnement réglementaire de plus en plus rédigé en termes d'objectifs, parfois difficiles à interpréter ou circonscrire. Leur porosité, de fait ou organisée, conduit à des influences réciproques des champs disciplinaires et mérite à ce titre quelques développements sur les principales politiques susceptibles de croiser le champ de la santé au travail.

Encadré 30 : L'inclusion de la SST dans d'autres plans de santé : risque ou opportunité ?

On peut entrevoir deux effets potentiels de l'imbrication des différents plans de santé sur la SST.

L'un est la crainte d'un asservissement de la santé au travail à la santé publique, au risque d'une dilution de la première dans des préoccupations éloignées du périmètre historique des obligations de l'employeur sur les conditions de travail proprement dites. En s'intéressant à des facteurs ne relevant pas du travail *stricto sensu* l'employeur pourrait délaisser des risques professionnels qui souffrent d'ores et déjà d'un déficit d'attention.

L'autre est au contraire l'extension des actions considérées comme relevant du champ de la santé au travail, quand bien même elles n'auraient pas directement attrait au travail, conduisant à un renforcement du périmètre de l'obligation de sécurité : limiter la sédentarité au poste de travail ou favoriser les trajets domicile/travail par des moyens alternatifs à la voiture pour réduire les risques d'obésité ou les maladies cardiovasculaires, etc.

Les plans santé publique et environnementaux entretiennent en tout état de cause des liens étroits avec la santé au travail, nonobstant l'autonomie de cette dernière longuement revendiquée par les partenaires sociaux. La condamnation de l'État en 2004 par le Conseil d'État dans le cadre de sa gestion de l'amiante est venue rappelée que les pouvoirs publics étaient comptables de la santé de leurs citoyens. La SST est donc une compétence partagée. Les rapprochements qui en résultent dessinent progressivement une approche de la santé au travail dans laquelle deux grandes tendances coexistent explicitement : l'une se centre sur l'individu à travers un accent sur la sensibilisation, l'éducation sanitaire, les recommandations sur les comportements de santé – et en cela c'est une nouveauté (*cf.* encadré 34) –, l'autre est axée sur l'organisation. L'individu serait donc reconnu dans sa triple dimension biologique, individuelle et sociale.

1. L'OMS définit « la santé dans toutes les politiques » comme « *une approche intersectorielle des politiques publiques qui tient compte systématiquement des conséquences sanitaires des décisions, qui recherche des synergies et qui évite les conséquences néfastes pour la santé afin d'améliorer la santé de la population et l'équité en santé* », OMS, 2014.

2.4.1.2 Les plans de santé publique et la santé au travail

2.4.1.2.1 Le plan national de santé publique

222. Le plan national de santé publique (PNSP) décline le premier axe de la Stratégie nationale de santé, consacré à la *promotion de la santé et la prévention*. Il s'agit donc d'un plan spécifiquement dédié à la prévention. Il privilégie dans ses intentions « *une action combinée, transversale, plutôt que plusieurs mesures fragmentaires, isolées* ». Il insiste par conséquent sur ses liens avec les autres secteurs et la nécessité de multiplier les actions intersectorielles en santé en impliquant tous les ministères. Il entend aborder tous les déterminants de la santé, environnementaux ou comportementaux, plaçant ces deux volets sur un même plan.

Encadré 31 : L'exposome, notion légale de santé publique, face à la santé au travail

L'exposome est défini comme l'intégration sur la vie entière de l'ensemble des expositions qui peuvent influencer la santé humaine. Celle-ci étant considérée comme dépendante à la fois du génome de la personne, de ses expositions environnementales et de l'épigénétique[1], la particularité du concept est de prendre en compte les déterminants environnementaux des maladies chroniques humaines (cancers, maladies cardiovasculaires…) au lieu du seul génome. Ceci inclut l'« *ensemble des facteurs nocifs auxquels on est exposé la vie durant, incluant ceux relatifs à la vie* in utero, *l'environnement externe (pollution, climat, stress, bactéries et virus…) et le style de vie (tabac, alcool, obésité, sédentarité…)*[2] ».

Le site internet du Centre international de recherche sur le cancer (CIRC) précise qu'avec l'exposome « *l'accent est mis sur l'élucidation du rôle des facteurs de risque liés à l'environnement et au mode de vie et sur l'étude de leur interaction avec le fond génétique dans des études menées dans la population d'une part, et dans des modèles expérimentaux d'autre part. Ceci reflète l'observation que la majorité des cancers sont, directement ou indirectement, liés à des facteurs environnementaux et sont donc en principe évitables* ».

Sur le plan institutionnel, la notion d'exposome est apparue en France en 2015 dans le 3e Plan national santé environnement (PNSE). Puis le Code de la santé publique a consacré le concept dans son article L. 1411-1, qui prévoit que la politique de santé, dont l'État a la responsabilité, comprend la surveillance et l'observation de l'état de santé de la population et l'identification de ses principaux déterminants, notamment ceux liés à l'éducation et aux conditions de vie et de travail : « *L'identification de ces déterminants s'appuie sur le concept d'exposome, entendu comme l'intégration sur la vie entière de l'ensemble des expositions qui peuvent influencer*

1. Résultat de l'expression de certains gènes au contact de facteurs environnementaux.
2. Dictionnaire médical de l'académie de médecine.

la santé humaine ». Ce même article, en toute logique, assigne à l'État la mission de promouvoir la santé dans tous les milieux de vie, notamment dans les établissements d'enseignement et sur le lieu de travail, et la réduction des risques pour la santé liés à l'alimentation, à des facteurs environnementaux et aux conditions de vie susceptibles de l'altérer. Il s'agit plus généralement de la consécration du concept de *santé globale*, dite *One Health* ou « *une seule santé* » comme fondement de la politique de santé de la Nation[1].

À titre d'illustration, le PNSP 2018-2022 prévoyait d'expérimenter dans une région un bilan individualisé d'expositions environnementales et alimentaires nocives pour la santé à 3 âges de la vie (12, 35 et 65 ans) avec un bilan de santé distinguant environnement intérieur, milieu de travail, environnement extérieur en proximité de cultures agricoles et expositions liées au changement climatique.

Certains juristes voient dans l'émergence du concept un risque de remise en cause de la reconnaissance des maladies professionnelles, laquelle, en privilégiant une présomption d'imputabilité pour tout travailleur obéissant aux conditions d'exposition professionnelle prévues par les tableaux de maladie professionnelle, exclut toute logique d'exposome et repose sur la dimension nécessairement professionnelle de l'événement ayant altéré la santé du salarié[2]. Pourtant, l'approche par l'exposome vise justement à mettre en lumière l'existence d'expositions environnementales déterminantes dans l'apparition de pathologies (radiations, agents chimiques, agents infectieux, etc.). La mise en évidence du poids de ces expositions permet de relativiser celui des seuls facteurs individuels, notamment génétiques, et leurs effets différenciés en termes de réponse biologique (réponse immunitaire, métabolisme, morphologie, activité physique, etc.) et d'effets sur la santé.

Certes, l'étude de l'exposome ne permet pas (et n'a pas pour objet) d'imputer de manière déterministe la part attribuable à chaque facteur dans la survenue de chaque pathologie, notamment son origine professionnelle ou non. Dès lors, le *hiatus* identifié tient à ce que l'exposome ne s'intéresse pas tant à la reconnaissance juridique d'une responsabilité dans un cas particulier, qu'à la compréhension scientifique des interactions existant entre tous les facteurs concourant à l'apparition d'une pathologie, à partir du croisement d'un grand nombre de données et de variables, le tout à des fins de prévention (prise en compte des vulnérabilités, populations sensibles, fenêtres d'exposition).

Les deux processus obéissant à des logiques différentes, ils ne doivent pas être opposés mais pensés et articulés de sorte que la plurifactorialité des pathologies ne soit pas prétexte à un rejet de prise en charge de la victime exposée professionnellement, mais facteur d'explicabilité du rôle

1. L'article L. 4412-1 du Code du travail, modifié par la loi du 21 août 2021, prévoit que « les *règles de prévention des risques pour la santé et la sécurité des travailleurs exposés à des risques chimiques sont déterminées par décret en Conseil d'État (...) en tenant compte des situations de polyexpositions* ».

2. « Le concept d'exposome à l'aune du droit social », Frank Heas, *Droit social*, 2020, p. 524.

d'une telle exposition dans un processus pathologique. Autrement-dit, il s'agit d'accueillir le fait que certaines pathologies peuvent résulter de multiples sources, modalités et contextes d'expositions (dans et hors de l'entreprise) sans nuire à la reconnaissance d'une imputabilité professionnelle, fût-elle solidaire ou partagée.

Derrière ce débat, surgit la contradiction habituelle entre prévention et réparation. Or, une prévention plus efficace, rendue possible par ce que la science nous révèle, ne saurait être retardée au motif qu'elle s'avérerait potentiellement préjudiciable au travailleur sous l'angle de la réparation. Si la science indique que la binarité « origine professionnelle *vs* non professionnelle » n'est plus pertinente, le droit doit être adapté en vue d'accueillir cette complexité et de concilier prévention et réparation.

223. S'agissant de la part attribuable au travail, le PNSP rappelle que les conditions de travail sont liées à la santé selon des causalités qui jouent dans les deux sens : l'impact des expositions professionnelles sur la santé, mais aussi de l'état de santé sur les trajectoires professionnelles[1]. Le plan intègre cette réciprocité en mêlant des actions incombant à l'employeur en vue de prévenir les pathologies professionnelles et des actions incombant aux salariés en vue de maintenir leur propre santé et, partant, leur capacité de travail. Il invite donc à lutter contre la sédentarité au travail en encourageant les entreprises à participer au Programme National Nutrition Santé, à développer la dynamique des « lieux de santé sans tabac » en faveur des personnels des établissements de santé ou à contribuer à la prévention des risques liés aux gestes professionnels répétitifs et/ou contraignants (lombalgies chroniques et TMS au sens large) en promouvant les activités physiques et sportives.

224. Dans tous les cas, l'accent mis sur les comportements individuels est une caractéristique des approches de santé publique, qui constitue une nouveauté et un point de décentrage certain par rapport à l'approche classique des risques professionnels, centrée sur la responsabilité de l'employeur à l'égard des risques auxquels il expose ses salariés en raison de son activité. Vu par le PNSP, l'employeur joue aussi un rôle d'incitateur et de contributeur à la santé publique assez éloigné des obligations de santé au travail qui sont historiquement les siennes et qui, à tout le moins juridiquement, doivent prioritairement être observées.

1. En 2016, 25,7 % de la population de 16 ans et plus déclarent être limités (dont 8,9 % fortement limités) dans leurs activités habituelles depuis au moins six mois à cause d'un problème de santé (source PNSP). Il ne faut pas s'étonner dès lors de l'impact en retour dans les entreprises.

Encadré 32 : « L'entreprise en santé » : relayeuse de messages ou auxiliaire de santé publique ?

Le vocable « *entreprise en santé* » fait écho à celui « *d'école en santé* », qui correspond aux démarches visant à faire des établissements scolaires, des milieux de vie et d'éducation favorables à la santé actuelle et future des élèves et des professionnels[1]. Dans cette approche longitudinale de *santé tout au long de la vie*, le milieu de travail apparaît comme un des autres terrains à investir pour promouvoir les politiques de santé.

Parmi les diverses approches de la santé publique dans le champ de l'entreprise, et donc indirectement de la santé au travail, deux d'entre elles se démarquent particulièrement.

L'une fait de l'entreprise, en tant qu'espace collectif de travail, un lieu et un vecteur instrumental de communication de messages de santé publique sans rapport avec les risques professionnels mais dont l'employeur peut trouver un intérêt à relayer le contenu en vue de prévenir des pathologies et un absentéisme dont il aurait à pâtir *in fine* : incitations au dépistage de certaines maladies, aux pratiques sportives, à la non-sédentarité, etc. L'entreprise est ici intéressée à raison de l'impact qu'un risque sanitaire populationnelle ciblé peut avoir sur la continuité de son activité. À ce titre, au-delà de la communication de messages de santé, elle va pouvoir participer à des actions internes favorisant, par exemple, la marche à pied pour se rendre au restaurant d'entreprise ou une alimentation équilibrée dans ledit restaurant. Plus récemment, la possibilité de recourir à des campagnes de vaccination *via* les services de santé au travail a permis aux autorités sanitaires d'accélérer le processus de couverture de la population générale. Dans cette approche, la population de travail est perçue comme un sous-ensemble de la population générale et une cible de diffusion de messages, voire d'actions de prévention (dépistage, vaccins…). Le *lieu de travail* est alors un relais parmi d'autres, dans lequel les questions de santé de la personne peuvent être prises en considération indépendamment de tout risque lié à l'activité professionnelle[2].

L'autre fait de l'entreprise un des espaces dont les activités, combinées à d'autres déterminants, vont participer à la réussite de processus de santé sur lesquels elle a en partie prise. Ce n'est plus le *lieu* mais le *milieu de travail* qui est convoqué. Le succès du maintien en emploi des salariés atteints de maladies chroniques évolutives, par exemple, d'origine professionnelle ou non (cancer, sclérose en plaques, dépression…), va dépendre de la capacité de l'employeur à accueillir des personnes atteintes de telles pathologies dans son organisation. Dans cette approche, l'entreprise est perçue comme un coproducteur de santé et devient, parmi d'autres, un

1. *Les mots pour comprendre la prévention*, Didier Jourdan, éditions Sciences Humaines, 2021.

2. L'objectif national de former 80 % de la population aux gestes de premiers secours par exemple peut être poursuivi indifféremment au travers d'actions de formations en milieu scolaire, dans l'enseignement supérieur ou dans l'entreprise. L'amélioration de l'accès aux défibrillateurs ou la formation aux premiers secours en santé mentale (apprendre à savoir réagir face à une détresse psychique et orienter) est pertinente en milieu professionnel mais pourra plus généralement être utile en toutes circonstances en dehors des lieux et temps de travail.

des acteurs responsables – au *sens* de responsabilisé – impliqués dans la prévention et la prise en charge des maladies, quelles qu'en soient la nature et l'origine. La percée de cette vision, non sans lien avec celle de la responsabilité sociale des entreprises, témoigne des évolutions de la norme sociale et des attentes accrues des salariés à l'égard de leur employeur. Elle induit souvent des pratiques de ressources humaines qui anticipent les évolutions législatives, comme les aménagements *ad hoc* imaginés pour permettre à certains salariés de concilier leur pathologie avec l'exercice d'une activité professionnelle[1].

2.4.1.2.2 La stratégie décennale de lutte contre le cancer

225. La stratégie décennale de lutte contre les cancers 2021-2030 illustre de la manière dont l'approche privilégiée par les pouvoirs publics pour lutter contre ces maladies vient impacter celle habituellement retenue pour la prévention des risques professionnels. Cette influence se traduit dans les orientations du 4e Plan santé au travail[2].

226. La stratégie décennale est fondée sur le fait que 40 % des cancers sont évitables et que 2 personnes sur 3 souffrent de séquelles liées à la maladie ou à son traitement. Elle met l'accent en conséquence

1. Le décrochage de la loi avec les réalités sociales peut conduire à des situations d'inégalités criantes, que la jurisprudence se charge parfois de mettre en exergue jusqu'à ce que le législateur s'en empare. Ainsi, il faut se rappeler qu'au nom du cloisonnement historique entre risques professionnels imputables à l'employeur et « maladie ordinaire », jusqu'en 1993, le Code du travail opérait une dichotomie aux conséquences sévères entre les inaptitudes médicales d'origines professionnelle et non professionnelle. Dans ce dernier cas, l'employeur étant réputé non responsable de l'inaptitude, il pouvait, en l'absence de solution de reclassement, ne pas prendre l'initiative de licencier un salarié tout en ne l'autorisant pas à reprendre son poste de travail, du fait même de cette inaptitude. Le salarié était alors contraint de démissionner, ce qui ne correspondait pas à son souhait et n'était évidemment pas à son avantage, ou à prolonger indéfiniment son absence maladie jusqu'à la date fatidique de sa consolidation par la sécurité sociale, laquelle mettait fin à toute prise en charge financière. C'est pour mettre fin aux situations de déshérence et de désinsertion professionnelles qui résultaient de la passivité de l'employeur que fut créée l'obligation de verser un salaire d'inactivité à tout salarié non reclassé ou licencié dans un délai d'un mois à compter de la date à laquelle il a été déclaré inapte, même en l'absence d'origine professionnelle de l'inaptitude (art. L. 1226-4). Mais ce no mans' land juridique, qui apparaît rétrospectivement choquant, a très longtemps été considéré comme la conséquence logique de la séparation des périmètres entre santé au travail et santé « domestique ».

2. Force est de constater que si l'empreinte de la santé publique sur la santé au travail se renforce, l'inverse n'est pas encore avéré, l'autonomie revendiquée par les acteurs de la santé au travail se payant d'une certaine invisibilité. La stratégie décennale indique ainsi qu'elle s'articule avec les autres politiques gouvernementales, notamment le Programme national nutrition santé (PNNS), le Programme national de lutte contre le tabac (PNLT), le Plan national de mobilisation contre les addictions, le Plan national santé environnement (PNSE), la Stratégie nationale sur les perturbateurs endocriniens, la Stratégie de mobilisation et de soutien en faveur des aidants pour les mesures « aidants ». Le Plan santé au travail n'est pas cité.

sur l'amélioration de l'offre de santé, plus particulièrement sur les champs de la prévention primaire et du dépistage. Son premier axe porte sur l'amélioration de la prévention, le choix ayant été fait d'une « *approche populationnelle, transversale et par facteurs de risque, qui s'inscrit dans la durée et mobilise l'ensemble des leviers susceptibles de modifier les comportements* ». Le focus comportemental est classique en santé publique, laquelle, conformément aux principes de l'OMS, fait reposer son action, d'une part sur un environnement sanitaire structurellement favorable à la prévention des maladies (infrastructures sanitaires, système de santé, etc.), d'autre part sur l'éducation des personnes dans le but de rendre chacune d'elle autonome, consciente, libre et responsable de ses actes et donc pleinement actrice de sa propre santé. Ce volet est toutefois toujours celui qui perturbe le plus le préventeur des risques professionnels car ce dernier privilégie les facteurs organisationnels et donc la responsabilité de l'employeur dans l'explication des attitudes à risque adoptées par les travailleurs. Cependant, en mettant l'accent sur l'adoption de comportements favorables, la stratégie décennale a prioritairement en tête les causes statistiques premières de cancers, supposées extraprofessionnelles, que constituent le tabagisme et l'alcoolisme ainsi que les facteurs protecteurs premiers que sont la nutrition et l'activité physique. Elle reconnaît toutefois le rôle des expositions environnementales et la nécessité de mieux les appréhender, notamment sous l'angle des « effets cocktail » résultant de la combinaison de facteurs de risques, y compris professionnels.

227. Ainsi, une des actions de la stratégie décennale est spécifiquement consacrée à une meilleure reconnaissance des expositions professionnelles afin de mieux prévenir les cancers spécifiquement d'origine professionnelle. Les quatre principaux facteurs de risque de ces cancers étant l'amiante, le chrome VI, la silice cristalline et certaines substances contenues dans les peintures (métier de peintre), le plan encourage les employeurs à la modification des procédés de fabrication et, lorsque cela n'est pas possible, à la diffusion des pratiques reconnues de substitution de produits. Mais le volet environnemental de la stratégie vise aussi les risques professionnels résultant d'expositions naturelles (lieux de travail exposant plus ou moins au radon en fonction de la géologie) et anthropiques (établissements situés sur des sites industriels historiquement pollués, zones agricoles, pollution de l'air intérieur et extérieur…). Il introduit ce faisant une forme d'exposition passive, certes pas toujours documentée, mais qui doit désormais être aussi évaluée puisqu'elle a lieu à l'occasion du travail (*cf. infra* 11.1.4.1.2).

Encadré 33 : L'employeur, face au cancer d'un travailleur

La prévention des cancers mobilisant aussi bien des approches par facteurs de risque que par population, milieu de vie ou même territoire, le milieu professionnel apparaît comme une composante d'un ensemble plus vaste, au sein duquel la place et le rôle de l'entreprise sont réinterrogés, tant sous l'angle de la responsabilité juridique que sociétale. Un nouvel équilibre semble en effet être recherché par les pouvoirs publics entre, d'une part une meilleure connaissance des ressorts individuels, collectifs et institutionnels des comportements afin de permettre aux personnes de développer des comportements protecteurs, d'autre part la suppression des cancérigènes avérés produits par l'homme.

Dans les deux cas, l'entreprise se trouve à devoir gérer une forme de double responsabilité.

Du fait de son obligation de sécurité, il lui appartient classiquement de lutter en priorité contre les expositions aux cancérigènes générés par son activité professionnelle, les habitudes de vie des salariés apparaissant ici secondaires (*cf.* articles R. 4412-59 et suivants du Code du travail).

Mais sa participation active à la diffusion de messages de santé publique l'oblige aussi désormais à réfléchir à la compatibilité de l'environnement de (vie au) travail qu'elle offre avec l'adoption de comportements individuels protecteurs. Sensibiliser aux risques d'addictions à l'alcool ou au tabagisme sur le lieu de travail implique de veiller à ce que les conditions de travail ne participent pas elles-mêmes à favoriser de telles pratiques. Favoriser l'activité physique ou une alimentation saine suppose de s'assurer que les conditions de mobilité, les conditions et temps de pause, la qualité nutritionnelle de l'offre alimentaire des espaces de pause et de restauration au sein de l'entreprise, incitent eux-mêmes à la prévention. On entrevoit ici le déplacement ou l'élargissement du périmètre de responsabilité qui se dessine pour l'employeur[1].

228. Le deuxième axe de la stratégie décennale (limiter les séquelles et améliorer la qualité de vie) emporte des conséquences sur le milieu professionnel puisqu'il reconnaît que, face à l'évolution des stratégies thérapeutiques (chimiothérapie orale, suivi par les objets connectés, phases d'hospitalisation plus courtes) et à la chronicisation de la maladie, les dispositifs du droit du travail et de la sécurité sociale, notamment le mi-temps thérapeutique, se sont mal adaptés aux demandes exprimées par les patients en matière de poursuite d'activité, de sociabilité et de retour en emploi. La survenue d'un cancer, quelle que soit son origine, entraîne en effet des répercussions sur la vie professionnelle des personnes atteintes (fatigue, troubles cognitifs, douleurs, impact psychologique), y compris sous la forme de séquelles cinq ans après le diagnostic[2]. Le maintien en emploi nécessite par *conséquent*

1. « Travail et cancer, le champ de la santé au travail aux prises avec la santé publique et environnementale », Hervé Lanouzière, *Droit social* n° 2, février 2023.

2. Étude VICAN 5.

des adaptations du poste de travail et des aménagements du temps de travail ainsi que, potentiellement, de l'organisation de travail de tout le collectif de travail de proximité (équipe) pendant et après la maladie afin de faciliter la conciliation de la maladie et du travail.

229. Enfin, la stratégie décennale reprend les concepts d'*universalisme proportionné*[1] et de santé *dans toutes les politiques*[2].

Encadré 34 : Le travailleur aux prises avec le cancer

Les évolutions sociétales – ici les maladies chroniques en hausse – interrogent parfois les représentations habituelles et le cadre juridique, même quand il se veut protecteur.

Le droit tend ainsi historiquement à privilégier la sanctuarisation des temps de suspension du contrat de travail, en particulier lorsqu'ils sont consécutifs à la maladie. Le salarié en arrêt maladie est censé être à l'abri de toute pression extérieure indue afin de recouvrer son état de santé. L'expérience montre qu'il est parfois nécessaire de lutter contre les dérives d'entreprises incitant les salariés à ne pas s'arrêter en leur proposant des modalités d'aménagement de travail leur permettant de poursuivre leur activité, en particulier lorsqu'ils ont été victimes d'un accident de travail. Mais ce souci légitime de protection a produit une forte étanchéité entre les temps d'exécution et de suspension du contrat.

Cette étanchéité, dans le cas d'arrêts longs, a pu conduire à une aggravation des cas de désinsertion professionnelle, sans tenir compte du fait, qu'à la faveur des progrès de la médecine, tant en termes de guérison que de « *supportabilité* » des traitements, certains salariés eux-mêmes expriment le souhait de pouvoir continuer à travailler, nonobstant leur pathologie, en dehors des périodes d'arrêt indispensables.

1. L'universalisme proportionné est l'idée selon laquelle, si certains dispositifs de prévention doivent s'adresser à tous, d'autres doivent permettre de cibler des publics vulnérables ou plus exposés aux facteurs de risque (fiche action 1.10 de la stratégie). Peu usité jusqu'ici en matière de santé au travail, il est une manière de reconnaître que si l'obligation de sécurité s'applique à l'égard de tous les travailleurs (notion d'universalisme), la réduction des inégalités face aux expositions pourrait justifier, en milieu professionnel au vu du résultat de l'évaluation des risques ou d'alertes, une priorisation des efforts de prévention en faveur de certaines catégories de travailleurs (les travailleurs précaires, les jeunes ou les moins expérimentés, les femmes, etc.), de certains risques d'exposition (chutes, machines, bruit, produits dangereux, etc.) (notion de proportionnalité) ou de certaines activités (production, conditionnement, logistique, etc.).

2. La notion de « santé dans toutes les politiques », promue par l'OMS, vise une modification de l'action des pouvoirs publics par une orientation différente des projets, permettant à la population de vivre dans un environnement plus bénéfique à la prévention, sans effort supplémentaire à déployer de la part des individus. La santé devient alors la préoccupation de tous les acteurs, concepteurs, développeurs et dépositaires de politiques publiques (législateurs, élus des collectivités locales, urbanistes, gestionnaires de la commande publique, enseignants…), qui, de manière intersectorielle, intègrent systématiquement des préoccupations de santé dans les projets qu'ils conduisent (transports, aménagement du territoire, agriculture, secteur social ou éducation).

2.4.1.2.3 La Stratégie nationale sport santé

230. La Stratégie nationale sport santé (SNSS) 2019-2024 part du constat qu'un nombre trop important d'adultes n'ont pas d'activité physique suffisante et que la sédentarité est à l'origine de nombreux décès et pathologies chroniques. Parmi les facteurs explicatifs, la tertiarisation des emplois, l'augmentation des déplacements inactifs et l'essor du numérique sont avancés et concernent autant les champs du travail (organisation du temps de travail, conciliation vie privée/ vie professionnelle, sédentarité au poste de travail, etc.) que des loisirs. La montée en puissance du télétravail ne peut qu'accentuer le phénomène, qui devient un facteur en soi, à prendre en compte lors de l'évaluation des risques dans l'entreprise par l'employeur.

231. La SNSS s'inscrit explicitement dans la Stratégie nationale de santé. Elle place par conséquent la promotion de la santé et la prévention au cœur de ses priorités, principalement la promotion d'une activité physique satisfaisante pour tous les groupes de population. Sa logique s'inspire du courant puissant qui tend à privilégier la prévention primaire : « *Les actions devront favoriser l'intervention en prévention primaire pour maintenir le capital santé de chacun, en prévention secondaire et tertiaire pour agir* a minima *en appui en cas de dégradation de l'état de santé et optimiser le parcours de soins des personnes atteintes de maladies chroniques et des patients souffrant d'affections de longue durée* ». Cette approche vise toutefois aussi à « *favoriser des changements de comportement chez nos concitoyens à court et plus long termes* ».

232. Même si elle ne cite pas le Plan santé au travail parmi les nombreux plans avec lesquels elle entend entrer en synergie, la SNSS fait du milieu professionnel une cible à part entière à travers, notamment, le sport d'entreprise ou le développement des mobilités actives (*cf.* action 3 de l'objectif 1 de l'Axe 1). Le sport en milieu professionnel ayant longtemps été conçu comme un appui au management pour favoriser la cohésion au sein des entreprises ou comme un avantage consenti par l'employeur au profit des salariés, la SNSS invite à faire évoluer le positionnement des activités physiques et sportives (APS) en milieu professionnel avec la prise de conscience de son intérêt pour la santé et le bien-être au travail, des études montrant que le sport permet de réduire le taux d'absentéisme de 6 % et d'accroître la motivation au travail. La pratique d'APS, en tant que facteur de bien-être au travail mais aussi de productivité, est donc présentée comme un avantage pour l'employeur comme pour les salariés et les services de santé au travail sont identifiés parmi des acteurs clés de promotion.

233. La SNSS appelle aussi une évolution législative tendant à inscrire les APS parmi les sujets de la négociation collective sur la qualité de vie au travail et à les assimiler expressément au sein des « activités sociales et culturelles » menées par les comités sociaux et économiques.

2.4.1.3 Le Plan national de santé environnementale

234. L'article L. 1311-6 du Code de la santé publique prévoit qu'un plan national de prévention des risques pour la santé liés à l'environnement (PNSE) doit être élaboré tous les cinq ans. Il doit « *prendre en compte les effets sur la santé des agents chimiques, biologiques et physiques présents dans les différents milieux de vie, y compris le milieu de travail, ainsi que ceux des événements météorologiques extrêmes* ». Le PNSE constitue l'un des éléments de la Stratégie nationale de santé examinée plus haut. Il inclut le milieu de travail dans son champ et constitue donc une source complémentaire à articuler avec les problématiques spécifiques de santé au travail.

235. Le 4e PNSE, élaboré pour la période 2021-2025, souligne les liens étroits entre santé humaine, santé animale et santé de l'environnement (écosystèmes). Il s'inscrit pleinement dans l'approche intégrée « Une seule santé » (ou *One Health*[1]), mobilise le concept d'exposome (*cf. supra* encadré 31) et s'intéresse aux effets encore mal connus, dits « cocktails », de l'exposition cumulée à différentes substances chimiques.

236. Certaines orientations fortes du PNSE sont susceptibles d'irriguer, voire percuter, l'approche traditionnelle des risques professionnels. Parmi elles, la reconnaissance d'un « droit de savoir » (du consommateur, du riverain, de l'usager) sur la qualité de l'air, la présence d'allergènes, de situations climatiques particulières, de nuisances sonores, de la qualité de l'eau, etc. Il s'ensuit, à l'instar de tous les plans examinés ci-dessus, une forte propension à promouvoir l'autonomisation et la responsabilisation des personnes qui, dument informées, sont censées adopter les bons gestes pour leur santé et celle des écosystèmes. Le PNSE contient en conséquence de nombreuses actions en matière d'informations au format grand public, avec l'ambition de permettre à la personne d'adapter au mieux ses

1. Selon France Stratégie, « *ce concept peut être le vecteur d'une approche intégrée et transversale des enjeux de santé en insérant la dimension travail aujourd'hui absente* » (*Les cahiers des soutenabilités*, « Quels défis pour une politique de santé au travail plus soutenable ? », n° 4 novembre 2021). Dans le même ordre d'idée, les 193 États membres de l'ONU ont adopté en 2015 un programme de développement durable à l'horizon 2030, intitulé Agenda 2030. Cet agenda porte une vision de transformation du monde, notamment en assurant sa transition vers un développement durable. Des objectifs de développement durable (ODD) ont été fixés. L'ODD 3, qui promeut une approche globale de la santé, doit « *permettre à tous de vivre en bonne santé et promouvoir le bien-être de tous à tout âge* » et fait de la santé une condition préalable, le résultat et un indicateur de tous les volets du développement durable. Pour atteindre cet ODD, d'autres objectifs sont mis en relation comme : l'ODD 8 « Promotion d'une croissance inclusive et durable et accès à un travail décent » et l'ODD 11 « Lutte contre les désastres naturels et la pollution de l'air ». Mais à ce jour ces ODD ne sont pas mentionnés dans le PST4.

comportements. À titre d'illustration, le lien entre des expositions environnementales et des pathologies de la reproduction étant scientifiquement établi, le PNSE prévoit le développement de consultations d'évaluation des expositions environnementales lors des projets de grossesse (périodes pré et péri-conceptionnelle), afin de proposer à chaque couple ou à chaque femme enceinte, dès le début de la grossesse, une évaluation des expositions environnementales, professionnelles et extra-professionnelles et la délivrance de conseils de prévention de nature à susciter des changements de comportement[1].

Encadré 35 : Agir sur les comportements, trait commun de tous les plans de santé publique

L'accent mis par tous les plans de santé publique sur la modification des comportements de santé des individus constitue une novation dans le champ de la santé au travail dans la mesure où il renvoie à la notion *d'éducation à la santé*, propre à la santé publique, qui tend à responsabiliser chaque personne en la rendant actrice de sa propre santé à partir des prises de conscience qu'une bonne information doit lui permettre d'acquérir. La nouveauté ne réside pas tant dans le principe de l'information sur les risques et les moyens de s'en prémunir, déjà bel et bien présent dans les obligations de l'employeur à l'égard du travailleur, que dans l'idée qu'une fois informé, celui-ci pourrait être considéré comme libre et responsable de ses actes. Ceci pourrait passer pour une atténuation de l'obligation de sécurité de l'employeur, pourtant maître de l'organisation du travail, dont dépendent en grande partie les conditions d'exécution du travail et les réactions des travailleurs.

237. Une autre orientation observable du 4e PNSE porte sur le développement d'un programme de biosurveillance humaine, issu du *Grenelle de l'environnement*, qui permet de rechercher et décrire, à partir de prélèvements biologiques, les niveaux d'imprégnation de la population générale, des travailleurs, des enfants, des femmes enceintes, aux polluants de leur environnement. Du point de vue de la santé publique, une telle pratique facilite l'identification et la quantification des modes et niveaux d'imprégnation en fonction, par exemple, du type d'activité professionnelle. Elle doit conduire à la définition de

1. À titre expérimental, cinq plateformes pluridisciplinaires de professionnels de santé adossées à des centres régionaux de pathologies professionnelles et environnementales (CRPPE) permettent d'évaluer les expositions chez des patients pris en charge pour des troubles de la reproduction (plateformes PREVENIR). On note au passage que depuis un décret du 26 novembre 2019, les CRPP sont devenus CRPPE, poursuivant ainsi l'approche intégrative de la santé des personnes. Ces centres continuent à assurer des missions d'expertise et de consultation en santé au travail mais ont aussi vocation à prendre en charge des personnes atteintes de pathologies en lien suspecté ou avéré avec l'environnement.

mesures de prévention et de surveillance de l'état de santé. Mais en milieu professionnel, la biosurveillance peut aussi être jugée intrusive et faire l'objet de rejets en raison de la crainte du risque de discriminations à l'encontre des travailleurs dont le dépistage de l'exposition pourrait conduire à leur exclusion.

238. Au final, le 4e PNSE tisse des liens évidents entre santés environnementale et professionnelle *via* le projet de mise en cohérence de ses objectifs avec ceux du PST, en particulier sur le travail de nuit, notamment des femmes, les nanomatériaux, l'usage des produits biocides, l'amiante, le radon, le bruit et les ondes électromagnétiques. Il apparaît aujourd'hui inéluctable de penser les enjeux de chaque champ de manière articulée pour ne pas les opposer, en gardant en mémoire que les liens entre la protection de l'environnement et celle des travailleurs sont clairement établis et vertueux lorsque, par exemple, la suppression du perchloroéthylène dans les pressings au nom de la première, conduit à la suppression de l'exposition des travailleurs à cette substance.

Encadré 36 : Le concept « une seule santé » ou « One Health »

Base de l'écologie de la santé et champ de recherche s'intéressant aux interdépendances entre le fonctionnement des écosystèmes, les pratiques socio-culturelles et la santé des populations humaines, animales et végétales prises ensemble.

Selon le 4e PNSE, « *les enjeux de recherche sont d'aller au-delà de la description ou de la surveillance des différents agresseurs environnementaux et ambitionnent d'aller vers la connaissance des mécanismes et des rapports de causalité, permettant ainsi la mesure des impacts réels et des parts attributives respectives ou cumulées des agresseurs ou cocktails d'agresseurs sur les pathologies. Ces résultats ouvriront la porte à la modélisation et au développement de stratégies de protection des populations* ».

2.4.1.4 Le Plan national de santé au travail

239. La France en est aujourd'hui à son quatrième Plan santé au travail (PST). Le premier PST (2005-2009) comportait un volet institutionnel important visant à combler les lacunes du système d'acteurs mis en évidence avec le dossier de l'amiante et la condamnation de l'État par le Conseil d'État en 2004[1]. Il a notamment conduit à la création d'une agence d'expertise sanitaire indépendante dans le champ de la santé au travail (fusionnée plus tard au sein de l'ANSES). Le PST2 était plus orienté sur la prévention en entreprise, notamment au sein des PME/TPE. Le PST3 (2016-2020) entendait amorcer un changement de paradigme, porté à l'unanimité par les partenaires

1. Arrêt du 20 février 2004.

sociaux, en affichant la volonté de passer d'une logique de réparation à une logique prévention voire de promotion de la santé au travail. Il fixait dès lors des objectifs extrêmement ambitieux.

240. Le PST4 (2021-2025) est principalement axé sur la capitalisation, la diffusion de l'information et la formation (faire connaître les bonnes pratiques, expérimenter, etc.). L'État et ses opérateurs, relayés par les branches, doivent informer, accompagner et outiller l'employeur[1]. Celui-ci, ainsi sensibilisé, se voit en quelque sorte responsabilisé par l'offre de service institutionnelle dont il bénéficie et a vocation à y recourir pour progressivement s'autonomiser. Le travailleur, éduqué et suivi, est censé adopter les bons comportements de santé. Le poids pris par des problématiques de santé périphériques au risque professionnel *stricto sensu* est par ailleurs notable. Il se traduit par l'incitation des employeurs à s'intéresser aux plans de mobilité et aux accidents de trajet des salariés, aux violences conjugales à raison de leur conséquence sur la vie professionnelle, à la détection précoce des situations individuelles de santé pour la prévention de la désinsertion (dépistage de maladies, etc.).

Encadré 37 : Le PST4 : un pas supplémentaire vers la convergence des politiques de santé publique

Le PST4 reprend les lignes directrices du cadre stratégique de l'Union européenne en matière de santé et de sécurité au travail pour les années 2021 à 2027. Il s'inscrit aussi dans la continuité du PST3 et entend poursuivre le changement de paradigme en faveur de la prévention en mettant un fort accent sur la prévention primaire. Mais son marqueur principal est la forte articulation avec les autres politiques publiques de santé (environnement, etc.), qui donne lieu à des développements inédits et à une forme de rééquilibrage entre les actions du plan concernant le soin à porter au travail d'une part et celui à porter au travailleur d'autre part. En ce sens, le 4e PST se rapproche des autres plans de santé gouvernementaux, qui, comme on a pu le voir dans les paragraphes précédents, accordent une large place aux comportements individuels de santé.

L'objectif 5 du plan est explicitement consacré au développement d'une approche partagée de la santé (santé publique, santé au travail, santé environnement) et rappelle que la pandémie de Covid-19 a accéléré ce mouvement « *en mettant* de facto *les questions de santé publique et de santé environnement au cœur de la politique de prévention et de suivi de l'état de santé des travailleurs et en mobilisant fortement les services de santé au travail* ». Ainsi, une étape est clairement franchie en indiquant qu'« *au-delà de l'exposition aux risques professionnels inhérente à l'activité de l'entreprise, certaines pathologies peuvent apparaître en raison de risques multiples rencontrés en tout lieu et à tout moment par les personnes*

1. Le PST4, document de 130 pages, contient plus de 130 occurrences du mot « outil », 47 du mot « sensibilisation », 45 du mode « aides », 50 du mot « formations ».

au cours de leur vie (alimentation, consommation d'alcool, tabagisme, sédentarité », ce qui peut conduire l'employeur à proposer des démarches de promotion de la santé cardio-vasculaire afin de réduire la survenue de troubles et maladies chroniques dans la population active, en n'omettant pas toutefois d'asseoir la démarche sur « *un état des lieux des travailleurs exposés à des risques ou contraintes professionnels susceptibles de produire un effet sur le système cardiovasculaire* ».

De même, le PST4 rappelle, à l'instar de la Stratégie nationale sport santé 2019-2024, que le milieu professionnel est un espace possible pour développer les activités physiques et sportives car l'inactivité physique et la sédentarité sont considérées par l'OMS comme le principal paramètre de morbidité évitable dans le monde.

241. Sur le volet environnemental, le PST4 converge avec les orientations du 4e Plan national santé environnement (PNSE) en ce qu'il rappelle que l'environnement et le milieu de vie, dont le milieu professionnel, sont des déterminants de l'état de santé des individus avec l'exposition à certaines substances chimiques (amiante, pesticides), au gaz radon ou encore la pollution des sols et de l'air intérieur, qui concernent aussi bien la population générale que les travailleurs.

242. Enfin, le plan intègre la prise en compte des « *effets du changement climatique sur la santé des travailleurs, en particulier les effets des vagues de chaleur* », l'Anses ayant identifié depuis 2018 trois types de modifications climatiques influant sur les risques professionnels : l'évolution de l'environnement biologique et chimique, la modification de la fréquence et de l'intensité de certains aléas climatiques et la hausse des températures (*cf. infra* 11.1.4.1.1).

2.4.1.5 L'impact des plans de santé sur l'obligation de sécurité de l'employeur

243. Tous ces plans n'ont pas de portée contraignante et constituent une feuille de route à l'égard des porteurs de politiques publiques. Ils ont une fonction incitative, à l'image des intitulés des objectifs du PST4 qui parlent de *favoriser*, *accompagner*, *faciliter*, *développer* ou *anticiper* des démarches ou des approches.

244. Juridiquement, ils ne sont pas opposables aux entreprises mais s'ils n'ont pas d'effet direct sur les obligations particulières de l'employeur, ils le renseignent sur les préoccupations contemporaines et à venir et sur les précautions et directions qu'il devrait prendre dans un contexte où l'examen de la conscience qu'il a ou aurait dû avoir du risque est devenu un élément décisif d'appréciation de la faute inexcusable. La publicité des plans gouvernementaux rendra ainsi de plus en plus difficile de plaider l'ignorance des risques encourus.

245. Pour autant, l'écart entre PST, droit positif et constats de terrain n'est pas surprenant. L'amélioration de la prévention commence toujours par l'appropriation d'un langage qui témoigne de l'évolution des besoins et attentes des usagers quand bien-même la réalisation ne suit pas au même rythme. Le PST4 reprend par exemple à son compte toute la terminologie de la prévention primaire et de la qualité de vie au travail alors que celles-ci restent en pratique encore à peine assimilées et outillées dans les entreprises. Les plans nationaux peuvent donc être vus comme une garde avancée qui tire la prévention vers le haut en indiquant la voie à suivre, nonobstant l'état du droit positif.

Encadré 38 : La stratégie européenne de santé et sécurité au travail

L'Union européenne (UE) rappelle dans son cadre stratégique pour 2021-2027 la nécessité de prendre acte des évolutions en cours, notamment démographiques[1] mais aussi au regard de la notion même de lieu de travail devenue plus floue et plus complexe à appréhender. Elle tire également les conséquences de la pandémie de Covid-19. Le cadre stratégique se concentre par conséquent sur trois grands objectifs transversaux :

– Anticiper et gérer les changements dans le nouveau monde du travail, résultant des transitions écologique, numérique et démographique. Sur ce plan, l'UE rappelle que les nouvelles technologies présentent des opportunités d'amélioration de la SST mais posent également des difficultés liées à une irrégularité accrue du moment et du lieu d'exécution du travail ainsi qu'aux nouveaux outils et machines (numérisation des machines, utilisation de cobalt ou de plomb dans les technologies liées aux énergies renouvelables, exposition à l'amiante lors de la rénovation climatique des bâtiments, etc.). Le changement climatique est également pointé pour son effet sur la température ambiante, la pollution atmosphérique et les phénomènes météorologiques extrêmes (*cf. infra* 11.1.4.4).

– Améliorer la prévention des accidents et des maladies professionnelles[2], notamment ceux liés aux risques numériques (RPS…) et ergonomiques. S'agissant des substances dangereuses, l'accent est mis sur les substances reprotoxiques, tandis que les États membres sont appelés à lutter contre les risques professionnels liés aux maladies de l'appareil circulatoire, dont les causes restent mal connues.

1. « *La santé et la sécurité au travail jouent un rôle essentiel ; à mesure que les travailleurs vieillissent, il faut adapter leur environnement de travail et leurs tâches à leurs besoins spécifiques et réduire les risques au minimum. Le livre vert sur le vieillissement a donc lancé un débat portant notamment sur les conditions de participation des travailleurs âgés au marché du travail.* »

2. La résolution du Parlement européen du 17 décembre 2020 intitulée « Une Europe sociale forte pour des transitions justes » appelle les États membres à s'engager à éliminer les décès liés au travail et à réduire les maladies professionnelles d'ici 2030 et invite la Commission à atteindre cet objectif au moyen d'une nouvelle stratégie en matière de SST.

– Améliorer la préparation à d'éventuelles crises sanitaires futures mais aussi la reprise du travail après la pandémie. Il s'agit d'accorder une plus grande place aux mesures visant à renforcer l'hygiène, aux interventions non pharmaceutiques et au soutien à la santé mentale en réagissant plus vite et plus efficacement à ces crises, et approfondir les synergies entre la SST et la santé publique.

À l'instar des plans nationaux, la stratégie européenne insiste sur la sensibilisation et le renforcement des capacités des employeurs pour garantir la sécurité au travail grâce à la formation et à l'éducation.

Si les États membres doivent agir pour « *que les mesures et approches actualisées soient appliquées sur les lieux de travail* », les entreprises doivent, à leur niveau, adopter « *des mesures de planification et d'anticipation* ». Ainsi, « *tous les acteurs doivent assumer la responsabilité de se conformer aux règles et lignes directrices* ». Le cadre stratégie vise donc non seulement à mobiliser les institutions de l'UE, les États membres, les partenaires sociaux mais il s'applique « *à toutes les parties concernées par la santé et la sécurité au travail (administrations nationales, y compris les inspections du travail, les employeurs, les travailleurs et d'autres acteurs ayant un lien avec la SST)* ».

2.4.2 Les sources des institutions de prévention

2.4.2.1 Les guides et recommandations des autorités publiques

246. On ne s'intéressera pas ici aux circulaires et autres instructions ministérielles qui ont longtemps constitué un mode privilégié d'intervention des pouvoirs publics mais tendent à décroître au profit de formats d'information et de communication en ligne, plus souples et régulièrement mis à jour, tels que les « questions/réponses ». Ces instruments ont une fonction interprétative et n'ont pas vocation à créer du droit ni énoncer de principes généraux.

247. Plus novatrices et révélatrices d'une évolution de la posture publique sont les productions qui prennent la forme de lignes directrices, guides, protocoles ou fiches émanant des autorités publiques. Ainsi, dans le cadre de la pandémie de Covid-19, le ministère du Travail a-t-il établi et mis en ligne des guides et fiches-conseils destinés aux employeurs dont l'activité se poursuivait durant la crise sanitaire. Ces fiches définissaient des « bonnes pratiques » pour éviter les contaminations sous forme de recommandations qui, dans l'urgence et l'incertitude entourant le premier confinement, s'inspiraient explicitement de la démarche de prévention tirée des PGP énoncés à l'article L. 4121-2. Une organisation professionnelle estimant qu'elles lui portaient préjudice a saisi le Conseil d'État en référé afin d'obtenir leur suspension. Le Conseil a reconnu que de telles sources émanant des autorités de régulation sont susceptibles de recours dès lors qu'elles revêtent le caractère de dispositions générales ou qu'elles sont de nature à produire des effets notables, notamment de nature économique, ou encore qu'elles ont pour objet d'influer de manière significative sur les comportements des personnes auxquelles ils s'adressent. Il a toutefois considéré qu'elles ne revêtaient pas pour autant de caractère obligatoire mais indiquaient à l'employeur des moyens de satisfaire les PGP sans lui interdire de recourir à tout autre moyen d'efficacité équivalente[1].

248. Sur le plan judiciaire, le juge n'est pas lié par ces actes de droit souple, mais peut néanmoins s'y référer, notamment pour apprécier l'existence d'une faute civile ou pénale contre des personnes privées. Ainsi, pour apprécier l'existence d'une faute et son degré de gravité, le juge peut prendre en considération le respect ou la méconnaissance des recommandations de « bonnes pratiques » émises et diffusées par le ministère du Travail (fiches-conseils, guides-métier, questions-réponses, modèles de documents ou d'actes…). Même la faute pénale d'imprudence, de négligence ou de manquement à une obligation de prudence ou de sécurité prévue par la loi ou le règlement, sera d'autant mieux caractérisée ou écartée que les recommandations des autorités publiques auront été respectées ou méconnues. Ainsi, le respect par l'employeur des préconisations du ministère du Travail sur son site peut, selon la direction générale du travail (DGT), avoir une incidence sur l'appréciation du manquement ou non à son obligation de sécurité tirée de l'article L. 4121-1 du Code du travail[2].

2.4.2.2 Les productions des services de prévention de la sécurité sociale

249. Les contrôleurs et ingénieurs des services de prévention des Carsat ont de longue date diffusé des messages de prévention qui dépassent le strict champ des obligations réglementaires de l'entreprise. Ceci résulte directement de l'article L. 422-4 du Code de la sécurité sociale aux termes duquel la caisse régionale peut « *inviter tout employeur à prendre toutes mesures justifiées de prévention* » ou « *adopter des dispositions générales de prévention* ». Le référentiel de

1. CE, 29 mai 2020, n° 440452. Le Conseil d'État a jugé que « *les documents de portée générale émanant d'autorités publiques, matérialisés ou non, tels que les circulaires, instructions, recommandations, notes, présentations ou interprétations du droit positif peuvent être déférés au juge de l'excès de pouvoir lorsqu'ils sont susceptibles d'avoir des effets notables sur les droits ou la situation d'autres personnes que les agents chargés, le cas échéant, de les mettre en œuvre. Ont notamment de tels effets ceux de ces documents qui ont un caractère impératif ou présentent le caractère de lignes directrices* ».

2. Fiche DGT numéro 2020-16 : le droit souple / Date création 10-07-2020/ Classement DGT.

la Carsat n'est donc pas le Code du travail ou ne se réduit en tout cas pas à ce dernier, qui fait figure de socle minimal, et lui permet de suggérer à l'entreprise l'acquisition d'équipements ou l'adoption de démarches propices au respect des PGP. Les Carsat s'appuient pour ce faire sur la volumineuse documentation produite par elles et l'INRS mais aussi sur des instruments régis par le Code de la sécurité sociale.

2.4.2.2.1 Les recommandations : une forme d'accord atypique sur la prévention

250. Les recommandations de la CNAM sont des textes qui définissent et regroupent les bonnes pratiques de prévention des risques liés à une activité. Elles n'ont pas de portée réglementaire mais sont souvent assimilées aux *règles de l'art proposées* aux professionnels. Dès lors, les juges peuvent s'y référer pour qualifier une faute inexcusable. En pratique, certaines sont si répandues qu'elles sont appliquées en entreprise avec la certitude qu'elles sont d'application obligatoire. C'est le cas de la recommandation relative à la conduite en sécurité des chariots à conducteur porté qui débouche sur la délivrance quasi systématique du certificat d'aptitude « CACES ».

251. Les *recommandations* tirent leur robustesse et leur légitimité de leur mode d'élaboration. Elles sont en effet conçues et adoptées par un Comité technique national (CTN) composé à parts égales de représentants employeurs et salariés ayant décidé de s'emparer d'un sujet repéré pour la sinistralité et les accidents du travail dont il est l'objet. La rédaction, fruit d'un processus de concertation de deux à trois ans, est validée en instance plénière puis publiée par l'INRS et mise en ligne sur le site de la sécurité sociale. Le processus de concertation approfondie dont elles résultent, qui confine à l'accord collectif, est un gage de l'acceptabilité sociale des recommandations et pourrait conférer à leur application une présomption de respect des PGP.

2.4.2.2.2 Les dispositions générales étendues

252. Les caisses régionales peuvent également adopter des *dispositions générales* de prévention applicables aux employeurs de leur périmètre exerçant la même activité. Ces dispositions peuvent être *étendues* à l'ensemble du territoire par arrêté ministériel. Elles sont alors applicables à toutes les entreprises relevant des CTN qui les ont adoptées. Ce procédé, qui a pour effet de les sortir du droit souple, est précisément pour cette raison peu utilisé[1].

1. Le site de la CNAM répertorie 13 dispositions générales étendues, presque toutes entre 1956 et 1982, la dernière ayant fait l'objet d'un arrêté datant de 2016 (production de films cinématographiques et audiovisuels).

2.4.2.2.3 Les notes techniques

253. Les CTN élaborent des documents de prévention à usage plus spécifique, que l'on appelle *Notes techniques* telles que, par exemple, la note sur la *sécurité dans les travaux sur existants à usage des maîtres d'ouvrage et de leurs maîtres d'œuvre* ou la note sur la *prévention des risques dus aux circulations horizontales et verticales des piétons sur les chantiers de construction*. Il s'agit typiquement, à l'instar des recommandations ci-dessus, de documents destinés à prévenir des risques importants mais ne faisant pas l'objet d'une réglementation spécifique. Ils s'appuient sur les PGP et les nourrissent en retour.

2.4.3 Les actes émanant des acteurs privés

2.4.3.1 Une évolution dans la formalisation de mesures concertées

254. Les exemples de la pénibilité et plus récemment de la pandémie de Covid-19 ont mis en évidence la difficulté pour les partenaires sociaux d'aboutir à des accords collectifs en bonne et due forme. Les parties tendent à surmonter ce paradoxe en s'en remettant à des vecteurs moins engageants qui leur permettent de concilier d'une part la responsabilité exclusive de l'employeur en matière de santé au travail, d'autre part la nécessaire implication des travailleurs dans la détermination de leurs conditions de travail. Les textes qui en résultent prennent alors la forme de *plans d'action unilatéraux concertés* tels que les guides de branche ou sectoriels fixant les règles sanitaires et les conditions de travail applicables en entreprise, parus lors de la pandémie de Covid-19.

255. Le recours des partenaires sociaux à cette voie hybride de production normative constitue un point d'équilibre entre la difficulté de conclure des accords dans un champ – la santé – qui, tout en étant un objet de négociation, n'est *a priori* pas négociable, et celle d'imposer unilatéralement des mesures dont l'acceptabilité et l'effectivité reposent en pratique sur les travailleurs et requièrent donc leur assentiment. L'expérience montre en effet que le non-respect des consignes de sécurité résulte le plus souvent de l'inadéquation desdites consignes avec les contraintes d'exécution auxquelles les travailleurs sont confrontés dans la réalité. La tension entre des règles édictées unilatéralement et le réel de l'activité, qui dicte la faisabilité du travail et l'applicabilité de la règle, ne peut se résoudre qu'au travers du dialogue et de la mise en débat, organisés selon des modalités *ad hoc* (*cf. infra* 6.6.1).

2.4.3.2 Les plans d'action unilatéraux

256. La difficulté des organisations syndicales à engager formellement leur signature dans le champ de la santé au travail ne signifie aucunement leur renoncement à porter un regard sur ce qui impacte directement leurs mandants et risque, à défaut, de se traduire par la définition de règles unilatéralement imposées par l'employeur. Ce dernier, s'il est avisé, sait par ailleurs que s'affranchir d'un dialogue sur les conditions de réalisation du travail, sous quelque forme qu'il se présente, a toutes les chances de se conclure par l'installation d'irritants, sources de dégradation des relations entre la hiérarchie et les opérateurs, de désorganisation, de démotivation et de désengagement synonymes de contre-performance globale pour l'entreprise (baisse de la qualité, du taux de service, de la productivité, etc.). Aussi, à défaut de *négocier*, l'employeur peut créer les conditions du débat et de la délibération permettant d'aboutir à des solutions de *compromis*[1] construites paritairement puis (sup)portées collectivement. Mais, *in fine,* il en endossera seul la responsabilité en les transcrivant dans un document, par exemple un plan d'action, qui, pour être unilatéral, n'en n'aura pas moins été élaboré de manière *concertée*.

257. Le législateur lui-même, prenant acte de la faiblesse des négociations d'entreprise ou de branche dans le champ sensible de la pénibilité – ou de l'impossibilité de négocier dans les entreprises dépourvues de présence syndicale –, a déjà entériné cette formule en prévoyant dans le dispositif mis en place par l'ordonnance du 22 septembre 2017, qu'à défaut d'accord, l'employeur assujetti doit élaborer un plan d'action sur la prévention des effets de l'exposition des travailleurs à certains risques dans son entreprise, après avis de son CSE, ou se référer à un référentiel de branche homologué par les services du ministère du Travail (art. L. 4162-1, L. 4163-2 du Code du travail)[2]. La légitimité de tels documents est considérablement renforcée lorsque, en dépit d'un « échec » des négociations engagées, l'employeur est en mesure de démontrer qu'ils ont néanmoins été élaborés en concertation avec les organisations syndicales ou les représentants du personnel et que, le cas échéant, ceux-ci ont émis un avis favorable sur leur contenu.

1. *Cf.* du côté de la sociologie : *Petit traité du compromis, l'art de la concession*, Christian Thuderoz, PUF, 2015 ; du côté des sciences de gestion : L'entreprise délibérée : refonder le management par le dialogue, de Mathieu Détchessahar, éd. Nouvelle Cité, 2019.

2. Une première tentative de droit souple, avec expérimentation du *Name and shame*, avait été testée dans le champ de la santé au travail en 2009 lorsque le ministère du Travail, confronté à une vague de suicides dans de nombreuses entreprises, avait lancé un plan d'urgence contre le stress au travail consistant à demander aux entreprises de plus de 1 000 salariés de conclure des accords ou d'élaborer un plan d'action sur la prévention des RPS.

Encadré 39 : La coiffure : un exemple de « référentiel pénibilité » élaboré paritairement

Les référentiels de branche définissant les postes, métiers ou situations de travail exposés à des facteurs de pénibilité (ou facteurs de risques professionnels, selon l'article L. 4163-2), passent par un examen du Conseil d'orientation des conditions de travail (COCT), garantissant un regard interprofessionnel des organisations syndicales de salariés avant leur homologation (D. 4163-6). Mais certaines branches ont associé les organisations syndicales de leur secteur en amont.

Par exemple, les organisations professionnelles des métiers de la coiffure ont effectué le choix du consultant devant les accompagner dans l'élaboration de leur référentiel en commission mixte paritaire de la profession. Cette dernière a également validé la typologie des entreprises constituant le panel de celles qui ont servi à l'évaluation des risques du secteur afin de s'assurer qu'il soit en adéquation avec les caractéristiques de la branche. La méthodologie et le déroulement de l'expertise du consultant ont été présentés devant cette même instance qui a enfin validé le référentiel finalisé et demandé qu'il soit soumis à homologation.

2.4.3.3 Les guides de branche pendant la pandémie de Covid-19 : exercice imposé de concertation innovante

258. En dehors de tout cadre légal cette fois, l'engagement unilatéral concerté a été la réponse à l'urgence sanitaire liée au Covid-19 et plus généralement à un contexte d'incertitudes peu propice à l'engagement contractuel ou au blanc-seing syndical. Il a permis, face à un exercice d'improvisation imposé par les circonstances, l'adoption d'une voie médiane, débattue et délibérée, dans laquelle l'un s'engage sans que l'autre ne s'oppose[1].

259. Ainsi, lors du premier confinement de mars 2020, l'urgence appelait des décisions permettant de concilier la protection sanitaire des travailleurs avec la poursuite d'activités indispensables telles que le ramassage des ordures, la vente de denrées alimentaires ou le soin des personnes. Les guides sanitaires publiés dans les premières semaines sur le site du ministère du Travail sous la forme de fiches métiers décrivaient les actions de protection préconisées pour organiser le travail. Ils avaient été élaborés par la force des choses de manière descendante par des experts désignés par les pouvoirs publics[2]. Une consultation accélérée des partenaires sociaux avait certes été organisée mais a donné lieu dans un premier temps à peu de retours.

1. *Cf.* travaux de Philippe Urfalino, *Décider ensemble*, Seuil, 2021.
2. « Task force » du ministère du Travail comprenant des représentants de l'Intefp, l'Anses, l'INRS, l'Anact et des médecins du travail.

260. Des réactions n'ont cependant pas tardé à se faire jour pour établir l'inapplicabilité de certaines de ces recommandations sur le terrain. Ces « fiches métier » ont rapidement laissé la place à des guides de branches élaborés par les organisations professionnelles sectorielles désireuses de reprendre la main sur la définition des moyens de protection les plus adaptés aux spécificités de leurs activités. Mais ces documents unilatéraux ont à leur tour pâti d'un défaut de concertation avec leurs principaux destinataires, les salariés ou leurs représentants. Ils ont été contestés par les organisations syndicales, plutôt enclines dans un premier temps à restreindre au maximum les cas de reprises d'activité, dans un souci de sécurisation sanitaire des travailleurs exposés. Toutefois, face au risque des effets économiques et sociaux d'interruptions d'activité durables, notamment en termes de rémunération, d'emploi mais aussi de santé psychique des salariés en activité partielle ou en télétravail, la concertation des organisations professionnelles avec les organisations syndicales de branche s'est finalement imposée comme une modalité normale de production des nouveaux guides sanitaires. Faute d'accords collectifs dûment signés, peu appropriés à la nature et au contenu de ces guides[1], on a vu la généralisation de guides « co-siglés » par les organisations syndicales et professionnelles[2].

261. Cette voie innovante de production de règles a conduit les pouvoirs publics à adopter une posture d'enregistrement de ces documents tout en veillant à leur compatibilité avec les PGP d'une part, avec les règles de santé publique émanant des autorités sanitaires d'autre part.

2.4.3.4 Les chartes d'entreprise

262. De nombreuses entreprises ont pris l'habitude d'édicter des chartes. Celles-ci sont des engagements unilatéraux proclamant les valeurs internes dont elles se réclament ou les codes de bonnes conduites qu'elles s'engagent à appliquer vis-à-vis de l'extérieur (clients, fournisseurs, société civile…) ou de leurs propres collaborateurs. Ces documents peuvent porter sur le respect de l'environnement, l'éthique, la déontologie, les relations humaines dans l'entreprise ou se faire un peu plus précis en énonçant des règles relatives à la tenue des réunions (charte des temps…), l'utilisation du matériel informatique, la politique du voyage ou les règles de conduite des véhicules, etc.

1. Il s'agissait de documents fixant les conditions sanitaires concertées de la reprise progressive des activités dans un secteur donné (commerce de gros, etc.).

2. Le « kit de lutte contre le Covid-19 » du secteur du déménagement a été adressé au ministère du Travail avec les sigles de la Chambre syndicale du déménagement, de l'organisation professionnelle OTRE, aux côtés de ceux de la CFDT transports environnement, CGT transports, FO transports et logistique, CFTC transports et logistique, CFE-CGC snatt.

263. Les chartes n'ont pas de portée contraignante et leur contenu n'est pas opposable aux salariés si elles ne sont pas annexées au règlement intérieur et mentionnées dans le contrat de travail. Il existe néanmoins deux cas où elles sont explicitement prévues par le Code du travail, dont un où elles apparaissent obligatoires. D'une part, l'article L. 1222-9 du Code du travail prévoit que le télétravail *peut* être mis en place dans le cadre d'un accord collectif ou d'une charte élaborée par l'employeur après avis du comité social et économique, s'il existe. Mais l'absence de l'un ou l'autre n'interdit pas le recours au télétravail, celui-ci pouvant être formalisé entre l'employeur et le salarié par tout moyen. D'autre part, l'article L. 2242-17 prévoit, qu'à défaut d'accord, l'employeur *élabore* – c'est cette fois une obligation – une charte élaborée après avis du comité social et économique, définissant les modalités d'exercice du droit à la déconnexion et prévoyant la mise en œuvre à destination des salariés et du personnel d'encadrement et de direction, d'actions de formation et de sensibilisation à un usage raisonnable des outils numériques.

264. Nonobstant leur moindre portée juridique et l'existence, par ailleurs, des droits de retrait ou d'alerte utilisables dans certaines circonstances, les chartes d'entreprise pourraient permettre aux travailleurs de se prévaloir explicitement de leur contenu en interne, notamment lorsqu'elles édictent des principes et valeurs à l'appui desquels ils procèdent à un signalement, prennent une décision ou adoptent un comportement potentiellement difficile à assumer mais permettant de préserver leur santé ou leur sécurité ou celle de leur entourage. Sauf à leur dénier la moindre utilité, dès lors qu'elles sont invoquées à bon escient, on voit mal comment les dispositions d'une charte pourraient donner lieu à récrimination voire sanction de l'employeur.

2.4.4 Les normes de standardisation

2.4.4.1 Le statut hybride des normes standard

265. La normalisation, au sens du présent paragraphe, renvoie aux normes dites de standardisation connues du public sous les appellations « ISO », « CEN » et « NF ».

266. La norme est définie comme un « *document établi par consensus et approuvé par un organisme reconnu, qui fournit, pour des usages communs et répétés, des règles, des lignes directrices, ou des caractéristiques, pour des activités ou leurs résultats, garantissant un niveau d'ordre optimal dans un contexte donné*[1] ».

1. Définition tirée elle-même de la norme NF EN 45020 (2007).

267. Ces normes tendent à prendre une place de plus en plus importante dans le domaine de la santé au travail, avec deux grandes catégories. La plus répandue concerne les normes qui portent sur la conception de produits ou services (machines, équipements de protection individuelle, etc.). La seconde, plus récente, concerne les normes régissant l'organisation de systèmes, par exemple les systèmes de management de la santé et sécurité au travail.

Encadré 40 : ISO, CEN et NF : les 3 niveaux d'élaboration de la norme

La norme ISO désigne une norme internationale issue d'une organisation non gouvernementale composée des organismes nationaux de normalisation d'environ 150 pays.

La norme EN désigne une norme européenne issue principalement du CEN (Comité européen de normalisation), composé d'organismes nationaux de normalisation d'une trentaine de pays. Les organismes nationaux membres du CEN doivent transformer la norme européenne en norme interne. Celle-ci, une fois transposée, devient, pour ce qui concerne la France, une norme homologuée NF EN.

Enfin, la norme NF désigne une norme française. Elle est homologuée par l'AFNOR, association d'utilité publique, qui s'est vu confier par un décret du 16 juin 2009 les travaux de normalisation en France.

Plus la reconnaissance de la norme est large, plus elle confère une possibilité de circulation importante au produit auquel elle s'applique. La tendance est donc à la parution de normes du type « NF/EN/ISO », correspondant à une norme française homologuée transposant une norme européenne, transposant elle-même une norme internationale.

2.4.4.2 Les normes de produits et de services

268. Les normes de produits et services sont des référentiels techniques qui décrivent les spécifications auxquelles devraient satisfaire la conception de ces produits ou services. Elles sont élaborées de façon volontaire et consensuelle par des experts au sein des organismes de normalisation (ISO, AFNOR, etc.) regroupant des représentants des professionnels du domaine sur lequel elles portent (fabricants, distributeurs, organisations professionnelles, organismes de certification), ainsi que des consommateurs, des pouvoirs publics, etc. En pratique, les fabricants, directement intéressés par le contenu de ces normes, occupent une place active et privilégiée dans la définition de leur contenu.

269. N'émanant pas d'une autorité publique, la norme, sauf exception[1], n'a pas de caractère obligatoire. Elle constitue une faculté pour le concepteur de s'y référer et de l'appliquer de façon volontaire en vue d'apporter des garanties sur la qualité de son produit et de faciliter sa reconnaissance et sa circulation.

270. La norme ne peut modifier l'ordonnancement juridique existant et n'est de ce point de vue pas une source de droit. Elle peut en revanche conférer une présomption de conformité lorsque la réglementation décide d'y renvoyer expressément. Ainsi, certains équipements de travail conçus conformément aux spécifications de normes désignées par un texte réglementaire bénéficient d'une présomption de conformité aux exigences de sécurité prévues par ce texte. Dans un tel cas, l'application de la norme est un moyen pour le concepteur de satisfaire la réglementation mais reste une faculté. Un fabricant peut tout aussi bien concevoir le même équipement sans se référer à cette norme du moment qu'il fait la démonstration qu'il satisfait néanmoins aux exigences réglementaires auxquelles il est soumis[2].

271. Dans le champ de la santé au travail, la norme de conception est particulièrement utilisée pour déterminer les moyens de satisfaire les *exigences essentielles* de sécurité des machines et des équipements de protection individuelle (EPI) prévues par les directives européennes et transposées dans la partie IV du Code du travail. En application de la « Nouvelle approche » adoptée par la Commission européenne à partir de 1986, ces directives sont rédigées en termes d'objectifs à atteindre, relativement transverses et imprécis. Leur mise en œuvre nécessite, pour les constructeurs, l'élaboration de spécifications techniques plus détaillées, indiquant le moyen d'y parvenir. Aussi, en décrivant avec précision les modalités selon lesquelles il est possible de satisfaire des obligations réglementaires rédigées en termes génériques, la norme opère progressivement une forme de

1. Par exception, les Pouvoirs publics peuvent rendre tout ou partie d'une norme obligatoire lorsqu'ils considèrent qu'elle constitue l'unique moyen de satisfaire aux exigences d'un texte réglementaire. Il s'agit de situations très particulières (ex. : la norme NF C18-505-1 relative aux travaux sous tension sur les installations électriques basse tension). On rencontre également des normes obligatoires dans les référentiels de prélèvements et d'analyses des organismes de vérification de conformité pour la mesure d'agents chimiques dans l'atmosphère.

2. Rendre la norme obligatoire constituerait en effet une atteinte à la liberté du commerce et de l'industrie et entraverait les innovations technologiques. D'une part car son processus d'adoption est long. Il faut en règle générale plusieurs années pour aboutir à un consensus sur un projet de norme européenne. D'autre part parce qu'un caractère obligatoire serait contraire à l'un des PGP, qui exige de prendre en compte l'évolution des techniques pour tendre à l'évolution des situations existantes. La logique de résultat qui prévaut en matière de sécurité ne saurait être entravée par des obligations de moyens figées dans une norme rattrapée par les progrès de la technique.

substitution aux directives, décrets et arrêtés techniques du passé (*cf. supra* 1.5.3). Elle doit bien sûr être conforme au texte dont elle prétend permettre le respect et ne peut entrer en contradiction avec lui ou en réduire la portée. Les tribunaux lui accordent la valeur de règles de l'art écrites[1].

Encadré 41 : La « Nouvelle approche » de l'Union européenne

Le Traité de Rome en 1957 visait la mise en place progressive d'un marché intérieur où les biens, les services, les capitaux et les travailleurs circulent librement. La Commission européenne était chargée d'élaborer les Règlements et les Directives fixant les règles de cette libre circulation.

En 1985, la Commission a considéré dans une communication qu'en dépit de la cinquantaine de directives déjà adoptées, l'élimination des entraves techniques aux échanges était beaucoup trop lente. les États membres conservaient un grand nombre de règles et de normes divergentes et, dans de nombreux secteurs, les technologies évoluaient trop rapidement pour que la réglementation européenne puisse espérer garder le rythme : « *À l'origine de la plupart de ces difficultés, il faut probablement rechercher une mauvaise répartition entre les rôles respectifs des pouvoirs publics d'une part et des organismes de normalisation de l'autre, les uns s'arrogeant trop souvent des compétences en matière de définition détaillée de spécifications techniques des produits qui appartiennent plus naturellement aux autres* ».

Ainsi est née la Nouvelle approche, aux termes de laquelle les pouvoirs publics fixent les *exigences essentielles* pour la mise sur le marché des produits, et les organismes de normalisation des moyens pour atteindre ces objectifs. De nombreux règlements et directives régissent aujourd'hui des produits obéissant à cette logique dans laquelle :

– la réglementation fixe les objectifs à atteindre pour assurer la sécurité et la santé des personnes (obligations de résultats) ;

– des *normes européennes harmonisées* décrivent des solutions permettant d'atteindre ces objectifs.

Lorsque la Commission européenne prend la décision de citer la référence de la norme au JOUE, les produits conçus selon cette norme sont alors présumés conformes aux exigences essentielles.

1. La jurisprudence prend régulièrement en compte le contenu des normes pour trancher les litiges dont elle est saisie. la cour d'appel de Colmar a par exemple pris en compte l'attribution à une salariée d'un bureau de taille réduite inférieure à la norme NF X35-102 pour reconnaître une situation de harcèlement moral (24 janvier 2017, n° 2017/076). La cour d'appel d'Orléans s'est appuyée sur l'attribution de chaussures de sécurité n'obéissant pas à la norme ISO 17249 et donc non appropriées pour reconnaître la faute inexcusable de l'employeur (18 septembre 2013, n° 11/09262). La cours d'appel de Rennes a encore pris en compte le respect de la norme Afnor NF X35-109 en matière de manutention des charges pour considérer que l'employeur n'avait pas violé son obligation de sécurité (18 mai 2018, n° 16/03330).

Dans un arrêt rendu d'octobre 2016, la CJUE a considéré que les normes européennes citées au JOUE font partie du droit de l'Union et que les juges de l'UE peuvent dès lors les interpréter en cas de litige.

2.4.4.3 Les normes d'organisation ou de management de système

272. Aux côtés des normes techniques permettant d'assurer la production de produits et services obéissant à des standards, existent des normes dites de système dont l'objet est de décrire les caractéristiques auxquelles devrait obéir une organisation pour garantir une performance élevée dans un domaine donné : qualité de service, environnement, santé et sécurité au travail, etc.

273. Ces normes, de nature procédurale, ne fixent pas des spécifications techniques mais donnent des lignes directrices et décrivent l'ensemble des actions qu'un *organisme* (entreprise, association, etc.) devrait entreprendre pour atteindre l'objectif de qualité qu'il s'est assigné. Elles peuvent, par la nature des prescriptions qu'elles contiennent, paraître énoncer des principes généraux et générer ainsi des interrogations quant à leur portée et leur articulation avec le droit positif. En réalité, elles décrivent les étapes et les jalons par lesquels il convient pour une entreprise de passer et dont elle doit pouvoir justifier pour prétendre maîtriser le domaine dans lequel elle revendique la qualité. Autrement dit, ce sont les conditions réunies dans un référentiel auxquelles il faut satisfaire pour être « *certifié qualité* »[1] lorsqu'on se lance dans une telle démarche. D'application volontaire, leur caractère obligatoire ne s'exerce qu'à l'égard de l'organisme certificateur[2], dont la norme constitue le référentiel exclusif à partir duquel il accorde ou non la certification demandée en fonction du nombre et de la gravité des non-conformités qu'il a constatées lors de l'audit de certification. Le refus de cette dernière aura des effets « réputationnels », le cas échéant contractuels (cas où le donneur d'ordre d'une entreprise exige que son fournisseur soit certifié dans tel domaine) mais n'emporte aucune conséquence juridique. La mise en œuvre d'une telle norme en entreprise n'emporte par exemple aucune présomption de conformité légale aux yeux de l'inspection du travail. Celle-ci pourra prendre acte de l'existence d'un système de

1. Une entreprise peut toutefois parfaitement appliquer en tout ou partie une norme de qualité, ou même simplement s'en inspirer, sans demander la certification qualité, la norme lui servant de guide ou de mode d'emploi tout el lui laissant la souplesse de s'en affranchir ou de se dispenser des formalités induites par la démarcher de certification.

2. Organisme de droit privé accrédité par le COFRAC pour délivrer des certifications.

management visant à opérationnaliser durablement l'obligation de sécurité mais aussi s'assurer, le cas échéant, que le référentiel appliqué permet *a minima* de respecter la loi et qu'il est mis en œuvre dans un esprit propice à l'amélioration de la prévention.

274. Les normes internationales de système les plus connues sont la norme ISO 9001 sur le management de la qualité, la norme ISO 14001 sur le management environnemental, la norme ISO 31000 sur le management des risques (tous les risques) ou encore la norme ISO 37500 relative à l'externalisation. Plus proche des conditions de travail, la norme ISO 26000 établit les lignes directrices relatives à la responsabilité sociétale des entreprises, qui entend proposer une démarche intégrative de développement durable respectueuse tout à la fois de l'environnement, du consommateur et des travailleurs et fait référence à ce titre aux conventions fondamentales de l'OIT.

2.4.4.4 La norme ISO 45001 sur le management de la santé et de la sécurité au travail

2.4.4.4.1 Le passage du « quoi » au « comment »

275. La norme ISO 45001 est typiquement une norme d'organisation qui porte spécifiquement sur le management de la santé et de la sécurité au travail[1]. Elle fournit un cadre d'exigences générales pour renforcer la sécurité, réduire les risques et améliorer la santé et le bien-être au travail[2]. Elle inclut à ce titre la qualité de vie au travail[3].

1. Cette norme encadre de manière générique les « systèmes de management de la SST » mais n'a aucun caractère d'exclusivité. Il existe également un référentiel pour les « systèmes de gestion de la SST » proposé par l'OIT (ILO-OHS 2001), de parution antérieure à l'ISO 45001 (*cf.* encadré 42). Ces systèmes volontaires ne doivent par ailleurs pas être confondus avec le « système de gestion de la sécurité » prévu par la réglementation en matière d'environnement pour prévenir les accidents majeurs (article L. 515-40 du Code de l'environnement). Ce document, qui se recoupe nécessairement avec les problématiques de SST, est obligatoire dans les établissements dits SEVESO par application de la directive 2012/18/UE (appelée « Seveso 3 ») et transposée en droit français par l'arrêté du 10 mai 2000 relatif à la prévention des accidents majeurs impliquant des substances ou des préparations dangereuses présentes dans certaines catégories d'installations classées pour la protection de l'environnement (ICPE) soumises à autorisation.

2. La norme associe volontairement « risques » et « opportunités » ces dernières désignant les « ressources », c'est-à-dire les circonstances et occasions propices à une amélioration de la performance en SST. L'employeur est ainsi invité à dépasser l'approche traditionnelle par les risques pour se saisir, comme des opportunités, des occasions dans lesquelles il peut améliorer la situation, par exemple à la faveur d'un nouvel investissement.

3. À noter également l'existence de la norme ISO 45003, parue en 2021 sur les systèmes de management « de la santé psychologique et sécurité au travail. Lignes directrices pour la gestion des risques psychosociaux ».

Elle est conçue selon la même structure que les autres normes de système afin de faciliter les démarches de management dit intégré[1].

276. Cette norme entend aider les entreprises à *gérer* leurs risques à travers la mise en œuvre de politiques et d'objectifs de réduction des événements indésirables, de baisse de l'absentéisme et du *turn-over*, de réduction du coût des primes d'assurance, de développement d'une culture de santé et sécurité à tous les échelons de l'entreprise et de capacité à respecter les obligations légales. En tant que norme de système, l'ISO 45001 n'a donc pas vocation à créer du droit ou à s'y substituer mais à proposer un moyen standardisé de piloter la santé et sécurité au travail.

277. Elle dispose à cet effet d'une structure en dix chapitres, commune à tous les systèmes de management, et repose sur les quatre étapes habituelles de tout système qualité, généralement désignées par l'acronyme anglo-saxon « PDCA[2] » pour illustrer la démarche *d'amélioration continue* : « Planifier, Réaliser, Évaluer, Agir ». Ces étapes s'inspirent de la « roue de Deming », du nom de son promoteur, pour signifier qu'elles ont vocation à se succéder selon des cycles ininterrompus afin de ne pas régresser et d'améliorer sans cesse la performance.

Encadré 42 : La norme ISO 45001 : un accouchement sous haute surveillance

La norme ISO 45001 est le résultat d'un consensus long à obtenir, intervenu à l'issue de travaux internationaux conduits entre 2013 et 2018. Compte tenu des préventions historiques des acteurs de son système de santé au travail à l'égard de la normalisation, la France a voté contre son adoption. Elle a toutefois contribué activement à son élaboration[3], aux côtés des experts de plus de 70 pays, avec le souci de veiller au respect et à l'intégration des principes auxquels elle était particulièrement attachée.

1. De fait, les entreprises dotées de plusieurs systèmes de management tendent à les regrouper au sein d'un même « service QSE » pilotant à la fois la qualité, la sécurité et l'environnement, lesquels, en pratique, peuvent poser de réelles questions d'articulation.

2. « Plan, Do, Check, Act ». L'étape de planification porte sur le travail à effectuer, l'étape de réalisation sur l'exécution des tâches programmées, l'étape de vérification sur les résultats et leur écart avec les prévisions, l'étape d'action sur les décisions visant à corriger les écarts et ainsi de suite.

3. Fait particulièrement significatif, les organisations syndicales de salarié ont été particulièrement assidues à tous les travaux de la commission de normalisation française, auxquels participaient par ailleurs des fabricants, des prestataires, des autorités réglementaires, des porteurs de politique publiques ou des bénéficiaires finaux. Elles ont notamment veillé à ce que la position française soit portée et défendue sur le plan international au sein du comité technique de l'ISO, dont le secrétariat était assuré par la Grande-Bretagne.

Il s'agissait en premier lieu de faire inscrire le caractère nécessairement participatif de toute démarche de prévention dans l'entreprise. Le principe d'implication des travailleurs ou de leurs représentants est ainsi explicitement rappelé à toutes les étapes de la norme (identification des dangers, planification et mise en œuvre des actions, évaluation des résultats, etc.) et l'absence de réponse aux suggestions des travailleurs est considérée comme un obstacle que le système de management doit lever.

En second lieu, les experts français se sont constamment assurés de la conformité de la norme aux directives européennes ainsi qu'aux normes et conventions internationales de l'OIT. Ainsi, à bien des égards, l'ISO 45001 est en congruence avec les exigences légales nationales et internationales en matière de santé au travail. Elle se situe souvent en redite ou en complémentarité mais apporte aussi sur certains points un supplément d'exigences par rapport au corpus juridique existant.

2.4.4.4.2 Les compléments à la loi

278. L'ISO 45001 apporte des compléments au droit positif à travers l'apport méthodologique de ses lignes directrices, que les lois et décrets ne contiennent généralement pas. Beaucoup d'entreprises ignorent en effet comment s'y prendre concrètement pour mettre en place une organisation pérenne en matière de santé au travail. La norme offre de ce point de vue un mode d'emploi indiquant les contenus et les étapes obligés ainsi que les points d'attention de tout système de management de la SST, tout en laissant l'entreprise libre de déterminer les moyens de les mettre en place en fonction de ses enjeux et de ses caractéristiques (ex. : le dispositif de « *préparation et de réponse aux situations d'urgence* »).

279. La norme prévoit en outre des exigences explicites que la loi ne fixe pas telles que l'évaluation par l'employeur de l'effectivité et de l'efficacité de ses actions. L'employeur doit aussi prévoir la façon dont ses résultats seront évalués ainsi que la manière dont il prévoit d'intégrer ses objectifs de santé et sécurité dans les processus métiers de l'entreprise : la conception et le développement des produits, la production, les achats, les ressources humaines, la vente, le marketing, etc.

280. Par ailleurs, la norme contient des spécifications sur la gestion d'événements qu'aucune disposition légale n'encadre précisément alors qu'ils surviennent régulièrement et ont très souvent un impact sur les conditions de travail. Il en va ainsi des changements de toute nature qui émaillent la vie d'une entreprise, dont la conduite impacte en premier lieu la charge de travail nominale et met fréquemment à défaut les règles de sécurité prescrites en situation normale. Il est ainsi recommandé que les changements programmés, qu'ils soient temporaires ou pérennes, donnent lieu à une analyse *a priori* des risques et opportunités qu'ils recèlent tandis que les conséquences des modifications imprévues (heures supplémentaires, travail posté exceptionnel, fuite d'huile, rupture d'approvisionnement, panne d'électricité, encombrement de la zone de stockage, etc.) doivent être analysées sous l'angle de leurs effets négatifs. De même les décisions et processus d'*acquisition de biens et services* (achat et introduction d'une machine, d'un produit chimique, d'un logiciel, etc.), d'externalisation ou de recours à des sous-traitants, sont des phases critiques que la norme appelle à « mettre en procédure », à raison de leurs effets potentiels sur la santé et sécurité.

281. L'ISO 45001 s'émancipe en outre de la logique de stricte conformité en insistant sur l'approche positive que l'employeur doit adopter. Conformément à la démarche d'amélioration continue, elle insiste sur la proactivité plutôt que la réactivité et sur la notion *d'opportunité*, qu'elle met systématiquement en regard de l'évaluation des risques pour non seulement prévenir ceux-ci mais mettre à profit toute occasion de changement pour améliorer la santé, la sécurité et les conditions de travail. L'implantation d'une nouvelle machine, par exemple, devient l'occasion de réfléchir à partir de l'expérience des travailleurs, sur les opérations de nettoyage ou d'entretien que l'on souhaite rendre plus faciles afin d'éviter le travail en hauteur ou les postures pénibles. Cet objectif deviendra alors un critère d'acquisition dans le cahier des charges de l'acheteur (logique de prévention primaire et de promotion de la santé : *cf. supra* 1.3).

282. Le déploiement de la norme implique par ailleurs de documenter les informations exigées ou rendues nécessaires pour pouvoir justifier de l'effectivité et de l'efficacité du système de management mis en place. Cette exigence est indispensable dans les structures complexes afin de donner un cadre lisible à l'organisation et au pilotage de la prévention applicable dans l'entreprise. Elle peut cependant constituer un écueil important lorsqu'elle prend le pas sur l'opérationnalité des mesures prévues et privilégie le prescrit (les procédures écrites) sur le réel (l'activité de travail proprement dite)[1] (*cf. infra* encadré 43). Mais elle est aussi un moyen de preuve et de traçabilité opposable car, au-delà de la description de l'organisation prescrite, les documents contiennent les résultats des audits de performance du système. Ceux-ci comprennent les écarts constatés par rapport aux objectifs et aux mesures de prévention opérationnelles prévues ainsi que les actions correctives prises en conséquence. Ces documents (rapports d'audits externes et internes, etc.) doivent être

1. Cet écueil est désormais bien repéré par les défenseurs mêmes de la normalisation qui rappellent qu'il est important de conserver le niveau de complexité des informations documentées au niveau le plus bas possible afin d'en assurer en même temps l'effectivité/efficacité, l'efficience et la simplicité.

conservés et les informations pertinentes documentées rendues accessibles aux travailleurs et à leurs représentants. Ces derniers peuvent donc les consulter et en faire un objet de débat, soit pour interroger la pertinence, l'adéquation, l'effectivité et, le cas échéant, la sincérité des documents, soit pour analyser les causes des écarts constatés et les conséquences à en tirer.

2.4.4.4.3 Les différences avec la loi

283. Nonobstant ce qui précède, on ne peut nier qu'il existe également des différences et des zones potentielles de frictions entre l'ISO 45001 et la loi.

284. Au titre des différences, là où l'article L. 4121-2 du Code du travail débute la démarche de prévention par le principe d'évitement des risques, la norme ISO distingue les deux étapes *d'identification des dangers* puis *d'évaluation des risques,* ce qui est une précaution méthodologique utile (*cf. infra* 5.1.2.1). L'identification des dangers doit, selon la norme, être proactive et continue. Elle est une fonction dynamique qui inclut les activités routinières et inhabituelles ainsi que les situations d'urgence et doit porter sur toutes les phases de l'activité depuis la conception d'un produit, d'un lieu de travail, d'un processus ou d'une organisation jusqu'à son extinction (mise au rebut, élimination) en passant par ses transformations. Elle doit intégrer les retours d'expérience des événements passés mais aussi l'évolution des connaissances et des informations sur ces dangers. Elle inclut enfin les dangers inhérents aux modes d'organisation, les facteurs sociaux, y compris la charge de travail et les heures de travail.

285. Au titre des zones de friction potentielles, on citera le chapitre de la norme consacré à la planification des actions, longuement discuté par les organisations syndicales lors des travaux de la commission miroir de normalisation des experts français. La norme indique que cette planification doit prendre en compte la hiérarchie des mesures de prévention énoncées dans son chapitre 8. Or, la notion de hiérarchie, contrairement à ce qui est souvent prétendu, n'existe pas dans les PGP énoncés à l'article L. 4121-2. Leur mise en œuvre doit être effectuée de manière articulée et « *dans un ensemble cohérent* » (*cf. infra* 5.2.3.3). L'idée de hiérarchie postule que chaque étape est considérée comme moins efficace que la précédente alors que les PGP font prévaloir une approche combinatoire. La hiérarchie de la norme ISO repose en outre sur cinq items dont on peut craindre qu'ils occultent ceux des neufs

PGP qu'elle ne reprend pas[1]. Ce point est d'autant plus critique qu'elle fait de cette hiérarchie un *engagement fondamental* devant nécessairement figurer parmi les engagements en matière de santé et sécurité que la direction de l'entreprise doit formuler.

286. De même, lorsque la norme prévoit que la planification doit prendre en considération les exigences et contraintes financières, opérationnelles et économiques, elle introduit un facteur dont le Code du travail ne fait pas un critère explicite d'arbitrage[2]. Enfin, un trouble peut naître du fait que l'arborescence de la norme et sa terminologie, propre à l'ISO, ne recouvrent pas celles des PGP légaux. Ainsi, quand la norme parle de conformité, il s'agit non seulement de la conformité à la loi mais aussi à l'ensemble des exigences applicables dans l'entreprise, qui peuvent avoir de nombreuses autres sources : procédures internes, chartes, clauses contractuelles d'un assureur ou d'un donneur d'ordre, etc.[3].

287. Enfin, l'ISO 45001 contient en annexe un glossaire dont le contenu n'est pas anodin. Il opère ainsi une distinction entre les termes « *continu* » et « *permanent* », le premier impliquant l'existence d'intervalles d'interruptions tandis que le second induirait une durée sans interruption. Il s'ensuit que *l'amélioration continue* est vue comme un processus séquencé n'entraînant pas une veille constante mais cadencée, ce qui n'est pas neutre en pratique. De même, la locution « *prendre en considération* » signifie dans la norme « *qu'il est nécessaire d'y réfléchir mais possible de le rejeter* » tandis que « *prendre en compte* » signifie l'impossibilité de rejeter. La norme indique encore que les risques doivent être réduits à des niveaux « *aussi bas qu'il est raisonnablement possible* » alors que cette notion n'est pas présente dans le droit de la santé et sécurité[4] (*cf. supra* encadré 21). Toutes ces nuances d'ordre sémantique sont porteuses d'une représentation sous-jacente de la prévention pouvant conduire à des conflits d'interprétation. Pour échapper à ces conflits, il est proposé de voir dans la norme ISO 45001 un instrument possible d'opérationnalisation des PGP, nécessairement assujetti à ces derniers et ne pouvant rivaliser avec leur portée principielle.

1. L'ISO prévoit que les mesures de prévention utilisent la hiérarchie suivante a) élimination du danger ; b) substitution par des matières, des processus, des opérations ou des équipements moins dangereux ; c) utilisation de protections collectives ; utilisation de mesures de prévention administratives ; e) fourniture et prescription de l'utilisation d'équipements de protection individuelle adéquats.

2. À tempérer toutefois avec le *a)* du 1er du III de l'article L. 4121-3-1 introduit par la loi du 21 août 2021.

3. La conformité inclut les « *besoins et attentes pertinents des travailleurs et des autres parties intéressées* » (clients, etc.).

4. Même si, il est vrai, on pourrait soutenir qu'elle l'est en filigrane, y compris dans la jurisprudence actuelle sur l'obligation de sécurité.

2.4.4.5 Les écueils redoutés d'un système de management de la SST

288. Les réserves régulièrement émises à l'égard des systèmes de management de la santé implantés dans les entreprises tiennent au risque de procéduralisation excessive[1] à laquelle ils peuvent conduire. Le souci d'obtenir puis de garder la certification obtenue au prix d'audits nécessitant une infrastructure lourde, basée sur la traçabilité des éléments de preuve justifiant que l'on satisfait aux exigences du référentiel, peut conduire à une inflation de procédures, de mises à jour, de recueils d'indicateurs, d'audits (« *sécurité de papier* »[2]...), au détriment d'une approche de terrain.

289. Le formalisme inhérent à tout système qualité peut ainsi prendre le pas sur l'effectivité de la démarche préventive. Il induit une logique de conformité qu'il faut se garder de confondre avec l'intégration de la santé et sécurité dans les pratiques quotidiennes[3]. Un système documentaire volumineux compilant toutes les procédures applicables dans l'entreprise, par exemple celle concernant la livraison des produits dangereux (protocoles de sécurité...), résistera-t-il à un test impromptu ? Il suffira souvent d'aller assister à une opération de dépotage pour vérifier que rien ne se passe en réalité comme prévu par la procédure : ce jour-là, le livreur est un sous-traitant et son camion n'a pas les caractéristiques requises et prévues au protocole, le chauffeur est un intérimaire et ignore le mode opératoire prescrit, le gardien à l'accueil est malade et son remplaçant ne sait pas où sont les EPI, la cuve de stockage habituelle est en maintenance, etc. La réponse à tous ces aléas ne se trouve pas dans les procédures et personne, quand bien même elle y serait, ne sait dans l'instant où trouver ces dernières...

1. « Chacun conviendra qu'écrire un plan de sécurité n'est pas une garantie que ce plan soit mis en pratique », René Amalberti, *Piloter la sécurité*, Springer, 2012.

2. « *Les règles de sécurité relèvent d'un travail d'organisation qui ne se réduit pas à l'énoncé de procédures à respecter, encore moins de constats d'écarts ou d'infractions, mais à l'invention de règles d'usages qui viennent compléter les règles formelles qui ne sont que des "règles papiers" tant que les destinataires ne les mobilisent pas* », Gilbert de Tersac, Jacques Mignac, *Les paradoxes de la sécurité, le cas d'AZF*, PUF, 2011.

3. Ces craintes sont par exemple clairement exprimées dans l'accord du 7 février 2022 sur la SST dans la métallurgie : « *Il est néanmoins important de veiller à ne pas calquer artificiellement des modèles normalisés excessivement formalistes et fondés exclusivement sur de l'audit, du "reporting" et de la certification par une tierce partie. Aucune norme de management de la santé et de la sécurité au travail n'est obligatoire et il est souhaitable que l'entreprise définisse elle-même un référentiel (...). La démarche de prévention des risques professionnels doit conserver une dimension opérationnelle, pragmatique et proportionnée à l'entreprise en prenant en compte les réalités humaines et le dialogue social* ».

290. Le SMSST peut donc donner une fausse impression de maîtrise de la situation alors que sa pertinence sera appréciée à l'aune de la capacité des opérateurs à faire face à des imprévus, ce qui passe par des réponses moins procédurales que managériales[1] (*cf. supra* 1.2.1.2).

Encadré 43 : Loi et norme de standard : une cohabitation par nature frictionnelle ?

Les normes du type ISO, en particulier les normes de management, sont un objet fréquent de crispation dans le champ de la prévention des risques professionnels où deux représentations opposées s'affrontent.

Les défenseurs de la norme voient en elle une alternative à la loi, jugée inadaptée. La loi se tromperait chaque fois qu'elle essaye de réguler ce qui relève d'un domaine par nature en constante évolution, qu'il incombe à l'employeur de prendre en charge dans le cadre de sa liberté d'entreprendre, son pouvoir d'organisation et son obligation de sécurité. La réglementation doit rester générale. C'est dans cet esprit que, s'agissant des normes de produits, est née en 1985 *la Nouvelle approche* (*cf.* encadré 41).

S'agissant des systèmes de management, leur normalisation, assortie d'une certification par un tiers, ravive la traditionnelle tension entre règle hétéronome, imposée et subie, et règle autonome, appelée de leurs vœux par de nombreux employeurs. En s'appuyant sur un référentiel auquel il adhère volontairement, certifié par un tiers accrédité mais privé, l'employeur aspire à pouvoir opposer la robustesse de son propre dispositif d'inspection interne au contrôle externe de l'inspection du travail et du juge dont le référentiel lui est imposé par la loi[2]. Mais un certain nombre d'entreprises, les plus petites en particulier, craignent au contraire que la certification SST imposée par certains donneurs d'ordre pour pouvoir réaliser des travaux sur leurs sites ait un effet d'éviction, seules les structures d'une certaine taille pouvant gérer les exigences formelles d'une norme.

Les adversaires de la normalisation, quant à eux, critiquent avant tout son mode d'élaboration, jugé peu démocratique, et son inadaptation patente aux problématiques spécifiques de santé au travail, incompatibles avec la logique de standardisation généralement associée à la norme.

Le départ entre loi et norme mérite donc d'être régulièrement rappelé. La première est la source légitime de prescription de ce qui doit être atteint ou visé. La seconde est le fruit d'une recommandation concertée des intéressés sur la manière d'y parvenir. Elle ne dit pas ce qui doit être mais comment s'organiser pour y parvenir. Cette capacité à évaluer, décider puis

1. Autre exemple, tiré d'une anecdote réelle : au moment même où le responsable sécurité procède à un exercice de récolement réglementaire consistant à vérifier sur son ordinateur qu'il existe bien dans l'entreprise une procédure régissant la nécessité de porter un masque de protection respiratoire en cas d'intervention dans la fosse d'une presse présentant un risque d'asphyxie, il voit passer devant sa fenêtre un opérateur, nouvel embauché, se précipitant sans aucune protection dans ladite fosse pour éteindre un départ d'incendie car il ne sait pas où se situe le masque, ni même qu'il existe un risque d'asphyxie…

2. Le recours aux organismes de vérification accrédités pour s'assurer de la conformité des installations relève historiquement de la même logique.

suivre la mise en œuvre effective des décisions ne s'improvise pas. La norme suggère les étapes et les processus à respecter. En ce sens, elle contraint mais c'est une contrainte volontaire où l'entreprise s'oblige, *a fortiori* lorsqu'elle décide de faire certifier[1] sa démarche, ce qu'elle n'est jamais obligée de faire. L'engagement est alors irréversible puisqu'il implique le principe de la preuve et de l'amélioration continue.

L'autocontrainte ne doit cependant pas devenir contre-productive. La phase interne de description de tous les processus à risque de l'entreprise et de définition des procédures prescrivant les modes opératoires à même de les placer sous contrôle, a le mérite de provoquer une conscientisation des risques et du niveau de maîtrise organisationnelle dont l'entreprise se dote. L'enjeu consiste toutefois à trouver l'équilibre entre la mise en procédure des phases critiques de cette activité (sécurité réglée) et les marges de manœuvre dont les opérateurs doivent bénéficier pour pouvoir travailler en autonomie, gage de qualité et de santé physique comme psychique (sécurité gérée)[2] (*cf. supra* 1.2.1.2).

Appréhendée de la sorte, la norme de management en santé au travail peut être vue comme un outil additionnel et un cadre organisationnel guidant méthodologiquement l'entreprise aux fins d'incorporer la prévention dans tous ses actes productifs.

291. En résumé, la norme ISO 45001 n'est pas une alternative à l'article L. 4121-2 mais un des moyens de s'y conformer. D'une part, elle rappelle explicitement à plusieurs reprises sa subordination aux exigences légales. D'autre part, elle officie à un niveau « infra-légal » et propose un possible cadre opératoire pour répondre *a minima* aux exigences légales, voire aux exigences potentiellement plus ambitieuses auxquelles souscrit l'entreprise.

292. En cas de contrôle exercé par l'administration ou le juge, l'entreprise dotée d'un système de management de la santé au travail soumet au regard du contrôleur le référentiel qui lui sert de cadre de gestion de ses risques professionnels. Il lui appartient de démontrer que ce cadre lui garantit la conformité aux exigences légales car, en cas de conflit d'interprétations entre les deux sources, c'est nécessairement au prisme de la loi et non de la norme ISO que le contrôle sera exercé.

---

1. La certification est la reconnaissance par une tierce partie, un organisme certificateur extérieur, après un audit initial puis des audits périodiques, de la démonstration faite par l'entreprise qu'elle se conforme aux critères de la norme. L'organisme certificateur est une structure de droit privé, payante, elle-même accréditée en France par le Comité français d'accréditation (COFRAC) pour exercer son activité de certification.

2. L'existence de latitudes organisationnelles ne doit cependant pas sombrer dans l'improvisation de travailleurs livrés à eux-mêmes, qui conduit à la dérive accidentelle.

2.4.4.6 Les principes de l'ILO-OSH 2001 : une norme qui n'en porte pas le nom

293. Il existe, indépendamment de la norme ISO 45001 qui ne revêt aucun caractère exclusivité, des principes directeurs concernant les systèmes de gestion de la SST fixés par l'OIT. Toute entreprise peut s'y référer. Ces principes, réunis au sein de l'ILO-OSH 2001, fournissent des outils et approches pratiques pour aider les organisations dans l'établissement, la mise en œuvre et l'amélioration de tels systèmes. Ces principes directeurs ne sont ni contraignants, ni destinés à remplacer la législation et la réglementation nationales. Ils ne nécessitent par ailleurs aucune certification.

294. Fondé sur le concept de *travail décent*, c'est-à-dire un travail sûr, lui-même décrit comme facteur de productivité et de croissance économique, l'ILO-OSH 2001 part du principe que si la législation est indispensable, elle ne suffit pas pour faire face aux changements ou rester au fait des nouveaux risques. Les organisations doivent être capables de lutter contre les problèmes qui se posent en matière de santé au travail et « *de réagir efficacement dans des stratégies dynamiques de gestion* ». L'employeur ayant l'obligation et le devoir d'organiser la santé au travail, la mise en œuvre de l'ILO-OSH 2001 est présentée comme un moyen efficace de s'en acquitter.

295. Dans leur structure, les principes de l'ILO-OSH 2001 sont construits selon la même logique qu'une norme de management et présentent de nombreux points communs avec la norme ISO 45001, qu'ils ont d'ailleurs précédée. Ils décrivent l'organisation que l'employeur doit mettre en place en définissant les responsabilités et obligations des partie, les compétences et la formation, la documentation du système de gestion, la communication, la planification et la mise en œuvre des changements, la réaction aux urgences, le processus d'acquisition de biens et services, le sort des sous-traitants, l'évaluation (audits, revues de direction), etc. Rédigés en termes clairs et concis, ils s'appuient comme l'ISO 45001 sur le principe de l'amélioration continue et prévoient l'association des travailleurs et de leurs représentants à toutes les étapes du système de gestion. L'ILO-OSH 2001 accorde par ailleurs la même attention que la norme ISO aux processus de conduite du changement et à l'évaluation de leurs incidences sur la santé et sécurité avant toute introduction de ces changements.

CHAPITRE 3

LE CHAMP D'APPLICATION DE L'OBLIGATION DE SÉCURITÉ

296. Le Code du travail se caractérise par ses champs d'application, en particulier ceux placés en tête de ses quatre premières parties. L'applicabilité du droit du travail en général est conditionnée à l'existence d'un contrat de travail entre un employeur et un salarié mais aussi à la qualité de cet employeur, en principe de droit privé. La situation s'est toutefois considérablement complexifiée au fil du temps dans le champ de la santé au travail, tant pour des raisons d'ordre juridique que sociétal, voire moral.

3.1 La propension à l'expansion du champ de la protection

297. Les développements de la section 2.4.1 ont mis en évidence la très forte tendance, sous l'influence grandissante des politiques de santé publique et des concepts qu'elles embarquent, à appréhender le travailleur dans sa globalité c'est-à-dire comme une personne dont toutes les expositions, professionnelles comme extraprofessionnelles, doivent être prises en compte pour comprendre et gérer au mieux sa santé. Cette force centrifuge, qui conduit à s'affranchir du spectre des seules expositions professionnelles pour aborder la santé et la prévention des personnes se double d'une autre force, centripète celle-ci, qui tend à accueillir un nombre croissant d'entre elles dans le giron de la santé au travail.

298. D'une part, le champ d'application de la partie IV du Code du travail, relative à la santé et sécurité au travail, ne vise pas les seuls salariés. Il s'élargit aux *travailleurs* qui, du fait du cadre de travail dans lequel ils exercent, se trouvent placés dans une situation similaire à celle des salariés et doivent à ce titre être protégés[1].

299. D'autre part, la partie IV Code du travail contient de nombreuses dispositions dont l'application n'incombe pas au seul employeur mais à d'autres parties prenantes identifiées comme ayant une part de responsabilité dans la protection des travailleurs. Cet élargissement des bénéficiaires comme des débiteurs de la prévention, qu'il résulte de la loi ou des évolutions de la norme sociale, témoigne d'une forme d'universalisation du champ de protection de la santé au travail.

3.2 L'acception élargie du travailleur et de l'employeur

3.2.1 La notion de travailleur

300. À l'égard de qui l'obligation de sécurité qui incombe à l'employeur s'applique-t-elle ? Chacune des quatre premières parties du Code du travail désigne son champ d'application. Sauf cas particuliers, les parties I à III, centrées sur la définition des règles qui régissent la relation de travail (la relation individuelle, les relations collectives, le salaire, la durée du travail…), visent les salariés et leurs employeurs de droit privé. C'est, par définition, la nature contractuelle de la relation et donc l'existence d'un contrat de travail entre les deux parties qui détermine et justifie leur application. La partie IV est plus large et désigne les *travailleurs*[2] car son objet n'est pas exactement le même. Ses règles transcendent en partie la relation de travail dans la mesure où elles ne protègent pas seulement la santé et la sécurité des personnes à raison du lien juridique qui unit les parties mais de l'autorité qu'exerce le responsable des lieux de travail sur la conduite des activités, travaux ou opérations qui s'y déroulent.

---

1. Par ailleurs, sur le plan moral et sociétal, une moindre acceptabilité de l'exposition au risque et une propension concomitante à considérer toute personne exerçant une activité professionnelle comme digne de la même attention, tend à vouloir assurer une protection pour toute personne qui travaille, quel que soit son statut (artisan, micro-entrepreneur, soldat en dehors des périodes de combat, etc.). Cette tendance s'est traduite en dernier lieu (avril 2021) par la création de l'Autorité des relations sociales des plateformes d'emploi (ARPE) qui, tout en reconnaissant le statut indépendant des travailleurs des plateformes de mise en relation (conducteurs de véhicules de tourisme avec chauffeur, etc.), promeut et organise, notamment, les actions d'amélioration des conditions de travail de ces travailleurs.

2. Article L. 4111-1 du Code du travail : « *Sous réserve des exceptions prévues à l'article L. 4111-4, les dispositions de la présente partie sont applicables aux employeurs de droit privé ainsi qu'aux travailleurs* ».

301. Ainsi, aux termes de l'article L. 4111-5 du Code du travail, « *les travailleurs sont les salariés, y compris temporaires, et les stagiaires, ainsi que toute personne placée à quelque titre que ce soit sous l'autorité de l'employeur* ». Cet article a été introduit en 2008 à la faveur de la recodification du Code du travail, alors que ce qui est devenu sa partie IV n'avait pas d'équivalent dans l'ancien code. Il s'agissait prioritairement de mettre fin à un risque de manquement à l'obligation de transposition des directives européennes en matière de santé et sécurité, dont le champ d'application vise non pas les salariés mais les travailleurs.

302. L'article 3 de la directive-cadre du 12 juin 1989 définit le travailleur comme « *toute personne employée par un employeur ainsi que les stagiaires et apprentis, à l'exclusion des domestiques* ». La rédaction de l'article L. 4111-5 a donc eu en particulier pour objet de couvrir explicitement la situation des stagiaires, prévus par la directive, dont il paraissait choquant qu'ils soient exclus de l'obligation de sécurité de l'employeur au motif qu'ils ne sont pas salariés alors qu'ils sont de toute évidence sous son autorité et de surcroît en situation de vulnérabilité du fait de leur moindre expérience[1]. La notion de stagiaire inclut bien sûr les stagiaires de la formation professionnelle, dont le 3° de l'article L. 6343-1 prévoyait déjà expressément la couverture par la partie IV, mais plus généralement toute personne effectuant un stage dans l'entreprise à quelque titre que ce soit.

303. S'agissant de la locution « *ainsi que toute personne placée à quelque titre que ce soit sous l'autorité de l'employeur* », elle rappelle qu'au-delà du lien de subordination juridique qui caractérise le contrat de travail, la notion d'autorité inclut toute personne qui, bien que non liée à l'employeur par un tel contrat, se trouve de fait,

1. Cette précision dans le droit français est apparue d'autant plus nécessaire qu'il existait à l'époque des travaux de recodification un débat national visant à alerter sur le risque de voir les entreprises renoncer à offrir des stages aux élèves et étudiants si elles se voyaient imposer de leur appliquer le même régime que les salariés et ce, alors qu'une nouvelle réglementation venait déjà de rendre obligatoire le versement d'indemnités de stage lorsque celui-ci revêtait une certaine durée. Cette alerte sur le risque de rendre les stages en entreprises dissuasifs pour l'employeur ne pouvait être retenue au vu de la rédaction dépourvue d'ambiguïté de la directive. Celle de l'article L. 4111-5 devait donc également lever toute ambiguïté sur le sujet.

placée sous son autorité[1]. Les membres de la famille de l'employeur employés dans le cas de l'entraide familiale sont ainsi concernés.

304. Enfin, les apprentis, qui sont des salariés, et les personnes titulaires d'un contrat conclu au titre de la politique de l'emploi sont bien entendu couverts par la partie IV du Code du travail.

305. Au final, la rédaction de l'article L. 4111-5 permet d'accueillir toute configuration dont l'examen *in concreto* révèle qu'elle place, de fait, le travailleur sous l'autorité de l'employeur, quelle que soit la qualification de la situation donnée par les parties, à l'instar de ce qui se passe en matière de requalification du contrat de travail[2].

3.2.2 La notion d'employeur

306. L'article L. 4111-1 du Code du travail rend la partie IV applicable aux employeurs de droit privé.

307. La directive-cadre de 1989 définit l'employeur comme « *toute personne physique ou morale qui est titulaire de la relation de travail avec le travailleur et qui a la responsabilité de l'entreprise et/ou de l'établissement* ». La recodification du Code du travail de 2008 a généralisé le mot employeur dans tout le Code du travail dans un souci d'harmonisation et pour mettre fin à l'utilisation antérieure de nombreuses dénominations. Selon les articles en effet, l'ancien code citait tantôt l'employeur, tantôt le chef d'établissement ou encore le chef d'entreprise… Ces différences de terminologies étaient sources d'interprétations divergentes sur l'identité du responsable visé alors qu'il ressortait des travaux de recherche de la mission de recodification qu'elles étaient le fruit de l'histoire. Elles ne reposaient sur aucune volonté du législateur d'opérer une distinction quant à l'autorité effectivement responsable au sein de l'entreprise en fonction de

1. Cassation sociale, 7 décembre 2016, n° 15-16.769 : Le CHSCT est compétent pour exercer ses prérogatives à l'égard de toute personne placée à quelque titre que ce soit sous l'autorité de l'employeur, y compris les prestataires extérieurs intervenant au sein de l'entreprise. « *Attendu qu'ayant constaté que les objectifs à atteindre au sein du centre d'appels avaient été définis par la société Euriware et que les salariés de la société Proservia exerçaient largement sous le contrôle du personnel d'encadrement de la société Euriware présent sur le site, la cour d'appel en a exactement déduit que, les salariés de la société Proservia étant placés sous l'autorité tant de la société Euriware que de la société Proservia, le CHSCT de l'établissement Ouest de la société Euriware était recevable à agir à l'encontre de ces deux sociétés afin d'obtenir, au sein du site de Cherbourg relevant de son périmètre d'implantation, le respect de leurs obligations légales en matière de prévention des risques professionnels.* »

2. La réticence des chefs d'entreprise à assumer la prise en charge de la santé et sécurité des travailleurs qui interviennent sur leur site sans être leurs salariés réside en partie dans la crainte de voir cette prise en charge analysée comme un indice de subordination susceptible de déboucher sur une requalification de la relation en contrat de travail.

la dénomination choisie. Ce choix d'harmonisation apparaissait d'autant plus justifié que le terme employeur correspondait à celui utilisé dans la directive de 1989. En outre, la désignation systématique de l'employeur n'empêche pas ce dernier de déléguer sa responsabilité, possibilité reconnue de longue date par la jurisprudence sous réserve du respect de certaines conditions (*cf. infra* encadré 55)[1].

308. Toutefois, pour l'application des règles de santé au travail, l'employeur ne se réduit pas toujours au titulaire de la relation de travail. Derrière le terme générique, dans la directive comme dans le Code du travail, se trouve une personne, physique ou morale, qui exerce une autorité à laquelle le travailleur ne peut pas se soustraire, si ce n'est sous la forme d'un droit de retrait. N'ayant pas de prise sur la situation dans laquelle il est placé, le travailleur ne peut agir concrètement pour modifier les conditions d'exécution du travail et protéger sa santé. Ainsi, il existerait à côté de l'employeur de droit commun, titulaire de la relation de travail, *un* employeur « *au sens de la partie IV* », débiteur de l'obligation de sécurité chaque fois que, en tant que « *responsable de l'entreprise ou de l'établissement* », il est le seul décisionnaire réellement en capacité d'influer sur les conditions de travail et exerce, de fait, une autorité sur les personnes intervenant dans son périmètre organisationnel. Le recours à la notion d'autorité « *à quelque titre que ce soit* », dont il est impossible de dresser *a priori* une liste exhaustive, signifie que l'autorité, en la matière, peut s'exprimer en dehors d'un lien juridique de subordination[2]. Cette approche qui permet une protection la plus large possible des travailleurs dans leur rapport avec l'entreprise qui maitrise leurs conditions de travail ne supprime pas tout débat sur un éventuel partage de responsabilité entre les différentes entreprises intervenantes et l'employeur en titre.

1. La rédaction de l'article L. 4111-1 a toutefois provoqué des réactions, en particulier de la part des organisations d'employeurs des entreprises de travail temporaire, qui rappelaient qu'elles étaient employeurs mais ne maîtrisaient pas les conditions d'exécution du travail, qui relèvent de l'entreprise utilisatrice. La répartition des responsabilités est cependant explicitement rappelée à l'article L. 1251-21.

2. En tant que chef d'établissement, l'employeur est plus généralement le « maître des lieux ». À ce titre, il est aussi comptable, certes dans des proportions variables et peut-être sur des fondements différents (établissement recevant du public, etc.), de la santé et de la sécurité de toutes les personnes qui évoluent dans son périmètre et sont exposées à des risques inhérents à son activité (visiteur, client, passant, fournisseur, prestataire, sous-traitant, etc.). Rien de ce qui se passe dans ce périmètre, au sens de son champ de compétence, ne saurait lui être étranger et l'exonérer *a priori* de toute responsabilité.

3.3 La couverture des fonctionnaires et agents publics

3.3.1 L'application du droit commun

309. L'article 2 de la directive-cadre du 12 juin 1989 est sans ambiguïté. Ses dispositions s'appliquent « *à tous les secteurs d'activités, privés ou publics (activités industrielles, agricoles, commerciales, administratives, de service, éducatives, culturelles, de loisirs, etc.)* ». Des exceptions sont prévues lorsque des particularités inhérentes à certaines activités spécifiques dans la fonction publique s'y opposent, par exemple dans les forces armées, la police, ou les services de protection civile. Dans ce cas, la directive prévoit que la sécurité et la santé des travailleurs doivent être assurées dans toute la mesure du possible.

310. Depuis, la Cour de cassation a eu l'occasion d'affirmer qu'une obligation de sécurité incombait aux employeurs privés et publics et que les employeurs publics devaient prendre toutes les mesures nécessaires pour assurer la sécurité et protéger la santé des agents placés sous leur autorité[1].

3.3.2 Les adaptations

311. Si le principe de l'application du droit commun de la santé au travail aux fonctionnaires est clair, la lisibilité de cette applicabilité, pour des raisons légistiques historiques, n'est pas aussi aisée. La parution du Code général de la fonction publique et la codification de textes réglementaires jusqu'ici épars devraient en faciliter la lisibilité mais il restera toujours nécessaire de procéder à une lecture articulée du Code du travail et du Code de la fonction publique.

312. En matière de santé au travail en effet, le Code de la fonction publique se place en code suiveur et procède donc par renvois au Code du travail (articles L. 811-1 à L. 814-2). Il prévoit ainsi que les règles applicables aux fonctionnaires d'État et territoriaux en matière « *d'hygiène et de sécurité* »[2] sont celles définies par les livres Ier à V de la partie IV du Code du travail. Il prévoit par ailleurs que les règles applicables aux fonctionnaires hospitaliers sont aussi celles de cette partie IV mais, est-il précisé, « *en application de l'article L. 4111-1 dudit code* ». Cette différence rédactionnelle provient du fait que si l'article L. 4111-1 du Code du travail ne fait aucune référence aux

1. Cass. civ. 2e, 17 février 2011, n° 09-73.025.
2. On peut regretter que les termes « hygiène et sécurité », remplacés par « santé et sécurité » depuis 2008 dans le Code du travail n'aient pas été remplacés à la faveur de la codification du droit de la fonction publique.

fonctionnaires d'État et territoriaux, par définition non couverts par le Code du travail, il prévoit en revanche expressément que la partie IV s'applique « *aux établissements de santé, sociaux et médico-sociaux mentionnés à l'article 2 de la loi n° 86-33 du 9 janvier 1986 portant dispositions statutaires relatives à la fonction publique hospitalière ainsi qu'aux groupements de coopération sanitaire de droit public mentionnés au 1° de l'article L. 6133-3 du Code de la santé publique* ». Cette mention des établissements de santé dans le Code du travail résulte de ce que, contrairement aux deux autres versants de la fonction publique, les inspecteurs du travail y sont compétents dans le champ de la santé au travail et participent notamment aux réunions de la formation spécialisée en matière de santé, de sécurité et de conditions de travail du CSE[1] (ex-CHSCT)[2].

313. L'article L. 4111-1 prévoit enfin qu'il s'applique aux établissements publics à caractère industriel et commercial et aux établissements publics administratifs lorsqu'ils emploient du personnel dans les conditions du droit privé.

314. Au final, il faut retenir de cette complexité légistique la volonté du législateur de s'assurer que tous les travailleurs, au sens de la directive européenne, sont couverts à un titre ou un autre par la partie IV. Les champs d'application respectifs du Code de la fonction publique et du Code du travail sont complémentaires et la rédaction de l'article L. 4111-1 vise à éviter tout vide juridique en intégrant toutes les catégories d'agents qui, tout en n'étant pas des fonctionnaires, travaillent dans des structures publiques.

315. Le Code de la fonction publique comme le Code du travail précisent en outre qu'il peut être dérogé ou procédé à des adaptations aux règles du Code du travail par décret en Conseil d'État pour tenir compte des caractéristiques particulières du secteur public. Dans la fonction publique d'État, c'est le décret n° 82-453 du 28 mai 1982, modifié à plusieurs reprises, qui rappelle l'application des livres I à V de la partie IV du Code du travail et introduit les adaptations nécessaires aux spécificités de la fonction publique. Dans la fonction publique territoriale, il s'agit du décret n° 85-603 du 10 juin 1985.

316. Enfin, les secteurs de la défense nationale et de la gendarmerie n'échappent pas à la partie IV. La Défense nationale relève des dispositions du décret n° 2012-422 du 29 mars 2012, qui fixe les règles

1. Article 69 du décret n° 2021-1570 du 3 décembre 2021, relatif aux CSE des établissements publics de santé, des établissements sociaux, des établissements médico-sociaux et des groupements de coopération sanitaire de moyens de droit public.

2. Pour autant, les dispositions pénales sanctionnant la violation des règles de prévention et de celles relatives à la représentation des salariés ne sont pas applicables dans les établissements publics de santé (art. L. 4741-6 du Code).

applicables aux personnels civil et militaire. Conformément à l'esprit de la directive de 1989, ces personnels sont régis par les livres Ier à V de la partie IV du Code du travail lorsqu'ils exercent des activités de même nature que celles confiées au personnel civil. Des arrêtés déterminent au besoin les dispositions particulières à appliquer lorsque les conditions spécifiques d'organisation ou de fonctionnement du ministère de la Défense ou la mise en œuvre des techniques qui lui sont propres l'imposent. En revanche, le personnel militaire demeure soumis aux dispositions statutaires qui lui sont propres et aux prescriptions du Code de la défense lorsqu'il exerce une activité à caractère opérationnel ou d'entraînement au combat, les dispositions applicables devant néanmoins se fonder sur les règles de la partie IV du Code du travail en les adaptant aux particularités locales ou à l'environnement opérationnel.

Encadré 44 : L'employeur dans la fonction publique

Le décret du 28 mai 1982 prévoit explicitement que les chefs de service, au sens de la jurisprudence administrative, c'est-à-dire les autorités administratives ayant compétence pour prendre les mesures nécessaires au bon fonctionnement de l'administration placée sous leur autorité, doivent veiller à la santé au travail de leurs agents. Cette obligation s'exerce cependant dans le cadre des délégations qui leur sont consenties et dans la limite de leurs attributions.

3.3.3 Un plan santé au travail spécifique

317. Un plan santé au travail applicable aux trois versants de la fonction publique pour la période 2022-2025 a été introduit pour la première fois en 2022. Il s'articule avec le PST4 applicable dans le secteur privé et s'inspire de la même logique en mettant l'accent sur la prévention primaire et en s'appuyant sur les PGP inscrits à l'article L. 4121-2 du Code du travail. Il contribue à rattraper l'incontestable retard pris par le secteur public dans le champ de la santé au travail et entend donc accompagner la rénovation du cadre d'exercice de la médecine de prévention et du fonctionnement des services de santé au travail dans les fonctions publiques de l'État et territoriale, *via* le développement de la pluridisciplinarité, le renforcement de la fonction d'infirmier en santé au travail, le recours facilité aux téléconsultations, l'actualisation des conditions de santé particulières exigées pour l'accès à certaines fonctions (dans une logique d'accès facilité à l'emploi), l'accès facilité au temps partiel thérapeutique ou la réforme de l'organisation et du fonctionnement des instances médicales.

318. Sur le fond, la qualité de vie au travail, mise en lien avec le travail et son organisation, en constitue une composante importante, dont l'accord du 13 juillet 2021 sur le télétravail dans la fonction publique est une illustration. Le plan consacre également les stratégies de prévention des risques de désinsertion et d'usure professionnelles pour encourager le maintien dans l'emploi des agents publics. Il se fixe enfin pour objectif de contribuer à supprimer ou faire diminuer les atteintes à la santé et les absences qui en découlent.

Encadré 45 : La santé au travail dans la fonction publique : un indubitable retard à combler

La fonction publique a, depuis une quinzaine d'années, tenté de rattraper un indubitable retard comparé au secteur privé en s'engageant dans une démarche de rénovation de la politique de protection de la santé, de la sécurité des agents et d'amélioration de leurs conditions de travail. Une première étape avait été franchie avec l'accord du 20 novembre 2009 témoignant de la volonté de redynamiser la politique de santé et de sécurité dans la fonction publique. Une deuxième étape est intervenue avec l'accord relatif à la prévention des risques psychosociaux dans la fonction publique, signé le 22 octobre 2013 et visant à développer une démarche de diagnostic et de prévention.

Deux circulaires et une instruction, établies respectivement par la Direction générale de l'administration et de la fonction publique (DGAFP), la Direction générale des collectivités locales (DGCL) et la Direction générale de l'offre de soins (DGOS) déclinaient la mise en œuvre des dispositions du protocole de 2013 pour chacun des versants de la fonction publique. Puis une circulaire du 28 mars 2017 a fixé un plan d'action pluriannuel pour une meilleure prise en compte de la santé et de la sécurité au travail dans la fonction publique et invitait les employeurs publics à s'engager dans sa mise en œuvre. Ce plan découlait d'une concertation avec les représentants du personnel et les employeurs des trois versants de la fonction publique menée en 2015 et 2016. Articulé autour de 5 axes, il fixait aux administrations 10 objectifs à atteindre dans les 2 années à venir dans les domaines du pilotage de la santé au travail, de la médecine de prévention, de la prévention des risques professionnels et de la prise en compte de la pénibilité, de la prévention de l'inaptitude et du maintien dans l'emploi et du fonctionnement des instances médicales et de la médecine agréée. Les dispositions concernant le temps partiel thérapeutique, le reclassement, le régime de la preuve et l'organisation du recueil des données relatives aux accidents de service et aux maladies professionnelles des fonctionnaires avaient déjà été reprises par l'ordonnance du 19 janvier 2017 portant diverses dispositions relatives au compte personnel d'activité, à la formation et à la santé et la sécurité au travail dans la fonction publique, donnant lieu à des textes réglementaires d'application.

En septembre 2019, un rapport remis au Premier ministre par la députée du Nord Charlotte Lecocq *Santé, sécurité, qualité de vie au travail dans la fonction publique : un devoir, une urgence, une chance* a dressé un état des lieux de la santé au travail dans les trois versants et a conduit à des recommandations en matière réglementaire, d'organisation et de gouvernance de la santé au travail dans la fonction publique. De manière générale, la mission signalait qu'elle s'était heurtée à l'absence de données exhaustives et que cette situation n'avait pas permis de conduire pleinement le travail d'évaluation qui était attendu.

3.4 La couverture des autres acteurs

3.4.1 Les extensions légales de la protection

319. Malgré le champ d'application élargi de la partie IV du Code du travail, les pouvoirs publics sont régulièrement confrontés à des innovations organisationnelles dont l'atypie ou la complexité posent la question du régime de protection de la santé applicable aux personnes réalisant le travail. C'est notamment le cas en présence de relations contractuelles triangulaires. La volonté du législateur consiste manifestement à ne pas brider ces innovations, potentiellement riches en création d'emplois, mais à les encadrer chaque fois qu'elles auraient pour effet d'aggraver la vulnérabilité des travailleurs aux risques professionnels.

320. Ainsi, si des dispositions législatives particulières précisent de longue date que les conditions d'exécution du travail des intérimaires sont de la responsabilité de l'entreprise utilisatrice pendant la durée de la mission[1], des dispositions similaires plus récentes existent pour les salariés mis à disposition dans le cadre d'un prêt de main-d'œuvre à but non lucratif[2], pour les salariés des groupements d'employeurs[3] ou, pour partie, en cas de détachement temporaire de salariés d'entreprises non établies en France[4]. Ces dispositions particulières ont le mérite de clarifier la responsabilité des acteurs mais peuvent *a contrario* laisser penser que la partie IV ne s'applique qu'aux situations atypiques ayant fait l'objet d'une accroche législative explicite à cette partie. Il convient à notre sens de considérer que la rédaction volontairement très large de l'article L. 4111-5 doit permettre d'accueillir toutes les situations dans lesquelles la personne intervenante peut être qualifiée de travailleur au sens de cet article. Ce point n'a cependant pas encore été tranché de façon ferme par la jurisprudence qui en l'état se fonde sur la responsabilité extracontractuelle de l'entreprise.

3.4.2 Les extensions volontaires de la protection

321. La responsabilité sociale des entreprises est un moteur de l'extension volontaire du champ de la protection de la santé à des catégories de travailleurs non couvertes *a priori* par l'obligation de sécurité de l'employeur. Elle conduit des entreprises à s'engager unilatéralement dans des politiques volontaristes affichant leur intention

1. Article L. 1251-21.
2. Article L. 8241-2.
3. Article L. 1253-12 4°.
4. Articles R. 1262-1 et suivants, R. 1262-9 et suivants.

d'accorder une attention équivalente à toute personne évoluant dans leur champ[1].

3.4.2.1 Les chartes pour les travailleurs des plateformes

322. Les travailleurs des plateformes de mise en relation par voie électronique, bien que gardant explicitement un statut de travailleur indépendant, sont couverts par des dispositions relatives à la responsabilité sociale des plateformes. À ce titre, ils peuvent bénéficier d'une prise en charge par ces dernières de la cotisation d'assurance contre le risque d'accident du travail qu'ils auraient souscrite, à moins que la plateforme ait elle-même adhéré à un contrat collectif leur apportant des garanties au moins équivalentes[2]. Par ailleurs, les travailleurs des plateformes conduisant une voiture de transport avec chauffeur (VTC) ou ceux effectuant des livraisons de marchandises peuvent bénéficier d'une charte déterminant les conditions et modalités d'exercice de la responsabilité sociale de la plateforme précisant les mesures visant, notamment :

- à améliorer les conditions de travail ;
- à prévenir les risques professionnels auxquels les travailleurs peuvent être exposés en raison de leur activité ainsi que des dommages causés à des tiers[3].

3.4.2.2 Les engagements qualité envers les « parties prenantes »

323. Les démarches de qualité déployées par les entreprises dans le cadre de la responsabilité sociétale les conduisent à devoir s'intéresser à toutes les parties prenantes[4] participant à leur activité.

324. En matière de santé au travail, la norme ISO 45001, relative aux systèmes de management de la santé au travail, prévoit que le travail ou les activités professionnelles réalisées sous l'autorité de l'entreprise peuvent l'être par des travailleurs employés par d'autres (travailleurs de prestataires extérieurs, de sous-traitants, particuliers)

1. Tirées notamment par la notion « *d'expérience utilisateur* » et le courant de « *'expérience entreprise* » et la volonté de réduire la fracture souvent évoquée entre cette dernière et les populations, ces entreprises mettent en avant des valeurs qui guident leur action et sont censées les réconcilier avec leurs différentes « *parties prenantes* ».

2. Article L. 7343-2.

3. Article L. 7342-9.

4. La notion de partie prenante, traduction du terme anglais *stakeholder*, n'existe pas en droit. Le vocable, emprunté à l'univers de la RSE et du développement durable, est très présent dans les normes de systèmes de management et fait partie du vocabulaire courant des grandes entreprises. Les parties prenantes désignent tous les groupes internes ou externes à l'entreprise, qui participent à un titre ou autre à la réalisation de ses objectifs. Ils incluent les dirigeants, les salariés et les actionnaires.

et dans des situations où elle exerce un certain degré d'autorité sur les travailleurs, par exemple les travailleurs intérimaires. La norme prescrit par conséquent la fourniture *d'un lieu de travail sûr et sain aux travailleurs et aux autres personnes* placées sous l'autorité de l'entreprise[1]. Celle-ci doit notamment s'assurer que les processus qu'elle a externalisés sont maîtrisés, ce qui doit la conduire à définir le type et le degré de maîtrise à appliquer à ces processus. Il lui est demandé à ce titre d'organiser les modalités d'identification et de communication sur les dangers ainsi que d'évaluation et de maîtrise des risques dus respectivement :

- aux activités et opérations des sous-traitants, pour les travailleurs de l'entreprise ;
- aux activités et opérations de cette dernière, pour les travailleurs des sous-traitants ;
- aux activités et opérations des sous-traitants, pour les autres parties intéressées sur le lieu de travail ;
- aux activités et opérations des sous-traitants, pour les travailleurs des sous-traitants.

325. L'entreprise doit dès lors établir et tenir à jour des processus lui permettant de s'assurer que les exigences de son système de management sont remplies par les sous-traitants et leurs travailleurs et inclure des critères de santé et sécurité pour la sélection de ses sous-traitants.

326. La norme apparaît donc ici plus engageante que la loi en demandant à l'entreprise de tendre à l'harmonisation des standards de sécurité de ses parties prenantes avec ses propres exigences et de se donner les moyens de le vérifier (*cf. infra* chapitre 9).

3.4.3 L'obligation de vigilance du donneur d'ordre

327. Aux termes de l'article L. 8281-1 du Code du travail, le maître d'ouvrage ou le donneur d'ordre informé par un agent de contrôle compétent en matière de lutte contre le travail illégal d'une infraction aux dispositions légales et aux stipulations conventionnelles applicables au salarié d'un sous-traitant direct ou indirect, notamment aux règles relatives à la santé et sécurité au travail, doit enjoindre aussitôt à ce sous-traitant de faire cesser sans délai la situation. Le sous-traitant doit informer de la régularisation de la situation. À défaut, le maître d'ouvrage ou le donneur d'ordre informe l'agent de contrôle.

1. « *Tout organisme est responsable de la santé et sécurité de ses travailleurs, et des autres personnes travaillant pour lui, sous ses ordres* (...). *Le système de management de la SST doit inclure les activités, produits et services qui sont sous l'autorité ou l'influence de l'organisme et qui sont susceptibles d'avoir un impact sur sa performance en SST.* »

Son manquement à ses obligations d'injonction et d'information est passible de contraventions.

3.4.4 Les obligations des travailleurs indépendants

328. L'absence de lien de subordination ou d'autorité qui caractérise la situation du travailleur indépendant à l'égard du donneur d'ordre suggère qu'il n'est pas soumis à la partie IV ni, de manière générale, à l'ensemble des dispositions du Code du travail. Mais s'il n'a pas à être protégé à raison des risques encourus du fait de sa propre activité, le travailleur indépendant intervient potentiellement sur des lieux de travail fréquentés par les travailleurs du donneur d'ordre et peut exposer ces derniers à des risques. Par exemple, un plombier intervenant sur des matériaux contenant de l'amiante peut polluer la totalité d'un local en relarguant des fibres, générant des risques pour lui mais aussi pour autrui. Aussi, pour prémunir les travailleurs qui évoluent dans l'environnement immédiat d'un travailleur indépendant contre les risques inhérents à son activité, ce dernier se voit explicitement imposer l'application de certaines dispositions de la partie IV du Code du travail.

329. Le travailleur indépendant doit par exemple, lorsqu'il exerce directement une activité sur un chantier du BTP, mettre en œuvre, vis-à-vis des autres personnes intervenant sur ce chantier comme de lui-même, les PGP fixés aux 1°, 2°, 3°, 5° et 6° de l'article L. 4121-2. Un certain nombre de prescriptions techniques lui sont par ailleurs imposables sur le chantier[1]. De même, les dispositions relatives aux rayonnements ionisants s'appliquent à tout travailleur non salarié qui exerce une activité nucléaire dès lors qu'il existe, pour lui-même ou pour autrui, un risque d'exposition à ces rayonnements[2]. Des dispositions sont également rendues applicables en matière de coordination des travaux hyperbares lorsqu'une entreprise utilisatrice fait appel à des travailleurs indépendants[3]. Dans le Code rural encore, certaines dispositions sont rendues applicables au travailleur indépendant lorsqu'il effectue des travaux en hauteur dans les arbres[4] ainsi que lorsqu'il intervient sur les chantiers forestiers et sylvicoles[5].

330. Ainsi, face à des enjeux de santé et de sécurité au travail, le champ d'application des obligations respectives des protagonistes peut évoluer pour tenir compte :
– de la compréhension de la pluralité des facteurs qui concourent à la santé et sécurité des travailleurs et du fait que ces

1. Article R. 4535-1 et suivants.
2. Article R. 4451-4 et R. 4451-9.
3. Article R. 4661-1.
4. Article L. 717-8 et R. 717- 85-1 à R. 717-85-10.
5. Article L. 717-9.

facteurs impliquent, en pratique, différents acteurs devant être responsabilisés ;

– de la nécessité de réguler, voire de contrer lorsqu'elle est abusive, la tendance croissante à l'externalisation de fonctions autrefois intégrées au fonctionnement de l'entreprise. Le recours par une entreprise générale à la sous-traitance *via* des travailleurs indépendants, particulièrement dans le secteur du BTP, permet non seulement d'échapper à la réglementation sociale sur les charges sociales et la durée du travail mais aussi aux exigences en matière de santé au travail, ce à quoi la réglementation a voulu mettre fin en prévoyant des obligations générales de coordination.

Encadré 46 : La protection des indépendants : le cas des exploitants agricoles

Indépendamment des obligations qui incombent aux travailleurs indépendants à raison des risques qu'ils font encourir à d'autres, un consensus grandit sur la nécessité de s'intéresser aux risques qu'ils encourent eux-mêmes.

Dans le secteur agricole, l'existence de très nombreuses exploitations de petites tailles conduites par un seul exploitant fait de l'agriculteur un « travailleur » qui est exposé aux mêmes risques que les salariés agricoles. Aussi, le PST 2016-2020 fixait des orientations communes à tous les travailleurs de l'agriculture, nonobstant l'existence de deux populations distinctes (les salariés et les non-salariés – les exploitants – dont la prévention des risques professionnels et le suivi médico-professionnel ne sont pas identiques). Les services de santé au travail étaient ainsi invités à mobiliser la même réflexion, le même mode d'analyse des situations professionnelles, en favorisant dans la mesure du possible des programmes d'actions communs, quand bien même la déclinaison pratique pourrait être différente : « *La démarche d'évaluation des risques professionnels et la réalisation du DUERP bien que non obligatoire pour un exploitant a du sens pour ses propres conditions de travail et sécurité mais également du fait que de nombreux intervenants travaillent sur l'exploitation et qu'il est susceptible d'accueillir des stagiaires et apprentis* ».

Par ailleurs, la recommandation n° 192 de l'OIT, relative à la sécurité et la santé dans l'agriculture (2001) invite les États à prévoir des dispositions particulières pour les travailleurs indépendants, notamment :

– des dispositions relatives à l'extension progressive à leur profit de services de santé au travail ;

– le développement progressif de procédures d'enregistrement et de notification de leurs accidents du travail et maladies professionnelles ;

– l'élaboration de principes, programmes et matériels pédagogiques visant entre autres leur sécurité et leur santé, ainsi que celles de ceux qui travaillent avec eux, la sélection et l'utilisation de produits chimiques et d'agents biologiques, la conception de systèmes de sécurité au travail ainsi que la sélection, l'emploi et l'entretien des équipements de protection individuelle, machines, outils et appareils.

3.4.5 Les obligations des concepteurs

331. En plus des travailleurs indépendants dans certaines circonstances expressément prévues par les textes, la partie IV du Code du travail fixe des obligations à d'autres acteurs que l'employeur devant chacun prendre leur part à la prévention des risques[1]. Le concepteur, tantôt fabricant d'équipements de travail, responsable de la mise sur le marché d'agents chimiques ou encore constructeur d'ouvrages, se voit ainsi confier la responsabilité de livrer des biens ou des produits conformes à des règles de conception spécifiques. Cette répartition des responsabilités respectives se retrouve dans l'architecture de la partie IV, qui distingue les dispositions applicables au concepteur et celles applicables à l'utilisateur/employeur.

332. Enfin, la loi généralise parfois l'application même des PGP à d'autres acteurs que l'employeur. Dans les opérations du bâtiment et du génie civil, à partir d'une certaine taille de chantier, outre chaque employeur des entreprises intervenantes (gros œuvre, charpente, menuiseries, peinture, électricité...), le maître d'ouvrage, le maître d'œuvre et le coordonnateur sécurité sont tenus d'appliquer les PGP énoncés aux 1° à 3° et 5° à 8° de l'article L. 4121-2. Le texte prévoit en outre que cette obligation vise à assurer la sécurité et de protéger la santé des *personnes* qui interviennent sur un chantier. L'usage du mot *personne* est le plus large qui puisse être et vise expressément à étendre la protection à quiconque intervient sur le chantier, à quelque titre que ce soit[2].

Encadré 47 : L'ergonomie dans la conception : le cas des machines

Le domaine dans lequel l'ergonomie trouve le mieux à s'exprimer est incontestablement celui de la conception et notamment de la conception des machines. Il s'agit d'intégrer la composante humaine, c'est-à-dire les caractéristiques des utilisateurs et leurs besoins pour réaliser leur travail en situation réelle.

Cette phase de conception, réalisée par des ingénieurs, ne peut vraiment prendre en compte ces besoins qu'à travers l'observation directe du travail des opérateurs ou le recueil de leur parole pour pouvoir procéder à l'analyse de leur activité réelle de travail et, par itérations successives avec des utilisateurs témoins, prendre en compte les contraintes du travail, procéder à des tests et améliorer la machine. Il s'agit de l'application la plus pure du principe général d'adaptation du travail à l'homme.

La directive européenne 2006/42/CE dite « directive machines » contient un chapitre dédié à l'ergonomie. L'article 1.1.6 de l'annexe I prévoit que :

1. Le travailleur se voit aussi débiteur d'obligations énoncées à l'article L. 4122-1.
2. Article L. 4531-1.

« *Dans les conditions prévues d'utilisation, la gêne, la fatigue et les contraintes physiques et psychiques de l'opérateur doivent être réduites au minimum compte tenu des principes ergonomiques suivants :*
– tenir compte de la variabilité des opérateurs en ce qui concerne leurs données morphologiques, leur force et leur résistance ;
– offrir assez d'espace pour les mouvements des différentes parties du corps de l'opérateur ;
– éviter un rythme de travail déterminé par la machine ;
– éviter une surveillance qui nécessite une concentration prolongée ;
– adapter l'interface homme-machine aux caractéristiques prévisibles des opérateurs. »

La prise en compte de ces exigences est encore très imparfaite en pratique, ce qui préjudicie fortement à la prévention car les défauts de conception peuvent difficilement être rattrapés une fois la machine mise en service alors qu'elle a vocation à être utilisée pendant plusieurs années[1] (voir aussi *infra* encadré 72).

1. Marion Albert a décrit dans sa thèse *Comprendre les situations d'exposition aux pesticides lors de l'utilisation des pulvérisateurs. La conception et la réglementation comme chaîne de déterminants* (Bordeaux, 2022), à travers des exemples précis, des récits et des photographies, l'écart entre des concepteurs très éloignés de la connaissance des conditions d'utilisation réelles des travailleurs et les contraintes de ces derniers. Cette connaissance est en grande partie déterminée par leur compréhension des textes et normes de standard applicables et les retours parcellaires « du terrain » en provenance des commerciaux de l'entreprise faisant remonter des observations de leurs clients. Elle est entravée par ailleurs par la prégnance des exigences réglementaires et des normes de non contamination environnementales, ces dernières pouvant entrer en concurrence avec les règles ergonomiques.

CHAPITRE 4

PORTÉE JURIDIQUE DE L'OBLIGATION DE SÉCURITÉ

333. S'il incombe à chacun « *de prendre soin, en fonction de sa formation et selon ses possibilités, de sa santé et sa sécurité ainsi que celle des autres personnes concernées par ses actes ou ses omissions au travail* »[1], l'employeur est le principal responsable de la protection de la santé et de la sécurité des travailleurs. Eu égard à son pouvoir de direction et de gestion de l'entreprise et de sa maîtrise des conditions de travail, il lui revient en effet de supporter l'ensemble des risques induits par son activité.

334. Mais source de multiples injonctions ou interdictions, obligations de faire ou de ne pas faire, l'obligation de sécurité est pour nombre d'employeurs vécue en pratique comme éminemment complexe à respecter et davantage porteuse de difficultés et de risques juridiques que de performance économique et sociale pour l'entreprise.

335. Mieux connaître la nature et la portée de l'obligation de sécurité à l'égard des travailleurs contribue donc pleinement à la démarche constante et actualisée de prévention des risques professionnels qui doit être menée par l'employeur, au sein de son entreprise. Comprendre ce qui est attendu de lui en pratique et en droit renforce nécessairement sa capacité à mettre en œuvre les principes généraux de prévention, de manière efficace et sécurisée juridiquement.

336. Il s'agit donc de rappeler quels sont les contours généraux de l'obligation juridique de sécurité, ce qu'elle recouvre tant en droit du travail, d'où elle tire sa dimension préventive qu'en droit de la sécurité sociale qui lui donne sa dimension réparatrice. Puis, sera précisé

1. Article L. 4122-1 du Code du travail.

comment elle est sanctionnée et indemnisée devant les juridictions civiles, avant d'évoquer les voies coercitive et punitive des manquements. Enfin, seront rappelés les autres acteurs et moyens mobilisables pour une mise en œuvre effective.

4.1 Les contours de l'obligation juridique de sécurité : entre prévention et réparation

337. Multiforme et ne relevant pas d'une définition unique aux contours bien délimités, l'obligation de sécurité se caractérise par une double dimension : la dimension préventive inscrite dans le Code du travail et la dimension réparatrice issue du Code de la sécurité sociale.

338. Cette double dimension souffre néanmoins d'un corpus de règles très nombreuses et complexes à appréhender, voire mal connues par les acteurs concernés.

339. Les développements ci-dessous ont pour finalité d'outiller les parties prenantes sur les grands principes juridiques qui fondent l'obligation de sécurité, qu'ils soient inscrits dans la loi ou issus de la jurisprudence.

4.1.1 La dimension préventive de l'obligation de sécurité

340. Ce sont les dispositions de l'article L. 4121-1 du Code du travail qui fixent les contours généraux de l'obligation de sécurité de l'employeur et lui confèrent sa dimension préventive, comme suit :

« L'employeur prend les mesures nécessaires pour assurer la sécurité et protéger la santé physique et mentale des travailleurs. Ces mesures comprennent :

1° des actions de prévention des risques professionnels, y compris ceux mentionnés à l'article L. 4161-1 ;

2° des actions d'information et de formation ;

3° la mise en place d'une organisation et de moyens adaptés ;

L'employeur veille à l'adaptation de ces mesures pour tenir compte du changement des circonstances et tendre à l'amélioration des situations existantes ».

341. Sans entrer dans l'examen de chacun des termes du texte, dont les implications pratiques sont examinées en détails et concrètement *infra* (*cf. infra* chapitre 5), l'employeur doit avoir à l'esprit, les quelques principes directeurs suivants.

4.1.1.1 Les risques couverts : une extension continue

342. La prévention couvre nécessairement les risques professionnels qui correspondent à ce qui était initialement nommé les « *facteurs de pénibilité* » : activités avec des contraintes physiques marquées (manutentions de charges, postures pénibles, vibrations mécaniques), dans un environnement physique agressif (agents chimiques dangereux, activité en milieu hyperbare, températures extrêmes, bruit) avec certains rythmes de travail (travail de nuit, en équipes successives, travail répétitif). Mais elle ne se limite pas à ces seuls risques bien identifiés et énumérés par le législateur[1]. En effet, les risques propres à la nature même de l'activité de l'entreprise « *y compris dans le choix des procédés de fabrication, des équipements de travail, des substances ou préparations chimiques, dans l'aménagement ou le réaménagement des lieux de travail ou des installations, dans l'organisation du travail et dans la définition des postes de travail*[2] » doivent être évalués et pris en considération (*cf. infra* 5.1.2). Il en est ainsi, par exemple, des risques liés à une surcharge de travail générant des dépassements de la durée maximale de travail ou des risques liés à des dispositifs d'aménagement individuel du temps de travail pour certaines catégories de salariés[3], tels les forfaits en jours ou en heures, qui permettent de moduler la durée et l'horaire de travail en fonction des fluctuations de l'activité. La Cour de cassation considère en effet qu'eu égard aux rapports existant entre les règles relatives à la durée du travail et le respect de la santé et la sécurité des travailleurs, le manquement dans le suivi de la charge de travail du salarié constitue un manquement à son obligation de sécurité. Il appartient donc à l'employeur de prendre les dispositions nécessaires de nature à garantir que l'amplitude et la charge de travail du salarié, soumis au régime du forfait en jours, restent raisonnables et assurent une bonne répartition dans le temps du travail et donc de la protection de sa santé et sécurité [4]. La Haute cour précise d'ailleurs que la preuve du respect des seuils et plafonds prévus par le droit de l'Union européenne et des durées maximales de travail fixés par le droit interne incombe à l'employeur, y compris dans une situation où le salarié effectue deux jours de télétravail à son domicile et conserve une liberté d'organisation de son temps de travail[5] (*cf. infra* 10.2).

---

1. Risques énumérés à l'article L.4161-1 du Code du travail.
2. Article L. 4121-3 du Code du travail.
3. Il s'agit des salariés qui disposent d'une réelle autonomie dans l'organisation de leur emploi du temps et dont la nature des fonctions ne les conduit pas à suivre les horaires collectifs applicables. Ils peuvent conclure avec l'employeur et dans certaines conditions une convention individuelle de forfait en jours sur l'année.
4. Cass. soc., 2 mars 2022, n° 20-16.683.
5. Cass. soc., 14 décembre 2022, n° 21-18.139.

343. La prévention couvre non seulement la sécurité physique mais aussi la santé mentale du travailleur[1], ce qui peut rendre délicate sa mise en œuvre dès lors que des facteurs personnels, non nécessairement connus de l'employeur, ni du médecin du travail peuvent contribuer de façon déterminante à la réalisation du risque. Des procédures de vigilance et des démarches de prévention spécifiques doivent donc être déployées pour traiter le risque psychosocial qui, bien qu'étant un risque professionnel comme les autres, mérite un traitement particulier et parfois un régime juridique spécifique, s'agissant notamment du harcèlement moral et du harcèlement sexuel (*cf. infra* 10.1).

344. La dimension collective des risques professionnels est également prise en compte, notamment lorsqu'un projet de réorganisation d'un service est de nature à compromettre la santé et la sécurité des travailleurs collectivement concernés. À ce titre, l'arrêt Snecma de la chambre sociale de la Cour de cassation est emblématique. Il s'agissait d'une modification de l'organisation de travail d'un service au sein d'un établissement classé Seveso. Sa mise en œuvre a été suspendue par les juges qui ont considéré que, compte tenu de la réduction des effectifs de surveillance et de maintenance du site qu'elle générait, cette mesure créait des risques pour la santé et la sécurité des travailleurs concernés[2]. À l'inverse, dans une autre affaire où était en cause un projet de modification technique et d'externalisation de la direction industrielle de production d'énergie d'une filiale, une cour d'appel qui a relevé que l'employeur avait initié un plan global de prévention des risques psychosociaux, comprenant notamment un dispositif d'écoute et d'accompagnement, ainsi qu'un dispositif d'évolution des conditions de vie au travail et de formation des managers, cette démarche s'étant poursuivie dans la durée avec un suivi mensuel, a pu décider qu'il n'y avait pas lieu d'interdire la mise en œuvre du projet[3].

345. Le développement de la mobilité professionnelle et du télétravail lesquels engendrent une démultiplication des lieux de travail et une extension des limites spatiales, voire temporelles du travail contribuent, par ailleurs, à élargir le champ de l'obligation de sécurité de l'employeur. Ainsi, lorsqu'un salarié est particulièrement exposé à un risque, par le fait de son employeur, y compris en dehors du lieu

1. C'est la loi de modernisation sociale du 17 janvier 2002 (art. 173) qui, en même temps qu'elle introduisait le harcèlement au travail dans le Code du travail, est venue complétée la rédaction de cet article (alors L. 230-2), en insérant les mots : « *physique et mentale* » après les mots « *protéger la santé* », qui ne figuraient pas dans le texte de la directive transposée en 1991 (*cf. infra* 10.1).

2. Cass. soc., 5 mars 2008, n° 06-45.888, *Bull.* V n° 46.

3. Cass. soc., 22 octobre 2015, n° 14-20.173, *Bull.* V n° 202.

et de ses heures de travail, il appartient à ce dernier de prendre les mesures nécessaires de protection et de prévention à son égard, à défaut sa responsabilité civile peut être engagée[1] (*cf. infra* 4.2.1).

4.1.1.2 Les personnes protégées : un débat qui reste ouvert

346. Comme déjà évoqué (*cf. supra* 3.2.1) un lien de subordination juridique né d'un contrat de travail n'est pas toujours exigé pour fonder l'obligation de sécurité. En effet, le législateur comme la jurisprudence mettent à la charge de l'entreprise qui recourt à un travailleur intérimaire une obligation de sécurité, alors que ce dernier est salarié de l'entreprise de travail temporaire[2]. La chambre sociale de la Cour de cassation précise à ce titre que si la responsabilité de la protection des travailleurs intérimaires est commune à l'employeur et à l'entreprise utilisatrice, comme cela découle de l'article 8 de la directive 91/383/CEE du Conseil du 25 juin 1991[3], il incombe au premier chef à l'entreprise utilisatrice de prendre toutes les dispositions nécessaires pour assurer cette protection en application de l'article L. 1251-21-4° du Code du travail. C'est donc au comité d'hygiène, de sécurité et des conditions de travail (désormais le CSE) de l'entreprise utilisatrice qu'il appartient d'exercer la mission de vigilance à l'égard de l'ensemble des travailleurs de l'établissement, placés sous son autorité[4]. Cette notion d'autorité est donc bien distincte de la subordination juridique issue du contrat de travail, pour autant, la jurisprudence de la Cour de cassation n'a pas encore eu l'occasion de définir ce qu'elle recouvrait précisément.

347. En dehors des salariés et des travailleurs intérimaires pour lesquels les textes et la jurisprudence sont précis, le périmètre des bénéficiaires de l'obligation de sécurité n'est pas encore totalement stabilisé en droit, notamment, eu égard aux termes de l'article L. 4111-5 du

1. Cass. soc., 7 décembre 2011, *Bull. civ.* V, n° 287, s'agissant d'un salarié expatrié agressé dans la rue, la nuit dans un pays à risques ; Cass.soc. 11 janvier 2012, *Bull. civ.* V n° 9, s'agissant d'un salarié abusant de son pouvoir hiérarchique pour obtenir des faveurs sexuelles d'une autre salariée, dans un hôtel, en dehors des heures de travail.

2. Article L. 1251-21 du Code du travail ; Cass. soc., 30 novembre 2010, *Bull. civ.* V, n° 270 sur l'absence de fourniture d'un masque de protection par l'entreprise utilisatrice à un salarié intérimaire engagé en qualité de soudeur.

3. Directive complétant les mesures visant à promouvoir l'amélioration de la sécurité et de la santé au travail des travailleurs ayant une relation de travail à durée déterminée ou une relation de travail intérimaire.

4. Cass. soc., 26 février 2020, n° 18-22.556 ; Crim., 6 septembre 2022, n° 21-86.085 : pour la condamnation pénale d'une entreprise utilisatrice du chef de blessures involontaires sur la personne d'un intérimaire qu'elle a recruté sans avoir au préalable vérifié qu'il était formé pour conduire l'engin qu'elle lui confiait.

Code du travail et de sa mention « *sous l'autorité de l'employeur* »[1]. Quels critères caractérisent cette autorité ? Comment s'articulent les obligations respectives de l'employeur et de l'éventuel donneur d'ordre qui maîtrise les conditions de travail ?

348. La chambre sociale a donné un début de réponse, dans le contexte particulier de la coactivité de plusieurs entreprises sur un même site[2]. Elle juge en effet que les dispositions réglementaires qui mettent à la charge de l'entreprise utilisatrice une obligation générale de coordination des mesures de prévention qu'elle prend et de celles que prennent l'ensemble des chefs des entreprises intervenant dans son établissement et précisant que chaque chef d'entreprise est responsable de l'application des mesures de prévention nécessaires à la protection de son personnel, n'interdisent pas au salarié de l'entreprise extérieure de rechercher la responsabilité de l'entreprise utilisatrice, s'il démontre que celle-ci a manqué aux obligations mises à sa charge par le Code du travail et que ce manquement lui a causé un dommage. Est donc approuvé l'arrêt d'une cour d'appel qui a décidé que la responsabilité de la société utilisatrice pouvait être recherchée au titre de sa responsabilité extracontractuelle[3] et donner lieu à réparation d'un préjudice[4]. La notice de l'arrêt, au rapport annuel de la Cour de cassation, précise que « *si, en application de la directive 91/383/CEE du Conseil du 25 juin 1991, l'article L. 1251-21 du Code du travail institue, s'agissant des travailleurs intérimaires, une obligation de sécurité y compris dans le chef de l'entreprise utilisatrice, cela n'est pas le cas en dehors du travail intérimaire, l'entreprise n'étant tenue que d'une obligation de coordination générale. Cette obligation de coordination générale résulte toutefois de l'article 6 § 4 de la directive 89/391/CEE du Conseil du 12 juin 1989 (…). C'est ainsi en conformité avec ces directives de l'Union européenne que la partie IV du Code du travail est plus large que la partie II qui vise les salariés, tandis que l'article L. 4111-5 du Code du travail emploie le terme travailleurs [que sont] les salariés, y compris temporaires et les stagiaires, ainsi que toute personne placée à quelque titre que ce soit sous l'autorité de l'employeur (…). La réunion des trois conditions classiques de la responsabilité extracontractuelle de droit commun suffit à engager la responsabilité de l'auteur de la faute, sans que l'on puisse exiger par ailleurs la reconnaissance de la faute distincte du tiers. Cette*

1. L'article L. 4111-5 du Code du travail précise que la quatrième partie du Code du travail relative à la santé et à la sécurité au travail s'applique « *à toute personne placée à quelque titre que ce soit sous l'autorité d'un employeur* » ce qui est de nature à couvrir les travailleurs d'entreprises mis à disposition d'une autre entreprise en dehors de tout recours à l'intérim.
2. Sur le régime de la coactivité, *cf.* chapitre 9.
3. Article 1240 du Code civil.
4. Cass. soc., 8 février 2023, n° 20-23.312, publié au rapport annuel.

solution s'inscrit dans la jurisprudence du Conseil constitutionnel qui retient que le principe selon lequel "tout fait quelconque de l'homme qui cause à autrui un dommage oblige celui par la faute duquel il est arrivé à le réparer", met en œuvre l'exigence constitutionnelle prévue par l'article 4 de la Déclaration des droits de l'homme et du citoyen de 1789 selon lequel "la liberté consiste à pouvoir faire tout ce qui ne nuit pas à autrui" ». Il s'agit donc pour la Cour de cassation d'assurer de façon la plus large possible la protection des travailleurs intervenant dans les locaux d'une entreprise utilisatrice, quel que soit leur statut juridique.

4.1.1.3 Une obligation de faire ou de ne pas faire

349. « *L'obligation de sécurité est d'abord une obligation de faire. L'employeur doit mettre en place une organisation et des moyens permettant de parvenir à assurer cette sécurité (...). L'obligation de sécurité est aussi une obligation de ne pas faire qui restreint le pouvoir de direction de l'employeur*[1]. » L'arrêt Snecma précité de la chambre sociale en a posé le principe très clairement comme suit : « *Mais attendu que l'employeur est tenu, à l'égard de son personnel, d'une obligation de sécurité de résultat qui lui impose de prendre les mesures nécessaires pour assurer la sécurité et protéger la santé des travailleurs ; qu'il lui interdit, dans l'exercice de son pouvoir de direction, de prendre des mesures qui auraient pour objet ou pour effet de compromettre la santé et la sécurité des salariés* »[2].

350. Ainsi, en cas de litige et en l'absence de dialogue, différentes actions judiciaires peuvent rendre effective cette obligation de faire ou de ne pas faire, sans donner lieu pour autant à une rupture des relations contractuelles. En voici quelques exemples.

Encadré 48 : Les actions possibles devant les juridictions civiles

– une action tendant à obtenir une injonction de faire sous peine d'astreinte : par exemple la mise à disposition d'un équipement individuel de sécurité pour un travailleur occupant un poste exigeant un tel équipement ou tout autre moyen de protection[3] ;

1. Emeric Jeansen, « Pour un cantonnement raisonné de l'obligation patronale de sécurité », *RDT* 2016, p. 222.

2. Cass. soc., 5 mars 2008, précité.

3. Versailles, 14e ch., 24 avril 2020, n° 20/01993, SAS Amazon France Logistique c/ Union syndicale solidaire ; TJ Paris, ord. 9 avril 2020, n° 20/52223, Sud activités postales et télécommunications c/La Poste ; TJ Lille, 3 avril 2020, n° 2020/00380, Association Adar Flandres Métropole ; TJ Lyon, ord. 11 mai 2020, n° 20/00593, SAS Le Coursier le Lyon.

– une action tendant à faire suspendre judiciairement une organisation du travail de nature à compromettre la santé et la sécurité des travailleurs[1] ;

– une action en référé d'un membre de la délégation du personnel au comité social et économique en cas de carence de l'employeur à procéder à une enquête et prendre les dispositions utiles pour remédier à une atteinte à la santé physique et mentale dénoncée par la délégation du personnel[2] ;

– une action en référé de l'inspection du travail tendant à faire ordonner la mise hors service, l'immobilisation, la saisie de matériels, machines, dispositifs, produits ou autres lorsqu'il constate un risque sérieux d'atteinte à l'intégrité physique d'un travailleur résultant d'un manquement de l'employeur[3].

Lorsqu'elles sont introduites par la voie du référé, soit devant le conseil de prud'hommes (article R. 1455-5 et R. 1455-6 du Code du travail), soit devant le tribunal judiciaire (articles 834 et 835 du Code de procédure civile), ces actions permettent, en urgence, de faire cesser un trouble manifestement illicite (la méconnaissance d'une règle de protection) ou de prévenir un dommage imminent (risque d'atteinte à la santé).

351. Toutefois, la méconnaissance par l'employeur de son obligation de sécurité alimente davantage un contentieux de la rupture du contrat aux torts de l'employeur, qu'il s'agisse d'une prise d'acte de la rupture du contrat par le salarié[4] ou d'une demande de résiliation judiciaire, ou encore de la contestation d'un licenciement, contentieux dont la finalité est plus indemnitaire que sécuritaire.

352. Certains auteurs augurent même que « *les nouvelles règles de conservation et d'accessibilité du document unique d'évaluation des risques professionnels dans le cadre de l'application de la loi santé au travail, qui sont entrées en vigueur le 31 mars 2022, devraient soutenir ce contentieux, si les entreprises ne se penchent pas plus avant sur leur politique de prévention des risques et la traçabilité de cette dernière* »[5].

4.1.1.4 Les tiers, sources de responsabilité de l'employeur

353. S'agissant notamment de faits de harcèlement moral ou d'agissements discriminatoires commis par des tiers à l'entreprise, qu'ils soient prestataires extérieurs, salariés d'une autre entreprise mis à

1. Cass. soc., 5 mars 2008, précité.
2. Article L. 2312-59 du Code du travail ; cette action ne prive pas le salarié victime d'agir en résiliation judiciaire de son contrat de travail pour les mêmes faits ; Soc. 8 septembre 2021, n° 20-14.011, publié.
3. Article L.4732-1 du Code du travail.
4. Cass. soc., 29 juin 2005, n° 03-44.412, *Bull.* V n° 219 sur la prise d'acte de la rupture du contrat produisant les effets d'un licenciement sans cause réelle et sérieuse en raison du non-respect par l'employeur de la loi Evin contre le tabagisme.
5. Interview Aurelia Dejean de la Batie publiée dans AEF Info du 21 juin 2022.

disposition, clients, voire conjoint, la jurisprudence considère que dès lors qu'ils sont commis à l'égard de salariés sur le lieu de travail ou à l'occasion du travail, ils engagent la responsabilité de l'employeur, à condition que ces auteurs exercent de fait ou de droit une autorité sur les victimes des agissements. L'autorité en cause émane cette fois-ci du tiers dont la présence et l'activité sont néanmoins imputables à l'employeur.

354. C'est le cas par exemple d'un bénévole d'une association qui commet des agissements à connotation sexiste et un jet de détritus sur un salarié au sein du restaurant de l'association et au cours d'une soirée organisée par l'employeur[1]. C'est le cas également pour des faits de harcèlement moral commis par la mère de l'employeur présente sur le lieu de travail[2].

355. Cette position de la Haute cour pourrait être parfaitement transposée dans d'autres cas d'atteinte que les faits de harcèlement ou de discrimination susvisés.

356. Ainsi, le champ matériel de l'obligation de sécurité, qu'il s'agisse des personnes protégées, des situations en cause ou des auteurs à l'origine des risques, dépasse largement le périmètre traditionnel du lieu, du temps de travail, de la communauté des salariés titulaires d'un contrat de travail et celui des risques purement physiques.

4.1.1.5 La prévention : un motif possible de restriction des libertés ou des droits des salariés

357. À la double condition d'être justifiées par la nature de la tâche à accomplir et être proportionnées au but recherché [3], des limitations aux droits et libertés individuelles et collectives des salariés peuvent également être fondées sur l'obligation de sécurité de l'employeur.

358. La pandémie de Covid-19 en a été une illustration éclatante avec notamment, sur les recommandations du Protocole national sanitaire en entreprise établi par le ministère du Travail, certaines mesures prises par les employeurs pour limiter l'exposition des salariés au virus[4] : interactions sociales et réunions réduites, télétravail imposé,

1. Dans cette affaire ayant donné lieu à l'arrêt du 30 janvier 2019, n° 17-28.905, la cour d'appel qui a écarté la responsabilité de l'employeur a été censurée faute d'avoir caractérisé l'absence d'autorité de droit ou de fait du bénévole sur la salariée.

2. Cass. soc. 30 janvier 2019, précité ; Cass. soc. 3 novembre 2011, n° 10-15.124, publié.

3. Article L. 1121-1 du Code du travail.

4. Protocole national élaboré par le ministère du Travail et mis à jour régulièrement en fonction de l'évolution de la circulation du virus. Ce protocole a été levé par le gouvernement le 14 mars 2022 et l'a remplacé par un guide repère sur les mesures de prévention des risques de contamination au Covid-19, disponible en ligne.

restauration collective interdite, port du masque obligatoire… Certains employeurs ont même été tentés de mettre en place un dépistage généralisé du virus ou un contrôle de la température des salariés à l'entrée de l'entreprise, alors que le traitement d'une donnée médicale du salarié par l'employeur est contraire au Règlement européen sur le traitement des données personnelles, y compris si l'intéressé a donné son consentement. Un tel consentement n'est en effet pas considéré comme libre, compte tenu du lien de subordination qui lie le salarié et l'employeur. Mais si ce contexte épidémique a généré toutes sortes de restrictions aux libertés individuelles et collectives dans tous les secteurs, il était néanmoins assis sur un régime juridique spécifique et temporaire, lié à la proclamation de l'État d'urgence sanitaire[1].

359. En dehors d'une telle crise sanitaire et dans certains secteurs d'activité professionnelle, l'employeur peut néanmoins, pour des motifs d'hygiène, interdire le port de certains vêtements ou le port de la barbe [2] et pour des motifs de sécurité, interdire totalement la consommation d'alcool dans l'entreprise[3], à condition de justifier d'une situation particulière de danger pour les salariés concernés[4]. Ainsi, les tests salivaires de détection de substances stupéfiantes prévus dans un règlement intérieur ont été admis par le Conseil d'État, dès lors qu'ils étaient réservés aux seuls postes dits « *hypersensibles drogue et alcool* » pour lesquels l'emprise de la drogue constituait un danger particulièrement élevé pour le salarié ou pour les tiers[5].

360. De même l'obligation de sécurité de l'employeur peut justifier qu'il s'oppose à la réintégration d'un salarié protégé dont le licenciement a été pourtant annulé, ce dernier étant le supérieur hiérarchique d'autres salariés de l'entreprise, lesquels, victimes de faits de harcèlement moral commis par lui, ont exercé leur droit de retrait[6].

---

1. Le régime de l'état d'urgence sanitaire a pris fin le 31 juillet 2022. La loi du 1er août 2022 a abrogé les dispositions du Code de la santé publique relatives à l'état d'urgence sanitaire créé au printemps 2020 et le régime de gestion de crise instauré par la loi du 31 mai 2021. Les mesures de confinement, couvre-feu, limitation de déplacements, fermeture d'établissements, obligation de port du masque, passe sanitaire ne pourront plus être prises sans le vote d'une nouvelle loi.

2. Cass. soc. 8 juillet 2020, n° 18-23.743, publié au rapport annuel.

3. La règle doit être mentionnée dans le règlement intérieur ou une note de service y annexée.

4. CE, 8 juillet 2019, n° 420434.

5. CE, 5 décembre 2016, n° 394178, Lebon.

6. Cass. soc., 1er décembre 2021, n° 19-25.715.

4.1.1.6 La prévention : une limite à la négociation collective ?

361. La Cour de cassation a régulièrement l'occasion de rappeler le contrôle qui doit être exercé par les juges sur le respect des dispositions légales d'ordre public, par les normes conventionnelles, quel que soit leur niveau (accord d'établissement, accord d'entreprise, accord de branche).

362. Ainsi toute clause conventionnelle de nature à mettre en péril la sécurité ou la santé des travailleurs doit être déclarée illicite. C'est ce qui a été retenu pour une prime de rendement au kilomètre qui constituait une incitation à un dépassement de la durée du travail[1], également pour une clause d'un avenant à l'accord-cadre, relatif à la durée et à l'organisation du travail dans les activités de transports sanitaires, qui autorisait l'employeur à ne pas assurer directement l'entretien de la tenue de travail des ambulanciers en leur allouant une indemnité. La chambre sociale a validé la cour d'appel qui, ayant relevé qu'il ne pouvait être exclu que des agents biologiques pathogènes vinssent contaminer les tenues de travail, a considéré que cette clause était contraire aux articles L. 4121-1 et L. 4121-2 du Code du travail[2].

363. De même, l'absence de stipulations d'un accord collectif garantissant un suivi effectif et régulier permettant à l'employeur de remédier, en temps utile, à une charge de travail éventuellement incompatible avec une durée raisonnable de travail est un motif d'annulation de l'accord autorisant les conventions individuelles de forfait en jours ou en heures[3] (*cf. infra* 10.2).

364. Enfin, en cas de licenciement pour motif économique d'au moins dix salariés sur une même période de trente jours et dans les entreprises de plus de cinquante salariés, l'autorité administrative en charge du contrôle de la régularité de la procédure suivie et du caractère suffisant du plan de sauvegarde de l'emploi (PSE) qui accompagne le projet de licenciement collectif, vérifie, y compris lorsque le

---

1. Cass. soc., 13 novembre 2003, *Bull.* V n° 282 ; Cass. soc., 15 octobre 2014, n° 12-29.235.
2. Cass. soc., 23 septembre 2020, n° 18-23.474, publié.
3. Cass. soc., 14 décembre 2022, n° 20-20.572 sur l'accord collectif du 5 septembre 2003, attaché à la convention collective nationale des commerces de détails non alimentaires du 9 mai 2012 qui se borne à prévoir que le décompte des journées travaillées ou des jours de repos pris est établi mensuellement par l'intéressé, que les cadres concernés doivent remettre, une fois par mois à l'employeur qui le valide, un document récapitulant le nombre de jours déjà travaillés, le nombre de jours ou de demi-jours de repos pris et ceux restant à prendre… que le contrôle des jours sera effectué soit au moyen d'un système automatisé, soit d'un document déclaratif et que, dans ce cas, le document signé par le salarié et l'employeur est conservé par ce dernier pendant trois ans et tenu à la disposition de l'inspecteur du travail.

plan résulte d'un accord collectif majoritaire, que le CSE a bien été consulté lorsque le projet a des conséquences en matière de santé et sécurité pour les salariés qui restent dans l'entreprise[1] et que le plan prend en considération ces conséquences en prévoyant notamment des mesures de prévention des risques psychosociaux liés à la réorganisation[2]. À cette occasion, la Direction régionale de l'économie, de l'emploi, du travail et des solidarités (DREETS) peut formuler des observations, propositions, voire des injonctions et, en cas de réponse insuffisante, refuser de valider le PSE. En revanche, une fois le PSE validé, si la mise en œuvre de l'opération de réorganisation génère des risques psychosociaux, le juge judiciaire redevient compétent pour statuer sur un éventuel manquement à l'obligation de sécurité de l'employeur[3].

Encadré 49 : La nature du contrôle de l'administration sur le PSE au regard de la sécurité et santé au travail

Selon les articles L. 1233-57-2 et L. 1233-57-3 du Code du travail, en cas de PSE, l'autorité administrative (la DREETS) valide l'accord ou homologue le document unilatéral de l'employeur après avoir vérifié, notamment, la régularité de la procédure d'information et de consultation du comité social et économique. Or, cette information-consultation doit porter sur, entre autres, « *le cas échéant, les conséquences des licenciements projetés en matière de santé, de sécurité ou de conditions de travail*[4] » (2° du I de l'article L. 1233-30). Il s'ensuit que l'administration doit vérifier que le CSE a été mis en mesure, d'une part de s'assurer que l'employeur a procédé à l'évaluation des risques générés par le PSE, d'autre part qu'il a pris au besoin des mesures de prévention en conséquence. C'est ce que juge le Conseil d'État qui considère que ces deux formes de contrôle, tant de la régularité de la procédure d'information-consultation, que du contenu des mesures ne sont pas séparables, s'agissant d'une demande d'homologation d'un document unilatéral fixant un PSE Le rapporteur public au Conseil d'État précise cependant que « *le sort des PSE régis par un accord majoritaire et la situation des entreprises en procédure collective appelleront sans doute des adaptations mais non des solutions fondamentalement différentes* (…) ». Il poursuit en proposant, en outre, « *de ne pas confondre le*

1. La validation ne peut être accordée par la Dreets que si cette consultation est régulière ; CE, 21 octobre 2015, n° 386123.

2. Si ni l'article L. 1233-57-2, ni l'article L. 1233-57-3 du Code du travail ne le prévoient expressément, ce contrôle de l'autorité administrative au stade de l'élaboration du PSE a été admis par une décision du Tribunal des conflits, qui statue sur les conflits de compétence entre les deux ordres juridictionnels administratif et judiciaire, en date du 8 juin 2020, n° 4189.

3. Cass. soc., 14 novembre 2019, n° 18-13.887.

4. Le rapport « HIRES » remis en 2009 à la DG emploi de la Commission européenne a attiré l'attention sur les effets des restructurations sur la santé au travail, tant à l'égard des victimes (salariés licenciés) que des rescapés (salariés survivants dans la nouvelle organisation).

contrôle de la suffisance du plan et le contrôle du respect des obligations en matière de santé et sécurité qui est un contrôle de mesures nécessaires »[1].

Ainsi, a été validé par les juges du Palais Royal, l'arrêt de la cour administrative d'appel qui a vérifié si les institutions représentatives du personnel, dont elle a relevé qu'elles avaient disposé d'éléments sur les conséquences de la réorganisation de l'entreprise sur la santé ou la sécurité des salariés, avaient pu rendre leur avis en toute connaissance de cause mais, estimant par une appréciation souveraine, que l'administration n'avait en revanche pas procédé au contrôle du contenu du document unilatéral qui lui incombait, afin de vérifier le respect, par l'AFPA, de ses obligations en matière de prévention des risques pour assurer la sécurité et protéger la santé mentale des travailleurs, en a déduit, sans commettre d'erreur de droit, que la décision d'homologation était entachée d'illégalité[2].

De même, est rejeté le pourvoi contre un arrêt qui ayant constaté que le document unilatéral portant plan de sauvegarde de l'emploi de la société soumis à l'autorité administrative, en vue de son homologation, ne comportait aucune mesure propre à protéger les salariés des conséquences sur leur santé physique ou mentale de la cessation de l'activité de l'entreprise, en a déduit que l'administration n'avait pu légalement homologuer ce document unilatéral[3].

En cas de PSE, qui peut s'analyser au titre des PGP comme *un changement de circonstances* nécessitant des mesures *d'adaptation des actions de prévention* déjà en place (L. 4121-1), les risques qui appellent une acuité particulière à au moins deux titres sont :

– les RPS consécutifs à l'incertitude des travailleurs sur leur avenir à la suite de l'annonce du plan, ainsi que les risques générés par la désorganisation inhérente à toute la procédure (mutations, départs volontaires, etc.), qui remet en cause les collectifs de travail, les routines de travail, l'expérience et les savoir-faire de prudence acquis ;

– les risques liés à la surcharge de travail consécutive à l'installation de la nouvelle organisation puis à son fonctionnement en mode nominal, lorsque l'impact des changements opérés n'a pas été correctement apprécié et que les moyens alloués ont été sous calibrés.

Les actions de prévention inhérentes à la première catégorie sont, par nature, des mesures de prévention secondaire ou tertiaire qui doivent avoir été anticipées par l'employeur dès le lancement du projet : repérage et accompagnement des personnes en difficulté, isolées, en déshérence, etc. (désignation de référents RPS de proximité, cellules de veille, d'alerte, d'écoute, suivis psychologiques, plan de formations d'adaptation des compétences à destination des salariés changeant de fonctions, etc.). La DREETS peut par conséquent exercer un regard sur le plan d'action[4]

1. CE, 21 mars 2023, n° 450012 et 460660 et conclusions J.-F. De Montgolfier, rapporteur public.

2. CE, 21 mars 2023, n° 450012, précité.

3. CE, 21 mars 2023, n° 460660 précité.

4. TA Montreuil, 23 juillet 2020 : Il ne ressortait pas des pièces soumises au tribunal que le Direccte ait procédé à un contrôle du caractère suffisant des mesures d'évaluation et de prévention, tant au regard de l'information délivrée aux élus du personnel que de la teneur même des mesures prises ou envisagées.

proposé par l'employeur et les modalités de suivi de l'effectivité de ces actions (par exemple un comité de suivi paritaire).

Les actions de prévention de la seconde catégorie relèvent de la mise à jour de l'évaluation des risques et donc de la qualité de l'analyse de l'impact prévisible de l'organisation, projetée sur la santé au travail. La vérification du bon calibrage de cette organisation est par nature difficile à anticiper. Le contrôle peut toutefois porter sur l'explicabilité et la consistance des hypothèses à l'appui desquelles le CSE a été consulté pour apprécier les conséquences de la restructuration, ainsi que sur les dispositifs prévus par l'employeur pour assurer un suivi de ces conséquences et une adaptation au fil de l'eau, en tant que de besoin, de l'organisation initialement prévue.

Pour autre illustration, la cour d'appel administrative de Versailles[1] a jugé la décision d'homologation du DREETS entachée d'illégalité, après avoir constaté que l'employeur avait bien identifié certains facteurs de risques tenant par exemple à l'insécurité sociale et économique ou aux rapports sociaux dégradés, alors qu'il ne ressortait pas des pièces du dossier que des mesures spécifiques auraient été prévues pour les salariés de la société.

4.1.2 La dimension réparatrice de l'obligation de sécurité

365. En cas d'atteinte avérée à l'intégrité physique et mentale du salarié, liée à une exposition à un risque professionnel, s'ouvre le régime de réparation des accidents du travail ou des maladies professionnelles, fixé par le Code de la sécurité sociale[2].

366. Sous réserve de remplir les conditions juridiques de qualification d'accident du travail ou de maladie professionnelle, le mécanisme assurantiel de la sécurité sociale prend le relais de l'employeur pour réparer le préjudice subi par le salarié victime (prise en charge des frais médicaux, compensation de la perte salariale).

4.1.2.1 L'accident du travail : une qualification fondée sur une triple présomption de temps, de lieu et d'autorité

367. Aux termes de l'article L. 411-1 du Code de la sécurité sociale : « *Est considéré comme accident du travail, quelle qu'en soit la cause, l'accident survenu par le fait ou à l'occasion du travail à toute personne*

1. CA Versailles, 29 novembre 2021 n° 21VE02582.

2. La première grande loi visant à faciliter l'indemnisation des accidents du travail est intervenue le 9 avril 1898 en posant pour la première fois le principe d'une présomption d'imputabilité du dommage au travail et d'une indemnisation automatique en dehors de toute démonstration d'une faute de l'employeur.

salariée ou travaillant à quelque titre ou en quelque lieu que ce soit, pour un plusieurs employeurs ou chefs d'entreprise ».

368. L'accident du travail suppose donc un fait précis, survenu soudainement et à une date certaine, contrairement aux lésions apparues progressivement. Il suppose également une lésion, qu'elle soit physique ou mentale en lien direct avec le travail.

369. Pour la jurisprudence, « *Le salarié est au temps et au lieu de travail tant qu'il est soumis à l'autorité et à la surveillance de son employeur* »[1], y compris en dehors des lieux habituels d'exercice de la prestation contractuelle[2].

370. Le temps du travail correspond donc également au temps pendant lequel le travailleur est soumis à l'autorité de l'employeur, même s'il n'effectue pas spécifiquement une prestation de travail : par exemple un salarié qui tombe de sa chaise alors qu'il prend son repas dans le réfectoire[3], un salarié qui se blesse sur le chemin entre deux établissements de l'entreprise[4], un salarié victime d'un malaise alors qu'il se trouve dans les locaux de la médecine du travail dans l'attente d'un examen périodique inhérent à l'exécution de son contrat de travail[5].

371. S'agissant du télétravail, le législateur a prévu expressément que l'accident survenu sur le lieu où est exercé le télétravail pendant l'exercice de l'activité professionnelle est présumé être un accident du travail au sens de l'article L. 411-1 du Code de la sécurité sociale[6].

372. Si la présomption d'imputabilité au travail de l'accident survenu sur le lieu et à l'heure du travail dispense le salarié d'en prouver l'origine professionnelle, il lui appartient néanmoins d'en établir la matérialité. S'agissant d'une présomption simple d'imputabilité, elle peut être combattue par l'employeur ou la Caisse primaire d'assurance maladie, par la preuve que l'accident ne s'est pas déroulé au temps et au lieu de travail ou qu'il relève d'une cause totalement étrangère au travail : cas d'une tentative de suicide du salarié sur son lieu de travail si l'acte revêt un caractère puisant son origine dans

1. Ass. plénière, 3 juillet 1987, *Bull.* n° 287.
2. Depuis l'entrée en vigueur de l'ordonnance du 22 septembre 2017 relative à la prévisibilité et la sécurisation des relations de travail, la présomption d'imputabilité a été étendue aux télétravailleurs qui exercent par définition leur prestation en dehors de l'entreprise. Ainsi, conformément aux dispositions de l'article L. 1222-9 du Code du travail, l'accident survenu sur le lieu où est exercé le télétravail pendant l'exercice de l'activité professionnelle du télétravailleur est désormais présumé être un accident du travail au sens des dispositions de l'article L. 411-1 du Code de la sécurité sociale.
3. Cass. 2e civ., 10 avril 2002, n° 06-12.885.
4. Cass. 2e civ., 4 juillet 2007, n° 06-17.005.
5. Cass. 2e civ., 6 juillet 2017, n° 16-20.119.
6. Article L. 1222-9 du Code du travail.

des difficultés d'ordre privé[1]. De même, la présomption d'imputabilité peut être renversée s'il est démontré que le salarié s'est soustrait à l'autorité de l'employeur pour se consacrer à des occupations privées, sans lien avec le travail. C'est le cas pour un salarié victime d'un accident qui a effectué un arrêt prolongé auprès de son cyclomoteur pour le réparer, s'agissant d'un acte étranger à l'exécution de son travail[2] .

373. Est également considéré comme accident du travail, l'accident survenu pendant le trajet d'aller et retour entre la résidence principale, une résidence secondaire présentant un caractère de stabilité ou tout autre lieu où le travailleur se rend de façon habituelle pour des motifs d'ordre familial et le lieu de travail. Il en est de même pour l'accident survenu sur le trajet entre le lieu de travail et le restaurant ou la cantine où le travailleur prend habituellement ses repas, dans la mesure où le parcours n'a pas été interrompu ou détourné par un motif dicté par l'intérêt personnel et étranger aux nécessités essentielles de la vie courante[3].

374. Les questions de frontière entre accident du travail et accident sans origine professionnelle ou « domestique » risquent de s'accroître avec le développement du télétravail et de la mobilité, sans compter les difficultés qui peuvent se poser quant à la preuve de l'origine professionnelle de l'accident dans un tel contexte.

4.1.2.2 La maladie professionnelle : une qualification fondée sur une inscription à un tableau

375. Les maladies indemnisées au titre de la législation professionnelle sont inscrites et décrites limitativement dans les tableaux de maladies professionnelles annexés au Code de la sécurité sociale, lesquels font l'objet de révision et sont complétés par décrets[4].

376. Ces maladies inscrites sur tableaux bénéficient d'une présomption légale d'origine professionnelle, le salarié devant néanmoins justifier de son exposition habituelle au risque considéré dans les conditions fixées par le tableau, qui précise dans trois colonnes distinctes, « l'éthologie » particulière de la maladie, la liste limitative des travaux pris en considération, le délai de prise en charge de la maladie à compter de la première constatation médicale et la durée d'exposition à l'agent nocif. Lorsque le travailleur a cessé d'être exposé à l'action des agents nocifs inscrits aux tableaux, la Caisse primaire

1. Cass. 2e civ., 18 octobre 2005, n° 04-30.205.
2. Cass. 2e civ., 3 avril 2003, n° 01-20.974.
3. Article L. 411-2 du Code de la sécurité sociale.
4. Un guide d'accès aux tableaux des maladies professionnelles a été publié par l'INRS lequel permet de retrouver un tableau de maladie professionnelle en cherchant soit par symptômes, soit par agents nocifs ou situations de travail.

d'assurance maladie ne prend en charge les maladies correspondant aux travaux visés que si la première constatation médicale intervient pendant le délai fixé dans les tableaux. La première constatation médicale correspond à la date à laquelle les premières manifestations de la maladie ont été constatées par un médecin, avant même que le diagnostic ne soit établi. Elle est fixée par le médecin conseil.

377. Une procédure complémentaire de reconnaissance du caractère professionnel d'une maladie est néanmoins prévue pour les maladies non inscrites sur les tableaux ou une maladie relevant d'un tableau mais ne remplissant pas toutes les conditions requises par celui-ci[1]. En effet, si une ou plusieurs conditions du tableau ne sont pas remplies, la maladie peut être reconnue d'origine professionnelle lorsqu'il est établi qu'elle est directement causée par le travail habituel de la victime[2]. De même, peut être reconnue d'origine professionnelle une maladie non désignée dans un tableau lorsqu'il est établi qu'elle est essentiellement et directement causée par le travail habituel de la victime et qu'elle entraîne le décès de celle-ci ou une incapacité permanente d'un taux évalué dans les conditions mentionnées à l'article L. 434-2 du Code de la sécurité sociale et au moins égal à un pourcentage déterminé[3].

378. Ce taux d'incapacité qui ne peut être inférieur à 25 % est évalué par le comité régional de reconnaissance des maladies professionnelles[4] qui rend un avis motivé lequel s'impose à la Caisse.

379. Les pathologies psychiques telles que le burnout ou l'épuisement professionnel peuvent donc être reconnues comme maladies professionnelles, hors tableau, dans les conditions précitées.

Encadré 50 : Le Covid-19, reconnu maladie professionnelle

Selon Eurogip[5], au sein de l'Union européenne, le Covid-19 est davantage considéré comme une maladie professionnelle que comme un accident du travail. À ce titre, les États membres, les travailleurs et employeurs du Comité consultatif pour la sécurité et la santé au travail sont d'accord sur

1. Loi n° 93-121 du 27 janvier 1993.
2. Article L. 461-1 alinéa 3 du Code de la sécurité sociale.
3. Article L. 461-1 alinéa 4 du Code de la sécurité sociale.
4. La composition du CRRMP a été modifiée par le décret n° 2022-374 du 16 mars 2022 qui prévoit la faculté de recourir à un médecin du travail en lieu et place du médecin inspecteur du travail, ainsi qu'à des médecins retraités. Le décret autorise également le directeur général de la Caisse nationale d'assurance maladie à donner compétence, pour une durée maximale de six mois renouvelables, à un autre CRRMP que celui qui aurait été saisi en application des règles de compétence de droit commun, afin d'améliorer les délais de rendu des avis.
5. Groupement d'intérêt public entre la CNAMTS et l'INRS œuvrant sur différents aspects liés à la santé et la sécurité au travail sur le plan européen.

la nécessaire reconnaissance du Covid-19 comme maladie professionnelle pour les travailleurs particulièrement exposés, c'est-à-dire dans les secteurs des soins de santé, des services sociaux et de l'assistance à domicile.

C'est ainsi qu'en droit interne, un décret n° 2020-1131 du 14 septembre 2020 a institué deux nouveaux tableaux de maladie professionnelle spécifiques au Covid-19.

Sont concernés les personnels de soins et assimilés, de laboratoire, d'entretien, les personnels administratifs ou de services sociaux en milieu d'hospitalisation à domicile ou au sein d'établissements hospitaliers, des centres dédiés au Covid-19, des EPHAD, pour les travaux accomplis en présentiel, ainsi que les personnels en charge des activités de soins et de prévention auprès des élèves et étudiants des établissements d'enseignement, les personnels en charge des activités de transport et d'accompagnement des malades dans des véhicules affectés à cet usage.

Sont également concernés les mêmes personnels relevant du régime agricole et de la pêche maritime.

Sont visées les affections respiratoires aigües causées par une infection au SARS-CoV2, confirmée par examen biologique ou scanner ou une histoire clinique documentée et ayant nécessité une oxygénothérapie ou toute autre forme d'assistance ventilatoire.

Encadré 51 : Statistiques AT/MP 2021 :
la nécessité d'une approche ciblée

604 565 accidents du travail avec arrêt ou incapacité ont été recensés en France en 2021, dont 645 mortels, selon les chiffres de sinistralité publiés par l'Assurance maladie.

Les accidents du travail ont augmenté de 12 % par rapport à 2020, mais diminué de 7,8 % par rapport à 2019.

Un accident sur deux est lié aux manutentions manuelles et un sur trois aux chutes de plain-pied et de hauteur.

Le taux de gravité des accidents est en revanche au plus haut depuis 2010 : 48,5 millions de jours d'arrêt ont été recensés à la suite d'un accident du travail en 2021.

Le nombre de maladies professionnelles est également en hausse de 17,8 % en 2021. Les troubles musculosquelettiques sont prédominants (86 %).

Un plan pour la prévention des accidents du travail graves et mortels, coconstruit par l'État, les partenaires sociaux et les organismes de prévention, présenté en décembre 2021, fixe la feuille de route pour une réduction de ces accidents pour les quatre prochaines années. Ce plan s'attache particulièrement aux publics les plus exposés que sont les jeunes, nouveaux embauchés, travailleurs intérimaires, travailleurs indépendants et détachés ainsi qu'aux TPE/PME. Il vise les principaux risques tels que les risques routiers, les chutes de hauteur et l'utilisation de certaines machines[1].

Un phénomène de sous-déclaration des accidents du travail et maladies professionnelles a été identifié et est évalué tous les trois ans. En 2017, le coût de cette sous-déclaration a été estimé à un montant compris entre 813 et 1 528 millions d'euros au détriment de la branche maladie de la sécurité sociale. En 2021, le coût est estimé entre 1 230 et 2 112 millions d'euros.

Parmi les causes de ce phénomène de sous-déclaration, la commission spéciale chargée de faire son évaluation a notamment relevé une insuffisance, selon les universités, dans la formation initiale à la santé au travail et à la reconnaissance de maladies professionnelles et une trop faible attractivité de cette filière de la médecine, ainsi qu'une communication insuffisante entre médecins du travail, médecins de ville et médecins conseils[2].

4.1.2.3 L'indemnisation : faut-il exclure la réparation intégrale ?

380. Dès lors que l'atteinte est imputable au travail, la CPAM assure une indemnisation automatique du préjudice de la victime, strictement encadrée par les textes du Code de la sécurité sociale. L'esprit des textes est le suivant : « *En contrepartie d'une responsabilité objective de l'employeur pour risque et non pour faute, et donc d'une facilitation de l'accès à la réparation pour la victime, celle-ci peut prétendre à une indemnisation moins généreuse que celle offerte dans le cadre de la responsabilité civile qualifiée d'intégrale* »[3]. Sont ainsi couverts les frais médicaux nécessités par l'état de la victime, les indemnités journalières en cas d'interruption temporaire de travail et est versée une rente en cas d'incapacité permanente de travail[4].

381. Une indemnisation complémentaire[5], à la charge de l'employeur, est ouverte au profit du salarié s'il établit, à l'encontre du premier, une faute inexcusable ou une faute intentionnelle, laquelle nécessite néanmoins qu'elle soit constatée et reconnue dans le cadre d'une action en justice devant le tribunal judiciaire (sur la faute inexcusable, *cf. supra* encadré 52).

1. Plan pour la prévention des accidents du travail graves et mortels, publication de la direction générale du travail, 14 mars 2022, site internet du ministère du Travail, du Plein Emploi et de l'Insertion.

2. Rapport 2021 au Parlement remis par la commission instituée sur le fondement de l'article L. 176 du Code de la sécurité sociale, www.securite-sociale.fr

3. Avis avocat général Ghislain de Monteynard, sous pourvoi n° 20-12.438.

4. Article L. 431-1 à L. 431-3 du Code de la sécurité sociale.

5. Notamment, majoration de la rente versée, dommages et intérêts en réparation du préjudice causé par les souffrances physiques et morales endurées, les préjudices esthétique et d'agrément, préjudice résultant de la perte ou de la diminution des possibilités de promotion professionnelle, cette liste n'étant pas limitative.

382. L'étendue de la réparation complémentaire, liée à la faute inexcusable de l'employeur, qui ne correspond pas à une réparation intégrale des préjudices, continue de faire débat en jurisprudence et en doctrine, eu égard à la décision du Conseil constitutionnel du 18 juin 2010 qui, saisi de la constitutionnalité de l'article L. 452-3 du Code de la sécurité sociale, a posé une réserve d'interprétation de la loi selon laquelle « *en présence d'une faute inexcusable de l'employeur, les dispositions de ce texte ne sauraient toutefois, sans porter une atteinte disproportionnée au droit des victimes d'actes fautifs, faire obstacle à ce que ces mêmes personnes, devant les mêmes juridictions, puissent demander à l'employeur réparation de l'ensemble des dommages non couverts par le livre IV du Code de la sécurité sociale* »[1].

383. Tirant les conséquences de cette réserve, la Cour de cassation a étendu les préjudices indemnisables de la victime d'accident du travail dû à la faute inexcusable de l'employeur[2], à condition toutefois que ces préjudices ne soient pas déjà couverts par le livre IV du Code de la sécurité sociale[3], même de manière restrictive et partielle[4]. La haute juridiction a en effet rappelé que le caractère forfaitaire de l'indemnisation des accidents du travail n'avait pas été remis en cause par la décision du Conseil constitutionnel, laquelle n'avait pas consacré, en lui donnant une valeur supra-légale, le principe de la réparation intégrale du préjudice causé par l'accident dû à une faute inexcusable de l'employeur[5].

384. Ainsi, les victimes d'un accident du travail, quand bien même il serait dû à une faute inexcusable de l'employeur, ne peuvent solliciter un complément d'indemnité au titre de l'assistance par tierce personne après consolidation[6], perte des droits à la retraite[7], perte de revenus[8], éléments d'aide technique[9].

385. Cette position de la Cour de cassation est critiquée par une partie de la doctrine[10], alors que la tendance dans les pays européens est

1. Cons. const., QPC n° 2010-8, 18 juin 2010.

2. Frais d'aménagement du logement et d'adaptation d'un véhicule ; préjudice sexuel …

3. Cass. civ. 2e, 4 avril 2012, n° 11-18.014 sur des frais médicaux déjà pris en charge par la CPAM ; Civ. 2e, 2 mars 2017, n° 15-27.523 sur le préjudice permanent exceptionnel à distinguer du déficit fonctionnel permanent.

4. Cass. civ. 2e, 13 février 2020, n° 18-25.666.

5. Cass. civ. 2e, 4 avril 2012, n° 11-10.308.

6. Cass. civ. 2e, 6 juillet 2017, n° 16-21.023.

7. Cass. civ. 2e, 12 mars 2015, n° 13-28.007.

8. Cass. civ. 2e, 30 novembre 2017, n° 16-25.058.

9. Cass. civ. 2e, 4 mai 2017, n° 16-11.064.

10. Sophie Hoquet-Berg, « Le nouveau régime d'indemnisation des victimes d'un accident du travail en cas de faute inexcusable de l'employeur », *Droit social* 2012, 839 ; Christophe Radé, Constitutions 2010, 413, obs. sous Cons. const. 18 juin 2010-8 QPC.

à un « *rapprochement de l'indemnisation des accidents du travail et maladies professionnelles avec celle des autres sinistres. Soit ce sont les taux forfaitaires de prise en charge dans le cadre strict du risque social qui sont augmentés pour s'approcher d'une indemnisation intégrale, soit la responsabilité* civile *de droit commun devient permise en concurrence avec le pur droit de la protection sociale et une indemnisation complémentaire tendant aussi à une prise en charge proche de celle afférente au droit commun sera mise en œuvre* »[1].

386. Pour autant, selon la Cour européenne des droits de l'homme, l'impossibilité pour les salariés victimes d'un accident du travail ou d'une maladie professionnelle d'obtenir une réparation intégrale de leur préjudice n'est pas discriminatoire par rapport au régime applicable aux accidents de droit commun, les victimes n'étant pas dans une situation analogue ou comparable aux victimes de dommages corporels causés par la faute de personnes qui ne sont pas leur employeur[2].

387. Tant que la Cour de cassation inscrit sa jurisprudence dans le cadre d'un régime de prise en charge d'un « *risque social dont l'économie est entièrement encadrée par le législateur* »[3] et au titre d'une protection distincte des règles de responsabilité civile, c'est en effet au pouvoir législatif de prendre l'initiative ou pas d'une indemnisation intégrale. À ce titre, depuis 2010, la Cour de cassation suggère dans son rapport annuel une modification des dispositions de l'article L. 452-3 du Code de la sécurité sociale pour admettre le principe de la réparation intégrale du préjudice lié à une faute inexcusable de l'employeur. La Direction de la sécurité sociale est cependant défavorable à une telle évolution, considérant qu'elle supprimerait la distinction en vigueur entre la réparation de la faute inexcusable et celle de la faute intentionnelle prévue par l'article L. 452-5 du Code de la sécurité sociale[4] et créerait des risques aggravés de non-recouvrement par la branche AT/MP des sommes qu'elle a avancées au titre de la réparation forfaitaire.

388. Saisie à nouveau de la question de la détermination des préjudices que la rente accident du travail et maladie professionnelle est destinée à couvrir, notamment en cas de reconnaissance d'une faute inexcusable de l'employeur, l'Assemblée plénière de la Cour

1. Avis Ghislain de Monteynard, *op. cit.*
2. CEDH, 12 janvier 2017, n° 74734/14 Saumier c/France ; Claudine Bernfeld, « Faute inexcusable, le bon sens loin de chez nous », *Gaz. Pal.* 30 janvier 2018, p. 58.
3. Ghislain de Monteynard, *op. cit.*
4. Article L. 452-5 du Code de la sécurité sociale : « *si l'accident est dû à la faute intentionnelle de l'employeur ou l'un de ses préposés, la victime ou ses ayants droit conserve contre l'auteur de l'accident le droit de demander la réparation du préjudice causé conformément aux règles du droit commun, dans la mesure où ce préjudice n'est pas réparé par application du présent livre* ».

de cassation a opéré cependant une évolution du droit positif[1]. Jusqu'alors, la deuxième chambre civile jugeait que la rente versée à la victime d'un accident du travail ou d'une maladie professionnelle indemnisait non seulement la perte des gains professionnels et l'incapacité professionnelle, mais aussi le déficit fonctionnel permanent, c'est-à-dire les souffrances éprouvées dans la vie quotidienne[2]. Pour obtenir de façon distincte la réparation de leurs souffrances physiques et morales, les victimes devaient donc démontrer que leur préjudice n'était pas déjà indemnisé au titre du déficit fonctionnel permanent[3]. Les arrêts d'Assemblée plénière de la Cour permettent désormais aux victimes d'obtenir une réparation complémentaire pour ces souffrances physiques et morales endurées après consolidation de leur état[4], sans qu'elles n'aient à fournir la preuve que la rente prévue par le Code de la sécurité sociale ne les couvre déjà. Un revirement qui effectue un rapprochement avec la jurisprudence du Conseil d'État qui juge que la rente d'accident du travail vise uniquement à réparer les préjudices subis par le salarié dans le cadre de sa vie professionnelle (pertes de gains et incidence professionnelle de l'incapacité)[5].

389. En tout état de cause, dès lors qu'une faute inexcusable est reconnue, la majoration de la rente accident et la réparation des préjudices complémentaires auxquels a droit la victime – les souffrances physiques et morales endurées, les préjudices esthétique et d'agrément ainsi que le préjudice résultant de la perte ou de la diminution de ses possibilités de promotion professionnelle – est versée directement au bénéficiaire par la caisse de sécurité sociale qui en récupère le montant auprès de l'employeur[6].

390. Les contours de l'obligation juridique de sécurité ayant été précisés, tant en droit du travail, qu'en droit de la sécurité sociale, il convient de rappeler à présent le régime de responsabilité civile qui y est associé.

1. Ass. plénière, 20 janvier 2023, n° 21-23.947, 21-23.673.
2. Cass. soc. 2e civ., 11 juin 2009, n° 08-17.581, 08-16.089.
3. Cass. soc. 2e civ. 28 février 2013, n° 11-21.015.
4. La consolidation désigne l'état définitif des séquelles dont est victime une personne.
5. CE, 23 décembre 2014, n° 374628 ; CE, 18 octobre 2017, n° 404065.
6. Article L. 452-3 du Code de la sécurité sociale.

4.2 La responsabilité de l'employeur : des critères harmonisés mais un régime d'exception face à certains risques

391. L'appréciation par les tribunaux du respect de l'obligation de sécurité de l'employeur a subi quelques évolutions ces dix dernières années. En effet, sous l'impulsion de la Cour de cassation, a été consacrée une responsabilité de l'employeur fondée sur une démarche de prévention de plus en plus exigeante, qu'il doit être en mesure de justifier de façon précise, d'où l'importance de sa parfaite traçabilité.

392. Si la jurisprudence a simplifié les règles en harmonisant le régime de l'obligation de sécurité en droit du travail et droit de la sécurité sociale, de la complexité a été introduite en créant des régimes juridiques spécifiques pour des risques particuliers ou à l'égard de certaines catégories de travailleurs.

4.2.1 La responsabilité pour manquement à l'obligation de sécurité ou la consécration d'une obligation de prévention

393. Jusqu'à l'arrêt dit « *Air-France* » du 25 novembre 2015[1], l'obligation de sécurité de l'employeur était qualifiée par la chambre sociale de la Cour de cassation d'obligation de résultat qui avait pour effet de considérer que la seule exposition du travailleur à un risque engageait la responsabilité civile de l'employeur, sans qu'il puisse s'en exonérer, sauf à démontrer l'existence d'un cas de force majeure. Or, la force majeure était très rarement retenue par les juridictions, faute de réunir les trois critères cumulatifs exigés d'extériorité, d'imprévisibilité et d'irrésistibilité de l'événement.

394. Le résultat attendu était donc l'absence de toute exposition à un risque, quel qu'il soit, ce qui plaçait l'employeur, débiteur de l'obligation, dans une position de garant d'une sécurité absolue au-delà même des exigences posées par le droit de l'Union européenne qui n'impose pas aux États membres d'instituer à son égard une responsabilité sans faute. Passant littéralement d'un *droit à la protection de la santé et de la sécurité* à un *droit à la santé et sécurité*, l'obligation de sécurité telle qu'interprétée par la jurisprudence était donc devenue un motif majeur de crispation et de critiques, produisant des effets contreproductifs en termes de prévention. En effet, face à un objectif jugé irréalisable dont la non-atteinte était sanctionnée sans distinction, quels que soient les efforts effectués, les entreprises pouvaient renoncer à toutes démarches ou investissements de prévention.

1. Cass. soc., 25 novembre 2015, *Bull. civ.* V, n° 234.

395. L'arrêt « *Air France* » précité a donc marqué un tournant décisif dans le régime de responsabilité de l'employeur, dès lors qu'a été admise la possibilité pour celui-ci de démontrer avoir pris toutes les mesures utiles pour protéger le salarié et donc potentiellement s'exonérer de sa responsabilité en cas de réussite dans cette démonstration[1].

396. Cette modification de régime ne saurait, pour autant, être analysée comme un amoindrissement de l'obligation qui pèse sur l'employeur. Le résultat désormais attendu de celui-ci s'est borné à se déplacer, il s'agit de prouver non plus l'absence de toute exposition du travailleur à un risque, mais la mise en œuvre effective à son égard de tous les principes utiles de prévention et de protection, tels qu'énoncés à l'article L. 4121-2 du Code du travail. La démonstration est donc très exigeante. Certains auteurs rappellent ainsi que les articles L. 4121-1 et L. 4121-2 « *n'édictent pas des mesures mais des principes qui gouvernent une démarche, qui est infinie, permanente… il s'agit d'être dans une démarche active et permanente et non de parvenir à un résultat* »[2]. La marche pour atteindre le résultat attendu est donc tout aussi haute pour l'employeur, sauf à s'emparer de tous les outils et recourir à l'ensemble des professionnels de la prévention qui sont à sa disposition.

397. Ce changement de régime juridique ne transforme pas non plus l'obligation en obligation de moyen, au sens du droit commun de la responsabilité civile, dès lors qu'il n'appartient pas au salarié de prouver le manquement de l'employeur[3], mais bien à ce dernier de démontrer positivement qu'il a rempli son obligation de prévention. De même, contrairement au droit commun de la responsabilité civile, si le salarié a, par son action, concouru à son exposition au risque, son indemnisation ne peut être limitée pour tenir compte de son imprudence[4].

1. « *Ne méconnait pas l'obligation légale lui imposant de prendre les mesures nécessaires pour assurer la sécurité et protéger la santé physique et mentale des travailleurs, l'employeur qui justifie avoir pris toutes les mesures prévues par les articles L. 4121-1 et L. 4121-2 du Code du travail.* » En l'espèce, la cour d'appel a écarté le manquement de l'employeur à son obligation de sécurité après avoir constaté qu'il avait pris en compte les événements violents auxquels le salarié avait été exposé, qu'il avait organisé à son retour de New York le 11 septembre 2001 une prise en charge médicale jours et nuits, l'avait orienter vers des consultations psychiatriques, que l'intéressé avait été vu par le médecin du travail qui l'avait déclaré apte à son poste au cours de quatre visites médicales intervenus entre 2002 et 2006.

2. Thomas Montpellier, *op. cit.*

3. Ce qui s'applique en cas d'obligation de moyen, la charge de la preuve du manquement repose sur celui qui l'invoque, alors que dans le cadre d'une obligation de résultat, c'est le débiteur de l'obligation qui doit prouver qu'il l'a respectée.

4. Cass. soc., 10 février 2016, n° 14-24.350, *Bull.* V n° 30.

398. Mais au-delà de la question très théorique de la nature de l'obligation (obligation de résultat ou obligation de moyen), ce qui doit être souligné est le véritable changement de paradigme induit par ce mouvement jurisprudentiel : il s'agit avant tout d'inciter à des comportements « vertueux » de l'employeur sur le plan de la prévention. Autrement dit, lorsque l'objectif de sécurité n'a pu être atteint, il doit à tout le moins avoir la capacité de faire la démonstration qu'il l'a poursuivi en déployant, dans son entièreté, la démarche de prévention induite par les principes généraux de prévention (pour une application concrète de ces principes, *cf. infra* chapitre 5). Dans ce contexte, l'élaboration du document unique d'évaluation des risques qui recense les risques identifiés par l'employeur, sa mise à jour annuelle et pour les entreprises de plus de 50 salariés, le programme annuel de prévention qui doit être mis en place, contribuent à la bonne traçabilité des mesures prises par l'employeur.

399. Cette évolution du droit positif a, par ailleurs, le mérite d'harmoniser un peu mieux les régimes juridiques du droit du travail et du droit de la sécurité sociale en présence d'une faute inexcusable de l'employeur.

400. En effet il a été mis fin au paradoxe qui permettait à un employeur de s'exonérer plus facilement de sa responsabilité au titre de la faute inexcusable ayant généré une atteinte à l'intégrité physique ou mentale du salarié, qu'au titre de son obligation de sécurité ayant généré une exposition à un risque en dehors de toute atteinte. Désormais, quel que soit le régime juridique applicable (faute inexcusable au sens du droit de la sécurité sociale ou manquement à une obligation de prévention au sens du droit du travail), le comportement de l'employeur, à travers ses actions positives ou ses abstentions fautives sont au centre de l'examen de sa responsabilité.

Encadré 52 : La faute inexcusable

« *Le manquement à l'obligation légale de sécurité et de protection de la santé à laquelle l'employeur est tenu envers le travailleur a le caractère d'une faute inexcusable (au sens de l'article L. 452-1 du Code de la sécurité sociale) lorsque l'employeur avait ou aurait dû avoir conscience du danger auquel était exposé le salarié et qu'il n'a pas pris les mesures nécessaires pour l'en préserver*[1]. »

En 2017, la faute inexcusable n'a concerné que 1 606 cas sur un million d'accidents de travail déclarés.

1. Cass. civ. 2e, 8 octobre 2020, n° 18-26.677, 18-25.021 (par ces arrêts, la 2e chambre civile abandonne pour la première fois le fondement contractuel de l'obligation de sécurité pour retenir, comme la chambre sociale, un fondement légal) ; Ass. Plén., 24 juin 2005, *Bull.* A.P n° 7.

La reconnaissance de la faute inexcusable de l'employeur, qui est indépendante de la prise en charge au titre de la législation professionnelle, n'implique pas que l'accident ou la maladie ait été préalablement déclaré à la caisse par la victime, la juridiction de sécurité sociale étant en mesure, après débat contradictoire, de rechercher si l'accident ou la maladie présente un caractère professionnel et si l'assuré établit avoir été victime d'une faute inexcusable[1].

Il n'est pas exigé que cette faute inexcusable soit la cause déterminante de l'accident du travail, il suffit qu'elle soit une cause nécessaire[2], peu important que d'autres fautes aient concouru au dommage[3].

La conscience du danger s'analyse à la lumière des devoirs de l'employeur dans son secteur d'activité[4], elle s'apprécie au regard des obligations de celui-ci d'évaluer l'ensemble des risques professionnels auxquels les travailleurs de l'entreprise sont exposés et de les consigner dans le document unique d'évaluation qu'il doit régulièrement actualiser (L. 4121-3 du Code du travail). L'absence d'établissement du document unique peut d'ailleurs établir la faute inexcusable de l'employeur[5].

L'employeur ne commet pas de faute inexcusable lorsqu'il ne pouvait avoir conscience du danger[6]. Les juges doivent donc très concrètement rechercher si compte tenu de la nature de l'activité de l'entreprise, son importance, son organisation, les travaux auxquels était affecté le travailleur, l'employeur n'aurait pas dû avoir conscience du danger auquel celui-ci était exposé[7].

Une faute inexcusable ne peut davantage être retenue quand l'employeur a pris toutes les mesures nécessaires pour préserver le salarié du danger. Tel est le cas, par exemple, quand ont été mis à la disposition du salarié

1. Cass. civ. 2e, 7 avril 2022, n° 20-21.906.

2. Cass. civ. 2e, 31 octobre 2002, n° 00-18539, 01-20445 ; Civ. 2e, 9 juillet 2020, n° 19-12.961 ; 18 mars 2021, n° 19-24.284.

3. Cass. civ. 2e, 12 mai 2003, n° 01-21071 pour une faute de la victime ; Cass. civ. 2e, 16 mars 2004, n° 02-30834 pour une faute d'un autre salarié ; Cass. civ. 2e, 2 novembre 2004, n° 03-30206 pour une faute d'un tiers.

4. Cass. civ. 2e, 8 juillet 2004, n° 02-30.984, *Bull.* II, n° 394.

5. Cass. civ 2e, 11 février 2016, n° 15-10.152.

6. Cass. 2e civ., 27 janvier 2022, n° 20-10.646 s'agissant des dégradations des conditions de travail dues aux problèmes de communication, des dysfonctionnements organisationnels, des pressions psychologiques (…) dont la cour d'appel relève que la victime qui invoquait un harcèlement moral échouait à démontrer que son employeur était conscient du danger auquel elle était exposée ; Cass. civ. 2e, 28 novembre 2019, n° 18-24.161, censure d'une cour d'appel qui a retenu l'existence d'une faute inexcusable du directeur d'établissement pour avoir tenu des propos déplacés au cours d'un entretien disciplinaire avec un salarié psychiquement fragile, motifs insuffisants à caractériser la conscience qu'avait ou devait avoir l'employeur du danger auquel était exposé le salarié ; Cass. civ. 2e, 31 mai 2006, n° 05617.737, *Bull.* II n° 142 s'agissant d'un salarié qui s'il avait pu être exposé à l'amiante pendant les années où il avait exercé comme électricien ne participait pas habituellement à des travaux comportant l'usage direct de l'amiante.

7. Cass. civ. 2e, 20 juin 2013, n° 12-19.816.

tous les moyens de protection individuelle indispensables et mis en œuvre des stages de formation à la sécurité[1].

Enfin, nulle faute inexcusable ne peut être retenue quand l'accident ou le comportement du salarié est totalement imprévisible ou inattendu[2].

C'est à la victime de prouver que l'employeur aurait dû avoir conscience du danger auquel elle était exposée et que les mesures nécessaires pour l'en préserver n'ont pas été prises[3]. À ce titre, la substitution par la deuxième chambre civile de la Cour de cassation du fondement contractuel de l'obligation de sécurité de l'employeur par le fondement légal tiré de l'article L. 4121-1 du Code du travail ne modifie nullement la charge de cette preuve.

Attention : dans certains cas, la faute inexcusable est présumée, notamment si le salarié occupe un poste à risque et n'a pas reçu la formation adéquate pour l'occuper (L. 4154-2 et L. 4154-3 du Code du travail)[4] ou lorsque le risque a déjà fait l'objet d'un signalement à l'employeur dont il n'a pas tenu compte (L. 4131-4).

En cas de poursuites pénales, la relaxe par le juge répressif en raison de l'absence de faute pénale non intentionnelle ne fait pas obstacle à la reconnaissance d'une faute inexcusable laquelle s'apprécie de façon distincte[5], mais la dualité de ces fautes n'empêche pas l'application du principe de l'autorité de la chose jugée au pénal sur le civil, dans certains cas[6].

Inversement, la condamnation définitive de l'employeur pour homicide ou blessures involontaires implique que celui-ci, bien qu'ayant conscience du danger, n'a pas pris les mesures nécessaires pour en préserver les salariés[7].

401. Il y a lieu d'accueillir favorablement la clarification intervenue dans le partage des compétences entre la juridiction prud'homale et la juridiction en charge du contentieux de la sécurité sociale[8],

1. Cass. civ. 2e, 18 janvier 2005, n° 03-30019 ; 21 juin 2012, n° 11-19735.
2. Cass. civ. 2e, 21 juin 2012, n° 11-13280 ; 13 octobre 2011, n° 10-24287.
3. Cass. civ. 2e, 9 juillet 2020, n° 19-12.961. En 2021, une recherche publiée sous la direction de Delphine Serre, professeure de sociologie à l'Université de Paris Cité, et de Morane Keim-Bagot, professeure de droit privé à l'Université de Strasbourg, a mis en exergue les différences entre cours d'appel sur la qualification de la faute inexcusable, certaines exigeant que le salarié démontre très précisément la conscience du danger par l'employeur, d'autres écartant la faute inexcusable dès lors que l'accident est dû à un geste du salarié que l'employeur ne pouvait prévoir.
4. Cass. civ. 2e, 19 septembre 2013, n° 12-22.156.
5. Cass. soc. 12 juillet 2001, n° 99-18.375.
6. Cass. civ. 2e, 1er décembre 2022, n° 21-10.773 : « *si l'article 4-1 du Code de procédure pénale permet au juge civil, en l'absence de faute pénale non intentionnelle de retenir une faute inexcusable en application de l'article L.452-1 du Code de la sécurité sociale, l'autorité de la chose jugée au pénal sur le civil reste attachée à ce qui a été définitivement décidée par le juge pénal sur l'existence du fait qui forme la base commune de l'action civile et de l'action pénale, sur sa qualification ainsi que sur la culpabilité ou l'innocence de celui à qui le fait est imputé* ».
7. Cass. civ. 2e, 15 juin 2004, n° 02-31.136, 02-31.118.
8. Depuis la loi de programmation du 23 mars 2019, il s'agit du tribunal judiciaire.

pour une meilleure concentration des demandes devant une unique juridiction. La chambre sociale de la Cour de cassation juge en effet que dès lors qu'est survenu un accident comportant une atteinte à la santé, le manquement à l'obligation de sécurité n'est réparable que par la voie des règles de la sécurité sociale, donc devant la juridiction compétente à ce titre. Cette jurisprudence a le mérite d'écarter certaines stratégies judiciaires de cumul d'actions pour l'indemnisation d'un même préjudice, causé par un même fait générateur, mais devant des juridictions distinctes[1]. Il est donc permis à la victime de demander devant une seule juridiction l'indemnisation de l'ensemble de ses préjudices en lien avec la faute inexcusable à l'origine de l'accident du travail, y compris la perte de son emploi liée au licenciement pour inaptitude due à cette faute et la perte consécutive de ses droits à la retraite[2].

402. Pour autant et à l'aube des 10 ans du revirement jurisprudentiel initié par l'arrêt Air France, la jurisprudence judiciaire ne permet pas de dégager des tendances très claires et précises de ce qui est véritablement et concrètement attendu de l'employeur. Et si la réponse est simple face à un employeur totalement en carence, tant sur l'évaluation des risques que sur les mesures de prévention mises en œuvre, elle est beaucoup plus délicate face à une évaluation qui existe mais est potentiellement insuffisante ou incomplète ou quand des mesures ont été prises, mais dont la pertinence et l'efficacité sont débattues. Or, sur ce point, les arrêts de la Haute Cour n'apportent pas de précision dès lors que le respect de l'obligation de sécurité, quand il est en cause, relève de l'appréciation souveraine des juges du fond sur laquelle la Cour de cassation n'exerce aucun contrôle, si ce n'est sur la charge de la preuve qui repose sur la personne de l'employeur. En outre, l'issue des litiges dépendant largement de la qualité des éléments de preuve produits aux débats et des moyens soutenus devant les juges, c'est donc une certaine casuistique qui domine la jurisprudence.

---

1. Cass. soc., 29 mai 2013, n° 11-20.074, *Bull. civ.* V, n° 139, publié au rapport annuel : « *Attendu que si la juridiction prud'homale est seule compétente pour connaître d'un litige relatif à l'indemnisation d'un préjudice consécutif à la rupture du contrat de travail, relève, en revanche, de la compétence exclusive du tribunal des affaires de sécurité sociale l'indemnisation des dommages résultant d'un accident du travail, qu'il soit ou non, la conséquence d'un manquement de l'employeur à son obligation de sécurité* » ; Cass. soc., 3 mai 2018, n° 16-18.116, 14-20.214, 16-26.850.

2. Chambre mixte, 9 janvier 2015, n° 13-13.310 ; Cass. soc., 6 octobre 2015, n° 13-26.052 ; ces arrêts sont revenus sur la jurisprudence antérieure de la chambre sociale qui considérait que ces préjudices en lien avec le licenciement relevaient exclusivement de la juridiction prud'homale.

403. Cependant, au regard des principes généraux de prévention qui s'imposent à l'employeur et des règles dégagées par l'arrêt Air France qui rappelle que l'employeur doit démontrer avoir pris « *toutes les mesures prévues par les* articles *L. 4121-1 et L. 4121-2 du Code du travail* », une attention particulière devrait être accordée par les juges à la production du DUERP qui devrait être systématiquement exigée et des actions mises en œuvre à sa suite, en amont de la réalisation du risque objet du litige et en aval. De même, les débats judiciaires gagneraient en qualité et en précision, si y étaient évoqués contradictoirement entre les parties les guides et référentiels existants sur les risques en cause, lesquels sont des outils éclairants sur les mesures de prévention efficaces, donc utiles pour une bonne appréciation du respect par l'employeur de son obligation de sécurité (*cf. supra* 2.4.3).

404. La responsabilité de l'employeur, une fois établie, l'indemnisation des préjudices subis par le travailleur est régie, sauf accident du travail ou maladie professionnelle, par les règles du droit commun de la responsabilité civile qui imposent la démonstration de l'existence et de la matérialité desdits préjudices, ainsi que leur lien de causalité directe avec le manquement reproché. Cette preuve incombe au travailleur.

405. Toutefois, pendant une certaine période, la chambre sociale de la Cour de cassation considérait que, compte tenu de la nature de l'obligation de sécurité dont l'employeur devait assurer l'effectivité, tout manquement de l'employeur générait nécessairement un préjudice de sorte qu'étaient censurées les cours d'appel qui écartaient tout préjudice faute de preuve apportée par le salarié. Cette thèse du préjudice nécessaire a été abandonnée en 2016 par la Haute cour[1].

406. Cet abandon reçoit néanmoins quelques exceptions limitées, s'agissant notamment du non-respect de la durée maximale du temps de travail, laquelle est protégée par une disposition d'une directive européenne d'effet direct, à savoir l'article 6 de la directive n° 2003-88/CE du 4 novembre 2003 qui poursuit l'objectif de garantir la sécurité et la santé des travailleurs par la prise d'un repos suffisant. La chambre sociale considère en effet que le seul dépassement de la durée maximale de travail ouvre droit à réparation et a donc censuré une cour d'appel qui a exigé du salarié qu'il prouve son préjudice[2].

1. Cass. soc., 13 avril 2016, n° 14-28.293.
2. Cass. soc., 26 janvier 2022, n° 20-21.636 et Soc. 14 décembre 2022, n° 21-21.411 s'agissant d'une salariée en mi-temps thérapeutique ; CJUE, 14 octobre 2010, aff. C-243/09.

4.2.2 La responsabilité de l'employeur face à certains risques : le cas de l'amiante

407. Un traitement spécifique est accordé par la loi et la jurisprudence aux travailleurs de l'amiante, particulièrement exposés à des risques de maladies invalidantes, voire mortelles[1]. Outre le régime d'indemnisation des maladies professionnelles, ces travailleurs bénéficient d'un dispositif légal de cessation anticipée d'activité mis en place par la loi de financement de la sécurité sociale du 23 décembre 1998[2]. Pour tenir compte du risque élevé de développer une maladie réduisant leur espérance de vie, il leur est donc permis de quitter leur vie professionnelle de façon anticipée, moyennant le versement d'une allocation. Le salarié présente sa démission à son employeur et cette rupture du contrat à l'initiative du salarié lui ouvre droit au versement d'une indemnité de cessation d'activité d'un montant égal à celui de l'indemnité de départ en retraite[3].

408. Depuis un arrêt de 2010[4] et en dehors de la contraction de toute maladie professionnelle, la chambre sociale de la Cour de cassation a admis, en outre, au bénéfice de ces travailleurs l'existence d'un préjudice spécifique d'anxiété, lié au risque de développer un jour une telle maladie. Pour être indemnisés, il suffit qu'ils justifient avoir travaillé dans un établissement mentionné à l'article 41 de la loi de 1998 et inscrit sur la liste ministérielle des établissements ouvrant droit à la

---

1. La Commission européenne a proposé le 28 septembre 2022 une modification de la directive sur l'amiante au travail pour diviser par dix la limite d'exposition à l'amiante sur le lieu de travail. En 2019, plus de 70 000 personnes sont décédées dans l'Union européenne des suites d'une exposition à l'amiante.

2. Article 41 de la loi du 23 décembre 1998 : « I. - *Une allocation de cessation anticipée d'activité est versée aux salariés et anciens salariés des établissements de fabrication de matériaux contenant de l'amiante, des établissements de flocage et de calorifugeage à l'amiante ou de construction et de réparation navales, sous réserve qu'ils cessent toute activité professionnelle, lorsqu'ils remplissent les conditions suivantes :*

1° Travailler ou avoir travaillé dans un des établissements mentionnés ci-dessus et figurant sur une liste établie par arrêté des ministres chargés du travail, de la sécurité sociale et du budget, pendant la période où y étaient fabriqués ou traités l'amiante ou des matériaux contenant de l'amiante. L'exercice des activités de fabrication de matériaux contenant de l'amiante, de flocage et de calorifugeage à l'amiante de l'établissement doit présenter un caractère significatif ;

2° Avoir atteint l'âge de soixante ans diminués du tiers de la durée du travail effectué dans les établissements visés au 1°, sans que cet âge puisse être inférieur à cinquante ans ;

3° S'agissant des salariés de la construction et de la réparation navales, avoir exercé un métier figurant sur une liste fixée par arrêté conjoint des ministres chargés du travail, de la sécurité sociale et du budget. »

3. Indemnité prévue à l'article L. 1237-7 qui renvoie à l'indemnité de licenciement prévue à l'article L. 1234-9 du Code du travail.

4. Cass. soc., 11 mai 2010, n° 09-42.241 et suivants, *Bull.* V n° 106.

cessation anticipée d'activité[1]. Ce régime d'indemnisation a d'abord reposé sur une présomption de manquement de l'employeur à son obligation de sécurité[2], ainsi que du lien de causalité entre ce manquement et le préjudice subi[3], pour finalement trouver son fondement dans le seul dispositif de la loi de 1998 et l'existence d'une inscription de l'établissement employeur sur la liste ministérielle.

409. Jusqu'à un arrêt rendu en 2019[4], ce préjudice était réservé aux seuls travailleurs de l'amiante répondant aux conditions limitatives fixées par la jurisprudence, compte tenu de son caractère spécifique et de son régime juridique prétorien, très dérogatoire aux règles de droit commun de la responsabilité civile.

410. La Cour de cassation a mis fin à cette position de principe, par un arrêt d'Assemblée plénière (sa formation la plus solennelle), en admettant qu'un travailleur justifiant d'une exposition à l'amiante puisse agir contre son employeur en réparation d'un préjudice d'anxiété « *quand bien même il n'aurait pas travaillé dans l'un des établissements mentionnés à l'article 41 de la loi du 23 décembre 1998, modifiée* ».

411. Si le champ des bénéficiaires est donc élargi en application de cet arrêt, le régime de l'action est toutefois modifié avec un retour au régime juridique de l'obligation de sécurité de droit commun pour ces travailleurs ne relevant pas d'établissements inscrits sur liste ministérielle. Ainsi, l'exposition personnelle du salarié doit être matériellement démontrée[5], ainsi que les troubles psychologiques engendrés par la connaissance du risque élevé de développer une pathologie grave[6], puisque le préjudice d'anxiété ne résultant pas de la seule exposition au risque n'est pas présumé dans ce cas de figure[7].

412. Le champ du préjudice d'anxiété a continué de s'élargir en jurisprudence avec un autre arrêt de la chambre sociale de la Cour de

1. Lorsque sont réunis les critères d'exposition significative à l'amiante.

2. L'arrêté de classement de l'établissement fait présumer l'exposition significative à l'amiante pendant une certaine période qui fait elle-même présumer le manquement à l'obligation de sécurité ; Cass. soc., 11 mai 2010, n° 09-42.24.

3. Cass. soc., 2 avril 2014, n° 12-28.616 et 12-29.825, *Bull.* V n° 95.

4. AP, 5 avril 2019, n° 18-17.442.

5. Cass. soc., 13 octobre 2021, n° 20-16.584, 20-16.599, 20-16.584, en cours de publication.

6. Cass. soc., 13 octobre 2021, n° 20-16.583, 20-16.593, 20-16.617 : la réalisation d'examens médicaux révélant une évolution négative de l'état de santé du salarié ou l'apparition d'anomalies et justifiant la réalisation d'examens complémentaires peuvent caractériser l'existence d'un préjudice d'anxiété.

7. Cass. soc., 13 octobre 2021, n° 20-16.584 : la cour d'appel qui se borne à déduire le préjudice de la connaissance de l'exposition à un risque révélé par une attestation remise par l'employeur sans relever aucun élément personnel et circonstancié de nature à établir l'anxiété personnellement subie prive sa décision de base légale.

cassation qui a admis que des salariés obtiennent de leur employeur « *non inscrit* » sur liste ministérielle réparation de leur préjudice d'anxiété, dès lors qu'il les a exposés à l'amiante dans le cadre d'un travail en sous-traitance au sein d'une autre entreprise, inscrite, quant à elle, sur la liste ministérielle[1].

413. Un pas supplémentaire a été accompli par la Cour de cassation[2] qui a étendu le droit d'obtenir réparation d'un préjudice d'anxiété à de nouvelles catégories de travailleurs exposés, cette fois-ci, à des polluants autres que l'amiante. C'est ainsi que la cour d'appel de Douai a reconnu un préjudice d'anxiété à plus de 700 mineurs de Lorraine ayant été exposés à des substances toxiques, après avoir considéré que les mesures de protection mises en place par l'employeur étaient inadaptées ou insuffisantes[3].

414. Enfin, la chambre sociale vient d'admettre qu'un travailleur d'une entreprise extérieure, mis à disposition auprès d'une entreprise utilisatrice, puisse revendiquer à l'encontre de celle-ci la réparation d'un préjudice d'anxiété lié à son exposition, par son fait, à l'amiante, son action devant toutefois se fonder sur la responsabilité délictuelle de droit commun[4].

415. Cependant, et dans la continuité de la jurisprudence « *Air France* », il est admis que l'employeur (si c'est lui qui est en cause) puisse justifier qu'il a rempli son obligation de sécurité en démontrant avoir satisfait aux principes généraux de prévention visés à l'article L. 4121-2.

416. Le Conseil d'État, amené à statuer dans les litiges mettant en cause des employeurs publics exposant des travailleurs à l'amiante, adopte une position convergente avec la Cour de cassation, sur l'existence et le principe de réparation du préjudice d'anxiété de ces derniers. Cependant, les juges du Palais Royal ne partagent pas la position de la jurisprudence judiciaire, s'agissant des salariés exposés, travaillant hors des établissements inscrits. En effet, alors que la chambre sociale de la Cour de cassation exige pour ceux-ci la preuve concrète du préjudice psychologique personnellement subi[5] – cette position est d'ailleurs critiquée par une partie de la doctrine qui y voit une rupture d'égalité avec les autres travailleurs de l'amiante bénéficiant

1. Cass. soc., 30 septembre 2020, n° 19610352, publié.
2. Cass. soc., 5 septembre 2019, n° 17-24.979 et s., 17-18.311 à 17-18.349, 17-26.879, 883, 885, 895, 17-28.895, 18-10.100, 18-50.030.
3. Douai, 29 janvier 2021, RG n° 20-255 ; RG 20-557.
4. Cass. soc., 8 février 2023, précité.
5. Cass. soc., 15 décembre 2021, n° 20-11.046 ; 13 octobre 2021, n° 20-16.585, publié.

d'une présomption de préjudice[1] – le Conseil d'État ne pose pas une telle condition et précise : « *La personne qui recherche la responsabilité d'une personne publique en sa qualité d'employeur et qui fait état d'éléments personnels et circonstanciés de nature à établir une exposition effective aux poussières d'amiante susceptible de l'exposer à un risque élevé de développer une pathologie grave et de voir, par là même, son espérance de vie diminuer, peut obtenir réparation du préjudice moral tenant à l'anxiété de voir ce risque se réaliser. Dès lors qu'elle établit que l'éventualité de la réalisation de ce risque est suffisamment élevée et que ses effets sont suffisamment graves, la personne a droit à l'indemnisation de ce préjudice sans avoir à apporter la preuve de manifestations de troubles psychologiques engendrés par la conscience de ce risque élevé de développer une pathologie grave* »[2].

417. De même, les deux hautes juridictions adoptent des positions contraires pour la prescription de l'action en réparation, lorsqu'un établissement a fait l'objet de plusieurs arrêtés d'inscription prolongeant la période d'exposition des travailleurs à l'amiante : ainsi, la Cour de cassation retient comme point de départ du délai de prescription la date du premier arrêté[3], alors que le Conseil d'État précise au contraire qu'il convient de prendre la date la plus tardive[4] ; enfin, pour les juges du Palais Royal, dès lors que l'exposition a cessé, la créance se rattache non à chacune des années au cours desquelles l'intéressé a souffert de l'anxiété dont il demande réparation, mais à la seule année de publication de l'arrêté lors de laquelle la durée et l'intensité de l'exposition sont entièrement révélées, de sorte que le préjudice peut être exactement mesuré.

418. Le Conseil d'État a par ailleurs précisé les conditions dans lesquelles un partage de responsabilité pouvait avoir lieu entre un employeur public et l'État. À ce titre, une distinction doit être faite entre la période antérieure à 1977 et la période postérieure. S'agissant de la période antérieure à 1977[5], le manquement de l'État dans sa mission de prévention efficace des risques est considéré comme constitutif d'une faute de nature à engager sa responsabilité. Toutefois,

1. « L'anxiété, la preuve et la rupture d'égalité », Quentin Chatelier, *Jurisprudence Sociale Lamy*, n° 531-532, 20 décembre 2021 ; « Le préjudice d'anxiété lié à l'amiante : une victoire en demi-teinte », Mireille Bacache, *JCP* G 2019, n° 19, 508.

2. CE, 28 mars 2022, n° 453378.

3. Cass. soc., 15 janvier 2020, n° 18-24.328, simplement diffusé ; Soc., 8 juillet 2020, n° 18-26.591 : précision que l'action en réparation du préjudice d'anxiété se rattache à l'exécution du contrat de travail en sorte qu'elle est soumise à la prescription de deux ans prévue à l'article L. 1471-1 du Code du travail.

4. CE, avis n° 457560 du 19 avril 2022.

5. C'est-à-dire avant l'adoption du décret du 17 août 1977 par lequel l'État a pris les premières mesures de nature à limiter l'exposition des salariés aux particules d'amiante, notamment en réglementant la valeur moyenne d'exposition.

l'absence de mise en œuvre, par l'employeur, de mesures d'information et de prévention adaptées constitue également une faute, de nature à exonérer partiellement l'État et en conséquence à donner lieu à un partage de responsabilité[1]. Pour la période postérieure à 1977, le Conseil d'État rappelle que l'Inspection du travail a une mission de contrôle des entreprises et doit adapter le type et la fréquence de ses contrôles à la nature et à la gravité des risques et à la taille des entreprises, en tenant compte des priorités définies par l'autorité centrale et des informations en sa possession. À ce titre, dans un cas d'espèce, le Conseil d'État a considéré que l'absence totale de contrôle pendant dix ans d'une société gérant un chantier naval, constituait une faute de l'État de nature à engager sa responsabilité[2].

419. Il est regrettable que les deux plus hautes juridictions de l'État ne soient pas en totale harmonie sur l'ensemble des questions liées à l'exposition à l'amiante des travailleurs, au détriment de la sécurité juridique des personnes physiques et morales concernées et du principe d'égalité.

420. Cependant, l'interdiction de l'amiante, en vigueur depuis le 1er janvier 1997, combinée avec les règles de protection inscrites dans le Code du travail[3] et la réglementation récente sur l'obligation de repérage d'une exposition à l'amiante avant travaux, devraient contribuer à diminuer sensiblement le nombre d'inscriptions des entreprises sur liste ministérielle.

421. Par ailleurs, dans un communiqué du 28 septembre 2022, la Commission européenne a proposé une modification de la directive sur l'amiante au travail et une série de mesures visant à « *garantir un avenir sans amiante* ». Les mesures proposées abordent l'amiante de façon globale, depuis l'amélioration des diagnostics et du traitement des maladies, jusqu'à la gestion des déchets et à terme, l'élimination sûre de cette substance.

422. Le préjudice d'anxiété, dans ses aspects contentieux devrait donc quitter le champ de l'amiante mais malheureusement se développer dans le champ des substances toxiques particulièrement dangereuses sur la santé des salariés, d'où la nécessité pour les employeurs de connaître parfaitement et s'approprier les règles de prévention de nature à limiter au maximum l'exposition à ces risques spécifiques aux conséquences majeures sur la santé.

---

1. CE, 9 novembre 2015, n° 342468.
2. CE, 18 décembre 2020, n° 437314.
3. Article R. 4412-94 et suivants du Code du travail.

Encadré 53 : L'obligation de repérage d'une exposition à l'amiante avant travaux

Depuis la loi n° 2016-1088 du 8 août 2016, il est fait obligation aux donneurs d'ordre, maîtres d'ouvrage, propriétaires d'équipements, de matériels ou d'articles de rechercher la présence d'amiante préalablement à toute opération comportant des risques d'exposition des travailleurs à l'amiante (article L. 4412-2 du Code du travail).

Un décret n° 2017-899 du 9 mai 2017, modifié par le décret n° 2019-251 du 27 mars 2019, en a précisé les conditions d'application.

Chaque secteur d'activité susceptible de recourir à ces opérations fait l'objet d'un arrêté spécifique pour une mise en œuvre adaptée de cette obligation à la nature de l'opération et au niveau de risque qu'elle engendre.

Le nombre de nouvelles inscriptions des établissements sur liste ministérielle, dont l'un des critères est « *l'exposition significative* » à l'amiante, ainsi que le retient le Conseil d'État lorsqu'il est saisi d'un recours contre une telle inscription, est aujourd'hui très limité puisqu'il se situe autour de 2 ou 3 établissements par an en moyenne depuis 2017 (source direction générale du travail).

423. En conclusion, le débat sur la responsabilité de l'employeur qui a exposé un travailleur à des substances particulièrement dangereuses et génératrices de maladies professionnelles très graves n'est pas encore clos et continue de prospérer tant devant les juridictions administratives que judiciaires.

424. Ce débat ressurgit parfois de façon détournée : dans un arrêt publié au rapport annuel de la Cour de cassation, c'est-à-dire à la valeur normative la plus élevée, la chambre sociale, au visa de l'article L. 1222-1 du Code du travail relatif à l'exécution de bonne foi du contrat de travail, a approuvé une cour d'appel qui a alloué des dommages et intérêts à des salariés en réparation du préjudice subi du fait de leur exposition à l'amiante. Les juges ont en effet retenu que l'employeur avait manqué à son obligation d'exécuter de bonne foi le contrat de travail en poursuivant, en toute illégalité et au-delà du terme d'une dérogation dont il bénéficiait, l'utilisation de l'amiante. La haute Cour a considéré qu'il y avait une atteinte à la dignité des salariés. Cet arrêt est d'autant plus intéressant à relever que les salariés en cause avaient été déclarés irrecevables, comme prescrits en leur action en réparation de leur préjudice d'anxiété fondée sur l'article 41 de la loi du 23 décembre 1998[1].

425. L'ensemble de ce mouvement jurisprudentiel démontre que la protection du travailleur est considérée comme un droit fondamental applicable ou opposable quels que soient son statut et le régime juridique dans lequel sa prestation de travail s'inscrit.

1. Cass. soc., 8 février 2023, n° 21-14.451, publié au rapport annuel.

4.3 La relation triangulaire entre organismes de sécurité sociale, victime et employeur

426. L'application concrète des principes fondateurs de l'assurance des risques professionnels est complexe dès lors qu'elle nécessite l'intervention de plusieurs organismes de sécurité sociale.

427. En effet, aux Caisses primaires d'assurance maladie (CPAM) la mission d'instruire les demandes de prise en charge des salariés au titre des risques professionnels et de servir les prestations y associées et aux Caisses d'assurance retraite et de santé au travail (CARSAT) la charge de fixer le montant des cotisations dues par les entreprises au titre de leur sinistralité.

428. Indépendants l'un de l'autre, ces deux organismes de sécurité sociale entretiennent également avec les assurés/victimes et les entreprises responsables des rapports relevant d'intérêts distincts, mais non sans portée à l'égard des uns et des autres. C'est ainsi que la décision de prise en charge au titre des risques professionnels d'un accident ou d'une maladie, laquelle intervient uniquement dans les rapports entre la CPAM et la victime, sans intervention ni de l'employeur, ni de la CARSAT, a néanmoins des effets sur le taux de cotisation fixé par cette dernière dans ses seuls rapports avec l'entreprise débitrice. C'est pourquoi l'employeur peut avoir un intérêt à contester le caractère professionnel d'un accident ou d'une maladie ce qui interrompt au surplus le délai de prescription de l'action en remboursement des cotisations éventuellement indûment versées[1]. L'intérêt à agir est d'autant plus légitime lorsqu'une action en reconnaissance d'une faute inexcusable est formée à son encontre.

429. Dans ces conditions, pour sécuriser juridiquement les décisions prises par l'organisme social, tout en permettant aux intéressés de défendre leurs intérêts, la jurisprudence a fixé un principe d'indépendance des rapports et une sanction spécifique d'inopposabilité lorsqu'une décision de prise en charge ou de refus de prise en charge est remise en cause.

4.3.1 L'inopposabilité d'une décision : sa justification et sa traduction concrète

430. La procédure de reconnaissance du caractère professionnel d'un accident est régie par les articles R. 441-6 à R. 441-8 du Code de la sécurité sociale. La CPAM dispose d'un délai de trente jours francs à compter de la date à laquelle elle a la déclaration d'accident et le certificat médical initial, pour soit statuer sur le caractère

1. Cass. civ. 2e, 10 octobre 2013, n° 12-23.477.

professionnel de l'accident, soit engager des investigations lorsqu'elle l'estime nécessaire ou lorsqu'elle a reçu des réserves motivées, émises par l'employeur. Lorsque la Caisse engage des investigations, elle dispose d'un délai de quatre-vingt-dix jours francs à compter de la date à laquelle elle dispose de la déclaration d'accident et du certificat médical initial, pour statuer sur le caractère professionnel de l'accident.

431. Lorsque la déclaration d'accident émane de l'employeur, celui-ci a la possibilité dans un délai de 10 jours, d'émettre des réserves motivées auprès de la CPAM qui tendent à contester le caractère professionnel de l'accident, soit parce qu'il n'est pas survenu sur le lieu et au temps du travail, soit parce qu'il procède d'une cause totalement étrangère au travail. Ces réserves doivent être suffisamment détaillées sans qu'à ce stade l'employeur soit obligé d'apporter la preuve de leur bien-fondé[1].

432. En cas de réserves motivées de l'employeur, la Caisse ne peut prendre sa décision sans avoir recueilli les observations de l'employeur[2]. Dans ce cadre, la Caisse doit mettre en mesure l'employeur de « *prendre connaissance des éléments susceptibles de lui faire grief* ainsi *que sur la possibilité de consulter le dossier mentionné à l'article R. 441-13* ». Et tout manquement à cette obligation d'information rend la décision de prise en charge inopposable à l'employeur[3]. Toutefois, si l'avis du médecin conseil de la CPAM, transmis au service administratif de la Caisse et portant sur le caractère professionnel de la maladie fait partie des éléments à communiquer[4], les observations médicales qui sous-tendent cet avis et lui permettent notamment de fixer la date de première constatation médicale de l'affection du salarié, sont couvertes par le secret médical[5]. Cette position a d'ailleurs été validée par la Cour européenne des droits de l'homme qui estime en effet que dès lors que l'employeur qui conteste l'origine professionnelle de la maladie peut solliciter du juge qu'il désigne un expert-médecin, lequel a accès aux pièces médicales du salarié, le principe de la contradiction est préservé ainsi que le secret médical auquel a droit le salarié[6].

433. Après instruction du dossier, la décision motivée de la Caisse est notifiée, avec mention des voies et délais de recours, par tout moyen permettant de déterminer la date de réception, à la victime ou à ses ayants droit, si le caractère professionnel de l'accident, de la maladie ou de la rechute n'est pas reconnu, à l'employeur dans le cas contraire.

1. Cass. civ. 2e, 26 novembre 2020, n° 19-20.058.
2. Cass. civ. 2e, 17 mars 2022, n° 20-21.642.
3. Cass. civ. 2e, 12 mars 2015, n° 14-10.789.
4. Cass. civ. 2e 14 janvier 2010, n° 08-21.556.
5. Cass. civ. 2e, 4 mai 2016, n° 15-13.233.
6. CEDH, 27 mars 2012, n° 10041/10.

L'absence de notification dans les délais prévus règlementairement vaut reconnaissance du caractère professionnel de l'accident ou de la maladie[1]. L'employeur a alors la faculté de la contester dans le délai de deux mois, devant le pôle social du tribunal judiciaire.

434. En cas de remise en cause de la décision initiale de la CPAM, qu'il s'agisse d'une prise en charge de l'accident ou de la maladie ou, au contraire, d'un refus de prise en charge, la sécurisation juridique des relations et le principe d'indépendance des rapports justifient une sanction qui consiste à maintenir une décision en vigueur pour une partie mais en la privant d'effet pour l'autre partie. C'est le mécanisme de l'inopposabilité bien connu également en droit du travail.

435. Ainsi en cas de contestation par un salarié d'un refus de prise en charge, a été jugé que « *Les rapports de l'assuré avec la Caisse étant indépendants de ceux qui existent entre cet organisme et l'employeur, celui-ci peut se prévaloir du caractère définitif, à son égard, de la décision initiale de refus de prise en charge, peu important que la Caisse l'ait ultérieurement informé de l'attribution d'une rente à la victime, à l'issue d'un recours exercé par cette dernière, cette mesure ne constituant que l'exécution de la décision en sens opposé prise sur son recours* »[2].

436. Inversement, lorsque le caractère professionnel d'une maladie ou d'un accident est contesté par l'employeur, le succès de cette contestation, sans annuler la décision initiale de prise en charge, ne fait que la rendre inopposable à l'employeur, supprimer le sinistre de son « *compte employeur* », et l'écarter du calcul du taux de cotisation de l'établissement (*cf. infra* 4.5)

4.3.2 Les limites à l'inopposabilité d'une décision : l'incidence de l'imputabilité

437. Si le principe d'inopposabilité permet de combiner le succès d'une remise en cause d'une décision de la CPAM à l'égard d'une partie, sans atteindre les droits de l'autre partie, son champ d'application reste étroitement encadré puisque la Cour de cassation précise qu'elle ne peut être invoquée que dans deux cas précis : soit à raison d'une irrégularité commise par la Caisse dans la procédure d'instruction, soit à raison de l'absence de caractère professionnel de l'accident ou de la pathologie.

438. Ainsi, l'employeur ne peut agir en inopposabilité à son égard d'une décision de prise en charge, aux motifs que la maladie professionnelle n'a pas été contractée à son service, mais au sein d'une autre

1. Article R. 441-18 du Code de la sécurité sociale.
2. Cass. soc., 31 mai 1989, n° 87-17.499, *Bull.* V n° 419.

entreprise, qu'elle ne lui est donc pas imputable[1]. En effet, comme le relève l'avocat général Ghislain de Monteynard : « *Le rôle de la Caisse n'est pas de désigner un responsable de la maladie. Il consiste à établir que la maladie a une origine professionnelle, en d'autres termes à justifier que les conditions médico-légales d'un tableau ou d'une situation hors tableau sont réunies pour que la prise en charge de la maladie échappe au droit commun pour s'inscrire dans le cadre professionnel. Procéduralement, l'interlocuteur de la Caisse reste le salarié qui prétend à une prise en charge à titre professionnel de son affection (...) il n'est jamais question d'imputabilité dans le cadre de la procédure de reconnaissance du caractère professionnel de la maladie d'un salarié* »[2].

439. Mais l'absence d'imputabilité peut cependant être opposée par l'employeur en défense à une action en faute inexcusable exercée à son encontre par le salarié[3].

440. Elle peut également être opposée par l'entreprise, lorsque les conséquences financières de la maladie sont inscrites à son compte accidents du travail et maladies professionnelles[4], dans le cadre d'une contestation du taux de cotisation aggravé[5] qui lui a été notifié par la CARSAT. Dans ce dernier cas de figure, l'absence d'imputabilité, si elle est avérée, se résout uniquement par l'imputation de la maladie professionnelle au compte spécial[6] qui permet à l'entreprise d'échapper aux conséquences financières de la reconnaissance de la maladie professionnelle.

441. Deux situations se présentent :

442. –1° : « *La maladie professionnelle a été constatée dans un établissement dont l'activité n'expose pas au risque mais ladite maladie a été contractée dans une autre entreprise ou dans un établissement relevant d'une autre entreprise qui a disparu ou qui ne relevait pas du*

1. Cass. civ. 2e, 17 mars 2022, n° 20-19.294, F-B.
2. Avis G. de Monteynard, sous Cass. civ. 2e, 1er décembre 2022, n° 21-11.252, FS-B.
3. Cass. 2e civ., 5 novembre 2015, n° 13-28.373 ; 26 novembre 2020, n° 19-18.244.
4. Cass. civ. 2e, 17 mars 2022, n° 20-19.294, publié.
5. Les décisions des caisses en matière de taux de cotisations des accidents du travail sont susceptibles de recours devant la cour d'appel d'Amiens qui statue en premier et dernier ressort, article L. 311-16 du Code de l'organisation judiciaire ; R. 142-13 du Code de la sécurité sociale.
6. Sont inscrites au compte spécial les dépenses afférentes à des maladies professionnelles constatées ou contractées lorsque la victime de la maladie professionnelle a été exposée au risque successivement dans plusieurs établissements d'entreprises différentes qui l'ont employée, sans qu'il soit possible de déterminer celle dans laquelle l'exposition au risque a provoqué la maladie.

régime général de la sécurité sociale »[1] . Dans ce cas de figure, est jugé que lorsque l'employeur demande l'inscription au compte spécial des dépenses afférentes à une maladie professionnelle en application de l'article 2-3° de l'arrêté ministériel du 16 octobre 1995, il appartient à la CARSAT, qui a inscrit ces dépenses au compte de cet employeur, de rapporter la preuve que la victime a été exposée au risque de la maladie dans l'un de ses établissements. Dans le cas où cette preuve n'est pas rapportée, il incombe à l'employeur de prouver que la maladie a été contractée soit dans une entreprise qui a disparu, soit dans un établissement relevant d'une autre entreprise qui a disparu ou ne relevait pas du régime général de sécurité sociale[2]. Comme l'expose en effet, M. G. de Monteynard dans son avis, « *L'inscription de la maladie professionnelle au compte du dernier employeur est mécanique. Elle ne relève pas d'une décision de la Carsat qui se borne à constater l'existence du dernier employeur auprès duquel l'instruction de la reconnaissance de la maladie professionnelle aura été effectuée par la caisse primaire (...). C'est donc naturellement sur l'employeur que repose la preuve de son absence d'imputabilité (...) pourvu qu'il puisse se prévaloir du 3° de l'article 2 de l'arrêté du 16 octobre 1995, c'est-à-dire pourvu qu'il puisse seulement justifier que dans l'établissement qui est le sien dans lequel la maladie a été constatée, l'activité exercée par la victime n'exposait pas au risque de la maladie et les cotisations afférentes à la maladie en question devront être inscrites en compte spécial (...) dès lors que l'établissement n'exposait pas au risque, il n'était pas dans la chaîne de causalité à l'origine de la maladie* »[3]. L'arrêt ci-dessus met toutefois en place un mécanisme probatoire plus complexe que celui suggéré par l'avocat général, puisqu'il se réalise en deux temps s'agissant de la charge de la preuve, laquelle est non seulement distribuée entre les parties mais porte aussi sur deux objets de preuve distincts, selon que la preuve incombe à la CARSAT lors de la première phase ou à l'entreprise, en cas d'échec de la première phase.

443. –2 ° : « *La victime de la maladie professionnelle a été exposée au risque successivement dans plusieurs établissements d'entreprises différentes sans qu'il soit possible de déterminer celle dans laquelle l'exposition au risque a provoqué la maladie* »[4].

444. Dans ce cas de figure et jusqu'aux arrêts du 1er décembre 2022, la jurisprudence avait posé le principe selon lequel la maladie doit être considérée comme contractée au service du dernier employeur,

1. Article 2-3° de l'arrêté du 16 octobre 1995 pris pour l'application de l'aticle D. 242-6-3 du Code de la sécurité sociale.
2. Cass. civ. 2e, 1er décembre 2022, n° 20-22.760, F-B.
3. Avis *op. cit.*
4. Article 2-4° de l'arrêté du 16 octobre 1995.

auprès duquel la victime a été exposée au risque avant la constatation de sa maladie, sauf à cet employeur à rapporter la preuve contraire, en établissant que l'affection déclarée par le salarié est imputable aux conditions de travail auxquelles il a été soumis chez ses précédents employeurs[1]. À ce titre, l'exposition au risque chez un précédent employeur ne suffit pas, à elle seule, à établir avec certitude l'identité de l'employeur au service duquel la maladie a pu être contractée et à entraîner l'imputation des dépenses au compte spécial[2]. De même, l'exposition de la victime à l'amiante pour avoir travaillé dans un établissement inscrit sur la liste des établissements ouvrant droit au bénéfice de l'allocation de cessation anticipée d'activité des travailleurs de l'amiante, ne permet pas de présumer l'imputabilité de l'affection dont elle est atteinte à cet établissement. Est donc censurée une cour d'appel qui n'a pas constaté que la société rapportait la preuve que l'affection en cause devait être imputée aux conditions de travail de la victime au sein de l'entreprise[3].

445. Mais aux termes de ses arrêts du 1er décembre 2022[4], la Cour de cassation précise que dans ce cas de figure d'expositions successives et lorsque l'employeur sollicite le retrait de son compte des dépenses afférentes à la maladie professionnelle, aux motifs que la victime n'a pas été exposée au risque à son service, il appartient alors à la CARSAT qui a inscrit les dépenses au compte de cet employeur, de rapporter la preuve que la victime a été exposée au risque chez celui-ci.

446. Certains auteurs considèrent que ce revirement de jurisprudence, opérée par la Cour de cassation, est de nature « à *limiter un peu plus encore l'imputation à l'employeur du coût des accidents du travail et des maladies professionnelles (...). On estime à 55 % environ des dépenses de la branche des accidents du travail la part de mutualisation du coût du risque entre l'ensemble des employeurs relevant du régime général. Plus grave encore, ce sont les entreprises soumises à la tarification collective qui supportent, paradoxalement, la charge la plus élevée : leurs cotisations représentaient ainsi, en 2021, 30,2 % des recettes de la branche, alors que l'indemnisation de leurs salariés au titre du risque professionnel ne s'élevait qu'à 24,4 % de ses dépenses (...). L'accroissement, année après année, de la mutualisation du risque, toutes causes confondues, n'est pas sans incidence sur la gestion des risques professionnels dès lors qu'il réduit le caractère incitatif de la tarification du risque pour les entreprises les plus importantes soumises à la tarification réelle, et conduit à un transfert*

1. Cass. civ. 2e, 6 janvier 2022, n° 20-13.690 ; Cass. civ. 2e, 20 juin 2019, n° 18-17.049.
2. Cass. civ. 2e, 21 octobre 2010, n° 09-67.494, *Bull.* II n° 175.
3. Cass. civ. 2e, 6 janvier 2022, n° 20-13.690, publié.
4. Cass. civ. 2e, 1er décembre 2022, n° 21-11.252; 21-12.523 ;21-14.779 ; 20-22.760.

pour partie des charges de la branche des entreprises qui échappent à l'imputation des accidents et maladies qui frappent leurs salariés, sur l'ensemble des entreprises et, au premier chef, les petites et moyennes entreprises »[1].

4.4 La voie coercitive et punitive des manquements

447. Indépendamment de la faute civile, les manquements aux règles de santé et de sécurité sont susceptibles d'entraîner une sanction administrative ou pénale, réponse plus punitive et sociétale que réparatrice et individuelle.

448. La responsabilité pénale de l'employeur au titre de son obligation de sécurité est régie tant par le Code du travail que par le Code pénal. C'est une responsabilité essentiellement objective ou formelle, dans laquelle l'élément intentionnel de l'infraction découle soit de sa commission matérielle, soit n'est même plus requis, s'agissant de certains délits dits « *non intentionnels* ».

449. Les modes de répression des infractions aux règles de santé et de sécurité sont divers, allant de la simple mise en demeure de l'inspecteur du travail préalablement à l'établissement d'un procès-verbal, à la suspension de l'activité incriminée voire à l'amende et la peine d'emprisonnement.

450. La voie pénale est néanmoins soumise à une forme d'aléa lié au principe de l'opportunité des poursuites par le procureur de la République qui peut classer sans suite les plaintes qu'il reçoit, soit parce qu'il considère que les éléments constitutifs de l'infraction ne sont pas réunis, soit parce que la poursuite des infractions en cause n'est pas considérée comme prioritaire ou alors fait l'objet d'un autre traitement pénal, hors des instances juridictionnelles[2].

4.4.1 Les délits et contraventions visés par le Code du travail : un champ vaste pour un seul responsable

451. La très grande majorité des infractions en matière de santé et de sécurité prévues par le Code du travail constituent des délits. Ils sont essentiellement définis par les articles L. 4741-1 et suivants. Il s'agit des infractions constatées par les inspecteurs du travail dans le cadre de leur mission générale de contrôle. Le nombre de dispositions

1. Xavier Prétot, doyen honoraire de la Cour de cassation, *RJS* mars 2023.
2. Ordonnances pénales, transactions pénales.

du Code du travail pénalement répréhensibles est très important, couvrant des titres, voire des livres entiers de la partie IV.

Encadré 54 : Un article principal d'incrimination

L'article L. 4741-1 prévoit qu'est « *puni d'une amende de 10 000 euros, le fait pour l'employeur ou son délégataire de méconnaître, par sa faute personnelle les dispositions suivantes et celles des décrets en Conseil d'État pris pour leur application :*

1° Titres Ier, III et IV ainsi que la section II du chapitre IV du titre V du livre Ier ;

2° Titre II du livre II ;

3° Livre III ;

4° Livre IV ;

5° Titre Ier, chapitres II et IV à VI du titre III et titre IV du livre V ;

6° Chapitre II du titre II du présent livre ;

La récidive est punie d'un emprisonnement d'un an et d'une amende de 30 000 euros. L'amende est appliquée autant de fois qu'il y a de travailleurs de l'entreprise concernés indépendamment du nombre d'infractions relevées dans les procès-verbaux prévus à l'article L. 8113-7 ».

4.4.1.1 Le principe d'une responsabilité personnelle de l'employeur et ses exceptions

452. Le terme « *faute personnelle* » visé à l'article L. 4741-1 du Code du travail découle du principe général de personnalité des poursuites et des sanctions, consacré par l'article 6 de la Convention européenne des droits de l'homme qui ne permet pas d'incriminer une personne autre que l'auteur du manquement, c'est-à-dire la personne qui en est personnellement à l'origine : « *Nul n'est responsable pénalement que de son propre fait* »[1].

453. Aussi, la chambre criminelle de la Cour de cassation rappelle-t-elle, aux termes d'une jurisprudence ancienne et constante, qu'il appartient à l'employeur de « *veiller personnellement* » à la stricte application des prescriptions légales ou réglementaires destinées à assurer la sécurité des travailleurs[2].

454. En effet, c'est celui à qui profite l'activité générant des risques qui doit répondre de la réalisation éventuellement préjudiciable de ces risques. La responsabilité pénale pèse donc uniquement sur l'employeur, qu'il soit personnellement auteur de l'infraction ou que le manquement soit imputable à l'un de ses préposés, dès lors qu'il est titulaire du pouvoir de direction et, comme tel, a la maîtrise des conditions de travail. Il est à ce titre présumé disposer des compétences,

1. Article 121-1 du Code pénal.
2. Cass. crim., 23 janv. 1975, n° 73-92.615, *Bull. crim.*, n° 30.

pouvoirs et moyens d'éviter des dommages sur les lieux de travail. En cas d'infractions commises par l'un de ses préposés, l'employeur est considéré comme fautif pour ne pas avoir veillé à la stricte application des règles de sécurité. Mais la jurisprudence ayant néanmoins reconnu qu'il ne pouvait tout surveiller par lui-même, le principe d'une délégation de pouvoir en matière de santé et de sécurité est admis, à condition qu'elle soit dévolue à des salariés disposant de la compétence et de l'autorité nécessaires[1] (*cf. infra* encadré 55).

455. Lorsque l'employeur est une personne morale, la responsabilité pénale de celle-ci peut être recherchée pour les infractions qui ont été commises, pour son compte, par son représentant légal ou l'organe qui la dirige, c'est-à-dire « *la personne qui tient de la loi ou des statuts le pouvoir de diriger la personne morale et d'agir en son nom* »[2] : par exemple, le gérant de SARL, le président du conseil d'administration d'une SA ou son directeur général, un administrateur, les membres du directoire[3]... « *La loi ne distingue pas les organes individuels et collectifs, les organes de gestion et de contrôle, les organes permanents ou intermittents*[4]. »

456. Ainsi, en dehors de toute délégation de pouvoirs, un simple salarié peut être le représentant d'une personne morale au regard des pouvoirs que lui confèrent ses attributions[5]. De même, le salarié d'une filiale peut engager la responsabilité pénale de la société mère, en raison de l'organisation propre du groupe, en droit et en fait[6].

457. Le mouvement jurisprudentiel actuel est marqué par une acception large de la responsabilité pénale des personnes morales et en

1. Cass. crim., 11 mars 1993, n° 90-84.931 ; 91-80.958 ; 91680.598.
2. Article 121-2 du Code pénal.
3. L'organe ou le représentant légal d'une personne morale peut lui-même être une personne morale, par exemple une société qui préside celle faisant l'objet de poursuites. Dans ce cas, il suffit que le juge désigne cette personne morale, sans avoir besoin d'identifier les personnes qui la dirigent : Cass. crim. 21 juin 2022, n° 20-86.857, publié.
4. Rép. trav. Droit pénal du travail par A. Cerf-Hollender.
5. Cass. crim., 11 octobre 2011, n° 10-87.212, *Bull. crim.* n° 202.
6. Cass. crim., 16 juin 2021, n° 20-83.098, la Cour d'appel avait considéré que l'organisation matricielle, bien que dénuée de personnalité juridique, impliquait des liens hiérarchiques à l'intérieur des *business groups* et des zones géographiques, de sorte que se superposait pour chaque agent une double hiérarchie, d'une part de droit au sein de la filiale qui le salariait et, d'autre part, de fait au sein de l'organisation matricielle et transversale et que cette double hiérarchie liait, de fait, à la société pour le compte de laquelle agissaient les acteurs impliqués dans le process (...). La Cour de cassation a validé l'arrêt en jugeant que s'agissant de faits commis dans le cadre d'un groupe de sociétés dont la société condamnée est la holding, le délit a été commis pour le compte de la société mère, par combinaison des interventions de trois salariés des filiales de la société, représentants de fait de cette dernière en raison de l'existence de l'organisation transversale propre au groupe et des missions qui leur étaient confiées, peu importe l'absence de lien juridique et de délégation de pouvoirs à leur profit.

particulier de la notion « *d'organes* » visée par la loi[1]. Mais la jurisprudence est constante quant à l'exigence d'identification de l'organe ou du représentant ayant commis l'infraction pour le compte de la personne morale[2].

458. En effet, dans un arrêt de principe du 11 octobre 2011, la chambre criminelle de la Cour de cassation a mis fin à sa jurisprudence qui permettait de condamner une personne morale pénalement, alors même qu'aucune personne physique, agissant pour son compte, n'était identifiée comme auteur du délit. Désormais, en l'absence de preuve d'une infraction commise par un organe ou représentant de la personne morale, aucune responsabilité pénale de la personne morale ne peut être retenue et ce, quelle que soit la nature de l'infraction[3].

459. La responsabilité pénale du représentant légal ne s'éteint pas nécessairement avec la cessation de ses fonctions. En effet, sa responsabilité peut être recherchée dès lors que les faits incriminés sont antérieurs à son retrait.

Encadré 55 : La délégation de pouvoir

La validité de la délégation de pouvoir est subordonnée à trois conditions dégagées par la jurisprudence : la personne délégataire doit être pourvue cumulativement de la compétence, de l'autorité et des moyens nécessaires à la mise en œuvre de cette délégation[4].

Le préposé investi de cette délégation doit donc avoir les connaissances techniques et l'expérience nécessaires pour être en mesure de veiller effectivement à la pleine et constante exécution des dispositions du Code du travail et des règlements pris pour son application.

Il doit en outre disposer de l'autorité indispensable pour donner les ordres et directives utiles et en sanctionner les manquements, le cas échéant. C'est la raison pour laquelle, en pratique, ces délégations sont confiées plutôt à du personnel d'encadrement (ingénieur chargé de la sécurité d'un établissement, conducteur de travaux, chef de chantier…)[5].

---

1. Art. 121-2 du Code pénal : « *Les personnes morales, à l'exclusion de l'État, sont responsables pénalement, selon les distinctions des articles 121-4 à 121-7, des infractions commises, pour leur compte, par leurs organes ou représentants (…).* »

2. Cass. crim., 15 février 2022, n° 20-81.450, Dalloz actualité 17 mars 2022, obs. M. Recotillet.

3. Cass. crim., 21 juin 2022, n° 20-86.857 ; Cass. crim., 11 octobre 2011, n° 10-87.212.

4. Cass. crim., 11 mars 1993, *Bull. crim.* n° 112 ; Crim. 17 janvier 1994, *Bull. crim.* n° 22 ; Crim. 3 mai 1995, *Bull. crim.*, n° 162.

5. Cass. crim., 8 décembre 2009, n° 09-82.183 : justifie sa décision la cour d'appel qui écarte la validité de la délégation de pouvoir donnée à un salarié de 21 ans, moins d'un an après son arrivée dans l'entreprise en relevant notamment qu'il n'était pas établi qu'il ait disposé d'une compétence et d'une autorité suffisantes.

La délégation de pouvoir doit être exempte d'ambiguïté[1], être précise[2] et être acceptée par le délégataire[3]. Elle peut résulter d'une lettre, d'une note de service, ou tout autre document. En cas de litige, c'est à l'employeur de démontrer qu'elle existe et qu'elle a été acceptée[4].

La délégation transfère la responsabilité pénale du chef d'entreprise sur les seules obligations expressément déléguées, de sorte que sa responsabilité pénale peut être recherchée pour un manquement à une obligation distincte (par exemple pour homicide ou blessures involontaires s'il a commis une faute en lien de causalité avec l'accident), ou en cas d'immixtion dans les pouvoirs de son délégataire supprimant ainsi l'autonomie d'initiative inhérente à toute délégation effective[5].

Dès lors qu'il est titulaire d'une délégation de pouvoirs valide, le délégataire commet une faute personnelle s'il ne veille pas personnellement à l'utilisation par les salariés des dispositifs de sécurité mis à leur disposition.

Mais si les circonstances de fait permettent de considérer que la délégation est inopérante, le délégataire n'exerçant pas ses attributions sur le site et ne disposant pas des moyens permettant un réel contrôle des conditions de travail, les infractions restent imputables au chef d'entreprise[6].

La subdélégation est également admise, sous réserves de remplir les trois conditions susvisées. Elle n'est pas soumise à l'accord préalable du délégant initial.

La constatation et l'existence d'une délégation de pouvoirs relève de l'appréciation souveraine des juges du fond[7].

4.4.1.2 Les infractions pénales à la santé et la sécurité des travailleurs

460. Les infractions pénales en matière de santé et de sécurité sont, pour la plupart, des infractions d'omission, d'imprudence ou de négligence.

461. Chaque infraction aux prescriptions de santé et de sécurité du Code du travail est passible d'une amende de 10 000 euros, appliquée autant de fois qu'il y a de salariés concernés, c'est-à-dire de salariés exposés au risque, indépendamment du nombre d'infractions relevées dans le procès-verbal prévu à l'article L. 8113-7 du Code du travail. Il n'y a donc pas lieu pour les tribunaux de se limiter aux salariés

1. Cass. crim., 29 octobre 1985, n° 84-95.559 : en l'absence de pouvoir réel du chef de chantier tant en ce qui concerne l'achat que l'utilisation du matériel de sécurité et en l'absence de pouvoir disciplinaire indispensable au strict respect des consignes de sécurité, la délégation de pouvoir ne satisfait pas aux conditions de validité.
2. Cass. crim., 30 mai 2000, n° 99-86.695.
3. Cass. crim., 27 juin 2018, n° 17-81.918.
4. Cass. crim., 14 janvier 1988, n° 85-93.192.
5. Cass. soc., 21 novembre 2000, n° 98-45.420, *Bull.* V n° 384.
6. Cass. crim., 18 avril 2000, n° 99-86.105.
7. Cass. crim., 25 avril 2006, n° 05-84.239.

travaillant effectivement dans des conditions irrégulières, mais d'y inclure les salariés susceptibles d'être exposés[1].

462. Les amendes peuvent être assorties d'une peine d'affichage et de publication du jugement.

463. Le non-respect des règles de sécurité peut être sanctionné indépendamment de toutes conséquences dommageables directes sur la santé des travailleurs[2].

464. Il est fréquent que plusieurs infractions soient retenues alors qu'elles procèdent de mêmes faits. En effet, la jurisprudence a admis que les infractions en matière de santé et de sécurité puissent se cumuler avec les infractions d'homicide et de blessures involontaires, dès lors qu'elles tendent à la protection d'intérêts collectifs ou individuels distincts[3]. Mais depuis son arrêt de principe du 26 octobre 2016[4], la chambre criminelle de la Cour de cassation a affiné son approche en jugeant que des faits concomitants qui procèdent de manière indissociable d'une action unique, caractérisée par une seule intention coupable, ne peuvent donner lieu, contre le même prévenu, à deux déclarations de culpabilité. Toutefois, ne procèdent pas de manière indissociable d'une action unique caractérisée par une seule intention coupable, d'une part, les atteintes involontaires à la vie et à l'intégrité des personnes commises par la violation d'une obligation particulière de prudence et de sécurité prévue par la loi ou le règlement, d'autre part, les délits ou contraventions qui sanctionnent le non-respect de ladite obligation[5]. Cependant, en cas de cumul d'infractions, les peines de même nature se cumulent dans la limite du maximum légal encouru[6].

465. Certains manquements sont passibles de simples contraventions de 5e classe, réprimées par une peine d'amende : le fait de ne pas transcrire ou mettre à jour les résultats de l'évaluation des risques dans le document unique d'évaluation des risques ; le fait de ne pas remplir ou actualiser la fiche de suivi des expositions d'un travailleur mentionné au 2° du V de l'article L. 4161-1 (auparavant « facteurs de pénibilité ») ; les manquements aux dispositions applicables aux femmes et aux jeunes travailleurs.

1. Cass. Crim., 9 avril 2019, n° 17-86.267, P+B+I ; Crim., 12 mai 2009, n° 08685.047.
2. Cass. crim., 10 septembre 2002, n° 01-85210, *Bull crim.*, n° 160.
3. Cass. crim., 16 mars 1999, n° 97-86048 ; Crim., 15 mars 2016, n° 14-81.921.
4. Cass. Crim., 26 octobre 2016, n° 15-84.552, P+B+R+I.
5. Cass. crim., 9 avril 2019, n° 17-86267.
6. Cass. crim., 9 décembre 2014, n° 13-85.937.

Encadré 56 : L'acte interruptif de prescription de l'action publique

Aux termes de l'article 9-2 du Code de procédure pénale, le délai de prescription de l'action publique est interrompu, notamment par : « 2° *Tout acte d'enquête émanant du ministère public, tout procès-verbal dressé par un officier de police judiciaire ou un agent habilité exerçant des pouvoirs de police judiciaire tendant effectivement à la recherche et à la poursuite des auteurs d'une infraction* ».

Si le procès-verbal de l'inspecteur du travail à l'effet de constater des infractions est un acte interruptif de la prescription de l'action publique, il en va autrement de la simple visite d'entreprise laquelle ne fait l'objet d'aucun procès-verbal d'infraction, de la mise en demeure à l'employeur tendant à faire régulariser la situation et des actes d'instruction accomplis à l'occasion d'une procédure administrative[1].

4.4.2 Les délits et contraventions visés par le Code pénal : entre imprudence et mise en danger délibérée

466. Contrairement aux infractions en matière de santé et de sécurité sanctionnées par le Code du travail, qui sont imputables aux seuls employeurs ou leurs délégataires, toute personne de l'entreprise peut voir sa responsabilité pénale recherchée sur le fondement du Code pénal, en cas d'atteintes à la vie et à l'intégrité physique d'un salarié, ou de risques causés à autrui. Et si le principe premier est qu'il n'y a pas de crime ou de délit sans intention de le commettre, le législateur (loi n° 2000-647 du 10 juillet 2000) a prévu quelques exceptions en créant des infractions non intentionnelles.

4.4.2.1 Les infractions délictuelles non intentionnelles

467. L'article 121-3 du Code pénal constitue le droit commun des infractions non intentionnelles et en précise le régime juridique comme suit : « *Il n'y a point de crime ou de délit sans intention de le commettre. Toutefois, lorsque la loi le prévoit, il y a délit en cas de mise en danger délibérée de la personne d'autrui. Il y a également délit, lorsque la loi le prévoit, en cas de faute d'imprudence, de négligence ou de manquement à une obligation de prudence ou de sécurité prévue par la loi ou le règlement, s'il est établi que l'auteur des faits n'a pas accompli les diligences normales compte tenu, le cas échéant, de la nature de ses missions ou de ses fonctions, de ses compétences ainsi que du pouvoir et des moyens dont il disposait. Dans le cas prévu à l'alinéa qui précède, les personnes physiques qui n'ont pas causé directement le dommage, mais qui ont créé ou contribué à créer la situation qui a*

1. Cass. crim., 21 mai 2019, n° 18-82.574, publié.

permis la réalisation du dommage ou qui n'ont pas pris les mesures permettant de l'éviter, sont responsables pénalement s'il est établi qu'elles ont soit violé de façon manifestement délibérée une obligation particulière de prudence ou de sécurité prévue par la loi ou le règlement, soit commis une faute caractérisée et qui exposait autrui à un risque d'une particulière gravité qu'elles ne pouvaient ignorer (...) ».

468. En cas de poursuites pénales, il appartient donc au procureur de la République de démontrer la transgression d'un devoir général de prudence, la violation d'une obligation générale de sécurité par l'absence de diligences normales, lesquelles sont appréciées *in concreto*, c'est-à-dire compte tenu de la nature des missions ou des fonctions, ainsi que des compétences, pouvoirs et moyens dont disposait l'auteur des faits. À défaut, la relaxe s'impose.

469. Par ailleurs, le législateur fait une distinction selon que l'auteur du dommage en est directement et immédiatement à l'origine (causalité directe) ou qu'il a seulement contribué à sa réalisation (causalité indirecte). La chambre criminelle de la Cour de cassation retient ainsi une causalité directe lorsqu'elle est essentielle et déterminante à la réalisation du dommage[1], sans toutefois exiger que la faute reprochée soit la cause exclusive de ce dommage[2].

470. En cas de causalité directe entre le dommage et la faute de négligence ou d'imprudence commise, une faute simple de la personne physique ou de la personne morale est suffisante pour établir sa responsabilité pénale. Dans cette situation, l'auteur du dommage peut éventuellement échapper à sa responsabilité en prouvant qu'il a accompli les diligences nécessaires. Les hypothèses de faute ayant un lien de causalité direct avec le dommage imputable au chef d'entreprise sont néanmoins peu fréquentes[3].

471. En cas de causalité indirecte, c'est une faute dite qualifiée qui est exigée par le législateur, dont seule la personne physique peut être l'auteur. La faute doit donc être d'une certaine gravité et consister, soit en une faute délibérée (la violation manifestement délibérée d'une obligation particulière de prudence ou de sécurité prévue par la loi ou le règlement), soit en une faute « *caractérisée* » qui expose autrui à un risque d'une particulière gravité qui ne peut être ignoré. Or, en cas d'accident du travail, il est rare que l'employeur soit l'auteur direct du dommage, sa responsabilité pénale est donc nécessairement recherchée au titre d'une faute remplissant les conditions susvisées.

1. Cass. crim., 29 octobre 2002, *Bull. crim.* n° 196 ; 5 avril 2005, n° 04-85.503.
2. Cass. crim., 30 octobre 2007, *Bull. crim.* n° 261.
3. Cass. crim, 16 septembre 2008, n° 08-80.204, le chef d'entreprise avait donné des instructions à son salarié avec une imprudence caractérisée directement à l'origine de l'accident.

Certains auteurs considèrent à ce titre que la faute caractérisée du délit non intentionnel revêt les caractéristiques de la faute inexcusable au sens du droit de la sécurité sociale[1].

472. La loi du 10 juillet 2000 à l'origine de la rédaction des termes de l'article L. 121-3 du Code pénal a donc pour objectif de « *mieux répartir les responsabilités en matière d'infractions non intentionnelles entre personnes physiques et personnes morales* »[2]. Il s'agit d'atténuer « *la présomption de responsabilité pénale qui pèse en fait aujourd'hui sur des dirigeants à propos d'infractions dont ils ignorent parfois l'existence (...) et que soit mieux respecté le principe fondamental selon lequel, en droit pénal, nul ne répond que de son propre fait* »[3].

473. Mais en pratique, la chambre criminelle de la Cour de cassation juge que constitue une faute caractérisée le fait de manquer aux règles de sécurité essentielles (absence ou insuffisance d'évaluation des risques dans le document unique[4], faire travailler un salarié seul sur une machine présentant des défauts de conformité sans formation spécifique sur son utilisation[5], mauvaise organisation du travail à la suite d'un accident du travail[6], défaut de surveillance sur le port d'un harnais de sécurité[7]) ou une accumulation d'imprudences ou de manquements successifs à des obligations de sécurité ou de prudence, quelle que soit la gravité de chaque imprudence ou manquement pris isolément[8].

474. Certains auteurs considèrent ainsi qu'à travers un tel mouvement législatif vers une reconnaissance élargie de la responsabilité pénale de l'employeur pour des fautes pénales d'imprudence « *se dessine la persistance de la volonté non pas de maîtriser le risque, mais de le faire disparaître* »[9].

475. Parmi les infractions non intentionnelles, les délits d'homicide ou blessures involontaires à l'origine d'accidents du travail sont régulièrement mobilisés pour asseoir des poursuites pénales,

1. Alain Sériaux et Damien Chenu, « Section III. Extinction des relations de travail », dans Bernard Teyssié, *La norme pénale et les relations de travail*, coll. Colloques, Éditions Pantheon Assas, Paris, 2015 ; Thomas Montpellier, *La prévention des risques professionnels à l'épreuve de la responsabilité de l'employeur*, Thèse Paris I, 2021.

2. Frédéric Desportes et Francis Le Gunehec, *Droit pénal général*, 13e éd., Economica, 2006, n° 626.

3. Robert Badinter, *Projet de nouveau code pénal*, Dalloz, 1988, p. 17.

4. Cass. crim., 15 mars 2016, n° 13-88.530.

5. Cass. crim., 16 avril 2013, n° 12-83.083.

6. Cass. crim., 14 février 2012, n° 11-82.220.

7. Cass. crim., 12 novembre 2008, n° 08-81.794.

8. Cass. crim., 9 avril 2019, n° 17-86.267 ; 26 juin 2018, n° 17-81.950 ; 10 décembre 2002, n° 02-81.415, *Bull. crim.* n° 223.

9. T. Montpellier, *La prévention des risques professionnels à l'épreuve de la responsabilité de l'employeur*, *op. cit.*

soit indépendamment, soit cumulativement avec les infractions aux règles de santé et de sécurité[1].

476. Il en est de même du délit prévu et réprimé à l'article 222-20 du Code pénal aux termes duquel « *le fait de causer à autrui, par la violation manifestement délibérée d'une obligation particulière de prudence ou de sécurité imposé par la loi ou le règlement, une incapacité totale de travail d'une durée inférieure ou égale à trois mois, est puni d'un an d'emprisonnement et de 15 000 euros d'amende* ».

477. La chambre criminelle de la Cour de cassation contrôle que les juridictions qualifient exactement les infractions en s'assurant de la réunion de leurs éléments constitutifs, il en est ainsi de la condition relative à « *l'obligation particulière de prudence* » qui doit être distinguée de « *l'obligation générale de prudence* ». En effet, dans le cas de figure visé à l'article 222-20 du Code pénal, l'infraction doit reposer sur un texte porteur d'une obligation particulière de prudence ou de sécurité, c'est-à-dire, selon la doctrine : édicter une obligation « *suffisamment précise pour imposer un modèle de conduite circonstancié* »[2] en posant « *des règles objectives immédiatement perceptibles et clairement applicables sans faculté d'appréciation personnelle du sujet* ».

478. Constituent notamment la violation d'une obligation particulière de prudence ou de sécurité : le non-respect des dispositions de l'article R. 4534-24 du Code du travail relatif aux conditions des fouilles en tranchée de plus d'un mètre trente et d'une largeur égale ou inférieure aux deux tiers de la profondeur[3], ou encore le non-respect des dispositions de l'article L. 4142-2 prescrivant de faire bénéficier les salariés temporaires affectés à des postes présentant des risques particuliers pour leur santé et leur sécurité, d'une formation pratique et appropriée à la sécurité[4], le non-respect des obligations particulières relatives à la protection contre les risques liés à l'inhalation de poussière d'amiante[5].

479. La chambre criminelle de la Cour de cassation juge en revanche, que les dispositions des articles L. 4141-1 et L. 4141-2 du Code du travail qui mettent à la charge de l'employeur une obligation d'information

1. Cass. crim., 21 février 2020, n° 18-87.109 : condamnation de l'employeur pour blessures involontaires et violation manifestement délibérée d'une obligation de prudence et de sécurité prévue par la loi ou le règlement, la cour d'appel ayant relevé que le salarié qui intervenait sur un tapis roulant n'avait reçu aucune instruction ou consigne concernant l'équipement de travail qu'il utilisait ni aucune formation spécifique relative aux conditions d'exécution des travaux de maintenance, ni aucune directive pour prohiber toute intervention sauf arrêt de l'outil.
2. C. Carbonaro, LexisNexis, fascicule n° 20, « Risques causés à autrui ».
3. Cass. crim., 19 juin 2012, n° 11-87.215.
4. Cass. crim., 27 avril 2017, n° 15-85.890, *Bull. crim.* n° 118.
5. Cass. crim., 19 avril 2017, n° 16-80.695, *Bull. crim.* n° 107.

et de formation pratique et appropriée des travailleurs sur les risques pour la santé et la sécurité, ne comportant que des obligations générales de prudence et de sécurité, un manquement à ce titre ne peut relever de la qualification de l'article 222-20 du Code pénal[1].

480. En définitive, si les dispositions de l'article L. 4121-1 du Code du travail ne sont pas en tant que telles pénalement sanctionnées[2], la responsabilité pénale de l'employeur qui a contribué à la réalisation du dommage en ne prenant pas les mesures permettant de l'éviter, peut être assez aisément engagée en application de l'article 121-3 du Code pénal[3].

481. En outre, l'absence de faute pénale non intentionnelle au sens de l'article 121-3 du Code pénal ne fait plus obstacle, depuis la loi du 10 juillet 2000, à l'exercice d'une action devant les juridictions civiles, afin d'obtenir la réparation d'un dommage en lien avec la faute inexcusable de l'employeur en application de l'article L. 452-1 du Code de la sécurité sociale[4]. C'est donc la fin de l'unicité des fautes pénales et civiles, mais ce, pour une meilleure indemnisation des victimes. La Cour de cassation rappelle toutefois que « *si l'article 4-1 du Code de procédure pénale permet au juge civil, en l'absence de faute pénale non intentionnelle de retenir une faute inexcusable en application de l'article L. 452-1 du Code de la sécurité sociale, l'autorité de la chose jugée au pénal sur le civil reste attachée à ce qui a été définitivement décidée par le juge pénal sur l'existence du fait qui forme la base commune de l'action civile et de l'action pénale, sur sa qualification ainsi que sur la culpabilité ou l'innocence de celui à qui le fait est imputé* »[5].

4.4.2.2 L'infraction de mise en danger délibérée

482. Parmi les infractions au Code pénal touchant la santé et la sécurité au travail, figure également le délit de mise en danger délibérée d'autrui prévu à l'article 223-1 qui réprime « *le fait d'exposer directement autrui à un risque immédiat de mort ou de blessures de nature à*

1. Cass. crim., 21 juin 2022, n° 21-85.691, publié, s'agissant de l'absence de formation pratique et appropriée du salarié à la manœuvre dangereuse de virage d'un chalut.
2. Cass. crim., 14 octobre 1997, publié.
3. Cass. crim., 16 janvier 2001, n° 00-82402 et 00-82.274 : le président d'une société qui n'a pas mis en place un dispositif de sécurité des salariés interdisant l'accès à une cuve, n'a pas fait afficher les conditions d'intervention dans ladite cuve sujette à des pannes fréquentes et n'a pas mis en place, pour le salarié, une formation adéquate compte tenu du poste occupé par ce dernier, a commis une faute caractérisée qui a contribué à créer à la réalisation de l'accident mortel.
4. Article 4-1 du Code de procédure pénale.
5. Cass. civ. 2e, 1er décembre 2022, n° 21-10.773.

entraîner une mutilation ou une infirmité permanente par la violation manifestement délibérée d'une obligation particulière de prudence ou de sécurité imposée par la loi ou le règlement[1] ».

483. Le délit de risques causés à autrui est constitué en l'absence de tout résultat dommageable.

484. La chambre criminelle adopte une conception très restrictive de cette infraction. La seule violation manifestement délibérée d'une obligation particulière de sécurité ou de prudence imposée par la loi ou le règlement n'est pas en elle-même porteuse du risque qualifié, tel qu'exigé par la loi : « *Ce qui est essentiel, c'est que soit déterminé le contexte, les circonstances objectives concrètes, qui ajoutées à la violation de la norme de sécurité ou de prudence imposée par la loi ou le règlement, expose directement autrui à un risque immédiat d'une extrême gravité* »[2].

485. Depuis son arrêt de principe du 13 novembre 2019[3], la chambre criminelle de la Cour de cassation a fixé la méthode de raisonnement que doivent adopter les juges pour caractériser le délit. Ce délit nécessite d'abord l'identification d'une obligation particulière de prudence ou de sécurité imposée par la loi ou le règlement. Ensuite, les juges doivent vérifier l'existence d'un risque tel qu'énoncé par le texte légal, mort, mutilation ou infirmité permanente, dont la survenance doit être en lien direct et immédiat avec la méconnaissance de l'obligation particulière de prudence et de sécurité préalablement identifiée[4]. Par risque immédiat, il faut entendre l'existence d'une très forte probabilité de survenance du dommage lié à l'exposition directe, « *une proximité temporelle et spatiale, une réalisation en puissance* »[5]. Enfin, les juges doivent rechercher si le manquement relevé ressort d'une violation manifestement délibérée de l'obligation de sécurité.

486. L'élément moral du délit est en effet caractérisé par la preuve que l'auteur a eu conscience et l'intention de méconnaître l'obligation de sécurité violée[6]. À ce titre et s'agissant du chef d'entreprise, des

1. Cass. crim., 7 janvier 2015, n° 12-86.653 s'agissant d'un employé de laboratoire ayant inhalé accidentellement de l'hydrogène sulfuré dans un atelier qui ne comportait pas de système d'aération suffisant.

2. Rapport G. Barbier sous Cass. crim 13 novembre 2019, n° 18-82.718.

3. Cass. crim., 13 novembre 2019, n° 18-82.718.

4. Cass. crim., 6 octobre 2009, n° 09-81.037 qui a censuré une cour d'appel ayant condamné un infirmier qui avait injecté à son patient des doses supérieures à celles prescrites par le médecin traitant, sans caractériser de lien direct et immédiat entre la violation de l'obligation particulière de sécurité qu'elle a relevé et le risque de mort ou d'infirmité permanente auquel aurait été exposé le patient.

5. Rapport G. Barbier citant l'expression utilisée par Yves Mayaud dans *Violences involontaires et responsabilité pénale*, n° 12.60, Dalloz, 2003, *op. cit.*

6. Cass. crim., 25 avril 2017, n° 15-85.809, sur un défaut de formation d'un intérimaire qui a été posté sur une machine dangereuse alors qu'il était dépourvu de qualification et avait été embauché en qualité de simple manutentionnaire.

auteurs relèvent que la preuve de l'élément moral est allégée puisque « *pèse sur l'employeur un dol de fonction consistant en la présomption d'une parfaite connaissance des obligations de sécurité qui lui sont imposées* »[1].

Encadré 57 : Mise en danger d'autrui et valeurs limites d'exposition

Chambre criminelle, 13 novembre 2019, n° 18-82.718 :

Attendu que pour dire le délit de mise en danger d'autrui non caractérisé, l'arrêt énonce, après avoir analysé les motifs retenus par les premiers juges, qu'aucun grief n'est établi au regard d'une obligation particulière de prudence ou de sécurité imposée par la loi ou le règlement ladite obligation devant s'entendre, conformément à la jurisprudence et à la doctrine, comme une norme suffisamment précise pour que soit déterminable sans équivoque la conduite à tenir dans telle ou telle situation et pour que les écarts à ce modèle puissent être aisément identifiés comme hypothèse de mise en danger ;

Que les juges ajoutent qu'à supposer que l'on admette que certaines règles de prudence, notamment dans l'organisation du travail ou des locaux, qui n'auraient pas été respectées, pourraient ressortir à une acception large notamment des 3° et 6° de l'article R. 4412-70 du Code du travail, le caractère manifestement délibéré de la violation de ces normes ne peut être retenu, l'employeur ayant manifesté depuis des années un réel souci de progresser dans la sécurité au travail, comme le démontrent notamment la mise en place des contrôles effectués par le bureau Veritas, la formalisation du plan cadmium, la généralisation des contrôles biologiques des salariés, l'abaissement des seuils d'aptitude pour les salariés exposés au cadmium ou encore le processus de reclassement des salariés concernés sur des postes non exposés ;

Que la cour d'appel relève enfin que, s'il ressort du rapport Secafi, sur lequel les parties civiles assoient leurs demandes, que le procès industriel peut être amélioré à plusieurs égards afin de diminuer l'exposition des salariés aux agents CMR, ledit rapport ne comporte aucune analyse ni mesure des produits que contiennent les dépôts de poussière dont il constate l'existence en différents ateliers du site de Nersac, en sorte qu'il ne peut combattre utilement les mesures effectuées régulièrement et depuis plusieurs années par le bureau Véritas, communiquées par la défense, qui révèlent que les niveaux d'exposition des salariés au nickel et au cadmium sont inférieurs aux valeurs limites d'exposition professionnelles promues par les pouvoirs publics ;

Mais attendu qu'en se prononçant ainsi, alors qu'il lui incombait de rechercher celles des obligations particulières de prudence ou de sécurité imposées par la loi ou le règlement régissant l'emploi d'agents CMR, qui, objectives, immédiatement perceptibles et clairement applicables sans faculté d'appréciation personnelle du sujet, étaient susceptibles d'avoir été méconnues, puis, d'apprécier dans cette hypothèse, si compte tenu des

1. « Petit vademecum actualisé de la caractérisation du délit de risque causé à autrui dans le cadre du travail », Étude par Béatrice Lapérou-Scheneider, professeur des universités, dans la *Semaine Juridique - Social* n° 22 du 7 juin 2022, 1154.

modalités de l'exposition aux agents CMR, les plaignants avaient été exposés à un risque immédiat, de mort ou de blessures de nature à entraîner une mutilation ou une infirmité permanente, enfin, de rechercher si le ou les manquements le cas échéant relevés ressortaient à une violation manifestement délibérée de l'obligation de sécurité, la cour d'appel a méconnu le sens et la portée du texte susvisé et le principe ci-dessus rappelé ;

La circulaire de la Direction générale du travail 2010/03 du 13 avril 2010 relative au contrôle du risque chimique sur les lieux de travail rappelle à ce titre que « *le respect des valeurs limites n'implique pas l'absence de risque. En effet, l'état des connaissances scientifiques est en perpétuelle évolution, les valeurs ne sont valables que pour un produit unique, seule la pénétration dans l'organisme est prise en compte, alors qu'en situation de travail les voies cutanées et digestives peuvent également avoir un rôle (...) pour certaines substances, réputées sans seuil, comme la plupart des cancérogènes génotoxiques, il n'existe pas de seuil en deçà duquel l'exposition ne présente plus aucun danger, le contrôle des expositions sur les lieux de travail doit suivre une méthodologie précise faute de quoi des erreurs importantes peuvent être commises. C'est pourquoi, le respect des valeurs limites d'exposition doit toujours être considéré comme un objectif minimal de prévention de la santé des travailleurs. Il convient donc de réduire l'exposition au niveau aussi bas qu'il est techniquement possible* ».

4.4.3 Les autres moyens contraignants de l'inspection du travail : des voies plus rapides et efficaces

487. Le procès-verbal n'est qu'un des outils que l'inspecteur du travail peut mobiliser pour obtenir une mise en conformité parmi une palette d'instruments qui se sont développés au fil du temps. Le recours à chacun de ces outils, utilisés dans l'immense majorité des cas de façon graduée, dépend des circonstances (gravité, urgence, récurrence des constats, proactivité de l'employeur...) et de la stratégie d'intervention des services d'inspection et de l'agent lui-même, ce dernier disposant d'une grande liberté dans l'appréciation des suites qu'il entend donner à ses constats. Si la plupart des suites des visites des agents de contrôle commencent et se traduisent par une simple lettre d'observations, toute autre forme d'intervention, parmi celles rappelées ci-dessous, doit être interprétée comme un signal d'enclenchement d'une stratégie contraignante, encadrée juridiquement.

4.4.3.1 La mise en demeure générale du Directeur régional de l'économie, de l'emploi, du travail et des solidarités (Dreets)

488. En dehors de l'éventail des sanctions pénales, le Code du travail prévoit d'autres mesures à l'initiative de l'inspection du travail : ainsi, le Dreets, sur le rapport de l'agent de contrôle de l'inspection du travail constatant une situation dangereuse, peut mettre en demeure l'employeur de prendre toutes mesures utiles pour y remédier, si ce constat résulte :

1° d'un non-respect par l'employeur des principes généraux de prévention prévus par les articles L. 4121-1 à L 4121-5 et L. 4522-1 ;

2° d'une infraction à l'obligation générale de santé et de sécurité résultant des dispositions de l'article L. 4221-1[1].

489. Cette mise en demeure, à la signature du directeur régional, revêt un caractère solennel. Elle a vocation à être mise en œuvre dans les cas où l'agent de contrôle, tout en étant confronté à une situation dégradée et présentant des risques, ne peut se référer à un texte d'incrimination précis. Elle est à ce titre adaptée à des situations de risques émergents encore peu encadrés réglementairement ou face à une absence manifeste de démarche de prévention dans l'entreprise, résultant d'une désorganisation générale (encombrement des lieux de travail, absence de régulation des flux de circulation, absence de planification de la prévention…), alors que des signaux convergents permettent de constater l'existence de risques (forte sinistralité dans l'entreprise, plaintes des salariés, alertes du médecin du travail, accroissement des inaptitudes…). L'existence de risques psychosociaux renvoyant à des problématiques organisationnelles ou managériales se prête également à son recours.

490. La première hypothèse est en effet celle dans laquelle il est constaté un non-respect des principes généraux de prévention. Il s'agit non seulement des neuf principes énoncés à l'article L. 4121-2 mais aussi de tous ceux qui résultent des articles L. 4121-1 à L. 4121-5[2], qui caractérisent la démarche générale de prévention. Ce sont donc bien la proactivité et les efforts de l'employeur qui sont appréciés dans leur globalité, plutôt que la simple conformité à des prescriptions techniques. Il en va ainsi par exemple de la nécessaire coopération qui doit être mise en œuvre en vue de coordonner la coactivité lorsque plusieurs entreprises sont présentes dans un même lieu de travail.

1. Article L. 4721-1 du Code du travail.
2. Ce dernier article concerne plus particulièrement les principes applicables dans les installations nucléaires de bases et les installations classées pour la protection de l'environnement les plus dangereuses.

491. La seconde hypothèse vise l'obligation générale historique de santé et de sécurité de l'employeur et porte plus particulièrement sur l'aménagement, la propreté et la salubrité des lieux de travail, y compris lorsqu'ils se situent en dehors des locaux habituels de l'entreprise (chantiers...).

492. Cette mise en demeure prévue à l'article L. 4721-1 du Code du travail peut paraître peu contraignante, son non-respect autorisant l'inspecteur du travail à dresser un procès-verbal mais la violation de l'article précité n'étant pas au nombre de celles punies d'une peine correctionnelle. On imagine cependant sans peine qu'au regard de la jurisprudence Air-France, l'employeur qui n'aura pas donné suite à la mise en demeure peinera, si le risque se réalise, à faire la démonstration qu'il a pris toutes les mesures de prévention prévues aux articles L. 4121-1 et L. 4121-2.

4.4.3.2 La mise en demeure préalable de l'inspecteur du travail

493. Dans de nombreuses situations, lorsque les textes le prévoient, l'inspecteur du travail ne peut, sous peine de nullité, dresser directement un procès-verbal immédiatement après le constat d'une infraction (art. L. 4721-4 renvoyant aux articles L. 4111-6 et L. 4321-4[1]). Il doit préalablement mettre l'employeur en demeure de se mettre en conformité avec les dispositions enfreintes. L'agent de contrôle apprécie librement, en fonction des circonstances (urgence, nature des travaux...), le délai laissé à l'employeur pour faire disparaître l'infraction. Ce délai ne peut être inférieur à quatre jours ou, pour certaines infractions, à un délai fixé par décret qui varie, selon les cas, entre 8 jours et 3 mois. La mise en demeure est datée et signée. Passé le délai fixé, l'infraction qui persiste peut alors être relevée par procès-verbal. Il ne s'agit donc pas tant d'un moyen de coercition alternatif à la procédure pénale qu'une étape de cette dernière dont le non-respect l'invalide[2].

494. En pratique, l'inspecteur du travail agit fréquemment *crescendo*, adressant dans un premier temps de simples observations écrites. Le passage à la mise en demeure est généralement la conséquence d'observations restées sans suite et l'avertissement d'un changement de registre, annonciateur d'une possible procédure pénale.

1. L'article L. 4311-6 vise les décrets qui déterminent les modalités d'évaluation des risques, les mesures générales de santé et sécurité, les prescriptions particulières relatives à certaines professions ou certains modes de travail ou risques, les conditions d'information des travailleurs sur les risques, les conditions d'organisation de la formation à la sécurité ; l'article L. 4321-4 vise les mesures réglementaires relatives aux conditions de mise en œuvre des équipements de travail et moyens de protection.

2. Un tableau précisant les dispositions donnant lieu à mise en demeure préalable avec les délais minimum d'exécution est inclus à l'article R. 4721-5 du Code du travail.

495. Enfin, précisons que l'inspecteur du travail est dispensé de la mise en demeure préalable lorsque les faits constatés présentent un danger grave ou imminent pour l'intégrité physique des travailleurs. Il peut dans ce cas dresser immédiatement procès-verbal, voire, mettre en œuvre simultanément la procédure civile de référé visant à faire cesser immédiatement le trouble constaté (*cf. infra*)[1].

4.4.3.3 Le référé judiciaire

496. L'inspecteur du travail, qui constate un risque sérieux d'atteinte à l'intégrité physique d'un travailleur résultant de l'inobservation d'un certain nombre de dispositions du Code du travail, peut saisir le juge des référés pour qu'il ordonne toutes mesures propres à faire cesser le risque (mise hors service d'un appareil, saisie de matériels, suspension d'un chantier...)[2]. Cette procédure est rarement mise en œuvre, et ce d'autant moins qu'elle est dans un certain nombre de cas supplantée par la possibilité dont dispose l'agent de contrôle de faire cesser un risque immédiatement par voie de décision administrative (*cf. infra*). Elle reste néanmoins utile dans toutes les circonstances d'urgence non couvertes par la procédure administrative accélérée de l'arrêt temporaire de travaux ou d'activité C'est ainsi qu'un certain nombre d'actions en référé ont été initiées par les services d'inspection du travail en 2020, pendant la période de pandémie liée au Covid-19[3].

497. À ce titre, la Cour de cassation a validé l'arrêt d'une cour d'appel qui a retenu que les dispositions relatives à la prévention des risques biologiques, dont fait partie le Covid-19, s'appliquaient au sein d'une association d'aide à domicile et a déclaré recevable l'action engagée par l'inspectrice du travail[4].

---

1. Cass. crim., 19 octobre 2021, n° 21-80.146, FS-B : est censurée une cour d'appel qui pour écarter l'exception de nullité du procès-verbal de l'inspection du travail, prise de l'absence de mise en demeure préalable, énonce que la venue sur les lieux des inspecteurs a été suscitée par l'accident qui a donné lieu à des investigations dans ce cadre qui ont *in fine* conduit à la seule poursuite pour manquement aux dispositions de l'article R. 4224-3 du Code du travail ; et ajoute que dans le cadre de ces investigations, avant la rédaction du procès-verbal plus d'un an après l'accident, l'entreprise avait largement le temps de régulariser ce manquement et en déduit qu'aucun grief ne peut être retenu. En se prononçant ainsi, la cour d'appel a violé les articles L. 4721-4 et L. 4721-5 du Code du travail. Le procès-verbal ayant été dressé près de 16 mois après l'accident, il devait être précédé d'une mise en demeure préalable et l'inobservation de cette formalité dont l'objet est de permettre au contrevenant de se mettre en conformité avant toute poursuite lui fait nécessairement grief.

2. Art. L. 4732-1 et L. 4732-2 du Code du travail : ces deux textes n'exigent pas que l'inspection du travail démontre que les conditions d'urgence ou de cessation d'un trouble manifestement illicite soient réunies.

3. TJ de Nanterre, 14 avril 2020, n° 20/00503 ; CA Versailles, 24 avril 2020, n° 20/01993 ; TJ Havre, 7 mai 2020, n° 2020/00143 ; TJ Paris, 9 avril 2020, n° 20/52223.

4. Cass. soc., 7 décembre 2022, n° 21612.696, publié.

498. Dans un autre arrêt, la chambre sociale a validé une cour d'appel qui a relevé que la fourniture de masques FFP2 et FFP3 n'était pas obligatoire ou même recommandée dans le secteur de l'aide à domicile au profit de bénéficiaires non positifs au Covid-19 ou ne présentant pas de symptômes et a décidé que la mise à disposition par l'employeur d'un masque FFP2 aux salariés intervenant à domicile d'une personne positive ou symptomatique était de nature à réduire l'exposition au Covid-19[1].

4.4.3.4 L'arrêt temporaire de travaux ou d'activité

499. La procédure pénale étant longue, d'issue incertaine et parfois inadaptée à la nécessité de faire cesser sans délai l'infraction, l'inspection du travail s'est vu progressivement dotée d'outils lui permettant d'agir efficacement par la voie de la décision administrative, d'effet immédiat ou différé, mais lui permettant en tout état de cause de garder la maîtrise de la procédure enclenchée. Deux types de situations doivent être distinguées. Celles dans lesquelles l'inspecteur du travail peut ordonner le retrait immédiat de travailleurs exposés à une situation dangereuse et celles dans lesquelles l'arrêt temporaire d'activité est obligatoirement précédé d'une mise en demeure de remédier à la situation.

500. Le premier cas résulte du constat d'une infraction aboutissant à une situation de danger grave et imminent pour la vie ou la santé du ou des travailleurs, lorsqu'ils sont exposés à des risques limitativement énumérés[2] :
- chute de hauteur ;
- ensevelissement ;
- exposition à des fibres d'amiante dans le cadre d'une opération de retrait, d'encapsulage ou d'intervention de toute nature exposant à cette substance ;
- utilisation d'équipements de travail dépourvus des protections requises ou pourvus de protections inopérantes ;
- interventions réalisées dans l'environnement de lignes électriques aériennes ou souterraines ;
- contacts directs avec des pièces nues sous tension.

501. Le second cas, qui obéit à une procédure plus lourde mais néanmoins à la main de l'administration, résulte du constat d'une exposition à des agents cancérogènes, mutagènes ou toxiques pour

1. Cass. soc., 7 décembre 2022, n° 21-19.454.
2. Article L. 4731-1 du Code du travail

la reproduction (agents dits CMR), là aussi dans des circonstances limitées[1] :

– dépassement d'une valeur limite d'exposition professionnelle règlementaire ;
– défaut ou insuffisance des mesures et moyens de préventions prévus par les textes applicables au CMR.

502. Dans toutes ces situations, l'inspecteur du travail prend une décision écrite entraînant l'interruption des travaux ou de l'activité. Il autorise leur redémarrage après avoir vérifié que l'employeur a pris toutes les mesures pour faire cesser la situation[2].

503. L'employeur qui conteste la réalité du danger ou la façon de le faire cesser peut saisir le juge administratif par la voie du référé[3].

504. La décision d'arrêt temporaire de travaux ou d'activité ne peut entraîner ni rupture, ni suspension du contrat de travail, ni aucun préjudice pécuniaire à l'encontre des salariés concernés[4].

505. Enfin, l'inspecteur du travail qui constate qu'un jeune travailleur âgé de moins de dix-huit ans, et qui est affecté à des travaux réglementés, est placé dans une situation l'exposant à un danger grave et imminent pour sa vie ou sa santé, peut également procéder à son retrait immédiat par décision administrative[5].

4.4.3.5 L'amende administrative

506. Toujours dans un souci de plus grande efficacité, en l'absence de poursuites pénales, le Dreets, sur rapport de l'inspecteur du travail, peut adresser un avertissement ou une amende administrative à l'encontre de l'employeur qui contrevient à certaines dispositions du Code du travail[6]. Les dispositions visées concernent peu celles de la partie IV du Code du travail si ce n'est celles relatives aux installations sanitaires, à la restauration et à l'hébergement sur les lieux de travail, y compris les chantiers du BTP. Plus indirectement, mais non sans lien avec la santé et la sécurité au travail, sont également

1. Article L. 4731-2 du Code du travail.

2. Le fait pour un engin de chantier d'avoir été certifié conforme et d'avoir fait l'objet d'une vérification périodique n'exclut pas qu'il puisse exposer les salariés à un danger grave et imminent justifiant la suspension des travaux ; cour administrative d'appel de Douai, 30 août 2022, n° 21DA01492.

3. Article L. 4731-4 du Code du travail.

4. Article L. 4731-5 du Code du travail.

5. Article L. 4733-3 du Code du travail.

6. Article L. 8115-1 et suivants du Code du travail. Le montant maximal de l'amende est de 4 000 euros et peut-être appliqué autant de fois qu'il y a de travailleurs concernés par le manquement.

soumis à amende administrative les manquements aux durées maximales du travail, aux repos quotidien et hebdomadaire, ainsi qu'aux règles de décompte de la durée du travail.

4.4.3.6 La transaction pénale

507. Le Dreets peut, tant que l'action publique n'a pas été mise en mouvement, proposer une transaction pénale aux personnes physiques et morales ayant commis une infraction aux dispositions de la quatrième partie du Code du travail, à l'exception de celles relatives aux règles d'hygiène, de restauration et d'hébergement[1]. La proposition de transaction tient compte des circonstances et de la gravité de l'infraction, de la personnalité de son auteur ainsi que de ses ressources et charges. Elle précise le montant de l'amende transactionnelle, les obligations imposées à l'employeur pour faire cesser l'infraction et le délai imparti pour le faire. La proposition est homologuée par le procureur de la République.

Encadré 58 : Statistiques de l'inspection du travail en 2018 et 2017 (bilan DGT 2019)

Activité	Interventions	**295 890**	280 248	232 550
	Enquêtes et examens de documents	**143 306**	135 660	125 084
	Contrôles, en % des interventions	**47 %**	46 %	47 %
	Lettres d'observations	**181 368**	170 547	161 334
	Mises en demeure	**5 837**	4 838	3 980
	Procédures pénales engagées	**5 363**	5 000	4 385
	Sanctions administratives	**2 246**	1 776	1 555
	Arrêts et reprises de travaux ou d'activité	**7 199**	5 812	6 068
	Nombre moyen d'intervention par agent de contrôle	**136**	131	130

1. Article L. 8114-4 et R. 8114-3 du Code du travail.

508. À noter que la loi de programmation et de réforme pour la justice du 23 mars 2019 visant à faciliter, à tous les stades de la procédure, le travail des acteurs de la chaîne pénale, qu'il s'agisse des enquêteurs, des magistrats du siège ou du parquet et des avocats, a notamment modifié les prérogatives des fonctionnaires et agents auxquels des lois spéciales attribuent certains pouvoirs de police judiciaire, en prévoyant la possibilité de concourir, d'office ou sur instruction du procureur de la République, à la réalisation d'une même enquête avec des officiers de police judiciaire.

509. Ces dispositions s'appliquent aux agents de l'inspection du travail qui sont, aux termes de l'article L. 8112-1 alinéa 4 du Code du travail, « *chargés, concurremment avec les officiers et agents de police judiciaire* » de constater les infractions audit code. S'agissant de la cosaisie de l'inspection du travail avec un service d'enquête, l'instruction ministérielle commune à la Direction générale du travail et à la Direction des affaires criminelles et des grâces[1] prévoit qu'elle peut se révéler particulièrement intéressante pour les accidents du travail[2] et les faits de harcèlement moral et sexuel[3].

4.5 Les moyens des organismes de sécurité sociale

510. L'inspection du travail ne détient pas le monopole des moyens visant à l'incitation à la prévention des risques professionnels. La branche AT/MP de la CNAM et son bras armé, les Carsat, dans leur rôle d'assureur du risque professionnel, peuvent mobiliser un certain nombre de dispositifs, le principal d'entre eux portant sur le taux de cotisation AT/MP de l'entreprise.

511. En effet, le système de tarification des cotisations versées par l'employeur pour couvrir le risque accidents du travail, maladies professionnelles et accidents de trajet prend en compte le coût du risque encouru. Ce coût est toutefois en partie neutralisé en fonction de l'effectif de l'entreprise. Les entreprises de moins de vingt salariés se voient appliquer un taux collectif reflétant la valeur du risque propre à toutes les entreprises relevant de la même catégorie professionnelle.

1. Instruction interministérielle n° DGT/DASIT 1/DACG/2020/101 du 23 juin 2020 relative à la mise en œuvre conjointe des dispositions de l'article 47 de la loi n° 2019-222 du 23 mars 2019 de programmation 2018-2019 et de réforme de la justice.

2. L'instruction précise que lors des premières constatations, l'inspection du travail pourra attirer l'attention des enquêteurs sur l'utilité de certaines investigations (audition d'un chef d'équipe, expertise d'un instrument de travail…).

3. L'instruction précise que l'expertise de l'inspection du travail peut se révéler particulièrement pertinente pour traiter, en cosaisie, une procédure de harcèlement managériale résultant d'une organisation de travail défaillante.

Il est par conséquent le même, quelle que soit la sinistralité réelle dans l'entreprise. Les entreprises de 20 à 149 salariés se voient appliquer un taux mixte combinant une fraction du taux collectif précité et une fraction du taux individuel qui serait le leur s'il leur était applicable. Les entreprises de 150 salariés et plus sont quant à elles soumises à un taux individuel et voient par conséquent celui-ci évoluer en fonction de leur sinistralité réelle.

512. Ce système, souvent critiqué pour être insuffisamment incitatif, est accompagné d'un certain nombre de dispositifs mobilisables à l'initiative des agents des services de prévention des Carsat. Certains constituent des incitations positives car ils permettent de faire bénéficier l'employeur d'une réduction de sa cotisation pour tenir compte des efforts de prévention qu'il a réalisés (ristournes)[1]. D'autres se traduisent au contraire par une augmentation de la cotisation lorsque l'entreprise fait encourir des risques exceptionnels résultant soit d'une infraction au Code du travail[2], soit d'une inobservation ou d'un défaut de réalisation des mesures de prévention prescrites par la Carsat. Une procédure dite d'injonction est alors enclenchée par la Carsat, au terme de laquelle, si l'employeur n'a pas pris les mesures demandées, une cotisation supplémentaire au moins égale à 25 % de la cotisation principale normale lui est imposée. Elle peut être portée jusqu'à 200 % en cas de persistance du risque.

4.6 Droits et obligations du travailleur

513. Outre les droits tirés des règles de prévention de la partie IV du Code du travail, les travailleurs détiennent celui de se retirer de leur propre initiative de certaines situations de travail particulièrement dangereuses. Ils ont également des obligations, que la Cour de cassation rappelle régulièrement.

---

1. Article L. 242-7 du Code de la sécurité sociale. Il existe par ailleurs des avances et subventions (aides financières simplifiées). Les premières peuvent être attribuées à des entreprises concluant un contrat de prévention avec la Carsat, pour financer des mesures de prévention dans le cadre de conventions d'objectifs conclues par la CNAM avec le secteur professionnel considéré. Les secondes sont des subventions directes accordées aux entreprises de moins de 50 salariés adhérant à un programme de prévention défini par la CNAM ou la Carsat.

2. L'inspection du travail doit dans ce cas informer la caisse de sécurité sociale des mesures qu'elle a prises à l'encontre de l'entreprise.

4.6.1 Les droits d'alerte et de retrait

4.6.1.1 Le principe

514. Un travailleur a le droit de se retirer d'une situation de travail dont il a un motif raisonnable de penser qu'elle présente un danger grave et imminent pour sa vie ou sa santé[1]. Il peut également se retirer lorsqu'il constate une défectuosité dans les systèmes de protection. Le retrait est précédé ou accompagné d'une alerte par le travailleur, adressée directement par ce dernier à l'employeur. L'alerte peut également provenir d'un représentant du personnel au comité social et économique (CSE) qui aurait lui-même été saisi par un travailleur ou l'exercerait directement[2].

515. L'employeur ne peut demander au travailleur de reprendre son travail tant que la cause de danger grave et imminent persiste. Il ne peut sanctionner ni opérer une retenue de salaire à l'encontre de ceux qui ont cessé le travail dès lors qu'ils avaient un motif raisonnable de penser que la situation de travail présentait un danger grave et imminent. Par conséquent, durant toute la durée de l'interruption du travail, même si le travailleur n'est pas affecté à d'autres tâches, il continue à être payé aussi longtemps que la cause de danger subsiste ou que l'absence de motif raisonnable n'est pas démontrée.

516. Si un accident du travail ou une maladie professionnelle survient alors qu'une alerte avait été effectuée, le travailleur victime bénéficie, de droit, de la reconnaissance de la faute inexcusable de l'employeur. Il s'agit de l'un des rares cas du Code du travail pour lesquels la faute inexcusable est automatique.

4.6.1.2 Les conditions d'exercice

517. La procédure d'alerte exercée par le travailleur n'est pas soumise à un formalisme particulier. Il peut l'effectuer verbalement en s'adressant à l'employeur ou à son représentant le plus proche sur le lieu de travail. Lorsqu'elle est faite par un membre du CSE, l'alerte se traduit par un avis daté et signé, consigné dans un registre spécial tenu à la disposition du comité. L'avis indique les postes concernés par la procédure d'urgence, la nature du danger (par exemple, risque de chute d'une hauteur de plus de huit mètres), sa cause (par exemple, l'absence de garde-corps sur la plateforme de travail utilisée pour changer les néons de l'atelier) ainsi que le nom des travailleurs exposés.

1. Article L. 4131-1 du Code du travail.
2. Article L. 4131-2 du Code du travail.

518. À la différence du travailleur, dont la décision de lancer l'alerte peut reposer uniquement sur un motif raisonnable, l'alerte lancée par un membre du CSE doit reposer sur le constat réel du danger grave et imminent. On en déduit que l'élu est présumé bénéficier d'une expertise supplémentaire au titre de laquelle il est censé pouvoir apprécier la réalité du danger. En tout état de cause, l'employeur doit immédiatement procéder à une enquête avec lui et prendre les dispositions pour remédier à la situation. En cas de désaccord sur la réalité du danger ou sur les suites à donner pour le faire cesser, une réunion du CSE doit être provoquée dans les vingt-quatre heures, à laquelle l'inspecteur du travail et l'agent de prévention de la Carsat sont conviés. Si le désaccord persiste entre l'employeur et la majorité du CSE, l'employeur doit saisir immédiatement l'inspecteur du travail. Ce dernier pourra mettre en œuvre la procédure de mise en demeure par le directeur régional du travail (Dreets), procéder à un arrêt temporaire de travaux par décision administrative si le cas s'y prête, ou saisir le juge des référés afin que soient ordonnées toutes mesures propres à faire cesser la situation.

519. Enfin, le droit de retrait doit être exercé de telle manière qu'il ne puisse mettre en danger d'autres travailleurs ou d'autres personnes étrangères à l'entreprise (clients, usagers, riverains, etc.) et être assimilé à un abandon de poste. Tel serait le cas, par exemple, si le travailleur, pilote d'une installation sensible, abandonnait son poste sans précaution élémentaire, exposant ce faisant son entourage à un risque.

4.6.1.3 Les difficultés pratiques

520. Le droit de retrait est fondamental mais assorti de conditions induisant que le travailleur ne peut se retirer des situations de travail qui ne constituent pas un danger grave et imminent. De fait, et même si la jurisprudence n'exige pas un regard expert du travailleur en faisant une appréciation souple de la notion de motif raisonnable, le recours au droit de retrait n'est pas anodin et reste peu utilisé. Les cas les plus médiatisés sont ceux de sa mise en œuvre dans le secteur public, dont on peut supposer que le statut d'emploi protecteur conduit à moins craindre les conséquences de son utilisation.

521. Il faut reconnaître en premier lieu que la notion même de danger grave et imminent, adoptée en 1982, paraît répondre à des situations que l'on pourrait qualifier de « visibles », « évidentes », voire « flagrantes » pour le commun des mortels. Elle renvoie à des situations de danger dits « classiques » où l'immédiateté des conséquences et la quasi-certitude de réalisation du risque jouent un rôle déterminant. Le texte invoquant un danger pour la vie, autrement dit un danger de mort, il évoque avant tout des cas extrêmes, soudains et accidentels, centrés par conséquent sur des problématiques de sécurité *stricto sensu* : absence de protection sur une machine, de freins sur un véhicule, de protection sur un échafaudage, accès à des pièces nues sous tension, etc. Ces situations correspondent aux préoccupations contemporaines à la parution du texte en matière de sinistralité et de prévention de risques professionnels. Toutefois, même dans cette acception circonscrite du danger, les cas dans lesquels le droit de retrait pourrait légitiment être mis en œuvre sont aujourd'hui encore très certainement supérieurs à ceux dans lesquels il est effectivement exercé. Les travailleurs, par ailleurs soumis à des contraintes de productivité croissantes, ont en effet développé une habituation aux risques et des savoir-faire de prudence associés qui leur paraissent permettre de les maîtriser et de repousser leur seuil d'acceptabilité.

522. La question se complique encore lorsqu'il est question d'atteintes à la santé. Les exigences légales de gravité et surtout d'imminence sont plus difficiles encore à apprécier lorsque la visibilité et donc la perception du risque en appellent à la temporalité différée, à la multi-factorialité ou à la subjectivité. On pense en particulier aux risques à effets différés, qu'il s'agisse de l'exposition à des agents chimiques provoquant des pathologies à long terme, chroniques, invalidantes voire mortelles, ou à des situations de travail pouvant générer des troubles psychosociaux. Dans tous ces cas, la notion d'incertitude inhérente au concept de risque, prend une acuité particulière. Il est difficile pour le travailleur de faire le lien entre la situation vécue dans l'instant et les possibles atteintes à sa vie et sa santé à terme. Pour en sortir, il convient de s'en remettre aux définitions respectives du danger et du risque examinées aux sections 1.1.1 et 1.1.2 du chapitre 1. Ainsi, selon nous, lorsqu'un travailleur est exposé à un produit toxique pour la reproduction, le danger est réel, immédiat et imminent, quand bien même la réalisation du risque est incertaine et différée dans le temps. Il s'ensuit que le droit de retrait peut parfaitement être mobilisé en pareilles circonstances.

523. Ces considérations mettent en évidence l'importance du développement d'une culture de prévention et d'appropriation des principes généraux de prévention par tous les acteurs. La capacité à porter une appréciation sur les risques encourus, outre qu'elle doit conduire à savoir agir de manière appropriée pour faire face à des situations variées, allant le cas échéant jusqu'à l'exercice justifié du droit de retrait, devrait aussi éviter le mésusage de ce même droit, dont il est parfois déploré un recours inadapté.

524. Sur ce dernier, la question se pose des conséquences potentielles d'une utilisation abusive du droit de retrait ou de l'absence de sanction dissuasive dans la loi en cas de licenciement abusif d'un travailleur ayant fait bon usage de ce droit. Dans le premier cas, le retrait à mauvais escient du travailleur peut conduire à une retenue sur salaire[1] et à des sanctions disciplinaires allant jusqu'au licenciement pour faute grave. Dans le second cas, le licenciement d'un travailleur qui a usé à juste titre de son droit n'est pas sanctionné par la nullité du licenciement par la loi. La rupture pourrait donc ouvrir droit à indemnisation mais pas à réintégration automatique. La Cour de cassation a néanmoins adopté une position inverse, considérant que le licenciement prononcé pour un motif lié à l'exercice légitime du droit de retrait est nul[2]. En l'espèce, le salarié s'était retiré d'une chaîne de peinture après la décision prise par l'employeur de ne laisser qu'une seule personne sur le poste. Le danger résultait d'un risque de glissade sur une chaîne de montage située en contrebas et avançant en continu. Le travail isolé empêchait d'arrêter la chaîne en cas de chute.

525. Deux autres questions délicates peuvent encore se poser :

- L'alerte est-elle exclusivement un droit ou peut-elle devenir une obligation du travailleur ?
- Peut-on reprocher à un travailleur de ne pas s'être retiré d'une situation dangereuse ?

526. S'agissant de l'alerte, la rédaction adoptée par le Code du travail laisse peu de place au doute sur le plan théorique. L'usage du présent de l'indicatif à l'article L. 4131-1 (« Le travailleur alerte… ») implique qu'il s'agit bien d'un devoir. Cela paraît logique dès lors, qu'au surplus, un travailleur peut faire l'objet de sanctions disciplinaires lorsqu'il travaille sans les dispositifs de sécurité prévus. Il est donc tenu de signaler systématiquement les anomalies et dysfonctionnements dont lui ou les autres peuvent être victimes. C'est en quelque sorte un moyen de rappeler à l'employeur sa propre obligation de le protéger. Aussi, dispenser le travailleur d'avoir à signaler un danger au motif qu'il prendrait un risque pour son emploi reviendrait à lui dénier toute capacité de jugement et d'action lorsqu'il est placé sous la subordination de l'employeur. Le travailleur s'en remettrait alors aux diligences et à la seule bienveillance de l'employeur. Privé de son rôle d'acteur de sa propre santé, cette approche renverrait une acception régressive du travailleur, très éloignée des ambitions de reconnaissance de sa citoyenneté et de son autonomie au travail. Toutefois, la pratique étant évidemment plus compliquée, il serait vertueux, plutôt que de raisonner en termes d'obligation d'alerte pour le travailleur, de considérer qu'il appartient à l'employeur de créer et organiser, dans

1. Cass. crim., 25 nov. 2008, n° 07-87.650.
2. Cass. soc., 28 janv. 2009, n° 07-44.556.

une logique de développement d'une « culture de la prévention dans l'entreprise », les conditions favorables d'une remontée systématique des alertes, sans crainte d'aucune représaille ou reproche pour le travailleur.

527. S'agissant du droit de retrait, le deuxième alinéa de l'article L. 4131-1 prévoit que le travailleur peut se retirer. Il s'agit ici d'une faculté. Toutefois, sur le plan pénal, dans l'hypothèse où un accident provoquant des victimes aurait pu être évité si le travailleur avait refusé de poursuivre l'activité, ce dernier peut-il être poursuivi aux côtés de l'employeur ? La Cour de cassation répond par l'affirmative. En cas d'effondrement d'un engin de levage sur un établissement d'enseignement, faisant des victimes parmi les élèves, le grutier aurait dû refuser de piloter la grue malgré l'ordre du chef de chantier de poursuivre les travaux par grand vent. La Cour de cassation retient le raisonnement de la cour d'appel condamnant le grutier pour homicide involontaire car il « *s'est trouvé dans une situation dans laquelle il a subi des pressions très fortes, mais non imprévisibles ni irrésistibles, l'ordre du supérieur ne pouvant être considéré comme une contrainte à laquelle il ne pouvait résister car il était le seul à avoir la possibilité de mettre la grue en girouette ou d'arrêter son travail et de redescendre ; il a commis par suite l'imprudence, dans les conditions de grand danger qu'il avait perçues, d'avoir maintenu la grue en service, la flèche résistant au vent dont la violence croissait et d'avoir ainsi participé à la réalisation de l'accident* »[1].

4.6.2 Les obligations du travailleur

4.6.2.1 L'obligation à l'égard de soi et des autres : une question épineuse mais rigoureusement encadrée

528. La question de l'obligation pour le travailleur de prendre soin de sa propre santé et de sa sécurité et de celle des autres personnes concernées par ses actes et omissions a toujours été épineuse. L'obligation de sécurité de l'employeur étant un corolaire du lien de subordination et du pouvoir d'organisation qui caractérisent le contrat de travail, la crainte existe toujours de faire porter au travailleur la responsabilité de faire face à des situations sur lesquelles il n'a en réalité pas prise. En effet, prendre soin de sa santé et de sa sécurité renvoie au respect des consignes établies par l'employeur et plus généralement à l'adoption de comportements dits sécuritaires. Il n'est en effet pas rare que l'employeur déplore les comportements inappropriés de

1. Cass. crim., 16 mars 1999, n° 98-82.594.

ses collaborateurs pour justifier de mauvais résultats en matière de prévention alors qu'il aurait donné des consignes ou mis à disposition les équipements exigés par la loi.

529. S'en tenir à cette acception de l'obligation du travailleur reviendrait à nier ce que nous savons de l'homme au travail. Les enseignements tirés de décennies d'ergonomie et de sciences sociales nous ont ainsi appris que les contraintes auxquelles les travailleurs sont objectivement confrontés les conduisent à adopter des gestes ou opter pour des solutions en apparence fautifs. Or, les conditions dans lesquelles les travailleurs sont placés déterminent très largement leur capacité à agir en sécurité et de nombreux paramètres peuvent les conduire, face à des injonctions paradoxales, à privilégier les priorités implicites de résultats productifs qui ne vont pas dans le sens de la prévention. On peut même avancer que les résultats de prévention insatisfaisants de très nombreuses entreprises relèvent en grande partie de cette incapacité à dépasser les irréductibles tensions entre sécurité et productivité.

530. Il n'en reste pas moins que, sur le plan juridique, l'obligation des travailleurs est explicite. Elle est néanmoins très encadrée et conditionnée au respect d'exigences préalables incombant toujours à l'employeur. La responsabilité de celui-ci n'est par ailleurs pas écartée par la reconnaissance d'une part imputable au travailleur dans la survenue d'un sinistre. Enfin, sauf à considérer que ce dernier ne dispose d'aucun libre arbitre dans l'entreprise et se trouve réduit à l'état d'objet et non de sujet de droit, ce qui renverrait à une approche définitivement pessimiste de la relation de travail, il paraît normal qu'il se trouve investi d'un rôle actif dans la prévention, pour peu que les moyens lui en soient donnés. C'est tout le sens du développement de la culture de prévention que les partenaires sociaux ont promu de manière unanime dès le 3e Plan santé au travail et placé en tête du 4e, qui doit irriguer l'entreprise à tous les niveaux de l'encadrement[1] et bien entendu donner corps à l'autonomie au travail des salariés, facteur majeur de prévention des risques psychosociaux (*cf. infra* 10.1).

1. 2e alinéa de l'article L. 4121-3 du Code du travail.

4.6.2.2 Ce que disent les textes

531. L'article L. 4122-1[1] prévoit que chaque travailleur doit prendre soin de sa santé et de sa sécurité ainsi que de celles des autres personnes concernées par ses actes ou ses omissions au travail. L'obligation du travailleur ne porte donc pas exclusivement sur sa propre personne mais aussi sur son entourage. La violation de cette obligation peut en outre résulter d'un acte mais aussi d'une omission. Le fait de neutraliser sciemment un système de sécurité est donc *a priori* un acte fautif mais le fait de ne pas appliquer une procédure, par exemple de consignation d'une machine ou d'une installation avant toute intervention dessus, constitue une omission également fautive. Par ailleurs, l'obligation de prendre soin de son entourage professionnel prend un relief particulier en matière de risques psychosociaux (RPS). Ces derniers trouvant leur cause notamment dans les relations de travail et le mode de management de la hiérarchie, les chefs de service peuvent se voir reprocher d'avoir, par leurs actes ou omissions, participé aux difficultés rencontrées par leurs collaborateurs.

4.6.2.2.1 Les instructions, la formation et les possibilités du travailleur

532. Les obligations de sécurité pesant sur le travailleur sont conditionnées à un certain nombre d'exigences. L'employeur doit en premier lieu avoir donné des instructions aux travailleurs sur les conditions d'utilisation des équipements de travail, des moyens de protection, des substances et préparations dangereuses. Dans les entreprises soumises à l'obligation d'avoir un règlement intérieur, c'est-à-dire dans les entreprises ou établissements employant habituellement vingt salariés ou plus, ces instructions doivent figurer dans ce règlement ou les notes de services assimilées. Dans les autres entreprises ou établissements, ces instructions ne sont pas nécessairement formalisées mais l'organisation du travail et les modalités de management mises en place doit pouvoir rendre compte du fait que, conformément aux

1. Article L. 4122-1 : « *Conformément aux instructions qui lui sont données par l'employeur, dans les conditions prévues au règlement intérieur pour les entreprises tenues d'en élaborer un, il incombe à chaque travailleur de prendre soin, en fonction de sa formation et selon ses possibilités, de sa santé et de sa sécurité ainsi que de celles des autres personnes concernées par ses actes ou ses omissions au travail.*

Les instructions de l'employeur précisent, en particulier lorsque la nature des risques le justifie, les conditions d'utilisation des équipements de travail, des moyens de protection, des substances et préparations dangereuses. Elles sont adaptées à la nature des tâches à accomplir.

Les dispositions du premier alinéa sont sans incidence sur le principe de la responsabilité de l'employeur. »

principes généraux de prévention, des instructions appropriées sont données aux travailleurs[1]. Autrement dit, l'employeur doit dans tous les cas donner des instructions et dans certains cas les formaliser.

533. Dans les faits, l'employeur ne doit pas tant être obsédé par la possibilité de justifier l'existence de procédures écrites, dont la seule existence ne garantit pas la pertinence et l'application, que par des modalités d'encadrement garantissant que les travailleurs, d'une part, sont formés à détecter des situations à risque et à agir en conséquence, d'autre part, ne sont pas livrés à eux-mêmes et contraints à improviser des modes opératoires pouvant les mettre en danger lorsqu'ils sont confrontés à de telles situations. On pense sur ce point aux compétences managériales dont l'encadrement doit nécessairement être doté pour faire de ce travail d'organisation au quotidien un geste professionnel usuel, intégré à ses fonctions classiques d'animation. L'employeur a donc plus sûrement intérêt à veiller à la formation de sa ligne hiérarchique en la matière et à en faire un critère de leur évaluation professionnelle plutôt qu'à les contraindre à rédiger des procédures sans cesse démenties par les réalités du travail.

534. Les instructions de l'employeur doivent en deuxième lieu être adaptées à la nature des tâches à accomplir. Par conséquent, il ne peut être reproché au travailleur de ne pas avoir mis en œuvre des instructions qui ne seraient pas réalistes et compatibles avec les contraintes de l'activité réelle. Ceci vise notamment toutes les circonstances dans lesquelles les consignes sont purement théoriques, inappropriées ou contradictoires, par exemple, avec les cadences imposées.

535. La portée de l'obligation qui pèse sur le travailleur dépend enfin de sa formation et de ses possibilités. La formation initiale comme la formation au poste de travail doivent être prises en compte. Un ingénieur chimiste est plus à même de discerner les dangers résultant de certains mélanges de substances incompatibles qu'un manutentionnaire mis au contact de ces mêmes substances. Ce dernier ne pourra rendre compte de ses actes ou omissions qu'à raison de la qualité de la formation dont il aura bénéficié à son poste de travail. La prise en compte des possibilités du travailleur renvoie en outre aux marges de manœuvre et à la latitude décisionnelle dont il dispose et donc, implicitement, à son niveau hiérarchique.

4.6.2.2.2 La responsabilité maintenue de l'employeur

536. Le dernier alinéa de l'article L. 4122-1 rappelle que l'obligation du travailleur est sans incidence sur le principe de responsabilité de l'employeur.

1. 9° de l'article L. 4121-2 du Code du travail.

537. Toutefois, la responsabilité pénale du travailleur peut être engagée en cas d'accident ayant provoqué des dommages corporels ou la mort par suite d'une faute d'imprudence, sur le fondement des articles du code pénal réprimant les délits d'atteintes involontaires à la vie et à l'intégrité physique de la personne ou de mise en danger d'autrui (*cf. supra* 4.4.2.1 et 4.4.2.2). Voir l'exemple du grutier condamné, n'ayant pas exercé son droit de retrait.

538. La responsabilité pénale du travailleur demeure donc l'exception mais ne peut être totalement exclue en fonction des circonstances, le juge s'attachant, en particulier en présence de victimes, à rechercher la part des responsabilités respectives[1].

539. Sur le plan civil, l'obligation de prudence incombant au travailleur n'a pas pour effet d'atténuer la responsabilité de l'employeur. Est ainsi censurée une cour d'appel qui pour limiter le montant des dommages et intérêts alloués, en réparation du préjudice subi du fait des agissements de harcèlement moral, retient que la salariée victime avait « *pu contribuer par son propre comportement lors des réunions des représentants du personnel à la dégradation des conditions de travail* »[2].

4.6.2.3 Les conséquences pour le travailleur de la violation de son obligation

4.6.2.3.1 Une reconnaissance jurisprudentielle de la faute disciplinaire

540. Si les responsabilités pénale et civile du travailleur sont sauf exception écartées, le risque de sanction disciplinaire est beaucoup moins hypothétique. L'article 13 § 2 c) de la directive-cadre du 12 juin 1989 prévoit que les travailleurs ne doivent « *pas mettre hors service, changer ou déplacer arbitrairement les dispositifs de sécurité propres notamment aux machines, appareils, outils, installations et bâtiments* » et qu'ils doivent « *utiliser de tels dispositifs de sécurité correctement* ». Cette disposition n'est pas transposée explicitement dans le Code du travail mais le Gouvernement français considère que le non-respect des instructions de l'employeur en matière de santé et de sécurité, comme dans tout autre domaine d'ailleurs, peut conduire à sanctionner

1. Par ailleurs, pour mémoire, certaines infractions au Code du travail, hors partie IV, ne visent pas l'employeur en particulier mais toute personne qui se rend coupable des faits incriminés. Il s'agit du harcèlement moral et du harcèlement sexuel qui peuvent être le fait de l'employeur, d'un supérieur hiérarchique ou de toute personne qui commet de tels agissements à l'égard de l'un de ses collègues. L'article L. 1155-2 punit en effet *quiconque* se rend coupable de faits de harcèlement moral ou sexuel.

2. Cass. soc., 13 juin 2019, n° 18-11.115.

un salarié sans qu'aucun texte n'ait à le spécifier. En effet, la définition même du contrat de travail implique que le salarié est placé sous l'autorité hiérarchique de l'employeur.

541. Par ailleurs, dans les établissements dotés d'un règlement intérieur, celui-ci doit contenir les mesures d'application de la réglementation en matière de santé et de sécurité et les instructions prévues par l'employeur en la matière. Le règlement contient aussi les règles générales et permanentes relatives à la discipline, notamment la nature et l'échelle des sanctions que peut prendre l'employeur[1]. Par conséquent, même si la sanction disciplinaire ne saurait tenir lieu de politique de prévention dans l'entreprise, elle fait partie de la palette des moyens dont l'employeur dispose en dernière instance pour veiller à l'application des règles de sécurité qui s'imposent à lui ou qu'il a lui-même édictées, ce que la jurisprudence confirme régulièrement.

542. Ainsi, la Cour de cassation a rappelé dans un arrêt du 28 février 2002 qu'un salarié, en l'occurrence le responsable du service d'entretien d'une entreprise, pouvait être licencié pour faute grave lorsque sa négligence était à l'origine d'un accident du travail. Cet arrêt a été rendu le même jour que celui où, par une série d'arrêts retentissants, était redéfinie la faute inexcusable de l'employeur et instaurée l'obligation de sécurité, alors dite de résultat, à sa charge. Ceci n'est pas fortuit : si l'employeur avait une obligation de résultat, il devait (pouvoir) mettre en œuvre tous les moyens nécessaires pour la satisfaire, y compris, au besoin, les moyens disciplinaires.

543. De même, un chef de chantier refusant de porter son casque de sécurité commet une faute grave[2] ou un responsable de site ne faisant pas respecter les règles de sécurité et ordonnant à des salariés d'escalader des rayonnages de 5 mètres de haut sans protection[3]. Un salarié peut encore être licencié pour manquement à l'obligation de sécurité pour avoir tenu un cutter avec sa lame sortie en direction d'un autre salarié lors d'une altercation[4].

544. En dernier lieu, la Cour de cassation a reconnu la possibilité pour l'employeur de licencier le directeur d'une association pour faute grave en raison de son mode de management. Il lui était reproché de se livrer à un management nuisible à la santé de ses subordonnées, à qui il adressait « *des critiques vives et méprisantes* », dont il avait « *déchiré le travail en public au motif qu'il n'était pas satisfaisant* », ou à qui il avait donné des « *ordres et contre-ordres peu respectueux du travail des salariés* ». Les juges du fond n'avaient pas retenu la faute

1. Article L. 1321-1du Code du travail.
2. Cass. soc., 23 mars 2005, n° 03-42.404.
3. Cass. soc., 7 octobre 2015, n° 14-12 403.
4. Cass. soc., 30 octobre 2013, n° 12-20.190.

grave du directeur en raison de son ancienneté de plus de cinq ans. La Cour de cassation en a jugé autrement, considérant que l'ancienneté du salarié ne permet pas, à elle seule, d'écarter la faute grave[1]. En résumé, les méthodes de management brutales et peu respectueuses d'un cadre, de nature à porter atteinte à la santé des salariés, constituent une faute grave et ce, malgré son ancienneté.

4.6.2.3.2 La responsabilité civile du travailleur

545. Un salarié se livrant à du harcèlement moral à l'égard d'un subordonné, reconnu en accident mais dont la réparation du dommage ne serait pas assurée dans le cadre du live IV du Code de la sécurité sociale, pourrait voir sa responsabilité civile engagée. Dans un arrêt du 21 juin 2006, la Cour de cassation a retenu la responsabilité personnelle du directeur d'une association qui « *avait sciemment harcelé moralement des salariés qui lui étaient subordonnés* ». La Cour s'est appuyée sur l'obligation légale pour chaque travailleur de prendre soin de la sécurité et de la santé des autres personnes concernées par ses actes au travail[2]. Elle retient donc tout à la fois la responsabilité contractuelle de l'employeur et la responsabilité civile du cadre salarié auteur des agissements de harcèlement. Toutefois, à l'instar de la responsabilité pénale, on retiendra que la responsabilité civile du travailleur est exceptionnelle en matière de santé et sécurité au travail.

546. Au final, toute politique de l'employeur visant à responsabiliser les travailleurs est conditionnée à la démonstration qu'il a fait sa part du travail, autrement dit, qu'il a satisfait en amont aux obligations qui lui incombent. Si les actions de prévention de l'employeur sont en harmonie avec sa politique de prévention, ses exigences disciplinaires à l'égard des travailleurs deviennent acceptables et réalistes aux yeux des intéressés.

Encadré 59 : L'erreur humaine et la faute : deux notions à ne pas confondre

Erreur, comportement, fiabilité humaine, violation, faute, défaut, comportement fautif… tous ces termes sont éminemment piégeux et délicats à manipuler.

L'erreur est un défaut d'appréciation ou un comportement inapproprié mais ne résulte pas pour autant d'un comportement fautif. C'est d'ailleurs ce qui la différencie fondamentalement de la violation, laquelle résulte d'un écart volontaire à la règle (procédure, consigne, règlement, etc.). D'ailleurs, le caractère fautif d'une violation peut lui-même être relativisé si

1. Cass. soc., 8 février 2023, n° 21-11.535.
2. Article L. 4122-1 du Code du travail.

l'analyse des faits révèle qu'il résulte d'une nécessité pour le travailleur afin de pouvoir réaliser le travail demandé. C'est le cas très classique du *shuntage* des dispositifs de sécurité d'une machine ou du démontage d'un écran protecteur, s'il s'avère que ce dispositif ou cet écran constituent une entrave au travail (visibilité, etc.) ou aux standards de productivité. Il est effectivement rare qu'une violation soit la conséquence d'une demande explicite de l'employeur mais il est tout aussi rare qu'elle ne soit pas le fruit d'une tolérance implicite.

L'erreur peut résulter d'un environnement ou d'un contexte qui n'a pas conduit ou permis à l'opérateur d'adopter la bonne réaction. On opère classiquement une distinction entre[1] :

– Les erreurs consécutives à un raté ou un lapsus dans un système régi par la routine et des automatismes. On parle souvent de faute d'inattention dans une telle situation où le travailleur a en fait raté ou omis une action, soit parce qu'il a été distrait pas une information, une interpellation, une interruption extérieure soit parce qu'il est perturbé par une préoccupation interne induisant une perte de vigilance. L'opérateur n'est pas conscient de commettre une erreur au moment où elle est produite. L'expérience montre que ces erreurs sont fréquentes mais très souvent récupérées.

– Les erreurs consécutives à la mise en œuvre d'une règle inadaptée dans un système bel et bien régi par des règles. L'opérateur a conscience de l'existence d'un problème mais n'applique pas la bonne règle parmi celles qui lui sont données car il a mal interprété ou évalué la situation à laquelle il est confronté. La solution choisie est inappropriée au cas d'espèce mais l'opérateur croit appliquer la bonne règle, notamment parce que cette solution est celle qui marche dans la plupart des cas similaires. Il se trompe parce qu'il n'a pas réussi à mémoriser la règle adéquate pour la circonstance ou parce qu'il n'a pas eu le temps de la mobiliser dans l'instant.

– Les erreurs de décisions consécutives aux décisions erronées prises dans une situation inédite et complexe où l'opérateur ne connaît pas la solution. Le raisonnement conduit s'avère faux et la solution choisie pour résoudre le problème inadaptée ou trop tardive.

Erreur ou violation de procédures interrogent la fiabilité humaine vue comme une des composantes de la fiabilité globale d'un système (fiabilité technique, organisationnelle...).

On tend de plus en plus à reconnaître que l'erreur humaine est le symptôme d'une faillibilité de l'organisation ayant rendu l'erreur possible ou son traitement inopérant. C'est pourquoi les accidents attribués à des erreurs doivent faire l'objet de retours d'expérience permettant de comprendre, avant toute recherche de responsabilité disciplinaire, ce qui s'est passé et pourquoi cela s'est passé ici, en vue d'en tirer des conséquences sur les failles du système n'ayant pas permis d'éviter, détecter et récupérer à temps l'erreur (voir aussi encadré 61).

1. James Reason, *L'erreur humaine*, PUF, 1993.

CHAPITRE 5

COMPRENDRE ET METTRE CONCRÈTEMENT EN ŒUVRE LES PRINCIPES GÉNÉRAUX DE PRÉVENTION

547. En affirmant depuis son « *arrêt Air France* » que l'employeur justifiant avoir pris toutes les mesures prévues par les articles L. 4121-1 et L. 4121-2 du Code du travail ne méconnaît pas l'obligation de sécurité qui lui incombe, la Cour de cassation a d'abord provoqué un soulagement lié à l'abandon d'une forme d'automaticité de la responsabilité attribuée à l'obligation de résultat. Mais cette formulation nouvelle de la jurisprudence appelle immédiatement de nouvelles questions : en quoi consiste concrètement la justification de « *toutes les mesures de prévention prévues par les articles L. 4121-1 et L. 4121-2* » ? Ces deux articles énonçant des principes généraux, quelle est exactement leur portée pratique ? À l'aune de quels critères peut-on considérer que l'employeur a satisfait ses obligations ?

548. Il est nécessaire, pour répondre à ces questions, de procéder en deux temps. D'abord en se livrant à une lecture de chaque PGP pris isolément, afin d'en mesurer la portée pratique (*cf. infra* 5.1). Ensuite, comme y invite le 7° de l'article L. 4121-2, en combinant ces principes *dans un ensemble cohérent de mesures de prévention* (*cf. infra* 5.2). On découvrira alors que la « nouvelle » jurisprudence maintient un très haut niveau d'exigence à l'égard de l'employeur et que sa principale vertu, d'ordre pédagogique, est de l'inciter à dépasser l'obstacle d'une obligation jugée insurmontable pour s'interroger sur ce qu'il faut faire et la voie à suivre pour le faire. On découvrira aussi que, dès le revirement jurisprudentiel de 2002 sur l'obligation de résultat, et plus que jamais de 2015, la jurisprudence a devancé, amorcé puis accompagné le mouvement contemporain à l'œuvre, visant à privilégier la prévention sur la réparation.

Encadré 60 : Articles L. 4121-1 et L. 4121-2 du Code du travail

Article L. 4121-1 :

L'employeur prend les mesures nécessaires pour assurer la sécurité et protéger la santé physique et mentale des travailleurs.

Ces mesures comprennent :

1° Des actions de prévention des risques professionnels, y compris ceux mentionnés à l'article L. 4161-1 ;

2° Des actions d'information et de formation ;

3° La mise en place d'une organisation et de moyens adaptés.

L'employeur veille à l'adaptation de ces mesures pour tenir compte du changement des circonstances et tendre à l'amélioration des situations existantes.

Article L. 4121-2 :

L'employeur met en œuvre les mesures prévues à l'article L. 4121-1 sur le fondement des principes généraux de prévention suivants :

1° Éviter les risques ;

2° Évaluer les risques qui ne peuvent pas être évités ;

3° Combattre les risques à la source ;

4° Adapter le travail à l'homme, en particulier en ce qui concerne la conception des postes de travail ainsi que le choix des équipements de travail et des méthodes de travail et de production, en vue notamment de limiter le travail monotone et le travail cadencé et de réduire les effets de ceux-ci sur la santé ;

5° Tenir compte de l'état d'évolution de la technique ;

6° Remplacer ce qui est dangereux par ce qui n'est pas dangereux ou par ce qui est moins dangereux ;

7° Planifier la prévention en y intégrant, dans un ensemble cohérent, la technique, l'organisation du travail, les conditions de travail, les relations sociales et l'influence des facteurs ambiants, notamment les risques liés au harcèlement moral et au harcèlement sexuel, tels qu'ils sont définis aux articles L. 1152-1 et L. 1153-1, ainsi que ceux liés aux agissements sexistes définis à l'article L. 1142-2-1 ;

8° Prendre des mesures de protection collective en leur donnant la priorité sur les mesures de protection individuelle ;

9° Donner les instructions appropriées aux travailleurs.

5.1 La signification et la portée pratique de chaque PGP

549. Conférer une portée pratique aux principes généraux de prévention revient à faire la démonstration qu'ils peuvent être traduits en actes. Nous examinerons par conséquent ici comment donner corps à chacun d'entre eux en pratique[1].

1. Sur le plan légistique, les principes généraux de prévention sont les articles figurant au titre deuxième du livre premier (Dispositions générales) de la partie IV du Code du travail. En pratique, il s'agit ici des neuf principes énumérés à l'article L. 4121-2, combinés aux règles de l'article L. 4121-1. Ces deux articles ne faisaient qu'un à l'origine (L. 230-2 ancien du Code du travail, scindé lors de la recodification).

5.1.1 Premier principe : éviter les risques

5.1.1.1 Une étape souvent occultée

550. Première précision d'ordre terminologique mais aussi méthodologique, l'exigence légale n'est pas d'éviter les *dangers* mais les *risques* (*cf. supra* 1.1.1 et 1.1.2.). Certaines activités sont dangereuses par nature parce que le procédé par lequel elles peuvent être mises en œuvre peut intrinsèquement causer des nuisances. Le décapage nécessite l'utilisation de produits dangereux, de chalumeaux ou de procédés abrasifs qui génèrent respectivement des vapeurs, des fumées ou des poussières dangereuses. Si l'employeur peut parvenir au même résultat avec une solution sans danger il doit bien évidemment le faire par application du 6e principe de prévention (principe de substitution). À défaut, il ne lui est pas demandé de renoncer à son activité mais d'éviter ou de réduire les risques, autrement dit d'éviter ou limiter l'exposition des travailleurs aux dangers identifiés.

551. On parle aussi de *situation dangereuse* ou de *situation à risques* pour qualifier l'exposition à une situation ou un phénomène pouvant créer un dommage immédiatement ou à plus long terme. L'exposition se fait dans l'instant mais la réalisation du risque, elle, peut être différée[1]. Dans certains cas, tels que les troubles musculosquelettiques (TMS) et les risques psychosociaux (RPS), les causes sont plurifactorielles, ce qui ne permet pas de les attribuer à un danger particulier mais à des facteurs, dits *facteurs de risque*, concourant à la réalisation du dommage (pression temporelle, absence d'aide, etc.) dont la conjonction et le cumul peuvent, par exemple, conduire au burnout.

552. En tout état de cause, *éviter les risques* implique de se livrer à une démarche de questionnement dont les chances de succès sont d'autant plus élevées qu'elles se situent le plus en amont de la *conception* d'une organisation, d'un système, d'une installation, d'un équipement, d'un bâtiment professionnel, c'est-à-dire au moment où tous les choix d'investissement ne sont pas encore arrêtés : lieu d'implantation, nature de la construction, type de procédé, modalités de production, d'organisation du travail, d'aménagement des lieux, etc. Il est alors encore possible de s'orienter vers les décisions qui n'exposent pas les travailleurs à des risques[2].

1. C'est la raison pour laquelle un danger grave et imminent n'est pas incompatible avec un risque différé : respirer une substance dangereuse telle que l'amiante crée une situation dangereuse ici et maintenant (immédiate) mais qui ne se réalisera potentiellement dans de nombreuses années. La situation à risques est le cumul de facteurs qui concourent à la réalisation du risque.

2. Il peut être recouru par exemple à des logiciels de simulation de l'activité future ou plus simplement à l'exploitation de retours d'expériences des travailleurs, à l'observation des postes existants ou encore à des essais et expérimentations réversibles avant implantation définitive ou généralisation d'une solution.

553. Durant cette phase de questionnements[1], très souvent occultée, la connaissance de la manière dont les opérateurs doivent s'y prendre concrètement pour réaliser leur travail est essentielle. Leur activité de travail réelle doit être au centre des interrogations :

– « *Que fait-on à ce poste de travail et où se situe le travailleur quand il le fait ?* » ;
– « *En quoi est-ce nécessaire dans le processus de production et pourquoi procède-t-il ainsi ?* » ;
– « *Comment s'y prend-il concrètement pour le faire ? Quelles sont les expositions dangereuses à ce moment-là ? Comment en est-il protégé ?* » ;
– « *Quand, combien de fois et pendant combien de temps le fait-il ?* » ;
– « *Quelles sont les phases d'interventions anormales ou ponctuelles prévisibles (pannes, réglages…) ?* » ;
– « *Où sont les autres travailleurs pendant toutes ces opérations ?* »
– *etc.*

554. C'est après avoir répondu à ces questions qu'il est permis de poser celle de la suppression des risques identifiés, à savoir : « Est-on obligé de faire cela ou de le faire ainsi ? Pourrait-on faire autrement, selon un autre procédé, avec un autre produit, etc. ? ».

5.1.1.2 Une efficacité maximale en phase de conception

555. L'expérience montre que des risques peuvent être évités en renonçant par exemple à une opération qui s'avère, après un examen approfondi, non indispensable[2]. Ou encore, dans une logique de sous-traitance de spécialité, en confiant une opération dangereuse à une entreprise spécialisée mieux équipée pour gérer le risque. Dans ce cas, une phase particulière de la production, qui ne relève pas du cœur de métier de l'entreprise mais d'un savoir-faire technique

1. À noter que cette phase ne doit pas être confondue avec l'évaluation des risques, qu'elle précède, puisque, par définition, on cherche encore à ce stade à éviter le risque.

2. Une entreprise utilisait des solvants dangereux pour le dégraissage de ses pièces entre chaque opération d'usinage. Elle a pu supprimer ces phases intermédiaires après s'être interrogée sur les motivations profondes de ces dégraissages successifs et avoir constaté que, compte tenu des fluides d'usinage qu'elle utilisait désormais, seules les opérations de dégraissage en entrée et sortie d'usine étaient réellement nécessaires. Après plusieurs semaines d'essais probants sous la houlette du service qualité, des dizaines d'opérations de dégraissage dangereuses mais aussi inutiles et coûteuses ont été supprimées, permettant au passage d'illustrer la possibilité de tirer un bénéfice économique direct d'une mesure de prévention.

qu'elle ne maîtrise pas, est transférée à une entreprise dotée des compétences et des moyens appropriés pour réaliser les travaux en toute sécurité[1].

556. Le contexte de la transition numérique est bien évidemment une occasion d'examiner la possibilité de supprimer des expositions dangereuses. L'installation de capteurs sur des organes très sollicités sur une machine permet par exemple de procéder au comptage de ses mouvements, d'anticiper l'usure des pièces sensibles et de procéder à des opérations de maintenance préventive avant la panne afin d'éviter les interventions d'urgence en mode dégradé. L'utilisation de robots en milieu hostile (espaces confinés, locaux pollués, etc.) permet d'éviter des interventions pénibles dans des zones exiguës ou des expositions à des agents chimiques dangereux dans des locaux contaminés, etc.

557. Le principe d'évitement des risques, qui relève de la prévention primaire, revêt donc une portée pratique réelle et constitue une étape de la démarche de prévention qui ne doit pas être occultée[2]. Il produit un maximum de résultats lorsqu'il est mis en œuvre lors des phases de conception d'un produit, d'une usine, d'un atelier, d'un système informatique et permet, par exemple :
– d'éviter des opérations d'ébavurage polluantes lors du démoulage de pièces sur une presse à injecter, en agissant sur la conception des moules de fabrication ;
– d'éviter les tâches de reprises manuelles et des opérations de manutention pénibles sur une nouvelle chaîne de production, en repensant l'enchaînement des opérations d'assemblage ;
– d'éviter les croisements dangereux entre chariots automoteurs et piétons sur les voies de circulation d'un futur atelier, en anticipant les flux de circulation interne des marchandises ;
– d'éviter la projection de poussières irritantes lors de la conception d'une nouvelle gamme de machines, en remplaçant son système gravitationnel d'approvisionnement de produits pulvérulents par un système de pompage, etc.

558. Ce travail ne peut être réalisé sans des échanges itératifs, sous la conduite du responsable de projet, entre concepteurs (architectes, ingénieurs, bureaux d'étude et des méthodes) et futurs utilisateurs (encadrement, travailleurs), en vue d'élaborer des cahiers des charges

1. Ex. : le décapage de pièces par trempage dans des bains, transféré d'une entreprise de mécanique à une entreprise spécialisée de la chimie. Le risque n'est pas supprimé à proprement parler mais *évité* dans la première entreprise et déplacé dans une entreprise où il est maîtrisé. Se posera toutefois la question de l'évaluation des autres risques créés pour la circonstance : transports routiers, manutentions, etc.

2. On notera que dans les deux exemples précédents, ce n'est pas le danger qui est supprimé mais le risque qui est évité par suppression de l'exposition au danger.

spécifiant les exigences du projet au regard de son impact sur les conditions de travail (*cf. infra* 5.1.3). Par définition, le temps consenti à l'ergonomie de conception (échanges, tests, aménagements, nouveaux tests…) peut augmenter le délai de réalisation du projet et même son budget initial. Il doit donc être résolument compris comme un investissement en prévention primaire dont les retours s'apprécieront plus tard à travers des gains de performance liés à l'amélioration des conditions de réalisation du travail.

Encadré 61 : L'erreur humaine sous la contrainte

Si le risque est le résultat de l'exposition à une source de danger, éviter le risque consiste essentiellement à ne pas exposer le travailleur au danger (*cf. supra* 1.1.1 et 1.1.2). Cette apparente banalité implique en réalité une disposition d'esprit particulière.

Ne pas exposer au danger revient en pratique à agir prioritairement sur l'organisation du travail. Or, une attitude courante en entreprise consiste à présupposer que le danger est inévitable. La solution la plus fréquente est donc de ne pas chercher à modifier le cadre d'exercice du travail et de compenser les risques qu'il génère par la mise en place de protections et consignes censées mettre le travailleur à l'abri. Ce faisant, au lieu d'*éviter*, c'est-à-dire agir sur les causes du risque, on ne fait que *protéger*, c'est-à-dire agir sur ses effets.

Dès lors, le travailleur est astreint à *côtoyer le risque* et à évoluer dans un système de contraintes qui convoque constamment sa vigilance. Il doit soit respecter en permanence les dispositifs et les consignes de sécurité, au risque de rendre le travail irréalisable, soit porter un ou des équipements de protection individuelle, dont l'efficacité dépendra du respect rigoureux et constant de leurs conditions d'utilisation (porter un harnais, des gants, un masque, des lunettes de protection, etc.). Or, la protection de sa santé et de sa sécurité n'est qu'une dimension de l'attention que le travailleur doit mobiliser pour réaliser son travail. Il est par ailleurs tenu de se concentrer sur sa tâche de travail, laquelle peut être complexe, d'obéir à des contraintes de productivité, de résultat, de qualité, et de faire face à des variations et aléas quotidiens qui alourdissent sa charge cognitive. Sommé de gérer de nombreuses injonctions, parfois paradoxales, auxquelles s'ajouteront ses propres préoccupations (soucis personnels, etc.), le travailleur finit par commettre ce qui, trop souvent, est réduit à une erreur humaine, une faute d'inattention, voire une négligence.

5.1.1.3 Éviter le risque sans le supprimer

559. Éviter le risque ne signifie pas forcément le supprimer. Les deux verbes sont aisément confondus mais ne sont pas synonymes. Supprimer le risque est un idéal qui suppose en réalité de parvenir à supprimer la cause de danger. Par exemple, être capable d'effectuer une opération en recourant à un procédé dans lequel l'utilisation d'un produit ou d'une machine dangereuse est purement et simplement éliminé. Mais de même qu'éviter un obstacle peut consister à le contourner plutôt qu'à l'éliminer, éviter le risque peut consister à le contourner pour ne plus y être exposé.

560. L'exemple à nouveau de la sous-traitance de spécialité évoquée au paragraphe précédent illustre la possibilité d'éviter un risque dans l'entreprise A en le confiant à l'entreprise B où, faute de pouvoir totalement le supprimer, il est mieux maîtrisé. Dans un autre domaine, celui du risque routier, la notion de sécurité active (ou sécurité préventive) illustre l'évitement du risque permis par des dispositifs qui agissent en amont sans pour autant faire de la conduite d'un véhicule une activité sans risque. Un dispositif antiblocage de roues (ABS) est ainsi de nature à éviter l'accident et donc considéré comme un élément de sécurité active. Il en va de même du clignotant, du feu de freinage, etc. qui permettent d'éviter le risque en le mettant sous contrôle. Par opposition, la sécurité passive, dans un véhicule, vise à réduire les conséquences d'un accident de la route, sans supprimer le risque, ni même l'éviter (ex. : ceinture de sécurité ou airbag).

Encadré 62 : Le principe d'évitement appliqué à la pandémie de Covid-19

Lors de la pandémie, dans un contexte fortement marqué par l'incertitude, les services du ministère du Travail se sont explicitement référés aux PGP pour adresser des recommandations aux entreprises (*cf. supra* 2.4.3.6).

Le recours massif au télétravail, en soustrayant les travailleurs aux circonstances professionnelles d'exposition au virus – la source de danger – était une application directe du premier de ces principes puisqu'il permettait à proprement parler *d'éviter le risque*. Le confinement rompait la chaîne de transmission.

Ce n'est que lorsque certaines activités dites *en présentiel* ne pouvaient être interrompues ou ne pouvaient plus être retardées que, par application des autres principes de prévention, des solutions alternatives devaient être activées. Il s'agissait alors de déterminer les conditions dans lesquelles l'exposition au danger, devenue inévitable, pouvait néanmoins être maîtrisée. Dans ce contexte, les débats sur le port du masque n'étaient pas dus uniquement à leur disponibilité. D'une part, les masques chirurgicaux sont une mesure individuelle – qui n'est pas la solution prioritaire dans les PGP (*cf. infra* 5.1.8) et ne sont de surcroît pas juridiquement assimilables à des *équipements de protection individuelle* –, d'autre part leur efficacité est conditionnée au respect de conditions d'utilisation rigoureuses en pratique rarement réunies ou respectées durablement[1].

C'est pourquoi, entre l'idéal de l'évitement et la contrainte individuelle du masque, il y avait lieu, dans le respect des PGP, d'interposer les *mesures techniques et organisationnelles collectives* permettant de créer la distance physique suffisante pour réduire au plus les circonstances d'exposition au virus et de faire du masque, non pas l'*alpha* et l'*oméga* de la protection, mais une mesure complémentaire, articulée avec les autres dans un ensemble cohérent d'actions et rendue nécessaire par l'insuffisance des seules mesures collectives pour réduire le risque au plus bas (*cf. infra* 5.2.1).

5.1.1.4 Une logique d'objectif à atteindre

561. Fondamentalement, le principe d'évitement du risque est à la racine d'une philosophie de la prévention qui ne se contente pas d'analyser les risques avérés mais vise leur élimination pure et simple chaque fois que possible. Là où certains voient dans cette ambition une vue de l'esprit (*cf.* encadré 63 ci-dessous), on peut au contraire lire le premier signe de l'effort de prévention qui incombe à l'employeur. On peut aussi y voir le sens véritable du revirement de la jurisprudence Air-France qui ne consacre pas tant le retour d'une obligation de moyens, fût-elle renforcée, qu'une substitution d'un *objectif à atteindre* à l'obligation de résultat. L'objectif à atteindre – ici, éviter le risque – conforte la logique dynamique d'amélioration continue portée par la démarche légale de prévention. Il témoigne des efforts attendus de l'employeur en lui fixant un objectif auquel il ne doit pas renoncer d'emblée puisqu'il doit toujours « *tendre à l'amélioration des situations existantes*[2] ». Le juge, en cas de contentieux, pourrait ainsi faire précéder son appréciation de la gestion des risques par une vérification des efforts de recherche entrepris pour les éviter. La proactivité de l'employeur qu'implique une telle démarche donne au risque une valeur secondaire, en ce sens que le travail bien conçu, avant

1. Le préventeur cherchant toujours à privilégier la solution collective sur la solution individuelle, il ne se résout à cette dernière que lorsque la première est impossible ou insuffisante. La question de la pertinence et des circonstances du port du masque se serait par conséquent posée même en l'absence de pénurie de certains catégories de masques. La principale crainte était que la focalisation sur l'usage obligatoire du masque se traduise par un relâchement sur les mesures collectives de distanciation.

2. Article L. 4121-1 du Code du travail.

d'être un risque, est un facteur de protection voire de développement de la santé[1].

Encadré 63 : Le « risque zéro n'existe pas... », adage trop commode

L'évitement des risques est souvent commodément évacué par l'adage selon lequel : « *le risque zéro n'existe pas* ». Si elle est exacte, cette formule peut rapidement passer du sens commun au lieu commun. Elle doit être utilisée avec beaucoup de prudence car, d'une part, elle ne doit pas conduire à écarter une solution qu'un examen sérieux aurait révélée possible, d'autre part elle n'est pas si aisément admise par la jurisprudence.

Dans un arrêt du 8 avril 2014[2] mettant en cause un exploitant minier poursuivi après un accident de travail suite à la chute d'un bloc de schiste consécutif à un tir de mine par explosif, la Cour de cassation a considéré que l'absence de risque zéro invoquée par l'employeur, lequel imputait l'accident au comportement fautif d'un autre salarié, n'est pas un motif d'exonération de sa responsabilité dès lors que des négligences ou imprudences peuvent être relevées à son encontre, en l'espèce : inobservation de la réglementation sur la sécurité applicable aux travaux miniers, absence de formation pratique à la sécurité, défaut de procédures et consignes adaptées dans un environnement dangereux (mines souterraines). L'inexistence du « *risque zéro* » a été jugée « *impropre à exonérer la société prévenue de son obligation de veiller à la stricte et constante application des règles de sécurité* » et à leur mise en œuvre effective par les travailleurs.

5.1.1.5 Un effort à documenter

562. L'employeur a tout intérêt à documenter les investigations conduites durant la phase de conception s'il veut être en mesure de rendre compte, parfois beaucoup plus tard, des efforts et recherches effectivement entrepris pour envisager des solutions alternatives et des choix techniques et organisationnels opérés sur le moment. Ceci dans un double objectif. Les PGP prévoyant l'obligation de tenir compte de l'évolution des techniques et de s'adapter aux changements de circonstance (*cf. infra* 5.1.5), l'employeur devrait pouvoir

1. Cette idée est explicitement reprise par exemple en Belgique où la loi du 4 août 1996 s'intitule loi « *relative au bien-être des travailleurs lors de l'exécution de leur travail* ». Le « *Code du bien-être au travail* » opère ainsi une bascule sémantique qui induit une réflexion et une posture nouvelles de l'employeur portée par le SPF (Service Public Fédéral, Emploi, Travail et Concertation sociale), passant d'un système demandant aux entreprises de mettre en place des moyens fixés par la législation (RGPT) à un système leur demandant d'atteindre des objectifs, à savoir préserver la santé et la sécurité de tous les travailleurs. Précisons que cette bascule ne doit pas être confondue avec la promesse de « bonheur au travail » qui accompagne parfois le lexique managérial.

2. Cass. crim., n° 12-84653.

démontrer que l'option qu'il a retenue au moment de investissements réalisés était la meilleure au regard des connaissances disponibles et des solutions éprouvées alors accessibles sur le marché. Il devra aussi garder en mémoire que la solution adoptée à ce moment-là devra être régulièrement réinterrogée au gré de l'évolution des connaissances et des techniques, de l'expérience et de la conscience acquises ou de l'acuité accrue de certains risques.

563. Enfin, toute solution de nature à éviter un risque existant doit être accompagnée d'une évaluation des risques déportés ou nouveaux qu'elle est susceptible de provoquer. Le recours à la sous-traitance de spécialité évoqué plus haut génèrera par exemple plus de transports et donc de risques routiers ou plus de risques liés à la coactivité, ce qui ne doit pas conduire à renoncer à l'alternative envisagée mais à rentrer dans un calcul des avantages et inconvénients ou des bénéfices et risques induits par chaque solution.

Encadré 64 : Un principe encore peu contrôlé

Alors que toute la démarche de prévention repose entièrement sur ce préalable, l'effort déployé par l'employeur pour éviter les risques est une étape dont le respect est encore peu vérifié par les corps de contrôle ou examiné par la jurisprudence.

Ceci révèle la persistance d'une croyance ancrée en l'existence d'un fort déterminisme technologique. Si, en pratique, de nombreuses démarches commencent directement par l'évaluation des risques c'est parce que l'on se résout trop rapidement à l'idée qu'on ne saurait les éviter, c'est-à-dire fabriquer, construire, produire, etc. sans recourir à des matières premières, des procédés et des techniques présentant par nature des dangers : schématiquement, il faut et il faudra toujours une scie circulaire pour découper une planche de bois et cette activité est intrinsèquement dangereuse. Ce même raisonnement a longtemps conduit à présenter l'amiante comme un matériau irremplaçable et donc un moindre mal… Il n'y aurait dès lors d'autre choix que de s'adapter aux risques inhérents à toute activité productive, quitte à omettre dans la foulée les principes généraux *d'adaptation du travail à l'homme* ou de *substitution de ce qui est dangereux par ce qui ne l'est pas ou l'est moins* (*cf. infra* 5.1.4 et 5.1.6).

Or, cet effort d'évitement du risque est d'autant plus vérifiable qu'il est outillé juridiquement. L'article R. 4222-12 du Code du travail en fournit un exemple en matière de pollution de l'atmosphère des locaux de travail : « *Les émissions sous forme de gaz, vapeurs, aérosols de particules solides ou liquides, de substances insalubres, gênantes ou dangereuses pour la santé des travailleurs sont supprimées, y compris, par la mise en œuvre de procédés d'humidification en cas de risque de suspension de particules, lorsque les techniques de production le permettent. À défaut, elles sont captées (…)* ». Ici, l'employeur est tenu de rechercher un procédé de travail moins émissif, l'arrosage des surfaces lui étant suggéré à titre d'exemple. Il doit explorer les différentes techniques de production existantes. « *À défaut* », et à défaut seulement, il devra capter les polluants, mais il s'agit déjà d'une *solution dégradée* car l'efficacité d'un dispositif de captage est soumise à de nombreuses exigences techniques et organisationnelles, dont il faudra constamment vérifier le respect (maintenance des installations, vérification périodique de ses performances, etc.).

5.1.2 Deuxième principe : évaluer les risques qui ne peuvent être évités

564. L'évaluation des risques peut recouvrir des acceptions différentes selon le milieu auquel elle s'applique. Dans le domaine médical par exemple, elle peut consister à évaluer le caractère acceptable des risques, en fonction d'estimations et de critères d'acceptabilité préalablement définis. Faute de définition dans le Code du travail, on retiendra qu'en matière de santé au travail, elle est la phase de la démarche de prévention dans laquelle les risques sont évalués en vue du choix des mesures de prévention.

5.1.2.1 Une étape chronologiquement située

565. Les phases de conception d'une nouvelle activité ou d'aménagement important d'un lieu de travail sont des moments décisifs pour parvenir à l'évitement des risques mais cette étape peut ne pas aboutir. Surtout, le cas le plus fréquent est celui où l'employeur doit composer avec l'existant. Il doit alors *évaluer les risques qui ne peuvent être évités*[1].

566. Une idée reçue voulant que la prévention en santé au travail repose sur l'évaluation préalable des risques, il est essentiel de rappeler que *démarche de prévention* et *démarche d'évaluation* ne se confondent pas. La démarche d'évaluation est un sous-ensemble de la démarche de prévention et doit donc être appréhendée comme une des étapes de la démarche de prévention, certes cruciale mais insuffisante. Autrement dit, l'évaluation n'est pas une fin en soi et doit nécessairement trouver son prolongement dans des actions de prévention. L'expérience a cependant montré que le document unique d'évaluation des risques professionnels (DUERP) restait souvent sans suite. C'est pourquoi la loi du 2 août 2021 a prévu, selon la taille de l'entreprise, soit d'associer à ce document un « *programme annuel de prévention des risques professionnels et d'amélioration des conditions*

1. En l'espèce, il s'agit des risques qui *n'ont pu* ou *n'ont pas* été évités en son temps quand bien même ils auraient pu l'être.

de travail », soit de consigner directement dans le document unique la liste des « *actions de prévention des risques et de protection des salariés* »[1].

567. Par ailleurs, l'énoncé du principe d'évaluation est on ne peut plus clair : il s'agit d' « *évaluer les risques qui ne peuvent être évités* ». Même si l'évaluation se situe en amont de la démarche de prévention, elle intervient chronologiquement *après* – et seulement après – qu'ait été constatée l'impossibilité d'éviter le risque[2]. Il s'agit d'une exception à la règle selon laquelle l'énoncé des PGP n'est pas séquencé par ordre prioritaire ou chronologique. Ici, les deux premiers PGP – *éviter*, à défaut *évaluer* – sont par définition les deux premières étapes d'une démarche de prévention[3].

568. Enfin, le résultat de l'évaluation préalable peut révéler un risque si élevé qu'il conduira l'employeur à renoncer à l'utilisation du procédé ou du produit initialement prévu et à recourir à une autre méthode de travail, pas ou moins dangereuse, par application du principe de substitution (*cf. infra* 5.1.6). C'est un cas de rétroaction vertueux où l'évaluation, censée n'intervenir que lorsque le risque ne peut être évité, aboutit *in fine* à l'écarter. Il y a donc lieu de toujours faire précéder une action de prévention d'un questionnement et d'investigations sur la possibilité d'éviter le risque. Lorsque tel est le cas, une solution alternative permet d'en supprimer purement et simplement l'occurrence (prévention primaire). Dans le cas contraire, le risque doit être évalué afin d'en réduire l'occurrence ou la gravité, *via* des mesures de protection (prévention secondaire) (*cf. supra* 1.3). Dès lors, bien qu'il n'existe aucune obligation explicite de le faire[4], l'employeur a tout intérêt à assurer une traçabilité de la veille qu'il conduit en vue d'identifier et, si possible, éviter les risques avérés, soupçonnables ou prévisibles, générés par son activité (recherches, démarches ou réflexions menées avec les préventeurs institutionnels, la branche professionnelle, auprès des fournisseurs, etc.).

1. L'obligation de prendre des mesures de prévention au vu des résultats de l'évaluation existait déjà dans les PGP (article L. 4121-3) mais, à la différence de l'évaluation proprement dite, n'était adossée à aucun formalisme obligatoire. Par ailleurs, l'établissement d'un programme annuel d'action était aussi prévu dans les entreprises pourvues d'un CHSCT mais sans que soit établi de lien direct avec le DUER et sans obligation d'en produire un en l'absence de CHSCT (puis CSE ou CSSCT dans les entreprises d'au moins cinquante salariés).

2. Il s'agit d'une exception à la règle selon laquelle l'énoncé des PGP n'est pas séquencé par ordre prioritaire ou chronologique. Les deux premiers PGP sont par définition les deux premières étapes d'une démarche de prévention.

3. On verra toutefois plus loin qu'il aurait été préférable d'inscrire en toutes lettres un premier principe *d'identification des dangers*.

4. Sauf exception, par exemple celle prévue à l'article R. 4412-66, en présence d'agents CMR, sous la forme de l'obligation de démontrer l'absence de produit de substitution trouvé : « *L'employeur consigne le résultat de ses investigations dans le DUER* ».

5.1.2.2 Une obligation par nécessité peu cadrée

569. L'évaluation des risques s'applique à toutes les situations de travail mais reste relativement peu encadrée sur le plan réglementaire, ce qui laisse de larges marges de manœuvres à l'entreprise sur les plans méthodologique et pratique (choix du support, du format...). Le Code du travail, dans les décrets de sa partie IV, décline souvent l'ensemble des paramètres qui doivent être pris en compte pour procéder à l'évaluation de chaque type de risque (chimique, bruit, vibrations...), mais ne précise jamais la nature exacte des outils ou méthodes qui devraient être utilisés[1]. Il revient à l'employeur d'utiliser l'ensemble des données pertinentes, qui peuvent être aussi bien de nature quantitative que qualitative, puis de choisir la méthode et l'échelle de cotation de son choix, aucune n'étant obligatoire ou exclusive.

570. Les données à recueillir n'impliquent pas nécessairement de procéder à des mesurages. Le risque contient par nature une part d'incertitude dont l'évaluation est le résultat d'un processus appréciatif[2] ne pouvant être réduit au calcul d'un seuil ou d'une limite[3]. Pour objectiver et documenter les expositions, l'employeur doit bien entendu s'appuyer sur des méthodes éprouvées et rigoureuses, au besoin validées scientifiquement. Mais cette science n'est pas à proprement parler exacte et l'évaluation se rapproche de ce point de vue

1. Exemple, pour le risque chimique : « *Pour l'évaluation des risques, l'employeur prend en compte, notamment :*

1° Les propriétés dangereuses des agents chimiques présents sur les lieux de travail ;

2° Les informations relatives à la santé et à la sécurité communiquées par le fournisseur de produits chimiques (...) ;

3° Les renseignements complémentaires qui lui sont nécessaires obtenus auprès du fournisseur ou d'autres sources aisément accessibles ;

4° La nature, le degré et la durée de l'exposition ;

5° Les conditions dans lesquelles se déroulent les activités impliquant des agents chimiques, y compris le nombre et le volume de chacun d'eu ;

6° Les valeurs limites d'exposition professionnelle et les valeurs limites biologiques (...) ;

7° L'effet des mesures de prévention prises ou à prendre sur le risque chimique ;

8° Les conclusions fournies par le médecin du travail (...) (art. R. 4412-6).

2. On parle alors d'évaluation du risque plutôt que de mesure car il est admis que l'évaluation des risques est un processus subjectif dont le résultat ne saurait être le produit d'une mesure experte. « *Le risque n'existe pas dans la nature indépendamment de nos esprits et de notre culture. L'homme a inventé le concept de risque pour l'aider à comprendre et à faire face aux dangers et aux incertitudes de la vie. Si ces dangers sont bien réels, il n'y a ni risque réel ni risque objectif* », Daniel Kahneman, dans « Système 1, système 2 », citant Paul Slovic, *La perception du risque*.

3. Des mesurages réguliers peuvent être des indicateurs précieux à condition d'être représentatifs de l'activité et de l'exposition des salariés. Ils peuvent restituer des résultats systématiquement inférieurs aux valeurs limites sans refléter des expositions réelles, erratiques mais intensives, résultant d'opérations non prises en compte dans la stratégie de prélèvement.

d'une estimation. Ceci est particulièrement vrai pour l'évaluation de risques multifactoriels tels que les troubles musculosquelettiques (TMS) ou les risques psychosociaux (RPS)[1] mais s'applique plus généralement à tous les risques. D'une part, sauf à déployer un monitorage constant et en pratique irréalisable, le niveau d'exposition réelle à une nuisance ne peut le plus souvent qu'être approché. D'autre part, l'intérêt de l'évaluation n'est pas tant de quantifier une exposition que de repérer et qualifier les facteurs et circonstances de risque qui justifient des actions de prévention. Les résultats de mesurage, quand ils existent, permettent de hiérarchiser et prioriser ces actions mais doivent être enrichis par l'analyse qualitative. Celle-ci peut s'appuyer sur les retours d'expérience tirés des incidents, presqu'accidents, accidents et autres événements dits indésirables survenus par le passé dans l'entreprise et susceptibles de faire émerger des signaux faibles dignes d'attention. L'existence d'un dispositif de remontée de ces éléments, notamment par le recueil de la parole des travailleurs à partir d'entretiens individuels ou collectifs, doit par conséquent compléter les campagnes de mesurage[2].

571. Par ailleurs, les méthodes de cotation des risques auxquelles il est souvent recouru ne sont elles-mêmes pas exemptes de subjectivité, y compris lorsqu'elles mobilisent des formules mathématiques, dès lors qu'elles passent par une catégorisation comprenant une part non négligeable d'interprétation. Il en est ainsi lorsque les expositions sont *in fine* qualifiées de *rares*, *fréquentes*, *peu fréquentes* ou les risques d'*improbables*, *peu probables ou probables*, etc. (*cf.* encadré 65 ci-dessous).

572. Enfin, l'évaluation du risque par la seule quantification pourrait être contestée jusque dans son principe car elle supposerait l'existence pour chaque risque d'effets déterministes[3] et de seuils de dose en deçà desquels aucun effet pour la santé ne se produirait. Or, de tels raisonnements ne sont pas applicables à de nombreuses expositions, dont les conséquences pour la santé sont indépendantes d'un effet de seuil, par exemple en cas d'exposition à des agents cancérogènes. Ils

1. On cherchera en vain dans le Code du travail des indications sur la manière d'évaluer les risques de TMS ou psychosociaux alors qu'il ne fait pas de doute qu'ils doivent l'être. Mais il s'agit de risques multifactoriels, dont les déterminants organisationnels ou d'ordre subjectif ne se laissent pas circonscrire par une approche unique et quantitative.

2. Ces dispositifs sont aussi un moyen de mettre en débat les résultats de ces campagnes et de comprendre certains pics d'exposition, liés à des pratiques ou des activités précises, sur lesquels il sera plus facile ensuite d'agir en prévention.

3. Il s'agit d'effets directement liés à la dose, qu'on distingue des effets stochastiques, par exemple certains effets des rayonnements ionisants, qui se produisent par hasard et dont la probabilité d'apparition est proportionnelle à la dose mais dont la gravité de l'effet est indépendante de la dose reçue.

font par ailleurs abstraction des polyexpositions et des situation dangereuses plurifactorielles et ne sont tout simplement pas pertinents pour l'évaluation de nombreux risques tels que le burnout ou le risque routier, pour ne citer qu'eux. Il s'ensuit qu'il n'est pas possible ni souhaitable d'imposer une méthode d'évaluation des risques universelle et qu'il appartient à l'employeur de recourir à des outils d'évaluation différents selon la nature du risque[1].

573. Dans cet esprit, une circulaire ministérielle du 18 avril 2002[2] explicite le cadre de l'évaluation des risques, sans s'appesantir sur son contenu. Elle se concentre sur la qualité de la démarche (étapes clé, conditions de réalisation) et précise que l'évaluation ne se réduit pas à un relevé brut de données mais doit constituer « *un véritable travail d'analyse des modalités d'exposition des salariés à des dangers ou à des facteurs de risques* ». Elle est le préalable à la définition des actions de prévention en produisant la connaissance nécessaire à la hiérarchisation et à la planification des actions à conduire, sur la base des risques inhérents à l'activité, des circonstances et niveaux d'exposition de travailleurs et des risques résiduels après déploiement des actions de prévention.

Encadré 65 : Méthodes courantes d'évaluation des risques

De nombreuses méthodes d'analyse et d'évaluation des risques, plus ou moins complexes et émanant de sources variées, sont mises aujourd'hui à la disposition des employeurs. Ces méthodes utilisent généralement un ensemble de paramètres qui se cumulent ou s'articulent entre eux selon des formules qui intègrent la fréquence d'exposition, la gravité du dommage potentiel, l'intensité et la durée d'utilisation, les mesures de prévention déjà en place, etc. Elles permettent de hiérarchiser les risques. Les méthodes les plus courantes passent par l'utilisation d'un système simplifié de cotation des risques encourus pour une activité déterminée.

– La fréquence d'exposition[3] est en général cotée de 1 à 3. Par exemple : « *1 = quelques fois, 2 = souvent, 3 = en permanence* » ou « *1 = moins d'une fois par mois, 2 = une à plusieurs fois par mois, 3 = une à plusieurs fois par*

1. Aussi, le mot « unique » utilisé dans la locution « document unique d'évaluation des risques », ne s'applique évidemment pas à la démarche d'évaluation. Le risque chimique et les RPS ne mobilisant pas les mêmes approches (*cf. infra* 10.1.5), l'unicité se rapporte au support de l'évaluation, qui peut en revanche rassembler en un seul dossier des sources de nature très variée.

2. Circulaire DRT n° 6 du 18 avril 2002 prise pour l'application du décret n° 2001-1016 portant création d'un document relatif à l'évaluation des risques pour la santé et la sécurité des travailleurs, prévue par l'article L. 230-2 du Code du travail et modifiant le Code du travail.

3. La fréquence d'exposition peut être remplacée par la probabilité du dommage, qui intègre l'exposition à une situation dangereuse, la probabilité d'un événement dangereux et la possibilité d'évitement du dommage.

jour »), ou en prenant en compte la durée d'exposition (1 = 5 minutes par jour, 2 = une heure par jour, 3 = 8 heures par jour) ;

– La gravité des dommages est également souvent cotée de 1 à 3. Par exemple : « *1 = faible, 2 = moyenne, 3 = forte* » ou « *1 = bénigne, 2 = avec arrêt, 3 = grave* ».

Le produit de la fréquence et de la gravité conduit, pour l'ensemble des risques identifiés, à une cotation de 1 à 9 des *risques bruts*, c'est-à-dire avant mesures de prévention. Un risque peu probable et dont les effets sont très faibles sera coté 1 (1 × 1), tandis qu'un risque présentant une forte probabilité et dont les effets sont potentiellement graves sera coté 9 (3 × 3).

		IMPACT				
		1	2	3	4	5
PROBABILITÉ	1	1	2	3	4	5
	2	2	4	6	8	10
	3	3	6	9	12	15
	4	4	8	12	16	20
	5	5	10	15	20	25

– Pour arriver à une estimation du *risque résiduel*, ce résultat est ensuite affecté d'un coefficient pondérant ou majorant, en fonction des mesures de prévention déjà mises en œuvre. Ces mesures peuvent aussi être cotés de 1 à 3 (par exemple : « *1 = très efficace, 2 = peu efficace, 3 = inefficace* ».

La cotation du risque résiduel peut donc aller de 1 (1 × 1 × 1) à 27 (3 × 3 × 3).

574. Certaines grilles, plus descriptives, privilégient à la cotation une appréciation qualitative. Elles identifient les phases de travail, les dangers ou facteurs de risque associés, les modalités d'exposition des travailleurs aux dangers et concluent par une appréciation du type « satisfaisant », « à améliorer » ou « à revoir ».

575. L'INRS et les services de prévention des CARSAT proposent des méthodes d'évaluation des risques générales ou propres à un secteur d'activité ou une profession. L'OPPBTP le fait pour les métiers du bâtiment et des travaux publics. Des branches professionnelles ont développé des outils d'évaluation pour les métiers relevant de leur champ. Certaines méthodes proposent des approches non pas par métiers mais par risque : norme AFNOR X 35-109 pour les manutentions manuelles, check-list OSHA pour les TMS, méthode Seirich de l'INRS pour le risque chimique, etc.

576. L'évaluation des risques fait donc appel à des outils d'analyse très variés selon le risque abordé ou la nature de l'activité. Pour un même risque, le croisement de méthodes quantitatives et qualitatives est souvent nécessaire. Afin d'accéder à la compréhension de tous les déterminants de l'activité susceptibles de générer des situations dangereuses, l'évaluation quantitative est complétée par des grilles de questionnement non fermées, des entretiens avec les opérateurs et bien sûr une observation concrète du travail à leur poste de travail, qui permettent de faire le lien entre le cumul des contraintes auxquelles ils sont exposés et les effets sur leur santé. L'analyse de l'activité réelle évite de se limiter à une catégorisation et une quantification risque par risque, en particulier pour les risques plurifactoriels tels que les TMS ou les RPS.

577. Nombre des outils proposés peuvent être utilisés sans qu'il soit nécessaire de recourir à un prestataire extérieur, *a fortiori* dans les entreprises dotées de compétences internes en matière de santé et sécurité. Il peut toutefois être utile de se faire accompagner lors de la phase de démarrage pour être certain d'en faire un bon usage, notamment au moment de l'interprétation des résultats. Les services de santé au travail sont désormais habilités à appuyer les entreprises dans la démarche d'évaluation des risques. Mais quelle que soit la nature de l'aide extérieure, celle-ci doit toujours être orientée vers une autonomisation de l'entreprise de sorte que celle-ci s'approprie la méthode proposée et soit progressivement en mesure de la déployer seule. La sous-traitance de l'intégralité du processus d'évaluation puis de ses mises à jour, quelle qu'en soit la qualité, ne saurait permettre une amélioration durable de la santé au travail ni bien entendu exempter l'employeur de sa responsabilité en cas d'accident.

Encadré 66 : Les limites de la quantification : l'exemple des seuils de pénibilité

Les difficultés inhérentes à l'évaluation strictement quantitative ont été particulièrement mises en évidence en matière de lutte contre la pénibilité. La loi du 9 novembre 2010 portant réforme des retraites définissait la pénibilité au travail comme une exposition à des facteurs de risques professionnels « *susceptibles de laisser des traces durables, identifiables et irréversibles sur la santé* ». Elle a conduit à fixer 10 facteurs de pénibilité. Des difficultés pratiques sérieuses ont surgi quand il s'est agi de définir les méthodes de calcul et de contrôle permettant d'apprécier, pour chaque travailleur, le niveau d'exposition susceptible de générer de telles traces. Le Code du travail, en 2015, a finalement assorti les facteurs de pénibilité de seuils réglementaires.

Le travail répétitif, par exemple, fut « *caractérisé par la réalisation de travaux impliquant l'exécution de mouvements répétés, sollicitant tout ou partie du membre supérieur, à une fréquence élevée et sous fréquence contrainte* ». Mais seuls ont été retenus les gestes répétitifs réalisés durant des temps de cycle inférieurs ou égal à 30 secondes et impliquant 15 actions techniques ou plus, ou les temps de cycle variables comprenant 30 actions ou plus par minute, le tout pendant au moins 900 heures par an.

La fixation de tels seuils a conduit, pour un même facteur de risque, à des confusions entre, d'une part, la reconnaissance à des fins de compensation[1] d'un niveau de pénibilité induisant une diminution de l'espérance de vie sans pathologie, d'autre part, le niveau bien plus faible à partir duquel l'apparition d'un risque pour la santé doit être constaté et pris en compte. Les seuils de pénibilité étant des seuils technico-règlementaires destinés à refléter l'intensité et le cumul d'une exposition tout au long de la vie, ils n'étaient en aucune manière des seuils de prévention et devaient être dissociés de l'exercice d'évaluation des risques proprement dite, susceptible, en application des PGP, de déclencher des actions de prévention à partir de niveaux d'exposition bien moins élevés. C'est le cas du travail répétitif, dont les effets délétères peuvent se révéler et être combattus bien en deçà des seuils précités (*cf. infra* 11.1.4.2.3).

5.1.2.3 Un champ d'application étendu à tous les facteurs de risque

578. Aux termes de l'article L. 4121-3, le champ sur lequel l'employeur doit faire porter l'évaluation est particulièrement vaste. L'énumération de l'article, bien qu'un peu datée et manifestement pensée pour un univers industriel, montre que tous les facteurs exerçant potentiellement une influence sur la santé et la sécurité des travailleurs doivent être pris en compte. Elle n'est pas exhaustive et comprend :

- *Le choix des procédés de fabrication, des équipements de travail, des substances ou préparations chimiques*. Le fait de se placer au stade du choix n'est pas anodin. Il atteste que l'impact des investissements de l'entreprise sur la santé au travail doit être intégré dès la phase de conception d'un projet, aux côtés des autres paramètres décisionnels (économiques, techniques, commerciaux, etc.).
- *L'aménagement ou le réaménagement des lieux de travail ou des installations.* Cette mention rappelle que le travail est toujours situé dans l'espace, même en cas de télétravail, et que l'environnement de travail est un des déterminants de l'évaluation des conditions de travail. Elle intègre aussi les changements de circonstances en incluant les *réaménagements* lesquels ont nécessairement un impact sur l'évaluation des risques initiale et appellent *a minima* sa mise à jour, voire constituent une opportunité de refonte complète et d'amélioration des conditions de travail antérieures.

1. En l'occurrence l'acquisition de points permettant d'accéder à une formation de reconversion, de travailler à temps partiel ou de partir de manière anticipée.

- *L'organisation du travail.* Cet ajout provient de la loi du 2 août 2021 et consacre la reconnaissance du risque organisationnel, en particulier sous l'angle des RPS susceptibles d'être générés par des formes d'organisation du travail innovantes mais trop souvent introduites et observées à l'aune des seuls gains de performance économique escomptés, au détriment des effets potentiels sur la santé.
- *La définition des postes de travail.* La notion de poste de travail est appariée à l'univers statique de la production industrielle de biens ou services et ne correspond plus nécessairement à la réalité du travail de nombreuses personnes mais on comprend une fois de plus qu'il s'agit d'agir dès la phase de *définition* du travail et donc au stade où les choix de prévention primaire sont encore possibles et doivent être privilégiés.

5.1.2.4 Une profondeur d'analyse en fonction de la nature de l'activité

579. Selon la loi, l'évaluation des risques doit être réalisée en tenant compte de la nature des activités de l'établissement. La profondeur de l'analyse n'est donc pas la même selon que l'entreprise exerce une activité réputée dangereuse ou pas, fortement réglementée ou non. Les installations classées pour la protection de l'environnement (ICPE), dont l'exploitation des plus dangereuses est soumise à une autorisation administrative préalable, sont par exemple régies par des dispositions impliquant une analyse détaillée des risques pour l'environnement, mobilisant de nombreuses données et souvent confiée à des experts externes. Elles disposent obligatoirement d'un *système global de gestion des risques* qui inclut les risques professionnels. Le DUER des entreprises concernées est documenté en conséquence.

580. L'analyse des risques revêt par exemple une acuité particulière dans des entreprises dont l'activité comporte un risque d'explosions. Toutes les circonstances prévisibles d'explosion doivent alors être prises en compte et faire l'objet de scénarios anticipant les effets potentiels des décisions d'investissement ou d'organisation du travail sur ce risque particulier. Celui-ci variera selon que l'on utilisera des matières premières pulvérulentes, liquides ou gazeuses, que l'on recourra à des procédés impliquant des sources de chaleur ou d'ignition, que les installations de production seront approvisionnées par gravité ou par pompage en système clos automatisé, que les équipements utilisés seront ou non antidéflagrants, que les installations électriques ou les systèmes de ventilation seront adaptés à ce risque, etc. La nécessité pour l'employeur d'éviter les risques en intervenant le plus en amont possible de ses choix est ici clairement renforcée.

5.1.2.5 Une prise en compte de l'impact différencié de l'exposition en fonction du sexe

581. La loi du 4 août 2014 pour l'égalité réelle entre les femmes et les hommes a inséré dans l'article L. 4121-3 du Code du travail une disposition prévoyant que l'évaluation des risques doit tenir compte de *l'impact différencié de l'exposition au risque en fonction du sexe*. Cette approche sexuée des expositions aux risques mérite quelques explications car une lecture trop rapide pourrait conduire à une interprétation essentialiste contraire à l'intention du législateur, conduisant à écarter les femmes de certains emplois, postes ou activités en cas de constat d'une sinistralité ou d'un absentéisme plus élevé de leur part.

582. La formulation de l'article L. 4121-3 renvoie en réalité à un constat simple mais souvent peu mis en visibilité : les femmes et les hommes ne sont pas exposés aux risques de la même façon dans la même entreprise. Cette exposition différenciée s'exprime au travers de la spécialisation des métiers pour les femmes et pour les hommes. Les premières sont exposées de manière distincte et plus soutenue à certains facteurs de risques en raison de leur assignation à certaines tâches tout au long de leur journée de travail mais aussi de leur parcours professionnel. Cette spécialisation conduit à des expositions durables des femmes à certains facteurs de risques, dont une approche indifférenciée entraîne une sous-évaluation potentielle. Ainsi, certaines contraintes apparaissent plus marquées pour certains emplois à prédominance féminine, pourtant associés dans les représentations à des emplois moins spectaculaires[1] et dangereux que ceux occupés par les hommes.

583. Des effets différenciés sur la santé existent également dans le cas d'expositions aux mêmes risques en raison de différences biologiques, qui évoluent avec l'âge, par exemple sur la santé reproductive lors de l'exposition à certains agents chimiques (CMR). S'y ajoutent des expositions qui se cumulent de manière différenciée selon les contextes (plus d'incivilités et de sexisme, moins de mobilité et de promotions, turn-over...). De même, les femmes et les hommes ne sont pas exposés dans leurs emplois aux mêmes contraintes temporelles du travail (durée du travail, horaires...). Leurs activités hors travail restent également largement différentes, les femmes assumant une majorité des activités domestiques et familiales. Des phénomènes

1. Ex. : dans une verrerie produisant des flacons destinés à l'industrie pharmaceutique, les postes des hommes affectés à la conduite des machines, exposés au bruit, à la chaleur, aux éléments mobiles des machines, apparaissent visuellement plus pénibles que ceux des femmes participant en bout de chaîne de production au conditionnement des flacons dans une salle blanche. Ces derniers génèrent toutefois des gestes répétitifs, des contraintes posturales et des manutentions manuelles peu décelables au premier regard, entraînant une forme d'invisibilité des risques (TMS).

d'usure professionnelle (TMS, santé mentale) peuvent dès lors se manifester en raison du maintien au même poste sans perspective d'évolution ou avec des phénomènes de discrimination.

584. L'évaluation de l'impact différencié doit permettre de mettre ces éléments en visibilité et conduire à des plans d'action visant à rendre tous les postes de travail et emplois accessibles et durablement soutenables aux femmes comme aux hommes. Le constat est par ailleurs régulièrement fait que l'amélioration des conditions de travail de ces dernières profite à toute la communauté de travail[1].

585. En conséquence, il est conseillé sur le plan méthodologique de veiller à impliquer des femmes dans les groupes de travail chargés de procéder à l'évaluation des risques et de sensibiliser tous les acteurs à l'intérêt et la nécessité d'une approche sexuée. L'unité de travail considérée ne doit par exemple omettre aucun(e) travailleur(se) et aucun risque, notamment ceux des métiers à prédominance féminine qui interviennent souvent en dehors des horaires habituels (agents de nettoyage...), à temps partiel, absent(e)s au moment de la mise en œuvre de la démarche, ni ignorer la répartition sexuée des postes au sein de l'unité. Le recours à des critères classant permet de disposer de données de santé et sécurité croisées avec le sexe et l'âge et de mettre en visibilité des différences d'exposition ou des expositions sous-estimées[2].

1. L'aménagement d'un poste de travail pour le rendre accessible à des personnes de toute taille et de toutes forces physiques se fait au bénéfice de tous les travailleurs.

2. Au plan national, en analysant les données de la CNAM, l'Anact a mis en évidence, sur le périmètre du régime général, une baisse du nombre des AT pour les hommes en 2013 mais une augmentation pour les femmes. Si celles-ci sont 2 fois moins accidentées que les hommes, la baisse du nombre d'accidents avec arrêt depuis 13 ans (-17 % sur 2000-2013) masque des évolutions asymétriques selon le sexe : diminution de 29 % pour les hommes et dans toutes les branches d'activités et augmentation de 25 % pour les femmes. Dans le même sens, la baisse du taux de fréquence de 24,7 à 22 entre 2005 et 2010 masque une nette baisse pour les hommes de 30,7 à 26 et une stagnation, voire légère augmentation pour les femmes de 16 à 16,4. D'après les données CNAM-TS de 2001 à 2013 il y a baisse des accidents pour les femmes et les hommes dans les secteurs à prédominance masculine (métallurgie, chimie, bois). Mais dans les secteurs en croissance d'effectifs mixtes ou à prédominance féminine tels que la santé, le nettoyage, le travail temporaire, avec une progression globale de l'effectif de 16 %, on note une baisse des accidents de 32 % pour les hommes et une hausse de 62 % pour les femmes. Ce qui suggère que les femmes sont rentrées sur le marché du travail sur des activités en croissance mais sur des postes exposés aux risques insuffisamment évalués et reconnus. Constat identique s'agissant des maladies professionnelles (MP) reconnues : on note une progression 2 fois plus rapide pour les femmes que pour les hommes. Sur une période de 12 ans, les maladies déclarées (à 80 % des TMS), ont augmenté pour les femmes (+160 %) presque 2 fois plus vite que pour les hommes (+79 %) avec en 2013 autant de maladies déclarées pour les unes que pour les autres. Une étude de la Dares a montré qu'en 2007 le taux de fréquence des MP était de 16,4 pour les femmes et 13,5 pour les hommes (mais de 68,1 pour les ouvrières et de 26,1 pour les ouvriers).

Encadré 67 : Les femmes plus exposées aux exigences émotionnelles et au manque de soutien social

Selon les chiffres clés sur les conditions de travail et la santé au travail (Dares, DGT, Santé publique France ; août 2021), « *En 2016, 25 % des salariés déclarent devoir cacher ou maîtriser leurs émotions et 16 % devoir éviter de donner leur avis. Les exigences émotionnelles au travail sont particulièrement élevées dans les relations de service, où la personne doit maîtriser et façonner ses propres émotions mais également celles du public avec qui elle est en contact. Les femmes sont plus concernées que les hommes, notamment par le fait de devoir cacher leurs émotions (31 % contre 19 %) car elles occupent plus souvent que les hommes des emplois en contact avec un public. Être exposé aux exigences émotionnelles peut s'avérer délétère pour le bien-être psychologique : les salariés qui y sont exposés sont trois fois plus nombreux à déclarer un bien-être réduit* ».

5.1.2.6 Une étape concertée

586. Même si l'évaluation des risques est de la responsabilité de l'employeur, sa qualité dépend de l'accès à la connaissance des conditions réelles d'exécution du travail des opérateurs que celui-ci parvient à avoir. Cet accès n'est pas aisé car une bonne partie des pratiques des travailleurs, qu'elles soient vertueuses ou au contraire dangereuses pour la sécurité, est souvent le fruit de règles implicites, non verbalisées et tellement intégrées par eux qu'elles sont invisibles. Le dialogue social, au sens large, *via* l'association des représentants du personnel et plus généralement de l'ensemble des travailleurs lors du processus d'évaluation, est le moyen de leur donner la parole et d'évaluer au plus près leurs contraintes. Ainsi, l'article L. 4121-3 prévoit que « *dans le cadre du dialogue social dans l'entreprise* », le comité social et économique (CSE) et sa commission santé, sécurité et conditions de travail (CSSCT), quand ils existent, « *apportent leur contribution à l'évaluation des risques professionnels dans l'entreprise* ». Le CSE doit en outre être consulté sur le DUER et sur ses mises à jour.

587. Par ailleurs, l'expertise requise par la technicité de certains sujets doit conduire l'employeur à s'entourer de toutes les compétences disponibles en interne (le ou les *salariés compétents* pour s'occuper des activités de protection et de prévention des risques professionnels désignés en application de l'article L. 4644-1, le service de prévention et de santé au travail autonome) ou en externe (les IPRP[1] du service de prévention et de santé interentreprises auquel l'employeur adhère, la Carsat, l'INRS, l'Anact, l'OPPBTP). Enfin, l'employeur peut se faire accompagner par sa branche, tant dans l'élaboration et la mise à jour du DUER que dans la définition du programme annuel ou des actions

1. Intervenant en prévention des risques professionnels.

de prévention, par le moyen des méthodes et référentiels adaptés aux risques de leur secteur d'activité et d'outils d'aide à la rédaction. L'employeur devant avoir conscience des risques inhérents à son activité, l'absence de recours à ces aides pourrait d'ailleurs lui être reprochée en cas de survenue d'un risque pas ou insuffisamment évalué.

5.1.2.7 La transcription dans le document unique d'évaluation des risques (DUER)

5.1.2.7.1 L'obligation d'un support écrit

588. L'évaluation des risques est le seul des neuf PGP qui fasse l'objet d'une obligation de formalisation prévue par voie règlementaire à travers l'établissement d'un document unique, dit document unique d'évaluation des risques professionnels (DUERP ou DUER). Les résultats de l'évaluation doivent en effet être transcrits dans ce document[1], compilant l'ensemble des risques identifiés. Mais, comme il vient d'être vu, s'il existe un document unique, il n'existe pas de modèle unique de document, pas de formulaire type, obligatoire ou certifié, ni de modèle fixé par arrêté permettant de satisfaire à la formalité. L'obligation de réaliser un document écrit n'est d'ailleurs pas explicitement prévue par la directive cadre de 1989 et n'a été introduite dans le Code du travail qu'en 2001, soit 10 ans après la transposition de ladite directive, après qu'ait été constaté que l'évaluation était peu entrée dans les pratiques des entreprises. Plus de vingt ans plus tard, force est de constater que l'exercice est resté très formel[2].

5.1.2.7.2 Un inventaire par unités de travail

589. L'évaluation des risques doit comporter un *inventaire* des risques identifiés dans chaque *unité de travail* de l'entreprise ou de l'établissement[3].

590. La notion d'inventaire est régulièrement associée à celle d'exhaustivité, souvent reprise dans les brochures ou formations, (« *inventaire exhaustif des risques* ») alors que ce mot n'est pas utilisé par le Code du travail. L'évaluation doit certes être la plus complète

1. Article R. 4121-1 et suivants du Code du travail.

2. Selon les résultats de la 6e enquête européenne sur les conditions de travail (EWCS) réalisé en 2015, la France, sur l'évaluation des risques professionnels, se situait au 29e rang parmi 35 pays avec un taux de 56 % de réponses des personnes interrogées confirmant la réalisation d'évaluations régulières dans leur établissement. Selon un étude de la DARES sur la prévention des risques professionnels en 2016, seuls 45 % des employeurs interrogés avaient élaboré ou actualisé un DUER au cours des 12 mois précédant l'enquête. Seuls 38 % des entreprises de moins de 10 salariés avaient un DUER actualisé.

3. Code du travail, article R. 4121-1.

possible et l'employeur ne peut sélectionner ou écarter *a priori* certains risques dès lors qu'il les a identifiés. Le résultat de l'évaluation peut en revanche le conduire à considérer qu'un risque est faible ou maîtrisé et n'appelle aucune action particulière. À l'inverse, la notion d'inventaire peut être trompeuse si elle est comprise comme une liste statique de risques, reflétant une situation figée dans le temps. Le DUER est une photographie à un moment donné mais l'évaluation des risques doit être dynamique, impliquant la prise en compte des retours d'expérience, de l'apparition de nouveaux risques, des résultats des exercices de supervision, d'audits, etc. qui sont autant de circonstances potentielles de mises à jour du document.

591. L'unité de travail est le périmètre au sein duquel est réalisé l'inventaire. Elle peut être tout ou partie de l'entreprise ou de l'établissement. Là encore, le texte ne le précise pas et l'appréciation est laissée à l'employeur. L'unité de travail doit donc avant tout être une maille pertinente, qui fait sens au regard des implantations physiques mais aussi de l'organisation de l'entreprise : groupes de travailleurs, toutes activités confondues, interagissant dans un même lieu, exposés aux mêmes risques et placés sous une même autorité décisionnelle (usine, atelier, etc.) ou au contraire travailleurs éventuellement dispersés mais effectuant la même activité, confrontés à des situations de travail similaires et constituant un ensemble pertinent (personnels sédentaire, nomade, commercial, de maintenance, etc.). De nombreuses configurations sont possibles et l'unité de travail ne correspond pas forcément à un périmètre physique[1].

5.1.2.7.3 L'intégration d'un programme de prévention

592. Introduit par la loi du 2 août 2021, l'article L. 4121-3-1 du Code du travail prévoit que les résultats de l'évaluation des risques débouchent, pour les entreprises dont l'effectif est supérieur ou égal à cinquante salariés, sur un programme annuel de prévention des risques professionnels et d'amélioration des conditions de travail. Ce programme, possiblement distinct mais étroitement associé au DUER :

- fixe la liste détaillée des mesures devant être prises au cours de l'année à venir et, pour chaque mesure, ses conditions d'exécution, des indicateurs de résultat et l'estimation de son coût ;

1. Certaines organisations découpent leurs unités de travail en fonction de leur activité, laquelle peut regrouper divers secteurs sans rattachement géographique mais partageant les mêmes problématiques de travail. Un service composé d'agents dispersés peut donc constituer une unité de travail dès lors que les travailleurs qui le composent partagent les mêmes conditions de travail. Une unité bâtimentaire, transverse à toutes les activités fonctionnelles, peut toutefois chapeauter l'ensemble des travailleurs et compléter les activités sous l'angle de la sécurité des installations (électriques, incendie, etc.).

– identifie les ressources de l'entreprise pouvant être mobilisées ;
– comprend un calendrier de mise en œuvre.

593. L'exigence d'un programme de prévention n'est pas une novation importante puisque les entreprises dotées par le passé d'un CHSCT avaient déjà l'obligation de présenter un tel programme à cette instance. En revanche, les précisons apportées par la loi sur le contenu de ce programme ne sont pas anodines et marquent un véritable tournant. La liste des mesures doit être détaillée, ce qui met fin aux déclarations d'intention ou aux engagements imprécis du type « *capter les fumées à la source* » ou « *capoter les machines bruyantes* ». Le caractère engageant des mesures est renforcé par le fait qu'il s'agit de celles qui seront prises au cours de l'année à venir, un calendrier de mise en œuvre devant être joint. Il faudra donc pouvoir justifier, à la fin de l'année en question, les raisons pour lesquelles elles n'ont éventuellement pas été mises en œuvre. La mention des conditions d'exécution, des ressources pouvant être mobilisées et surtout du coût estimé de ces mesures permet de s'assurer que l'employeur a identifié les ressources humaines et budgété les moyens financiers nécessaires à leur mise en œuvre[1]. L'exigence d'indicateurs de résultat permet enfin de veiller à l'atteinte des objectifs, soit en termes de taux de réalisation des actions programmées, soit en termes de réduction de la sinistralité ou tout autre indicateur adopté en concertation avec les représentants du personnel, à l'aune desquels la performance visée en santé et sécurité sera jugée atteinte ou satisfaisante[2].

594. Pour les entreprises dont l'effectif est inférieur à cinquante salariés, l'évaluation débouche sur une obligation allégée comprenant « *la définition d'actions de prévention des risques et de protection des salariés* ». La liste de ces actions est alors directement consignée dans le DUER.

595. La mise à jour du programme annuel ou de la liste des actions de prévention est réalisée, si nécessaire, à chaque mise à jour du DUER. Ce qui est cohérent puisqu'une une modification de l'évaluation des risques justifiant une mise à jour du document unique a toutes chances d'avoir en retour un impact sur les mesures de prévention initialement programmées[3].

1. La mention du coût ne doit pas être vue ici comme une possibilité pour l'employeur d'échapper à un investissement au seul motif qu'il le jugerait prohibitif mais au contraire comme l'obligation de prévoir les sommes nécessaires pour réaliser cet investissement, au besoin en planifiant son financement et sa réalisation de manière pluriannuelle. Cette notion de planification est expressément prévue par le 7e PGP. Elle doit toutefois conduire, dans l'attente des travaux, à prévoir les mesures conservatoires permettant de pallier les risques identifiés.

2. L'ensemble de ces critères sont ceux habituellement mobilisés pour toute conduite de projet dans une organisation. Ils sont familiers des entreprises et font entrer la santé au travail dans le pilotage général de son activité.

3. Article R. 4121-2 du Code du travail.

5.1.2.7.4 Des mises à jour périodiques

596. L'évaluation des risques est une obligation dont la Cour de justice de l'Union européenne a acté le caractère dynamique dans un arrêt du 15 novembre 2001[1] en rappelant qu' « *il importe de préciser que les risques professionnels devant faire l'objet d'une évaluation par les employeurs ne sont pas déterminés une fois pour toutes, mais évoluent constamment en fonction, notamment, du développement progressif des conditions de travail et des recherches scientifiques en matière de risques professionnels* ». Cette dynamique est constante mais le Code du travail encadre les circonstances dans lesquelles elle doit être formalisée dans le DUER. La mise à jour de ce dernier doit être réalisée dans trois occasions :

- au moins annuellement dans les entreprises d'au moins onze salariés ;
- lors de toute décision d'aménagement important modifiant les conditions de santé et de sécurité ou les conditions de travail ;
- lorsqu'une information supplémentaire intéressant l'évaluation d'un risque dans une unité de travail est portée à la connaissance de l'employeur[2].

597. Ces obligations de mise à jour sont parfois présentées comme des contraintes lourdes alors que ces trois circonstances correspondent en pratique à trois modalités de travail courantes dans le fonctionnement d'une entreprise : le *mode routine* (gestionnaire), le *mode projet* (conduite du changement) et le *mode dégradé* (traitement des aléas). Pour chacune de ces modalités, la santé au travail ne se surajoute pas aux contraintes de l'employeur mais constitue un des paramètres qu'il doit constamment prendre en compte, au même titre que d'autres, chaque fois qu'il doit adapter son activité à des variations de charge. Intégrée au management global de l'entreprise, une évaluation des risques *au fil de l'eau* doit permettre de satisfaire l'exigence de tenir compte des « *changements de circonstances* », mentionnée au 3° de l'article L. 4121-1.

598. Lorsque l'impact de ces changements sur l'évaluation le justifie, il doit être documenté dans le DUER.

1. Affaire n° C-49/00.
2. Article L. 4121-3-1 et R. 4121-2 du Code du travail.

599. À titre d'illustration, les risques physique et mental liés à la charge de travail des opérateurs sont évalués en premier lieu pour un fonctionnement de l'entreprise en mode nominal. L'employeur veille à ce que l'allocation des ressources soit adaptée à sa charge habituelle de travail, ce qui justifie une simple revue de mise à jour annuel du DUER pour s'assurer que l'évaluation initiale reste d'actualité (circonstance n° 1, de routine). Mais ces risques augmentent lors du lancement d'un nouveau projet, par exemple l'implantation d'une nouvelle chaîne de production, qui génère nécessairement une hausse d'activité pour de nombreux travailleurs impliqués (chef de projet, financiers, ingénieurs, techniciens, mécaniciens, ouvriers, etc.). Prévisible et programmé, un tel projet justifie un examen des renforts et réorganisations temporaires éventuellement rendus nécessaires pour être conduit en préservant la santé des travailleurs. Cet examen *ad hoc* méritera au besoin une mise à jour du DUER (circonstance n° 2, de conduite de projet). Enfin, une surcharge de travail peut résulter d'un événement non programmé telle qu'une commande urgente ou le rattrapage du retard consécutif à une panne, générant un important surcroît d'activité qui révèlera à son tour des risques accrus pour les travailleurs (ex. : démultiplication des risques de circulation dans l'atelier, accélération des cadences, etc.). Cette information portée à la connaissance de l'employeur pourra conduire à une mise à jour du DUER si la situation doit durer[1] (circonstance n° 3, traitement des aléas).

600. Le tableau ci-dessous résume et généralise les circonstances de mise à jour du DUER prévues par la loi.

1. On notera que dans ces trois situations, l'évaluation de la charge de travail est consubstantielle de l'activité de l'entreprise et l'évaluation des risques une opportunité pour l'employeur de satisfaire sa double exigence de santé et de réponse productive en ajustant ses moyens à ses besoins.

Tableau 2 : Circonstances de mises à jour du DUER

Mode gestionnaire (routine)	**Mode projet (conduite du changement)**	**Mode ponctuel ou dégradé (réaction à l'aléa)**
• Mise à jour annuelle pour s'assurer que l'inventaire des risques et les actions de prévention initiaux sont toujours pertinents. • L'abandon ou le transfert d'une activité de l'unité de travail, la modification d'un mode opératoire ou les résultats de vérifications de conformité réalisés sur une installation au cours de l'année écoulée sont par exemple des motifs de mise à jour (mode gestionnaire).	• Mise à jour en cas de transformation importante. Elle correspond à un évènement programmé et pouvant donc être anticipé pour intégrer l'impact potentiel de la transformation sur la santé au travail. • L'implantation d'un nouveau système d'information conduisant à une réorganisation générale constitue par exemple un aménagement important impactant le DUER et à intégrer dans la conduite du changement.	• Mise à jour résultant d'une information nouvelle. La survenue d'une circonstance inhabituelle, ponctuelle, aléatoire, doit donner lieu à des retours d'expérience permettant de prévenir ou gérer ce type de situation à l'avenir. • La toxicité révélée d'une substance utilisée, un évènement indésirable (accident, panne, etc.), une hausse soudaine d'activité, etc. ont vocation à enrichir le DUER

601. En résumé, le souci constant que l'employeur doit avoir de la santé au travail n'a pas pour corollaire une mise à jour constante des documents associés. À l'évaluation des risques au *fil de l'eau* correspond une mise à jour du DUER *en tant que de besoin*. Une bonne appropriation de la culture de prévention de la ligne hiérarchique et des opérateurs doit leur permettre de savoir faire face quotidiennement à quantité de situations imprévues sans qu'il soit nécessaire de les transcrire dans le DUER. En revanche, tout changement de circonstances significatif doit appeler une réflexion plus approfondie et des prises de décision actées par des corrections, au besoin infra annuelles portées dans le DUER[1].

Encadré 68 : Les spécificités des TPE

Aux termes de l'article L. 4121-3 du Code du travail, le DUER peut faire l'objet d'une mise à jour moins fréquente dans les entreprises de moins de onze salariés, sous réserve que soit garanti *un niveau équivalent de protection* de la santé et de la sécurité des travailleurs, dans des conditions fixées par décret en Conseil d'État. Ce décret, paru le 18 mars 2022[2], a modifié l'article R. 4121-40 en supprimant la mise à jour annuelle pour les TPE de moins de 11 salariés. Toutefois, les TPE conservent l'obligation de mettre à jour le document unique dès qu'une information supplémentaire concernant l'évaluation des risques est portée à la connaissance de l'employeur ou lors de toute décision d'aménagement important, modifiant les conditions de santé et de sécurité ou les conditions de travail. Cette mise à jour doit donner lieu à une mise à jour concomitante des actions de prévention planifiées par l'employeur.

Cet article pose la question de l'articulation entre le souci d'alléger les contraintes des plus petites entreprises, moins structurées administrativement, et le souhait exprimé dans le PST4 de développer la culture de prévention dans ces mêmes entreprises (*cf. infra* 5.3).

Paradoxalement, bien que la réglementation en santé au travail se soit longtemps vu reprocher son excès de précision et son inadaptation aux réalités du travail, de nombreux employeurs sont déconcertés par l'absence de cadre réglementaire définissant précisément le contenu de l'évaluation et sa traduction administrative (formulaire ou canevas type, etc.). Beaucoup ne voient pas dans la démarche un instrument d'amélioration des conditions de travail mais une contrainte formelle dépourvue de sens, irréaliste voire utopique quand elle prétend à l'exhaustivité.

Or, l'objet de l'évaluation est justement d'amener l'employeur, par une démarche réflexive, à s'interroger sur les risques de toutes natures générés par son activité propre. Ainsi, même si tous les garagistes sont de prime abord exposés aux mêmes risques génériques (les fameux « *risques du métier* ») et pourraient dès lors s'appuyer sur un « *document unique de branche* » dispensant chaque employeur de se livrer à l'exercice, celui-ci ne peut pas être entièrement délégué et reste pertinent pour au moins trois raisons :

– il faut dissocier la démarche d'évaluation et sa formalisation. L'évaluation des risques est obligatoire quel que soit l'effectif de l'entreprise et une moindre exigence de formalisme n'affranchit pas l'employeur de toute implication dans le processus d'évaluation ;

1. L'encadrement doit acquérir le réflexe d'évaluer et réévaluer les risques propres aux situations dans lesquelles il se trouve. Il doit alors savoir « se poser » et être outillé pour ce faire (grilles d'analyse, arbres décisionnels, etc.). Ces outils doivent être apportés par l'employeur dans le cadre du développement de la culture de prévention (formations, sensibilisation, organisation) et de l'encouragement de son personnel à respecter cette étape d'évaluation avant d'agir (politique de prévention).

2. Décret n° 2022-395 du 18 mars 2022 relatif au document unique d'évaluation des risques professionnels.

– la démarche d'évaluation produit par elle-même un travail de conscientisation des risques de l'activité et une appropriation des principes d'action qui permettent de s'en prémunir. Elle revêt une dimension pédagogique qui est seule de nature à permettre un développement de la culture de prévention des employeurs comme des travailleurs, axe important du PST ;

– des risques de même nature peuvent être évalués différemment d'une entreprise à l'autre et appeler des réponses adaptées en fonction des caractéristiques des locaux ou de l'activité. Certains garages sont situés en montagne, d'autres en milieu urbain, ce qui induit des contraintes de dépannage différentes. Certains ateliers de réparation sont en sous-sol ou en étage, exigus ou spacieux, spécialisés ou généralistes, etc.

Bien sûr, de nombreux risques sont caractéristiques de certaines professions ou activités (boulangers, coiffeurs, menuisiers, etc.). Il est donc pertinent de recourir à des canevas-type pour les répertorier. Mais pas tant pour cocher des cases préremplies ou fournir une évaluation *clé en main* que pour baliser la méthodologie à travers un jeu de questions (arbres décisionnels, etc.) dont la réponse ne peut venir que de l'employeur, *in situ*, au regard de la configuration de son établissement[1]. Pour être utile, une démarche d'évaluation des risques aidée doit préserver la part irréductible d'analyse que l'employeur doit réaliser lui-même : celle qui correspond aux particularités de son site.

S'agissant plus particulièrement de la mise à jour du DUER, on peut faire l'hypothèse que les circonstances de changement méritant sa traçabilité sont moins fréquentes dans une petite entreprise que dans une grande[2]. Dans cette dernière, l'importance de l'effectif s'accompagne d'une complexification des structures et des interactions et donc d'une augmentation des expositions potentielles à des situations dangereuses. Il y a lieu de tracer, pour mieux les diffuser à tous, les résultats et les conséquences d'une nouvelle information sur un risque. Cette diffusion peut se faire de manière plus directe dans les TPE du fait de la proximité présumée des travailleurs.

En résumé, l'accent doit être mis en priorité sur l'effectivité de l'évaluation, laquelle est éprouvée par la capacité de l'employeur et des travailleurs à identifier et évaluer en temps réel les risques quand ils se présentent à eux, parfois inopinément. Cette capacité résulte d'une bonne appropriation de la culture de prévention, attestée par des réactions adaptées en situation. Il s'ensuit que les TPE ne sont nullement dispensées d'évaluer les risques *chaque fois que de besoin* mais qu'elles peuvent être en partie soulagées du formalisme attaché à l'évaluation sous réserve, précise le texte, de garantir un niveau équivalent de protection.

1. Si tous les boulangers sont exposés aux risques de manutention de sacs de farine, les contraintes de manutention, les risques et donc les solutions de prévention ne sont pas les mêmes selon que leur laboratoire de fabrication est situé en sous-sol d'un local ancien situé en centre-ville ou dans un bâtiment de plain-pied récent d'une zone commerciale en banlieue.

2. Les préventeurs savent et expliquent par ailleurs de longue date que la qualité des documents de prévention n'est pas proportionnelle à leur volume et à leur degré de formalisation qui confine parfois à l'illisibilité et « l'*inutilisabilité* ».

5.1.2.8 Une conservation et une traçabilité renforcées

602. Depuis la loi du 2 août 2021, l'article L. 4123-3-1 prévoit que le DUER assure aussi la traçabilité collective des expositions professionnelles. Ses versions successives doivent donc être conservées par l'employeur et tenues à la disposition des travailleurs, des anciens travailleurs ainsi que de toute personne ou instance pouvant justifier d'un intérêt à y avoir accès pendant quarante ans à compter de leur élaboration (R. 4121-4). À cet effet, le DUER et ses versions antérieures ont vocation à faire l'objet d'un dépôt dématérialisé sur un portail numérique sécurisé[1]. Ils sont tenus à la disposition des travailleurs et anciens travailleurs pour les versions en vigueur durant leur période d'activité dans l'entreprise. La communication des versions du document antérieures à celle en vigueur à la date de la demande peut être limitée aux seuls éléments afférents à l'activité du demandeur. Ils sont également tenus à la disposition des membres élus du CSE, du service de prévention et de santé au travail, des agents de l'inspection du travail et des Carsat.

603. Cette solution éloigne le DUER de sa vocation strictement préventive au profit d'une utilisation possible comme élément de preuve d'une exposition à une nuisance donnée. La traçabilité collective de l'exposition des travailleurs, appréciée au sein de l'unité de travail, pourra conduire à la reconnaissance d'une exposition individuelle par la démonstration que le travailleur engagé dans une telle procédure appartenait à ladite unité durant une période donnée. Il s'agit d'un compromis visant à mettre un terme aux difficultés politiques et techniques récurrentes d'instauration d'une traçabilité individuelle depuis de nombreuses décennies.

5.1.2.9 Une sanction du défaut d'évaluation potentiellement sévère

604. L'évaluation des risques étant souvent assimilée à la seule obligation administrative de rédiger un document unique d'évaluation des risques (DUER), on pourrait en déduire que l'absence d'évaluation n'a d'autre effet que d'encourir la contravention à laquelle le non-respect de cette formalité peut donner lieu, soit une amende de cinquième classe[2] somme toute peu dissuasive (article R. 4741-1 du Code du travail).

1. L'obligation de dépôt dématérialisé du DUER est applicable à compter du 1er juillet 2023 dans les entreprises dont l'effectif est supérieur ou égal à 150 et au plus tard à compter du 1er juillet 2024 dans les entreprises dont l'effectif est inférieur.

2. 1 500 euros au plus.

605. En réalité, l'absence de DUER signifie potentiellement bien plus qu'un simple défaut de transcription d'un résultat dans un document et peut trahir une absence pure et simple d'évaluation, laquelle, en cas d'accident, peut servir de base à une condamnation civile ou pénale plus sévère. Par ailleurs, même en présence d'un DUER, les lacunes de ce dernier peuvent revenir à une absence d'évaluation à l'origine d'un accident ou de son aggravation. En clair, l'incomplétude du document peut révéler soit que l'exercice n'a pas été réalisé sérieusement, soit, s'il l'a été, qu'un risque, bien que correctement identifié, n'a pas donné lieu aux mesures de prévention qui s'imposaient.

606. Ainsi, sur le plan pénal, la chambre criminelle de la Cour de cassation retient dans un arrêt du 25 octobre 2011[1] que l'employeur qui n'établit pas sérieusement le DUER commet un manquement à son obligation de prudence, passible en l'espèce d'une condamnation pour blessures involontaires ayant entraîné une incapacité de travail supérieure à trois mois. Dans cette affaire, le salarié d'une entreprise extérieure avait été grièvement brûlé par une explosion alors qu'il intervenait avec une meuleuse sur une cuve contenant des résidus d'hydrocarbures inflammables chez un concessionnaire automobile. La cour d'appel a reproché au concessionnaire de ne pas avoir établi sérieusement le DUER, en particulier de ne pas avoir recensé le risque d'explosion[2]. Elle relève pour cela que, certes le DUER existait mais avait été signé par la comptable de l'entreprise et non par le chef d'établissement ainsi que le demande la circulaire du 18 avril 2002. Elle observe en outre que ce document mentionnait un risque nul pour les risques électriques, chimiques, incendie, explosion et que le directeur n'a pas sensibilisé ses employés à ce dernier risque dans son garage puisqu'il en ignorait l'existence. La cour d'appel rappelle donc que le DUER « *ne doit pas être un simple document de forme mais doit retranscrire l'ensemble des risques susceptibles d'exister au sein de l'entreprise et que l'évaluation doit être faite par des personnes formées et compétentes et non par la comptable fusse-t-elle cadre dans l'entreprise* ». Aussi considère-t-elle que « *si ce document avait été établi sérieusement, il aurait été fait mention des risques d'explosion inhérents au travail quotidien dans un garage* ». Le chef d'atelier aurait alors averti l'entreprise extérieure intervenant sur la cuve. Le fait pour la société de ne pas connaître réellement les risques intrinsèques liés à son activité caractérisait donc l'imprudence prévue aux

1. Cass. crim., 25 octobre 2011, n° 10-82.133.

2. Le requérant défendait que le DUER a pour objet uniquement de prévenir les risques inhérents aux missions quotidiennes et habituelles et non de prendre en considération d'éventuels risques liés à l'intervention ponctuelle et exceptionnelle d'un prestataire extérieur.

articles 222-19 alinéa 1 et 222-21 du Code pénal et le défaut d'information des employés sur les risques existant dans le garage avait participé de façon certaine et directe à l'atteinte à l'intégrité physique de la victime. L'entreprise condamnée considérait pour sa part que les juges d'appel avaient assigné au document unique un rôle et une portée qu'il n'a pas et excluait tout lien de causalité entre le fait de ne pas avoir mentionné le risque dans ce document et la réalisation du dommage. Mais pour la Cour de cassation : « *le fait pour l'entreprise de ne pas connaître réellement les risques liés à son activité constitue une imprudence, de même que le défaut d'information du personnel, qui ont contribué de façon certaine à l'accident* ».

607. Dans le même ordre d'idée, la Cour de cassation, en 2016[1], a confirmé la condamnation du PDG d'une société de location de nacelles élévatrices du chef d'homicide involontaire après qu'un salarié, monteur-manutentionnaire, eut fait une chute mortelle depuis le bras élévateur d'une nacelle pour y effectuer une réparation. Il était reproché au PDG d'avoir omis de réaliser une évaluation du risque de chute de hauteur consignée dans le DUER, malgré la fréquence de ces travaux. Le document ne comportait aucune identification du risque alors que l'employeur connaissait l'habitude prise d'utiliser les échelles et escabeaux au lieu de l'élévateur spécialement dédié à cet usage. N'ayant pris aucune mesure permettant de prévenir ce type de comportements, le PDG a « *commis une faute caractérisée exposant autrui à un risque d'une particulière gravité qu'il ne pouvait ignorer* »[2].

608. En matière civile, l'absence ou l'incomplétude du DUER peut constituer un manquement de l'employeur à son obligation de sécurité et un élément aggravant caractérisant une faute inexcusable. La chambre sociale de la Cour de cassation a d'abord jugé dans un arrêt du 8 juillet 2014 que « *l'employeur est tenu d'évaluer dans son entreprise les risques pour la santé et la sécurité des travailleurs et de transcrire les résultats dans un document unique* »[3]. Ici, la Cour d'appel avait débouté les salariés de leurs demandes de dommages et intérêts pour manquement de l'employeur à l'obligation d'établir le DUER, considérant qu'à défaut d'indication et de précision, et *a fortiori* à défaut de preuve, sur les substances ou préparations chimiques utilisées au sein de l'entreprise, celle-ci n'était pas tenue d'établir ce document. La Cour de cassation a cassé l'arrêt d'appel en indiquant que tout employeur est tenu d'établir un DUER et qu'elle

1. Cass. crim., 6 septembre 2016, 14-86.606.

2. Voire encore Cass. crim., 28 octobre 2015, 14-83.093 : coupable de blessures involontaires, le PDG aurait dû évaluer les risques de l'opération de manutention de bobines d'acier de plusieurs tonnes. La victime, qui travaillait sur un poste non sécurisé, n'avait pas reçu par écrit des consignes claires et précises du protocole à suivre alors que ses activités, particulièrement dangereuses, ne figuraient pas dans le DUER.

3. Cass. soc., 8 juillet 2014, n° 13-15.470, publié au bulletin.

avait en conséquence violé les articles L. 4121-3 et R. 4121-1 du Code du travail[1].

609. Puis dans une décision de la chambre civile du 11 février 2016[2], La Cour de cassation a clairement affirmé que le DUER était un élément essentiel dans tout recours portant sur la reconnaissance de faute inexcusable de l'employeur. En effet, une salariée victime de trois accidents de travail avait été déboutée par la cour d'appel aux motifs que l'employeur n'avait pas eu conscience du danger dans les deux premiers accidents et avait pris les mesures nécessaires pour l'en préserver pour le troisième. Or, la salariée soulevant l'absence de DUER établi par l'employeur, la Cour de cassation a considéré que la cour d'appel n'avait pas répondu à son moyen et a cassé la décision du fond.

610. La Cour a à nouveau pris position dans une décision du 12 octobre 2017[3], dans le cas cette fois d'un accident du travail survenu en l'absence d'évaluation du risque à l'origine de l'accident dans le DUER. Le salarié d'une entreprise de BTP a été victime d'un accident provoqué par la chute d'un boisseau de cheminée sur un chantier de rénovation et a demandé la reconnaissance de la faute inexcusable de l'employeur. Celle-ci fut rejetée par la cour d'appel aux motifs que l'accident était survenu à l'occasion d'une action non ordonnée par l'employeur, que la chute de la cheminée avait eu pour origine une action imprudente consistant à l'attaquer par sa partie inférieure, qu'il n'était pas établi que cette cheminée se serait précédemment trouvée fragilisée et aurait ainsi constitué un facteur de risque nécessitant la prise de précautions particulières lors de l'exécution des travaux prévus par l'employeur. Les juges du fond ont donc considéré que le défaut de DUER n'avait pas de rôle causal dans la réalisation de l'accident et que rien n'indiquait par conséquent que l'employeur avait ou aurait dû avoir conscience d'un danger lié à la présence du boisseau de cheminée. La Cour de cassation ne partage pas cette analyse. Selon elle, il résultait des constatations des juges du fond que les travaux de démolition impliquaient des interventions sur un mur auquel était accroché un boisseau de cheminée, créant un risque d'effondrement qu'il appartenait à l'employeur d'évaluer et de prévenir. Autrement dit, le risque était prévisible et son défaut d'évaluation

1. Mais dans un arrêt récent, la Cour de cassation a rappelé que le salarié qui demandait des dommages et intérêts en raison de l'absence de DUER dans l'entreprise, devait justifier de l'existence d'un préjudice (Cass. soc., 25 septembre 2019, n° 17-22.224).
2. Cass. civ., 11 février 2016, n° 15-10152.
3. Cass. civ. 2e, 12 octobre 2017, n° 16-19.412.

préalable n'a pas permis à l'employeur de mettre en œuvre toutes les mesures pour éviter qu'il ne se réalise[1].

Encadré 69 : Enseignements à tirer pour la réalisation du DUER

Selon les statistiques, en 2013, 46 % des employeurs (publics et privés) avaient élaboré ou mis à jour un DUER, ce taux s'élevant à 94 % dans les entreprises de 500 salariés et plus. Le pourcentage de ces mêmes entreprises ayant mis en œuvre des mesures de prévention s'élevait à 96,6 %[2].

Quelques conseils pour l'étape d'évaluation des risques :

– préparer la démarche. Cette phase comprend la définition des objectifs, de la méthode, du rôle des acteurs internes et externes à l'entreprise ainsi que des moyens mis en œuvre ;

– éviter de la sous-traiter (prestation externe) ou d'en faire une affaire de spécialistes confiée au seul service HSE de l'entreprise puis expertisée par la seule CSSCT. Mettre en débat le projet de DUER et émettre les avis au niveau stratégique du CSE ;

– mobiliser au besoin des compétences externes mais dans une logique d'éclairage et d'accompagnement méthodologique, avec l'objectif de gagner en savoir-faire et en autonomie internes (montée en compétence des équipes et appropriation de la démarche de prévention) ;

– impliquer les travailleurs dans l'identification des risques[3]. Recueillir leur parole sur la manière dont se déroule concrètement leur travail en identifiant au fur et à mesure les points forts, les contraintes et les risques

1. Cette décision doit être nuancée au vu de celle rendue par la 2e chambre civile le 13 février 2020 (n° 19-11.414). Une salariée victime de plusieurs accidents dans une entreprise n'ayant pas évalué les risques dans un DUER a demandé la reconnaissance de la faute inexcusable. Demande rejetée par la cour d'appel qui a jugé qu'une telle faute n'était pas établie pour le dernier accident car l'employeur avait pris les mesures nécessaires à la suite des premiers accidents, « *quoiqu'il en soit du non établissement du DUER* ». La salariée a formé un pourvoi en cassation en avançant que « *la faute inexcusable de l'employeur est établie en l'absence d'évaluation des risques dans le DUER* ». La Cour de cassation a rejeté le pourvoi de la salariée en se bornant à indiquer que « *les moyens de cassation qui sont invoqués ne sont manifestement pas de nature à entraîner la cassation* ».

2. Données Dares Analyse, enquête conditions de travail 2013, volet employeurs.

3. Par exemple, binômes constitués d'un préventeur et d'un opérateur par atelier ou bien groupes de travail impliquant ligne hiérarchique et opérateurs permettant de stimuler les échanges et faire émerger les risques. Il est possible également d'intégrer un chef d'équipe ou un opérateur d'un autre atelier posant un regard extérieur neuf et complémentaire.

associés à chaque phase, plutôt qu'en partant d'une check-list prédéfinie de risques à cocher (chutes, bruit, brûlures...)[1] ;

– bien identifier les rôles respectifs du CSE (avis sur l'ensemble du processus, sa transparence et sa pertinence au regard des enjeux et du contexte de l'entreprise), de la CSSCT en son sein (analyse et expertise des risques particuliers, des cotations, etc.) et des représentants de proximité (recueil des retours d'expérience sur le terrain)[2] (*cf.* chapitre 6, *infra*) ;

– identifier les unités de travail, l'établissement principal pouvant donner lieu à des subdivisions ;

– ne pas tomber dans l'écueil du « tout quantitatif » et de la fausse sécurité que semble procurer le seul mesurage des nuisances. Compléter l'évaluation quantitative par des entretiens et questionnaires non fermés. Privilégier une évaluation sur le terrain à partir des situations de travail et une analyse de l'activité réelle, plutôt qu'une catégorisation et une quantification risque par risque.

– distinguer l'étape d'analyse documentaire et celle d'analyse au poste de travail. La première consiste à recueillir les données existantes dans l'entreprise (indicateurs et documents internes : statistiques des AT/MP, registre des accidents bénins, taux de fréquence, de gravité, siège des lésions, absentéisme, pyramide d'âges, rapports de vérifications périodiques des organismes de contrôle, résultats de métrologie, observations des corps de contrôle, fiche d'entreprise du médecin du travail, rapports d'expertise, comptes rendus du CSE, bilan social, etc.) et les données environnementales (comparaison territoriale avec les données disponibles des entreprises voisines ou des entreprises exerçant la mêmes activité). La seconde consiste à se rendre physiquement sur les lieux de travail, à l'aide de l'un des outils ou questionnaires précités, pour observer et comprendre le travail réalisé. L'observation doit être complétée par des entretiens avec les intéressés pour comprendre pourquoi il est réalisé ainsi ;

1. Principe cher aux ergonomes, il s'agit d'accéder à la connaissance du « travail réel », par opposition au « travail prescrit » en s'appuyant sur l'observation et le récit des conditions concrètes d'exécution du travail. En exprimant les difficultés auxquelles ils sont confrontés quotidiennement pour atteindre le résultat attendu (travail prescrit), y compris pour respecter les consignes de sécurité, les travailleurs permettent de mesurer l'écart entre la façon dont le travail est censé se dérouler et la façon dont les choses se passent en réalité pour faire face aux dysfonctionnements (travail réel). Ceci permet de valider les hypothèses de risques prévisibles attendus ou au contraire de révéler des situations dangereuses insoupçonnées, de mettre en évidence d'éventuelles injonctions paradoxales et les déterminants sur lesquels il est nécessaire d'agir pour y mettre fin, éradiquer ou réduire les risques (combattre les risques à la source). Cette méthode permet en outre un diagnostic partagé de la situation, condition essentielle de l'acceptabilité et de l'effectivité des solutions de prévention élaborées de manière concertée.

2. Outre que cela relève logiquement des attributions légales générales du CSE, aux termes de l'article 1-3 de l'accord interprofessionnel du 13 septembre 2000 sur la santé au travail et la prévention des risques professionnels, les instances représentatives du personnel doivent être « *obligatoirement et préalablement consultées sur la démarche d'évaluation* a priori *des risques et sur les décisions qui en découlent* ».

– formaliser un plan d'action constituant un véritable outil de pilotage, identifiant un échéancier et des responsables pour chaque action ainsi que des étapes programmées et régulières de supervision.

5.1.3 Troisième principe : combattre les risques à la source

5.1.3.1 La notion de source

611. Combattre le risque à la source est fondamentalement un principe de prévention primaire. Il consiste à intégrer la prévention le plus en amont possible ce qui, dans la plupart des cas, est possible et efficace au moment de la conception des lieux de travail, des équipements, des modes opératoires et plus largement d'une activité.

612. Malheureusement, un réflexe et un écueil fréquent en santé au travail consistent à fonctionner sur un mode correctif. On parle de « *protection rajoutée* » pour signifier qu'on a ajouté un dispositif de protection là où un risque a été constaté et où rien n'avait été prévu initialement pour l'éviter. Ce type de réponse, qui conduit à *réagir* plutôt que « *(pro)agir* » se situe dans une logique de protection – ou prévention secondaire – plutôt que de prévention – ou prévention primaire (*cf. supra* 1.3). Il consiste à traiter le symptôme plutôt que la cause et se traduit fréquemment par des solutions inadaptées et inefficaces car gênantes pour l'exécution des tâches à réaliser.

613. Ainsi, le bon sens commande de placer un écran de protection en face-avant d'une machine pour empêcher l'accès du travailleur à une zone dangereuse. Mais l'expérience montre que cet écran sera systématiquement maintenu en position ouverte, voire démonté ou contourné, si les exigences du travail réel imposent au travailleur d'intervenir très fréquemment à proximité de ladite zone pour déposer ou récupérer manuellement les pièces produites, effectuer des réglages ou encore « débourrer » la zone de travail encombrée par des copeaux, etc. Les protections ajoutées sont souvent neutralisées par les opérateurs eux-mêmes, empêchés dans leur travail et surtout dans la satisfaction des objectifs de productivité qui leurs sont assignés. Il s'agit d'un cas d'injonction paradoxale classique qui met la prévention en échec et conduit de surcroît à de fréquents malentendus car la tentation est forte, en cas d'accident, de reprocher au travailleur de ne pas avoir respecté des consignes de sécurité en réalité contraignantes et littéralement contre-productives[1]. De très nombreuses politiques de prévention achoppent en raison d'une insuffisante prise en compte, voire d'un déni de ces contraintes. Les échecs courants des campagnes de sensibilisation axées sur les comportements de sécurité des travailleurs et la difficulté de les faire évoluer trouvent souvent leur origine dans leur décalage avec les contraintes du travail réel[2].

614. Combattre les risques à la source doit donc être compris comme l'exigence de combattre prioritairement « l'*origine* » ou « la *cause* » du risque[3]. Il s'agit de *remonter à la source* c'est-à-dire d'identifier le phénomène dangereux que l'on entend combattre et de s'attaquer aux causes mêmes du phénomène, si possible en les supprimant. La source est parfois synonyme de proximité physique. On capte par exemple des polluants à la source c'est-à-dire au plus près de leur zone d'émission, ce qui augmente l'efficacité du captage mais n'agit pas sur la cause d'émission proprement dite. Mais dans le cas d'un équipement bruyant, combattre le risque à la source ne consiste pas forcément à se placer au plus près de la zone d'émission du bruit. Avant d'encoffrer hermétiquement la zone bruyante et probablement de générer des contraintes supplémentaires de production (moindres visibilité ou accessibilité des zones de travail, etc.), on s'intéressera à ce qui provoque le bruit pour agir sur la cause – *la source* – identifiée. Un équipement pneumatique dont les nuisances sonores sont causées par les échappements d'air pourra par exemple être traité en équipant la machine de silencieux d'échappement. Si les bruits sont provoqués par la transmission des vibrations de l'équipement à un sol en béton, on placera la machine sur des blocs antivibratoires. On pourra même s'éloigner de la zone d'émission initiale par traitement acoustique des cloisons et des plafonds dont les matériaux peuvent être une *source* de réverbérations du bruit.

---

1. Un cas d'école consiste à installer un capot protecteur sur une machine qui en était dépourvue lors de sa conception alors que l'observation du travail de l'opérateur révèle que ce capot doit être très souvent ouvert pour effectuer des réglages. L'interruption de la production lors de chaque ouverture réduisant les cadences et augmentant la perte de marchandises, le protecteur a toutes les chances de finir par être démonté ou « shunté ». La solution passe par la recherche des causes de la fréquence des réglages, des moyens de la diminuer, le cas échéant du déplacement des points de réglage.

2. Ces campagnes sont souvent déployées dans le souci de développer une culture de prévention mais échouent chaque fois qu'elles se bornent à prescrire des comportements sans outiller les travailleurs et la ligne hiérarchique à la compréhension des ressorts desdits comportements et des solutions permettant de combattre les risques identifiés *à la source*.

3. « *Combating the risk at source* » dans la directive de 1989.

Encadré 70 : Quand la confusion sur la source génère un autre risque...

Dans un atelier de sablage, le moteur thermique d'un compresseur générant des nuisances sonores avait été entièrement encoffré dans une enceinte étanche, solidement arrimée au bâti de l'appareil, dont les parois intérieures avaient été tapissées d'un matériau insonorisant. Le niveau sonore de l'appareil ainsi calfeutré avait ainsi été sensiblement réduit, avec la conviction d'avoir agi *au plus près de la source* de bruit. Mais le démontage de cette enceinte isolante étant devenu particulièrement long et contraignant, des opérations de petite maintenance ont cessé d'être effectuées. Le resserrage périodique du collier du tuyau d'arrivée de carburant, rendu nécessaire par les fortes vibrations de l'appareil, n'était notamment plus réalisé. Ce tuyau finit par se désolidariser et provoquer un écoulement du combustible sur les parties chaudes du moteur. Le compresseur prit feu, un incendie se développa et ravagea l'atelier, provoquant deux victimes.

L'analyse de l'accident mit en évidence que, parmi les nombreuses actions possibles, l'installation du compresseur à l'extérieur de l'atelier aurait permis immédiatement d'éviter l'exposition des travailleurs aux nuisances sonores.

5.1.3.2 Une approche investigatrice

615. Combattre le risque à la source implique une conformation d'esprit qui conduit à adopter une approche investigatrice modifiant radicalement la nature des solutions mises en œuvre et la liste des acteurs impliqués dans la recherche de celle-ci.

616. À titre d'exemple, il est fréquent dans le BTP d'observer sur les chantiers un ouvrier perçant des trous dans une dalle en béton qui vient d'être coulée. Il utilise pour ce faire un perforateur générant du bruit, des poussières, des vibrations, la manutention d'un appareil lourd et des postures pénibles. L'employeur se voit contraint de protéger le travailleur concerné, mais aussi tous ceux qui évoluent dans son environnement immédiat, contre plusieurs nuisances simultanées. À ce stade, aucune solution satisfaisante ne peut plus être entrevue et les mesures de prévention se réduiront très certainement au port de protections individuelles. Aucune mesure ne permettra en outre d'éviter l'inconfort de la posture et la manutention du perforateur. Combattre le risque à la source aurait consisté ici à anticiper la nécessité de ce trou au moment du coulage du béton grâce à une réservation réalisée dans le treillis soudé. Ce travail ne pouvait se faire qu'au moment de la conception du bâtiment en anticipant cette opération prévisible et en impliquant tous les acteurs de la construction très en amont du chantier. Il aurait permis ni plus ni moins d'*éviter les risques*.

617. Dans le domaine tertiaire, l'insatisfaction du client – ou de l'usager dans le secteur public – peut générer des RPS pour les travailleurs au guichet exposés à des violences externes, verbales ou physiques. La réponse souvent apportée consiste à leur proposer des formations sur la communication non violente ou sur la gestion des publics difficiles. Combattre les risques à la source consiste plutôt à rechercher les causes de cette insatisfaction. Celle-ci peut résulter d'une mauvaise organisation du service générant un temps d'attente trop long[1], de la configuration inadéquate des lieux[2], de la mauvaise qualité du produit et du service après-vente[3] ou de compétences des salariés insuffisantes[4]. L'employeur devra agir sur chacune de ces causes en modifiant par exemple les conditions d'accueil, en ajustant les effectifs sur certaines plages horaires, en modifiant la circulation de l'information ou sa chaîne logistique, en améliorant le produit après avoir signalé ses défauts à l'atelier de fabrication, en faisant monter les compétences des salariés, etc. Ces actions à la source passent nécessairement par une démarche d'investigations permettant de faire remonter puis redescendre les informations pertinentes à tous les échelons de l'entreprise.

5.1.4 Quatrième principe : adapter le travail à l'homme...

618. Paradoxalement, rares sont les dispositions du Code du travail qui se réfèrent explicitement à la démarche ergonomique. Le 4e PGP, en introduisant le principe d'adaptation du travail à l'homme, s'appuie sur un des principes fondamentaux de la discipline[5]. Il prend

1. Ex. : la personne au guichet accueille le public physique tout en répondant aux réclamations téléphoniques. Le nombre de caisses ouvertes n'est pas en rapport avec les heures et jours d'affluence.

2. Ex. : Il n'existe pas un espace suffisant pour préserver la confidentialité entre la salle d'attente et le guichet. Il n'y a pas de barrière permettant de maintenir une distanciation physique entre l'employé et le client ou, au contraire, la communication est rendue impossible en raison de la hauteur et de la profondeur du guichet.

3. Ex. : le service après-vente a promis un remplacement de tout produit défectueux sous 24 heures alors que les magasins ne sont pas approvisionnés.

4. Ex. : le logiciel de facturation a été modifié mais les salariés n'ont pas été formés.

5. Le principe d'adaptation du travail à l'homme est à l'origine un principe d'optimisation technique. Le SELF (Société d'ergonomie de langue française) l'a défini en 1970 comme « la *mise en œuvre des connaissance scientifiques relatives à l'homme et nécessaire pour concevoir des machines, des outils et des dispositifs qui puissent être utilisés avec le maximum de confort, de sécurité et d'efficacité* ». La convention 155 de l'OIT prévoit que la politique de chaque État membre doit « *tenir compte des liens qui existent entre les composantes matérielles du travail et les personnes qui exécutent ou supervisent le travail ainsi que l'adaptation des machines, des outils, du temps de travail, de l'organisation et des procédés de travail aux capacités physiques et mentales des travailleurs* » (article 5). Le principe est également repris par l'article 13 de la directive du 4 novembre 2003 relative à l'aménagement du temps de travail : « *Les États membres prennent les mesures nécessaires pour que l'employeur qui envisage d'organiser le travail selon un certain rythme tienne compte du principe général de l'adaptation du travail à l'homme, notamment en vue d'atténuer le travail monotone et le travail cadencé en fonction du type d'activité et des exigences en matière de sécurité et de santé, particulièrement en ce qui concerne les pauses pendant le temps de travail* ».

le contrepied du constat malheureusement très souvent inverse de travailleurs *astreints* de s'adapter aux *contraintes*[1] de l'activité au détriment de leur santé ou sécurité.

619. Il existe en fait deux sens et deux usages distincts de la notion d'adaptation au sein des PGP dans la partie IV du Code du travail, les deux étant d'égale importance et très largement sous-estimés dans leur portée.

5.1.4.1 L'adaptation au sens d'une réponse appropriée

5.1.4.1.1 Une appropriation technique et organisationnelle

620. Le premier sens du mot adaptation est celui du 4° de l'article L. 4121-2 (4e PGP), aux termes duquel l'employeur doit « *adapter le travail à l'homme, en particulier*[2] *en ce qui concerne la conception des postes de travail ainsi que le choix des équipements de travail et des méthodes de travail et de production, en vue notamment de limiter le travail monotone et le travail cadencé et de réduire les effets de ceux-ci sur la santé* ».

621. Le mot *adaptation* est utilisé ici dans le sens *d'approprié*. Pour aller vite, il signifie que ce n'est pas le travailleur qui doit s'accroupir pour ébavurer une pièce de fonderie au sol, et ce faisant adopter une posture pénible l'exposant à un risque d'accident ou de pathologie dorsolombaire, mais la pièce qui doit être surélevée. Elle peut par exemple être déposée à hauteur d'homme sur un support approprié, au besoin orientable, de manière que le travail puisse être réalisé dans les meilleures conditions de santé et de sécurité. De même, ce n'est pas l'employé qui doit se pencher ou opérer une torsion du bassin pour travailler sur son écran d'ordinateur. L'écran, le clavier et de manière générale l'environnement informatique de son poste de travail doivent être installés de sorte qu'il puisse adopter une posture confortable, sans même parler de l'ergonomie du logiciel qui peut, en raison de fonctionnalités elles aussi inadaptées, participer à la manifestation d'autres risques (RPS...). *Adapter le travail à l'homme* consiste donc, dans cette acception, à penser et *ajuster* le travail en fonction des besoins du travailleur, et non l'inverse, pour en faciliter la réalisation, voire en améliorer le résultat[3].

1. En ergonomie, la contrainte est ce qui s'impose au travailleur et l'astreinte ce que le travailleur s'impose pour surmonter la contrainte. Si le travail n'allège pas les contraintes, il ne s'adapte pas à l'homme et celui-ci est astreint à s'adapter au travail, au détriment de sa santé, de son bien-être mais aussi de sa productivité.
2. L'énumération n'est pas exhaustive.
3. Historiquement, le principe d'adaptation, en ergonomie, ne dissocie pas les questions de santé au travail de la performance économique qui en résulte. Il postule même qu'un travail adapté à l'homme lui permettra simultanément de préserver sa santé, d'éprouver la satisfaction de produire un travail de qualité et d'augmenter sa productivité.

622. La référence légale aux travaux monotones et cadencés, sources d'appauvrissement des tâches et de gestes répétitifs, permet sans l'ombre d'un doute d'intégrer les questions d'organisation du travail dans l'obligation d'adaptation. C'est un apport essentiel de ce principe car les facteurs organisationnels jouent un rôle déterminant dans nombre d'accidents du travail ou de maladies professionnelles, notamment l'apparition de TMS[1]. L'énumération des caractéristiques organisationnelles présentant des risques est précédée dans le 4° de l'article L. 4121-2 de l'adverbe « *notamment* ». Elle n'est donc qu'indicative et ne se limite pas au travail monotone ou sous cadence. Toute méthode de travail ou de production, par exemple le travail au rendement et le mode de rémunération qui lui est rattaché, doit être évaluée sous l'angle de ses effets potentiellement indésirables pour la santé au travail. Par ailleurs, au regard de l'obligation de sécurité de l'employeur, qui comprend aussi bien la santé physique que mentale, le caractère inadapté du travail comprend tout ce qui est de nature à porter atteinte au corps comme au psychisme de l'individu. L'existence de facteurs psychosociaux de risque, désormais parfaitement documentée[2], est régulièrement associée à des causes organisationnelles. L'organisation du travail, comme le management, sont donc au cœur des méthodes de travail pouvant générer des RPS et se révéler à ce titre inadaptées, ce que l'article L. 4121-3 réaffirme en précisant depuis la loi du 2 août 2021 que l'employeur doit « *compte tenu de l'activité de l'établissement*, évaluer les risques *y compris dans l'organisation du travail* ». Enfin, malgré un vocabulaire manifestement inspiré de l'univers industriel et à ce titre quelque peu daté (*postes de travail, équipements de travail, travail cadencé*), l'obligation d'adaptation du travail revêt un caractère universel et s'applique bien entendu de la même manière aux activités de service.

1. L'article 5 de la convention 155 de l'OIT (1981) prévoit que la politique nationale des États membres en matière de SST prenne en compte, notamment : « (...) *l'adaptation des machines, des matériels, du temps de travail, de l'organisation du travail et des procédés de travail aux capacités physiques et mentales des travailleurs* ». Le principe d'adaptation, les questions d'organisation ainsi que les atteintes à la santé mentale sont déjà présents dans cette disposition. Il n'est pas surprenant de les retrouver dans la directive-cadre de 1989, qui reprend, implicitement ou non, de nombreux principes tirés de la convention 155. La France n'a certes pas ratifié la convention 155 mais la résolution de la 110e Conférence internationale du Travail (CIT) du 10 juin 2022, en portant le principe d'un environnement de travail sûr et sain au rang des Principes et droits fondamentaux au travail, entend engager tous les États membres de l'OIT à le respecter et le promouvoir, qu'ils aient ou non ratifié ladite convention, notamment, la convention 155 (*cf. supra* 2.2).

2. *Cf.* rapport du Collège d'expertise INSERM, dit Rapport Gollac, *Mesurer les facteurs psychosociaux de risque au travail pour les maîtriser* ; 2011. Six axes sont identifiés : l'intensité du travail et le temps de travail, les exigences émotionnelles, le manque d'autonomie, la mauvaise qualité des rapports sociaux au travail, la souffrance éthique, l'insécurité de la situation de travail.

5.1.4.1.2 L'adaptation à l'échelle collective

623. Indépendamment des caractéristiques individuelles des travailleurs, certains systèmes techniques et organisationnels contreviennent à des besoins fondamentaux d'ordre physiologique ou psychologique et présentent des risques pour l'ensemble des travailleurs. Un travail non adapté à l'homme trouve souvent sa source dans un défaut de conception de l'activité qui suggère le non-respect du 3e PGP (combattre le risque à la source). L'inadaptation découle alors d'une absence d'évaluation préalable des risques (2e PGP) et de réponse de nature à les éviter (1er PGP). De manière générale, le travail n'est pas adapté à l'homme chaque fois qu'il a été conçu de manière *techno-centrée* c'est-à-dire chaque fois qu'il répond à un objectif de production en mettant l'accent sur la solution technique et en négligeant la place et le rôle du travailleur dans le processus réel d'activité : ce qu'il doit faire et la manière dont il va devoir/pouvoir s'y prendre pour le faire. Le principe d'adaptation n'est pas respecté quand, faute d'avoir intégré *l'activité* qu'il déploie pour réaliser ses *tâches* lors de la conception d'un produit ou d'un service, le travailleur est astreint à adopter des gestes, des postures, des attitudes, des comportements contraires à la préservation de sa santé physique et mentale.

624. Le caractère inadapté du travail se manifeste souvent à travers le mésusage des équipements ou des outils de travail confiés au travailleur, comme le fait par exemple d'utiliser une machine pour une destination autre que celle pour laquelle elle a été conçue[1]. L'inadaptation peut ainsi porter sur :

- Des éléments techniques : outil inapproprié, sous ou surdimensionné, produit de nettoyage inefficace pour la salissure à traiter, engin ou apparaux de levage inadaptés aux charges à soulever, véhicules non équipés pour la nature des matériaux transportés, logiciel dont les fonctionnalités ne répondent pas aux exigences du métier, etc. L'ensemble de ces éléments renvoie à des questions *d'utilisabilité* des moyens de travail mis à disposition. *L'inutilisabilité* de ces moyens conduit soit à leur usage dans des conditions dangereuses soit à leur inacceptabilité par les opérateurs, qu'ils compensent par des pratiques détournées pour pouvoir accomplir leurs tâches, ces pratiques étant elles aussi potentiellement dangereuses.
- Des éléments liés à l'environnement de travail : espace de travail insuffisant, zone de réglage difficile d'accès, exiguïté des lieux, voire système d'information incompréhensible, etc. Ces éléments renvoient à des questions *d'accessibilité*.

1. Le mésusage peut également concerner le bâtiment même dans lequel s'exerce l'activité, par exemple lors de la réaffectation de locaux professionnels à un usage non prévu à cet effet.

– Des éléments de nature organisationnelle : durée, organisation du temps de travail, cadence et intensité du travail, charge physique et mentale, etc. Ces éléments renvoient à des questions de *soutenabilité* au regard des caractéristiques biomécaniques, anthropométriques et cognitives du travailleur.

625. Les notions d'utilisabilité, d'accessibilité et de soutenabilité ne renvoient certes à aucune catégorie juridique existante mais permettent de qualifier des situations dont certaines peuvent être raccrochées à des obligations particulières prévues par la partie IV du Code du travail, d'autres au contraire caractériser le non-respect du principe général d'adaptation en dépit de l'absence d'obligation particulière .

Tableau 3 : Critères mobilisables pour apprécier l'adaptation du travail à l'homme

Utilisabilité des moyens de travail	Accessibilité de l'environnement de travail	Soutenabilité de l'organisation du travail
• Lieux de travail (fonctionnalités du bâtiment au regard de l'activité) • Équipements de travail • Outils de travail • Produits utilisés	• Exiguïté des locaux • Espace au poste de travail • Accès aux points de réglage • Voies de circulation	• Durée et horaires de travail • Rythmes, cadences, charge physique et mentale • Régularité • Variabilité et intérêt

5.1.4.1.3 L'adaptation à l'échelle individuelle

626. Ce qui est vrai à l'échelle collective est transférable à l'échelle du travailleur. Le principe d'adaptation du travail à l'homme trouve à s'appliquer dans des situations individuelles. Au passage, il participe à la prévention des discriminations et entre en congruence avec les politiques d'inclusion et de diversité.

627. Du point de vue ergonomique, concevoir un poste de travail standard pour un salarié moyen, par définition imaginaire, a toutes les chances de conduire à des situations de travail individuelles inadaptées. Cet écueil est particulièrement fréquent pour les nombreux postes conçus pour être pourvus par des hommes et rendus de fait, inaccessibles aux femmes (hauteur des postes ou des rayons de stockage, poids des équipements ou des pièces, etc.).

628. L'application du principe d'adaptation suppose donc de ne pas renoncer à la prise en compte des facteurs individuels que sont l'âge, la formation, les expositions passées, le sexe, l'état de santé, la taille, etc. sans pour autant en faire des critères de sélection et d'exclusion au travail. Autrement dit, les facteurs individuels ne doivent pas être discriminants mais constituer des causes de variabilité à prendre en compte pour rendre le poste de travail adaptable, réglable ou accessible, indépendamment des caractéristiques individuelles de celle ou celui qui l'occupe. Dans ce cas, la nature appropriée du travail s'entend de la *compatibilité* de ses conditions d'exécution avec les caractéristiques propres du travailleur. L'aptitude du travailleur laisse progressivement place à l'aptitude de l'organisation de travail à accueillir toutes les populations au travail (*cf.* encadré 71 ci-dessous). Cette approche inversée tend à considérer que c'est la situation et le contexte de travail dans lesquels la personne est placée qui la rendent potentiellement inapte à réaliser son travail et sont donc inadaptés. Elle est aujourd'hui déjà intégrée dans la définition légale du handicap[1]. Mais elle invite par analogie à considérer que, sauf à courir le risque de discriminations interdites, toute personne devrait a *priori* pouvoir accéder ou conserver un emploi sans considération de présupposés facteurs individuels de vulnérabilité.

Encadré 71 : Freins historiques et contextuels à la logique d'adaptation du travail

En pratique, le principe d'adaptation du travail à l'homme se heurte à de nombreux freins. Les raisons en sont multiples et profondes.

Introduit tardivement dans le Code du travail, il percute en premier lieu des décennies d'obligations légales en matière d'aptitude médicale portant, qu'on le veuille ou non, une philosophie contraire. En conditionnant en effet la capacité de travailler à la délivrance préalable par un médecin du travail d'un avis explicite d'aptitude médicale, l'idée s'est imposée que le salarié doit être doté d'une constitution et de dispositions adaptées au

1. Le passage de la notion de personne handicapée à personne *en situation de handicap* est explicite dans la loi du 11 février 2005 : « *Constitue un handicap, au sens de la présente loi, toute limitation d'activité ou restriction de participation à la vie en société subie dans son environnement par une personne en raison d'une altération substantielle, durable ou définitive d'une ou plusieurs fonctions physiques, sensorielles, mentales, cognitives ou psychiques, d'un polyhandicap ou d'un trouble de santé invalidant.* »

travail pour lequel il est recruté et non l'inverse[1]. L'avis médical d'aptitude s'est transformé en quasi-autorisation préalable d'embauche, en tout cas d'exposition du salarié aux risques du métier, censée rassurer l'employeur sur son éventuelle responsabilité en cas de survenue d'un accident ou d'une pathologie. Pendant longtemps, les déclarations de promotion de la santé n'ont entraîné d'obligation substantielle d'aménagement et donc *d'adaptation du poste de travail* que lorsqu'elles étaient consécutives à un accident ou une maladie d'origine professionnelle. Il aura fallu attendre une loi de 1993 pour assister à un alignement du sort des salariés en matière d'effort de reclassement, que cette inaptitude soit d'origine professionnelle ou non (*cf. supra* note de bas de page encadré 32).

Second frein puissant, le principe d'adaptation du travail à l'homme perturbe le discours managérial dominant des dernières décennies, qui met fortement l'accent sur les qualités personnelles des salariés, particulièrement des cadres. L'employabilité[2], la flexibilité, l'aptitude à s'adapter sans cesse à de nouvelles fonctions, la capacité à s'auto-organiser, à innover, à faire preuve de créativité, à être autonome pour atteindre des objectifs, ont été valorisées et ont entretenu l'exigence d'une aptitude, non plus seulement médicale mais professionnelle, et d'une adaptabilité incombant au salarié. La crise des RPS a dans un premier temps donné lieu à une réponse de type adaptative consistant à former les travailleurs à faire face aux facteurs de stress et aux situations conflictuelles. Actuellement, l'usage extensif et souvent abusif du concept de résilience, appliqué à l'univers professionnel, tend également à valoriser la capacité du travailleur à faire face à l'adversité.

5.1.4.1.4 L'articulation des dimensions collectives et individuelles

629. L'adaptation à la fois collective et individuelle du travail peut paraître d'autant plus difficile à satisfaire qu'elle semble s'opposer au principe de priorisation des mesures de protection collective sur les mesures de protection individuelle, 8e PGP (*cf. infra* 5.1.8). Comment en effet prioriser l'application d'actions de prévention bénéficiant à tous tout en imposant qu'elles soient adaptées à chacun ? La contradiction n'est qu'apparente.

---

1. Ce biais sélectif, bien connu des épidémiologistes, est nommé « l'effet travailleur sain ». Il conduit parfois à constater que l'état de santé des salariés de certains secteurs d'activité réputés pénibles est paradoxalement meilleur que celui de la population générale ! C'est en réalité que, pour être employables dans ces secteurs, les personnes doivent présenter un bon état de santé, le processus de sélection se poursuivant après l'embauche puisque ceux qui ne supportent plus les conditions de travail sont contraints à quitter prématurément leur emploi. À l'inverse, l'expérience montre que les entreprises confrontées à des problèmes d'attractivité sur leur territoire parviennent à déployer des politiques de recrutement et de fidélisation en adaptant leurs conditions de travail aux contraintes de leurs candidats.

2. L'Anact a introduit le concept *d'employeurabilité* pour contrebalancer la tendance à faire porter le poids de l'accès et du maintien en emploi sur le seul individu.

630. Des modalités de travail collectives et individuelles sont en premier lieu parfaitement conciliables. La dimension collective de l'adaptation consiste à concevoir des lieux, une organisation, des processus et des environnements de travail ergonomiques bénéficiant à l'ensemble des travailleurs tout en préservant la variabilité des configurations de travail pour les adapter à des contextes individuels. Le fait que les opérateurs d'une chaîne de production soient approvisionnés par un tapis roulant pour ne pas avoir à manutentionner les pièces (mesure d'organisation collective) n'interdit pas que chaque poste de travail soit réglable en fonction des personnes (hauteur de siège, de desserte, etc.). L'existence de gammes de travail prescrivant le mode opératoire de montage d'appareils sur une ligne d'assemblage fonctionnant par îlot (mesure d'organisation collective) n'interdit pas de laisser des marges de manœuvre individuelles aux travailleurs dès lors qu'en optant pour un ordre préférentiel ou des astuces gestuelles propres, ils obtiennent le même résultat à la fin du cycle de travail et déjouent la monotonie ou la fatigue musculaire. Dans ces deux exemples le travail fait l'objet d'adaptations, certaines inhérentes à l'organisation, d'autres à l'initiative de l'opérateur mais toutes concourent à préserver sa santé.

631. Quant au 8e PGP, sa logique et sa finalité sont autres. Le principe d'adaptation porte sur le travail lui-même (ses conditions de réalisation) tandis que ce principe vise les mesures de protection proprement dite. L'un se situe en amont du risque tandis que l'autre fixe une règle de gestion du risque avéré. Dans ce cas, il est préférable de recourir à des mesures de protection de nature collective car elles sont réputées plus efficaces et rendent le travail plus facile à exécuter en dispensant le travailleur du port contraignant d'équipements de protection individuelle. En ce sens, ce sont les protections collectives qui sont adaptées au travail, au sens *d'appropriées*.

632. Dans tous les cas, l'adaptation du travail, au sens d'un cadre de travail approprié, implique un certain degré de liberté, pour l'employeur comme pour le travailleur, dans le choix des solutions – des moyens – à mettre en œuvre pour réaliser le travail.

Encadré 72 : La conception universelle : quand santé au travail et inclusivité se rejoignent

La *conception universelle*, ou *conception pour tous* ou encore *conception inclusive*, est l'idée selon laquelle la conception de tout aménagement, produit, équipement ou service doit être telle qu'il puisse être utilisable par toute personne sans nécessiter d'adaptation et ce quels que soient son sexe, son âge, sa situation ou son handicap. Elle rejoint les notions de *conception centrée utilisateur* ou *conception par l'usage* utilisées en ergonomie.

La conception universelle est inscrite dans la convention relative au droit des personnes handicapées. Elle tend à être généralisée dans les directives et les normes de standard, notamment dans le champ de l'accessibilité numérique avec la directive 2019/882 relatives aux exigences en matière d'accessibilité aux produits et services, la directive 2016/2102 relative à l'accessibilité des sites internet et des applications mobiles des organismes du secteur public, la norme NF EN 17161 sur la conception pour tous des produits, des biens et des services.

5.1.4.2 L'adaptation au sens d'une réponse à une circonstance nouvelle

633. La seconde utilisation du mot *adaptation* dans les PGP est celle du dernier alinéa de l'article L. 4121-1. Elle est au moins aussi importante que la précédente.

634. Aux termes de cet article, « *L'employeur prend les mesures nécessaires pour assurer la sécurité et protéger la santé physique et mentale des travailleurs* ». Ces mesures comprennent des actions de prévention des risques professionnels, des actions d'information et de formation et *une organisation et des moyens adaptés*. Les moyens adaptés sont entendus comme des moyens appropriés au sens examiné au paragraphe précédent. Le second sens du mot adaptation apparaît seulement dans l'alinéa suivant aux termes duquel : « *L'employeur veille à l'adaptation de ces mesures pour tenir compte du changement des circonstances et tendre à l'amélioration des situations existantes* ». C'est ici le changement de circonstances qui constitue le déclencheur de la nécessité d'adaptation des mesures de prévention. Il signifie que des mesures de prévention appropriées à un moment donné doivent être réinterrogées à la lumière de *circonstances nouvelles*.

635. Cette acception de l'adaptation, comprise comme la nécessaire évolutivité du cadre de prévention dans lequel s'exerce le travail chaque fois que les circonstances le justifient, confirme l'attitude proactive que requiert le respect des PGP, même à droit constant. Des prolongements et des variantes de cette exigence figurent d'ailleurs dans les 5ᵉ et 6ᵉ PGP puisque l'employeur doit « *tenir compte de l'évolution des techniques* » et « *remplacer ce qui est dangereux par ce qui n'est pas dangereux ou par ce qui est moins dangereux* ». Ainsi, une mesure de prévention tolérable aujourd'hui peut ne plus être admise demain si une technique alternative éprouvée et plus efficace est couramment accessible sur le marché.

636. Les situations de changement de circonstances sont très nombreuses et de nature très diverse. Elles peuvent être bénignes ou substantielles, ponctuelles ou durables, programmées ou impromptues, locales ou générales, le principal écueil étant de ne pas les identifier et de ne pas les percevoir comme telles. De nouveaux risques peuvent ainsi survenir :

– lors d'une réduction d'effectifs ou au contraire de l'embauche de nombreux salariés, du recours en nombre à des intérimaires ou à des stagiaires (modification de la charge et des habitudes de travail, changements d'affectations, inexpérience[1], etc.) ;
– lors d'un changement dans la planification, une hausse ou une baisse de l'activité, un réordonnancement des commandes entraînant un fonctionnement en mode inhabituel ou dégradé (hausse de la charge de travail, modification des modes opératoires, travail dans l'urgence, encombrement des locaux) ;
– lors de la mise en service d'un nouvel équipement, d'une nouvelle application informatique, d'un nouveau système de rémunération (changement des modes opératoires, inexpérience, stress, etc.) ;
– lors de l'introduction de nouveaux produits, de nouvelles technologies ou de nouveaux procédés (nouveaux risques, etc.) ;
– lors de la réorganisation d'un service et plus globalement de l'entreprise (désorganisation du collectif, pertes de repères, stress, etc.) ;
– lors de travaux neufs ou d'opérations annuelles de maintenance (coactivité, accès à des zones inhabituelles, désactivation des dispositifs de sécurité, etc.) ;
– à la suite d'un accident de production, d'une panne, d'intempéries ou d'un événement extérieur appelant une intervention en urgence (travail dans l'urgence, inapplicabilité des procédures de travail habituelles, etc.).

637. Plus généralement, des changements de circonstances surviennent quotidiennement dans l'activité de travail, conformément au principe de l'ergonomie selon lequel le travail réel ne se déroule jamais dans les conditions du travail prescrit ou initialement prévu[2]. Réglages imparfaits, commande imprévue, livraison décalée, absence

1. Près de 30 % accidents du travail ayant engendré au moins 4 jours d'arrêt sur 2017 sont survenus à des salariés ayant moins d'un an d'ancienneté dans l'entreprise (source : Accidents du travail en fonction de l'âge de la victime et de son ancienneté dans l'entreprise, DRP CNAM).

2. On dit parfois que « le réel résiste au prescrit », manière d'exprimer le fait qu'aucune procédure ne permettra jamais de régir l'activité proprement dite. On peut-être y voir une des raisons pour lesquelles l'ergonomie et le droit ne font pas toujours bon ménage, la première ayant tendance à prendre des distances à l'égard de tout ce qui prétend normaliser, standardiser et encadrer le travail et donc entraver potentiellement l'expression de l'autonomie du travailleur, source de développement professionnel et de satisfaction au travail. À y regarder de plus près, les PGP se prêtent particulièrement à la mise en œuvre des principes de l'ergonomie, en particulier l'ergonomie de langue française, dès lors qu'ils laissent beaucoup de liberté à l'employeur et l'invitent à prendre en compte la variabilité des situations.

pour maladie au sein de l'équipe, panne… obligent sans cesse à procéder à des aménagements qui contraignent à gérer les aléas en s'écartant des standards de travail. Réalisées plus ou moins consciemment, les *adaptations* requises permettent de faire face à l'imprévu mais conduisent par la même occasion à des modifications des modalités habituelles de travail pouvant avoir un impact immédiat ou à terme sur la santé, la sécurité et les mesures de prévention en place. De fait, de très nombreux accidents trouvent leur origine dans un changement de circonstances dont l'employeur, la ligne hiérarchique, voire les travailleurs eux-mêmes, n'ont pas mesuré les effets sur les conditions de travail, omettant dès lors d'adapter concomitamment les mesures de prévention correspondantes. Or, un changement implique souvent, au moins temporairement, un travail en mode dégradé ou une augmentation de la charge physique ou cognitive de travail.

638. L'adaptation des mesures de prévention aux situations nouvelles, au sens du dernier alinéa de l'article L. 4121-1, consiste par conséquent à savoir identifier les changements de toute nature, à examiner leur impact sur les conditions de travail et à prendre les mesures de prévention supplémentaires ou alternatives, conjoncturelles ou pérennes, qu'elles appellent. L'employeur doit savoir faire face à ce qui relève de l'*anormal prévisible* et se doter pour ce faire d'une organisation lui permettant de repérer les changements et les dérives sécuritaires auxquels ils peuvent donner lieu. Les adaptations nécessaires, lorsqu'elles sont mineures, peuvent être prises en charge de manière relativement informelle par le collectif de travail, voire un travailleur seul, s'il est suffisamment outillé pour identifier et évaluer les effets des changements qui surviennent (*cf. infra* 5.3). Les adaptations les plus lourdes doivent en revanche être instruites et validées par l'employeur.

639. Faire face efficacement aux situations nouvelles implique donc une maturité organisationnelle qui laisse des marges de manœuvre aux travailleurs sans les livrer à l'improvisation et à une prise de risques inconsidérée. Cette autonomie peut être source de satisfaction et d'enrichissement professionnel pour les intéressés, invités à exprimer et développer leur savoir-faire lorsqu'un changement de circonstances survient. Il participe même à la prévention de la monotonie, examinée plus haut. Il n'est donc pas attendu de l'employeur qu'il mette fin à toute variabilité dans le travail en cherchant à régir l'intégralité des processus (logique de sécurité réglée) mais qu'il installe une culture de prévention favorisant l'adaptabilité (logique de sécurité gérée) tout en se dotant des dispositifs de régulation lui permettant de s'assurer que les marges autorisées sont sous contrôle (*cf. supra* 1.2.1.2 et *infra* 6.6.1).

Encadré 73 : Adapter les salariés à l'évolution de leur emploi et le travail à l'homme : deux obligations contradictoires ?

Dans le champ de la formation professionnelle, l'article L. 6321-1 du Code du travail prévoit que l'employeur est tenu *d'assurer l'adaptation des salariés à leur poste de travail*. Ces derniers bénéficient d'un droit à la formation tout au long de leur vie professionnelle qui leur permet de maintenir ou acquérir les compétences nécessaires à leur activité professionnelle ou favoriser leur évolution professionnelle dans l'entreprise. L'employeur doit justifier qu'il a assuré l'adaptation des salariés à leur poste de travail et veillé au maintien de leur capacité à occuper un emploi, au regard notamment de l'évolution des emplois, des technologies et des organisations[1]. Les formations suivies par le salarié doivent en outre être en adéquation avec son poste de travail au regard des nouvelles missions qui lui sont confiées[2] et l'employeur ne peut invoquer l'insuffisance professionnelle du salarié que si tous les moyens lui ont été donnés pour pouvoir faire ses preuves[3].

Par ailleurs, un salarié licencié pour inaptitude peut demander réparation de son absence de formation à l'employeur qui, en ne le formant pas, ne lui a pas permis d'être reclassé[4].

L'obligation d'adaptation du salarié en matière de formation peut ainsi paraître contradictoire avec celle d'adaptation du travail à l'homme. En réalité, les fondements des deux obligations sont les mêmes mais passent par des voies de résolution différentes qui s'expliquent aisément.

En matière de santé au travail, le salarié dispose en arrivant dans l'entreprise d'un capital santé inaliénable dont il a « hérité » et que l'employeur doit préserver. Il lui appartient d'adapter le travail de sorte que la santé du travailleur ne soit pas altérée par son fait. En matière de formation, le capital du salarié est acquis, notamment durant sa formation initiale, et cet acquis peut se perdre ou se détériorer dans le temps. L'employeur doit donc le préserver mais cette fois en agissant sur le salarié, de sorte que celui-ci ne perde pas ses chances d'emploi ou de promotion durant la période où il est placé sous sa subordination. La contradiction n'est donc qu'apparente et les deux obligations procèdent de la même logique, inhérente au pouvoir de direction de l'employeur.

On notera au passage que la compétence du travailleur à son pose de travail apparaît comme un double facteur de protection de la santé et de l'emploi. La formation à la sécurité permet au travailleur d'agir dans un sens favorable à la protection de sa santé et de sa sécurité (*cf.* chapitre 7), mais la formation d'adaptation aux évolutions de son emploi est aussi un

1. Cass. soc., 13 juin 2019 n° 17-31295.
2. Cass. soc., 15 janvier 2020 n° 18-13676.
3. C.A Paris, pôle 6 chambre 11, 8 janvier 2019 n° 17/01393.
4. Cas d'un employé d'immeuble qui n'avait bénéficié d'aucune formation pendant 33 ans, licencié pour inaptitude et impossibilité de reclassement après avoir été placé en invalidité. L'employeur affirmait que ses fonctions ne nécessitaient pas de formation. Les juges ont considéré que la demande de dommages-intérêts pour manquement de l'employeur à son obligation de formation était justifiée, Cass. soc., 8 juillet 2020 n° 19-12015.

facteur de protection de sa santé mentale et de prévention des RPS en lui conférant un sentiment de maîtrise des gestes professionnels requis pour réaliser un travail de qualité (satisfaction au travail) et de sécurisation de son avenir professionnel (bien-être au travail).

5.1.5 Cinquième principe : tenir compte de l'état d'évolution de la technique

640. La portée pratique de ce principe est considérable puisqu'il permet, à droit constant, de faire évoluer le niveau d'exigence des mesures et moyens de prévention mis en œuvre. Autrement dit, ce qui est autorisé ou toléré aujourd'hui pourra ne plus l'être demain si l'évolution des techniques permet d'utiliser un dispositif, un procédé ou une méthode assurant un meilleur niveau de protection. Cette exigence trouve néanmoins une limite dans le principe de proportionnalité. Il ne saurait en effet être question d'imposer le recours à une solution au seul motif qu'elle existe si sa mise en œuvre demande le déploiement de techniques à la pointe de l'innovation mais des moyens exorbitants au regard des possibilités de l'entreprise et du risque encouru.

641. L'employeur est tenu de prendre en compte l'évolution de la technique lorsque cette dernière est éprouvée, maîtrisée, aisément accessible dans le circuit de distribution, économiquement viable et permet de réduire le niveau de risque antérieur en remplaçant *ce qui est dangereux par ce qui n'est pas dangereux ou est moins dangereux* (6e PGP). Ainsi par exemple, bien qu'insatisfaisante, l'utilisation d'échelles et de harnais ou autres équipements précaires a longtemps été tolérée sur les chantiers de construction de petits bâtiments industriels ou commerciaux pour accéder et procéder à la fixation en hauteur d'éléments de charpente métallique. L'apparition des nacelles élévatrices en lieu et place des échelles a constitué un véritable progrès mais ne s'est faite que progressivement au tournant des années quatre-vingt-dix car ces équipements étaient rares et coûteux. Seules les entreprises y recourant toute l'année et pour un volume de chantiers important, notamment dans les grandes agglomérations, pouvaient acquérir ce type de matériel et le rentabiliser. Aujourd'hui, l'utilisation de ces appareils est systématisée et apparaît d'autant plus exigible que l'offre de location est généralisée sur tout le territoire et les rend particulièrement accessibles. Certes non totalement dépourvue de risques, l'utilisation de ces engins est sans conteste nettement préférable à l'utilisation d'une échelle car elle permet de réduire les risques de chute en satisfaisant par la même occasion le principe de substitution évoqué plus haut ainsi que le 8e PGP : « *prioriser les mesures de protection collective sur les mesures de protection* *individuelle* » (*cf. infra* 5.1.8). Un inspecteur du travail constatant un risque de chute consécutif à d'anciennes pratiques serait très certainement conduit à procéder à un arrêt temporaire de travaux.

642. Plus récemment, tenir compte de l'évolution de la technique peut conduire à s'intéresser aux innovations permises par les imprimantes 3D telles que les moulages synthétiques, qui peuvent mettre fin à des opérations de manutention ou à l'émission de poussières inhérentes au moulage traditionnel en plâtre, sans négliger toutefois les risques résultant de l'utilisation de résines et polymères synthétiques. Actuellement, le développement des technologies numériques constitue une nouvelle opportunité de tenir compte de l'évolution de la technique. L'installation de capteurs ou l'utilisation de robots dans des zones dangereuses peuvent par exemple réduire les risques ou la pénibilité liés à des interventions en milieux hostile pour effectuer des opérations rendues inutiles par le recueil d'informations à distance (*cf. infra* 11.2.2).

643. L'application de ce principe découle de l'obligation générale d'amélioration continue des situations existantes prévue au dernier alinéa de l'article L. 4121-1. Elle invite par conséquent l'employeur à organiser une veille technologique lors de l'évaluation des risques et à en garder la trace[1]. Ce dernier peut se renseigner auprès des organismes de prévention cités par le Code du travail ou auprès des organisations professionnelles de sa branche d'activité, en particulier lorsque cette dernière est dotée d'un centre technique. Les salons professionnels et l'offre de service sont également désormais nombreux dans le champ de la santé au travail mais il est recommandé, avant de réaliser un investissement, de s'assurer auprès des acteurs institutionnels de la prévention précités que les solutions proposées sont validées scientifiquement[2].

1. L'employeur est par ailleurs considéré par la jurisprudence devoir avoir conscience des risques, ce qui suppose de prendre les devants lorsque ceux-ci sont suspectés et de s'enquérir de solutions alternatives.

2. La pandémie de Covid-19 a mis en évidence le risque de voir émerger des solutions techniques dont l'efficacité n'est pas démontrée, voire fantaisistes, notamment pour purifier les atmosphères de travail ou assainir durablement les zones de contact.

5.1.6 Sixième principe : remplacer ce qui est dangereux par ce qui n'est pas dangereux ou par ce qui est moins dangereux

644. Ce principe, également nommé *principe de substitution,* est bien connu en matière de risques chimiques[1] où il consiste à remplacer un intrant dangereux du processus de production (substance ou mélange connu pour ses propriétés intrinsèquement dangereuses) par un produit non dangereux ou moins dangereux. La dangerosité peut ne se manifester que lors du processus, sous forme d'un sous-produit de réaction ou de décomposition, alors que les matières premières prises isolément ne sont pas dangereuses. La substitution pourra alors porter sur une des matières premières à l'origine de la réaction générant le sous-produit ou en modifiant la phase du procédé qui en est la cause. Le remplacement peut conduire dans l'idéal à la suppression du risque (le substitut n'est pas dangereux) ou plus fréquemment à sa réduction (le substitut est moins dangereux).

645. Le principe est également applicable aux procédés (ex. : mode de dégraissage[2]), aux équipements de travail, aux méthodes de travail (ex. : modes opératoires d'assemblage). Il implique, là encore, un travail de veille de la part de l'employeur qui doit s'assurer que, *compte tenu de l'évolution de la technique*, il n'est pas désormais possible d'éviter ou limiter tel risque avec une solution de remplacement. De même, étant censé avoir conscience des risques, l'employeur doit s'assurer que la découverte des propriétés dangereuses et jusqu'ici ignorées d'une activité ou la confirmation du soupçon de telles propriétés, ne l'oblige pas à se mettre à la recherche d'une telle solution. En tout état de cause, tant qu'il n'a pas été conclu à son absence de dangerosité, le fait qu'une substance ne soit pas classée toxique pour la reproduction en raison de l'insuffisance des données scientifiques permettant de l'affirmer, ne dispense pas de s'enquérir du résultat des études en cours ou à venir sur cette substance, ou de l'existence de produits de substitution hors de cause.

646. La démarche de substitution est souvent longue. Elle demande des recherches (en laboratoires, auprès des fournisseurs, etc.) et peut nécessiter de nombreux essais. S'il existe des listes proposant des

1. Le PST4 prévoit le développement d'outils appropriés (formation, outils d'aide à la décision) pour accompagner la substitution des produits contenant des substances préoccupantes pour la santé – notamment celles en lien avec les priorités de la Stratégie décennale de lutte contre les cancers et le PNSE 4, les substances cancérogènes, mutagènes ou toxiques pour la reproduction (CMR) et les perturbateurs endocriniens (PE) – par des substances moins dangereuses, en particulier de biocontrôle.

2. Les enquêtes SUMER mettent en évidence que le nombre de salariés exposés au trichloréthylène, solvant très couramment utilisé par le passé dans l'industrie, est passé de 153 600 en 2003 à 23 400 en 2017.

substances substituables à des substances dangereuses dans la plupart de leurs applications, le remplacement de nombre d'entre elles s'avère plus complexe et implique un processus lourd de validation, notamment par le donneur d'ordre. C'est le cas si le produit fabriqué doit obéir à des spécifications techniques rigoureuses, notamment pour des raisons de sécurité (ex. : industrie aéronautique ou de l'armement) et que l'introduction de la substitution proposée est susceptible de modifier les qualités du produit final. La substitution peut aussi être retardée lorsque le nouvel intrant présente des caractéristiques jugées incompatibles avec les exigences de la production (ex. : un temps de séchage trop long).

647. Le remplacement peut aussi nécessiter des arbitrages dans une logique de balance bénéfices/risques, par exemple entre deux solutions présentant chacune des nuisances de nature différente (ex. : choix entre un produit de remplacement moins nocif sur le plan toxicologique mais plus inflammable sur le plan physicochimique et un produit ininflammable mais présentant des risques pour la santé). L'employeur devra alors opter pour le risque le plus aisé à maîtriser, évaluation qui dépendra de la nature de l'activité exercée et de son contexte local. On ne saurait trop conseiller de documenter et tracer les travaux à l'appui desquels l'employeur a conduit sa démarche de remplacement, en particulier en cas d'échec[1] : description des solutions de substitution examinées, principales raisons du choix final au regard des incidences sur les risques professionnels, mesures de compensation envisagées le cas échéant).

648. Enfin, dans un souci d'application cohérente de l'ensemble des PGP, l'employeur devra avoir à l'esprit qu'un remplacement, quel qu'il soit, constitue par nature *un changement de circonstances*. Il appellera par conséquent une mise à jour de l'évaluation des risques et peut-être une adaptation des actions de prévention antérieures, l'évaluation devant notamment avoir pour objet de vérifier que le risque supprimé n'en génère pas de nouveaux.

Encadré 74 : La démarche conventionnelle de substitution dans la métallurgie

L'accord du 7 février 2022 sur la santé au travail dans la métallurgie décrit une démarche de substitution en trois étapes : identifier des produits existants et évaluer leur utilité pour la fonction recherchée, évaluer le procédé mis en œuvre ; réfléchir quant à la suppression du produit ou

1. Même si, d'un pont de vue règlementaire, le seul cas dans lequel l'employeur est tenu de faire la démonstration formelle des recherches qu'il a réalisées est celui du remplacement des agents chimiques CMR avec l'article R. 4412-66 aux termes duquel : « L'employeur consigne le résultat de ses investigations dans le document unique d'évaluation des risques ».

au changement de procédé ; substituer et expérimenter : si une solution de substitution est identifiée, elle fait l'objet d'une expérimentation et d'une validation.

Selon l'accord, les conditions de succès d'une solution de substitution passent par la prise en compte des aspects suivants :

– le produit substitué apporte une amélioration en matière de santé et de sécurité et n'introduit pas de nouveaux risques, même « émergents » ;

– il est compatible avec le respect de l'environnement ;

– il a la performance attendue (exemples : risque de mauvais traitement des pièces qui pourrait causer des défaillances, voire des accidents pour les clients finaux[1]) ;

– il est viable sur le plan industriel (exemples : fiabilité des approvisionnements, compatibilité avec les procédés, rapport qualité/prix).

5.1.7 Septième principe : planifier la prévention dans un ensemble cohérent

649. Ce principe prévoit de « *planifier la prévention en y intégrant, dans un ensemble cohérent, la technique, l'organisation du travail, les conditions de travail, les relations sociales et l'influence des facteurs ambiants, notamment les risques liés au harcèlement moral et au harcèlement sexuel, tels qu'ils sont définis aux articles L. 1152-1 et L. 1153-1, ainsi que ceux liés aux agissements sexistes définis à l'article L. 1142-2-1* ». La mise en œuvre articulée et cohérente des 9 PGP, essentielle à la démonstration pratique que l'employeur a pris en compte toutes les implications de l'arrêt Air-France, est tout entière concentrée dans ce principe. Elle fera l'objet de développements et d'une proposition de modélisation (*infra* 5.2). Mais il convient, avant d'opérer cette synthèse, d'analyser chaque segment du principe général de planification.

5.1.7.1 La planification à l'épreuve des non-conformités

650. Le 7ᵉ PGP érige en premier lieu la planification des actions de prévention en règle. Cela semble de bon sens mais pose en pratique la question de son articulation avec l'existence de non-conformités constitutives d'infractions. Autrement dit, peut-on déduire d'un principe général de programmation, et donc d'action différée, qu'il autorise à poursuivre le travail dans des situations interdites, réprimées par

1. Il est fréquent que dans les secteurs sensibles (construction aéronautique, défense, etc.) la substitution – comme de manière générale tout changement – soit soumise à l'approbation du client final qui a qualifié son fournisseur à partir d'un cahier des charges dont les spécifications techniques exigent, pour des raisons de qualité, l'utilisation de produits et procédés déterminés.

des dispositions précises et constitutives d'infractions continues[1] ? En réalité, la contradiction apparente entre la coexistence d'infractions et le principe de planification peut être aisément surmontée.

651. En premier lieu, sur le plan juridique, il ne fait aucun doute que les corps de contrôle chargés de veiller à l'application de la réglementation sont habilités à relever les infractions qu'ils constatent à tout moment et ce quand bien-même l'employeur aurait planifié une mise en conformité. La survenue d'un accident résultant du non-respect d'une prescription particulière prévue par la partie IV du Code du travail et constitutive d'une infraction prendrait nécessairement le pas sur le principe général. Ainsi, quand un employeur laisse un travailleur utiliser une machine non conforme, il commet une infraction qu'il doit faire cesser. Le fait qu'il programme la mise en conformité n'a pas pour effet d'éteindre l'infraction. On sait toutefois que les inspecteurs du travail disposent d'un pouvoir d'opportunité des constats qu'ils tiennent de la convention OIT 81 et dont ils font largement usage puisque, alors que 56 % de leurs interventions portent sur des questions de santé et sécurité, révélant dans 93 % des cas un ou plusieurs manquements, seuls 4 % en moyenne des constats d'infraction donnent lieu à la transmission d'un procès-verbal à l'autorité judiciaire[2]. Le premier mode d'intervention de l'inspection du travail passe donc par des *observations* adressées à l'employeur, ce qui signe la reconnaissance et l'acceptation d'un délai nécessaire pour la mise en conformité.

652. Par ailleurs, l'existence d'un nécessaire délai entre le constat d'une infraction et la mise en conformité est consacrée de longue date par le Code du travail en matière de santé et sécurité au travail puisqu'un nombre très important d'infractions aux dispositions de la partie IV ne peuvent pas faire l'objet d'un procès-verbal sans que l'employeur ait été préalablement *mis en demeure* de se mettre en conformité dans un délai fixé par l'agent de contrôle[3]. Consécration renforcée par le fait que seules les situations les plus graves, plus particulièrement en cas de risque sérieux d'atteinte à l'intégrité physique ou de danger grave et imminent, peuvent faire l'objet de la

1. Au demeurant, bien qu'elles soient d'application obligatoire, la violation des dispositions de l'article L. 4121-2 et des principes généraux de prévention en partie législative, n'est pas pénalement réprimée dans le Code du travail, à la différence de la majorité des dispositions réglementaires du reste de la partie IV.

2. Source : DGT, l'inspection du travail en 2015.

3. Article L. 4721-4 et R. 4721-5 du Code du travail.

procédure judiciaire de référé ou d'un arrêt administratif temporaire de travaux, dans des cas limités expressément prévus par la loi[1].

653. Par ailleurs, il n'y a pas nécessairement identité entre *planification de la prévention* au sens de l'article L. 4121-2 *et planification des mises en conformités réglementaires*. Au contraire, la logique d'amélioration constante des situations existantes prévue à l'article L. 4121-1 voudrait que le plan de prévention ne se résume pas à un plan de mise en conformité légale. Le fait de passer en dessous d'un seuil d'exposition réglementaire met à l'abri de poursuites pénales mais n'induit pas une situation optimale du point de vue de la prévention. Par application des PGP, le plan de prévention doit tendre vers la suppression ou la diminution des expositions au plus bas niveau possible et ne s'arrête donc pas là où cesse l'infraction.

654. En tout état de cause, la nécessité de planifier les actions de prévention est le corollaire du résultat de l'évaluation des risques, dont l'inventaire peut être conséquent. Un principe de réalité oblige à admettre qu'il n'est ni matériellement ni économiquement possible de donner immédiatement toutes les suites normalement exigibles aux écarts constatés. Il y a donc lieu de hiérarchiser pour prioriser et programmer. Mais s'il est admis que des non-conformités peuvent ne pas être immédiatement corrigées, l'employeur qui a planifié une mise en conformité dans un délai de six mois a conscience qu'il est dans une situation insatisfaisante durant cette période transitoire. Dans l'attente de la solution pérenne, la poursuite de l'activité sera conditionnée à des mesures compensatoires prises à titre conservatoire. Ces mesures sont souvent d'ordre organisationnel : restrictions d'accès aux seuls travailleurs expérimentés, exclusion des jeunes travailleurs ou des salariés sous contrat précaire, rédaction de modes opératoires et d'instructions précises, renforcement de la signalisation et de la formation des travailleurs autorisés, etc.

655. La planification peut être pluriannuelle mais l'obligation de formalisation d'une programmation annuelle introduite par la loi du 2 août 2021 renforce sa nature engageante en prévoyant un calendrier de réalisation des actions, une estimation de leur coût, des moyens et des indicateurs de résultat.

---

1. Article L. 4732-1 et L. 4731-1 du Code du travail.

En 2020, tous domaines confondus, l'inspection du travail a réalisé 237 139 interventions dont 105 798 contrôles. Elle a adressé 147 599 lettres d'observation, procédé à 4 779 arrêts de travaux ou d'activité, notifié 4 033 mises en demeure et dressé 4 001 procès-verbaux. Le nombre des référés s'est élevé à 29 (source : Les chiffres clefs de la DGT, édition 2022).

5.1.7.2 Un ensemble cohérent de mesures

656. Au-delà de la planification, le 7e PGP consacre le principe d'une approche holistique de la prévention, qui consiste à agir sur tous ses déterminants et de le faire *dans un ensemble cohérent*. C'est une des clefs de lecture de la jurisprudence qui demande à l'employeur, non pas de prendre *des* mesures mais *toutes les mesures* résultant de l'application des articles L. 4121-1 et L. 4121-2 en activant tous les leviers ayant une incidence sur la santé et la sécurité. Cette exigence de cohérence s'exerce à plusieurs niveaux (*cf. infra* 5.2.1).

5.1.7.2.1 La temporalité d'actions relevant de registres différents

657. Certaines actions de prévention doivent être prises immédiatement, dans une logique d'accompagnement des victimes lorsqu'un sinistre s'est déjà produit (prévention tertiaire) mais elles ne sauraient suffire et éviter que le risque ne se réalise à nouveau. Elles doivent être étayées par des mesures de protection sous forme d'actions correctives visant à limiter la gravité ou l'occurrence du risque à l'avenir (prévention secondaire). Enfin, celles-ci doivent être relayées par des mesures de prévention de nature à éviter purement et simplement le risque (prévention primaire). Cet enchaînement séquentiel donne tout son sens à la planification, qui donne à voir le passage d'une réponse réactive et de court terme – le traitement de l'urgence – à une réponse réellement préventive de moyen et long terme, pour améliorer durablement la prévention. La planification, à travers la pertinence de la temporalité dans laquelle elles s'inscrivent, confère une cohérence d'ensemble à *toutes les mesures* prises et envisagées (*cf. infra* 5.2.3).

5.1.7.2.2 La complémentarité d'actions de nature différente

658. Aux termes du 7° de l'article L. 4121-2, la cohérence des actions de prévention se joue par ailleurs dans le déploiement de mesures prises à la fois dans les domaines techniques, organisationnel et humain. Les performances décevantes de certaines entreprises en matière de santé au travail résultent souvent du poids déséquilibré accordé à chaque dimension de ce triptyque. Nombre d'entre elles concentrent en effet prioritairement leurs efforts sur la dimension technique. C'est le cas fréquemment des entreprises où domine une « *culture ingénieur* ». Elles répondent le plus souvent à l'objectif de prévention d'un risque par une solution technique, sans nécessairement prendre en compte l'activité réelle de travail et les contraintes induites par cette solution pour que le travailleur puisse exécuter sa tâche. D'autres entreprises mettent l'accent sur la dimension humaine et privilégient les actions centrées sur le comportement du travailleur, notamment en l'absence de solution technique. Le port des EPI et le respect des consignes sont des axes caractéristiques de leur politique de prévention. Ces deux modèles coexistent néanmoins régulièrement au sein de la même entreprise, considérant qu'une fois les mesures techniques mises en place, il ne reste plus aux travailleurs qu'à appliquer les consignes. Les écarts à l'égard du comportement attendu sont combattus par des campagnes d'information et de sensibilisation[1] régulièrement renouvelées, voire « *une chasse aux mauvais comportements* » et des rappels à la règle pouvant aller jusqu'à la sanction disciplinaire. Ces démarches de prévention ne se situent pas dans une approche compréhensive et donnent généralement peu de résultats sur la durée car elles sous-estiment les facteurs liés à l'organisation du travail, qui éclairent de nombreux comportements. Le 7e PGP invite par conséquent l'employeur à porter une égale attention aux actions de prévention de nature technique, organisationnelle et humaine, que le plan de prévention devrait transcrire de manière visible et équilibrée (*cf. infra* 5.3).

5.1.7.2.3 La prise en compte de l'environnement de travail

659. Les PGP consacrent la notion *d'environnement de travail,* s'inscrivant ce faisant dans la logique de la convention 155 de l'OIT. La santé au travail n'est pas réduite au traitement binaire et segmenté des interfaces entre le travailleur et chacun des risques présents à son poste de travail (pincement, écrasement, heurt, etc.) mais s'inscrit dans un contexte intégrant un ensemble de facteurs variés, individuels et collectifs, objectifs et subjectifs, qui l'influencent. Dès lors, la prévention n'est pas une juxtaposition d'actions désarticulées mais une combinatoire résultant de la prise en compte de manière cohérente de la plurifactorialité des déterminants conditionnant son efficacité. Cette vision est clairement exprimée dans l'énoncé du 7e PGP, qui intègre dans la planification de la prévention « *les conditions de travail, les relations sociales et l'influence des facteurs ambiants* ». Ces notions très imbriquées se recouvrent largement pour embrasser tout ce qui participe de près ou de loin aux conditions de réalisation du travail et à la santé au travail, au sens OMS du mot santé.

1. Ces actions sont indispensables mais ne doivent pas être confondues avec la culture de prévention, qui ne s'acquiert que dans un cadre organisationnel approprié (*cf. infra* 5.2.3).

660. Les relations sociales visent la qualité des consultations des instances représentatives du personnel[1] mais plus généralement la qualité des relations de travail et du *dialogue professionnel*[2] entre la ligne hiérarchique et l'ensemble des travailleurs[3] (*cf. infra* 6.6.1). Cette dimension des relations sociales a été en particulier mise en avant dans le « Rapport Lachmann, Larose, Pénicaud » sur le *Bien-être et l'efficacité au travail*[4]. Il attribue la dégradation des relations professionnelles à des carences managériales induites par un déficit de compétences normalement associées à la fonction d'encadrement, la hiérarchie ayant été durablement détournée de ses tâches fondamentales d'organisation du travail et de soutien de ses collaborateurs au profit de tâches gestionnaires (ex. : remontée d'indicateurs de résultat) (*cf. infra* 10.1.1).

661. Les facteurs ambiants visent les ambiances physiques de travail (température, bruit, vibrations, etc.) et les facteurs de nature organisationnelle ou cognitive ayant un impact sur la santé (travail de nuit, d'équipe, de week-end, variabilité des horaires, contraintes de délais, de cadence, de rendement, contacts avec la clientèle ou les usagers, exigences émotionnelles, densité et intensité[5] du travail...). La conjugaison de plusieurs facteurs ambiants (bruit, fumée, cadence, posture pénible, gestes répétitifs...) crée un environnement de travail susceptible par exemple d'augmenter les risques initiaux d'accident sur une machine (mauvaise audition de consignes verbales, acuité visuelle diminuée, charge mentale accrue, vigilance moindre, fatigue cumulée...), devant donner lieu à un traitement global des facteurs incriminés.

---

1. Cette qualité passe notamment par les délais de transmission des documents à consulter, la pertinence de leur contenu, la sincérité des échanges, le caractère participatif des démarches, l'expérimentation, le rendu-compte et la réversibilité des décisions.

2. La notion de dialogue professionnel est reprise dans l'Accord national interprofessionnel du 9 décembre 2020 pour une prévention renforcée et une offre renouvelée en matière de santé au travail et conditions de travail. Les partenaires sociaux entendent par ce terme couvrir les relations sociales au sens large et non pas seulement entre les organisations syndicales ou les IRP et l'employeur. D'une part parce que toutes les entreprises ne sont pas pourvues d'une représentation du personnel mais surtout parce qu'il existe au quotidien des relations de travail entre la ligne hiérarchique et les travailleurs et que leur qualité dépend de celle du dialogue instauré pour résoudre les problèmes professionnels du quotidien. Le dialogue est professionnel parce qu'il s'agit d'un dialogue entre professionnels et parce qu'il est conduit de manière professionnelle, ce qui renvoie aux questions de management du travail.

3. Ce dialogue passe par des modalités de mise en œuvre appropriées (postures d'écoute active et de soutien à l'activité, approches participatives, collégialité des processus décisionnels, travail collaboratif, espaces de discussion).

4. Rapport au Premier ministre : *Bien-être et efficacité au travail – 10 propositions pour améliorer la santé psychologique au travail*, 2010.

5. Voir définition de ces notions au chapitre 10.

Tableau 4 : Ce que recouvre « *l'environnement de travail* » dans les paramètres de planification

Technique, organisation du travail, conditions de travail, relations sociales et facteurs ambiants				
La technique	**L'organisation du travail**	**L'environnement de travail (Conditions de travail, relations sociales, facteurs ambiants)**		
Les procédés de travail, les techniques de production, les machines, les équipements, les systèmes informatiques, etc.	Les modèles de production et les modalités de travail (travail manuel, automatisé, au rendement, *Lean management*, etc.), les horaires, l'aménagement du temps de travail (journée, nuit, continu, équipes de week-end, etc.)	Rythmes, cadences, variabilité des horaires, contraintes de délais, contacts avec la clientèle, exigences émotionnelles, densité et intensité du travail, etc.	Dialogue social (qualité des consultations des IRP, négociation), dialogue professionnel (management du travail, relations de travail)	Ambiances physiques de travail (température, bruit, vibrations, etc.), charge mentale, etc.

Encadré 75 : Relations sociales et santé au travail : le coût des non-dits

Lorsque les relations sociales dans l'entreprise ne sont pas propices à l'expression des difficultés auxquelles les travailleurs sont confrontés pour réaliser leur travail dans des conditions de nature à préserver leur santé ou leur sécurité, il n'est pas rare de constater l'installation d'un processus de défiance qui se traduit pas une situation de non-dits. Un écart croissant s'instaure entre la manière dont le travail est censé se réaliser et la manière dont il l'est effectivement. Les situations dangereuses et les prises de risque auxquelles elles donnent lieu « pour que le travail se fasse » étant tues, elles privent la ligne hiérarchique et l'employeur de la connaissance d'événement indésirables constituant autant de signaux faibles susceptibles de déboucher sur des dérives dangereuses. De nombreux accidents, y compris des catastrophes industrielles majeures, peuvent être analysés rétrospectivement comme la conséquence d'un défaut de circulation d'informations et de dialogue entre les parties et entre différents niveaux décisionnels.

Le déficit de communication peut aussi conduire à des maladies professionnelles, tel le cas de ce travailleur retirant ses protections auditives à l'insu de son chef d'atelier parce que certains signaux sonores sur la ligne de production sont pour lui le seul moyen de détecter et d'anticiper un défaut qualité ou une panne. L'absence d'écoute des travailleurs peut encore conduire à leur désengagement et à la dégradation des relations professionnelles au sein d'un service ou d'un atelier après qu'une organisation a été conduite sans considération d'un impact sur leur santé.

5.1.7.3 L'application de la planification au harcèlement moral, harcèlement sexuel et sexisme

662. Au-delà du cadre collectif, la dégradation des relations sociales peut se manifester dans les relations de travail interindividuelles sous la forme du harcèlement moral, du harcèlement sexuel ou d'agissements sexistes exercés par une personne à l'encontre d'une autre. Ces situations, qui ne sont pas régies par la partie IV du Code du travail mais dans sa partie première consacrée aux relations individuelles, ont néanmoins été introduites dans les PGP à raison de leurs effets potentiels sur la santé, en particulier la santé psychique des travailleurs concernés. Elles regroupent des formes de violence qui participent à l'expansion du champ de la santé au travail décrite *supra* (2.4.1) et obligent l'employeur à les prévenir et les intégrer dans son programme de prévention, qu'elles trouvent leur origine dans des défaillances organisationnelles et managériales ou dans des comportements déviant strictement individuels (*cf. infra* 10.1).

Encadré 76 : Effets des paramètres organisationnels sur la sécurité : un cas d'injonction paradoxale

Sécurité et productivité sont parfois difficiles à concilier, *a fortiori* lorsque cette dernière détermine une part significative de la rémunération. Les messages et consignes de prévention risquent alors d'être perçus comme une injonction paradoxale par les travailleurs et l'encadrement car le système de rémunération privilégie implicitement la satisfaction des normes de rendement sur le respect des règles de sécurité.

Exemple : les cylindres d'une machine à imprimer tournent à grande vitesse, avec un risque de happement et d'accident grave. L'accès à la zone dangereuse est rendu impossible par une enceinte périmétrique fixe constituée d'un grillage ajouré et sécurisé par des écrans protecteurs mobiles dont l'ouverture entraîne l'arrêt des cylindres grâce à un système de verrouillage électrique. Mais cet arrêt n'est pas instantané en raison de l'inertie des cylindres et entraîne à chaque fois une perte de production (consommation de matière première impropre à la vente et diminution du rendement).

L'opérateur, confronté à de fréquents bourrages de papier sur sa machine, a le choix entre respecter les consignes de sécurité (déclencher l'arrêt de la machine, attendre l'arrêt des cylindres, ouvrir le protecteur, effectuer le débourrage en toute sécurité, refermer le protecteur, remettre la machine en marche et attendre qu'elle atteigne à nouveau une vitesse et un rythme de production normaux) ou intervenir sur la machine en marche, à l'aide d'une perche introduite dans la zone dangereuse par un interstice discrètement aménagé dans un grillage ajouré de l'enceinte de protection et permettant d'accéder à la zone dangereuse sans être obligé d'ouvrir le protecteur.

Dans le premier cas, l'opérateur aura respecté les consignes mais aura dégradé les indicateurs de performance sur la base desquels il est évalué (baisse du volume de production, perte de matière première, hausse du taux de rebut, etc.) ainsi que sa rémunération (prime de rendement, etc.). Dans le second cas, l'opérateur améliore la performance mais prend un risque de happement en introduisant la perche. Les chances pour que l'opérateur procède aux débourrages en respectant scrupuleusement la procédure ou que son responsable hiérarchique le rappelle à l'ordre sont objectivement réduites[1].

Dans cet exemple, il n'est évidemment pas question de se résigner au *shuntage* du protecteur mais de montrer comment ni la solution technique ni le comportement prescrit ne suffisent à garantir la sécurité. L'organisation du travail et sa capacité à faire face à des aléas prévisibles (retards, pannes, défauts, etc.), la capacité d'expression des travailleurs sur les contraintes de leur travail ainsi que leur participation aux solutions permettront seules de faire le pont entre les mesures techniques et individuelles.

En l'espèce, il y a lieu de s'interroger sur ce qui provoque les bourrages, la manière dont on peut les éviter ou les réduire (*combattre le risque à la source*) ou sur des modalités d'intervention alternatives lorsque ces dysfonctionnements surviennent, en vue *d'intégrer technique et organisation dans un ensemble cohérent,* par exemple, selon les causes identifiées :

– en instaurant des règles de maintenance préventive permettant d'anticiper les usures ou déréglages mécaniques engendrant des bourrages et donc en en réduisant l'occurrence ;

– en modifiant les caractéristiques du papier si elles s'avèrent en cause ;

– en concevant et prescrivant un mode opératoire de dépannage prenant en compte les contraintes des opérateurs ;

– en partageant les pratiques des différentes équipes pour dégager des solutions collectives, informer et former le personnel sur les moyens d'optimiser les cycles ;

– en revisitant les critères de rémunération variable, etc.

5.1.8 Huitième principe : prendre des mesures de protection collective en leur donnant la priorité sur les mesures de protection individuelle

663. Le Code du travail belge, également soumis à la directive-cadre du 12 juin 1989, prévoit qu'un équipement de protection collective répond simultanément aux caractéristiques suivantes :

a) il est conçu et installé de manière à agir le plus directement possible sur la source du risque de manière à réduire ce risque au maximum ;

1. Le fait de savoir si l'employeur est informé d'une telle pratique, l'ignore totalement ou la tolère implicitement est à ce stade secondaire car il lui appartient en tout état de cause de se doter d'un système de remontée d'informations qui lui permette de repérer et comprendre les ressorts de telles dérives.

b) il est destiné à être installé préalablement à l'exécution du travail ;
c) il est de nature à permettre au travailleur de ne pas intervenir activement pour assurer sa sécurité et sa santé au travail.

664. Ainsi, les garde-corps d'un échafaudage, les protecteurs d'une machine, les dispositifs d'aspiration des polluants, l'insonorisation d'un local constituent des protections collectives. Le harnais de sécurité, les gants de protection, le masque de protection respiratoire sont des équipements de protection individuelle (EPI).

665. La définition belge, qui n'a pas d'équivalent dans le Code du travail français, illustre les fondements du 8e PGP. La protection collective est celle qui, par définition, protège l'ensemble des travailleurs exposés au risque. Elle est permanente et ne fait pas reposer la prévention sur la responsabilité de chaque travailleur d'avoir à se protéger en recourant à un équipement de protection individuelle (EPI). L'employeur a en effet une obligation de sécurité et le travailleur, en situation de subordination, n'est pas le décideur des conditions d'exécution du travail ; il serait paradoxal qu'il se voit transférer, *in fine*, la charge de sa propre prévention *via* l'imposition des mesures de protection individuelle[1].

666. Les protections collectives sont plus efficaces car elles permettent au travailleur de réaliser son travail sans être entravé par des équipements contraignants à porter ou à utiliser. Le recours aux EPI présentant de multiples inconvénients, ces derniers doivent, autant que possible, être évités. En pratique, toutefois, le réflexe de gérer les risques en première instance par la fourniture d'EPI aux travailleurs est encore très ancré dans de nombreuses entreprises.

5.1.8.1 *Pourquoi écarter la protection individuelle* a priori *?*

667. En premier lieu, la protection individuelle ne soustrait pas le travailleur de l'exposition au risque. Elle ne supprime pas le risque ni ne le combat à la source. Il est donc logique, au regard des autres PGP, qu'elle constitue une solution uniquement par défaut.

668. En second lieu, les conditions requises pour que le recours aux EPI soit durablement efficace sont rarement réunies. Leur utilisation rend souvent le travail pénible[2] et constitue *a minima* une gêne ou un inconfort qui conduisent souvent à leur retrait ou à une utilisation partielle ou erratique, *a fortiori* lorsque plusieurs EPI doivent être

1. On verra plus loin que le travailleur n'est pas pour autant réduit à un objet passif. Il doit bien entendu aussi être acteur de sa propre santé et veiller à ce titre sur sa propre protection et celle de ses collègues.
2. Les efforts physiques induits peuvent devenir très coûteux (fréquence cardiaque élevée, sudation, stress, etc.).

portés simultanément. L'utilisation de harnais de sécurité pour éviter les chutes de hauteur suppose par exemple l'existence de points d'ancrage correctement placés et suffisamment solides ainsi que la possibilité de se longer et se délonger pour pouvoir évoluer dans l'espace tout en restant protégé. Les circonstances dans lesquelles ces harnais sont soit inutilisés soit inutiles en raison de la configuration des lieux sont très fréquentes[1].

669. Les EPI doivent par ailleurs être *adaptés* aux risques contre lesquels ils doivent protéger. Les gants de protection, outre qu'ils peuvent réduire la dextérité requise au poste de travail, cause classique de leur non-utilisation, sont de nature très différente selon qu'ils doivent protéger contre des coupures, des produits chimiques ou des températures négatives. Les masques de protection respiratoire font appel à des cartouches filtrantes dont les caractéristiques diffèrent selon que le travailleur est exposé à des poussières ou des gaz. La situation se complique encore lorsque l'EPI doit protéger contre plusieurs risques à la fois (coupures et froid pour les gants, gaz et poussières pour les masques, etc.).

670. Les EPI doivent donc être adaptés au(x) risque(s) – les erreurs et mésusages étant fréquents – mais aussi à la personne qui les utilise. Les variations morphologiques d'un individu à un autre rendent certains masques de protection respiratoire inadaptés au visage – on parle d'adéquation – et contraignent à disposer de plusieurs modèles d'EPI dans l'entreprise pour un même risque. De même en cas de réactions allergiques provoquées par certaines matières. Les EPI ont en outre une durée de vie limitée et doivent être renouvelés plus ou moins fréquemment, certains, dits à *usage unique*, devant être changés chaque jour, voire plusieurs fois par jour. Lorsque leur utilisation est durable, elle induit des règles d'hygiène et d'entretien particulières pour ne pas souiller ou réduire l'efficacité de l'appareil. En résumé, le recours aux EPI conditionne l'efficacité de la prévention à de nombreux paramètres difficilement contrôlables et à la surveillance constante du respect de leur utilisation effective et correcte par les travailleurs.

671. Les EPI imposent enfin une organisation logistique à tous les échelons de l'entreprise que peu d'organisations de travail savent gérer dans la durée : politique d'achats prenant en compte les variabilités individuelles et l'adéquation de l'EPI aux risques, compatibilité des équipements entre eux en cas de pluri-expositions[2], gestion

1. Le cas des EPI contre les risques de chute est certes particulier car il ne dépend pas du seul travailleur. Le harnais est indissociable de l'environnement dans lequel il est utilisé puisqu'il suppose d'être relié à un point fixe préalablement identifié et dont il faut s'assurer de la fiabilité.

2. Port simultané du casque, d'un masque respiratoire et de protections auditives…

constante des stocks et réapprovisionnements, disponibilité et accessibilité permanente des consommables sur les lieux de travail (cartouches filtrantes de masques...), en particulier en cas d'EPI à usage unique (bouchons d'oreille, masques jetables...), de lieux d'utilisation multiples et d'horaires atypiques (nuit, weekend...), entretien et maintenance[1], remplacement ou réparation en cas de panne, qualité de l'entreposage, formation de tous les utilisateurs[2], etc. Signe de la rigueur organisationnelle requise, la Cour de cassation, dans un arrêt du 30 novembre 2010[3], a considéré que l'employeur avait violé son obligation de sécurité à l'égard d'un travailleur exposé à des fumées de soudure contenant un agent chimique cancérigène, resté 10 jours sans masque de protection respiratoire, et ce même en l'absence de pathologie déclarée. L'exigence d'organisation se double enfin d'une exigence constante de surveillance puisqu'il va sans dire que si les EPI ne sont pas portés ou sont mal utilisés, la protection est inexistante ou inefficace, voire contre-productive quand elle génère un sentiment indu de sécurité en cas de mésusage.

5.1.8.2 Dans quels cas recourir néanmoins à la protection individuelle ?

672. Les constats qui précèdent doivent conduire à ne retenir la protection individuelle que dans des hypothèses réduites, qui renvoient toutefois à des situations bien réelles. Trois grandes catégories de circonstances peuvent être identifiées.

5.1.8.2.1 Le recours à une protection collective est impossible

673. Dans certains cas, il est techniquement impossible de recourir aux protections collectives et les EPI s'imposent. L'évolution des technologies et la prise en compte des conditions de travail dès la phase de conception des bâtiments ou des machines rendent ces hypothèses de moins en moins nombreuses (ex. : la généralisation des nacelles élévatrices équipées de garde-corps en lieu et place des harnais de sécurité). Néanmoins, certains travaux ne peuvent être réalisés en sécurité qu'avec des EPI. Ils correspondent à des situations dans lesquelles, par exemple, la configuration des lieux ne permet pas la mise en place de protections collectives, en particulier pour des interventions dans des installations et bâtiments anciens. L'impossibilité tient souvent à des questions d'accessibilité (ex. : travaux sur falaises réalisés à la corde pour la pose de treillis de protection contre les

1. Décontamination, contrôles d'étanchéité...
2. Nouveaux arrivants, intérimaires, CDD, entreprises extérieures...
3. Cass. soc., 30 nov. 2010, n° 08-70.390.

chutes de pierres, interventions en espaces confinés ne pouvant être équipés de ventilation forcée, réparations dans des lieux dont l'exiguïté interdit l'installation d'un échafaudage...). Les EPI s'imposent aussi dans les situations d'urgence durant lesquelles les mesures de protection collective sont devenues inopérantes (incendie, fuite de fluide ou de gaz...).

674. Il arrive également que le recours à des équipements de protection collective ne soit pas rigoureusement impossible mais que la durée très courte de l'intervention entraîne une charge disproportionnée.

5.1.8.2.2 Le recours à la protection collective est possible mais insuffisant

675. Certains travaux présentent un tel niveau d'exposition au risque que la protection collective ne suffit pas pour protéger le travailleur et rend nécessaire de recourir à une protection individuelle en complément (risque d'exposition à des rayonnements ionisants, à des substances particulièrement dangereuses...). C'est typiquement le cas sur les chantiers de retrait d'amiante où, compte tenu de la très haute toxicité des fibres et de leur comportement aéraulique, tout opérateur pénétrant en zone confinée doit, nonobstant la présence de déprimogènes assurant une mise en dépression de la zone polluée, être équipé d'un masque de protection respiratoire et d'une combinaison étanche, seuls de nature à garantir un niveau de concentration de fibres respirées inférieur à la valeur limite d'exposition professionnelle.

676. La protection individuelle peut aussi s'avérer indispensable uniquement pendant certaines phases de travail impliquant des pics d'exposition (ex. : lors d'opérations de maintenance, de dépannage, d'approvisionnement, de vidange, de prélèvements, durant lesquelles la protection collective est suspendue ou ne présente plus de garanties suffisantes : arrêt du dispositif d'aspiration, démontage d'un installation en vase clos...).

5.1.8.2.3 Le recours à la protection individuelle est transitoire et à titre conservatoire

677. Corollaire de la planification, la protection individuelle s'impose comme la première des mesures compensatoires dans les situations où une solution pérenne de prévention a été identifiée et programmée (suppression du risque, substitution ou protection collective), mais dont la mise en œuvre va être différée car elle nécessite un délai.

678. La mise en place d'un dispositif centralisé de captage des polluants à la source sur toutes les machines d'un atelier ou leur insonorisation, un changement de procédé... sont des décisions d'investissement qui nécessitent des études préalables, des devis, le cas échéant des emprunts, une planification des travaux en fonction des impératifs de production ou des disponibilités des fournisseurs (périodes de fermeture annuelle, délais de fabrication et de livraison des équipements commandés...), des essais, etc. De telles décisions peuvent aboutir à des délais de plusieurs mois, voire beaucoup plus, avant qu'une mise en conformité totale soit réalisée. Pendant cette phase transitoire, les travailleurs ne peuvent rester sans protection. Les mesures compensatoires qui permettront de poursuivre le travail comprennent généralement le recours à des mesures de protection individuelle. Il ne peut cependant s'agir que d'une solution provisoire dont l'acceptabilité est conditionnée à l'existence d'un terme connu, assorti d'échéances de réalisation des investissements clairement affichées (*cf. supra* 5.1.7).

5.1.8.2.4 Le caractère approprié de la protection individuelle

679. Lorsque les conditions requises pour recourir à des équipements de protection individuelle sont réunies, il faut encore s'assurer du caractère approprié de l'équipement. La Cour de cassation a eu l'occasion de se prononcer sur ce point dans le cadre de la pandémie de Covid-19 à propos du port du masque.

680. L'article R. 4424-3 du Code du travail prévoit que lorsque l'exposition des travailleurs à un agent biologique dangereux ne peut être évitée, elle doit être réduite par la mise en œuvre de mesures de protection collective ou, lorsque l'exposition ne peut être évitée par d'autres moyens, de mesures de protection individuelle. L'article R. 4321-4 prévoit quant à lui que l'employeur met à disposition des travailleurs, *en tant que de besoin*, les équipements de protection individuelle *appropriés* (EPI). Conformément à la sémantique qui caractérise les dispositions contemporaines en matière de santé au travail, tout repose donc sur les termes « *en tant que de besoin* » et « *appropriés* ». Autrement dit, tout repose sur l'évaluation des risques.

681. En l'espèce, l'employeur d'une entreprise d'aide à domicile avait introduit le port de masques chirurgicaux pour les travailleurs intervenant au domicile de personnes négatives au Covid-19 ou asymptomatiques et le port de masques FFP2 pour les travailleurs intervenant au domicile de personnes positives ou symptomatiques. L'inspection du travail reprochait à l'employeur de ne pas avoir imposé le masque FFP2 à tous les travailleurs, au motif notamment que les masques chirurgicaux ne sont pas reconnus juridiquement comme étant des

EPI[1]. La Cour de cassation valide cependant l'analyse de la cour d'appel selon laquelle rien n'imposant la fourniture de masques FFP2 ou FFP3 en présence de bénéficiaires négatifs ou asymptomatiques, l'employeur pouvait recourir au port de FFP2 pour les seuls salariés exposés à des bénéficiaires positifs ou symptomatiques. Il est vrai qu'il était difficile à l'époque de faire la distinction entre une personne porteuse du virus ou non et l'on sait aujourd'hui que le fait d'être asymptomatique au Covid-19 n'était pas en soi un élément déterminant pour déduire l'absence totale de risques. Le raisonnement de l'inspection du travail pouvait donc se comprendre. Mais le plus important ici est la logique des principes généraux auxquels le juge se raccroche, *a fortiori* dans un contexte de pénuries de masques et d'incertitudes scientifiques. L'employeur a bien procédé à une évaluation des risques qui l'a conduit à opérer une distinction entre les situations de risques avérés (bénéficiaire porteur ou présumé porteur du virus) et les situations où le risque est écarté ou moindre (bénéficiaire non atteint ou ne présentant aucun signe qu'il l'est). Dans les deux cas, il protège les travailleurs mais selon des règles graduées au vu du résultat de son évaluation. Il apparaît aux juges que l'employeur a fourni des EPI, *en tant que de besoin* et *appropriés*[2].

682. À l'inverse, un intérimaire employé en qualité de soudeur inox au sein d'une entreprise utilisatrice a été déclaré inapte moins de 3 mois plus tard à titre préventif à la suite d'une contamination par le chrome. Bien qu'aucune lésion n'ait été déclarée, le salarié a estimé que la faute était due à la mise à disposition tardive d'un masque de protection 10 jours après le début de sa mission. Il a demandé au conseil de prud'hommes de condamner l'entreprise utilisatrice et l'entreprise de travail temporaire pour manquement à leurs obligations de sécurité respectives. Les juges du fond l'ayant débouté, la Cour de cassation a jugé que, dès lors qu'un risque d'exposition aux fumées de soudage avait été identifié en prévention duquel des masques à adduction d'air devaient être mis à disposition des soudeurs, la seule circonstance qu'un tel masque n'ait pas été fourni au salarié dès le début de sa mission constituait un manquement de l'entreprise utilisatrice à son obligation de sécurité[3].

1. À noter que cet argument, exact en droit, ne change rien au raisonnement de la Cour de cassation, qui s'appliquerait de la même façon si l'employeur avait imposé le port de masque FFP1, qui sont bien des EPI, à la place de masques chirurgicaux.
2. Cass. soc., 7 décembre 2022, n° 21-19.454, FS-B.
3. Cass. soc., 30 novembre 2010, n° 08-70.390.

5.1.9 Neuvième principe : donner des instructions appropriées au travailleur

683. Ce principe est essentiel car il est celui qui consacre non pas la responsabilité du travailleur mais la reconnaissance de sa capacité à agir dans un sens favorable à la protection de sa santé et de sa sécurité, pour autant qu'il ait été mis en mesure de le faire, notamment qu'on lui ait donné des instructions appropriées. Celles-ci comprennent l'information, la formation et les consignes de travail données par l'employeur. Elles conditionnent le développement d'une culture de la prévention dans l'entreprise, qui ne saurait reprocher à un travailleur le comportement d'imprudence adopté face à un risque dont il n'a pas été préalablement averti.

5.1.9.1 Des informations et des formations adaptées

684. L'absence d'information et de formation du travailleur est une lacune récurrente, relevée fréquemment par la jurisprudence en cas d'accident (*cf.* chapitre 7). Mais donner des instructions appropriées va au-delà de l'information et de la formation. L'information porte sur les dangers et les risques encourus, tandis que la formation porte sur les moyens de s'en prémunir. Toutes deux doivent par conséquent être bien différenciées. Elles nécessitent la mise en place d'une organisation interne garantissant qu'elles seront dispensées dans toutes les circonstances utiles, c'est-à-dire pour tout nouvel arrivant (salarié, stagiaire, intérimaire...), à l'occasion d'une mutation mais aussi d'une modification du poste de travail ou de l'introduction d'une nouveauté ou encore de la survenue inopinée d'un événement (hausse soudaine d'activité, modification d'un procédé, d'une commande, etc.), autrement dit *aussi souvent que nécessaire*.

685. Les instructions données doivent être *appropriées* c'est-à-dire *adaptées* en volume, en durée, en précision et en pertinence, en fonction des responsabilités exercées par les personnes susceptibles d'être exposées. La connaissance du risque ne peut en tout état de cause être présumée en raison de l'ancienneté, de l'expérience, de la formation initiale ou du niveau de diplôme du travailleur, voire du caractère supposé évident du risque. De même, les instructions ne peuvent être considérées comme données et connues une fois pour toutes ni par conséquent se résumer à faire signer au travailleur une attestation par laquelle il reconnaît avoir pris connaissance des consignes obligatoires dans l'entreprise. Les modalités de transfert de ces informations, leur accessibilité et leur intelligibilité, leur consistance, leur périodicité, leur adéquation aux tâches à effectuer et au niveau de compétence des travailleurs, le cas échéant à leur langue, ainsi que les modalités pédagogiques retenues sont essentielles et déterminent leur caractère approprié (*cf. infra* 7.2.3).

5.1.9.2 Des modes opératoires clairs et explicites

686. La fourniture d'instructions appropriées aux travailleurs vise également l'existence de modes opératoires de travail clairs, établis à l'avance et portés à leur connaissance[1]. S'il est souhaitable que les travailleurs bénéficient d'autonomie, ce qui est en soi un facteur de santé au travail, d'intérêt du travail et de prévention des RPS, encore faut-il que les conditions d'exercice de cette autonomie aient été posées. Les travailleurs doivent pouvoir faire face à des imprévus et adapter leur mode opératoire en fonction des circonstances sans pour autant que l'employeur s'en remette uniquement à leurs capacités d'initiative et leur ingéniosité pour affronter à bon escient toutes les situations. L'improvisation à laquelle se trouvent parfois réduits les opérateurs, souvent hâtivement qualifiée d'erreur humaine après coup, est à l'origine de nombreux accidents, en particulier lors de changements de circonstances n'ayant pas donné lieu à une nouvelle évaluation des risques (*cf. supra* 5.1.5 et encadré 59).

687. Par conséquent, les marges de manœuvre laissées aux travailleurs pour exécuter leurs tâches doivent être adossées à un cadre préexistant de consignes claires décrivant les procédures à suivre (qui fait quoi ?) et les méthodes à respecter (comment ?), y compris dans des situations inhabituelles dépassant les attributions ou la seule compétence des travailleurs. Les instructions appropriées renvoient donc à l'énonciation de règles de travail qui permettent de réaliser le travail prescrit mais aussi de règles de conduite qui permettent d'agir en cas de changement remettant en cause les instructions initiales. La prise d'initiative du travailleur s'exercera alors de façon sécurisée, après que ses conséquences potentielles sur la sécurité ont été appréciées et sa mise en œuvre validée de façon concertée (procédure de régulation et d'arbitrages par la ligne hiérarchique, etc.).

688. Il s'ensuit que le plus sûr moyen de fournir des instructions appropriées en santé au travail consiste à ne pas dissocier ces dernières de l'activité de travail proprement dite. Tout écart substantiel constaté entre le travail réel et le travail prescrit doit interroger la pertinence des instructions en vigueur ou de l'organisation sur laquelle elles reposent. Si l'une ou l'autre se révèlent décalées – inappropriées –, elles doivent être ajustées, adaptées voire refondues. Ceci suppose l'existence dans l'entreprise d'un espace où les instructions peuvent être discutées et débattues avec la ligne hiérarchique, le tuteur ou le

1. Les modes opératoires sont les instructions de travail spécifiant les actions à mener pour effectuer une tâche précise ou pour la transférer pour réaliser l'opération suivante. Ils répondent à la question « comment ? » et peuvent prendre la forme d'écrits ou de formats visuels encore plus efficaces (schémas, photos, didacticiels numériques, etc.). Les procédures décrivent l'organisation et l'ensemble des règles propres à une activité. Elles répondent à la question « qui fait quoi ? ».

pair, de sorte que les règles de sécurité soient compatibles, voire se confondent avec les règles de métier (*cf. infra* 6.6.1).

Encadré 77 : Qualité des instructions de travail et consignes de sécurité

Les instructions, comme leur nom l'indique, sont descendantes. Elles portent soit sur la manière de réaliser le travail (instructions de montage, notices, documents de référence, etc.), soit sur les gestes sûrs (consignes de sécurité), l'idéal étant qu'elles fassent les deux à la fois (modes d'emploi intégrant des gestes professionnels sûrs). Elles peuvent prendre de nombreuses formes (schémas, didacticiels, arbres décisionnels, « pas à pas », etc.), être écrites, picturales, filmées ou orales et doivent être adaptées au public auquel elles s'adressent : difficultés de lecture, technicité des termes, syntaxe dépourvue d'ambiguïté, etc.

Leur utilisabilité est déterminante et celle-ci passe notamment, outre leur accessibilité, par le temps nécessaire accordé au travailleur pour en prendre connaissance ou s'y référer en tant que de besoin pendant le travail, notamment en cas d'incident de production (pannes, etc.), la complexité ou le volume de ces documents ne devant pas à l'inverse rendre le temps de leur lecture excessive et dissuasive.

5.1.9.3 Des instructions pour chaque niveau de prévention

689. Les instructions appropriées concernent tous les niveaux de prévention.

690. En prévention primaire, elles doivent éviter la création du risque. L'ordre dans lequel les marchandises d'un camion doivent être chargées doit par exemple être anticipé afin de faciliter les opérations de déchargement dans les différents points de livraisons et éviter les manœuvres dangereuses résultant d'un mauvais plan de chargement. Dans ce cas, l'instruction se confond avec le mode opératoire. Il ne s'agit pas d'une information sur la sécurité en tant que telle mais d'une instruction qui intègre le moyen de travailler en sécurité.

691. En prévention secondaire, les instructions procurent aux travailleurs les moyens de gérer un risque identifié. Dans l'exemple précédent, les instructions sur les conditions d'arrimage correct des charges sur la remorque du camion permettent de prévenir un risque prévisible sur la route. Elles passent donc par une phase de formation théorique et pratique sur les règles d'arrimage.

692. En prévention tertiaire, les instructions préparent le travailleur à savoir réagir lorsque le risque se réalise. Ceci comprend toutes les instructions de secours, d'évacuation, etc. Dans l'exemple précédent toujours, il s'agira notamment de la conduite à tenir lorsqu'une charge mal arrimée chute, quand un pneumatique éclate sur la chaussée ou lorsqu'un départ de feu se produit dans la remorque. Enfin, les instructions seront appropriées si le conducteur du poids-lourd a bénéficié d'une formation spécifique au véhicule qui lui est effectivement confié. À défaut, le fait que le chauffeur soit chevronné et ait bénéficié d'une formation sur la manière de charger un véhicule avec une rampe de chargement est inopérant si, le jour de l'accident, il s'est vu confier une plateforme dotée d'un appareil de levage (grue) dont il ne connait pas le fonctionnement. Les instructions appropriées au premier cas ne le sont évidemment plus au second, obligeant le travailleur livré à lui-même à improviser sur place. Et s'il n'est ni possible ni souhaitable d'anticiper et formaliser toutes les situations sous forme d'instructions, alors y a-t-il lieu d'en donner pour que, en pareilles circonstances, le chauffeur puisse trouver auprès de sa ligne hiérarchique les instructions sur la meilleure façon de résoudre le problème (*cf. supra* 1.3.1).

Encadré 78 : Instructions absentes, instructions inopérantes

L'établissement industriel B, situé à 30 km de l'établissement principal A, prête sa nacelle élévatrice pendant plusieurs jours à A pour procéder au changement des luminaires de son atelier d'assemblage, situés à une hauteur de huit mètres sous plafond. L'opération terminée, le responsable de maintenance de B demande le retour de la nacelle dont il a besoin rapidement pour réparer un pont de levage. Malheureusement, son chauffeur est en arrêt maladie le jour où la nacelle doit être récupérée. Le chef de l'atelier d'assemblage de A confie à un de ses collaborateurs, M. X, la tâche de retourner la nacelle élévatrice empruntée à B.

M. X a vingt ans d'ancienneté et est doté d'une grande expérience. Il a un permis de cariste et maîtrise parfaitement la conduite des chariots automoteurs à fourches. Son travail habituel au service « réceptions et expéditions » consiste à charger et décharger les remorques des poids lourd à l'aide de son charriot élévateur. Pour ce faire, il gravit la plateforme de la remorque en utilisant une rampe située à l'arrière de celle-ci.

Sa tâche consiste cette fois à charger la nacelle élévatrice de B sur le plateau de la remorque du camion puis de livrer cette dernière à B. Il ne connaît pas cette nacelle mais elle ressemble à un chariot et son expérience devrait lui permettre de faire face.

Arrivé devant la nacelle, M. X décide de la monter sur le plateau de la remorque en gravissant la rampe située à l'arrière de cette dernière, comme il le fait régulièrement avec son charriot élévateur. Il prend les commandes de l'engin et procède à plusieurs essais infructueux. Il découvre que la nacelle ne se comporte pas comme un chariot automoteur. En particulier, elle s'avère incapable de gravir la rampe en raison de sa trop forte déclivité. Il est 12 h 30 et il voudrait en terminer avec cette opération.

M. X décide alors de se faire aider. Il demande à un collègue de pousser la nacelle sur la rampe à l'aide de son chariot automoteur, plus puissant. Il monte à bord de la nacelle pour la guider et se fait pousser par le chariot piloté par son collègue. L'élan imprimé par la poussée lui permet d'atteindre la plateforme mais, parvenue sur celle-ci, la nacelle est déséquilibrée sous l'effet de la vitesse et se renverse au sol. La tête de M. X heurte le bitume. Il décède.

La manœuvre a de tout évidence été réalisée sous le signe de l'improvisation. L'expérience de la victime et sa formation de cariste n'ont pas suffi à contrebalancer l'absence d'instructions précises lui permettant de faire face aux *circonstances nouvelles* que constituait le chargement d'une nacelle. La notice du constructeur de la nacelle contenait pourtant des indications précises et décisives quant à ses conditions d'utilisation. D'une part, elle spécifiait que cet équipement ne pouvait évoluer sur des plans dont la déclivité était supérieure à 2 %. D'autre part, l'attention était attirée sur l'emplacement du contrepoids sous le bâti de l'appareil. En cas de pente, celle-ci ne devait surtout pas être engagée dans le mauvais sens, ce qui provoquerait son déséquilibre. En l'espèce, l'opérateur avait, sans le savoir, introduit la nacelle sur la rampe avec le contrepoids en avant.

La prise en compte de ces indications aurait nécessairement conduit à proscrire l'utilisation des rampes et à donner au travailleur des *instructions appropriées* (adaptées aux caractéristiques particulières de la nacelle), différentes de celles applicables habituellement avec les chariots automoteurs.

C'est ce défaut d'évaluation et d'instructions qu'a retenu le juge dans cette affaire[1].

5.2 Repères et proposition de modèle pour une mise en œuvre cohérente des principes de prévention (PGP)

5.2.1 Une lecture combinée des PGP

693. L'examen séparé de chacun des neuf principes de prévention réalisé aux paragraphes précédents était indispensable pour en apprécier pleinement la signification. Mais leur application isolée conduirait à des erreurs. Il n'est en effet pas possible d'escompter une bonne application des 9 PGP en en faisant une lecture dissociée. Pour autant, leur application combinée paraît souvent abstraite et complexe à réaliser. Comment passer des principes à une traduction pratique probante ? Les paragraphes suivants ont pour ambition de répondre à cette préoccupation en proposant un cadre méthodologique et opératoire de nature à satisfaire l'exigence jurisprudentielle de *justification du respect de toutes les mesures prévues par les articles L. 4121-1 et 2 du Code du travail*[2].

1. Voir dans le même sens Cass. crim., 15 janv. 2008, n° 07-80.800.
2. Cass. soc., 25 nov. 2015, n° 14-21.444, *Bull.* V n° 234.

694. Ce modèle prend la forme synthétisée d'un tableau à deux entrées, dont les rubriques seront complétées au fur et à mesure des développements (*cf. infra* 5.2.2 et svts). Au démarrage de notre démonstration, il se présente dans sa version vierge (« étape zéro ») de la manière très simplifiée ci-dessous.

Tableau 5 : Modèle vierge de démarche cohérente de prévention (étape 0)

695. Au préalable, il est utile de rappeler que, contrairement à ce qui est souvent soutenu, l'énumération des 9 PGP énoncés par l'article L. 4121- 2 n'obéit pas à une hiérarchie. Hormis les deux premiers d'entre eux – éviter les risques/évaluer ceux qui ne peuvent l'être –, les neuf principes sont placés sur un pied d'égalité et font système. Il s'ensuit que la numérotation des alinéas 2 à 10 de cet article n'induit nullement un ordre de priorité ni un séquencement chronologique[1]. Si tel avait été l'intention, le Code du travail l'aurait indiqué, comme il le fait par exemple à l'article R. 4412-16 en matière de risques chimiques, qui précise que les mesures qu'il prescrit s'appliquent « *dans l'ordre de priorité suivant :...* ». La directive-cadre de 1989 ne recourt d'ailleurs pas à des caractères numériques mais alphabétiques pour procéder à l'énumération des PGP. La numérotation de l'article L. 4121-2, introduite à des fins légistiques au moment de la recodification du Code du travail en 2007, sert uniquement à faciliter l'identification des alinéas visés lorsque des renvois à cet article sont opérés par d'autres articles du Code du travail[2].

1. Le fait que les 9 PGP ne fixent pas d'ordre de priorité ne signifie pas qu'il n'existe pas une logique séquentielle dans la démarche de prévention qui peut être résumée comme suit : « élimination du risque/prévention intrinsèque/protection collective/protection individuelle ».

2. Cette règle avait été explicitement et sciemment adoptée lors de la recodification du Code du travail et s'applique à tout le code chaque fois qu'un article contient une énumération. Il est en effet plus précis et moins risqué de commettre une erreur de comptage et donc d'interprétation – en particulier lors des modifications ultérieures d'un article – lorsque l'on renvoie au 4° de l'article L. 4121-2 plutôt qu'au 5e alinéa de ce même article pour désigner le principe d'adaptation du travail à l'homme.

696. Ainsi, constituerait un contresens le fait de considérer que l'*obligation de substitution* (PGP n° 6) s'applique chronologiquement après l'obligation de *combattre les risques à la source* (PGP n° 3) ou celle de *tenir compte de l'évolution des techniques* (PGP n° 5). C'est au contraire l'articulation combinée de ces trois principes qui doit conduire, par exemple, à opter pour une technologie nouvelle et moins sonore plutôt que pour l'isolation phonique d'une machine bruyante[1]. De même, *donner des instructions appropriées aux travailleurs* (PGP n° 9) n'est pas un principe subséquent qui, au motif qu'il figure en fin de liste de l'article L. 4121-2, doit être mis en œuvre « *en dernier* ». Ce principe ne s'applique pas de manière accessoire ou par défaut lorsque l'application des autres PGP a éventuellement échoué. Participant de la culture de prévention, il doit toujours être mis en œuvre, en articulation et en complémentarité avec les autres PGP, quand bien même l'employeur aurait le sentiment d'avoir déjà satisfait ces derniers à travers les mesures de prévention déployées au titre des huit premiers principes. C'est là une première clé de compréhension de la jurisprudence exigeant de l'employeur qu'il prenne « *toutes les mesures de prévention prévues par les articles L. 4121-1 et L. 4121-2* ».

697. Le modèle proposé par le tableau ci-dessus vise, comme on le verra, à estomper cette verticalité apparente des neuf principes et à restaurer l'équilibre qui doit exister entre eux lors de l'élaboration d'un plan de prévention. Il permet à l'employeur de vérifier la complétude et la cohérence d'ensemble de sa démarche ainsi que de la rendre lisible. Cette lisibilité est particulièrement importante pour le personnel d'encadrement, les travailleurs et leurs représentants, pour qui la transcription de dispositions légales d'apparence très théorique doit se traduire en termes très concrets et vérifiables.

5.2.2 Une action concomitante sur trois catégories de mesures

698. Malgré leur caractère très général, les articles L. 4121-1 et L. 4121-2 donnent des indications précieuses sur la manière dont la mise en œuvre des PGP peut être formalisée dans un plan de prévention. Ils constituent à ce titre un véritable guide pour la décision et l'action. Ainsi, quand le juge demande à l'employeur de justifier avoir

1. L'encoffrement s'avère toujours plus contraignant et moins efficace à l'usage car l'installation de capots insonorisant sur une machine qui en était initialement dépourvue est complexe. Elle doit, pour être efficace, être étanche, ce qui se traduit fréquemment pas une moindre visibilité des zones de travail, un accès empêché aux points de réglage ou de maintenance, des risques d'échauffement, etc. aboutissant au final au démontage des capots ou à la création de risques nouveaux.

pris *toutes les mesures prévues à l'article L. 4121-1*[1], il vise les trois catégories de mesures citées par cet article, c'est-à-dire :
- des actions de prévention des risques professionnels ;
- des actions d'information et de formation ;
- une organisation et des moyens adaptés[2].

699. Aucune de ces catégories ne se voit accorder de prépondérance *a priori*. Même si l'on conçoit que leur importance relative puisse varier, il s'agit d'obligations cumulatives et non d'un choix ou de suggestions alternatives. C'est la cohérence de l'ensemble des mesures prises au titre de chaque catégorie qui valide la démarche de prévention de l'entreprise. Que l'une d'elles vienne à manquer et c'est l'ensemble de l'édifice qui est mis en défaut. C'est pourquoi le juge vérifie que l'employeur a bien pris *toutes* les mesures prévues par cet article et pas seulement *des* mesures. Une démarche comprenant des actions ne portant que sur l'un ou deux des trois volets serait nécessairement incomplète.

700. En pratique, ce triptyque est familier et conforme à la logique du préventeur pour qui toute démarche de prévention pertinente consiste à agir systématiquement sur les trois plans technique, organisationnel et humain (ou personnel)[3], ce qui est une autre façon de dire la même chose et de reprendre les trois items de l'article L. 4121-1. Par conséquent, la traduction opérationnelle de cet article dans un plan d'action consiste à incrémenter les trois lignes suivantes du tableau ci-dessous :

---

1. Article L. 4121-1 : « *L'employeur prend les mesures nécessaires pour assurer la sécurité et protéger la santé physique et mentale des travailleurs. Ces mesures comprennent :*

1° Des actions de prévention des risques professionnels, y compris ceux mentionnés à l'article L. 4161-1 ;

2° Des actions d'information et de formation ;

3° La mise en place d'une organisation et de moyens adaptés.

L'employeur veille à l'adaptation de ces mesures pour tenir compte du changement des circonstances et tendre à l'amélioration des situations existantes. »

2. Cass. soc. 22 septembre 2016, n° 15-14.005 : « *Attendu, ensuite, qu'ayant constaté que l'employeur avait, à la suite de l'altercation verbale du 24 septembre 2010, immédiatement mis en place une organisation et des moyens adaptés en appelant l'auteur de l'agression, en lui intimant de ne plus revenir dans l'entreprise tant que la signature, validant la cession, ne serait pas définitive et en invitant le salarié à déposer plainte.* » Plus généralement, la mise en place d'une organisation et de moyens adaptés renvoie au « *management du travail* », c'est-à-dire à l'organisation dont l'entreprise se dote pour réguler au quotidien le travail, ses variations et ses aléas.

3. Ce triptyque « Technique/Organisation/Personnes » est aussi désigné par l'acronyme « TOP ».

Tableau 6 : Incrémentation des 3 catégories de mesures prévues par l'article L. 4121-1 (étape 1)

Mesures de l'article L. 4121-1		
« Des actions de prévention des risques » = **Mesures de nature technique** (agir sur les installations, équipements, etc.)		
« Une organisation et des moyens adaptés » = **Mesures d'ordre organisationnel** (agir sur l'organisation du travail et de la prévention)		
« Des actions d'information et de formation » = **Mesures d'ordre humain** (agir sur le comportement des personnes)		

701. Mais cette présentation, qui permet de ne rien omettre sur le plan thématique, n'est pas suffisante pour piloter une démarche de prévention. Elle doit être complétée par une dimension temporelle. Cette temporalité ressort des notions fondamentales d'*adaptation*, de *changements de circonstances*, d'*amélioration des situations existantes* et surtout de *planification*, expressément citées dans les neuf PGP.

5.2.3 Une intégration de la dimension temporelle

702. Une démarche de prévention est nécessairement dynamique[1]. Sauf à nier la nature fondamentalement changeante de l'activité de travail, la prévention dans l'entreprise ne saurait être figée dans un document et des procédures censées prévoir et régir une fois pour toutes l'intégralité des situations de travail[2]. En forçant le trait, on pourrait même soutenir qu'à l'épreuve des faits, les mesures de prévention prescrites sont souvent frappées d'obsolescence à la minute même où elles ont été édictées. Le niveau de prévention dans l'entreprise n'est donc jamais un état stationnaire qui pourrait être atteint après que toutes les obligations et vérifications légales ont été respectées.

1. Le caractère dynamique de la démarche de prévention est affirmé dès les travaux parlementaires de la loi du 31 décembre 1991 transposant les PGP de la directive-cadre du 12 juin 1989 dans le Code du travail (rapport au nom de la commission des Affaires sociales sur le projet de loi modifiant le Code du travail et le Code de la santé publique en vue de favoriser la prévention des risques professionnels et portant transcription de directives européennes relatives à la santé et à la sécurité du travail, séance du 15 mai 1991, P 47).

2. De telles organisations, dites « ultra sûres », et qui ne s'accommodent d'aucun compromis, ne se rencontrent que dans des domaines très particuliers tels que l'industrie nucléaire ou le transport aéronautique. Elles demandent le déploiement de moyens exorbitants que très peu d'activités peuvent déployer au regard de leur modèle économique.

703. Reflétant cette réalité, l'article L. 4121-1 s'achève par deux prescriptions essentielles selon lesquelles, après avoir pris des mesures, l'employeur, doit « *veiller à leur adaptation pour tenir compte du changement des circonstances et tendre à l'amélioration des situations existantes* ». Ces notions d'adaptation et d'amélioration ont déjà été détaillées lors de l'examen des 9 PGP (*supra* 5.1.4 et 5.1.5) mais sont abordées ici sous l'angle de la temporalité qu'elles induisent et dans laquelle l'employeur doit s'inscrire. En effet, l'une des carences les plus fréquentes des démarches de prévention mises en place dans les entreprises, y compris celles qui sont pourtant dotées d'une politique et d'une organisation dédiée à la santé au travail, porte précisément sur l'insuffisante prise en compte de la temporalité.

5.2.3.1 Tenir compte du changement des circonstances

704. « *Tenir compte du changement des circonstances* » est une clé majeure dans la prévention des accidents ou de situations de travail dégradées. Bien que souvent multifactoriel, un accident trouve très fréquemment son origine dans un changement de circonstances, ponctuel ou durable, dont l'impact potentiel sur les conditions de travail n'a pas été anticipé et *a fortiori* prévenu. L'organisation ne s'étant pas mise en capacité de repérer, d'analyser et de tirer les conséquences de ce changement, elle génère des situations dangereuses qu'elle n'identifie pas comme telles et auxquelles elle ne sait pas s'adapter lorsqu'apparaît un dysfonctionnement et surviennent des événements indésirables, alors gérés dans l'improvisation.

705. On objectera qu'il est impossible de prévoir toutes les situations et qu'un tel travail serait chronophage, bureaucratique et inutile. C'est pourquoi il convient de ne pas appréhender ce principe littéralement – il n'est écrit nulle part que ce travail d'adaptation doit être systématiquement formalisé dans des procédures ou des consignes – et de concevoir un mode de management de la santé au travail qui favorise une identification et un traitement des changements de circonstance dès qu'ils se présentent. C'est ce qu'on désigne par la *culture de prévention*, dont les conditions de mise en place sont examinées *infra* (5.3) et qui est trop souvent confondue avec la formation à la sécurité alors qu'elle repose sur l'expertise des travailleurs. Certains parlent d'organisation résiliente pour désigner un système capable, dans la durée, de faire face à des *situations anormales prévisibles* voire imprévisibles en ne comptant pas seulement sur les règles standardisées mais sur le savoir-faire de la ligne hiérarchique et des travailleurs, entraînés à appréhender une situation nouvelle en respectant la démarche induite par les neuf PGP.

706. Dès le changement repéré, il doit être analysé et conduire au besoin à l'adaptation des mesures de prévention en vigueur ainsi qu'à une modification du DUER si l'ampleur de son impact sur l'évaluation des risques le justifie.

Encadré 79 : Un changement structurel de circonstances : l'impact des exigences environnementales sur les conditions de travail

L'élargissement récent des compétences du CSE aux questions environnementales ne doit pas être vu uniquement sous l'angle de l'intérêt nouveau porté par les représentants du personnel à l'impact de l'activité de leur entreprise sur l'environnement.

La transition écologique se traduit en effet aussi par des modifications dans les choix industriels stratégiques, l'évolution des procédés de fabrication, l'utilisation de nouvelles matières premières, l'arrêt ou l'extension d'une activité, etc. Ces changements induisent eux-mêmes des modifications sur les machines, l'installation de nouveaux équipements, la modification des méthodes de travail ou des modes opératoires qui ont nécessairement à leur tour des effets sur les compétences et les conditions de travail.

Ces effets doivent être évalués en amont de ces transformations et à tout le moins observés de telle sorte qu'ils puissent être anticipés dans les meilleurs délais. Ainsi, le fait pour une collectivité territoriale de renoncer à l'usage de pesticides en bordure de voirie ou sur le terre-plein central des voies de circulation pour des raisons écologiques induit une présence accrue des agents pour procéder à du désherbage périodique manuel à proximité des voies de circulation, et donc des risques nouveaux qui doivent être évalués et prévenus.

Sauf à créer un nouvel antagonisme, la transition écologique ou énergétique est en soi un changement structurel de circonstances qui ne peut pas être pensé ou conduit dans l'entreprise indépendamment de ses effets sur les conditions de travail. Il s'agit d'une illustration de la nécessité abordée au début de cet ouvrage d'approcher désormais de manière globale et systémique les problématiques sociales et environnementales. La mise en œuvre du principe de substitution en matière environnementale ne devrait ainsi pas se faire sans la prise en compte de son impact sur les risques professionnels, et inversement.

5.2.3.2 Tendre à l'amélioration des situations existantes

707. « *Améliorer les situations existantes* » est un principe qui s'inspire de la logique d'amélioration continue, caractéristique des systèmes qualité dont les entreprises, en particulier les plus grosses, sont depuis longtemps familières (*cf. supra* 2.4.4). Il ne doit pas être interprété comme une exigence de faire *toujours plus* mais comme la reconnaissance de l'impermanence des situations et la nécessité de les réguler dans un sens amélioratif. Les transformations conduites dans les entreprises sont en effet souvent justifiées par la nécessité de s'adapter aux exigences de la concurrence et donc associées à un changement subi péjorant fatalement simultanément les conditions de travail. L'article L. 4121-1 indique qu'elles doivent au contraire être abordées par l'entreprise comme une occasion concomitante de les améliorer[1].

708. Le principe d'amélioration des situations existantes suppose donc que les actions de prévention et l'organisation mises en œuvre soient régulièrement réinterrogées, plus ou moins formellement selon la taille de l'entreprise et l'importance des risques (audits internes, revues de direction, mesures correctives, etc.), afin de tendre vers un objectif de santé physique, psychique et mentale optimale, au sens de la définition OMS de la santé. À moins qu'elles ne soient pleinement satisfaisantes, ce qui n'est presque jamais le cas, les conditions d'exercice du travail peuvent ainsi être constamment améliorées, ne serait-ce que pour tenir compte des changements de circonstances examinés plus haut, ou par application des PGP – *tenir compte de l'évolution des techniques*, etc. – qui obligent à rester en veille.

5.2.3.3 Justifier la cohérence des temporalités

709. La démarche de prévention s'inscrivant dans la durée, elle peut cohabiter avec l'imperfection des situations existantes dès lors qu'elle tend à leur amélioration et s'adosse à une planification des actions que l'employeur devra expliciter et rendre lisible, en application du 7e PGP (*cf. supra* 5.1.7).

710. La planification des actions revêt la cohérence voulue si elle distingue, d'une part ce qui sera fait sans délais ou dans un délai très court pour permettre une poursuite de l'activité sans altérer la santé ou compromettre la sécurité des travailleurs (sécurisation de court terme), d'autre part ce qui sera fait ultérieurement en vue d'améliorer durablement et efficacement la prévention dans l'ensemble de l'entreprise (sécurité à long terme).

711. On comprend que les actions de court terme sont partiellement satisfaisantes. Elles induisent des mesures organisationnelles contraignantes de nature compensatoire, voire conservatoire, dont l'acceptabilité est justifiée par l'urgence d'agir et conditionnée à leur

1. La norme ISO 45 001 parle ainsi de *risques et opportunités*, le changement devant systématiquement être envisagé sous l'angle des risques mas aussi opportunités d'amélioration qu'il est l'occasion d'introduire.

caractère provisoire[1]. Il s'agit de stabiliser la situation, d'éviter qu'elle n'empire ou de la ramener à un niveau acceptable mais temporaire car transitoire. À l'inverse, les actions de long terme renvoient à des solutions pérennes visant à améliorer durablement la prévention puis à étendre et généraliser ces solutions. Elles nécessitent des études et des investissements synonymes de délais. Ces délais peuvent en outre être motivés par l'importance du financement requis (emprunts, etc.) ou parce que la réalisation des travaux est raccrochée à un projet d'aménagement plus vaste déjà programmé dans l'entreprise (déménagement, implantation d'une nouvelle ligne de production, changement de système informatique, etc.).

712. La prise en compte de cette temporalité est inévitable. Elle permet d'acter le fait que la prévention doit presque toujours être mise en œuvre dans un site en cours d'exploitation où les risques sont donc d'ores et déjà présents. Une mise en œuvre idéale des PGP n'est possible qu'à partir d'une feuille blanche c'est-à-dire dans le cas rarissime où, au départ d'un projet entrepreneurial entièrement nouveau, tous les risques peuvent théoriquement être évités. Mais la réalité oblige dans l'immense majorité des cas à partir d'un existant et à tenir compte du fait qu'une usine, un atelier, une ligne de production, un système informatique, etc. ont un cycle de vie plus ou moins long, sur lesquels il est d'autant plus difficile d'agir substantiellement qu'ils arrivent en fin de vie et ne peuvent être améliorés qu'au prix de modifications structurelles importantes. Inscrite dans un environnement socioéconomique donné, l'entreprise ne peut le plus souvent *combattre les risques à la source* qu'à la faveur d'un projet plus vaste, au cours duquel la prévention des risques ne sera qu'une des problématiques qu'elle entend résoudre à cette occasion : agrandissement des locaux, amélioration des flux, augmentation de la productivité, amélioration de la qualité, respect des exigences environnementales, travaux de rénovation ou réhabilitation nécessaires, économies énergétiques, etc. (*cf. infra* 11.2). Le fait de ne pas accélérer la sécurisation pérenne et d'accepter d'arrimer l'amélioration durable de la prévention à un tel projet de l'entreprise est le plus sûr moyen d'agir vraiment en prévention primaire et d'*éviter les risques*[2]. Ce qui revient à intégrer, dès le

1. Ceci ne signifie nullement que des actions de grande ampleur ne peuvent pas être mises en œuvre rapidement, en particulier à la suite d'un risque important, mais que la nature de ces actions sera le plus souvent circonscrite à des solutions correctives ne combattant pas le risque à la source. L'arbre des causes d'un accident met toujours en évidence des causes immédiates et des causes profondes, ces dernières nécessitant des actions de fond dont tant le processus décisionnel que le déploiement effectif sont soumis à des études préalables et des délais.

2. Ex. : une entreprise de taille de roche ornementale implante une nouvelle chaîne de sciage pour améliorer sa productivité et profite de cette occasion de généraliser l'usage du travail par voie humide pour abattre les poussières ce qui implique une reconfiguration de l'ensemble de son atelier.

cahier des charges de la conception, les exigences de santé au travail qui devront nécessairement être prises en compte lors de la réalisation dudit projet[1]. Cette temporisation, qui n'est autre qu'un investissement différé, doit cependant être compensée par une planification et un échéancier connu du projet et non une hypothétique perspective d'investissement.

713. En corolaire, les mesures mises en place lors de la phase transitoire, plus ou moins longue, n'agiront souvent pas sur les déterminants des risques et se situeront plus dans une logique de protection que de prévention. Il ne s'agira pas d'éviter les risques mais de les atténuer en dressant de manière classique des barrières entre les situations dangereuses et les travailleurs. Certaines de ces actions doivent être réalisées immédiatement pour mettre fin à une situation dangereuse pour la sécurité révélée par un accident – ne serait-ce qu'en remettant en place des dispositifs de sécurité déposés – ou pour stopper une amplification de la dégradation de la situation. D'autres seront programmées à court terme car elles peuvent être réalisées sans nécessiter de gros investissements. Mais la plupart porteront sur les modes opératoires de prudence, les consignes de sécurité (interdictions d'accès, etc.), le port de protections individuelles, la sensibilisation, l'information, la formation renforcée, la signalisation[2]. Elles s'adresseront par conséquent particulièrement aux travailleurs de la première ligne, directement exposés, sur lesquels portera l'essentiel de l'effort, raison pour laquelle elles ne peuvent s'inscrire dans la durée. La hiérarchie intermédiaire jouera également un rôle essentiel puisque c'est elle qui aura la charge de veiller au respect de ces mesures en même temps qu'elle veille aux exigences de production. L'implication de la haute direction sera cependant nécessaire pour procéder aux arbitrages utiles et éviter de faire porter sur l'encadrement de proximité et les travailleurs les contraintes résultant d'injonctions contradictoires. Un fort accent devra aussi être mis sur l'effort de formation et la construction concertée des procédures. La ligne hiérarchique devra également être préparée à expliquer aux travailleurs que les mesures retenues, souvent contraignantes, ont été mises en place à titre transitoire. L'organisation de la prévention repose ici sur la

1. Le respect de ces exigences sera d'autant plus garanti qu'elles auront été instruites de manière articulée avec toutes les problématiques précitées.

2. L'aménagement technique de l'environnement immédiat du poste de travail (mise en place d'un dispositif de captage local, d'une potence de levage des charges, etc.) est évidemment possible mais est généralement insuffisant, voire inefficace ou d'effet très limité sur la globalité des risques, en particulier dans un lieu de travail vétuste.

résilience interne dont l'entreprise se dote pour maintenir les règles durant toute cette période inconfortable de gestion des risques[1].

714. En résumé, justifier avoir pris « *toutes les mesures de prévention prévues par les articles L. 4121-1 et L. 4121-2* », revient à introduire la dimension temporelle en répondant à :
- ce qui doit être fait sans délai et à titre conservatoire, pour protéger les travailleurs (prévention tertiaire et secondaire) ;
- ce qui devra être fait ensuite et durablement, pour éviter les risques ou à défaut les accidents (prévention primaire et secondaire).

715. Le tableau examiné ci-dessus peut à ce stade être enrichi de deux colonnes mettant en regard des trois lignes correspondant respectivement aux actions de nature Technique, Organisationnelle et Humaine (TOP), les mesures de prévention qui sont réservées aux actions de court terme et celles qui sont réservées aux actions de moyen et long terme. L'organisation du tableau offre alors des repères méthodologiques simplifiés permettant :
- de vérifier l'exhaustivité de la démarche de prévention ;
- de valider la pertinence de la combinatoire globale ;
- de donner à voir la cohérence des différentes temporalités ;
- de passer d'un mode réactif à un véritable pilotage ;
- d'assurer un suivi de la réalisation des mesures et d'en rendre compte.

716. Ce prisme peut au demeurant être utilisé à l'échelle macro pour la définition d'une politique globale de prévention dans l'entreprise ou à l'échelle micro pour la résolution d'un problème donné (*cf.* l'exemple développé *infra*, 5.2.1).

1. « *Toute exigence excessive (sans doute satisfaisante pour les tutelles et dans le jeu de conformité administrative) se traduira par des violations immédiates que l'entreprise tolérera et qui feront entrer le système dans une perte de contrôle progressive et silencieuse* », R. Amalberti, *Piloter la sécurité*, *op. cit.*

Tableau 7 : Traduction opérationnelle de la temporalité induite par l'article L. 4121-1 (étape 2)

Mesures de l'article L. 4121-1	Mesures de court terme (Rétablir ou stabiliser la situation, éviter qu'elle n'empire)	Mesures de moyen et long terme (Améliorer durablement la prévention)
« Des actions de prévention des risques » = **Mesures techniques** (agir sur les installations, équipements, etc.)		
« Une organisation et des moyens adaptés » = **Mesures d'ordre organisationnel** (agir sur l'organisation du travail et de la prévention)		
« Des actions d'information et de formation » = **Mesures d'ordre humain** (agir sur le comportement des personnes)		

717. Si l'employeur entend prendre *toutes les mesures de prévention utiles*, il est essentiel que toutes les cases du tableau soient renseignées. Le fait que l'une d'elles ne le soit pas doit immédiatement alerter sur une carence potentielle de la démarche entreprise car il n'existe pas de mesure technique qui ne soit accompagnée de mesures organisationnelles ou de solution qui puisse reposer, même à court terme, sur des mesures relevant exclusivement de comportements individuels. La dimension organisationnelle, qu'il s'agisse de l'organisation du travail ou de celle de la prévention, est souvent en pratique la plus défaillante (absence de consignes, de procédures, de modes opératoires, de définition ou de répartition des tâches et des responsabilités, d'espaces de régulation et plus généralement de continuité). Sa sous-estimation conduit à l'échec des solutions techniques et humaines car *combattre les risques à la source* revient souvent à interroger l'organisation (cadences, charge de travail, aménagement des horaires et des pauses, allocation des ressources, accompagnement des compétences, etc.).

718. La surreprésentation d'une ligne donne par ailleurs des indications sur la culture de prévention dans l'entreprise. Elle reflète les déséquilibres d'une démarche soit trop axée sur les solutions techniques, soit trop axée sur le seul comportement individuel. Elle permet de situer le registre dominant dans lequel l'employeur intervient et tend à agir spontanément.

719. La surreprésentation d'une colonne est tout aussi instructive. Si seule la première colonne (mesures à court terme) est abondamment renseignée, c'est que l'entreprise peine à passer du particulier au général, de la résolution d'un problème immédiat (accident, pathologie, etc.) à la généralisation d'une démarche pérenne de prévention. Elle démontre son incapacité à *capitaliser*, *transférer* et généraliser des solutions en tirant des leçons de l'expérience pour éviter qu'un même problème ou un problème similaire, traité localement et à court terme, ne se reproduise avec un autre produit, une autre machine, un autre procédé, dans un autre atelier ou dans un autre établissement de l'entreprise. Le même accident pourra se reproduire quelques mois plus tard car la mémoire du premier événement et la justification des mesures de prévention décidées auront été perdues. Les mesures à court terme étant en outre le plus souvent des mesures conservatoires, elles témoignent d'un mode de fonctionnement réactif – pour ne pas dire passif – et d'un registre correctif, nullement anticipatif. En se bornant à répondre à l'urgence, elles ne constituent pas de véritables mesures de prévention visant à éviter le risque ou à le combattre à la source et ne peuvent tenir lieu de politique de prévention. À l'inverse, si seule la seconde colonne (mesures à moyen et long terme) est abondamment renseignée, c'est que l'entreprise réagit sur un mode exclusivement intentionnel. Il y a lieu d'être extrêmement circonspect à l'égard de toute mention se bornant à évoquer en des termes très généraux « *la nécessité de créer un groupe de travail en vue d'examiner la faisabilité d'une solution alternative* » ou « *la mise à l'étude d'un changement de procédé* », etc. En renvoyant uniquement la prévention à un hypothétique avenir meilleur, sans échéance précise (projets de déménagement, d'agrandissement, de changement de production, d'achat de machine nouvelle, etc.), l'entreprise s'interdit d'améliorer immédiatement la situation. Elle doit *a minima* indiquer la manière dont elle entend s'y prendre « en attendant » pour protéger les travailleurs.

720. Pour conclure, la temporalité permet d'articuler la réponse d'urgence, voire la gestion de crise d'une part, et les actions en profondeur nécessitant du temps pour se mettre en place d'autre part. La distinction est essentielle car, presque toutes les situations à risques appelant ces deux catégories d'actions, elle permet d'éviter tout brouillage entre les logiques d'action, les savoir-faire et les acteurs le plus souvent différents qu'elles mobilisent respectivement dans l'entreprise.

721. L'exemple ci-dessous illustre la façon dont la temporalité permet d'articuler les PGP dans un ensemble cohérent et complet, demandé par le législateur et la jurisprudence.

5.2.4 Illustration pratique du modèle : le cas de l'entreprise Martin

722. Cette section illustre la manière dont la démarche proposée ci-dessus peut être rendue opérationnelle dans un cas concret, celui de l'entreprise Martin. Cet exemple porte volontairement sur une activité industrielle mettant en cause des risques traditionnels. La même grille et la même démarche peuvent néanmoins être appliquées à tout type de risque ou situation dangereuse (RPS, risque routier…).

5.2.4.1 Le problème à résoudre

723. Un des ateliers de l'entreprise Martin fabrique des flacons destinés à l'industrie pharmaceutique à partir de tubes de verre découpés, chauffés et formés sur 5 lignes de productions automatisées, fonctionnant en 3 X 8, installées côte à côte et pilotées chacune par un conducteur de ligne. Les lignes sont jalonnées de becs de gaz dont les flammes nues réchauffent et ramollissent le verre pour faciliter les opérations de déformation et de découpage. La production est affectée par un problème de qualité. Les flacons sont régulièrement souillés par des traces de graisse présentes sur les bandes transporteuses en caoutchouc, qui se déposent par contact sur les flacons. La graisse provient de résidus du graissage régulier des éléments de transmission de la ligne de production (engrenages, pignons, etc.). Compte tenu de son usage médical, les traces de graisse sur le verre le rendent impropre à la commercialisation. Pour traiter ce problème, les opérateurs appliquent un solvant chloré sur les bandes transporteuses à l'aide d'un papier absorbant imbibé qu'ils jettent après usage dans des poubelles au pied des machines. Ce même papier, enflammé avec un briquet, est également utilisé pour rallumer les becs de gaz qui s'éteignent régulièrement sous l'effet de courants d'air de l'atelier. Il est également jeté dans les poubelles après usage.

724. Le médecin du travail découvre, à l'occasion des visites périodiques, que plusieurs salariés occupant le même de poste ont été hospitalisés à la suite d'accidents respiratoires survenus durant leur sommeil au cours des mois précédents. Décrivant les mêmes symptômes, il suspecte l'origine professionnelle du problème et procède à une étude des postes de travail. Il émet l'hypothèse qu'un contact du solvant avec les gaz de combustion des flammes produit du phosgène (gaz de décomposition résultant du contact d'un solvant chloré avec une source d'ignition). L'inhalation de ce gaz suffocant provoquerait des œdèmes pulmonaires et présenterait un risque mortel. Des prélèvements atmosphériques confirment les soupçons du médecin du travail et révèlent des concentrations de gaz 4 fois supérieures à la valeur limite d'exposition dans les poubelles et lors de l'application du solvant à proximité des becs de gaz.

5.2.4.2 Les solutions de court terme

725. L'application des principes de prévention à ce cas consiste à prendre immédiatement les mesures conservatoires qui s'imposent pour soustraire les salariés d'une exposition potentiellement mortelle. L'organisation de l'entreprise n'est toutefois pas neutre puisque tout arrêt de la production équivaut à un arrêt de l'atelier (5 lignes identiques en 3 X 8) et de l'ensemble de l'établissement (120 salariés). Une réunion extraordinaire du CSE doit donc être provoquée sur-le-champ, à laquelle seront invités le médecin du travail, l'agent de prévention de la Carsat et l'inspecteur du travail.

726. La solution de court terme idéale consiste à remplacer le solvant par un substitut ne contenant pas de chlore pour éviter la réaction de décomposition dangereuse (principes mis en œuvre : *combattre le risque à la source* et *remplacer ce qui est dangereux par ce qui ne l'est pas ou l'est moins*). Des recherches doivent par conséquent être engagées mais vont peut-être prendre du temps : des essais seront nécessaires pour tester la compatibilité du nouveau solvant avec les exigences de qualité des flacons. Même si elle est lancée immédiatement, cette démarche n'est donc pas suffisante pour écarter le risque à très court terme.

727. Faute de pouvoir être évité, le risque doit être analysé. Il s'agit de caractériser les circonstances dans lesquelles le phosgène est produit et les travailleurs exposés : à quel moment, à quelle fréquence, à quel endroit, en faisant quoi (principe mis en œuvre : *évaluation des risques*) ? Cette étape est cruciale car la tentation première est de généraliser le port d'un masque de protection respiratoire à tous les travailleurs durant huit heures, mesure contraignante qui aura fort peu de chances d'être respectée en pratique et fera perdurer le risque tout en donnant l'illusion du contraire (équiper une centaine de salariés, veiller au port et à l'utilisation correcte et constante du masque dans toutes les équipes, à l'approvisionnement et au changement régulier des cartouches filtrantes, etc.). En l'espèce, au vu des résultats des prélèvements atmosphériques et des témoignages des opérateurs, le risque apparaît lors des phases d'application du solvant sur le tapis de transport et lorsque des papiers incandescents sont jetés dans la poubelle et rentrent en contact avec des déchets imbibés de solvant. Circonscrites à deux situations facilement identifiables, des mesures concertées, de nature conservatoire, doivent permettre la poursuite du travail dans l'attente d'une solution pérenne (principes mis en œuvre : *mesures techniques et organisationnelles, privilégier les mesures de protection collective sur les mesures de protection individuelle* et *planification de la prévention*).

728. Des poubelles hermétiques, étiquetées et clairement différenciées (couleurs différentes des autres) jalonneront chaque machine et recevront les seuls papiers imbibés de solvant utilisé pour le dégraissage. Les becs de gaz seront désormais allumés avec des allume-gaz piézo-électriques pour éviter le dépôt de papiers incandescents dans les poubelles. Le solvant ne sera plus déversé à partir d'un bidon de cinq litres au poste de travail mais de récipients divisionnaires munis de pompes doseuses, hermétiques et étiquetés, limitant strictement la quantité déposée sur le papier : l'objectif de toute ces actions est de réduire le risque de production de phosgène.

729. Sur le plan organisationnel, l'acquisition de l'ensemble des nouveaux équipements requis est facile et rapide à réaliser ; elle est confiée au service achat sous la houlette du chef d'atelier. Un mode opératoire sur les conditions d'utilisation du solvant est rédigé : réduction de la fréquence de graissage et donc de dégraissage, identification de points de dégraissage éloignés des sources d'ignition, précautions d'utilisation du solvant, signalisation des zones de danger. L'accès au poste ou à ces tâches est restreint aux seuls travailleurs expérimentés et désignés : le dégraissage est interdit aux jeunes en formation, aux salariés titulaires d'un contrat de travail à durée déterminée ou intérimaires. L'entreprise étant organisée en équipes successives, des dispositions sont prises pour que les nouvelles consignes soient dispensées par les chefs d'équipe sans délai c'est-à-dire lors de chaque prise de poste des prochaines équipes : information sur le risque identifié et les moyens de s'en prémunir (principes mis en œuvre : *tenir compte des changements de circonstances* et *donner des instructions appropriées*). Enfin, le médecin du travail effectue des examens complémentaires pour tous les salariés susceptibles d'être ou d'avoir été exposés.

730. À ce stade, la démarche poursuivie, qui correspond à la première colonne du tableau, peut être résumée comme suit.

Tableau 8 : Étape 1 : mesures de court terme (= conservatoires et permettant la poursuite de l'activité)

Mesures de l'article L. 4121-1	Mesures de court terme (rétablir ou stabiliser la situation, éviter qu'elle n'empire)	Mesures de moyen et long terme (Améliorer durablement la prévention)
« Des actions de prévention des risques » = **Mesures techniques** (agir sur les installations, équipements, etc.)	Poubelles hermétiques, étiquetées et différenciées pour les déchets Appareils piézo-électriques pour allumer les becs de gaz Pompes doseuses pour le solvant	
« Une organisation et des moyens adaptés » = **Mesures d'ordre organisationnel** (agir sur l'organisation du travail et de la prévention)	Définition d'un mode opératoire (notice de poste et instructions appropriées) Signalisation des zones de danger Restrictions d'accès au poste	
« Des actions d'information et de formation » = **Mesures d'ordre humain** (agir sur le comportement des personnes)	Information et formation des travailleurs Examen médical complémentaire	

5.2.4.3 Les solutions de moyen et long terme

731. Les actions de court terme ne permettent pas d'éviter le risque mais seulement de le réduire et de le maîtriser jusqu'à la mise en place d'actions pérennes. Leur caractère temporaire doit être explicitement annoncé et une démarche immédiatement engagée pour la recherche de solutions durables. En l'espèce l'établissement a décidé, en concertation avec les représentants du personnel :

– de rechercher activement un produit de substitution ne contenant pas de chlore (principes mis en œuvre : *principe de substitution*) ;
– de traiter la question du dégraissage des bandes transporteuses avec un groupe de travail sur la conception des machines incluant bureau d'étude, bureau des méthodes, opérateurs, testant des

solutions techniques (graissage automatique, matériau des bandes transporteuses…) sur une ligne prototype avant généralisation sur les cinq lignes (principes mis en œuvre : *combattre les risques à la source*) ;
- de revoir sa procédure d'introduction des agents chimiques dangereux (principes mis en œuvre : *remplacer ce qui est dangereux par ce qui ne l'est pas ou l'est moins*) ;
- de rechercher si d'autres situations similaires pouvaient exister dans l'atelier (principes mis en œuvre : *tendre à l'amélioration des situations existantes, tenir compte des changements de circonstances*) ;
- de passer d'un mode réactif de résolution de problèmes isolés à un mode proactif de généralisation d'une démarche de prévention appliquée à l'ensemble de l'entreprise en recrutant un préventeur et en instaurant une véritable organisation de la prévention et un système de gestion de la sécurité (principes mis en œuvre : *planifier la prévention dans un ensemble cohérent*).

732. Le tableau ci-dessus peut dès lors être complété comme suit.

Tableau 9 : Étape 2 : mesures de moyen et long terme (= pérennes et favorisant le développement d'une culture de prévention)

Mesures de l'article L. 4121-1	Mesures de court terme (Rétablir ou stabiliser la situation, éviter qu'elle n'empire)	Mesures de moyen et long terme (Améliorer durablement la prévention)
« Des actions de prévention des risques » = **Mesures techniques** (agir sur les installations, équipements, etc.)	Poubelles hermétiques, étiquetées et différenciées pour les déchets Appareils piézo-électriques pour allumer les becs de gaz Pompes doseuses pour le solvant	Recherche d'un produit de substitution Groupe de travail pluridisciplinaire sur changement de procédé avec tests sur prototype avant généralisation.

« Une organisation et des moyens adaptés » = **Mesures d'ordre organisationnel** (agir sur l'organisation du travail et de la prévention)	Définition d'un mode opératoire (notice de poste et instructions appropriées) Signalisation des zones de danger Restrictions d'accès au poste	Inventaire des produits présents et procédure d'introduction de tout nouveau produit Mise en place d'une organisation permanente de la prévention en SST Formation des élus sur la démarche de prévention
« Des actions d'information et de formation » = **Mesures d'ordre humain** (agir sur le comportement des personnes)	Information et formation des travailleurs Instructions appropriées Examen médical complémentaire	Généralisation des pratiques participatives dans la conduite des projets et la résolution de problèmes Modalités du suivi régulier de la santé des salariés Formation périodique des opérateurs mais aussi de l'encadrement et des fonctions supports à la démarche de prévention (bureaux étude et méthode, service achat...)

5.2.4.4 La morale de l'histoire

733. Ce cas illustre les liens indissolubles entre les questions de production (choix des procédés techniques, exigences qualité, etc.) et celles de santé au travail. L'entreprise doit produire des flacons répondant à des exigences de qualité incontournables et le faire dans des délais courts pour approvisionner les établissements de santé. Les travailleurs doivent pouvoir travailler sans mettre leur santé en danger. Traiter les problèmes de qualité et les questions de santé au travail peut créer des tensions entre exigences de production et de sécurité avec pour résultat de faire de la prévention une contrainte entravant la production.

734. Dans cet exemple, seuls l'observation directe du travail sur la chaîne de production, le recueil des explications des opérateurs à leur poste de travail et la discussion des constats au sein du CSE en présence de toutes les parties prenantes permettent de comprendre le phénomène à l'origine de la production de phosgène, de dégager des solutions et de reprendre le contrôle de la situation en conciliant exigences de production et protection de la santé. L'entreprise, en explorant les pistes initiées à cette occasion, a par ailleurs découvert de nombreux autres problèmes, qu'elle sera conduite à investiguer par la suite :

- fiches de données de sécurité des fournisseurs de produits dangereux non fiables et ne mentionnant par exemple pas la présence de chlore[1] ;
- problématique d'ambiance thermique des locaux de travail conduisant à l'ouverture des ouvrants en toiture par les travailleurs et générant des courants d'air à l'origine de l'extinction des becs de gaz ;
- coupures aux doigts liées à la casse de verre consécutive au refroidissement des tubes lorsque les becs de gaz s'éteignent sur la ligne de production ;
- charge de travail excessive des conducteurs de ligne au regard de la longueur de ces dernières et de la multiplicité des incidents de production à gérer ;
- hétérogénéité des pratiques de travail conduisant certains opérateurs à démultiplier indument les opérations de graissage et donc de dégraissage ;
- nombreux accès à des éléments mobiles de travail en mouvement dangereux (chaînes de transmissions, engrenages) durant les opérations de graissage ;
- encombrement des salles blanches de conditionnement et augmentation des manutentions manuelles en aval des lignes de production afin de contrôler la qualité des flacons souillés par la graisse, etc.

735. L'ampleur de ces problèmes a fait prendre conscience à l'entreprise de la nécessité de se doter d'une *organisation et de moyens adaptés* en santé au travail, conformément au 3° de l'article L. 4121-1 du Code du travail, en l'occurrence en recrutant un préventeur.

736. En conclusion, le tableau ci-dessus permet de vérifier que toutes les mesures prévues par les articles L. 4121-1 et L. 4121-2 du Code du travail sont prises, au passage sans jamais se référer à d'autres dispositions légales que les PGP énoncés par ces deux articles. La

1. Dans la situation réelle dont ce cas pratique est tiré, l'entreprise a acquis un premier solvant de substitution ne mentionnant pas la présence de chlore dans la fiche de données de sécurité (FDS). Le médecin du travail, sollicité pour avis, a toutefois observé que la rubrique « produits de décomposition » de la FDS indiquait : « CCL2O », ce dont il a pu déduire le risque de formation de phosgène et donc la présence de chlore dans le solvant. De nouvelles recherches ont permis de trouver un solvant efficace pour les souillures et dépourvu de chlore mais dont la FDS mentionnait le caractère inflammable. L'entreprise, après concertation de tous les acteurs, a retenu ce solvant en considérant qu'elle remplaçait un produit dangereux qu'elle ne maîtrisait pas par un produit moins dangereux dont elle contrôlait les effets et les usages, la verrerie étant particulièrement équipée contre le risque incendie en raison de la présence de nombreux points chauds sur son site (becs de gaz, etc.).

démarche de prévention induite pas ces derniers conduit l'employeur à passer de l'ère de la mise en conformité à celle de la décision : toutes les décisions utiles, dans esprit de la loi, sans attendre qu'un texte particulier l'y oblige.

737. Rappelons enfin que le modèle proposé ici ne se substitue pas au document unique d'évaluation des risques professionnels ni au programme de prévention annuel mais prépare et nourrit bien évidemment ces derniers dans un sens conforme à l'esprit des PGP.

5.3 La culture de prévention

5.3.1 Un savoir-être non réductible à la formation

738. Le 4e Plan santé au travail fait de la diffusion et de l'appropriation de la culture de prévention son premier objectif. L'idée ne peut qu'emporter l'adhésion. Cette notion recouvre toutefois des acceptions diverses. Elle est souvent associée à la formation du travailleur en santé au travail et au comportement individuel censé en découler. Les actions du PST4 déclinant cet objectif promeuvent ainsi l'éducation aux risques et à leur prévention au sein des cursus de formation initiale. Dans le prolongement, elles préconisent des parcours d'intégration et de sensibilisation à la prévention des nouveaux embauchés dans l'entreprise. Le relais doit enfin être pris dans les parcours de formation continue[1].

739. La nature et le contenu de ces formations – ou actions de sensibilisation – sont cependant déterminants car les discordances entre les enseignements dispensés et les difficultés rencontrées ensuite sur le terrain pour les mettre en œuvre font souvent obstacle à leur observation. Les réflexes vertueux appris par le stagiaire se heurtent fréquemment à des facteurs organisationnels contraires qui surdéterminent le comportement du travailleur de retour dans l'entreprise. Autrement dit, au-delà du cheminement qui conduit le travailleur à adopter des comportements vertueux face au risque, il y a lieu de s'intéresser à l'organisation et au contexte de travail plus ou moins propices à l'adoption de tels comportements. Toute formation sur la culture de prévention délivrée sans tenir compte de ce contexte est vouée à des résistances insurmontables dans l'entreprise.

1. Selon le PST4 l'appropriation de la culture de prévention par les entreprises doit passer par des programmes de formation continue bénéficiant spécifiquement aux salariés compétents désignés ou au chef d'entreprise (action 1.2). Cette culture est par ailleurs appelée à se diffuser à travers l'accès généralisé à des outils et démarches d'évaluation des risques et la prise en compte des exigences de santé et sécurité dès la conception des locaux, équipements et organisations de travail.

5.3.2 Une culture à l'image de l'entreprise

740. Avant d'être celle des travailleurs et de chaque individu, la culture de prévention est celle de l'entreprise.

741. La culture étant par définition collective, la culture de prévention n'échappe pas à cette règle. Elle est pauvre si les représentations du risque qui prédominent dans l'entreprise conduisent à se borner à enseigner des consignes de sécurité qui ne résistent pas à l'épreuve des faits[1]. Les représentations individuelles que l'on entend combattre reflètent donc en réalité les représentations collectives véhiculées par les messages et actions de la direction. À quoi peut-on mesurer la maturité collective de l'entreprise ? Certains répondent à la durée pendant laquelle le moindre dysfonctionnement est toléré et donc à la vitesse à laquelle il est résorbé (ex. : la présence d'une tâche d'huile au sol au pied d'une machine).

742. En vérité, si les entreprises les plus structurées ou soumises à de nombreux risques sont généralement dotées de systèmes de management de la sécurité élaborant des consignes et des modes opératoires puis veillant à leur mise en œuvre *via* des procédures d'audits internes ou externes, les plus avisées se gardent d'instaurer un régime d'application trop rigide du type « tolérance zéro » pouvant conduire à des dérives. Elles privilégient à la conformité de règles qui peuvent se trouver dans certaines situations inadaptées, des comportements réfléchis de prévention. La culture de prévention consiste alors plutôt à :

– favoriser la remontée des conditions qui poussent les travailleurs à ne pas respecter les règles c'est-à-dire en acceptant l'idée selon laquelle « *une grande part des violations sont simplement des tentatives de faire son travail dans des conditions dégradées*[2] » ;
– construire les règles avec les travailleurs chargés de les appliquer pour garantir plus de conformité ;
– fixer des règles d'arrêt partagées par tous pour stopper le travail quand les conditions l'exigent sans crainte de la réaction de la ligne hiérarchique ;
– encourager une posture interrogative pour déterminer, dans un contexte donné, la manière la plus sûre d'agir[3].

1. Ex. : rappeler à l'ordre les travailleurs qui n'empruntent pas le passage piéton dans l'usine alors qu'il est de toute évidence mal situé au regard des flux de circulation et qu'il oblige au demeurant à enjamber des flaques d'eau en raison de trous dans la chaussée maintes fois signalés et non réparés.

2. *Cf.* « Nos convictions en matière de culture de sécurité/conviction n° 11 : multiplier les règles ne garantit pas la réduction du nombre d'accidents », Myriam Promé-Visinoni, Institut pour une culture de sécurité industrielle.

3. *Ibid.*

Encadré 80 : La courbe de Bradley

Certains défendent qu'il est possible de mesurer la culture sécurité d'une entreprise à l'aide d'un outil.

La courbe de Bradley, du nom de l'inventeur l'ayant développée dans le groupe canadien Dupont, identifie quatre stades permettant de prédire une baisse de la fréquence des accidents en même temps que sont observés les changements de mentalité et de comportement conduisant à développer graduellement cette culture.

Le premier stade, dit réactif, correspond à l'absence de préoccupation en matière de santé et sécurité. Les accidents sont subis et gérés au coup par coup. La culture de prévention est inexistante.

Le 2e stade, dit dépendant, correspond à une approche technique de la prévention basée sur l'obéissance à la contrainte imposée par les règles et consignes de sécurité. La culture de prévention est peu développée et dépend de la rigueur avec laquelle le respect des règles est exigé celui-ci étant à son tour dépendant des autres priorités dans l'entreprise.

Le 3e stade, dit indépendant, correspond à une approche organisationnelle et managériale de la prévention basée sur le portage de la ligne hiérarchique, son exemplarité en matière de prévention et l'adhésion des travailleurs. La culture de prévention existe mais reste conditionnée à l'engagement de l'encadrement.

Le stade ultime, dit d'interdépendance, correspond à l'appropriation et au partage des valeurs de prévention à tous les échelons de l'entreprise, au sein d'équipes capables de s'autogérer en matière de santé et sécurité. La culture de prévention est élevée et intégrée au geste professionnel. Elle ne devrait en principe pas être concurrencée par les impératifs économiques.

743. Une autre approche de la culture de prévention considère que celle-ci est acquise lorsque l'entreprise s'attache plus à l'esprit de la règle qu'à sa lettre. Elle ne mise pas tant sur la conformité – qu'elle ne remet pas en cause mais dont elle a éprouvé les limites – que sur la capacité de la ligne hiérarchique et des travailleurs à savoir agir et réagir dans les situations de travail où la règle est mise en défaut. Cette approche renonce à l'exhaustivité des prescriptions et conduit à doubler la *sécurité réglée* d'une logique d'apprentissage collectif axée sur la *sécurité gérée* (*cf. supra* 1.2.1.2). La *diffusion* descendante de la culture de prévention est alors doublée d'une *appropriation* ascendante qui suppose, de la part des travailleurs, une maîtrise de la démarche de questionnement induite par les neuf PGP et leur permettant de faire face à l'imprévu tout en protégeant leur santé et leur sécurité. Une telle appropriation change fondamentalement la nature des actions de formation en santé et sécurité dispensées dans l'entreprise (*cf. infra* 7.2.3) et suppose un mode de management favorisant l'expression et la mise au jour des incidents quotidiens afin d'avoir la connaissance et garder la maîtrise des processus adaptatifs mis en œuvre sur le terrain (*cf. infra* 6.6.1).

Encadré 81 : Culture de prévention et norme standard

La norme ISO 45001 sur les systèmes de management de la santé et de la sécurité au travail considère qu'une culture de la SST se caractérise notamment par une perception partagée de l'importance du système de management mis en place dans l'entreprise et par la confiance dans l'effectivité/efficacité des mesures de prévention.

Elle assimile une organisation dotée d'une telle culture à une organisation « apprenante », dans laquelle les personnes, à tous les niveaux de l'entreprise, ne cessent d'accroître leur capacité à « *comprendre en quoi les activités professionnelles, et la manière dont elles sont organisées* » ont une incidence sur ses résultats en matière de santé et sécurité.

Cette acception rejoint donc la tendance à ne pas réduire la culture de prévention au respect par les individus des consignes diffusées par la direction mais à mettre ces derniers en capacité d'identifier et agir sur les conditions organisationnelles d'exercice du travail qui contribuent favorablement ou au contraire s'opposent à un travail sûr.

5.3.3 Une ambition qui se déduit de la loi

744. Bien que non définie ni même explicitement citée par la loi, la culture de prévention dans l'entreprise résulte d'une application combinée des articles L. 4121-3 et L. 4121-4 du Code du travail.

745. L'article L. 4121-3 prévoit, qu'à la suite de l'évaluation des risques, l'employeur doit mettre en œuvre « *les actions de prévention ainsi que les méthodes de travail et de production garantissant un meilleur niveau de protection de la santé et de la sécurité des travailleurs. Il intègre ces actions et ces méthodes dans l'ensemble des activités de l'établissement et à tous les niveaux de l'encadrement* ». La satisfaction d'une telle exigence implique une intégration de la prévention sur tous les volets (organisationnel et technique), dans toutes les activités (achat, production, logistique…) et à tous les niveaux de l'entreprise (direction et intégralité de la ligne managériale[1]). L'indication selon laquelle les actions de prévention doivent être intégrées dans l'ensemble des activités de l'établissement confirme et renforce la nécessité d'en faire un acte de management courant, irriguant tous les actes de gestion de l'entreprise.

746. Pour seul exemple, le service prévention d'une entreprise ayant constaté la recrudescence des brûlures aux mains dans un atelier, a observé le non-usage des gants de protection mis à leur disposition pour manipuler des pièces chaudes. Les salariés indiquent qu'ils

1. La diffusion de la culture de prévention par capillarité à tous les niveaux d'encadrement doit nécessairement être impulsée et diffusée par la haute direction de l'entreprise.

ôtent leurs gants car ils ont besoin de conserver une bonne perception tactile des pièces pour pouvoir détecter des défauts de qualité en surface. Plusieurs types de nouveaux gants sont donc testés par les opérateurs pendant plusieurs semaines sous la houlette du service prévention afin de s'assurer qu'ils bénéficieront d'EPI compatibles avec les exigences des contrôles de qualité. Les salariés optent finalement pour une gamme dont les caractéristiques satisfont les critères de production tout en leur assurant le confort recherché. Mais ces gants s'avérant plus coûteux que les autres modèles testés, le service achats de l'entreprise, ignorant l'existence de ce processus, rejette la commande au motif qu'elle n'obéit pas à la politique de réduction des coûts poursuivie par la direction et spécifiée dans une note de service. Il commande d'autres gants parmi ceux testés, moins chers mais... inutilisés. Cette non-intégration de la prévention dans toutes les activités de l'entreprise – en l'espèce les services support de la direction des achats – révèle un déficit de culture de prévention *dans l'ensemble des activités de l'établissement* et les écueils d'un traitement dissocié des exigences de sécurité, de qualité et de performance économique[1].

747. De même, la mention par l'article L. 4121-3 de la nécessaire implication de *tous les niveaux d'encadrement* implique que la hiérarchie intermédiaire puisse réassurer constamment auprès des niveaux d'encadrement supérieurs les engagements pris par la direction en matière de prévention et faire arbitrer les éventuels conflits de normes dans l'entreprise : en l'espèce, une validation par l'encadrement de l'achat des gants choisis par les salariés, puis une invitation du service achats à intégrer de manière pérenne les critères de prévention dans les spécifications des cahiers des charges d'achat[2].

748. L'environnement de travail technique, organisationnel et managérial étant propice à la prévention, l'employeur peut alors s'assurer de l'adéquation des ressources individuelles de chaque travailleur avec son contexte de travail. C'est ce que prévoit l'article L. 4121-4 disposant que « *lorsqu'il confie des tâches à un travailleur, l'employeur, compte tenu de la nature des activités de l'établissement, prend en considération les capacités de l'intéressé à mettre en œuvre les précautions nécessaires pour la santé et la sécurité* ».

1. En l'espèce, le responsable des achats devrait avoir la consigne puis le réflexe d'intégrer dans le cahier des charges de toute acquisition d'un produit, au-delà de son prix, des critères de référencement et de sélection tels que son *utilisabilité*, son *confort*, sa *qualité*, sa « supportabilité », garants de l'effectivité de la protection de la santé du travailleur. Ce qui n'est autre qu'une première mise en œuvre du principe général d'adaptation du travail à l'homme.

2. Critères au demeurant générateurs d'économies pour l'entreprise puisque leur non-respect entraîne une sinistralité et donc de coûts.

749. L'employeur doit donc non seulement prendre en compte les capacités individuelles du travailleur, inhérentes à son niveau de formation, son expérience et ses compétences, mais lui offrir un environnement capacitant[1] afin qu'il soit en mesure, à son niveau, de prendre en toutes circonstances les précautions nécessaires. Il s'ensuit que la culture de prévention résulte d'une combinaison dont la sensibilisation et la formation des opérateurs aux risques encourus et aux gestes de prévention sont un élément nécessaire mais non suffisant pour observer une amélioration durable de la prévention dans l'entreprise.

Encadré 82 : Incitation financière et culture de prévention

Certaines entreprises, pour mieux impliquer la ligne hiérarchique, l'intéressent financièrement à ses résultats en matière de prévention. Elles font par exemple de la baisse du nombre des accidents du travail dans son service un objectif et un critère d'évaluation et de la rémunération variable du chef d'atelier.

Cette pratique fait débat. Certains considèrent en effet que « *la mesure induisant le comportement*[2] », l'encadrement ne se mobilise que pour des résultats sur le niveau d'atteinte desquels il se sait évalué. D'autres, au contraire, estiment que la prévention de la santé au travail relève d'une valeur fondamentale qu'il appartient à l'employeur de défendre et de porter par principe. Elle ne saurait donc passer par un intéressement financier, sauf à générer des pratiques de détournement peu propices à l'appropriation d'une véritable culture de prévention (non-déclaration des accidents, forte incitation à ne pas prendre l'arrêt de travail ou à venir travailler malgré les blessures, etc.).

750. En résumé, la culture de prévention ne consiste pas à connaître des règles et les appliquer – logique de *bonnes pratiques* laissant penser qu'il existe une *bonne action* pour chaque situation prédéfinie – mais à être doté d'un référentiel méthodologique – la démarche de prévention induite par les PGP – permettant de se poser les bonnes questions avant d'agir dans une situation non réglée. L'acquisition d'une telle culture est le fruit d'un processus long et pose de surcroît la question cruciale de son maintien dans le temps pour pallier les effets des changements fréquents de personnes et d'organisation dans les entreprises. Dans les grandes entreprises en particulier, cet enjeu nécessite une véritable gouvernance interne de la santé au travail à travers la mise en place d'un *système* pérenne de prévention, autrement dit une organisation dotée de moyens dédiés.

1. *Cf.* la notion anglo-saxonne d'*empowerment*.
2. *Cf.* Rapport Lachmann, Pénicaud, Larose, 2010.

CHAPITRE 6

LE RÔLE ET LA PLACE DU COMITÉ SOCIAL ET ÉCONOMIQUE (CSE) DANS LA PRÉVENTION

6.1 Les enjeux du dialogue social en santé au travail

751. Quelle que soit la lecture du rôle dévolu aux instances de représentation du personnel, l'intérêt d'associer les travailleurs à la détermination de leurs conditions de travail procède de constats établis de longue date. Pour les ergonomes, l'efficacité de la prévention ou des consignes et modes opératoires de travail n'est envisageable qu'à travers une connaissance fine des conditions d'exécution du *travail réel* des opérateurs, lesquelles peuvent-être assez éloignées du *travail prescrit*. L'accès à cette connaissance et à la compréhension des comportements des travailleurs – ou plutôt de leurs pratiques – et de leurs contraintes n'est possible qu'à travers la parole de ces derniers, considérés comme les premiers experts de leur travail. Il en va de la pertinence et de l'effectivité des actions de prévention mises en place, lesquelles sont déterminées par leur acceptabilité par les travailleurs. À défaut, l'écart entre *prescrit* et *réel* ne fait que se creuser et la perte de prise sur le réel conduit à des dérives pouvant aboutir à un accident.

752. Le dialogue sur la santé au travail peut s'exercer dans le cadre du dialogue social traditionnel par l'intermédiaire des représentants du personnel au sein du comité social et économique (CSE). Il peut aussi s'exercer *via* d'autres espaces d'expression des travailleurs, non institutionnels, dont l'objet est toujours la prise en compte du point de vue des intéressés. On peut parler dans ce cas de *dialogue professionnel* et ce à double titre. D'une part parce qu'il organise la régulation sur le travail *entre professionnels* en la faisant porter exclusivement sur ses conditions de réalisation (espaces de discussion issus notamment des accords QVT, cercles d'expression, groupes de supervision, etc.). D'autre part parce qu'il suppose une *professionnalisation* de la manière dont il est conduit par la ligne hiérarchique pour favoriser une prise de parole et l'instauration d'un dialogue effectif[1].

753. L'existence de ces diverses voies de régulation n'est pas antinomique car elles répondent à des objectifs différents et ne mobilisent pas les mêmes interlocuteurs. Là où le CSE dispose de prérogatives et de moyens de représentation propres (*cf. infra* 6.2), des espaces d'échange d'une autre nature permettent d'aborder et régler des sujets d'organisation à un niveau souvent *infra* (*cf.* 6.6). Ces différents lieux, dont le point commun est la fonction dialogique, doivent en revanche être pensés de manière à pouvoir s'articuler. Les représentants des salariés peuvent par exemple veiller au cadre de mise en place et de fonctionnement des autres espaces de discussion. Ils peuvent aussi s'appuyer sur la connaissance du réel à laquelle ils donnent accès pour nourrir leurs propres travaux.

Encadré 83 : L'écueil obstiné des règles non débattues

Le constat du non-respect récurrent d'une consigne de sécurité par les travailleurs est fréquemment interprété comme une négligence de ces derniers ou leur déni du risque. Il débouche en général sur deux grands types d'actions : un rappel des procédures en vigueur assorti d'un renforcement des contrôles (piqures de rappel par voie d'affichage, notes de service, réunions, voire menaces de sanction, etc.) et des campagnes de sensibilisation visant à renforcer la *culture de prévention*. Les résultats sont souvent peu probants sur la durée.

La compréhension des dérives – y compris la tolérance de l'encadrement – et l'adoption de nouvelles pratiques impliquent en effet une approche compréhensive de ce qui fait obstacle au respect de la règle, qu'il s'agisse du mode opératoire de travail prescrit ou d'une règle de sécurité *stricto sensu*.

Illustration : à la suite d'une collision grave avec un chariot automoteur, un chef d'établissement décide de rappeler par voie d'affichage l'obligation prévue au règlement intérieur de porter la ceinture de sécurité. Il fait doubler le message par une communication verbale des agents de maîtrise lors de la prise de poste de leurs équipes, assortie d'une menace de sanction au premier rappel.

1. La notion de dialogue professionnelle est reprise dans l'Accord national interprofessionnel du 9 décembre 2020 pour une prévention renforcée et une offre renouvelée en matière de santé au travail et conditions de travail.

La semaine suivante, le responsable sécurité observe que la ceinture de sécurité n'est utilisée par aucun opérateur et que les chefs d'équipe ne procèdent à aucun rappel à l'ordre. Il constate cependant également l'effervescence des flux de circulation dans l'atelier et le fait que les caristes descendent et remontent sur leur engin à la fréquence de quasiment une fois toutes les minutes. Ceci rend de toute évidence l'accrochage et le décrochage de la ceinture particulièrement fastidieux et toute tentative de contrainte illusoire.

Les travailleurs, interrogés sur les motivations de leur précipitation et la fréquence de descente de leur chariot, expliquent que les pièces à manutentionner ne sont pas posées sur des palettes mais à même le sol. Comme elles ont des formes atypiques et des centres de gravité différents, elles sont souvent en équilibre instable sur les fourches et tombent régulièrement au sol pendant le trajet lorsqu'elles n'ont pas été correctement positionnées. Les opérateurs sont donc obligés de descendre de leur appareil et de les déposer à la main sur les fourches pour bien répartir leur poids.

Les pièces au sol sortant de fours de cuisson, elles doivent être manipulées avec des gants de protection épais qui limitent la dextérité, ce qui explique pourquoi les caristes n'accrochent pas leur ceinture quand ils rejoignent leur poste de conduite. Ils doivent en outre évacuer les pièces rapidement car leur traitement thermique précède une opération qui doit être réalisée sur une autre machine à bonne température, ce qui explique leur empressement.

Cet exemple, fort banal, met en évidence la nécessité du dialogue entre la ligne hiérarchique et les travailleurs, sous quelque forme que ce soit, pour accéder à la compréhension des freins à la prévention et des obstacles de toute autre nature à lever, en l'espèce techniques et organisationnels, préalablement à toute exigence crédible de respect des consignes.

6.2 L'articulation des attributions respectives du CSE, de la CSSCT et du représentant de proximité

754. Le CSE dispose aujourd'hui d'une compétence générale en matière de santé, sécurité et conditions de travail. Bien que la finalité de ses attributions dans ce champ reste en partie ambivalente – héritage de l'ambiguïté des compétences de l'ancien CHSCT, tiraillé entre des missions de contrôle, de consultation, de contribution, de proposition, etc. –, la distribution de ses missions se fait autour du triptyque stratégie/expertise/proximité.

755. L'instance représentative doit avoir la capacité d'embrasser ces trois dimensions et surtout de les articuler, selon qu'elle se trouve à l'échelle du CSE (orientation stratégique), de la Commission santé, sécurité et conditions de travail ou CSSCT (analyse experte) ou des représentants de proximité (réponse et traitement local).

6.2.1 Le rôle stratégique du CSE en santé au travail

756. La dimension stratégique résulte de la volonté de traiter des questions de condition de travail au même rang et en même temps que les autres paramètres au titre desquels l'instance est consultée à l'occasion d'un projet de l'employeur. Il s'agit pour le CSE, dans sa formation plénière, de se prononcer sur ce projet dans sa globalité, en examinant et pesant son impact potentiel sur toutes les dimensions : l'emploi, les qualifications, les compétences, la rémunération, la santé, la sécurité et les conditions de travail. Ne pas dissocier les questions de santé au travail des autres considérations lors de l'examen des projets soumis à consultation, permet qu'elles soient intégrées systématiquement dans les processus décisionnels de l'entreprise et que le CSE se prononce en toute connaissance de cause. La prévention étant devenue une attribution de droit commun du CSE, son décloisonnement ne doit pas être lu comme une banalisation et une dissolution des problématiques de santé au travail mais au contraire comme la nécessité de leur prise en compte au moment des choix déterminants soumis à l'avis des élus du personnel. Cette « déspécialisation » devrait permettre la mise en visibilité à leur juste niveau de sujets autrefois trop souvent traités sur un mode correctif en raison de leur examen désynchronisé dans des instances séparées et déconnectées de celles où sont débattus des sujets considérés comme stratégiques (salaires, emploi, etc.).

757. Cette évolution obéit en outre au constat que de nombreux projets d'entreprise, en apparence sans lien avec des risques professionnels, s'avèrent à l'examen susceptibles d'avoir des effets sur la santé et sécurité des travailleurs. Des risques psychosociaux peuvent résulter d'une réorganisation dont la conduite génère de l'insécurité ou une augmentation de la charge de travail. Un nouveau système de rémunération renforçant le poids de la part variable et la performance individuelle peut induire des comportements à risque à l'origine d'accidents de travail. Une politique volontariste d'égalité professionnelle conduisant à recruter plus de femmes peut aggraver les conditions de travail de ces dernières si les caractéristiques des postes de travail restent celles conçues pour un public masculin, etc. (*cf.* encadré 84)

Encadré 84 : Les risques d'une consultation désynchronisée

La répartition des attributions des anciens comités d'entreprise (CE) et CHSCT pouvait conduire à des situations paradoxales.

Une entreprise signe un accord sur l'égalité professionnelle avec toutes ses organisations syndicales comportant des engagements volontaristes en matière de recrutement des femmes sur des postes traditionnellement occupés par des hommes. Confrontée à des pénuries de main d'œuvre, elle décide de recruter 8 fraiseuses et tourneuses en alternance et consulte à ce titre le CE sur le volet formation et rémunération des personnes recrutées. Le CE y voit une mise en œuvre de l'accord et émet un avis favorable et sans réserve sur le projet. La question des conditions de travail n'est pas évoquée.

Quelques mois plus tard, lors d'une réunion du CHSCT, un élu fait remonter les difficultés dont il a été informé. La formation théorique et pratique des femmes s'est très bien passée, elles ont toutes obtenu leur diplôme et ont conclu un CDI. Elles éprouvent cependant de plus en plus de difficultés pour évoluer sur des postes de travail dont la configuration a été conçue pour des hommes : hauteur des postes et des racks de stockage, port de charges lourdes, etc. Le médecin du travail confirme plusieurs cas de pathologies (tendinites, douleurs dorsales, cervicales et articulaires) et attire l'attention sur les vestiaires et douches inadaptés. De surcroît, cette formation s'est déroulée en journée alors que depuis leur embauche les salariées ont été intégrées aux équipes en 3 X 8, les contraignant à commencer à 5 heures lorsqu'elles sont en poste du matin alors que plusieurs d'entre elles sont en situation monoparentale et n'ont pas de solution de garde. Il n'existe au demeurant pas de transports en commun avant 6 heures du matin. Le président du CHSCT déplore un fort absentéisme.

L'intervention du CHSCT est importante mais arrive tardivement. Au bout de 12 mois, les 8 salariées ont démissionné. L'entreprise, toujours confrontée à des difficultés de recrutement, a recours à des travailleurs détachés.

La vocation du CSE est d'éviter ce type d'écueil en hissant les conditions de travail au rang des paramètres stratégiques dans les processus de consultation de l'employeur, en vue d'identifier les conditions de réussite et d'anticiper les difficultés à lever.

6.2.2 Le rôle expert de la Commission santé, sécurité et conditions de travail (CSSCT)

758. Le fait d'avoir confié au seul CSE la compétence de formuler des avis dans le champ de la santé au travail ne doit pas avoir pour effet de dénier les spécificités de la matière et la nécessité d'instruire les sujets techniques dans un espace *ad hoc*. La CSSCT a pour objet de permettre au CSE de se prononcer en connaissance de cause en s'appuyant sur une délégation issue de ses rangs, en capacité d'exercer le rôle d'expertise auparavant dévolu au CHSCT. La commission approfondit les questions et prépare les réunions du CSE dédiées aux questions de santé au travail ainsi que le volet santé au travail des avis et délibérations de l'instance quand elle est consultée sur un projet de l'employeur.

6.2.3 Le rôle relais du représentant de proximité

759. Des représentants de proximité peuvent être mis en place par accord d'entreprise. Ils sont issus du CSE ou désignés par lui pour une durée qui prend fin avec celle du mandat du comité.

760. La contestation des désignations des représentants de proximité doit être formée devant le tribunal judiciaire statuant sur requête, les parties étant dispensées de constituer avocat[1].

761. En matière de santé au travail, ces représentants sont censés incarner la prévention au chevet du travail réel. En effet, outre toutes les questions de proximité qu'il peut régler sans avoir à remonter à l'échelon directionnel, le représentant de proximité peut, dans un schéma vertueux du triptyque, étayer le rôle d'expertise de la CSSCT et le rôle stratégique du CSE par les remontées du terrain qu'il opère lorsqu'il constate les effets locaux d'une décision déployée par l'échelon central.

762. L'accord qui instaure de tels représentants doit définir leur nombre, leurs attributions en matière de santé, de sécurité et de conditions de travail, leurs modalités de désignation et de fonctionnement, notamment le nombre d'heures de délégation dont ils bénéficient[2]. Il peut par exemple prévoir qu'ils participent aux inspections et enquêtes de la CSSCT, qu'ils réalisent des missions déléguées par la CSSCT ou qu'un rapporteur parmi eux assure un lien avec la CSSCT.

763. Le ministère du Travail apporte les précisions suivantes : « *Les représentants de proximité sont des représentants du personnel intervenant dans un champ de compétence plus restreint que celui du CSE d'établissement ou que celui du CSE. Leur mise en place peut être décidée dans l'accord d'entreprise majoritaire déterminant le nombre et le périmètre des établissements distincts, afin d'éviter que la fusion des institutions représentatives du personnel au sein d'une instance unique (le CSE) et l'unification du périmètre de la représentation du personnel qui en découle ne se traduisent, dans certains cas, par une centralisation excessive de cette représentation au niveau de l'entreprise. L'accord collectif qui fixe le périmètre et le nombre des établissements distincts peut ainsi instituer des représentants de proximité. Cet accord a toute latitude pour adapter leur nombre, leurs attributions et leurs modalités de fonctionnement au regard des besoins identifiés dans l'entreprise en matière de représentation du personnel (…). Par exemple, le représentant de proximité pourra être chargé de jouer un rôle en matière de présentation des réclamations individuelles*

1. Cass. soc., 1er février 2023, n° 21-13.206, FS-B.
2. Article L. 2313-7 du Code du travail.

ou collectives dans les différents sites géographiques de l'entreprise lorsque le périmètre des établissements de l'entreprise se situe à un niveau plus centralisé »[1].

6.3 Les différentes fonctions du CSE en santé au travail selon la nature de ses interventions

764. Les modalités selon lesquelles le CSE peut s'emparer des questions de santé au travail dans le Code du travail sont multiples et ne rendent pas nécessairement aisée la lecture du positionnement de l'instance. Il peut intervenir sur tous les registres existants : le contrôle, l'analyse, l'enquête, l'avis, la proposition ou encore l'action de promotion[2]. Par ailleurs, même s'il faut s'efforcer de s'émanciper du schéma antérieur à la fusion des délégués du personnel, du comité d'entreprise et du CHSCT pour imaginer une distribution et une articulation nouvelles des rôles au sein du CSE, il est indéniable que celui-ci cumule les attributions des anciennes instances, ses prérogatives s'étoffant avec la hausse de l'effectif de l'entreprise, en particulier à partir du seuil de 50 salariés.

765. Aussi, le CSE est une refonte des instances représentatives antérieures dans un ensemble substituant au départage thématique de leurs attributions, une articulation fonctionnelle se voulant adaptée à la nécessité d'adopter une approche globale des problématiques contemporaines (*cf.* supra 1.2.2).

766. Le tableau ci-dessous témoigne de la grande diversité des postures d'intervention possibles du CSE prévues par la loi selon les cas.

1. *Comité sociale et économique – 117 questions-réponses.*

2. Il s'agit ici des attributions telles qu'elles ressortent du Code du travail, qui témoignent d'une volonté de recherche de convergences entre les logiques patronales et salariales en présence. Elles ne tiennent pas compte d'une logique alternative, également possible et existante, de contre-pouvoir, qui renvoie à une approche plus formaliste du fonctionnement de l'instance. Dans ce dernier cas, le repérage des risques et leur inscription dans le procès-verbal de réunion relèvent par exemple d'une logique de traçabilité en vue d'une potentielle mise en cause de la responsabilité de l'employeur (approche instrumentale).

Tableau 10 : Rôles et modalités d'intervention de la délégation du personnel en SSCT dans le Code du travail

Nature de l'attribution et modalités d'exercice	Objet et domaines d'intervention	Finalité	Commentaires
Fonction consultative (Émission d'avis avant décision de l'employeur)	– Politique sociale de l'entreprise, conditions de travail et emploi[1] – Organisation du travail et techniques de production[2] – Conditions de travail, dont durée du travail – Introduction de nouvelles technologies – Aménagement important modifiant les conditions de santé et de sécurité ou les conditions de travail – Mesures prises pour faciliter la mise, remise ou maintien au travail des accidentés du travail, invalides, personnes atteintes de maladies chroniques évolutives et travailleurs handicapés (dont aménagement des postes)[3] – Document unique d'évaluation des risques et mises à jour[4] – Bilan de la situation générale et des actions menées au cours de l'année écoulée et programme de prévention de l'année à venir[5]	Expression collective des salariés pour la prise en compte permanente de leurs intérêts dans les décisions de l'employeur (rôle d'influence)	Attributions dans les entreprises de 50 salariés et plus (Le CSE, lieu de concertation)

1. Article L. 2312-17 3° du Code du travail.
2. Article. L. 2312-8 I du Code du travail.
3. Article. L. 2312-8 II du Code du travail.
4. Article L. 4121-3 du Code du travail.
5. Article L. 2312-27 du Code du travail.

Fonction Régulatrice (Questions de la délégation et réponses de l'employeur sur un registre)	– Application des dispositions légales et conventionnelles aux profit : – des travailleurs de l'entreprise[1] – des salariés des entreprises extérieures[2] – des salariés temporaires[3] – Alerte en cas d'atteinte aux droits des personnes et à leur santé physique et mentale, notamment de harcèlement moral[4] – Alerte en cas de danger grave et imminent[5]	Résolution de problèmes du terrain à travers le traitement de réclamations individuelles ou collectives, relais de l'expérience des travailleurs	Ancienne mission des délégués du personnel (DP), dévolue au CSE dès le seuil de 11 salariés (Le CSE, relais du travail réel)
Fonction préventive (Contribution, concertation/ co-construction)	– Promotion de la santé, sécurité et amélioration des conditions de travail dans l'entreprise[6] – Contribution à l'évaluation des risques professionnels dans l'entreprise[7] – Contribution à l'accès des femmes à tous les emplois, à la résolution des problèmes liés à la maternité, l'adaptation et l'aménagement des postes pour les personnes handicapées[8] – Proposition de toute initiative utile, notamment des actions de prévention du harcèlement moral ou sexuel et des agissements sexistes[9] – Formulation (et examen, à la demande de l'employeur), de toute proposition de nature à améliorer les conditions de travail des salariés[10]	Participation à la prévention dans l'entreprise en proposant des actions conjointes ou complémentaires à celles de l'employeur (force de proposition/ rôle d'influenceur)	Fonction peu encadrée par le Code du travail, exercée hors obligations de consultation (Le CSE, lieu de co-construction)

1. Article L. 2312-5 alinéa 1 du Code du travail.
2. Article L. 2312-6 2° du Code du travail : concerne les salariés qui, dans l'exercice de leur activité, ne se trouvent pas placés sous la subordination directe de l'entreprise utilisatrice mais dont les conditions d'exécution du travail relèvent du chef d'établissement utilisateur.
3. Article L. 2312-6 3° : concerne les conditions de travail des intérimaires prévues aux articles L. 1251-21 à 23 ainsi que l'accès aux moyens de transport collectifs et aux installations collectives.
4. Article. L .2312-59 du Code du travail.
5. Article L. 2312-60 du Code du travail.
6. Article. L. 2312-5 alinéa 2 du Code du travail.
7. Article. L. 4121-3 du Code du travail.
8. Article. L. 2312-9 2° du Code du travail.
9. Article. L. 2312-9 3° du Code du travail.
10. Article. L. 2312-12 du Code du travail.

Fonction investigatrice (Enquêtes, inspections)	– Enquête AT, MP ou maladie à caractère professionnel[1] – Analyse des risques professionnels auxquels peuvent être exposés les travailleurs[2] – Inspections à intervalles réguliers[3] – Recours à l'expertise[4]	Fonction correctrice (Rôle d'expertise technique et juridique)	La délégation du personnel au CSE peut procéder sur son initiative à ses propres analyses, indépendamment de la consultation obligatoire opérée par l'employeur sur le DUERP Le recours à l'expertise n'est pas à proprement parler une attribution mais un moyen au service de la fonction préventive, investigatrice ou consultative du CSE (Le CSE, collège d'experts)

6.3.1 La fonction consultative

767. Dans sa fonction de consultation, la démarche du CSE est descendante : c'est l'employeur qui prend l'initiative et vient au-devant du CSE pour recueillir son avis. La loyauté de l'employeur trouve ici une occasion de s'exprimer à travers la qualité de la consultation (contenu, délai) et la démonstration de sa réelle propension à tenir compte du point de vue de la délégation du personnel. L'avis du CSE est en effet susceptible de faire évoluer la décision de l'employeur dont les orientations initiales ou les modalités de mise en œuvre du projet pourront être modifiées.

768. Pour pouvoir se prononcer en connaissance de cause le CSE doit donc disposer d'un délai d'examen suffisant et d'informations précises et écrites transmises ou mises à disposition par l'employeur et de la réponse motivée de celui-ci à ses propres observations[5]. Les informations et les pièces utiles doivent en effet être adressées suffisamment à l'avance pour permettre à la délégation du personnel de prendre une connaissance complète des éléments et se faire une opinion.

1. Article. L. 2312-5 alinéa 2 du Code du travail.
2. Article. L. 2312-9 1° du Code du travail.
3. Article. L. 2312-13 du Code du travail.
4. Article. L. 2315-94 du Code du travail.
5. Article L. 2312-15 du Code du travail.

769. Cette question du délai suffisant est d'autant plus importante que la réglementation prévoit que pour l'ensemble des consultations pour lesquelles la loi n'a pas fixé de délai spécifique, à défaut d'accord, le CSE est réputé avoir été consulté et avoir rendu un avis négatif à l'expiration d'un délai d'un mois, ce délai étant porté à deux mois en cas d'intervention d'un expert et à trois mois en cas d'intervention de plusieurs expertises dans le cadre d'une consultation se déroulant à la fois au niveau d'un CSE central et des CSE d'établissements[1]. Or ce délai court à compter de la communication par l'employeur des informations ou de leur mise à disposition dans la base de données économiques et sociales[2] d'une part et ces délais sont des délais préfix, c'est-à-dire non susceptibles d'être suspendus ni interrompus[3].

770. Le législateur a prévu cependant la possibilité de définir d'autres délais de consultation que les délais réglementaires, de les prolonger, voire d'en modifier le point de départ par accord[4]. L'accord visé est un accord collectif de droit commun[5] ou, en l'absence de délégué syndical, un accord entre l'employeur et le CSE adopté à la majorité des membres de la délégation du personnel. La Cour de cassation a néanmoins admis qu'un accord puisse être déduit de la réunion de plusieurs éléments de fait tels que l'abondement par l'employeur de la BDES à la suite d'échanges entre le comité d'entreprise et le cabinet d'expertise, la convocation à une réunion extraordinaire du comité d'entreprise pour discuter du périmètre et du coût de l'expertise, puis la fixation conjointe avec le secrétaire du comité d'entreprise de la date de restitution des travaux de l'expert et de remise des avis du comité[6].

771. Si le CSE estime qu'il n'a pas eu des informations suffisamment complètes et précises, lui permettant de rendre un avis en toute connaissance de cause, il peut saisir le juge judiciaire, statuant selon

1. Article R. 2312-6 du Code du travail.
2. Article R. 2312-5 du Code du travail.
3. À la suite de l'accord national interprofessionnel du 11 janvier 2013, les partenaires sociaux ont signifié leur volonté d'encadrer ces délais de consultation de la délégation du personnel : « *Les demandes d'information ou d'éclaircissement ne doivent en aucun cas conduire à empêcher la bonne marche de l'entreprise, y compris le fonctionnement des organes de gouvernance, tel que prévu par le Code de commerce (...). À cet effet, compte tenu de l'exhaustivité des informations à disposition des IRP figurant obligatoirement dans le document unique prévu ci-dessus, un délai préfix est laissé aux IRP – sauf accord entre l'IRP et l'employeur – pour faire connaître leur avis. Ce délai préfix doit être suffisant pour permettre aux IRP d'obtenir les réponses de l'employeur à leurs questions, et au besoin d'obtenir du juge des référés qu'il statue sur la remise par l'employeur des éléments d'information que les IRP estimeraient manquants. L'absence d'avis des IRP vaut avis négatif* ».
4. Article L. 2312-16 du Code du travail.
5. Accord conclu avec les organisations syndicales ayant recueilli plus de la moitié des suffrages exprimés au premier tour des dernières élections professionnelles.
6. Cass. soc., 8 juillet 2020, n° 19-10.987.

la procédure accélérée au fond[1], pour que celui-ci ordonne, le cas échéant, des compléments d'information et fixe un nouveau délai de consultation[2]. Cette saisine n'a cependant pas pour effet de prolonger, de droit, le délai dont dispose le CSE et la Cour de cassation a précisé à ce titre que la fixation d'un nouveau délai de consultation n'est possible que si le juge a été saisi avant l'expiration du délai initial, à défaut la demande est irrecevable[3].

772. La Cour de cassation a par ailleurs validé la décision d'une cour d'appel ayant rejeté la demande du CSE, faute d'apporter des précisions quant aux documents d'information prétendument manquants[4].

773. Lorsque le juge estime la demande du CSE fondée, il fixe un nouveau délai et ordonne la communication des informations manquantes. Le délai imparti au CSE par le juge pour rendre son avis n'est pas expiré, si certains documents visés par la première injonction n'ont pas été produits[5].

774. Ainsi, l'esprit de l'ensemble de cette jurisprudence de la Cour de cassation est que, dès lors que l'employeur ne met pas à disposition les informations obligatoires spécifiées par la loi ou nécessaires à une consultation utile, le délai de consultation du CSE ne peut courir[6].

775. Le CSE peut, avant de se prononcer, saisir la CSSCT afin que celle-ci instruise la demande et formule ses observations. L'avis prend une forme binaire (favorable/défavorable) ou circonstanciée (assorti de conditions, réserves, point d'attention…).

776. Certaines consultations sont récurrentes (politique sociale de l'entreprise, sur les conditions de travail et l'emploi) tandis que d'autres sont liées à un événement particulier (introduction de nouvelles technologies, etc.). à ce titre, la question s'est posée d'une éventuelle hiérarchie entre les consultations récurrentes et les consultations ponctuelles du CSE : faut-il que les consultations récurrentes précèdent les consultations ponctuelles ? La Cour de cassation a répondu

1. Il s'agit d'une procédure rapide qui permet de trancher le fond de la question en urgence ce qui la distingue de la procédure de référé qui donne lieu à une décision provisoire sans autorité de la chose jugée.
2. Article L. 2312-15 alinéa 4 du Code du travail.
3. Cass. soc., 26 février 2020, n° 18-26.483.
4. Cass. soc., 1er juillet 2020, n° 18-24.746.
5. Cass. soc., 30 janvier 2019, n° 17-23.025.
6. Cass. soc., 28 mars 2018, n° 17-13081 ; 21 septembre 2016, n° 15-19.003 : « *le délai à l'expiration duquel le comité d'entreprise est réputé avoir rendu un avis négatif court à compter de la date à laquelle il a reçu une information le mettant en mesure d'apprécier l'importance de l'opération envisagée et de saisir le président du tribunal de grande instance s'il estime que l'information communiquée est insuffisante* ».

par la négative[1]. En effet, comme le relève l'avocate générale dans son avis à la chambre sociale, les deux consultations ont un objet et une temporalité différents. La consultation récurrente prévue par le législateur sur les trois thèmes retenus que sont les orientations stratégiques de l'entreprise, sa situation économique et financière, sa politique sociale et les conditions de travail et d'emploi a un objet large, s'inscrivant plutôt dans un projet à moyen et long terme, alors que les consultations ponctuelles portent sur un projet précis et à plus court terme. En outre, ces consultations ne relèvent pas nécessairement du même organe, un projet ponctuel pouvant être de la compétence du CSE d'établissement[2]. Cette indépendance entre les consultations est d'autant plus nécessaire que le législateur a permis d'allonger la périodicité des consultations récurrentes par accord collectif, sans néanmoins qu'elle puisse être supérieure à trois ans. Subordonner la consultation sur un projet ponctuel pouvant porter notamment sur les méthodes de recrutement et moyens de contrôle des salariés, à la consultation préalable du CSE sur la politique sociale de l'entreprise et les conditions de travail, à intervenir plusieurs mois, voire plusieurs années après, en application d'un accord collectif, serait en effet de nature à bloquer totalement la marche de l'entreprise.

777. De même l'articulation des consultations entre le CSE central d'entreprise et les CSE d'établissements peut s'avérer délicate dès lors que le CSE d'établissement a les mêmes attributions que le CSE d'entreprise, dans les limites des pouvoirs confiés au chef de cet établissement. La loi prévoit qu'il est consulté sur les mesures d'adaptation des décisions arrêtées au niveau de l'entreprise mais spécifiques à l'établissement et qui relèvent de la compétence du chef de cet établissement[3]. La chambre sociale de la Cour de cassation a apporté en outre les précisions suivantes : le CSE d'entreprise est informé et consulté sur tout aménagement important modifiant les conditions de santé et sécurité ou les conditions de travail ; le CSE central est seul consulté sur les mesures d'adaptation du projet communes à plusieurs établissements ; le CSE d'établissement est informé et consulté sur toute mesure d'adaptation relevant de la compétence du chef d'établissement et spécifique à cet établissement, dès lors que cette mesure d'adaptation n'est pas commune à plusieurs établissements.

1. Cass. soc., 21 septembre 2022, n° 20-23.660, publié au rapport annuel : « *la consultation ponctuelle sur la modification de l'organisation économique ou juridique de l'entreprise ou en cas de restructuration et compression des effectifs n'est pas subordonnée au respect préalable par l'employeur de l'obligation de consulter le CSE sur les orientations stratégiques de l'entreprise* ».

2. *Cf.* Avis de Mmes Laulom et Roques dans les pourvois n° 20-23.660 et 20-17.058.

3. Article L. 2316-20 du Code du travail.

778. Sauf accord portant sur la périodicité et le contenu des consultations récurrentes, l'employeur doit appliquer les dispositions supplétives, qui rendent la consultation du CSE annuellement obligatoire et la font porter, pour ce qui concerne la santé au travail et les conditions de travail, sur les actions de prévention, les congés et l'aménagement du temps de travail, la durée du travail, l'égalité professionnelle et les modalités d'exercice du droit d'expression[1]. À cette occasion, l'employeur doit également présenter un bilan de la situation générale et des actions menées au cours de l'année écoulée ainsi que son programme annuel de prévention des risques professionnels et d'amélioration des conditions de travail. Lors de l'avis rendu sur ce bilan et ce programme, le comité peut proposer un ordre de priorité et l'adoption de mesures supplémentaires. Si certaines mesures prévues par l'employeur ou demandées par le comité n'ont pas été prises au cours de l'année, l'employeur doit en énoncer les motifs, en annexe du bilan annuel[2].

779. Enfin, en toute logique, le CSE est consulté sur le document unique d'évaluation des risques et ses mises à jour[3]. Cette dernière consultation est devenue une obligation légale de l'employeur depuis la loi du 2 août 2021 qui a inscrit au chapitre des obligations de l'employeur l'évaluation des risques professionnels et précise que le « *dans le cadre du dialogue social dans l'entreprise, (…) le comité social et économique est consulté sur le document unique d'évaluation des risques professionnels et sur ses mises à jour* ». Cet apport de la loi du 2 août 2021 est de nature à remettre en cause la jurisprudence de la Cour de cassation qui écartait le caractère obligatoire d'une telle consultation avant l'entrée en vigueur de l'article L. 4121-3 du Code du travail[4].

780. Le défaut de consultation du CSE ou l'irrégularité de sa consultation peut donner lieu à une action civile du CSE en paiement de dommages et intérêts à raison du préjudice subi. En revanche, la Cour de cassation écarte la sanction de l'inopposabilité de la mesure adoptée par l'entreprise sans consultation préalable[5], elle admet toutefois la recevabilité d'une demande de suspension du projet dans l'attente d'une régularisation[6].

781. Le défaut de consultation peut également donner lieu à une action pénale pour délit d'entrave. Le CSE a le choix entre déposer une plainte, délivrer une citation directe devant le tribunal correctionnel[7] ou encore saisir l'inspection du travail.

1. Article L. 2312-26 du Code du travail.
2. Article L. 2312-27 du Code du travail.
3. Article L. 4121-3 du Code du travail.
4. Cass. soc., 12 mai 2021, n° 20-17.288.
5. Cass. soc., 18 septembre 2019, n° 17-31.274.
6. Cass. soc., 10 juillet 2019, n° 18-10.815.
7. Articles 388, 392 et 551 du Code de procédure pénale.

6.3.2 La fonction régulatrice

782. Dans sa fonction régulatrice, le CSE est cette fois dans une logique ascendante. C'est la délégation du personnel qui porte à la connaissance de l'employeur des réclamations du terrain, individuelles ou collectives, dont la vocation n'est pas de revendiquer des droits nouveaux, prérogative appartenant aux délégués syndicaux, mais de résoudre des problèmes et améliorer des situations existantes. Il s'agit de faire appliquer des dispositions qui ne le seraient pas ou de traiter des « situations problème ». Cette *remontée d'informations* se fait au profit des salariés de l'entreprise et plus largement des travailleurs au sens de l'article L. 4111-5 (stagiaires et autres personnes placées sous l'autorité de l'employeur), ainsi que des salariés des entreprises extérieures et des intérimaires, pour les aspects relevant du pouvoir d'action de l'entreprise utilisatrice et dans les cas prévus par la loi (*cf.* tableau *supra*).

783. La fonction régulatrice peut prendre un tour plus solennel dans les situations d'urgence et s'exerce alors dans un cadre procédural plus strict au travers de droits d'alerte, par exemple en cas d'atteinte aux droits des personnes et à leur santé physique et mentale, notamment de harcèlement moral[1] ou de danger grave et imminent[2]. Dans cette dernière hypothèse, lorsque le représentant du personnel au CSE alerte l'employeur, il consigne son avis par écrit dans un registre spécial indiquant le poste de travail concerné par le danger constaté, la nature et la cause de ce danger, le nom des travailleurs exposés. La Cour de cassation a, en matière de risque grave pour la santé publique et l'environnement, validé la décision d'une cour d'appel qui ayant constaté que la société n'était dotée que d'un seul CSE et que le registre spécial était tenu au siège de l'entreprise à la disposition des représentants du personnel, elle n'avait pas l'obligation de mettre en place un registre d'alerte dans chacun de ses magasins[3]. C'est donc le siège de la représentation du personnel qui détermine le niveau de mise en place du registre d'alerte, comme le précise d'ailleurs la circulaire relative au

1. Article L. 2312-59 du Code du travail. L'employeur doit procéder sans délai à une enquête avec le membre de la délégation du personnel du comité et prendre les dispositions nécessaires pour remédier à cette situation. En cas de carence ou de divergence sur la réalité de l'atteinte, et à défaut de solution trouvée avec l'employeur, le membre du CSE, si le salarié intéressé averti par écrit ne s'y oppose pas, saisit le bureau de jugement du conseil de prud'hommes qui statue selon la procédure accélérée au fond. Le juge peut ordonner toutes mesures propres à faire cesser cette atteinte et assortir sa décision d'une astreinte liquidée au profit du Trésor.

2. Article L. 2312-60 du Code du travail.

3. Cass. soc., 28 septembre 2022, n° 21-16.993, publié.

registre spécial en matière de droit de retrait[1]. En cas de divergence sur la réalité du danger et la façon de le faire cesser, le CSE est réuni d'urgence dans un délai n'excédant pas 24 heures. À défaut d'accord entre l'employeur et la majorité du CSE sur les mesures à prendre et leurs conditions d'exécution, l'inspecteur du travail est saisi immédiatement par l'employeur, lequel met en œuvre soit l'une des procédures de mise en demeure prévues à l'article L. 4721-1, soit la procédure de référé prévue à l'article L. 4732-1 du Code du travail[2].

6.3.3 La fonction préventive

784. Dans sa fonction préventive, la moins encadrée formellement par le Code du travail, la contribution du CSE peut prendre des formes très variées. Les acteurs ne sont plus dans une logique ascendante ou descendante mais contributive ou participative. La délégation du personnel participe à des actions initiées par l'employeur ou décidées de concert sur une problématique donnée dans une logique de concertation ou co-construction (participation à un groupe de travail, réalisation conjointe d'un questionnaire sur le télétravail ou d'un baromètre sur la QVT à destination des salariés, etc.). Ainsi, l'article L. 4121-3 prévoit que « *dans le cadre du dialogue social dans l'entreprise* », le CSE et la CSSCT « *apportent leur contribution à l'évaluation des risques professionnels dans l'entreprise* ».

785. La délégation du personnel peut également se situer comme force de proposition en prenant l'initiative de formuler ses propres recommandations. Elle peut à ce titre formuler « *toute proposition de nature à améliorer les conditions de travail* » et susciter « *toute initiative qu'elle estime utile* », l'employeur devant alors motiver son refus (L. 2312-9 3°). L'invitation de la loi à « *promouvoir la santé, sécurité et l'amélioration des conditions de travail dans l'entreprise* » ou « *contribuer à l'accès des femmes à tous les emplois, à la résolution des problèmes liés à la maternité, l'adaptation et l'aménagement des postes pour les personnes handicapées* » interroge sur les modalités selon lesquelles la délégation du personnel peut s'emparer unilatéralement de ces missions. Elle peut laisser penser que l'instance est chargée de reprendre à son compte et relayer la politique et les messages de prévention de l'employeur, au risque de brouiller son image. Dès lors,

1. La circulaire n° 93/15 du 25 mars 1993 relative à l'application de la loi n° 82-1097 du 23 décembre 1982, modifiée par la loi n° 91-1414 du 31 décembre 1992 et par le décret n° 93-449 du 23 mars 1993 relatif aux CHSCT précise s'agissant du registre spécial en matière de droit de retrait : « *Quand plusieurs comités distincts auront été créés, il sera établi un registre par comité. Ce registre est conservé dans le bureau du chef d'établissement ou de la personne que ce dernier aura désignée à cet effet* ».

2. Articles L. 4131-1 à L. 4132-5 du Code du travail.

cette dimension contributive de l'action du CSE est prévue dans le Code du travail sous forme d'incitations et de facultés données à l'instance mais ne la contraint pas, par nature, à des obligations légales particulières.

6.3.4 La fonction investigatrice

786. Dans sa fonction investigatrice, le CSE se rapproche de la posture de contrôle de l'inspection du travail. Il est en quelque sorte en position de contrôle délégué. Il procède de manière autonome à des enquêtes et des inspections dont il tire des analyses. L'enquête d'accident du travail peut ainsi être effectuée par la délégation du personnel seule mais se réalise aussi souvent dans le cadre d'une délégation conjointe du CSE (représentants employeur et salariés). Le Code du travail ne précise pas la manière dont les résultats des investigations de la délégation du personnel doivent se conclure ni si l'employeur est tenu d'y répondre. En pratique, ils seront mis en débat en CSE ou CSSCT où la présence du médecin du travail, de l'inspecteur du travail et de l'agent de prévention de la sécurité sociale permettront de les confronter avec leurs propres constats en vue, dans l'idéal, d'en tirer un diagnostic partagé et, pour l'employeur un plan d'action concerté. Bien entendu, plus le climat de confiance dans l'entreprise est développé, moins la délégation du personnel éprouve la nécessité de procéder à des investigations indépendamment des espaces de concertation proposés par l'employeur et dans lesquels elle peut s'inscrire.

6.4 Les moyens et le fonctionnement spécifiques du CSE en santé au travail

6.4.1 Les temps dédiés et alloués

787. Au moins quatre réunions du CSE portent annuellement en tout ou partie sur ses attributions en matière de santé, sécurité et conditions de travail, plus fréquemment en cas de besoin, notamment dans les branches d'activité présentant des risques particuliers. Par ailleurs, le CSE est réuni à la suite de tout accident ayant entraîné ou ayant pu entraîner des conséquences graves, ainsi qu'en cas d'événement grave lié à l'activité de l'entreprise, ayant porté atteinte ou ayant pu porter atteinte à la santé publique ou à l'environnement ou encore à la demande motivée de deux représentants du personnel à l'instance[1].

1. Article L. 2315-27 du Code du travail.

788. La chambre sociale juge que l'utilisation des heures de délégation ne doit entraîner aucune perte de salaire pour le représentant du personnel. Ces heures de délégation sont considérées de plein droit comme du temps de travail effectif, qu'elles soient prises pendant ou hors des heures habituelles de travail et doivent être payées à l'échéance normale. Si l'employeur conteste l'usage qui en est fait, il lui appartient d'abord de procéder au paiement de ces heures et ensuite, de saisir la juridiction prud'homale[1].

789. Il est également jugé que lorsque les heures de délégation sont prises en dehors de l'horaire de travail et qu'elles sont justifiées par les nécessités du mandat, elles doivent être payées en heures supplémentaires[2].

790. En cas de dispense d'activité, il convient de se référer aux horaires que le salarié aurait dû suivre s'il avait travaillé[3].

791. Le temps passé par les représentants pour certaines missions est en outre payé comme temps de travail effectif et n'est pas déduit des heures de délégation prévues pour les membres titulaires lorsqu'il est consacré :

1° à la recherche de mesures préventives dans les situations d'urgence et de gravité, notamment lors de la mise en œuvre de la procédure de danger grave et imminent ;

2° aux réunions du comité et de ses commissions, dans la limite d'une durée globale fixée par accord d'entreprise ou à défaut par décret[4] ;

3° aux enquêtes menées après un accident du travail grave ou des incidents répétés ayant révélé un risque grave ou une maladie professionnelle ou à caractère professionnel grave[5].

792. Enfin, les représentants au CSE bénéficient d'une formation en matière de santé au travail d'une durée minimale de cinq jours lors du premier mandat et de trois jours lors du renouvellement de ce mandat, quelle que soit la taille de l'entreprise. Elle est de cinq jours pour les membres de la CSSCT dans les entreprises d'au moins trois cents salariés[6].

1. Cass. soc., 18 juin 1997, n° 94-43.415, *Bull.* V n° 231 ; Cass. soc., 19 mai 2016, n° 14-26.967, *Bull.* V n° 106.
2. Cass. soc., 12 février 1991, n° 88-41.353, *Bull.* V n° 67 ; Cass. soc., 3 octobre 2018, n° 17-17.811.
3. Cass. soc., 3 mars 2021, n° 19-18.150, publié.
4. 30 heures par an dans les entreprises de 300 à 1 000 salariés ; 60 heures dans les entreprises d'au moins 1 000 salariés (art. R. 2315-6).
5. Article L. 2315-11 du Code du travail.
6. Article L. 2315-18 du Code du travail.

6.4.2 La participation de membres extérieurs aux réunions de l'instance

793. Une des principales originalités du CSE, et probablement une de ses grandes valeurs ajoutées, réside dans la participation à ses réunions et à celles de la CSSCT, avec voix consultative, de personnes extérieures à l'instance pour les points de l'ordre du jour relatifs à la santé, à la sécurité et aux conditions de travail. Il s'agit du médecin du travail ou du membre de l'équipe pluridisciplinaire du service de prévention et de santé au travail (SPST) qu'il délègue ainsi que du responsable interne du service de sécurité de l'entreprise.

794. L'inspecteur du travail et les agents de prévention des organismes de sécurité sociale (Carsat ou équivalent) sont par ailleurs systématiquement invités aux réunions de CSSCT et à celles du CSE consécutives à un accident de travail ayant entraîné un arrêt de travail d'au moins huit jours ou à une maladie professionnelle ou à caractère professionnel. Ils sont également invités, si l'employeur en prend l'initiative ou si la majorité de la délégation du personnel en fait la demande, aux quatre réunions annuelles du CSE qui doivent porter en tout ou partie sur la santé au travail ou qui font suite à tout accident grave ou potentiellement grave ou à un événement ayant porté ou pu porter gravement atteinte à la santé publique ou à l'environnement[1].

795. L'intérêt de cette participation extérieure est en premier lieu de reconnaître les spécificités de la santé au travail et le fait qu'elle mérite de réunir toutes les personnes compétentes pour en débattre. Elle traduit en actes la pluridisciplinarité à l'échelle de l'entreprise en mêlant l'expérience et l'expertise des travailleurs aux points de vue du représentant de la loi, du spécialiste de la santé et du préventeur en risques professionnels. Elle favorise ce faisant une montée en compétence des élus du personnel, notamment sur la compréhension des déterminants des situations auxquelles ils sont confrontés. Elle est enfin l'occasion pour les représentants de l'État et les services de prévention de l'assurance maladie de tenir « publiquement » un discours entendu simultanément par l'employeur et les représentants des salariés et de dégager des priorités partagées.

796. Cette formation originale de l'instance est donc un gage de cohérence et de continuité de l'action du CSE en santé au travail. Elle suppose toutefois un calendrier annuel des réunions périodiques et une transmission des points inscrits à l'ordre du jour au moins quinze jours à l'avance afin de garantir une présence des principaux invités lors de l'examen de thèmes stratégiques pour l'instance (plan annuel

1. Article L. 2314-3 du Code du travail.

de prévention, restitution des résultats d'une campagne de mesurages, projet d'implantation, etc.).

6.4.3 Les sources de données du CSE en matière de santé au travail

797. La base de données économiques, sociales et environnementales (BDES) rassemble l'ensemble des informations nécessaires aux consultations et informations récurrentes que l'employeur met à disposition du CSE. Dans le champ de la santé au travail, en l'absence d'accord, la BDES doit contenir des informations sur les conditions de travail et, notamment, un diagnostic et une analyse de la situation comparée des femmes et des hommes en matière de conditions de travail, de sécurité et de santé au travail[1].

798. Par ailleurs, les données chiffrées du bilan social, destiné aux entreprises d'au moins trois cents salariés, permettent d'apprécier la situation de l'entreprise dans le domaine social, d'enregistrer les réalisations effectuées et de mesurer les changements intervenus au cours de l'année écoulée et des deux années précédentes. À ce titre, en l'absence d'accord, le bilan doit comporter, entre autres, des informations sur les conditions de santé et sécurité et les conditions de travail[2].

799. L'exploitation de telles sources est potentiellement d'une grande richesse, notamment lorsqu'il est procédé à des croisements de données, mais peut s'avérer complexe dans la réalisation comme dans l'interprétation de ces données. Le recours à l'expertise, dans les cas prévus par la loi, ou à une formation commune des partenaires sociaux[3], peut permettre d'en optimiser l'usage, notamment à l'appui d'un état des lieux préalable à une consultation ou une négociation.

6.4.4 Le recours à l'expertise

6.4.4.1 Les cas de recours à l'expertise

800. Les fonctions investigatrice et consultative du CSE trouvent leur pleine expression dans la possibilité pour l'instance de saisir un expert certifié. Ce pouvoir appartient au seul CSE, qui ne peut le déléguer à la CSSCT. Cette dernière, saisie d'une question, peut cependant proposer au CSE d'y recourir.

1. Article L. 2312-36 du Code du travail.
2. Article L. 2312-30 du Code du travail.
3. Article L. 2212-1 du Code du travail.

801. Le recours à l'expertise est possible dans l'un des cas limitatifs énumérés par le Code du travail[1].

6.4.4.1.1 Le constat d'un risque grave

802. Un expert peut être saisi par le CSE lorsqu'un risque grave, identifié et actuel, révélé ou non par un accident du travail, une maladie professionnelle ou à caractère professionnel est constaté dans l'établissement.

803. La notion de *risque identifié et actuel* introduite dans la loi est issue de la jurisprudence. Un risque identifié est un risque réel, avéré, ce qui ne doit pas être confondu avec sa probabilité d'occurrence ou la réalisation proprement dite dudit risque qui, elle, est par nature incertaine. C'est pourquoi le fait que l'accident ne se soit pas encore produit ou que la probabilité de réalisation du risque semble faible n'empêche pas qu'il soit parfaitement identifié et potentiellement grave. À l'inverse, le risque n'est pas identifié lorsqu'il est uniquement nommé et soupçonné mais non caractérisé et qu'il existe donc un doute sur son existence même dans l'entreprise. Autrement dit, on doit pouvoir relever des éléments probants de sa présence, de nature à justifier les inquiétudes des élus du personnel, et son existence ne doit pas être purement présupposée ou extrapolée. L'expertise est alors rendue nécessaire par le fait que, bien qu'identifié, les causes ou l'origine du risque demandent à être instruites et caractérisées. L'actualité du risque résulte par ailleurs de son caractère contemporain aux constats du CSE. Il ne doit pas avoir cessé d'exister au moment de la décision d'expertise.

804. L'appréciation de tous ces critères mais aussi de la nature du risque en cause se fait au cas par cas. Ainsi, la jurisprudence reconnaît l'existence d'un risque grave en présence d'un risque pour la santé mentale des salariés ou dans une situation de surcharge de travail générant un épuisement professionnel de l'ensemble des salariés d'un périmètre[2]. C'est aussi le cas pour la surcharge de travail

1. Article L. 2315-38 du Code du travail.

2. « *Mais attendu qu'ayant relevé que lors du rachat de la cuisine centrale de Mornant (...), le personnel de la société XXX avait dû assurer l'intégration de ce site avec une défaillance des fonctions support du siège, tels que les services réseau, informatique, RH, paye, facturation, intégration assurée par la seule direction régionale sans les moyens nécessaires en personnel, que quatre salariés (...) avaient été en situation d'épuisement et en arrêt de travail à l'automne 2017, que (...) cette situation difficile durait depuis plus de deux ans, que le médecin du travail avait, (...) attiré l'attention sur la situation (...) que les difficultés rencontrées entraînaient des transferts de personnel sur l'ensemble de la région concernée, le président du tribunal de grande instance a pu en déduire l'existence d'un risque grave (...)* », Cass. soc., 25 sept. 2019, n° 18-14.110.

de salariés non-grévistes et la pression psychologique avérée qu'ils subissent[1]. De même, un accident mortel inexpliqué et les différends entre les parties sur les mesures de protection et les consignes de sécurité justifient le recours à une expertise de nature à éclairer l'instance représentative sur les conditions de survenue de l'accident, le risque de son renouvellement et les moyens de le prévenir[2].

805. Le contrôle exercé par la Cour de cassation de la décision des juges du fond sur la caractérisation du risque grave est un contrôle léger sur les déductions juridiques qu'ils font de leurs constatations à partir des éléments de fait et de preuve produits par le CSE[3]. C'est ainsi que la chambre sociale a validé la décision du président du tribunal qui « *a constaté la multiplicité des alertes depuis plusieurs années sans qu'un travail d'ampleur pluridisciplinaire n'ait été mis en place pour permettre une amélioration, la survenance de trois incidents graves dans l'établissement en cours d'année 2019, l'absence dans les programmes de prévention des risques professionnels 2017, 2018 et 2019 de dates de réalisation effective des moyens de prévention préconisés, et a estimé que ces éléments caractérisaient des conditions de travail de nature à compromettre la santé et la sécurité des salariés qui ne se limitaient pas à un simple ressenti des salariés, faisant ainsi ressortir l'existence d'un risque grave, identifié et actuel dans l'établissement au sens de l'article L. 2315-94, 1°, a légalement justifié sa décision* »[4].

806. La chambre sociale a précisé par ailleurs qu'il incombe au CSE dont la délibération ordonnant une expertise en application de l'article L. 2315-94 1° du Code du travail est contestée, de démontrer l'existence d'un risque grave, identifié et actuel, dans l'établissement[5].

807. Pour finir, l'expertise « risque grave » vise à identifier les causes organisationnelles, humaines et techniques d'un risque – le diagnostic

1. « *Mais attendu qu'appréciant souverainement la valeur et la portée des éléments de preuve qui lui étaient soumis, le président du tribunal de grande instance qui a relevé, d'une part qu'il était fait état par le CHSCT, depuis le 16 octobre 2017, d'une surcharge de travail des agents non-grévistes et encadrants, de stress, d'anxiété, de fatigue physique et morale, de pression psychologique et de harcèlement sur les agents non grévistes et l'encadrement, d'arrêts maladie des agents grévistes et d'un risque psychosocial très élevé, puis d'une souffrance éthique due à l'impossibilité de respecter les délais d'acheminement des produits sanguins en période de sous-effectif ou en périodes récurrentes de trafic important sur les trajets, éléments confortés par une pétition, fût-elle non datée, d'autre part que les actions entreprises par le centre hospitalier pour améliorer les conditions de travail des agents se heurtaient à la tension existante entre grévistes et non-grévistes, a pu en déduire l'existence d'un risque grave, identifié et actuel ; que le moyen n'est pas fondé* », Cass. soc., 8 janv. 2020, n° 18-19.279.
2. Cass. soc., 21 juin 2016, n° 15-12809.
3. Cass. soc., 6 juin 2018, n° 17-17.594, publié ; 27 mai 2021, n° 19-24.344.
4. Cass. soc. 27 mai 2021, n° 19-24344.
5. Cass. soc., 18 mai 2022, n° 20-23.556.

et la compréhension –, à porter une appréciation sur les mesures de prévention en place – l'évaluation – et à préconiser des solutions ou propositions d'évolution dont les élus du personnel vont pouvoir s'emparer en instance – la mise en débat[1].

6.4.4.1.2 L'introduction de nouvelles technologies ou l'aménagement important

808. Un expert peut également être saisi en cas d'introduction de nouvelles technologies ou d'aménagement important modifiant les conditions de santé et de sécurité ou les conditions de travail[2].

809. L'expertise « nouvelle technologie » vise à anticiper l'impact du projet, à pronostiquer ses effets sur la santé au travail, à mettre l'instance en capacité de proposer des aménagements, des alternatives, des améliorations.

810. Le recours à l'expertise est possible même si le projet a déjà commencé à être mis en œuvre, afin de pouvoir éclairer l'instance sur la nouvelle organisation du travail et lui permettre d'avancer des propositions de prévention[3]. Par ailleurs, l'existence d'une nouvelle technologie et l'importance des modifications des conditions de travail induites par le projet sont reconnues dès lors qu'elles impliquent que les personnels au sol des pôles clients soient équipés de tablettes numériques, utilisent une application spécifique et suivent une formation dédiée et que le projet est qualifié de « projet d'entreprise » par l'employeur, notamment en ce qu'il encourage le nomadisme au détriment de postes sédentaires[4].

811. Le caractère important du projet résulte en général de son incidence sur la rémunération (système de rémunération, système d'évaluation, etc.), les horaires (volume, aménagement, répartition, etc.), l'emploi (plan de sauvegarde de l'emploi, plan de départs volontaire,

---

1. Selon l'article 3 de l'arrêté du 7 août 2020 relatif aux modalités d'exercice de l'expert du CSE, l'expertise contribue à analyser les situations de travail, évaluer les risques et les événements accidentels, les incidences de la mise en place d'un projet important ou de l'introduction d'une nouvelle technologie, identifier les opportunités d'améliorer les conditions de travail et d'emploi, l'organisation, la santé au travail et la prévention des risques, formuler des recommandations, restituer des en apportant la démonstration du diagnostic et des recommandations formulées. Annexe 1 de l'arrêté : L'expertise a pour objet d'apporter aux membres du comité social et économique des éléments d'information lisibles et objectifs leur permettant de formuler un avis éclairé. À cette fin, elle favorise les échanges entre l'employeur et les membres du comité social et économique et réduit l'asymétrie des connaissances au sein du comité social et économique.

2. Article L. 2312-8 du Code du travail.

3. Cass. soc., 11 mars 2020, n° 18-23.575.

4. Cass. soc., 14 mars 2018, n° 16-27.683.

etc.), l'organisation du travail (organisation matricielle, etc.), les conditions de travail (déménagement, réaménagement des locaux, etc.) et l'impact qui en résulte pour la santé, le nombre de salariés concernés n'étant pas déterminant[1]. À l'inverse, le recours ne se justifie pas si l'impact du projet est mineur, par exemple en cas de déplacement de bureaux d'un étage à un autre au sein du même bâtiment standardisé avec des équipements collectifs identiques[2].

812. La jurisprudence est fournie sur cette notion d'aménagement et de projet important et la Cour de cassation a évolué dans le contrôle qu'elle exerce sur les décisions des juges du fond sur ce point[3]. La caractérisation d'un projet important relève d'un faisceau d'indices de nature à établir que les modifications des conditions de travail ou de santé concernent un nombre significatif de salariés et conduit à un changement déterminant[4]. Est ainsi qualifié de projet important un projet impliquant un accroissement de l'ampleur des cycles de travail ou lorsqu'un transfert des attributions et des responsabilités contribue à modifier notablement les risques engendrés pour la sécurité des salariés concernés[5].

813. Le projet peut résulter d'une décision unilatérale de l'employeur ou d'un accord d'entreprise[6].

814. La Cour de cassation a précisé que la décision par laquelle le comité qui, dans le cadre d'une consultation sur un projet important modifiant les conditions de santé et de sécurité, a décidé du recours à une expertise, mandate un de ses membres pour agir et le représenter en justice pour garantir l'exécution de la décision, constitue une délibération sur laquelle les membres élus doivent seuls se prononcer, à l'exclusion du chef d'entreprise, président du comité[7].

815. Dans un groupe de sociétés, le recours du comité d'une société du groupe à une expertise n'est justifié que si le projet litigieux vise spécifiquement la société en cause[8].

---

1. Cass. soc., 10 février 2010, n° 08-15.086.
2. Cour d'appel Bordeaux, 5-5-2010 n° 09-2309, 5e ch. civ.
3. Elle a d'abord estimé que cette notion relevait de l'appréciation souveraine des juges du fond, puis a évolué vers un contrôle « lourd » des décisions, puis est revenue vers un contrôle « léger » sur la déduction juridique des juges qu'ils font de leurs constatations.
4. Cass. soc., 10 février 2010, n° 08-15.086 ; 28 mars 2018, n° 16-29.106.
5. Cass. soc., 11 mars 2020, n° 18-23.575.
6. Cass. soc., 19 décembre 2018, n° 17-23.150 et 17-27.016.
7. Cass. soc., 19 octobre 2022, n° 21-18.705, publié.
8. Cass. soc., 14 octobre 2015, n° 14-17.224, *Bull.* V n° 195.

6.4.4.1.3 La préparation d'une négociation sur l'égalité professionnelle

816. Le CSE peut enfin saisir l'expert dans les entreprises d'au moins trois cents salariés, en vue de préparer la négociation sur l'égalité professionnelle. Ce champ de l'expertise ne relève pas de la santé au travail *stricto sensu* mais dépasse largement celui du seul expert-comptable. La négociation en matière d'égalité professionnelle est complexe car elle nécessite une compréhension fine des déterminants qui, au-delà de la question des salaires, sont à l'origine de la persistance ou du creusement d'inégalités, voire de l'exclusion pure et simple des femmes à certains postes[1]. Les conditions de travail différenciées des femmes et des hommes dans l'entreprise en font partie (*cf. supra* 5.1.2.5). Une expertise peut permettre l'identification des freins et leviers susceptibles de devenir des objets de négociation pour réduire les inégalités.

6.4.4.2 Les conditions de l'expertise

817. Les coûts de l'expertise sont intégralement pris en charge par l'employeur lorsqu'elle est demandée au titre d'un risque grave[2]. Ils sont pris en charge à hauteur de 20 % sur le budget de fonctionnement du CSE, et 80 % à la charge de l'employeur dans un cas d'introduction de nouvelles technologies ou de projet important. Toutefois, le coût de l'expertise peut être supporté intégralement par l'employeur lorsque le budget de fonctionnement du CSE est insuffisant.

818. L'employeur peut contester le principe même de l'expertise, c'est-à-dire sa nécessité, le choix de l'expert, le coût prévisionnel ou final ainsi que l'étendue ou la durée de l'expertise. La saisine du juge doit se faire dans le délai de dix jours et suspend l'exécution de la décision d'expertise ainsi que les délais de consultation du CSE[3]. Le juge se prononce également dans les dix jours suivant sa saisine. La chambre sociale a précisé que lorsque l'expert a notifié un nouveau coût prévisionnel, le délai de contestation court à compter de cette date[4].

1. *« Le matériel, les moyens de travail et l'organisation des temps de travail sont conçus au « masculin neutre ». Ils ne tiennent pas toujours compte des différences de morphologie ou de physiologie des femmes et des hommes et des besoins liés à l'articulation des temps. Certains emplois sont en pratique fermés aux femmes du fait des charges musculaires qu'ils induisent alors même qu'une amélioration de l'ergonomie du poste permettrait d'attirer plus de femmes et de réduire la pénibilité du poste pour femmes et hommes »*, Anact.fr. Voir aussi *Synthèse de l'analyse sexuée de la dernière enquête Conditions de travail 2005*.
2. Article L. 2315-80 du Code du travail.
3. Article L. 2315-86 du Code du travail.
4. Cass. soc., 7 décembre 2022, n° 21616.996.

819. En cas d'annulation définitive par le juge de la décision du comité de recourir à une expertise, les sommes perçues par l'expert sont remboursées par ce dernier à l'employeur. Saisie d'une question prioritaire de constitutionnalité de l'article du code ayant fixé cette règle, la chambre sociale a refusé de transmettre la question au Conseil constitutionnel et a répondu que l'obligation faite à l'expert de rembourser à l'employeur les sommes qu'il a perçues, en cas d'annulation définitive par le juge de la décision du comité répond, d'une part, aux exigences constitutionnelles de participation des travailleurs à la détermination des conditions de travail ainsi que de protection de leur santé qui découlent des huitième et onzième alinéas du Préambule de la Constitution de 1946, en ce qu'elle permet l'exercice par ce comité du droit à expertise nonobstant l'absence de budget propre, et, d'autre part, aux exigences découlant de l'article 16 de la Déclaration de 1789, en ce qu'elle garantit le respect du droit au recours effectif de l'employeur. Cette obligation de remboursement est, selon la Cour, proportionnée à ces objectifs et ne méconnaît pas le principe de responsabilité découlant de l'article 4 de la Déclaration de 1789 dans la mesure où elle ne vaut que dans les cas d'annulation définitive de la décision du comité et où le comité peut décider de prendre en charge les frais d'expertise dans les conditions prévues à l'article L. 2325-41-1 du Code du travail[1].

6.4.5 Les commissions santé, sécurité et conditions de travail (CSSCT)

820. La fusion des anciens CE et CHSCT avait notamment pour objet de créer un lieu où l'impact des choix de l'employeur sur la santé au travail est discuté en même temps que leurs incidences sur l'emploi, les compétences, les salaires, l'organisation du travail, en raison des liens indissolubles entre toutes ces dimensions. Une commission santé, sécurité et conditions de travail (CSSCT) a cependant été prévue, au sein du CSE dans les entreprises et établissements distincts d'au moins trois cents salariés[2] ainsi que dans les établissements considérés comme particulièrement dangereux mentionnés

1. Cass. soc., 19 janvier 2022, n° 21-40.025.

2. L'inspecteur du travail peut par ailleurs imposer la création d'une CSSCT dans les entreprises et établissements distincts de moins de 300 salariés lorsque cette mesure est nécessaire, notamment en raison de la nature des activités, de l'agencement ou de l'équipement des locaux.

aux articles L. 4521-1 et suivants du Code du travail[1]. Par ailleurs, dans les entreprises d'au moins trois cents salariés dotées d'un CSE central, une CSSCT centrale est également mise en place[2].

821. La CSSCT se voit confier tout ou partie des attributions du CSE relatives à la santé au travail, sur délégation du conseil, à l'exception du recours à l'expertise et des attributions consultatives du comité. L'intention de ces dispositions est que le CSE confie l'approfondissement ou l'instruction des questions *techniques* à la commission, instance de préparation, tout en gardant la main sur les décisions de nature politique et en préservant l'esprit d'un lieu unique de délibération.

822. Un accord d'entreprise peut fixer les modalités de mise en place de la ou des CSSCT. Il prévoit alors leur nombre, les missions qui leur sont déléguées, les modalités de leur fonctionnement et les moyens qui leur sont éventuellement alloués (heures de délégation, etc.) ainsi que les modalités de leur formation, au besoin d'une formation spécifique aux risques particuliers de l'entreprise. En l'absence d'accord, l'employeur peut fixer le nombre et le périmètre de mise en place de la ou des commissions et le règlement intérieur du CSE définit leurs modalités de fonctionnement.

823. La commission est présidée par l'employeur ou son représentant et la délégation du personnel à la CSSCT est composée de trois membres « représentants du personnel » minimum. Le ministère du Travail a précisé à ce titre que les membres de la CSSCT doivent être désignés parmi les titulaires et les suppléants au CSE ce qui exclut un représentant syndical au CSE. Ainsi, les représentants de proximité, dès lors qu'ils sont membres du CSE, peuvent être désignés membres de la CSSCT[3]. Les membres de la commission sont désignés par le CSE par une résolution prise à la majorité des membres présents, que la commission ait été mise en place en application des dispositions légales ou en vertu d'une disposition conventionnelle[4].

1. Il s'agit des établissements comprenant au moins une installation nucléaire de base au sens de la loi n° 2006-686 du 13 juin 2006 relative à la transparence et à la sécurité en matière nucléaire ou une installation figurant sur la liste prévue au IV de l'article L. 515-8 du Code de l'environnement ou soumise aux dispositions des articles 3-1 et 104 à 104-8 du Code minier, c'est-à-dire des installations classées pour la protection de l'environnement et soumises à des servitudes publiques, dites « Seveso II ».
2. Article L. 2316-18 du Code du travail.
3. Questions-réponses sur le CSE.
4. Cass.soc., 27 novembre 2019, n° 19-14.224.

Encadré 85 : Les enjeux de formation des représentants du personnel

La formation des représentants élus au CSE est régie par l'article L. 2315-18 du Code du travail.

Une enquête a mis en évidence la très forte hétérogénéité des stages et constaté que des thèmes majeurs étaient peu ou pas abordés[1], ce constat n'étant d'ailleurs pas nouveau[2]. Le contenu des formations analysées par l'enquête apparaît dépendre de la perception principale de l'instance qu'en ont les dispensateurs : juridico-technique (respect des règles juridiques et des normes techniques), ergonomique (capacité d'analyse du travail de nature à porter un point de vue propre pour enrichir la démarche de prévention de l'employeur) ou de type « syndical » (expression d'un rapport de force au service de l'action syndicale dans le champ des conditions de travail).

L'article R. 2315-9 du Code du travail prévoit en tout état de cause que la formation des membres de la délégation du personnel a pour objet de « *développer leur aptitude à déceler et mesurer les risques professionnels et leur capacité d'analyse des conditions de travail* ».

Il existe donc un enjeu majeur à former et outiller les représentants du personnel afin qu'ils soient en capacité de traiter les problématiques complexes dont ils sont saisis aujourd'hui (polyexpositions, division genrée du travail, questions environnementales, etc.). Il s'agit, au-delà de l'analyse des accidents du travail par la technique traditionnelle de l'arbre des causes – essentielle et très robuste mais aujourd'hui restrictive – d'enrichir la palette des grilles de lecture et d'analyse des risques contemporains. Dans cette optique, les formations communes aux représentants des employeurs et des salariés prévues par l'article L. 2212-1 du Code du travail n'ont pas vocation à se substituer aux formations dispensées par les organisations syndicales mais peuvent être un moyen de faire monter simultanément en compétence tous les acteurs de l'entreprise, au moins dans une phase de définition et de compréhension des sujets dont ils s'emparent (diagnostic partagé préalable à l'engagement de discussions sur la prévention par exemple).

1. *Cf.* « Entre "culture de prévention" » et contre-pouvoir : la formation en santé au travail des représentants du personnel, L.-M. Barnier, P. Bouffartigue, S. Granaux, J.-R. Pendariès, Revue de l'Ires 2020/2-3 (n° 102-102), p. 99 à 125.

2. « *Les dispositifs actuels de formation sont insuffisants au regard des tâches à assurer et des sujets à traiter, leurs contenus et les méthodes de formation sont très hétérogènes, et font peu de place à l'articulation entre les apports de connaissances et la mise en œuvre pratique sur le terrain* », B. Dugué, J. Petit, C. Pinatel, Les CHSCT, entre dispositifs et pratiques, IPB-ENSC /ANACT, Bordeaux, janvier 2012.

6.5 L'élargissement des compétences du CSE à l'environnement et à la santé publique

824. De nombreuses dispositions du Code du travail rappellent les compétences du CSE en matière environnementale et conduisent celui-ci à intervenir ou à se prononcer à divers titres. Ces compétences étaient historiquement circonscrites aux établissements classés pour la protection de l'environnement, régis par le Code de l'environnement, en raison des *risques professionnels* encourus parallèlement par les salariés dans le cadre de leur activité (explosion, nuage toxique, etc.). Mais le CSE, dans une logique de responsabilité sociétale, se voit aujourd'hui investi de compétences plus larges, au titre des *conséquences environnementales* de l'activité de toute entreprise.

6.5.1 Les compétences au titre des risques professionnels dans certaines installations

825. Dans les établissements comportant une ou plusieurs installations soumises à autorisation au titre de l'article L. 512-1 Code de l'environnement[1], dites *installations classées pour la protection de l'environnement* ou ICPE, l'employeur doit porter à la connaissance du CSE les documents établis à l'intention de la préfecture[2]. Même si ces documents portent sur les nuisances environnementales, celles-ci sont rarement sans risque pour les travailleurs, directement concernés en cas d'accident industriel[3]. Le CSE a donc un intérêt évident à prendre connaissance en particulier de l'étude de danger élaborée dans le cadre de la demande d'autorisation puisqu'elle précise la nature et l'organisation des moyens de secours dont l'employeur dispose ou dont il s'est assuré le concours en vue de combattre les effets d'un éventuel sinistre.

826. Plus spécifiquement, le Code du travail renforce le rôle du CSE dans les établissements comprenant au moins une installation nucléaire de base (INB) ou une installation classée parmi celles les plus dangereuses, dites « Seveso II[4] » ou « seuil haut »[5]. Il est consulté sur la liste des postes de travail liés à la sécurité de l'installation ainsi qu'avant toute décision de sous-traitance d'une activité pouvant présenter des risques particuliers en raison de sa nature ou de la

1. Ou les installations soumises aux dispositions des articles L. 211-2 et L. 211-3, des titres II à VII et du chapitre II du titre VIII du livre II du Code minier.
2. Article L. 2315-6/ Compétence DREAL.
3. 21 des 31 des victimes mortelles de l'explosion de l'usine AZF à Toulouse en 2001 étaient des travailleurs employés sur le site.
4. En référence à la directive du même nom.
5. Article L. 4521-1 du Code du travail.

proximité de l'installation[1]. Le CSE est également informé et peut procéder à l'analyse de tout incident potentiellement grave puis faire des propositions dont le suivi est examiné lors de la présentation du bilan et du programme annuels de prévention[2]. Dans les INB, il est informé de la politique de sûreté et peut demander communication des informations sur les risques liés à l'exposition aux rayonnements ionisants et sur les mesures de sûreté et de radioprotection prises. Il est encore consulté sur la définition et les modifications ultérieures du plan d'urgence interne[3] et peut proposer des modifications de ce plan à l'employeur, qui doit justifier les suites qu'il donne à ces propositions. Le CSE peut faire appel à un expert en risques technologiques à l'occasion de la demande d'autorisation d'exercice adressée par l'employeur à la préfecture ou en cas de danger grave et imminent en lien avec l'installation classée[4, 5].

827. Par ailleurs, dans les établissements classés accueillant des entreprises extérieures, pour la définition des règles communes de sécurité, le CSE s'appuie sur les travaux de la CSSCT élargie à une représentation des chefs d'entreprises extérieures et de leurs travailleurs. Cette commission élargie se réunit au moins une fois par an, ainsi qu'à la suite de tout accident du travail dont la victime est une personne extérieure intervenant dans l'établissement.

828. Enfin, un *comité interentreprises de santé et de sécurité au travail* est installé dans le périmètre du plan de prévention des risques technologiques mis en place par l'État en application de l'article L. 515-15 du Code de l'environnement en vue de délimiter les effets d'accidents susceptibles d'intervenir dans une installation. Ce comité assure la concertation entre les comités des établissements comprenant au moins une installation classée et contribue à la prévention des risques professionnels susceptibles de résulter des interférences entre les activités et les installations des différents établissements[6]. Dans le même esprit, le CSE peut demander à entendre le chef d'une entreprise voisine dont l'activité expose les travailleurs de son ressort à des nuisances particulières[7].

1. Article L. 4523-1 du Code du travail.
2. Article L. 4523-3 du Code du travail.
3. Dans les ICPE « seuil haut », le plan d'urgence interne contient les mesures matérielles et organisationnelles visant à limiter les conséquences néfastes d'une situation de crise en préparant l'employeur et les travailleurs aux événements indésirables.
4. Sauf dans les INB.
5. Article L. 4523-5 du Code du travail.
6. Article L. 4524-1 du Code du travail.
7. Article L. 2312-13 du Code du travail.

829. Ainsi, le CSE intervient dans les installations classées pour la protection de l'environnement à raison des risques de nature professionnelle dont ces installations peuvent être concomitamment à l'origine mais ces interventions n'ont pas pour objet d'intéresser le CSE à la cause environnementale. C'est en revanche l'objet des dispositions introduites récemment par la loi dans les CSE de droit commun, applicables dans toutes les entreprises d'au moins cinquante salariés (*cf.* 6.5.2).

6.5.2 Les compétences au titre des conséquences environnementales des décisions de l'employeur

830. Ces compétences s'expriment selon trois modalités introduites par la loi dite « Climat et Résilience » du 22 août 2021.

831. En premier lieu, le CSE, dans le cadre de sa mission générale d'expression du point de vue des salariés préalablement aux décisions de l'employeur, doit se prononcer « *notamment au regard des conséquences environnementales de ces décisions* »[1]. Ensuite, lorsque le CSE est informé et consulté sur les questions intéressant l'organisation, la gestion et la marche générale de l'entreprise, par exemple en cas d'introduction de nouvelles technologies, il est informé et aussi appelé à se prononcer concomitamment sur les conséquences environnementales des mesures envisagées par l'employeur[2]. Enfin, au cours de chacune des trois consultations récurrentes du CSE prévues par le Code du travail (orientations stratégiques, situation économique et financière, politique sociale de l'entreprise, conditions de travail et emploi), le comité est là encore informé des conséquences environnementales de l'activité de l'entreprise[3].

832. Pour accompagner la mise en œuvre de ces nouvelles compétences, la base de données sur laquelle le comité peut s'appuyer lors de ces consultations est désormais nommée *base de données économiques, sociales et environnementales.* Celle-ci doit donc contenir des informations environnementales[4] (prévention et gestion des déchets, politique de recyclage, émissions de gaz à effet de serre, consommations d'énergie, d'eau etc.). L'expert-comptable du CSE choisi lors des consultations récurrentes (orientations stratégiques, etc.) voit sa mission porter, en plus des éléments d'ordre économique, financier et social, sur les éléments d'ordre environnemental[5], tandis que la formation des salariés appelés à exercer des fonctions syndicales est

1. Article L. 2312-8 I du Code du travail.
2. Article L. 2312-8 II du Code du travail.
3. Article L. 2312-17du Code du travail.
4. Article L. 2312-21 et L. 2312-36 du Code du travail.
5. Article L. 2315-87-1, L. 2315-89 et L. 2315-91-1 du Code du travail.

devenue « *formation économique, sociale, environnementale et syndicale* » et que la formation économique des membres du CSE élus pour la première fois *peut notamment porter sur les conséquences environnementales de l'activité des entreprises*[1].

833. De manière plus ancienne, le CSE est en outre réuni en cas d'événement grave lié à l'activité de l'entreprise, ayant porté atteinte ou ayant pu porter atteinte à la santé publique ou à l'environnement. Il dispose également d'un droit d'alerte en matière d'environnement[2]. Ainsi, lorsqu'un de ses membres constate, notamment par l'intermédiaire d'un travailleur, que les produits ou procédés de fabrication utilisés ou mis en œuvre par l'établissement font peser un risque grave pour l'environnement, il doit en alerter immédiatement l'employeur. Celui-ci doit examiner la situation conjointement avec le représentant du personnel qui lui a transmis l'alerte et l'informer de la suite qu'il réserve à celle-ci[3].

Encadré 86 : Les ambivalences du CSE en matière d'environnement

Les relations entre l'environnement et le travail ont toujours été ambivalentes et parfois antinomiques.

L'environnement est perçu comme une menace pour l'emploi lorsqu'il est susceptible de mettre en cause la pérennité locale d'une activité, avec le risque de cristalliser les tensions entre les intérêts des salariés et la protection de la population générale. À l'échelle de l'entreprise, l'application des règles environnementales et sociales peut conduire à de véritables conflits de normes. Par exemple, lorsque l'ingénieur en santé au travail défend le rejet des polluants chimiques captés aux postes de travail à l'extérieur de l'usine afin de garantir un renouvellement d'air pur dans les ateliers, l'ingénieur environnement défend le recyclage de l'air dans lesdits ateliers pour éviter tout rejet à l'extérieur.

À travers l'examen des conséquences environnementales de l'activité de l'entreprise, le CSE est investi d'une compétence qui dépasse largement le seul champ de la santé au travail. Cette mission nouvelle peut paraître périphérique à son champ d'action traditionnel et même présenter le risque de dissoudre ce dernier, voire d'altérer la relation entre mandants et élus. Mais elle peut aussi être lue, dans un contexte de transitions écologique et énergétique pouvant produire des changements de modèle économiques plus ou moins rapides et radicaux, comme une invitation supplémentaire du CSE à se livrer à une approche globale des problématiques majeures auxquelles l'entreprise se trouve confrontée. Il s'agit notamment pour l'instance de penser la conciliation des enjeux potentiellement contradictoires

1. Article L. 2315-63 et L. 2145-1 du Code du travail.
2. Article L. 2312-60. Ce droit peut s'exercer pareillement en matière de santé publique.
3. Article L. 4133-2. Par ailleurs, le CSE est informé des alertes transmises directement par un travailleur à l'employeur (L. 4133-4).

d'emploi, de compétences[1] et de conditions de travail soulevés par l'activité de l'entreprise.

Conséquence de la fusion des instances, le CSE doit en effet traiter toutes les conséquences potentielles d'une décision stratégique sur l'ensemble des champs qu'elle impacte : économique, social, emploi, compétences, sanitaire et désormais environnement. Il doit aussi réfléchir à la manière dont il entend investir ces enjeux entre ses fonctions consultative, régulatrice, préventive ou investigatrice. Doit-il exprimer un point de vue citoyen ? Doit-il relayer la politique RSE de l'entreprise ? Doit-il exercer un contrôle social, une forme de police interne de l'environnement ? Se voit il déléguer un rôle de surveillance dans l'entreprise pour le compte de la société civile ? Peut-il infléchir les choix de l'employeur et faire prendre en compte leurs conséquences ?

6.6 Les autres modes de dialogue sur la santé au travail

6.6.1 Les espaces de dialogue professionnel

6.6.1.1 La compétence de dialogue dans la fonction managériale

834. L'émergence des risques psychosociaux et les situations de crise auxquelles de nombreuses entreprises ont été confrontées au tournant des années 2010 ont mis en évidence le déficit ou la dégradation forte du dialogue dans de nombreuses entreprises. Ce déficit a en particulier été décrit dans le rapport Lachmann[2], alors président du conseil de surveillance de Schneider Electric, remis au Premier ministre en 2010. Ce rapport s'est littéralement construit parallèlement et en marge des travaux conduits simultanément sur les RPS. Il ne s'inscrivait donc pas dans une logique de traitement de la souffrance ou de gestion du stress professionnel mais de bien-être et de performance sociale, s'inscrivant en cela dans le sillage des pistes devant consacrer quelques années plus tard l'émergence de la qualité de vie au travail (QVT). Le rapport pointait en tout état de cause la nécessité de repenser les modes de management, d'organisation et de vie sociale dans l'entreprise.

1. La négociation périodique de branche et celle portant sur la gestion des emplois et des parcours professionnels (GEPP) doit désormais prendre en compte les enjeux de la transition écologique (L. 2241-12). De leur côté, les opérateurs de compétences (OPCO) doivent informer les entreprises sur les enjeux liés au développement durable et les accompagner dans leurs projets d'adaptation à la transition écologique, notamment par l'analyse et la définition de leurs besoins en compétences.

2. Rapport sur *Le bien-être et l'efficacité au travail*, Henri Lachmann, Christian Larose, Muriel Pénicaud, publié le 17.02.10.

835. Pointant plus particulièrement le rôle du management, il appelait, parmi dix propositions pour améliorer la santé psychologique au travail :
- au réinvestissement du management de proximité et plus particulièrement son rôle d'écoute des salariés et d'organisation d'échanges informels avec eux en vue de faire remonter les difficultés qu'ils rencontrent ;
- à la généralisation des espaces de discussion sur les pratiques professionnelles, sous la forme de groupes de travail sur le métier ou sur le modèle des anciens cercles de qualité, afin de créer des lieux où développer un retour collectif sur le travail et sur la qualité du métier ;
- à la formation aux comportements managériaux et l'accompagnement systématique d'une promotion à un poste de manager par une formation conséquente aux responsabilités sociales et humaines ;
- à la systématisation des possibilités de recours au supérieur hiérarchique de niveau n + 2 et à un responsable de ressources humaines de proximité en cas de problème avec le supérieur hiérarchique immédiat afin d'agir contre le stress généré par des relations interpersonnelles difficiles.

836. Le rapport n'entendait toutefois pas à travers ces initiatives créer une concurrence avec les institutions représentatives du personnel puisqu'il souhaitait qu'elles soient conduites en liaison avec les membres des organisations syndicales. Il invitait à impliquer prioritairement les partenaires sociaux dans la construction des conditions de santé à travers le dialogue social dans l'entreprise et notamment à enrichir d'un volet « santé » les consultations légales existantes à l'occasion de la mise en œuvre des restructurations.

6.6.1.2 La QVT, objet d'un dialogue social renouvelé

837. Parallèlement, des entreprises en prise avec les RPS ont développé ou recréé des *espaces de discussion* (EDD) dont la composition et la finalité ne relevaient pas des instances représentatives du personnel prévues par la loi mais s'apparentaient néanmoins à une forme de dialogue social visant au rétablissement des relations sociales[1]. L'accord national interprofessionnel sur la qualité de vie au travail (ANI QVT) du 13 juin 2013[2] a repris ses dispositifs à son compte en précisant leur finalité et les conditions de leur mise en œuvre.

1. *« La promotion de la qualité de vie au travail suppose un dialogue social de qualité qui aboutisse à de bonnes relations sociales et de travail. »*

2. ANI Du 19 Juin 2013 sur L'Amélioration de la qualité de vie au travail et l'égalité professionnelle. Cet accord étendu a cessé aujourd'hui de produire ses effets mais reste la source d'inspiration essentielle des EDD.

838. Ces dispositifs ont permis de remettre en lumière et de relégitimer le droit d'expression collective introduit par les lois Auroux en 1982 et n'ayant jamais trouvé son essor depuis cette date. L'ANI QVT postulait en effet que « *les conditions dans lesquelles les salariés exercent leur travail et leur capacité à s'exprimer et à agir sur le contenu de celui-ci déterminent la perception de la qualité de vie au travail qui en résulte* ».

839. Ainsi l'article 12 de l'accord encourage l'expression des salariés sur leur travail c'est-à-dire la qualité des biens et services qu'ils produisent ainsi que les conditions d'exercice de leur travail et son efficacité, perçus comme autant d'éléments favorisant leur perception de la qualité de vie au travail et du sens donné à celui-ci. L'accord invite en conséquence les entreprises à développer des EDD sous la forme de groupes de travail entre salariés d'une entité homogène de production ou de service, potentiellement en présence d'un référent métier ou d'un facilitateur chargé d'animer le groupe. Des restitutions validées par le groupe sont alors portées à la connaissance de la hiérarchie et des institutions représentatives du personnel (IRP) et peuvent fournir des éléments de réflexion sur d'éventuelles évolutions de l'organisation du travail tournée vers davantage d'autonomie et sur le rôle et les moyens du management.

840. L'article 12 de l'ANI rappelle que ces échanges doivent contribuer à créer des relations empreintes de plus de bienveillance et à développer un climat de confiance réciproque. Ils ne doivent pas faire obstacle aux attributions des IRP ni au pouvoir de la ligne hiérarchique. De la même façon, le management et les élus des IRP sont appelés à veiller au respect des possibilités d'expression des salariés.

6.6.1.3 La QVCT, objet de dialogue social augmenté

841. Depuis, l'accord national interprofessionnel du 9 décembre 2020 sur la santé au travail[1], la QVT a intégré les conditions de travail pour devenir la « *qualité de vie et des conditions de travail* » (QVCT). Cette forme de « *QVT augmentée* » ne change pas fondamentalement la donne. L'ajout a pour objet d'acter la nécessité de dépasser une approche exclusivement sanitaire ou périphérique de la QVT en y incluant explicitement les conditions de travail et plus particulièrement les échanges sur le contenu et la réalité du travail. Les partenaires sociaux ont par ailleurs souligné dans cet accord l'importance du dialogue social et rappelé que la QVT, facteur de prévention primaire, faisait partie des thématiques de négociation obligatoires prévues par le Code du travail (*cf. infra* 10.1.6). L'accord rappelle en

1. Accord national interprofessionnel pour une prévention renforcée et une offre renouvelée en matière de santé au travail et conditions de travail.

outre la possibilité de conduire un « *dialogue direct actif et constructif entre les salariés, leurs responsables hiérarchiques et l'employeur* » notamment dans les entreprises dépourvues d'IRP.

842. La loi du 2 août 2021 a introduit le principe d'une négociation annuelle sur la QVCT et énumère les thèmes sur lesquels porte la négociation (articulation vie personnelle et vie professionnelle, droit d'expression directe et collective, droit à la déconnexion, régime de prévoyance…), laquelle peut également porter sur la prévention des effets de l'exposition aux facteurs de risques professionnels énoncés à l'article L. 4161-1 du Code du travail ou à tout autre risque[1]. Les accords sur l'aménagement du temps de travail, sa répartition et les contreparties y afférentes font également partie du socle des mesures contribuant à la QVCT.

Encadré 87 : Les EDT, espaces de discussion finalisés soumis à des règles procédurales

Les espaces de discussion sur le travail (EDT)[2] sont une illustration de l'expansion du concept de santé, qui intègre désormais les sciences de gestion et le « *management du dialogue* » parmi les facteurs de la santé au travail[3]. Selon Mathieu Detchessahar, ils obéissent à des règles qui en conditionnent et garantissent le bon usage et l'efficacité.

Les EDT doivent en premier lieu être conçus comme des espaces de délibération entre la hiérarchie et les collectifs de travail. L'objectif étant de trouver une meilleure articulation entre les attentes de performance et les conditions de travail, il ne peut être atteint que dans une logique dialogique : « apprendre à travailler ensemble et se donner un mécanisme efficace de résolution de problèmes ». Des espaces de discussion en marge de la hiérarchie ne pourraient pas avoir de débouché opérationnel[4]. L'implication de l'encadrement dans l'élaboration de *compromis* sur le travail permet au demeurant d'éviter que la régulation des dysfonctionnements se fasse implicitement et par défaut au sein des équipes et laisse ainsi s'installer des conflits internes.

La fonction première de l'EDT est d'instaurer un temps et un lieu au sein duquel le caractère inéluctablement incomplet des règles instaurées dans l'entreprise est régulé et comblé. Il est une manière de prendre en compte l'écart irréductible entre le travail prescrit et le travail réel des ergonomes. Ainsi, « *l'organisation du travail passe par un travail d'organisation qui, à l'épreuve des faits, nécessite un travail de réorganisation* ».

1. Article L. 2242-17 et L. 2242-19 du Code du travail.
2. On parle d'EDT ou d'EDD (espaces de discussion), le vocable EDT ayant l'intérêt de mettre l'accent sur la finalité professionnelle des échanges.
3. *Cf. L'entreprise délibérée. Refonder le management par le dialogue*, Mathieu Detchessahar (coord.), éd. Nouvelle Cité, 2019.
4. Ce qui ne signifie pas que de tels espaces seraient inutiles mais qu'ils poursuivraient d'autres fins.

Il s'agit concrètement, face à un problème, de répondre aux questions suivantes : « *Que se passe-t-il ?* », « *Quelle est la cause de ce dysfonctionnement ?* » et « *Que fait-on ?* », afin de faire émerger des solutions. La finalité est donc avant tout opérationnelle et vise à pallier le « *manque à être de l'organisation* »[1].

Exemple : les opérateurs d'une ligne de production se plaignent d'être interrompus constamment par les agents du service qualité qui viennent procéder à des prélèvements au plus mauvais moment pour effectuer des contrôles de la teneur des alliages. Un conflit larvé s'installe entre les deux services. Les opérateurs de la ligne expliquent au sein de l'EDT les raisons pour lesquelles les prélèvements réalisés à ce moment et à cet endroit précis gênent leur travail. Les opérateurs qualité expliquent à leur tour les raisons techniques pour lesquelles les prélèvements sont effectués ainsi que les obligations réglementaires de traçabilité qui rendent ces contrôles rigoureusement indispensables (industrie aéronautique). Comprenant enfin les motivations des qualiticiens, les métallurgistes proposent alors que ces prélèvements soient faits avec les mêmes garanties d'analyse à un moment et un endroit plus judicieux et moins contraignant pour eux. Après avoir vérifié que ces modifications étaient conformes aux standards de la certification qualité et les avoir fait valider par la hiérarchie et le donneur d'ordre, un nouveau mode opératoire est mis en place.

Les EDT favorisent donc l'adoption de nouvelles règles de métier partagées et participent ce faisant à la prévention des irritants, du délitement des relations de travail et des RPS[2]. Toutefois, leur mise en place et leur conduite ne s'improvisent pas et supposent des précautions méthodologiques (discussion au niveau pertinent et le plus opérationnel de l'organisation, centrage sur des objets de travail précis, choix de sujets importants aux yeux des bénéficiaires) à défaut desquelles, leur fréquentation est vite délaissée. Il en va ainsi si les solutions identifiées lors des séances de discussion ne sont pas suivies d'effets. La déception des participants rend de surcroît toute nouvelle initiative similaire très difficile à relancer. Selon M. Detchessahar, tout EDT doit répondre à trois questions essentielles : *Pourquoi (faudrait-il discuter du travail dans l'entreprise) ? Quelles difficultés (entend-on résoudre* via *ce dispositif) ? Comment (méthode et dispositifs) ?* Il propose par ailleurs, pour chaque problème mis en discussion, de structurer les séances autour de cinq items :

– le soutien apporté par la hiérarchie ;

– l'information au service du travail bien fait (l'exemple ci-dessus illustre l'importance de la communication sur les enjeux propres des deux équipes) ;

– l'organisation au service du travail bien fait (le problème est résolu à travers une solution qui satisfait les exigences du travail des deux parties) ;

1. À ce titre, l'EDT se distingue clairement des espaces d'écoute et de conseils que sont le soutien psychologique ou le coaching.

2. Selon Pascal Ughetto, les EDT servent de « *chambres d'écho des réalités du travail* ».

– les dynamiques de coopération et d'entraide au sein d'une unité (la mise en discussion se centre sur la résolution du problème et écarte toute recherche de responsabilité ou logique concurrentielle) ;

– les événements qui impactent le travail bien fait (la discussion met en évidence ce qui empêche le travail bien fait).

Ces dispositifs nécessitent un temps d'apprentissage non négligeable de la part de tous les acteurs car ils impliquent une certaine prise de risque, inhérente à toute libération de la parole. Du point de vue de la direction de l'entreprise, ils supposent la sanctuarisation et la ritualisation de temps consacrés à l'exercice (planification, régularité, pérennité), qui ne soient pas considérés comme une perte de productivité mais comme un investissement dont elle tirera un bénéfice (qualité du travail et du climat de travail). Ce temps consenti doit être régulièrement réaffirmé par la direction ou réassuré en tant que de besoin auprès de cette dernière par la hiérarchie intermédiaire.

Les EDT impliquent par ailleurs une véritable préparation de la ligne hiérarchique, qui doit être mise en capacité de ne pas vivre l'expression des travailleurs comme une remise en cause de l'organisation du travail, une perte de pouvoir et d'autorité voire une mise en cause de leur personne. L'exercice implique un changement de posture déstabilisant qui doit être accompagné[1], notamment pour apprendre à faire faire face et accueillir les expressions rugueuses. Ceci implique en corollaire de réelles marges de manœuvre données à l'encadrement direct pour donner suite aux préconisations issues de l'EDT.

Du point de vue des travailleurs, les EDT ont également un coût cognitif important car leur prise de parole les expose à décrire les difficultés qu'ils rencontrent et la manière dont ils s'en affranchissent. Elle doit donc être sécurisée pour pouvoir être faite en confiance.

6.6.1.4 L'articulation des espaces de discussion et du CSE

843. Tous ces dispositifs actent la possibilité, voire la nécessité de faire cohabiter des espaces de régulation complémentaires aux instances représentatives du personnel car leur objet, centré sur la réalisation proprement dite du travail, n'est pas le même. Ils semblent au demeurant répondre à une demande croissante de moyens d'expression directe des salariés au sein de groupes de travail dédiés au travail.

844. Comblant les interstices non pourvus par les IRP, ces dernières gardent l'entièreté de leurs prérogatives, consultatives et autres, et peuvent investir ces espaces, s'emparer de leurs recommandations et surtout veiller à la qualité des débats qui s'y déroulent en demandant par exemple à être informés régulièrement du fruit de leurs travaux.

1. Le lancement des EDT est souvent initié en présence de modérateurs extérieurs. On peut en ce sens parler de professionnalisation du dialogue.

6.6.2 Le droit d'expression directe et collective

845. L'émergence spontanée d'EDD en réponse à un besoin d'expression des salariés mis en évidence lors de la crise des RPS puis du développement de la QVT ont remis en lumière le droit d'expression directe et collective des salariés régi par les articles L. 2281-1 et suivants du Code du travail.

846. Les salariés bénéficient d'un droit à l'expression directe et collective sur le contenu, les conditions d'exercice et l'organisation de leur travail. Il peut y être donné accès par le recours aux outils numériques, sous réserve du respect des droits et obligations des salariés dans l'entreprise. Sauf abus, les opinions que le salarié émet dans l'exercice de ce droit ne peuvent motiver une sanction ou un licenciement[1]. Mais cette expression directe a deux spécificités comme le relève l'avocate générale Anne-Marie Grivel, qui la distingue de « *la liberté d'expression classique dont sauf abus, jouit tout salarié dans et en dehors de l'entreprise* » ; en effet, son contenu est exclusivement professionnel et elle a pour finalité et pour objet de définir les actions à mettre en œuvre pour améliorer les conditions de travail, l'organisation de l'activité et la qualité de la production dans l'unité de travail des salariés. « *C'est donc qu'elle autorise un droit de critique sur celles existantes*[2]. » Elle s'exerce sur les lieux et pendant le temps de travail et le temps qui lui est consacré est rémunéré comme temps de travail. Les modalités d'exercice du droit d'expression sont définies en principe dans le cadre de la négociation obligatoire sur la QVCT prévue à l'article L. 2242-1[3].

847. En l'absence d'accord encadrant la périodicité et les thèmes de négociation dans l'entreprise conclu en application de l'article L. 2242-10, la négociation sur le droit d'expression est annuelle[4]. Les dispositions supplétives du Code du travail prévoient alors que l'accord doit obligatoirement comporter des stipulations sur le niveau, le mode d'organisation, la fréquence et la durée des réunions, sur les outils numériques d'expression disponibles dans l'entreprise, sur les mesures assurant la liberté d'expression de chacun, la transmission à l'employeur des demandes et propositions des salariés ainsi que des avis émis par les salariés quand ils sont consultés par l'employeur, sans préjudice des prérogatives des IRP. S'agissant plus particulièrement de ces dernières, l'accord doit fixer les mesures permettant

---

1. Cass. soc., 21 septembre 2022, n° 21-13.045, B : cassation d'un arrêt ayant retenu l'existence d'un acte d'insubordination et de dénigrement justifiant le licenciement d'un salarié ayant publiquement remis en cause les directives de son supérieur hiérarchique.
2. Avis AG Anne-Marie Grivel, pourvoi n° 21-13.045.
3. Article L. 2281-5 du Code du travail.
4. Article L. 2242-13 2° du Code du travail.

au CSE et aux organisations syndicales de prendre connaissance des demandes, avis et propositions émanant des groupes d'expression ainsi que des suites qui leur sont réservées. L'accord doit enfin fixer les modalités spécifiques du droit d'expression des cadres exerçant des responsabilités hiérarchiques en dehors de leur participation aux groupes auxquels ils sont rattachés du fait de ces responsabilités[1].

6.6.3 La supervision d'équipes et les groupes d'analyse des pratiques professionnelles

848. Inspiré des supervisions d'équipes originellement mises en place au profit des personnels soignants ou accompagnants du secteur sanitaire et social (établissements de santé, EHPAD, établissements éducatifs, etc.), le mouvement de prévention des RPS a conduit au développement en entreprise de groupes d'analyse des pratique professionnelles (APP) ou de supervision[2] semblables mais adaptés. Ces groupes de travail constituent des lieux de discussion entre professionnels confrontés à des problématiques communes et visent, *via* l'analyse réciproque de leurs pratiques, à augmenter la compétence collective et individuelle des participants, à améliorer leurs conditions de travail, l'ambiance et l'organisation du travail. Il s'agit de dispositifs de soutien de salariés exposés à des situations professionnelles complexes, émotionnellement éprouvantes et donc en recherche de repères permettant de consolider leur professionnalité et leur identité professionnelle autour de valeurs et de règles de métier partagées.

849. En pratique, ces groupes sont mis en place ou proposés par la direction de l'institution qui souhaite ce faisant améliorer son fonctionnement, de sa propre initiative ou en réponse à une demande exprimée par les professionnels. La participation y est en principe basée sur le volontariat. À la différence des EDD, leur animation est souvent confiée à un intervenant extérieur, souvent psychologue, voire psychanalyste ou ayant suivi une formation de coach. Leur composition peut être, selon l'objectif poursuivi, pluridisciplinaire ou par métier ou fonction. Ils s'appuient généralement sur des études de cas en séances issues de situations concrètes vécues au sein du service.

850. Ces espaces peuvent être assimilés à des temps de réflexivité et de ressourcement. Ils ne relèvent pas à ce titre du dialogue social – il s'agit en revanche bel et bien de dialogue professionnel

1. Article L. 2281-10 du Code du travail.
2. La notion de supervision est devenue polysémique et est donc utilisée pour décrire des pratiques qui peuvent être assez éloignées du dispositif initial de supervision de la pratique clinique des psychologues.

ou professionnalisant – et ne sont pas non plus des EDD[1] au sens des paragraphes précédents mais constituent néanmoins des lieux de parole de nature à prévenir des situations de souffrance au travail.

6.7 Les instances de représentation dans la fonction publique

851. À leur tour, les instances représentatives du personnel dans la fonction publique ont fusionné. Le comité technique[2] et le CHSCT[3] sont devenus au 1er janvier 2023 une seule instance, le comité social d'administration (CSA). La loi du 6 août 2019 et le décret n° 2020-1427 du 20 novembre 2020[4] ont ainsi créé une instance de dialogue social sur les questions collectives de travail et les conditions de travail dans les administrations et les établissements publics.

852. À l'instar de la CSSCT au sein du CSE, des formations spécialisées en santé et sécurité au travail (FS SST) sont prévues au sein du CSA pour traiter des questions de protection de la santé physique et mentale, d'hygiène, de sécurité des agents dans leur travail, d'organisation du travail, de télétravail, d'enjeux liés à la déconnexion et aux dispositifs de régulation de l'utilisation des outils numériques, d'amélioration des conditions de travail et de prescriptions légales. Mais ces attributions reviennent au CSA lorsque ces questions se posent dans le cadre de projets de réorganisation de services ou lorsque le CSA n'est pas composé d'une FS STT. Celle-ci est mise en place si le seuil de plus de 200 agents est atteint ou en dessous en présence de risques particuliers. Ses membres sont désignés parmi les membres titulaires et suppléants du CSA.

853. Sur l'initiative du président du CSA ou à la majorité des représentants du personnel, l'inspecteur en santé et sécurité du travail de la fonction publique, le médecin du travail ou le conseiller de

1. Avec leur développement et une tendance à l'hybridation, la distinction entre les EDD et les groupes d'analyse des pratiques n'est pas toujours aisée mais leur finalité n'est à l'origine pas la même ; l'analyse des pratiques vise initialement à permettre à un professionnel du milieu sanitaire et social d'évoquer des situations de soins ou d'accompagnement d'un usager en particulier ; elle est donc centrée sur l'usager. L'EDD, quant à lui, se focalise plutôt sur l'organisation et le fonctionnement entre professionnels ou au sein d'un service.

2. Issu de l'article 15 de la loi du 11 janvier 1984, le CT s'occupait notamment des questions relatives au fonctionnement des services, aux effectifs, aux emplois et aux compétences.

3. Créé par la loi du 5 juillet 2010 et mis en place par le décret n° 82-453 du 28 mai 1982 modifié par le décret n° 2011-774 du 28 juin 2021.

4. Comités sociaux d'administration dans les administrations et les établissements publics de l'État.

prévention peuvent être invités à participer aux points de l'ordre du jour portant sur une obligation de consultation du CSA, sur le plan égalité femmes-hommes ou sur les projets de réaménagement importants dans le cadre de réorganisation de services. Ils peuvent aussi être consultés sur les lignes directrices de gestion en matière d'insertion, de maintien dans l'emploi, et d'accompagnement des parcours des agents en situation de handicap. Ils peuvent par ailleurs participer aux réunions de la FS SST.

CHAPITRE 7

LA FORMATION EN SANTÉ AU TRAVAIL

7.1 La distinction entre information et formation

854. L'information et la formation des travailleurs constituent deux obligations bien distinctes de l'employeur. L'information porte sur les risques encourus (par exemple un risque de chute) et les moyens de s'en prémunir (porter un baudrier de sécurité), tandis que la formation porte sur l'apprentissage de ces moyens (apprendre à s'équiper d'un baudrier de sécurité, le porter, l'utiliser, l'entretenir…).

855. À la différence de la formation, la phase d'information n'est pas une phase active durant laquelle le travailleur développe de nouvelles compétences mais une phase de sensibilisation et de prise de conscience. L'information peut passer par des supports écrits (affichages, signalisations permanentes, étiquettes, fiches de poste, communications jointes au bulletin de salaire, applications mobiles, etc.). Elle peut aussi être dispensée oralement par l'encadrement, au moment de l'accueil dans l'entreprise ou au poste, par le service de prévention et de santé au travail lors des visites médicales d'embauche et périodiques, par le responsable sécurité, par le fournisseur d'EPI, etc.

856. L'information doit en tout état de cause apprendre au travailleur à mieux identifier les risques professionnels auxquels il est exposé et les moyens de s'en préserver. Reste à savoir mobiliser cette compréhension et ces connaissances en situation, donc à transformer ces savoirs en compétences, ce qui est l'objet de la formation.

7.2 La nature et le contenu de l'obligation de formation

857. Aux termes de l'article L. 4121-1 du Code du travail, les actions d'information et de formation en santé au travail sont une des trois grandes catégories de mesures que l'employeur doit prendre pour protéger la santé et sécurité des travailleurs. Il s'agit donc d'un axe majeur de prévention.

858. L'absence de formation délivrée par l'employeur est très souvent citée parmi les causes d'accidents ou de maladies professionnelles et cette carence est fréquemment soulevée devant les tribunaux comme ayant participé à la survenue du dommage. À l'inverse, l'existence d'une formation délivrée au travailleur est régulièrement mise en avant par l'employeur comme cause exonératoire de responsabilité, le travailleur étant supposé avoir disposé de tous les éléments lui permettant d'agir dans l'intérêt de sa santé et de sa sécurité. Encore faut-il que cette formation ait été *pratique* et *appropriée*[1]. Outre qu'elle doit s'inscrire dans un ensemble de mesures cohérentes, techniques et organisationnelles, elle doit obéir à des caractéristiques qui garantissent sa pertinence et son efficacité, aspects sur lesquels les juges sont régulièrement conduits à se prononcer.

7.2.1 Les obligations générales et particulières de formation

859. La logique et l'organisation du Code du travail conduisent à distinguer les obligations générales de formation et les obligations particulières.

860. Les obligations générales sont applicables à tous les travailleurs mais dans des circonstances néanmoins circonscrites par le législateur : l'embauche, le changement de poste ou de technique, le retour d'un long arrêt de travail. La formation générale porte en outre sur les conditions de circulation, les conditions d'exécution du travail et la conduite à tenir en cas d'accident ou de sinistre.

861. Les obligations particulières concernent certaines catégories de travailleurs (titulaires d'un contrat à durée déterminée, intérimaires, travailleurs des entreprises extérieures, jeunes, etc.), certains risques (risques chimique, biologique, vibrations, bruit, etc.), certaines situations de travail (situations de coactivité, interventions dans les

1. Article L. 4141-2 du Code du travail.

installations classées pour la protection de l'environnement, manutention de charges, utilisation d'écrans de visualisation, interventions sur les ascenseurs, etc.). On en décompte plus d'une trentaine[1].

862. Au final, l'ensemble des dispositions régissant la formation aboutit à une juxtaposition d'obligations de formation nombreuses, peu homogènes quant à leurs modalités de délivrance, qui ont perdu en lisibilité ce qu'elles ont gagné en volume et en détail. Le passeport prévention, introduit par la loi du 2 août 2021, devrait permettre de redonner plus de cohérence et de consistance au parcours consolidé de chaque travailleur (*cf. infra* 7.4). Mais paradoxalement, alors que le 4e Plan santé au travail met l'accent sur la culture de prévention, il n'existe toujours pas d'obligation générale de formation portant sur une bonne appropriation des PGP et de la démarche de prévention. D'une certaine manière, on constate un écart entre les obligations traditionnelles de formation prévues dans toute la partie IV du Code du travail – basées sur les savoirs et les compétences – et la *formation appropriée* qui incombe plus généralement à l'employeur, moins normée mais couvrant une ambition plus vaste.

7.2.2 Le référentiel pédagogique et la sanction des acquis

863. Le contenu pédagogique des actions de formation obligatoires doit-il obéir à un référentiel précis et imposé ? Tel n'est pas l'esprit de la majorité des dispositions légales dont la philosophie est de rappeler les principaux items de formation pour chaque risque, à charge pour l'employeur de définir la nature de la formation dispensée en fonction de son activité et de ses risques et notamment de décider s'il recourra à de la formation interne ou à des prestataires extérieurs.

864. Bien entendu, plus l'entreprise est grande, plus elle a les moyens financiers et humains de développer sa propre ingénierie interne, ce qui est un moyen de coller au plus près de ses besoins et de ses réalités (*cf. infra* encadré 88). Le recours à des prestataires extérieurs est cependant très courant. Dans ce cas, l'entreprise peut acheter de la formation à des organismes privés de formation ou bénéficier de l'offre proposée ou préconisée par les organismes institutionnels de la prévention que sont les Carsat, l'INRS ou l'OPPBTP. Le médecin du travail doit par ailleurs être associé à l'élaboration des actions de formation. Dans tous les cas, l'employeur doit savoir conclure un cahier des charges adapté à ses besoins ou s'assurer que celui du prestataire est conforme aux préconisations des institutions précitées. Enfin, certains textes imposent que la formation soit assurée par un organisme habilité.

1. L'hyperbarie, les incendies, la pyrotechnie, les rayonnements optiques, la fumigation, l'électricité, les ascenseurs, etc.

865. Par ailleurs, les formations ne sont tantôt sanctionnées par aucun formalisme particulier, tantôt au contraire soumises à la délivrance d'une habilitation par l'employeur ou par l'organisme de formation habilité, attestant de la compétence de l'opérateur pour réaliser certains travaux ou tâches. Dans certains cas enfin, la formation sanctionnée par un organisme extérieur doit encore être complétée par la délivrance d'une autorisation de l'employeur, valable sur son seul site. C'est le cas, par exemple, pour la conduite des chariots automoteurs.

866. Quelle que soit la formule retenue, on retiendra de cette hétérogénéité une constante : l'employeur reste tenu de s'assurer que la formation dispensée est *adaptée* aux spécificités de son activité, de ses locaux, de ses équipements et de son organisation.

7.2.3 Les requis d'une formation pratique et appropriée

867. Selon l'article L. 4141-2, la formation en santé et sécurité doit être *pratique et appropriée*.

868. L'existence de nombreuses obligations particulières de formation favorise le recours à des méthodes pédagogiques descendantes axées sur la délivrance de connaissances théoriques sur un risque donné, les textes règlementaires applicables à ce risque et les mesures et consignes de prévention en vigueur dans l'entreprise. Cette pédagogie a le mérite de rendre commode l'évaluation des acquis en fin de formation mais n'incite pas le recours à des modalités d'apprentissage mettant les apprenants en prise réelle avec les situations auxquelles ils sont ou seront confrontés dans leur entreprise. Ainsi, même lorsque la formation est émaillée de cas pratiques, ceux-ci sont souvent tirés de cas extérieurs à l'entreprise et prennent la forme d'illustrations venant confirmer la validité des propos théoriques du formateur, sans que les solutions de ces exercices soient nécessairement transposables aux contextes réels des travailleurs en formation. L'écart perçu par les stagiaires entre les standards de prévention promus par la formation et la réalité de leur travail rend alors les acquis théoriques de cette dernière inapplicables. Dès lors, il n'est pas rare que les actions de formation en santé et sécurité ne produisent pas les effets escomptés sur les comportements des travailleurs car elles ne sont ni *pratiques ni appropriée* au sens de l'article L. 4141-2.

869. Une formation pratique signifie qu'elle doit être dispensée de préférence au poste de travail et en situation de travail afin d'illustrer les comportements appropriés. Une formation appropriée signifie qu'elle doit être adaptée à l'activité de l'entreprise, aux caractéristiques du poste, à la configuration des ateliers, etc., de manière à ne pas être en décalage avec les exigences du travail réel. Une formation *standard* axée sur les gestes et postures est par exemple inappropriée si les caractéristiques des charges à manutentionner dans l'entreprise, les matériels présents et la configuration des locaux des travailleurs formés ne sont pas pris en compte par le formateur.

870. La formation doit également tenir compte de la formation initiale, de la qualification, de l'expérience professionnelle et de la langue, parlée ou lue, des travailleurs. La barrière de la langue ne doit pas être sous-estimée car, même lorsqu'elle est maîtrisée à l'oral, elle peut ne pas être lue, ce qui rendra certains supports pédagogiques inopérants et nécessitera le recours à des illustrations schématiques ou des démonstrations pratiques.

871. Enfin, la formation doit être répétée périodiquement. Une formation périodique[1] signifie qu'elle doit être renouvelée pour prévenir les dérives consécutives à la banalisation du risque, qui peuvent conduire à s'affranchir des règles de prévention jugées ou vécues comme des contraintes. Le renouvellement de la formation permet également d'assurer des mises à jour. Les formations de secouriste sont ainsi régulièrement actualisées, par exemple en raison de l'introduction de défibrillateurs cardiaques dans l'établissement. Les produits chimiques peuvent aussi avoir changé de classification, la réglementation avoir évolué, etc.

1. S'agissant de la formation à la prise de poste, la question se pose de savoir si elle doit obligatoirement être dispensée préalablement à l'affectation au poste ou à l'exposition du travailleur à un risque. En principe oui, sauf à courir le risque qu'un accident se produise avant qu'elle ait été dispensée. Les statistiques plaident par ailleurs en faveur de cette interprétation : selon la CNAM, l'indice de fréquence des accidents du travail augmente de deux à trois fois dans le premier mois d'embauche et revient à la normale au bout d'un an. Selon l'INRS, près de 15 % des accidents graves et mortels surviennent au cours des 3 premiers mois après l'embauche, un quart des accidents du travail concernent des salariés ayant moins d'un an d'ancienneté dans l'entreprise (« Nouveaux embauchés », démarche TutoPrév). Il existe certes des formulations différentes dans le Code du travail selon les risques. Pour les formations en matière de risques biologique, elles sont obligatoirement dispensées avant que les travailleurs ne soient potentiellement exposés. Pour d'autres formations, leur caractère préalable se déduit de la formulation du texte, rédigé sous forme d'interdiction. Il est ainsi interdit d'affecter à la conduite d'un chariot automoteur un travailleur qui n'a pas reçu une formation adéquate et n'est pas détenteur d'une autorisation délivrée par l'employeur. Pour certaines formations enfin, ce point n'est pas précisé mais la formation à la sécurité visant à éviter qu'un accident ne survienne, la logique et le bon sens proscrivent l'exécution de travaux dangereux par une personne non préalablement formée.

Encadré 88 : Les ressorts d'une formation appropriée et pratique : l'analyse de l'activité de travail

Un problème/une formation ! Les formations à la sécurité sont parfois utilisées en vain car à mauvais escient, en vue de résoudre un problème de nature technique ou organisationnel récurrent dans l'entreprise.

Illustration pratique : le Comex d'une entreprise constate une recrudescence des accidents avec arrêt consécutifs à des opérations d'élingage : coupures aux jambes, écrasements des doigts, chutes de plain-pied, douleurs dorsales. Ces accidents graves provoquent des arrêts longs et concernent plus particulièrement cinq des usines du groupe. La direction ordonne un plan de formation généralisé des élingueurs dans toutes les usines, à déployer sans délai. Le coordinateur sécurité s'attelle à la tâche mais découvre que parmi deux des cinq usines, notamment celles où les accidents sont les plus nombreux, des formations à l'élingage ont déjà eu lieu quelques semaines auparavant. Il s'interroge sur les causes de l'échec des précédentes formations et s'intéresse par conséquent à leur déroulement.

Dans l'une des usines, la formation a été dispensée sur deux jours avec un formateur extérieur expérimenté. Celui-ci a projeté un support de plusieurs dizaines de diapositives énumérant, photos à l'appui, tous les appareils et apparaux de levage existant sur le marché en fonction de la nature de la charge à déplacer. Il a rappelé pour chacun d'eux les règles d'élingage/arrimage applicables. De très nombreuses situations présentées, issues de l'industrie portuaire, n'ont cependant aucun rapport avec les activités de l'entreprise et correspondent à des équipements qui n'y sont pas utilisés. Le coordinateur sécurité comprend que, malgré les apparences, la formation n'est ni *appropriée* ni *pratique*. Elle n'est pas *adaptée*.

Il se rend dans les ateliers et observe que les règles élémentaires d'élingage ne sont pas respectées : mésusage des accessoires de levage (crochets, manilles, anneaux, palonniers…), postures pénibles, angles d'élingage non respectés, manutention manuelle de chaînes et de crochets lourds et éparpillés au sol, visibilité réduite du conducteur du pont, faible audibilité des consignes orales, etc. La zone de stockage est très encombrée, les travailleurs enjambent des tuyaux de tailles et de diamètres très différents pour atteindre les pièces à arrimer, les remorques des poids-lourds sont difficiles d'accès, certaines d'entre elles ne peuvent être chargées par le haut car elles ne peuvent être débâchées… Tous ces constats constituent autant de situations dangereuses générant des comportements à risque.

Le coordinateur sécurité se fait expliquer la situation par le responsable du site. L'encombrement de la zone est dû à l'installation d'une étuve de grandes dimensions dans la zone de stockage afin de faire face à une commande d'un client stratégique, ce qui réduit considérablement l'espace de stockage habituel. Cette étuve empêche l'entrée des poids-lourds par l'accès réservé normalement aux livraisons de matières premières. Celles-ci sont désormais déposées dans la même zone que celle dédiée au départ des produits finis, ce qui provoque un goulot d'étranglement. Pour le résorber, les opérateurs chargent et déchargent les camions le plus vite possible tout en disposant de moins de place. Par ailleurs, l'entreprise vient de changer de transporteur et les remorques du nouveau prestataire ne sont pas conformes à celles prévues dans le protocole de chargement et déchargement : certaines ne peuvent être débâchées par le haut et contraignent à un chargement latéral à l'aide d'un chariot automoteur, souvent indisponible, alors que l'opération est censée être réalisée à l'aide du pont de levage. Les opérateurs sont obligés de pousser les pièces levées à la main et de grimper sur la remorque afin de les guider. En outre, le nouveau transporteur a d'autres clients dans le secteur et son plan de chargement de ses camions conduit à devoir décharger les pièces des autres clients avant de pouvoir atteindre celles de l'entreprise dans la remorque. Mais les accessoires de levage pour ce faire ne sont pas appropriés.

Pour clore le tout, une partie des pièces livrées sont entreposées dans des paniers métalliques déchargés à l'aide d'un palonnier. L'ordre dans lequel elles sont entreposées dans les paniers est inverse de celui dans lequel elles seront utilisées en premier dans l'usine. Il faut donc d'abord vider le panier pour atteindre les pièces stockées au fond. L'étalement des pièces du dessus du panier au sol aggrave son encombrement.

Le coordinateur sécurité comprend que les opérateurs sont soumis à de multiples contraintes techniques et organisationnelles sur lesquelles ils n'ont pas prise, rendant le respect des règles d'élingage impossible et tout renouvellement à l'identique des formations, vain.

Il filme ces scènes pour en faire le matériau d'une nouvelle formation, conçue cette fois en interne. Les salariés visionnent les scènes et repèrent immédiatement les risques qu'ils prennent mais commentent les raisons pour lesquelles ils agissent ainsi, soulevant tous les problèmes précités, l'impossibilité de respecter les règles d'élingage et les accidents qui en résultent. La mise en commun des pratiques d'élingage des cinq entreprises fait ressortir des astuces techniques transposables d'un site à un autre mais surtout des solutions organisationnelles qui seront soumises aux chefs de site et conduiront à une normalisation des opérations de chargement et déchargement : déplacement de l'étuve, refonte du cahier des charges du nouveau transporteur, désignation de pilotes de manœuvre, définition du plan de chargement des véhicules et modes opératoires identifiant et prévoyant les accessoires adaptés pour chaque type de pièces, etc.

La réingénierie de cette formation, qui consiste à former à partir de l'analyse de l'activité de travail, s'apparente plus à une « *formation / action* ». Elle n'a pas pour effet d'écarter les apports du formateur extérieur mais conduit à un rééquilibrage de nature à répondre aux exigences légales d'une formation pratique et appropriée.

7.3 La portée de l'obligation de formation

7.3.1 Le suivi et le contrôle social par la représentation du personnel

872. La mise en place et l'organisation des actions de formation sont de la responsabilité de l'employeur mais le comité social et économique (CSE) est consulté sur les programmes de formation en matière de santé au travail et veille à leur mise en œuvre effective[1]. Le CSE

1. Article L. 4143-1 du Code du travail.

émet un avis au titre de ses compétences générales en matière de formation lors de sa consultation sur les orientations stratégiques de l'entreprise[1] ou lors de l'examen du programme annuel de formation adossé à la consultation annuelle sur la politique sociale de l'entreprise, les conditions de travail et l'emploi, qui inclut explicitement les actions de formation en matière de santé au travail[2]. Le CSE dispose d'une grande latitude pour proposer des orientations alternatives. Il peut s'appuyer pour étayer son analyse sur les données prévues au II de l'article L. 2312-26 et celles en matière de formation de la base de données économiques et sociale (BDES) prévues au 1°A du tableau annexé aux articles R. 2312-8 et R. 2312-9 du Code du travail.

873. Cette consultation est l'opportunité pour le CSE de questionner la poursuite de la dichotomie traditionnellement opérée dans l'entreprise entre les formations « *métier* » et les formations dédiées à la sécurité. Le développement d'une culture de sécurité milite pour ne pas déconnecter le geste professionnel du geste sécurité et intégrer le second lors de l'apprentissage du premier. Ceci conduit à s'intéresser aux maquettes pédagogiques de la formation professionnelle continue proprement dite. À défaut, l'écart entre l'apprentissage des règles de prévention dispensées d'un côté et celui des règles de travail enseignées et effectivement mises en œuvre de l'autre, risque de se maintenir et faire de la formation à la sécurité un idéal théorique, voire une contrainte, découplé de la réalité.

7.3.2 Le contrôle opéré par les juges

874. Le juge est de plus en plus enclin à vérifier le caractère approprié et l'effectivité de la formation dispensée. Sur le plan civil, la jurisprudence considère que l'employeur doit identifier et évaluer les risques auxquels est exposé le travailleur et mettre en place, notamment, des actions d'information et de formation à la sécurité. À défaut, il manque à son obligation de sécurité et commet une faute inexcusable[3].

875. Dans certaines situations, une telle faute inexcusable de l'employeur est présumée. C'est le cas au profit des travailleurs précaires, lorsqu'ils sont affectés à des postes présentant des risques pour leur santé et leur sécurité et qu'il est établi qu'ils n'ont pas reçu une « *formation renforcée à la sécurité* », comme exigé par le législateur[4]. La liste des postes à risques est établie par l'employeur, après avis

1. Article L. 2312-24 du Code du travail.
2. Article L. 2312-26 du Code du travail.
3. C'est par exemple le cas pour l'utilisation du matériel mis à la disposition des travailleurs. Cass. Civ. 2e, 14 mars 2019, pourvoi n° 17-31458.
4. Article L. 4154-2 et L. 4154-3 du Code du travail.

du médecin du travail et du CSE s'il existe. Elle est tenue à la disposition de l'inspection du travail. En cas de carence de l'employeur dans l'établissement de cette liste, il appartient aux juges saisis de l'application de la présomption de rechercher si le poste occupé par l'intérimaire présentait des risques particuliers[1]. À ce titre, la Cour de cassation exerce un certain contrôle des juges du fond dans l'évaluation qu'ils font du caractère dangereux du poste occupé par l'intérimaire[2]. De même, si la notion de « *formation renforcée à la sécurité* » n'est pas définie par les textes, la jurisprudence de la Cour de cassation n'en est pas moins exigeante et rigoureuse sur la caractérisation, par les juges du fond, de l'existence d'une telle formation renforcée[3]. Les deux conditions légales remplies (affectation à un poste présentant des risques particuliers pour la santé et la sécurité et absence de formation renforcée à la sécurité), la présomption de faute inexcusable s'applique, y compris lorsque les circonstances de l'accident sont indéterminées[4] ou lorsque le salarié a commis une imprudence[5], voire une faute grossière[6]. Elle produit également son effet quelle que soit l'expérience du salarié-victime[7]. Par ailleurs, est jugé que l'entreprise utilisatrice ne peut se retrancher derrière la formation dispensée par la société d'intérim et l'ancienneté du salarié pour écarter la présomption de faute inexcusable à son égard[8]. Mais s'agissant d'une présomption simple, l'employeur a la possibilité de la renverser en rapportant la preuve qu'il a dispensé au salarié la formation requise[9].

1. Cass. civ. 2e, 16 février 2012, n° 11-10.889.
2. Cass. civ. 2e, 12 février 2015, n° 14610.855 : viole les articles L. 4154-2 et L. 4154-3 du Code du travail la cour d'appel qui a écarté la faute inexcusable de l'employeur faute pour le salarié d'avoir été affecté à un poste présentant des risques particuliers, alors qu'elle avait constaté qu'il avait été affecté à des travaux en hauteur.
3. Cass. civ. 2e, 4 avril 2019, n° 18-14.009 : est censurée pour ne pas avoir suffisamment caractérisé l'existence d'une formation renforcée à la sécurité la cour d'appel qui a relevé que la victime avait reçu une formation à la sécurité s'agissant du contrôle de l'équipement individuel de sécurité, la localisation du matériel de secours de première urgence, le n° de téléphone à appeler en cas d'urgence, la présentation des secouristes du chantier, la présentation du poste, de l'équipe de travail, du matériel utilisé, les modes opératoires de l'entreprise en cas de risques encourus, les guides de sécurité, le PPSPS du chantier, les notes de sécurité internes, les affiches de sensibilisation... :
4. Donc indépendamment de tout lien causal entre la carence en formation et l'accident ; Cass. soc., 27 juin 2002, n° 00-14.744, *Bull.* V n° 225 ; Cass. soc., 4 avril 1996, n° 94-11.319, *Bull.* V n° 135.
5. Cass. civ. 2e, 15 novembre 2005, n° 04-30.420, s'agissant d'un salarié qui a utilisé de manière délibérée un mode opératoire non prévu par le constructeur en vue de contourner le système de sécurité faisant obstacle à la levée de charges supérieures à 1 400 kgs.
6. Cass. soc., 31 octobre 2002, n° 01-20.197 s'agissant d'un salarié qui, bien qu'averti, a omis d'arrêter le fonctionnement du poste et a procédé à son nettoyage à l'aide d'un chiffon enroulé autour de sa main.
7. Cass. civ. 2e, 11 mars 2010, n° 08-21.374.
8. Cass. civ. 2e, 1er juillet 2010, n° 09-66.300.
9. Cass. civ. 2e, 15 mars 2012, n° 11-12.116.

876. Sur le plan pénal, une condamnation pour blessures involontaires, voire pour mise en danger d'autrui, est encourue quand une prescription particulière du Code du travail vient préciser par voie réglementaire l'obligation générale d'information et de formation prévue par les articles L. 4141-1 et L. 4141-2[1]. Caractérise une obligation particulière de prudence et de sécurité « *celle qui impose un modèle de conduite circonstanciée précisant très exactement la conduite à avoir dans telle ou telle situation* »[2]. Dans ce contexte, la formation à délivrer au salarié doit être d'autant plus précise et appropriée, ce que vérifie le juge en cas de litige[3]. Ainsi, si la formation doit être pratique et de préférence au poste de travail, elle ne peut pas se réduire à une formation « *sur le tas* ». L'article R. 4323-3 du Code du travail prévoyant une obligation particulière de formation à l'utilisation ou la maintenance des équipements de travail, l'employeur doit pouvoir apporter la preuve d'une action de formation consacrée spécifiquement à l'utilisation et la maintenance de ces équipements : « *L'expérience acquise par le salarié de ses collègues ne pouvait s'analyser comme une formation spécifique* »[4].

877. De même, l'article R. 4141-13 du Code du travail prévoyant que la formation relative aux conditions d'exécution du travail doit porter sur les comportements et les gestes les plus sûrs ainsi que sur les modes opératoires et le fonctionnement des dispositifs de protection, une telle formation n'est pas assurée quand il apparaît qu'un travailleur temporaire n'a reçu que des « *explications sommaires quant au fonctionnement* » du matériel à utiliser. Les qualités professionnelles attendues de l'intérimaire, telles que transmises à l'entreprise

---

1. Une obligation particulière étant entendue comme celle qui définit la conduite à tenir dans une situation déterminée (D. Caron et C. Carbonaro, *JCP Pénal* fasc. Art. 223-1 et 223-2 n° 13 et 18). Dans un arrêt du 21 juin 2022, la Cour de cassation a en revanche cassé l'arrêt de la cour d'appel ayant condamné l'employeur pour blessures involontaires après avoir constaté que le salarié victime d'un accident au cours d'une manœuvre dangereuse à bord d'un navire de pêche n'avait bénéficié d'aucune formation pratique et appropriée à la sécurité. Pour la Cour, le délit de blessure involontaire prévu par l'article 222-20 du Code pénal étant conditionné à la violation délibérée d'une obligation particulière de sécurité et de prudence prévue par la loi ou le règlement, il ne peut être retenu au visa des articles L. 4141-1 et L. 4141-2, lesquels ne fixent que des obligations générales de formation et de prudence (Cass. crim., n° 21-85.691).

2. « De la mise en danger d'autrui », *D.* 1994, chron. p. 153.

3. Cass. crim., 25 avril 2017, n° 14-84.355, *Bull. crim.* 2017, n° 118.

4. Cass. crim., 21 janvier 2020, pourvoi n° 18-87109. Cas d'un conducteur d'engins blessé lors de la maintenance d'un tapis de convoyage, n'ayant suivi aucune formation sur la machine, ses dangers et la conduite à tenir en cas de panne, seuls d'anciens salariés lui ayant montré comment faire lors de son embauche. L'employeur ne pouvait se retrancher derrière le fait qu'il n'existait pas d'obligation de formation par un organisme extérieur ni qu'une formation à la sécurité peut être délivrée par des salariés de l'entreprise déjà formés.

de travail temporaire, ne peuvent exonérer la société utilisatrice de ses obligations. Pour les juges, cette absence de formation suffisante a directement concouru à la réalisation du dommage et la condamnation pénale pour blessures involontaires est justifiée[1].

878. La traçabilité des formations et de leur nature ainsi que la justification qu'elles ont bien été délivrées sont donc particulièrement importantes en cas de litige dès lors qu'elles sont de nature à démontrer le respect ou non-respect par l'employeur de son obligation de sécurité.

Encadré 89 : Formation au poste de travail, AFEST et formation « sur le tas »

La formation à la sécurité a tout intérêt à se passer au poste de travail et peut même aujourd'hui prendre la forme d'une « action de formation en situation de travail (AFEST) ». Pour autant, formation pratique et AFEST ne s'improvisent pas et ne sont nullement synonymes de formation « *sur le tas* ».

La reconnaissance légale par le droit de la formation professionnelle des AFEST est adossée à une véritable ingénierie pédagogique encadrée réglementairement. L'AFEST est une modalité de transmission de compétences sur le poste de travail par un formateur ou un tuteur interne ou externe au profit d'un ou plusieurs salariés.

Aux termes de l'article L. 6313-2 du Code du travail, une action de formation est un parcours pédagogique permettant d'atteindre un objectif professionnel concourant au développement des compétences. Elle peut être réalisée en tout ou partie à distance ou en situation de travail. Dans ce cas, l'action de formation doit prévoir :

« *1° L'analyse de l'activité de travail pour, le cas échéant, l'adapter à des fins pédagogiques ;*

2° La désignation préalable d'un formateur pouvant exercer une fonction tutorale ;

3° La mise en place de phases réflexives, distinctes des mises en situation de travail et destinées à utiliser à des fins pédagogiques les enseignements tirés de la situation de travail, qui permettent d'observer et d'analyser les écarts entre les attendus, les réalisations et les acquis de chaque mise en situation afin de consolider et d'expliciter les apprentissages ;

4° Des évaluations spécifiques des acquis de la formation qui jalonnent ou concluent l'action. »

L'AFEST implique donc des moyens techniques et humains ainsi que des ressources pédagogiques[2], des informations sur l'organisation du parcours accessibles aux bénéficiaires[3], la justification de la réalisation de l'action par celui qui la dispense par tout élément probant[4].

1. Cass. crim., 28 février 2017, n° 15-87.260.
2. Article R. 6313-1 du Code du travail.
3. Article R. 6313-2 du Code du travail.
4. Article R. 6313-3 du Code du travail.

879. Dans le même esprit, la remise d'une fiche d'information au travailleur avant l'accident ne peut constituer la formation pratique appropriée exigée par la loi[1]. Il en va de même si la formation donnée aux travailleurs sur les précautions à prendre pour l'intervention dans une cuve contenant des produits toxiques et des acides, en particulier la nécessité de porter un appareil respiratoire, s'avère inadéquate[2] ou quand un intérimaire est affecté à un poste de travail présentant des risques particuliers – une presse à clavette – alors qu'il a été engagé la veille de son accident[3].

880. La Cour de cassation a également confirmé la condamnation de l'employeur pour blessures involontaires dans les cas suivants :

- Avoir omis d'organiser une *formation pratique et appropriée* en faveur d'un travailleur blessé en introduisant la main par un panneau latéral de la presse, normalement fixé par un écrou. La victime avait reçu une formation « *sur le tas* » et travaillait sur cette presse depuis le début de son embauche. Une copie du règlement intérieur définissant les obligations des travailleurs était remise lors de la signature du contrat de travail et une notice sur le mode opératoire de la presse mentionnait que toute intervention nécessitait son arrêt total par l'intermédiaire d'un bouton d'arrêt d'urgence mais la poudre de chlore ambiante rendait l'écriture des affichages illisible en quelques jours. Il était ainsi établi que la victime n'avait reçu aucune formation réelle et que cette absence de formation et de consignes précises expliquait son comportement[4].
- Ne pas avoir pris les mesures nécessaires à la formation d'une salariée accidentée, embauchée en qualité d'emballeuse puis réaffectée à l'atelier d'assemblage à la suite d'une baisse d'activité de l'entreprise. Le chef d'atelier lui a demandé de travailler sur la machine de découpe des onglets pour rectifier les coupes ratées à l'assemblage. Il s'est absenté un moment après lui avoir montré rapidement le mode opératoire, lui demandant de poursuivre seule le travail. La main droite de la salariée a été happée par la scie à onglet. Le juge retient que la formation donnée à cette salariée

---

1. Cass. crim., 10 oct. 2000, n° 99-87.611.
2. Cass. crim., 16 janv. 2001, n° 00-82.402.
3. Cass crim., 1er févr. 2005, n° 04-82.788.
4. Cass. crim., 28 févr. 2006, n° 05-83.602. L'arrêt vise l'ancien article R. 231-36 du Code du travail, devenu R. 4141-13, qui prévoit une obligation particulière de formation à la sécurité relative à l'exécution du travail ayant pour objet « *d'enseigner au salarié, à partir des risques auxquels il est exposé, les comportements et les gestes les plus sûrs en ayant recours, si possible, à des démonstrations, de lui expliquer les modes opératoires retenus s'ils ont une incidence sur sa sécurité ou celle des autres salariés, de lui montrer le fonctionnement des dispositifs de protection et de secours et de lui expliquer les motifs de leur emploi. Cette formation doit s'intégrer dans la formation ou les instructions professionnelles que reçoit le salarié ; elle est dispensée sur les lieux du travail ou, à défaut, dans les conditions équivalentes* ».

était insuffisante et ne constituait pas la formation *pratique et appropriée* prévue par le Code du travail[1].

– Ne pas avoir respecté la notice d'utilisation d'une nacelle élévatrice prescrivant la présence de deux opérateurs formés. Louée pour remplacer des lampes dans un hall de stockage, la nacelle était manœuvrée par le travailleur depuis la plateforme de cette dernière en position haute. Il a ordonné son déplacement en tournant le dos au sens de la marche et a été victime d'un accident mortel. La victime et l'intérimaire recruté pour la circonstance pour l'assister n'avaient suivi aucune formation spécifique à la sécurité et à l'utilisation de ce type d'appareil, ce qui n'a pas permis au travailleur accidenté de « *se rendre compte du péril qu'il y avait à déplacer la nacelle en tournant le dos au sens de la marche de l'engin* »[2].

– Ne pas avoir fait bénéficier un cariste, salarié intérimaire affecté à un poste à risque, de la formation à la sécurité requise, le contenu de la formation dispensée n'ayant été ni formalisé ni validé par la direction de l'entreprise et son accident résultant d'une méconnaissance du mode opératoire. La victime a été accidentée alors qu'elle chargeait sur un chariot élévateur un outil de presse de 300 kg. Elle est intervenue, comme elle l'avait déjà fait à plusieurs reprises, en raison d'un « changement de planning de production de dernière minute » et avait reçu une formation insuffisante à la sécurité de la part d'un autre salarié intérimaire lui-même insuffisamment formé[3].

881. Il ressort de toutes ces décisions qu'il ne suffit pas que des consignes soient écrites. Il faut encore s'assurer qu'elles sont à jour, effectivement portées à la connaissance des intéressés, connues et comprises d'eux dès leur embauche ou leur mutation et surtout applicables, compte tenu par exemple des contraintes de délai ou cadences imposées par ailleurs par la production. Le juge privilégiant la finalité de la formation, il exerce un contrôle de son effectivité d'autant plus rigoureux que ses conditions de délivrance apparaissent, après coup, insuffisantes et que les carences constatées ont joué un rôle déterminant dans la survenue du dommage. Il s'ensuit que l'employeur a tout intérêt à rester maître du contenu des achats de formations auxquels il se livre et des modalités de leur déroulement lorsque celles-ci sont dispensées par un organisme extérieur.

1. Cass. crim., 30 mars 2005, n° 04-85.720.
2. Cass. crim., 15 janv 2008, n° 07-80.800.
3. Cass. crim., 5 novembre 2013, n° 12-85.193.

7.3.3 L'angle mort du *non-réglé* et de l'imprévu, pallié par le développement des compétences

882. Sur le plan légal, il n'est pas nécessaire d'attendre qu'un décret instaure une obligation particulière de formation pour mettre en place des mesures de prévention conformes aux articles L. 4121-1 et L. 4121-2, dont des actions de formation. Les TMS et les RPS, plus récemment encore le Covid-19, sont des exemples topiques de sujets nécessitant des formations à la santé et à la sécurité alors que ces risques ne sont régis par aucun décret spécifique.

883. À l'échelle de l'entreprise, le fait qu'un travailleur soit formé ne signifie pas qu'il possède la maîtrise méthodologique ou l'expertise opérationnelle qui sont le propre des travailleurs dotés d'une très longue expérience les mettant en capacité de faire face à toutes les situations prévisibles. De plus, même lorsqu'ils sont dotés d'une telle expérience, les travailleurs formés au respect de consignes applicables en mode nominal ou en cas d'anomalie prévisible peuvent eux aussi se trouver confrontés à des situations imprévues. Aucune obligation de formation particulière ne vise ce type de situations, par nature difficiles à scénariser et pourtant redoutées par les entreprises dites à *risques*[1].

884. C'est pourquoi, indépendamment des actions de formation obligatoires, des démarches s'écartant du format traditionnel de la formation tentent de développer ou renforcer la capacité des travailleurs – et plus généralement des collectifs de travail – à interpréter les événements imprévus et y faire face pour garder la maîtrise des situations de travail. On parle d'*approches développementales*, d'*organisations capacitantes*, *apprenantes* ou encore *résilientes* pour désigner les démarches promouvant un environnement de travail contribuant au développement des compétences et propices au besoin à la gestion de crises (réactions, prises de décision, etc.). Ce faisant, le développement des compétences professionnelles participe non seulement à la fiabilité du système ou de l'organisation mais aussi à la construction de la santé au travail des salariés (sentiment de maîtriser la situation), qui détermine à son tour la capacité à rester dans l'emploi avec l'âge. Dans une telle démarche, la formation professionnelle et la formation à la santé au travail sont indissociées.

1. De telles situations sont au-delà de celles au titre desquelles l'employeur est tenu de former les travailleurs sur la conduite à tenir en cas d'accident ou de sinistre (art. R. 4141-3), lesquelles renvoient à des situations où la nature de l'accident ou du sinistre potentiel ont déjà été identifiés et ont donc pu faire l'objet d'une préparation.

7.4 Le passeport de prévention

885. L'absence de lisibilité résultant de la sédimentation d'obligations de formation nombreuses et cloisonnées a généré, d'un côté une redondance de certaines actions, de l'autre des carences formatives manifestes dans certains domaines. Afin d'assurer une traçabilité des formations suivies et la consolidation d'une montée en compétences relevant d'une véritable logique de parcours professionnalisant, la loi du 2 août 2021 a introduit le passeport de prévention. Celui-ci contient les attestations, certificats et diplômes tirés de l'ensemble des formations en santé au travail que l'employeur a dispensées à son initiative ou que le travailleur a suivies de son propre chef. L'employeur peut y accéder avec l'accord du travailleur afin de pouvoir assurer un suivi des obligations de ce dernier (renouvellements, etc.) et d'adapter les contenus des nouvelles actions en fonction de ses acquis. Ce passeport est intégré au passeport d'orientation, de formation et de compétences quand il existe[1], ce qui tend à faire des acquis de la formation en santé au travail une véritable compétence professionnelle valorisable.

886. Un décret du 29 décembre 2022[2] porte approbation de la délibération du comité national de prévention et de santé au travail qui détermine les modalités de mise en œuvre du passeport de prévention et de sa mise à disposition de l'employeur[3] (*cf.* encadré 90).

Encadré 90 : Les modalités de mise en œuvre du passeport

Les partenaires sociaux membres du CNPST ont été amenés par la loi du 2 août 2021 à proposer « *les modalités de mise en œuvre du passeport prévention et de sa mise à disposition de l'employeur* ». Ils ont retenu les orientations suivantes :

1/ Le passeport de prévention devra rester un outil au service des employeurs et des salariés ; il doit faciliter la circulation entre eux de l'information sur les formations suivies, les compétences acquises et les certificats obtenus. Dans cette logique, le passeport ne doit pas :

– être un moyen de contrôle des compétences des salariés ;

– constituer un prérequis obligatoire à tout recrutement des salariés ;

1. Article L. 6323-8. À ce titre la Caisse des dépôts et consignations (CDC) assure la gestion du passeport de prévention.

2. Décret n° 2022-1712 du 29 décembre 2022 relatif à l'approbation de la délibération du comité national de prévention et de santé au travail du conseil d'orientation des conditions de travail fixant les modalités de mise en œuvre du passeport de prévention et de sa mise à la disposition de l'employeur.

3. Selon le III de l'article 1 du décret, le salarié peut donner son accord pour un accès, total ou partiel, par son employeur, au passeport le concernant, ou lui refuser cet accès. Les modalités de cet accord et les conditions de cet accès sont précisées par arrêté du ministre chargé du travail.

– avoir pour finalité d'être un outil de contrôle des formations dispensées par l'employeur ;

– l'employeur reste libre de garder les supports qu'il utilise actuellement pour justifier de la réalisation des formations en cas de contrôle ;

– être confondu avec les droits du salarié attachés au CPF même s'il est intégré dans le même système d'informations. L'utilisation des droits CPF acquis par les salariés reste à l'unique appréciation de ces derniers.

2/ Au titre des articles L. 4141-5 et L. 4111-5 du Code du travail, le passeport de prévention vise les travailleurs et les demandeurs d'emploi. Il est un outil géré par le salarié, c'est à ce dernier d'apprécier ce qu'il rend consultable/communicable par un employeur ou son délégataire :

– pour optimiser la visibilité de l'employeur sur les formations qu'il a dispensées ou fait réaliser par un organisme de formation, l'employeur pourra activer un espace dédié d'information auquel seul lui ou son délégataire pourra accéder ;

– lorsqu'une formation est assurée par un organisme de formation externe à l'entreprise, cet organisme alimente le passeport du titulaire pour la formation qu'il aura assurée. Cette alimentation portera notamment sur l'attestation de suivi de formation, ou le cas échéant sur le certificat de réussite ;

– pour les formations débouchant sur une certification, l'alimentation par l'organisme certificateur du passeport d'orientation, de formation et de compétences du salarié entraînera l'alimentation, par ricochet, du passeport de prévention.

3/ Le périmètre du contenu du passeport de prévention est composé notamment des attestations, certificats et diplômes dispensés en interne au sein de l'entreprise, y compris par le biais d'organisme de formation. Ils permettent de s'assurer de la bonne réalisation de la formation dans les conditions fixées par le Code du travail ou garanties par tout autre dispositif de validation.

4/ Le passeport doit se développer de façon progressive et intégrer dans un premier temps les formations transférables aisément d'une entreprise à une autre, ce qui vise les formations en santé-sécurité visées par le Code du travail (amiante, travaux sous tension, travaux en hauteur, travaux hyperbares, appareils de levage ou équipement de travail mobile automoteur…), réalisées par des organismes de formation externes ou en interne par l'entreprise, et les « formations non réglementées avec objectif précisé par la réglementation pour des postes qui nécessitent l'habilitation par l'employeur » (CACES, risque pyrotechnique) mais pas l'habilitation elle-même.

Dans un objectif de rationalisation/optimisation de la formation professionnelle, l'attestation susvisée doit permettre, lorsque le travailleur le souhaite, de renseigner le nouvel employeur afin de lui permettre d'adapter les formations à mettre en œuvre, en tant que de besoin.

7.5 L'éducation à la santé

887. On a pu voir (*cf. supra* 2.4.1.5) qu'un des enjeux du rapprochement de la santé publique et de la santé au travail réside dans l'accroissement de la capacité des personnes à adopter des pratiques propices à la préservation de leur santé. Cette forme de responsabilisation des individus suppose une bonne compréhension des déterminants de leur santé et des leviers sur lesquels ils ont prise pour « agir en santé ». Un effort pédagogique important s'avère donc nécessaire, qui dépasse les notions de formation à la santé et sécurité aux risques du travail et relève plus généralement de l'éducation en santé. C'est à ce titre que les actions de sensibilisation peuvent être déployées dans l'entreprise pour passer des messages de prévention qui dépassent son seul périmètre et trouvent des prolongements dans toutes les périodes de la vie (lutte contre la sédentarité, alimentation, vaccination, dépistage, etc.).

888. La pandémie de Covid-19 a mis en évidence l'importance de la pédagogie et d'une doctrine de prévention audibles pour obtenir un niveau d'adhésion et de respect des consignes sanitaires qui ne reposent pas uniquement sur leur caractère obligatoire et le risque de sanction des inobservations. La compréhension des caractéristiques du virus et de ses moyens de propagation était une condition essentielle de l'observance volontaire et donc efficace de la mesure.

889. En conclusion :

- La formation en santé au travail vise à agir sur le comportement du travailleur, c'est-à-dire sur le volet humain du triptyque « Technique/Organisation/Personne » (TOP) (examiné *supra* 5.2). Mais ce volet ne peut être dissocié du contexte technique et organisationnel dans lequel ce comportement s'inscrit.
- Dès lors, toute formation disjointe restera théorique, c'est-à-dire coupée des réalités du travail de l'opérateur et inopérante au moment où ce qui a été appris devra être mobilisé.
- C'est pourquoi la formation pratique est une formation ancrée sur l'environnement habituel du travailleur, l'organisation dans laquelle il évolue, les équipements qu'il utilise habituellement, etc.
- Idéalement, si le travail en prévention est le résultat d'un compromis soutenable entre sécurité et productivité, la formation doit oser aborder la gestion de ce compromis (acceptabilité, soutenabilité) et ne pas porter sur la santé et sécurité en tant qu'objet séparé mais être incorporée à la formation professionnelle et au geste métier.

CHAPITRE 8

PRÉVENTION ET SUIVI DE LA SANTÉ : DE L'APTITUDE INDIVIDUELLE À LA SANTÉ DU COLLECTIF

890. Instituée et organisée par la loi du 11 octobre 1946, la médecine du travail n'a connu dans un premier temps comme seul acteur que le médecin du travail jusqu'à la loi de modernisation sociale du 17 janvier 2002[1] et son décret d'application, à l'origine de la création des services de santé au travail, lesquels ont introduit la pluridisciplinarité dans la pratique de la médecine du travail[2].

891. Cette pluridisciplinarité a été renforcée par la loi du 20 juillet 2011[3], avec l'arrivée de nouveaux auxiliaires autour du médecin du travail, tels les collaborateurs médecins[4], les infirmiers, les intervenants en prévention des risques professionnels (IPRP), les psychologues, les assistants sociaux.

892. L'objectif poursuivi est d'enrichir et de diversifier les compétences en matière de santé au travail, pour mieux appréhender le travail tel qu'il est concrètement exécuté par le salarié, tout en permettant aux services de santé d'accomplir leur mission première de préservation de la santé physique et mentale des travailleurs, par des actions de prévention primaire, « *en privilégiant des actions collectives pour tous les salariés, adaptées à leur situation de travail et des suivis individuels mieux*

1. Loi n° 2002-73 du 17 janvier 2002 de modernisation sociale.
2. En conformité avec les exigences de la directive-cadre n° 89/391 CEE du 21 juin 1989.
3. Loi n° 2011-867 du 20 juillet 2011 relative à l'organisation de la médecine du travail.
4. Médecins dont le diplôme universitaire leur permet d'exercer au sein d'un service de santé sans avoir la qualité de médecin du travail.

adaptés aux besoins et aux connaissances scientifiques »[1]. Une logique globale de santé au travail est dès lors dessinée et fondée sur deux piliers : l'action en milieu de travail au bénéfice de la communauté de travail de l'entreprise et le suivi individuel de la santé des salariés. Il s'agit « d'*appréhender l'ensemble des facteurs pouvant avoir des conséquences sur la santé des salariés, tant d'un point de vue collectif qu'individuel* »[2].

8.1 Une organisation de la médecine du travail enrichie et recentrée sur la prévention primaire et l'effectivité des services rendus

893. Pour atteindre cet objectif, chaque employeur est tenu d'organiser un service de santé au travail, qui est propre à son entreprise si son effectif atteint ou dépasse cinq cents salariés (service de santé au travail autonome[3]) ou en adhérant à un service de santé au travail interentreprises.

894. Et c'est à l'employeur ou au président du service interentreprises de s'assurer, notamment, que le médecin du travail consacre le tiers de son temps[4] aux actes qui lui permettent d'accomplir sa mission de prévention primaire, à savoir ses actions en milieu de travail que sont :
- la visite des lieux de travail ;
- l'étude des postes en vue de l'amélioration des conditions de travail ;
- l'identification et l'analyse des risques professionnels auxquels les travailleurs sont exposés ;
- l'élaboration et la mise à jour de la fiche d'entreprise sur laquelle figurent les risques professionnels et les effectifs de salariés qui y sont exposés ;
- la délivrance de conseils en matière d'organisation des secours, la formation aux risques spécifiques.

895. Faisant suite à l'accord national interprofessionnel sur la santé au travail signé par les partenaires sociaux le 9 décembre 2020, la loi du 2 août 2021pour renforcer la prévention en santé au travail assigne aux « *services de prévention et de santé au travail* » (SPST) de nouvelles missions. Désormais, ils :
- « *contribuent à la réalisation d'objectifs de santé publique afin de préserver, au cours de la vie professionnelle, un état de santé du travailleur compatible avec son maintien en emploi ;*

---

1. Circulaire DGT/ n° 13 du 9 novembre 2012 relative à la mise en œuvre de la réforme de la médecine du travail et des services de santé au travail.
2. Circulaire DGT, *op. cit.*
3. Articles D. 4622-5 à D. 4622-8 du Code du travail.
4. Article R. 4624-4 du Code du travail : le tiers temps comporte au moins 150 demi-journées de travail effectif par an pour un médecin à temps complet.

- *apportent leur aide à l'entreprise, de manière pluridisciplinaire, pour l'évaluation et la prévention des risques professionnels ;*
- *accompagnent l'employeur, les travailleurs et leurs représentants dans l'analyse de l'impact sur les conditions de santé et de sécurité des travailleurs des changements organisationnels importants dans l'entreprise ;*
- *participent à des actions de promotion de la santé sur le lieu de travail, dont des campagnes de vaccination et de dépistage, des actions de sensibilisation au bénéfice de la pratique sportive et des actions d'information et de sensibilisation aux situations de handicap au travail, dans le cadre de la stratégie nationale de santé prévue à l'article L. 1411-1-1 du Code de la santé publique* »[1].

896. Pour mettre fin à l'hétérogénéité des prestations proposées par les services de santé sur le territoire et garantir l'accès à un service de qualité, en particulier aux TPE/PME qui sont démunies de ressources internes, la loi du 2 août 2021 prévoit que chaque service de prévention et de santé au travail doit assurer aux entreprises une « *offre socle* » de nature à couvrir l'intégralité des missions légales.

897. La liste des services exigés et leurs modalités ont été définies, de façon détaillée, par une délibération du comité national de prévention et de santé au travail[2], laquelle a fait l'objet d'une approbation par décret[3]. Selon le comité national, il s'agit de « *définir une offre de proximité, systématique et effective* » qui ne doit nullement être remise en cause ou conditionnée, ni par les missions générales de santé publique, ni par une offre complémentaire, l'offre socle de services ne se substituant pas davantage aux obligations de l'employeur.

898. Au titre des relations des SPST avec les salariés, le comité précise notamment que le salarié doit être clairement informé de toutes les

1. Article 7 loi n° 2021-1018 du 2 août 2021 modifiant l'article L. 4622-2 du Code du travail.

2. Placé auprès du ministre du Travail, ce comité national est composé de représentants de l'État, de la Caisse nationale d'assurance maladie, de la caisse centrale de la mutualité sociale agricole, des organisations professionnelles d'employeurs représentatives au niveau national et interprofessionnel et des organisations syndicales de salariés représentatives au niveau national et interprofessionnel. Au sein du conseil national d'orientation des conditions de travail, le comité national de prévention et de santé au travail contribue à l'élaboration du plan santé au travail et des politiques publiques en la matière et à la coordination de ses acteurs. Il contribue également à la définition de la liste et des modalités de mise en œuvre de l'ensemble socle des services, ainsi qu'à la définition des indicateurs permettant d'évaluer la qualité des services. Il propose en outre les référentiels et les principes guidant l'élaboration du cahier des charges de certification des services de prévention et de santé au travail, ainsi que les conditions de mise à disposition par l'employeur du passeport de prévention prévu à l'article L. 4141-5 du Code du travail.

3. Décret n° 2022-653 du 25 avril 2022 qui renvoie plus précisément aux services exigés au titre de l'offre socle.

possibilités d'action du service, de manière individuelle ou collective, qu'il peut demander à tout moment à bénéficier d'un examen médical réalisé par le médecin du travail ou solliciter la cellule de prévention de la désinsertion professionnelle quand il anticipe un risque d'inaptitude.

899. En effet, le SPST comprend désormais une cellule pluridisciplinaire de prévention de la désinsertion professionnelle, animée et coordonnée par le médecin du travail, chargée de proposer des actions de sensibilisation, d'identifier les situations individuelles de désinsertion, de proposer des mesures et d'accompagner individuellement le travailleur éligible au bénéfice de ces actions[1].

900. S'agissant des relations avec les représentants du personnel, la délibération du comité rappelle que les représentants du personnel peuvent à tout moment prendre conseil auprès du médecin du travail et que ce dernier participe aux instances représentatives du personnel (CSE ou CSST) sur les questions de prévention[2].

901. Les services rendus par les SPST sont soumis à une double tarification : les services socles sont financés par une cotisation des entreprises calculée proportionnellement au nombre de travailleurs suivis comptant chacun pour une unité[3], avec un plafond fixé par décret ; les services complémentaires sont facturés de façon distincte sur la base d'une grille tarifaire fixée par les SPST eux-mêmes.

902. En dehors de l'agrément délivré pour cinq ans par l'autorité administrative[4], chaque service interentreprises fait également l'objet d'une procédure de certification par un organisme indépendant chargé de vérifier la qualité et l'effectivité des prestations fournies aux entreprises adhérentes et aux salariés[5]. Un décret fixe les référentiels et principes guidant l'élaboration du cahier des charges de certification des SPST[6]. Il sera attendu des services non seulement des indicateurs d'action mais aussi de résultat.

---

1. En 2018, l'ANACT (Agence nationale pour l'amélioration des conditions de travail) a lancé un appel à projets sur le maintien en emploi des personnes fragilisées par des problèmes de santé ou une situation de handicap qui a donné lieu à un cahier tirant les enseignements de ces expériences : améliorer les coopérations entre acteurs, favoriser le passage d'une action individuelle à une approche collective, compléter l'approche par la santé d'une approche par le travail, lier le maintien en emploi à la performance et à la qualité de vie au travail (dépêche AEF n° 677422 publiée le 11 août 2022).
2. Sur le rôle de la délégation du personnel, *cf.* chapitre 6.
3. Article L. 4622-6 du Code du travail.
4. Article L. 4622-6-1 du Code du travail. Cet agrément vise à s'assurer de la conformité des services de santé aux dispositions légales relatives aux offres de services à fournir aux entreprises et aux salariés.
5. Article L. 4622-9-3 du Code du travail.
6. Décret n° 2022-1031 du 22 juillet 2022 pris en application de l'article 11 de la loi du 2 août 2021.

8.2 Un suivi individuel de santé plus ciblé et adapté à la réalité

903. Outre les actions collectives en milieu du travail, le médecin du travail, assisté de son équipe, assure le suivi individuel de l'état de santé du travailleur, par l'organisation de visites médicales périodiques plus ou moins fréquentes selon l'exposition du salarié à des risques particuliers. L'intention première du législateur de 2011, confirmée en 2016, est de permettre un suivi plus ciblé, au plus près des risques réellement encourus par les travailleurs.

904. Les visites ont lieu sur les heures de travail ou sont rémunérées comme du temps de travail effectif y compris si les rendez-vous ne peuvent avoir lieu sur le temps de travail[1]. Les frais de transport pour se rendre au service de santé sont également pris en charge par l'employeur.

8.2.1 Un suivi allégé pour les travailleurs peu exposés : visites d'information et de prévention et visites périodiques

905. Faisant suite au rapport *Aptitude et médecine du travail* établi en mai 2015[2], la loi du 8 août 2016[3] a mis fin à la visite médicale d'embauche pour tous, pour la remplacer par la visite d'information et de prévention et ne maintenir une visite médicale d'aptitude que pour les salariés affectés à un poste présentant des risques particuliers pour leur santé ou leur sécurité ou celles des tiers évoluant dans leur environnement immédiat de travail.

906. En effet, aux termes de la mission « Issindou », « *la vérification systématique de l'aptitude, dont ni la pertinence médicale, sauf pour les postes de sécurité, ni la pertinence juridique ne sont établies, selon la mission, à l'occasion de l'ensemble des visites obligatoires, occupe la plus grande partie du temps médical, au détriment d'une surveillance de l'état de santé adaptée aux besoins des salariés et des actions du médecin du travail en milieu de travail. La notion d'aptitude est une notion floue qui soulève des difficultés pratiques. Elle ne figure pas dans la directive-cadre sur la protection de la santé et de la sécurité des travailleurs de 1989. Elle n'est pas définie par le Code du travail…* ».

1. Article R. 4624-39 du Code du travail.

2. Rapport rédigé par MM. M. Issindou (député de l'Isère) et C. Ploton (DRH du groupe Renault), Mme S. Fantoni-Quinton (professeur de médecine du travail) et M. H. Gosselin (inspecteur à l'IGAS).

3. Loi n° 2016-1088 du 8 août 2016 relative au travail, à la modernisation du dialogue social et à la sécurisation des parcours professionnels et son décret d'application du 27 décembre 2016.

907. L'objectif du législateur est donc d'assurer un suivi individuel du salarié plus adapté à sa situation propre, à la nature du poste qu'il occupe en abandonnant toute automaticité des visites, afin de dégager du temps médical au profit des salariés qui sont les plus exposés à des risques. « *Un suivi de santé plus ciblé, adapté aux risques réels et aux vulnérabilités, plutôt qu'éparpillé et universel a démontré son efficacité en santé publique*[1]. »

908. La visite d'embauche, qui était d'ailleurs très imparfaitement respectée et générait en conséquence des contentieux multiples, est désormais transformée en visite d'information et de prévention[2] réalisée dans le délai de trois mois à compter de l'entrée en fonction[3], par l'un des professionnels de santé habilités, à savoir, le médecin du travail ou un collaborateur médecin, un interne en médecine du travail ou encore un infirmier. C'est l'occasion pour le professionnel de santé de sensibiliser le travailleur sur les éventuels risques professionnels auxquels le poste de travail l'expose et, le cas échéant, de l'informer sur les moyens les plus adaptés de se protéger, en fonction de son propre état de santé.

909. À l'issue de la visite d'information et de prévention initiale, le professionnel de santé détermine le calendrier futur des visites périodiques d'information, en prenant en compte les conditions de travail, l'âge et l'état de santé du salarié ainsi que les risques auxquels il est exposé. Cette visite d'information et de prévention doit être renouvelée selon une périodicité qui ne peut excéder cinq ans.

910. Le travailleur se voit remettre une attestation de suivi par le professionnel de santé. Si aucune mesure individuelle d'aménagement de poste n'est recommandée par le médecin du travail dans un formulaire distinct, le salarié rejoint son poste.

8.2.2 Un suivi adapté pour les travailleurs le nécessitant

911. Certains travailleurs peuvent nécessiter un suivi individuel plus serré en raison soit de leur état de santé propre (handicap, invalidité), leur âge (notamment moins de 18 ans), leurs conditions de travail (travailleurs de nuit) ou les risques professionnels auxquels ils sont exposés[4].

---

1. Propos du professeur Fantoni-Quinton, *op. cit.*
2. Articles L. 4624-1 et R. 4624-10 à R. 4624-15 du Code du travail.
3. Le salarié est dispensé de cette visite s'il en a déjà bénéficié dans les 5 ans précédant son embauche et qu'il occupe un emploi identique présentant des risques équivalents, et qu'aucune mesure particulière d'aménagement de poste de travail n'a été émis sur cette période.
4. Articles L. 4624-2 et R. 4624-17 à R. 4624-21 du Code du travail.

912. Le médecin du travail établit un protocole de suivi et de périodicité de l'examen médical qui ne peut excéder trois ans.

8.2.3 Une surveillance renforcée pour les travailleurs exposés : visites d'aptitude

913. Les travailleurs occupant des postes à risques au sens de l'article R. 4624-23 du Code du travail[1] sont quant à eux soumis à une visite médicale d'aptitude préalablement à l'embauche, permettant de s'assurer qu'ils sont médicalement aptes à occuper le poste qui leur est proposé, c'est-à-dire que leur état de santé est compatible avec celui-ci, après avoir pris en considération tout risque grave d'atteinte à leur santé et sécurité ou à celles de leurs collègues ou des tiers évoluant dans leur environnement immédiat de travail[2]. Cette visite est assurée exclusivement par le médecin du travail qui s'attache à informer le salarié sur les risques encourus, les moyens de se protéger et recommande le cas échéant des aménagements de poste.

914. Comme pour les salariés relevant de la visite d'information et de prévention, le médecin du travail détermine la périodicité à laquelle la situation du salarié doit être à nouveau examinée, sans que cette périodicité ne puisse dépasser quatre années, outre une visite intermédiaire effectuée par un professionnel de santé dans le délai de deux ans.

915. Cet examen médical donne lieu à la délivrance d'un avis d'aptitude médicale au poste, lequel peut être contesté[3] par le salarié ou l'employeur devant le conseil de prud'hommes suivant une procédure dite « *accélérée au fond* » (*cf. infra* 8.4).

916. Pour ces travailleurs, la loi a prévu également un examen médical à la cessation de l'exposition à certains risques professionnels tels que mentionnés à l'article L. 4161-1 et avant leur départ en retraite, afin de vérifier, après un état des lieux des expositions professionnelles, la nécessité ou non de mettre en place un suivi médical post professionnel en lien avec le médecin traitant, tenant compte de la

1. Exposition à l'amiante, au plomb, agents cancérogènes, mutagènes ou toxiques pour la reproduction, mentionnés à l'article R. 4412-60, agents biologiques des groupes 3 et 4 mentionnés à l'article R. 4421-3, rayonnements ionisants, risque hyperbare, risque de chutes de hauteur lors des opérations de montage et de démontage d'échafaudages, autres risques complétés par l'employeur après avis du médecin du travail et du comité social et économique.

2. Article L. 4624-2, II du Code du travail ; R. 4624-22 à R. 4624-28-3 du Code du travail.

3. Tous les avis, propositions, conclusions écrites ou indications émis par le médecin du travail en application des articles L. 4624-2, L. 4624-3 et L. 4624-4 peuvent être contestés devant le conseil de prud'hommes.

nature du risque, de l'état de santé du salarié et de son âge[1]. Cet examen a également pour objectif de détecter de façon plus précoce les effets différés sur la santé de l'exposition aux risques pris en considération.

917. Les conditions de cette visite médicale de fin de carrière ont été précisées par un décret du 9 août 2021[2] dont les dispositions s'appliquent pour les travailleurs dont le départ ou la mise à la retraite est intervenu à compter du 1er octobre 2021.

8.2.4 Un examen médical après un arrêt de travail prolongé : visite de pré-reprise et visite de reprise

8.2.4.1 La visite de pré-reprise : ses enjeux médicaux

918. Cette visite est une faculté pour le salarié ayant fait l'objet d'un arrêt de travail de plus de trente jours. Il s'agit d'anticiper son retour en entreprise, de faire un premier point sur son état de santé et d'évaluer toutes les possibilités pour favoriser son maintien dans l'emploi, notamment par des recommandations du médecin du travail tels des aménagements de poste, voire un reclassement s'il existe un risque d'inaptitude, ou encore des formations professionnelles[3]. Cette visite de pré-reprise est donc organisée pendant l'arrêt de travail et dès que l'état de santé du salarié permet d'envisager une reprise de son activité professionnelle.

919. Si en principe, une telle visite n'a pas pour finalité de constater une éventuelle inaptitude, la jurisprudence a eu l'occasion de préciser que le médecin du travail peut constater une inaptitude après tout examen médical qu'il pratique et pas seulement à l'occasion d'une visite de reprise succédant à un arrêt de travail[4]. Ainsi, la Cour de cassation s'attache plus au libellé et au fond de l'avis qu'aux circonstances dans lesquelles cet avis a été rendu par le médecin du travail, mais en l'état, elle n'a statué que sur une inaptitude constatée lors d'une visite médicale en cours d'exécution du contrat de travail. Or, la question se pose de savoir si une telle inaptitude peut être constatée, alors que le salarié est encore en arrêt de travail et que la règlementation ne prévoit au cours de cette période qu'une visite de pré-reprise.

---

1. Article L. 4624-2-1 du Code du travail.
2. Articles R. 4624-28-1 à R. 4624-28-3 du Code du travail.
3. Articles R. 4624-29 et 30 du Code du travail issus du décret n° 2022-372 du 16 mars 2022.
4. Cass. soc., 11 décembre 2013, n° 12-16.536.

920. En tout état de cause, l'expérience montre que la véritable réussite du retour en entreprise après un arrêt maladie se joue non pas lors de la visite de reprise mais en amont, au stade de la pré-reprise : en effet, « *si la ou les visites de pré-reprise sont correctement menées, aux bons moments, avec les préconisations du médecin du travail adaptées lors d'une ultime visite de pré-reprise après échanges avec l'employeur, la visite de reprise n'aurait ensuite, en soit, qu'une portée juridique* »[1]. Cette approche axée sur l'anticipation suppose cependant un plus « *grand partage du processus de reprise du travail au sein des équipes pluridisciplinaires* »[2] et la nécessité de procéder à plus de délégations notamment aux infirmiers en santé au travail. Elle exige également une plus grande coordination et communication entre les différentes médecines (médecine de soins, médecine de prévention, médecine de contrôle[3]) et justifie une certaine porosité entre vie personnelle et vie professionnelle, dès lors que les contacts entre le salarié et l'employeur sont admis pendant l'arrêt de travail. La loi du 2 août 2021 permet d'ailleurs, à ce titre, l'organisation d'un rendez-vous de liaison entre l'employeur et le salarié pendant son arrêt de travail, pour faire un point sur les mesures possibles lors du retour en emploi (*cf. infra* 8.2.5).

Encadré 91 : Garder le contact avec le salarié : un exemple de protocole de retour en emploi

Maintenir le contact avec le salarié en arrêt de longue durée est une des conditions de réussite de son retour au travail mais est un exercice délicat car il doit être conduit dans le respect de la vie privé et du nécessaire repos dont il doit jouir durant la suspension de son contrat de travail. C'est particulièrement vrai lorsque l'arrêt maladie est consécutif à des risques psychosociaux (harcèlement ou burnout) et que les relations avec l'entreprise doivent être renouées avec précaution.

Un moyen d'organiser et sécuriser le maintien et le retour en emploi est de l'encadrer dans un protocole concerté avec les représentants du personnel, comme l'illustrent les extraits du dispositif d'une entreprise ci-dessous :

DISPOSITIF DE RETOUR EN ACTIVITÉ PROFESSIONNELLE APRÈS UNE ABSENCE DE LONGUE DURÉE

« *Un dispositif de préparation et d'accompagnement du retour des agents en absence de longue durée, notamment pour raisons de santé, est organisé. Outre le salarié intéressé, il implique de nombreux acteurs mais repose en particulier sur le responsable hiérarchique direct, garant de la faisabilité*

1. Prof. Sophie Fantoni, « Distinguer au sein du processus de reprise la fonction administrativo-juridique et la fonction médicale de la visite de reprise pour mieux la déléguer », *Archives des maladies professionnelles et de l'environnement*, 7 septembre 2022.
2. *Ibid.*
3. Sur la coordination des différentes médecines, *cf. infra* 8.6.

des mesures envisagées et de leur mise en œuvre effective. À ce titre, ce dernier est étroitement associé à toutes les étapes du dispositif.

Objectif du dispositif

L'objectif de ce dispositif est d'anticiper et de créer les conditions favorables à une reprise d'activité réussie, tant sur le plan personnel que professionnel, d'un salarié qui s'est trouvé éloigné de son emploi dans l'entreprise, dans les situations ci-dessous définies.

Champ d'application :

Deux situations principales sont identifiées :

1. Le retour en activité professionnelle après un ou plusieurs arrêts maladie d'une durée conséquente ;

2. Le retour consécutif à une décision individuelle d'un salarié (congé parental, formation, etc.).

Avant le départ :

Lorsque la date de départ du salarié est connue par avance, ou que la durée de l'absence est susceptible d'être prolongée ou que sa nature le justifie, le service RH propose un maintien du contact pendant l'absence à travers un questionnaire permettant de préciser les souhaits du salarié : contacts périodiques avec le service RH, avec le supérieur direct, maintien de la messagerie, de la ligne téléphonique portable, suspension de toute communication, désignation d'un interlocuteur référent dans l'entreprise, etc.

Le dispositif de retour :

Le dispositif de retour comporte deux volets : un volet de prise en charge par l'encadrement de l'entreprise et un volet de mobilisation, au choix du salarié, d'un membre du personnel qui sera son référent pour l'accompagner dans le déploiement du dispositif.

• Le volet de prise en charge par l'encadrement du salarié :

Pour préparer le retour du salarié, le correspondant du service des ressources humaines à sa disposition est : M. (Mme) X…

Lors d'une absence d'une durée significative (sur une ou plusieurs périodes), et en tout état de cause pour toute absence de plus de trois mois, la direction formalise un "Plan personnalisé de reprise d'activité professionnelles" (PRAP).

Ce plan est initié avant la date présumée de retour, si possible au moins trente jours avant. À cet effet, des réunions de préparation au retour sont organisées avec l'accord de l'intéressé, en présentiel ou distanciel, en associant au besoin toutes les personnes pouvant concourir à son succès. Le plan est en tout état de cause finalisé dans les 8 jours de reprise effective du salarié (et avant son retour en ce qui concerne le protocole de retour prévu au 1 ci-dessous).

Il comprend :

1. Le protocole de retour applicable le jour de la reprise de travail (accueil par le service RH, le responsable hiérarchique, etc.) ;

2. Les aménagements retenus pour adapter l'activité aux capacités réelles du salarié (nature des activités, reprise des dossiers, durée et aménagement du temps de travail, régulation de la charge de travail, adaptation de l'environnement physique et organisationnel, soutien à l'activité, durée et progressivité du dispositif) ;

3. La programmation de réunions régulières de suivi de la reprise donnant lieu le cas échéant à des réaménagements. Ces réunions donnent lieu à la rédaction d'un relevé de décision par le responsable hiérarchique pour retracer les éventuelles difficultés du salarié et les aménagements projetés.

Le PRAP prend en compte des effets potentiels du plan sur l'organisation de travail du service ou de l'atelier dans lequel exerce le salarié, en veillant en particulier, sur toute sa durée, à une répartition équilibrée de la charge entre les différents membres de l'équipe ; il intègre les conclusions de la visite médicale de reprise.

Le PRAP est élaboré par le service des ressources humaines, en lien avec le responsable hiérarchique du salarié, et validé par le chef d'établissement. Il est formellement clôturé lorsqu'il n'a plus lieu d'être et cette clôture est notifiée à l'intéressé. Le médecin du travail, l'assistante sociale et tout autre professionnel médical ou social utile peut être sollicité pour participer à l'élaboration du projet de PRAP.

Le CSE est informé périodiquement sur la mobilisation du dispositif.

• Le volet accompagnement par un élu du personnel ou un salarié :

En dehors du service RH, le salarié de retour peut mobiliser, selon son choix, un membre élu du CSE ou tout collègue de l'entreprise pour jouer le rôle de référent afin de faciliter la réintégration dans le travail.

– Le référent a un rôle d'écoute et de soutien auprès du salarié avec lequel il définit les modalités de suivi qui conviennent (point hebdomadaire ou mensuel, échange informel régulier…).

En fonction des besoins, et à la demande des intéressés (salarié concerné ou/et manageur), le référent peut avoir un rôle de relais entre l'équipe en charge du processus managérial (service RH ou service d'appartenance) et le salarié :

• Alerte du CSE et de l'équipe managériale, avec l'accord du salarié et en cas de difficultés rencontrées par celui-ci ;

• Participation aux réunions de suivi du plan arrêté ;

• Interpellation de l'équipe managériale en cas de difficultés ou d'inquiétude par rapport à la gestion de la situation du salarié.

– Le responsable hiérarchique du salarié référent est informé par le RH de sa désignation et permet le bon déroulement de sa mission, qui prend fin à la clôture du plan.

8.2.4.2 La visite de reprise : ses enjeux juridiques

921. Le retour en entreprise doit nécessairement être précédé d'une visite de reprise à l'issue d'un congé de maternité, d'une absence pour cause de maladie professionnelle, d'une absence d'au moins 30 jours pour cause d'accident du travail et de soixante jours pour cause de maladie ou d'accident non professionnel[1].

1. R. 4624-31 à R. 4624-33 du Code du travail issus du décret n° 2022-679 du 26 avril 2022.

922. Depuis le décret du 26 avril 2022, les visites de reprise peuvent être déléguées par le médecin du travail aux infirmiers en santé au travail, ce qui fait débat au sein du milieu médical[1].

923. Cet examen médical doit avoir lieu le jour de la reprise effective du travail et au plus tard dans les huit jours de celle-ci[2], à défaut, l'employeur engage sa responsabilité civile au titre de son obligation de sécurité[3]. Mais si l'absence de visite médicale procède d'une erreur des services administratifs et qu'elle n'a pas empêché la poursuite de la relation de travail pendant plusieurs mois, le manquement de l'employeur n'est pas suffisamment grave pour justifier la résiliation judiciaire du contrat aux torts de l'employeur[4].

924. Le délai restreint de huit jours à compter de la reprise du travail est un compromis entre la nécessaire protection de la santé et sécurité du travailleur qui reprend son poste à l'issue d'un long congé pour raison médicale ou de maternité et l'indispensable marge de manœuvre laissée à l'employeur pour l'organisation pratique et effective de cette visite. Celui-ci doit donc saisir son service de santé au travail, dès qu'il a connaissance de la date de la fin de l'arrêt de travail afin d'être en mesure de respecter le délai précité.

925. L'examen de reprise ne délivre pas une autorisation de reprise du travail, cette décision relève en effet du seul médecin traitant qui fixe la durée de l'arrêt de travail, lequel marque la fin de la prise en charge de la sécurité sociale[5]. L'examen de reprise relevant du

1. Le Conseil national de l'ordre des médecins a saisi en référé le Conseil d'État pour voir suspendre l'exécution du décret du 26 avril 2022 en arguant du fait que le nombre de médecins du travail diminuant, ils se trouveraient contraints de déléguer de plus en plus ces examens à des infirmiers sans aucune exigence de formation adéquate, alors que la formation spécifique prévue par l'article L. 4623-10 n'est pas encore définie par décret. La demande de suspension a été rejetée par le Conseil d'État qui a considéré qu'il revenait à chaque médecin du travail d'apprécier, au cas par cas, la mesure dans laquelle la formation et l'expérience d'un infirmier en santé au travail sont compatibles avec la délégation de certaines tâches. Depuis, le décret fixant les modalités de cette formation est paru le 21 décembre 2022.

2. Le texte ne le précise pas et la Cour de cassation ne s'est pas prononcée sur ce point, mais *a priori* ces huit jours sont calculés selon les règles des articles 640 à 642 du Code de procédure civile, de sorte que le délai qui expirerait normalement un samedi, un dimanche ou un jour férié ou chômé est prorogé jusqu'au premier jour ouvrable.

3. Cass. soc., 6 octobre 2010, n° 09-66140, *Bull.* V n° 222.

4. Cass. soc., 26 mars 2014, n° 12-35.040, *Bull.* V n° 87.

5. Dans le cas particulier d'une inaptitude consécutive à un accident du travail ou une maladie professionnelle, le salarié peut néanmoins recevoir des indemnités temporaires d'inaptitude versées par la Cpam entre la date de reconnaissance de l'inaptitude et celle de la mise en œuvre du reclassement ou du licenciement, pendant un délai maximum d'un mois tel que prévu à l'article L. 1226-11 du Code du travail (articles L. 433-1 et D. 433-2 à D. 433-8 du Code de la sécurité sociale).

médecin du travail constitue un avis sur une « *reprise adaptée* »[1] du travail, après vérification que le poste occupé est compatible avec l'état de santé du salarié, le cas échéant, moyennant des mesures d'aménagement de poste ou de reclassement. « *Cette visite est le passage obligé du salarié de la rive de la maladie à celle de l'aptitude*[2]. »

926. C'est la raison pour laquelle la jurisprudence constante considère que seule la visite de reprise, quand elle est exigible, met juridiquement fin à la suspension du contrat de travail dans les rapports entre l'employeur et le salarié, alors même que l'arrêt de travail indemnisé par les organismes de sécurité sociale a pris fin[3]. En effet, tant que la visite de reprise n'a pas eu lieu, le contrat ne peut reprendre son plein effet, y compris lorsque le salarié a été déclaré consolidé de son accident du travail[4]. La chambre sociale a également précisé que tant que la visite de reprise n'a pas été organisée par l'employeur, ce dernier ne peut se prévaloir d'une faute du salarié qui n'a pas rejoint son poste[5]. A même été jugé qu'à défaut de visite de reprise, le contrat de travail reste suspendu, peu important que le salarié ait repris son activité[6], ce qui relève à tout le moins d'une fiction juridique !

927. Il est donc indispensable pour l'employeur et le salarié de bien mesurer la portée juridique de la visite de reprise dans les relations contractuelles, non seulement eu égard aux droits et obligations qu'elle génère entre les parties, mais également au statut du travailleur qui en résulte à l'issue.

928. En effet et en tout premier lieu, cet examen s'impose au salarié qui ne peut refuser de s'y soumettre, sauf à commettre une faute, de nature à justifier un éventuel licenciement pour cause réelle et sérieuse[7], voire pour faute grave en cas de refus réitéré[8].

929. Inversement, en cas de carence dans l'organisation de cette visite qui incombe à l'employeur, la jurisprudence admet que le salarié puisse en prendre l'initiative, à la condition d'en avoir préalablement averti celui-ci. À défaut d'un tel avertissement de l'employeur, cette visite ne peut être qualifiée de visite de reprise et emporter ses effets juridiques[9].

1. Prof. S. Fantoni, *op. cit.*
2. Michel Blatman, Pierre-Yves Verkindt et Sylvie Bourgeot, *L'état de santé du salarié*, 3e éd., Liaisons, 2014, p. 572.
3. Cass. soc., 22 mars 1989, n° 86-43.655, *Bull.* V n° 235.
4. Cass. soc., 16 mai 2000, n° 98-42.942, *Bull.* V n° 180.
5. Cass. soc., 28 avril 2011, n° 09-40.487, *Bull.* V n° 99.
6. Cass. soc., 12 mars 2002, n° 99-42.934, *Bull.* V n° 88.
7. Cass. soc., 29 mai 1986, *Bull.* V n° 262.
8. Cass. soc., 29 novembre 2006, n° 04-47.302, *Bull.* V n° 361.
9. Cass. soc., 26 janvier 2011, n° 09-68.544 ; Soc., 12 décembre 2012, n° 11-30.312.

930. Le refus de l'employeur d'organiser l'examen de reprise constitue, par ailleurs, un manquement à son obligation de sécurité qui peut être sanctionné par des dommages et intérêts si le salarié justifie d'un préjudice, voire s'analyser en un licenciement[1]. En revanche, dès lors que le salarié est encore en arrêt de travail et ne manifeste pas sa volonté de reprendre son activité, ni ne demande l'organisation d'une visite médicale de reprise, l'employeur n'est pas tenu de l'organiser puisque la loi prévoit qu'elle a lieu lors de la reprise effective du travail[2]. Toutefois, un tempérament doit être apporté à ce principe, lorsque le salarié a fait l'objet d'un classement en invalidité deuxième catégorie et en a informé son employeur, sans manifester la volonté de ne pas reprendre le travail : la visite de reprise doit être organisée, peu important la poursuite des arrêts de travail[3]. Il s'agit de permettre aux parties au contrat de travail qui est resté suspendu, parfois de longs mois, de clarifier la situation juridique du salarié.

931. À l'issue de la visite de reprise et en cas de recommandations par le médecin du travail d'aménagements de poste, l'employeur, tenu d'une obligation de sécurité, doit non seulement les respecter[4] mais en assurer l'effectivité[5]. S'il les refuse ou est dans l'impossibilité de les mettre en œuvre, il doit faire connaître par écrit au travailleur et au médecin du travail les motifs qui s'opposent à ce qu'il y soit donné suite et en justifier. S'il en conteste le principe même, il peut exercer un recours devant le conseil des prud'hommes. Si c'est le salarié qui conteste la compatibilité du poste auquel il est affecté avec les recommandations du médecin du travail, il appartient à l'employeur de solliciter de nouveau l'avis du médecin du travail[6].

932. Lorsque l'examen de reprise donne lieu à un constat d'inaptitude médicale au poste de travail, le régime juridique y afférent s'ouvre, sans qu'un nouvel arrêt de travail ne puisse suspendre les droits du salarié à ce titre[7]. L'employeur doit donc se mettre en marche pour rechercher un reclassement et ne peut licencier le salarié pour inaptitude qu'à l'issue de recherches loyales et sérieuses et après avoir démontré l'impossibilité de reclasser l'intéressé ou encore le refus du salarié d'une proposition de reclassement bien que conforme à l'avis du médecin du travail (*cf. infra* 8.3.3).

1. Cass. soc., 12 janvier 1999, n° 97-40.835, *Bull.* V n° 376.
2. Cass. soc., 25 juin 2013, n° 11-22.370 ; 13 mai 2015, n° 13-23.606.
3. Cass. soc., 15 février 2011, n° 09-43.172, *Bull.* V n° 47 ; Cass. soc., 23 septembre 2020, n° 18-26.481.
4. Article L. 4624-6 du Code du travail.
5. Cass. soc., 23 septembre 2009, n° 08-42.629, *Bull.* V n° 189.
6. Cass. soc., 4 novembre 2021, n° 20-17.316.
7. Cass. soc., 30 novembre 2016, n° 14-17.746 ; 22 juin 2011, n° 10-14.499 ; 24 juin 2009, n° 08-42.618.

933. Enfin, l'examen de reprise conclu par un avis d'inaptitude constitue le point de départ du délai d'un mois à l'expiration duquel l'employeur doit reprendre le paiement des salaires, si le salarié n'est ni reclassé, ni licencié[1]. Ce faisant, le législateur a entendu inciter les employeurs à la célérité dans l'accomplissement de ses diligences[2], le salarié étant, sauf exception, privé de revenus sur cette période intercalaire. Cette obligation s'applique également en cas d'inaptitude à tout emploi dans l'entreprise constatée par le médecin du travail. Le salaire correspondant à l'emploi que le salarié occupait avant la suspension de son contrat et au paiement duquel l'employeur est tenu, comprend l'ensemble des éléments constituant la rémunération du salarié[3], sans qu'aucune déduction ne puisse être opérée sur la somme fixée forfaitairement[4]. Ainsi, l'employeur ne peut opérer de déduction des prestations de sécurité sociale perçues par le salarié, ni de la rémunération versée au titre d'un nouvel emploi[5].

934. Toutefois, cette reprise du paiement des salaires ne dispense nullement l'employeur de poursuivre ses recherches de reclassement[6].

8.2.5 Les autres visites et rendez-vous

935. Lorsqu'il anticipe un risque d'inaptitude et dans l'objectif de bénéficier d'un accompagnement personnalisé pour être maintenu dans un emploi, le travailleur peut solliciter une visite médicale dite « *à la demande* ». L'employeur et le médecin du travail peuvent également provoquer une telle visite[7].

936. D'autres visites sont également possibles : ainsi, le « *rendez-vous de liaison* »[8], qui n'est pas un rendez-vous médical, concerne les salariés en arrêt de travail de plus de 30 jours et permet un contact entre l'employeur et le salarié pendant son arrêt de travail. Ce rendez-vous a pour objet d'informer l'intéressé qu'il peut bénéficier d'actions de prévention de la désinsertion professionnelle, d'un examen de pré-reprise et de mesures individuelles d'aménagement de poste.

937. De même, la visite de mi-carrière[9] est réservée aux salariés âgés de 45 ans et permet de vérifier l'adéquation du poste de travail et de l'état de santé du salarié. Elle est donc réalisée par le médecin du travail qui, à cette occasion, peut proposer des aménagements de poste.

1. Articles L. 1226-4 et L. 1226-11 du Code du travail.
2. Cass. soc., 18 février 2015, n° 13-16.035.
3. Cass. soc., 5 décembre 2018, n° 17-18.170.
4. Cass. soc., 16 février 2005, n° 02-43.792.
5. Cass. soc., 22 juin 2011, n° 10-16.064 ; Cass. soc., 4 mars 2020, n° 18-10.719.
6. Cass. soc., 21 mars 2012, n° 10-12.068, *Bull.* V n° 100.
7. Article R. 4624-34 du Code du travail.
8. Article L. 1226-1-3 et R. 4624-33-1 du Code du travail.
9. Article L. 4624-2-2 du Code du travail.

938. La création de ces deux dernières visites étant toute récente, les praticiens et les intéressés que sont les entreprises et les salariés n'ont pas encore le recul pour en analyser la pertinence et les éventuelles difficultés de mise en œuvre.

8.3 L'inaptitude : une notion médicale restrictive relevant d'une qualification juridique précise

8.3.1 Les contours de l'inaptitude ou l'impossibilité d'aménager le poste

939. Tout d'abord, l'inaptitude doit être bien distinguée de l'invalidité, laquelle est une notion de sécurité sociale sans portée sur le contrat de travail.

940. En effet, au sens de la sécurité sociale, une personne est considérée comme invalide si après un accident ou une maladie d'origine non professionnelle, elle a perdu sa capacité de travail ou de gain d'au moins 66 %. Or, les personnes invalides sont classées en trois catégories : les invalides capables d'exercer une activité rémunérée ; les invalides absolument incapables d'exercer une profession quelconque ; les invalides incapables d'exercer une profession quelconque et se trouvant dans l'obligation de recourir à une tierce personne pour effectuer les actes ordinaires de la vie[1]. Ce classement est décidé par la Caisse primaire d'assurance maladie, sur avis conforme de son service médical qui effectue une appréciation de la capacité de l'intéressé à travailler dans l'absolu et non au regard du poste précis qu'il occupe à l'instar du médecin du travail. Pour compenser la perte de salaire liée à sa réduction de capacité, l'assuré perçoit une pension d'invalidité sous certaines conditions.

941. Ainsi, les deux régimes juridiques sont séparés et un salarié peut être déclaré apte ou inapte à son poste indépendamment de son degré d'invalidité reconnu par la CPAM. Si le salarié est classé en invalidité 2e catégorie, ce qui implique une incapacité absolue à l'exercice de toute activité professionnelle, la logique veut qu'il soit également inapte à occuper son poste. Or, il doit malgré tout être examiné par le médecin du travail puisque son invalidité ne met pas fin, de droit, au contrat de travail. La rupture des relations contractuelles ne peut donc intervenir que par un constat préalable de l'inaptitude de l'intéressé par le médecin du travail. C'est encore l'indépendance des régimes de sécurité sociale et du droit du travail qui exige ce

1. Articles L. 341-1 à L. 341-17 ; R 341-1 à R. 4341-6 du Code de la sécurité sociale.

double constat de la médecine de contrôle et de la médecine du travail qui ont des effets limités aux rapports juridiques dans lesquels elles s'inscrivent[1].

942. En tout état de cause, le Code du travail[2] pose un principe de prohibition de toute discrimination directe ou indirecte, à raison de l'état de santé du salarié : aucune personne ne peut être écartée d'une procédure de recrutement ou de l'accès à un stage ou à une période de formation en entreprise, aucun salarié ne peut être sanctionné, licencié ou faire l'objet d'une mesure discriminatoire, directe ou indirecte, en raison de son état de santé. Tout acte pris en méconnaissance de ce principe est nul. Or, le législateur précise que les différences de traitement fondées sur une inaptitude constatée par le médecin du travail ne constituent pas une discrimination lorsqu'elles sont objectives, nécessaires et appropriées[3]. La rupture du contrat de travail en lien avec l'état de santé du salarié ne peut donc intervenir qu'à l'issue d'un constat régulier de l'inaptitude médicale de l'intéressé par le médecin du travail, seul habilité par la loi à faire un tel constat.

943. Contrairement à l'invalidité et bien que sa portée juridique sur le contrat de travail soit majeure, l'inaptitude médicale ne fait pas l'objet d'une définition générale, applicable dans l'absolu, tant elle dépend des situations concrètes. En effet, il s'agit de vérifier la compatibilité de l'état de santé d'un salarié en particulier avec le poste contractuel qu'il occupe personnellement.

944. Mais la loi du 8 août 2016[4] qui a profondément réformé le régime de l'inaptitude a, pour la première fois, mieux fixé ses contours, notamment à travers la démarche à suivre par le médecin du travail pour la constater : « *Après avoir procédé ou fait procéder par un membre de l'équipe disciplinaire à une étude de poste et après avoir échangé avec le salarié et l'employeur, le médecin du travail qui constate qu'aucune mesure d'aménagement, d'adaptation ou de transformation du poste de travail occupé n'est possible et que l'état de santé du travailleur justifie un changement de poste (...)* »[5].

945. C'est donc une définition de l'inaptitude davantage par défaut puisqu'elle résulte de l'impossibilité pour le salarié en cause d'occuper son poste contractuel, même adapté ou transformé. Ainsi, tant qu'une possibilité d'aménagement de poste existe, l'inaptitude ne peut être constatée, ce qui exclut les notions d'inaptitude partielle ou temporaire, lesquelles ne relèvent d'aucun régime juridique. Soit le

1. Cass. soc., 23 septembre 2020, n° 18-24.481 ; 18 24.978.
2. Article L. 1132-1.
3. Article L. 1133-3 du Code du travail.
4. Loi n° 2016-1088 du 8 août 2016.
5. Article L. 4624-4 du Code du travail.

salarié est apte à occuper son poste avec ou sans aménagement, qu'il soit temporaire ou pas, soit il est inapte. L'inaptitude revêt donc un caractère totalement résiduel, ultime et définitif.

8.3.2 Une qualification juridique étroitement contrôlée pour un office du juge renouvelé

946. Encadrée par le Code du travail, l'inaptitude n'est donc pas qu'une notion strictement médicale mais relève également d'une qualification juridique précise, dès lors qu'elle ouvre un régime spécifique de droits et obligations entre les parties au contrat de travail.

947. Pendant de longues années, la chambre sociale de la Cour de cassation considérait qu'il n'appartenait pas aux juges de modifier le sens d'un avis du médecin du travail. Ainsi, un avis d'aptitude assorti de multiples réserves, même si celles-ci rendaient impossible l'accomplissement des obligations contractuelles, ne pouvait être transformé par les juges en avis d'inaptitude[1].

948. Le nouveau régime de l'inaptitude issu de la loi de 2016, sa définition par la loi et le transfert aux juges judiciaires du contentieux des avis, qui relevait jusqu'alors de la compétence des inspecteurs du travail et du juge administratif, a fait évoluer l'office du juge, désormais chargé de trancher tout litige sur les avis médicaux du médecin du travail, en y substituant sa propre décision[2].

949. Saisie de pourvois contre des décisions rendues en la matière par les juridictions prud'homales, la Cour de cassation a confirmé la définition de l'inaptitude depuis l'entrée en vigueur de la loi de 2016. À cette occasion, elle a également précisé l'office du juge. Est ainsi rappelé par la chambre sociale que le critère déterminant caractérisant l'inaptitude est la nécessité d'un changement de poste pour le salarié, à distinguer d'une simple transformation de poste. En conséquence, sont validées ou censurées les décisions des juges, en fonction de l'exacte application de ce critère[3]. À cette occasion, abandonnant sa précédente jurisprudence, la Cour de cassation admet qu'un avis d'aptitude puisse être requalifié par les juges en inaptitude et inversement.

950. Pour autant, la frontière entre ce qui relève des transformations de poste recommandées par le médecin du travail, de ce qui constitue un véritable changement de poste n'est pas toujours aisée

1. Cass. soc., 10 novembre 2009, n° 08-42674, *Bull.* V n° 253 ; Soc., 13 avril 2016, n° 15-10.400, *Bull.* V n° 75.
2. Mais à défaut de recours sans les délais contre le sens d'un avis du médecin du travail, cet avis s'impose aux parties comme au juge.
3. Cass. soc., 20 janvier 2021, n° 19-20.544 ; Soc., 24 mars 2021, n° 019-16.558.

à identifier en pratique et en particulier dans un monde du travail où se développe la polyvalence des missions. « *Dans un tel contexte, à partir de quand considère-t-on qu'une des tâches parmi les multiples tâches à effectuer est consubstantielle au poste et justifie un changement de poste lorsque le salarié ne peut plus l'accomplir, donc justifie un constat d'inaptitude*[1] ? »

951. L'analyse sera d'autant plus juste et adaptée à la situation en cause que le médecin aura fait une étude de poste approfondie et échangé utilement avec le salarié et l'employeur, afin de bien mesurer ce qu'exige comme tâches essentielles à accomplir le poste occupé. En cas de litige, cette analyse est désormais contrôlée par le juge judiciaire qui peut trancher, le cas échéant, à la lumière d'une expertise médicale confiée au médecin inspecteur territorialement compétent[2] (*cf.* 8.4).

8.4 Le constat de l'inaptitude : une procédure encadrée et des mentions à forte portée juridique

8.4.1 Des actes et diligences impératifs

952. La procédure de constatation de l'inaptitude est encadrée tant par le législateur que par des dispositions règlementaires : sont exigés au moins un examen médical de l'intéressé suivi d'un échange avec le salarié sur les mesures d'aménagement, d'adaptation ou de mutation de poste ou la nécessité de proposer un changement de poste le cas échéant, une étude de poste, une étude des conditions de travail dans l'établissement et un échange avec l'employeur[3].

953. L'étude de poste se fait en principe sur site pour une appréciation la plus précise et complète possible, mais en cas d'impossibilité matérielle[4], elle peut être le résultat d'un échange avec l'employeur et le salarié. Elle peut également être déléguée à un membre de l'équipe pluridisciplinaire du service de santé. Enfin, si certains salariés sont itinérants ou exercent à grande distance, y compris à l'étranger, un entretien téléphonique complet peut exceptionnellement tenir lieu d'étude de poste. Elle se fait donc par tous moyens.

1. Propos du Prof. S. Fantoni, *Grand entretien autour de la médecine du travail*, Cour de cassation, 20 juin 2022.
2. Article L. 4624-7 du Code du travail.
3. Article R. 4624-42 du Code du travail.
4. Quand il s'agit de salariés itinérants par exemple.

954. L'étude des conditions de travail dans l'entreprise prend en considération les différentes contraintes liées à l'environnement et à l'organisation, y compris collective du travail. Elle est donc indissociable de l'étude de poste, avec laquelle elle forme un tout.

955. Les échanges avec le salarié et l'employeur peuvent se faire à différents moments, au choix du médecin du travail. Ils ont lieu majoritairement en bilatéral et non en trilogue. Le médecin du travail joue un rôle central pour assurer la qualité des échanges et leur caractère complet et loyal afin de favoriser la bonne acceptation de la mesure et désamorcer les contentieux ultérieurs[1].

956. Ces différents actes préparatoires qui constituent la procédure de constatation de l'inaptitude sont indispensables dès lors qu'ils sont le support nécessaire de l'avis à rendre. Mais le médecin du travail dispose aussi d'autres sources d'informations précieuses, tant à travers le dossier médical de santé au travail, qu'à travers les échanges conduits au sein de son équipe pluridisciplinaire.

957. Avant d'émettre son avis, le médecin du travail peut, par ailleurs, être amené à consulter le médecin-inspecteur du travail pour conforter sa décision.

958. Lorsqu'il se prononce sur une inaptitude, le médecin du travail doit conformément à l'article L. 4624-4 du Code du travail éclairer « *son avis de conclusions écrites, assorties d'indications relatives au reclassement du travailleur* ». Ses conclusions écrites se prononcent sur « *les capacités du salarié à exercer l'une des tâches existantes dans l'entreprise* ». Le médecin « *formule également des indications sur la capacité du salarié à bénéficier d'une formation le préparant à occuper un poste adapté* »[2]. Ces mentions sont donc à distinguer de celles qu'il peut être amené à faire quand il considère que le salarié est apte à occuper son poste moyennant des aménagements du poste lui-même ou du rythme de travail.

959. Ces principes sont inspirés des arrêts du Conseil d'État prononcés avant le transfert du contentieux des avis du médecin du travail aux juges judiciaires. Ainsi, dans un arrêt du 1er août 2013, le Conseil d'État a jugé comme suit : « *Considérant qu'il résulte des dispositions précitées que le médecin du travail doit indiquer, dans les conclusions écrites qu'il rédige à l'issue des visites médicales de reprise, les considérations de fait de nature à éclairer l'employeur sur son obligation de proposer au salarié un emploi approprié à ses capacités et notamment les éléments objectifs portant sur ses capacités qui le conduisent à recommander certaines tâches en vue d'un éventuel reclassement dans*

1. Pour assurer la réussite de ces échanges, il est recommandé aux entreprises de communiquer les coordonnées précises et fiables de la personne physique à contacter, qui est le bon interlocuteur, qu'il s'agisse de l'employeur ou de son représentant légal.
2. Articles L. 1226-2 et L. 1226-10 du Code du travail.

l'entreprise ou au contraire, à exprimer des contre-indications ; qu'une telle obligation qui ne contraint pas le médecin du travail à faire état des considérations médicales qui justifient sa position, peut être mise en œuvre dans le respect du secret médical »[1].

960. L'avis d'inaptitude doit donc être précis et complet pour permettre sa bonne compréhension par l'employeur et le salarié ; s'il est rédigé de manière imprécise et lapidaire, il appartient à l'employeur de solliciter un nouvel avis[2]. L'employeur doit notamment demander des précisions au médecin du travail face à un avis d'inaptitude mentionnant « *inapte à son poste mais apte à un poste similaire dans un environnement de travail différent* »[3].

961. Les motifs explicitant l'avis médical d'inaptitude sont consignés dans le dossier médical en santé au travail du salarié, lequel est soumis au secret médical.

8.4.2 Des mentions qui dispensent du reclassement

962. Le médecin du travail a la faculté, le cas échéant, de mentionner expressément dans son avis d'inaptitude que « *tout maintien du salarié dans un emploi serait gravement préjudiciable à sa santé ou que l'état de santé du salarié fait obstacle à tout reclassement dans un emploi* ».

963. Ces deux mentions alternatives ont pour effet de dispenser l'employeur de rechercher un reclassement du salarié et de procéder directement à son licenciement pour inaptitude. Elles ont été introduites par la loi de 2016[4] pour contrer la jurisprudence de la Cour de cassation qui maintenait à la charge de l'employeur une obligation de rechercher un reclassement, y compris lorsque le médecin du travail précisait dans son avis que le salarié était inapte à tout emploi dans l'entreprise, la plupart du temps dans un contexte de harcèlement moral.

1. CE, 1er août 2013, n° 341604.
2. Cass. soc., 28 juin 2006, n° 04-47.672 ; 24 avril 2001, n° 97-44.104.
3. Cass. soc., 10 juillet 2019, n° 18-15.081 : rejet du pourvoi contre l'arrêt qui a relevé que l'employeur n'avait pas sollicité du médecin du travail des précisions sur les possibilités d'aménager ou d'adapter un poste afin qu'il corresponde à « un environnement différent » et en a déduit que l'employeur n'avait pas procédé à une recherche de reclassement sérieuse.
4. L'introduction de ces mentions est issue du rapport Issindou, *Aptitude et médecine du travail*, pour éviter des contentieux dans lesquels il est reproché à l'employeur de ne pas avoir recherché un reclassement alors même que le médecin du travail estime qu'il est impossible. La mention « inaptitude à tout emploi », « *très contestable sur le fond répond cependant à un vrai besoin des médecins du travail dans certaines situations pour lesquelles l'inaptitude a clairement une vertu thérapeutique et permet de soustraire le salarié à des conditions de travail qui menacent gravement sa santé, en l'absence de mutation possible sur un autre site de l'entreprise, particulièrement dans des pathologies liée à des risques psychosociaux* ».

964. On peut s'interroger cependant sur ce qui distingue ces deux mentions, la jurisprudence n'ayant pas encore donné de réponse sur ce point. Or, il ressort d'une enquête effectuée en 2018 auprès des médecins du travail, que tous n'ont pas la même compréhension de ce qu'elles recouvrent respectivement comme situations. L'une d'elle couvrirait les aspects physiologiques, alors que l'autre correspondrait davantage à une inaptitude en lien avec des risques psychosociaux. En tout état de cause, cette distinction n'est que formelle, les deux mentions disposant de la même portée juridique.

965. Au lendemain de la loi introduisant ces mentions, il y avait une certaine réticence des médecins du travail à les utiliser, compte tenu de leur portée à l'égard du salarié, y compris sur le plan psychologique[1]. Par ailleurs, l'usage d'une telle mention était considéré par certains comme une forme de transfert au médecin du travail de la responsabilité de la rupture du contrat[2].

966. Le débat était en outre ouvert sur le périmètre couvert par la mention, en particulier lorsque l'employeur appartient à un groupe de sociétés : l'exclusion du reclassement s'applique-t-elle dans la seule entreprise de l'employeur ou couvre-t-elle toutes les autres sociétés du groupe ?

967. La chambre sociale a apporté la réponse suivante : dès lors que l'avis d'inaptitude mentionne expressément que l'état de santé de la salariée fait obstacle à tout reclassement dans l'emploi, une cour d'appel en a exactement déduit que l'employeur était dispensé de rechercher et de proposer des postes de reclassement[3]. La portée de la mention s'étend donc à toutes les sociétés du groupe de reclassement.

968. La chambre sociale a également précisé qu'en présence d'une telle mention, l'employeur est dispensé de consulter pour avis les délégués du personnel (actuellement le CSE)[4] (*cf. infra* 8.5.2).

969. En tout état de cause, son usage par le médecin du travail doit être extrêmement rigoureux et exceptionnel, eu égard à sa portée juridique laquelle est frontalement contraire à l'intention et les principes fixés par la loi que sont le maintien du travailleur en emploi et la lutte contre la désinsertion professionnelle.

---

1. Sophie Fantoni-Quinton, *Grand entretien autour de la médecine du travail*, Cour de cassation, 20 juin 2022.
2. Valérie Lacoste-Mary (maître de conférence HDR, Université de Bordeaux, Directrice de l'Institut du travail de Bordeaux), « Des mains inutiles aux mains d'or : pour une refonte de la procédure de reconnaissance de l'inaptitude sur le poste de travail », *RDSS* 2020, p. 1188.
3. Cass. soc., 8 février 2023, n° 21-19.232, FS-B.
4. Cass. soc., 8 juin 2022, n° 20-22.500 ; Cass. soc., 16 novembre 2022, n° 21-17.255.

8.5 La portée de l'inaptitude : entre reclassement ou rupture du contrat

8.5.1 L'obligation de rechercher un reclassement : étendue et périmètre des recherches

970. Aux termes de la loi, l'avis d'inaptitude est l'ultime constat d'une impossibilité, liée à l'état de santé du salarié, de le maintenir à son poste contractuel.

971. Or, ce constat génère tout un régime juridique spécifique qui va avoir une incidence majeure dans les relations contractuelles, ce qui tend à faire dire à certains auteurs qu'il ne s'agit pas d'un simple avis médical mais bien d'une décision au sens juridique du terme, puisque créatrice de droits et d'obligations[1].

972. L'employeur a d'abord l'obligation de rechercher un reclassement de l'intéressé sur un autre poste de travail, obligation qui est étroitement contrôlée par les juges, en cas de litige.

973. Il faut en outre préciser que dès lors que le régime de l'inaptitude est ouvert, c'est-à-dire au jour où elle est formellement constatée par le médecin du travail, l'obligation de rechercher un reclassement s'impose à l'employeur qui ne peut recourir à un licenciement qui serait fondé sur une autre cause, qu'il s'agisse d'un motif inhérent à la personne du salarié ou d'un motif économique[2], y compris lorsqu'une procédure disciplinaire a été préalablement engagée[3]. Il s'agit de garantir l'effectivité du régime protecteur et d'ordre public de l'inaptitude et en particulier l'obligation préalable de rechercher un reclassement qui soit adapté à l'état de santé du salarié. Une seule exception existe, le licenciement économique lié à la cessation définitive d'activité de l'employeur lorsqu'il n'appartient pas à un groupe. En effet, dans ce cas de figure, le reclassement est matériellement impossible compte tenu de la disparition de l'entreprise et en l'absence de reclassement externe envisageable[4]. Enfin, la cause du licenciement étant appréciée à la date à laquelle la procédure de rupture

1. Propos de Maître Antoine Lyon-Caen aux « Rencontres de la chambre sociale », mars 2023.

2. Cass. soc., 14 mars 2000, n° 98-41.556 : s'agissant d'un licenciement pour motif économique ; Cass. soc., 23 mai 2017, n° 15-26.941 et Cass. soc., 20 décembre 2017, n° 16-14.983, *Bull.* V n° 223 : s'agissant d'un licenciement pour faute grave.

3. Cass. soc., 8 février 2023, n° 21-16.258.

4. Cass. soc., 4 octobre 2017, n° 16-16.441 : s'agissant d'un licenciement intervenu au sein de l'entreprise mise en liquidation judiciaire ; Cass. soc., 15 septembre 2021, n° 19-25.613 : s'agissant d'un licenciement économique lié à la cessation définitive de l'activité de l'entreprise qui n'appartenait pas à un groupe de sociétés.

est engagée, en cas de contestation, il appartient au juge de vérifier quelle est sa véritable cause, au-delà des seules énonciations de la lettre de licenciement[1].

974. Que l'inaptitude soit d'origine professionnelle ou non, les obligations de l'employeur au titre du reclassement du salarié sont les mêmes : rechercher et proposer un autre emploi approprié à ses capacités, au sein de l'entreprise ou des entreprises du groupe auquel elle appartient, le cas échéant, situées sur le territoire national et dont l'organisation, les activités ou le lieu d'exploitation assurent la permutation de tout ou partie du personnel[2].

975. Les propositions de reclassement doivent être loyales et sérieuses. Le poste proposé doit être compatible avec l'avis du médecin du travail sur les capacités restantes du salarié. Il doit être aussi comparable que possible à l'emploi précédemment occupé, au besoin par la mise en œuvre de mesures telles que mutations, aménagements, adaptations ou transformations de postes existants ou aménagement du temps de travail. À ce titre, l'employeur doit proposer au salarié y compris les postes relevant d'une qualification inférieure à celle détenue par celui-ci ou au contraire ceux qu'il serait en mesure d'occuper moyennant une formation complémentaire.

976. Le reclassement doit être recherché parmi les postes disponibles, de sorte que l'employeur n'est pas tenu d'imposer à un autre salarié une modification de son contrat de travail[3], ni créer un nouveau poste pour le proposer au salarié déclaré inapte, ni davantage délivrer une formation initiale de nature à lui permettre d'occuper un poste relevant d'un autre métier[4]. Il s'agit en effet d'une obligation de rechercher un reclassement et nullement de garantir un emploi. À ce titre, les échanges en amont avec le médecin du travail sont particulièrement utiles et, à ce stade, la loyauté dans les rapports contractuels impose que le salarié puisse exprimer ses souhaits quant à la nature du poste, sa situation géographique s'il y a lieu… Un tel dialogue, en amont permet d'assurer au mieux le succès d'un reclassement ou à tout le moins, éviter des refus successifs de propositions.

977. Pour le licenciement d'un travailleur devenu définitivement empêché d'exercer les fonctions essentielles de son poste en raison d'un handicap, la Cour de justice de l'Union européenne a précisé que « *lorsqu'un travailleur devient définitivement inapte à occuper son poste en raison de la survenance d'un handicap, sa réaffectation à un autre poste de travail est susceptible de constituer une mesure*

1. Cass. soc., 30 novembre 2022, n° 20-17.501.
2. Articles L. 1226-2 et L. 1226-10 du Code du travail.
3. Cass. soc., 15 novembre 2006, n° 05-40.408, *Bull.* V n° 339.
4. Cass. soc., 16 mars 2016, n° 13-25.927.

appropriée dans le cadre des "aménagements raisonnables", au sens de l'article 5 de la directive 2000/78 (...) ; cela étant, il convient d'observer que l'article 5 de la directive 2000/78 ne saurait obliger l'employeur à prendre des mesures qui lui imposeraient "une charge disproportionnée". À cet égard, il découle du considérant 21 de cette directive que, afin de déterminer si les mesures en question donnent lieu à une charge disproportionnée, il convient de tenir compte, notamment, des coûts financiers qu'elles impliquent, de la taille et des ressources financières de l'organisation ou de l'entreprise et de la possibilité d'obtenir des fonds publics ou toute autre aide »[1]. La notion d'aménagement raisonnable est entendue en l'espèce comme visant à « *l'élimination des diverses barrières qui entravent la pleine et effective participation des personnes handicapées à la vie professionnelle sur la base de l'égalité avec les autres travailleurs* »[2].

978. En droit interne, c'est l'article L. 5213-6 du Code du travail qui transpose l'article 5 de la directive du 27 novembre 2000 précitée pour permettre aux travailleurs handicapés d'accéder à un emploi ou de le conserver.

979. Mais, à ce jour, ni le législateur, ni la chambre sociale de la Cour de cassation ne retiennent cette notion « *d'aménagements raisonnables* » du poste en dehors du dispositif propre aux travailleurs handicapés qui, par ailleurs, bénéficient de dispositions spécifiques en cas de reclassement[3].

980. Les recherches de reclassement doivent se poursuivre jusqu'à la date du licenciement[4]. Aussi, lorsque la procédure de licenciement est engagée le jour même du constat d'inaptitude, cela exclut-il nécessairement toute recherche sérieuse de reclassement, de sorte que la rupture est dénuée de cause réelle et sérieuse[5]. Il appartient aux juges du fond, dans l'exercice de leur pouvoir souverain d'appréciation des éléments de fait et de preuve qui leur sont soumis, de vérifier si l'employeur a satisfait loyalement à son obligation de reclassement : « *il s'agit, dès lors, pour les juges du fond d'évaluer les efforts de reclassement de l'employeur, non seulement au regard des propositions sérieuses faites par celui-ci dans les conditions exigées par la loi, mais aussi au regard du comportement ou de la position du salarié* ».

981. Lorsque l'entreprise appartient à un groupe de sociétés, le périmètre des recherches est élargi aux sociétés du groupe ayant leur siège sur le territoire national et au sein desquelles la permutation

1. CJUE, 10 février 2022, aff. C-485/20.
2. CJUE, HK Danemark, aff. C-335/11 et C-337/11.
3. Article L. 5211-1 du Code du travail.
4. Cass. soc., 21 mars 2012, n° 10-30.895.
5. Cass. soc., 4 novembre 2015, n° 14-11.879, *Bull.* V n° 217.

de tout ou partie du personnel est possible. Ces trois critères doivent donc être réunis pour élargir le périmètre des recherches de reclassement. Le législateur de 2017 a précisé ce que recouvrait la notion de groupe et, ce faisant, a contredit frontalement la jurisprudence antérieure de la chambre sociale de la Cour de cassation qui admettait comme seul critère, un ensemble d'« *entreprises dont les activités, l'organisation ou le lieu d'exploitation permettent d'effectuer la permutation de tout ou partie du personnel* », sans exiger l'existence de liens capitalistiques entre les sociétés, ce qui distinguait le groupe de reclassement, du groupe de sociétés au sens du droit commercial. La jurisprudence prenait également en considération les sociétés ayant leur siège à l'étranger[1]. Depuis 2017, le groupe doit être entendu comme un groupe formé par une entreprise dominante et les entreprises qu'elle contrôle, dans les conditions définies par le Code de commerce et les postes de reclassement recherchés uniquement sur le territoire national. Selon certains auteurs, « *désormais, la détermination du périmètre de reclassement est donc nécessairement seconde, intervenant après qu'ait été caractérisé un groupe compte tenu des critères de contrôle énumérés par le Code de commerce. Cela ne remet pas totalement en cause l'autonomie du groupe de reclassement qui en fonction du critère de la permutation de tout ou partie du personnel, ne sera pas nécessairement identifiable au groupe premier* »[2].

982. La chambre sociale de la Cour de cassation exerce par ailleurs un contrôle sur la caractérisation par les juges de la possibilité ou non d'effectuer une permutation de personnel[3].

983. Et s'il appartient à l'employeur, débiteur de l'obligation de reclassement, de rapporter la preuve de son exécution, la chambre sociale précise qu'en présence d'un groupe de sociétés, la charge de la preuve sur l'existence et le périmètre du groupe de reclassement est partagée entre l'employeur et le salarié comme suit : « *si la preuve de l'exécution de l'obligation de reclassement incombe à l'employeur, il appartient au juge, en cas de contestation sur l'existence ou le périmètre du groupe de reclassement, de former sa conviction au vu de l'ensemble des éléments qui lui sont soumis par les parties, en conséquence, ne méconnait pas les règles de la charge de la preuve relatives au périmètre du groupe de reclassement, la cour d'appel qui, appréciant les éléments qui lui étaient soumis tant par l'employeur que par le salarié, a constaté qu'il n'était pas suffisamment établi que le périmètre de reclassement devait être limité à seulement trente-cinq sociétés du groupe, comme retenu*

1. Cass. soc., 16 novembre 2016, n° 11-18.293 : qui retenait une définition du groupe en dehors de toute notion de contrôle au sens des articles 233-1, 233-3 I et II et 233-16 du Code de commerce.

2. Professeur G. Auzero, *Les cahiers du droit de l'entreprise* n° 3 du 1er mai 2022.

3. Cass. soc., 29 juin 2022, n° 21-11.389 ; Cass. soc., 5 janvier 2022, n° 19-24.157.

par l'employeur et en a déduit que celui-ci ne justifiait pas du respect de son obligation de reclassement »[1]. « *C'est d'abord à l'employeur de communiquer les éléments permettant de dire que le périmètre de reclassement qu'il a retenu dans le groupe dont il relève est exact, au regard de ce critère de permutabilité des emplois, parce que c'est sur lui que pèse l'obligation de reclassement. Ce n'est que dans la mesure où une discussion s'instaure sur le périmètre retenu que le juge doit alors déterminer quel était le périmètre pertinent en considération des éléments qui lui sont soumis*[2]. » L'avenir précisera si la Cour de cassation, actuellement saisie de pourvois sur la question, maintiendra cette répartition de la charge de la preuve avec la nouvelle définition du groupe de reclassement fixée par les ordonnances de 2017.

8.5.2 L'obligation de consulter le CSE et ses dispenses

984. L'employeur doit consulter, quand il existe, le comité social et économique de l'entreprise, après la déclaration d'inaptitude et avant même toute proposition de reclassement au salarié, y compris lorsqu'il n'identifie aucun poste susceptible d'être proposé au salarié[3]. Une telle consultation dans ce cas de figure peut précisément servir à faire des propositions de postes ou de permutations auxquelles l'employeur n'aurait pas pensé.

985. La consultation du CSE doit nécessairement être postérieure à la constatation régulière de l'inaptitude et intervenir avant les propositions de reclassement[4]. L'irrégularité tirée de la consultation de la délégation du personnel après la proposition de reclassement faite au salarié peut être régularisée par une nouvelle proposition de reclassement après une consultation du CSE[5]. Le Code du travail n'impose aucune forme particulière pour recueillir l'avis de la délégation du personnel, l'employeur n'est donc pas obligé de recueillir cet avis collectivement au cours d'une réunion. Il doit cependant fournir toutes les informations utiles au reclassement, notamment les conclusions du médecin du travail sur l'aptitude du salarié à exercer l'une des tâches existantes dans l'entreprise, pour lui permettre de rendre un avis en connaissance de cause[6].

1. Cass. soc., 31 mars 2021, n° 19-17.303 et suivants.
2. Observations *RJS* 2021, n° 308 sur arrêt ; Soc., 31 mars 2021, n° 19-17.303.
3. Cass. soc., 30 septembre 2020, n° 19-16.488.
4. Cass. soc., 28 octobre 2009, n° 08-42.804, *Bull.* V n° 235.
5. Cass. soc., 16 mars 2016, n° 14-13.986.
6. Cass. soc., 29 février 2012, n° 10-28.848 ; avec la fusion des instances en un CSE, la jurisprudence sera sans doute amenée à repréciser dans quel cadre et selon quelles modalités la délégation du personnel doit être consultée à l'occasion de ces procédures d'inaptitude.

986. Lorsque le médecin du travail mentionne que l'état de santé du salarié fait obstacle à tout reclassement, la chambre sociale de la Cour de cassation juge que l'employeur est dispensé de consulter les délégués du personnel (actuellement le CSE), quelle que soit l'origine professionnelle ou non de l'inaptitude[1]. En effet, aux termes de la loi, la consultation de la délégation du personnel est directement liée à l'obligation de rechercher un reclassement. Dès lors, si l'avis médical qui s'impose aux parties exclut tout reclassement possible, la consultation du CSE devient sans objet. La chambre sociale ne fait donc que tirer les conséquences logiques de la dispense de reclassement. Une telle conséquence juridique ajoute encore plus de poids à la mention du médecin du travail et prive les représentants du personnel d'une partie de leur mission consultative, mais pour une meilleure protection de la santé et de la sécurité du salarié.

987. En dehors de ce cas de figure, s'agissant d'une formalité substantielle, la méconnaissance des dispositions imposant à l'employeur la consultation du CSE prive le licenciement de cause réelle et sérieuse[2].

8.5.3 L'impossible reclassement et l'indemnisation de la rupture

988. Jusqu'à la loi de 2016, une jurisprudence ancienne et constante précisait que le refus du salarié d'un poste de reclassement, y compris en l'absence de modification des éléments essentiels du contrat, n'implique pas, à lui seul, le respect par l'employeur de son obligation de reclassement ; que dès lors, il appartient à ce dernier de poursuivre ses recherches ou de justifier qu'il ne dispose d'aucun autre poste disponible, compatible avec l'état de santé de l'intéressé[3].

989. Mais assouplissant quelque peu sa jurisprudence, la Cour de cassation a admis que l'employeur pouvait tenir compte de la position prise par le salarié pour limiter le périmètre de ses recherches[4].

990. Depuis la loi du 8 août 2016, l'employeur peut rompre le contrat de travail s'il justifie soit de son impossibilité de proposer un emploi dans les conditions requises par la loi, soit du refus par le salarié de l'emploi proposé dans ces conditions, soit de la mention expresse dans l'avis du médecin du travail que tout maintien du salarié dans un emploi serait gravement préjudiciable à sa santé ou que son état de santé fait obstacle à tout reclassement[5].

---

1. Cass. soc., 16 novembre 2022, n° 21-17.255, publié ; Cass. soc., 8 juin 2022, n° 20-22.500, publié.
2. Cass. soc., 30 septembre 2020, n° 19-11.974.
3. Cass. soc., 19 mars 2014, n° 12-29.928.
4. Cass. soc., 28 juin 2017, n° 16-10.053.
5. Articles L. 1226-2-1 et L. 1226-12 du Code du travail.

991. Le législateur précise en outre que l'obligation de reclassement est réputée satisfaite lorsque l'employeur a proposé un emploi en prenant en compte l'avis et les indications du médecin du travail[1]. Or, à ce titre, la Cour de cassation a jugé que « *la présomption instituée [par l'article L. 1226-12] ne joue que si l'employeur a proposé au salarié, loyalement, en tenant compte des préconisations et indications du médecin du travail, un autre emploi approprié à ses capacités, aussi comparable que possible à l'emploi précédemment occupé, au besoin par la mise en œuvre de mesures telles que mutations, aménagements, adaptations ou transformations de postes existants ou aménagement du temps du temps de travail* »[2]. Dans le cas d'espèce, l'exigence de loyauté n'était pas remplie faute pour l'employeur d'avoir proposé un poste disponible que le salarié avait déjà occupé et qu'il maîtrisait et sur lequel le médecin du travail n'avait fait aucune évaluation.

992. Lorsque l'employeur est dans l'impossibilité de proposer un poste de reclassement, il doit faire connaître par écrit au salarié les motifs qui s'opposent au reclassement[3], avant l'engagement de la procédure de licenciement. En cas de manquement à cette obligation formelle, le salarié peut réclamer des dommages et intérêts[4].

993. À défaut de reclassement, le licenciement du salarié prononcé pour inaptitude ouvre droit à une indemnisation qui diffère selon que l'inaptitude est ou non d'origine professionnelle.

994. En cas d'inaptitude non professionnelle, l'indemnisation du salarié a lieu selon les règles du droit commun, sauf le versement de l'indemnité compensatrice de préavis, laquelle n'est pas due dès lors que le salarié est dans l'impossibilité de l'exécuter[5]. Et si, en cas de litige, le licenciement est déclaré sans cause réelle et sérieuse, les dommages et intérêts versés sont plafonnés par le barème qui est entré en vigueur le 24 septembre 2017[6].

995. En cas d'inaptitude d'origine professionnelle, le salarié a droit au paiement d'une indemnité compensatrice d'un montant égal à l'indemnité compensatrice de préavis prévue à l'article L. 1234-5 du

1. Article L. 1226-2-1 et L. 1226-12 du Code du travail.

2. Cass. soc., 26 janvier 2022, n° 20.20.369.

3. Cass. soc., 10 mai 2006, n° 04-45.589 : une notification verbale ne peut remplacer l'écrit.

4. Sauf s'il obtient des dommages et intérêts pour licenciement sans cause réelle et sérieuse lesquels incluent nécessairement les dommages et intérêts pour violation de l'obligation de notifier les motifs s'opposant à son licenciement : Cass. soc., 2 décembre 2009, n° 08-40.417.

5. Article L. 1226-4 du Code du travail. Mais Cette indemnité redevient exigible si le licenciement est déclaré sans cause réelle et sérieuse.

6. Article L. 1235-3 du Code du travail dans sa rédaction issue de l'ordonnance n° 2017-1387 du 22 septembre 2017.

Code du travail et, sauf dispositions conventionnelles plus favorables, au doublement de l'indemnité légale de licenciement, quelle que soit son ancienneté[1]. Cette indemnité est due même si le licenciement est fondé[2]. À noter que l'indemnité compensatrice de préavis prévue dans ce cas de figure n'ouvre pas droit à des congés payés[3]. Si, en cas de litige, le licenciement est déclaré sans cause réelle et sérieuse, le salarié touche une indemnité qui ne peut être inférieure aux six derniers mois de salaire[4], cumulable avec l'indemnité de préavis et l'indemnité spéciale de licenciement.

996. La nature professionnelle de l'inaptitude peut être débattue entre l'employeur et le salarié victime d'un accident du travail ou d'une maladie professionnelle. Pour caractériser l'origine professionnelle de l'inaptitude et ouvrir droit aux indemnités spécifiques de licenciement à ce titre, la jurisprudence exige deux conditions cumulatives : que l'inaptitude du salarié, quel que soit le moment où elle est constatée ou invoquée, ait, au moins partiellement, pour origine l'accident du travail ou la maladie professionnelle et que l'employeur ait eu connaissance de cette origine professionnelle au moment même où il a engagé la procédure de licenciement. En effet, eu égard au principe d'autonomie des régimes de sécurité sociale et du droit du travail évoqué *supra*, le juge prud'homal n'est nullement lié par la décision de la CPAM de prise en charge ou non de l'accident au titre de la législation de la sécurité sociale, laquelle n'est qu'un élément probant parmi d'autres dans son appréciation qui devra en tout état de cause se fonder sur la réunion des deux conditions susvisées[5].

8.5.4 Les pouvoirs du médecin du travail : des pouvoirs étendus mais non sans limites

997. La détermination de la capacité d'un salarié à occuper son poste ou au contraire le constat de son inaptitude est donc un acte médical spécifique, complexe, réservé par la loi aux seuls médecins disposant d'une qualification spéciale[6].

1. Article L. 1226-14 du Code du travail.
2. Cass. soc., 3 février 2021, n° 19-24.933.
3. Cass. soc., 6 juillet 2022, n° 21-11.271 ; Cass. soc., 4 décembre 2001, n° 99-44.677.
4. Article L. 1226-15 et L. 1235-3-1 du Code du travail.
5. Cass. soc., 12 décembre 2012, n° 11-22.844 ; Cass. soc., 29 juin 2011, n° 10-11.699.
6. Article L. 4623-1 du Code du travail : « *Un diplôme spécial est obligatoire pour l'exercice des fonctions de médecin du travail* ».

998. Dans l'accomplissement de cette mission, le médecin du travail, bien que salarié de l'entreprise ou du SPST, est en sa qualité de médecin totalement indépendant dans l'exercice de son art[1]. Malgré cette liberté dans le diagnostic médical et les larges pouvoirs qu'il détient dans la détermination des mesures à prendre, l'exercice peut s'avérer délicat tant il se trouve au carrefour d'enjeux parfois difficiles à concilier.

999. Le médecin du travail dispose en effet d'une grande marge de manœuvre dans ses recommandations d'aménagement, d'adaptation ou de transformation de poste. En effet, le législateur se borne à préciser que ces mesures individuelles concernent le poste de travail lui-même et/ou le temps de travail et qu'elles doivent être justifiées par des considérations relatives notamment à l'âge ou à l'état de santé physique ou mental du salarié[2]. L'adverbe « *notamment* » associé aux motifs justifiant les mesures ouvre encore un peu plus le champ des possibles.

1000. Ces recommandations du médecin du travail ont une forte portée juridique puisque la loi et la jurisprudence précisent qu'elles s'imposent aux parties au contrat de travail, sauf recours formé devant la juridiction prud'homale ; elles ont donc nécessairement des incidences sur les conditions d'exercice du travail du salarié, ainsi que sur le pouvoir de gestion et de direction de l'employeur. Elles peuvent en outre toucher l'organisation de tout un service et impacter un collectif de travailleurs formant une équipe autour du salarié, objet de la mesure, qu'il s'agisse d'un allègement de ses tâches ou d'un aménagement de son temps de travail, sans compter la soutenabilité financière que représentent ces aménagements. Le médecin du travail ne doit donc pas négliger tous ces effets de ses recommandations, au risque de les voir rejetées et mises en échec.

1001. Pour autant, le pouvoir du médecin du travail est-il sans limites ?

1002. Par exemple, le médecin du travail peut-il préconiser au titre d'un aménagement de poste des jours de télétravail qui iraient au-delà de ce qui est prévu par la loi ou de ce qu'il se pratique dans l'entreprise, en vertu d'un accord collectif ou d'une charte élaborée par l'employeur après avis du CSE[3] ? La chambre sociale de la Cour

1. Article L. 4622-4 du Code du travail.
2. Article L. 4624-3 du Code du travail.
3. Article L. 1222-9 à L. 1222-11 du Code du travail. À noter que les dispositions de l'article L. 1222-11 vise le télétravail comme un aménagement de poste de travail mais en cas de circonstances exceptionnelles telles qu'une épidémie et pour permettre la continuité de l'activité de l'entreprise et garantir la protection des salariés.

de cassation répond par l'affirmative s'agissant d'un poste de reclassement que peut occuper le salarié en télétravail, dès lors que cet aménagement peut résulter d'un avenant au contrat de travail[1]. En effet, le télétravail peut être un outil de la prévention des risques de désinsertion professionnelle. Mais si l'employeur considère que cette mesure n'est pas réalisable au regard d'autres contraintes propres à l'entreprise, il lui appartient d'en informer par écrit le salarié[2].

1003. Les recommandations du médecin du travail peuvent-elles entraîner une modification des éléments essentiels du contrat de travail (qualification et rémunération du salarié) qu'il est d'usage de distinguer des seules conditions de travail ? Sur ce dernier point, la Cour de cassation a répondu par l'affirmative en précisant que « *la circonstance que les mesures d'aménagement préconisées entraînent une modification du contrat de travail n'impliquent pas, en elle-même, la formulation d'un avis d'inaptitude* »[3]. En effet, au stade du constat médical, il n'appartient pas au médecin du travail de se préoccuper de l'incidence juridique de ses recommandations. C'est à l'employeur, le cas échéant, dans un deuxième temps de recueillir l'accord du salarié lorsque les recommandations énoncées ont pour effet de modifier le contrat.

1004. Cette jurisprudence, qui revient sur la « *frontière invisible de l'inaptitude qu'était le changement d'un élément essentiel du contrat de travail et sur le principe du cantonnement des mesures d'adaptation ou transformations à la limite de la modification du contrat* »[4], suscite des interrogations légitimes chez les praticiens. En effet, que peut faire concrètement et juridiquement l'employeur si le salarié refuse, comme il en a le droit strict, les recommandations du médecin du travail en ce qu'elles induisent des modifications du socle contractuel ? Comment articuler l'obligation de sécurité de l'employeur qui exige le respect des préconisations du médecin du travail et le droit du salarié de refuser ces mesures modifiant les éléments essentiels du contrat ?

1005. Les régimes juridiques applicables et les intérêts protégés apparaissent inconciliables et génèrent potentiellement une situation de blocage : le salarié ne peut rejoindre son poste en l'état et on peine à trouver le fondement juridique à une rupture contractuelle dans un tel contexte.

1. Cass. soc., 29 mars 2023, n° 21-15.472, F-B.
2. Article L. 4624-6 du Code du travail.
3. Cass. soc., 24 mars 2021, n° 19-16.558 : s'agissant d'un salarié travaillant dans un casino pour lequel le médecin du travail avait énoncé des restrictions pour un travail de nuit et l'employeur lui a permis d'occuper le même poste mais le jour.
4. Pr. S. Fantoni-Quinton, *Grand entretien autour de la médecine du travail*, *op. cit.*

1006. En effet, un licenciement pour inaptitude est exclu comme encourant la nullité en application des articles L. 1132-1 et L. 1133-3 du Code du travail, puisque par définition aucune inaptitude n'a été formellement constatée par le médecin du travail, seul cas autorisé de licenciement pour un motif de santé.

1007. De même, un licenciement motivé par le refus du salarié des aménagements de poste, dès lors qu'ils emportent la modification du contrat, est impossible puisque le consentement du salarié est nécessaire à toute modification contractuelle. C'est ce qu'a rappelé la Cour de cassation dans une affaire où le salarié faisait l'objet d'un avis d'aptitude moyennant des aménagements du poste qui induisaient une classification professionnelle moindre ainsi qu'une perte de rémunération et imposaient une nouvelle période d'essai, de sorte que l'intéressé était en droit de les refuser[1].

1008. Le recours à la notion de refus abusif qui était utilisée par la jurisprudence avant 2016 quand le salarié refusait des propositions de reclassement[2] n'apparaît pas davantage sérieux, pour les mêmes motifs que ci-dessus, avec la difficulté supplémentaire de déterminer à partir de quand un refus, qui est de droit, devient abusif.

1009. Enfin le recours à un licenciement fondé sur un « *trouble objectif* » est actuellement réservé par la jurisprudence à des situations très particulières et limitées aux faits commis en dehors de l'entreprise et tirés de la vie personnelle du salarié et à condition qu'ils aient un impact dans le fonctionnement de l'entreprise globalement et non d'un service isolé, eu égard à la fonction exercée par le salarié et à la finalité propre à l'entreprise[3]. La notion de trouble objectif est en effet « *une solution apportée à un conflit d'intérêts entre la protection de la vie personnelle du salarié et l'intérêt de l'entreprise. La protection est assurée par un principe : un fait de la vie personnelle ne peut constituer une faute susceptible de donner lieu à une sanction disciplinaire. Mais cette immunité disciplinaire ne peut être totale car certains comportements de la vie personnelle du salarié affectent le fonctionnement de l'entreprise au point de rendre impossible, sans dommages pour cette*

1. Cass. soc., 21 octobre 2020, n° 19-11.279.

2. Cass. soc., 25 mai 2011, n° 09-71.543 : le salarié déclaré inapte à son poste à la suite d'un accident du travail ou d'une maladie professionnelle est en droit de refuser le poste de reclassement proposé et il appartient à l'employeur de tirer les conséquences d'un tel refus, soit en formulant de nouvelles propositions, soit en procédant au licenciement de l'intéressé au motif de l'impossibilité de reclassement et le caractère abusif d'un refus, à le supposer établi, a pour seule conséquence de lui faire perdre le bénéfice des indemnités spécifiques prévues à l'article L. 1226-14 du Code du travail.

3. Cass. soc., 14 septembre 2010, n° 09-65.675.

dernière, la continuation du travail »[1]. Une telle solution paraît peu adaptée, sauf à considérer que le trouble est constitué par ce conflit entre les droits du salarié et les obligations légales de l'entreprise et la situation de blocage qu'il génère. Mais quel droit doit-on faire prévaloir dans ce cas de figure ?

1010. Aussi, dans le cas d'une recommandation d'aménagement de poste, entraînant une modification du contrat refusée par le salarié, seul le dialogue ou si celui-ci est impossible, le recours contentieux contre l'avis du médecin du travail semble être l'issue. Au titre du dialogue, les juges pourraient d'ailleurs s'inspirer de la jurisprudence de la Cour de cassation qui précise que dans l'hypothèse où le salarié conteste la compatibilité du poste auquel il est affecté avec les recommandations du médecin du travail, il appartient à l'employeur de solliciter à nouveau l'avis du médecin du travail[2]. Une telle solution qui invite l'employeur à consulter à nouveau le médecin du travail aurait le mérite de ne pas laisser les parties dans une situation de blocage : le médecin aurait la faculté de réviser ses recommandations, voire de constater l'inaptitude du salarié et éventuellement d'envisager des postes de reclassement. Ces questions encore sans réponse sécurisée juridiquement ne manqueront donc pas d'être élevées au contentieux.

1. Professeur Antomattei, « Le licenciement pour trouble objectif », *Droit social* 1/2012.

2. Cass. soc., 4 novembre 2021, n° 20-17.316.

Encadré 92 : Conséquences d'un refus par le salarié du reclassement ou de l'aménagement proposé par l'employeur

Refus consécutif à une inaptitude		**Refus consécutif à une recommandation d'aménagement ayant des incidences sur des éléments essentiels du contrat**
Inaptitude d'origine professionnelle	**Inaptitude d'origine non professionnelle**	**Régime non encadré par la loi**
Salarié en droit de refuser le poste de reclassement proposé L'employeur formule de nouvelles propositions ou procède au licenciement motivé par l'impossibilité de reclassement si les propositions ont été faites loyalement et dans le cadre fixé par la loi (L. 1226-12) Indemnité compensatrice égale à l'indemnité compensatrice de préavis, doublement de l'indemnité légale de licenciement Si licenciement déclaré sans cause réelle et sérieuse, indemnité ne pouvant être inférieure aux six derniers mois de salaire, cumulable avec l'indemnité de préavis et l'indemnité spéciale de licenciement Le caractère abusif d'un refus a pour seule conséquence la perte du bénéfice des indemnités spécifiques prévues à l'article L. 1226-14 du CT	Salarié en droit de refuser le poste de reclassement proposé L'employeur formule de nouvelles propositions ou procède au licenciement motivé par l'impossibilité de reclassement si les propositions ont été faites loyalement et dans le cadre fixé par la loi (L. 1226-2-1) Indemnisation du salarié selon règles du droit commun, sauf indemnité compensatrice de préavis, non due dès lors que le salarié est dans l'impossibilité de l'exécuter Si licenciement déclaré sans cause réelle et sérieuse, dommages et intérêts plafonnés par le barème entré en vigueur en 2017	Issues pour l'employeur : – Licenciement pour inaptitude impossible (pas d'inaptitude constatée) – Licenciement motivé par le refus impossible (le régime de modification du contrat impose le consentement du salarié) – Engager un dialogue – Solliciter nouvel avis du médecin du travail – Contester l'avis du médecin du travail devant le CPH – Licenciement pour refus abusif *a priori* exclu. Pour trouble objectif ? Issues pour le salarié : – Solliciter nouvel avis du médecin du travail – Contester l'avis du médecin du travail devant le CPH

1011. Du fait de sa mission légale, telle qu'interprétée par la jurisprudence, les pouvoirs propres du médecin du travail sont donc très étendus, mais dans les faits, le médecin du travail fait face à certaines limites, qu'elles soient internes ou externes.

1012. Une première limite, interne, est liée à l'ambivalence de son statut comme triple conseiller du salarié, de l'employeur et des représentants du personnel[1], ce qui peut susciter des réserves des personnes en cause à recourir à son expertise, voire au contraire des tentatives d'instrumentalisation de son intervention, ses avis ayant de réels enjeux sur le contrat de travail. Ce positionnement au carrefour d'intérêts potentiellement contraires rend délicat l'exercice de sa mission.

1013. Une autre limite est liée à la contradiction interne qui existe dans sa mission dont la finalité est la protection de la santé du travailleur, mais aussi son maintien dans l'emploi, ce qui rend particulièrement difficile un avis approprié dans certains contextes, notamment de risques psycho-organisationnels. En effet, comment protéger le salarié notamment d'un harcèlement moral qu'il semble subir au travail, si ce n'est en l'écartant du milieu générateur du risque ? C'est pourquoi certains médecins du travail énonçaient, avant 2016, dans leur avis d'inaptitude « *inapte à tous postes* », privilégiant la protection et la mise en retrait du salarié de son milieu professionnel, sur la logique de maintien en emploi et de reclassement. Toutefois, cette mention était régulièrement mise à néant par la jurisprudence de la Cour de cassation qui rappelait que le médecin du travail ne peut priver le salarié d'un droit à être reclassé sur d'autres postes, dès lors que son inaptitude est appréciée au regard du seul poste contractuel qu'il occupe. Face à ces difficultés, la loi du 8 août 2016 a donc introduit la possibilité pour les médecins du travail d'user d'une mention expresse selon laquelle « *tout maintien du salarié dans un emploi serait gravement préjudiciable à sa santé* » ou « *l'état de santé du salarié fait obstacle à tout reclassement dans un emploi* » de nature à dispenser l'employeur de toute obligation de rechercher un reclassement. L'usage de cette mention est néanmoins appréhendé de façon prudente par les médecins du travail face à ce dilemme protection/maintien en emploi (*cf. supra* 8.4.2).

1. Article R. 4623-1 du Code du travail.

Encadré 93 : Le positionnement du médecin du travail au carrefour d'enjeux difficiles à concilier

Face à une situation de harcèlement moral, le médecin du travail est parfois contraint de prononcer l'inaptitude du salarié victime alors qu'il sait qu'il serait apte dans un autre contexte organisationnel et que c'est l'organisation du travail qui est inapte.

Cette situation renvoie à la question de la confrontation entre aptitude au poste et adaptation du travail au travailleur.

Le paradoxe est que le suivi de la santé du salarié revient à s'intéresser à la personne du salarié alors qu'il faudrait se concentrer sur le travail et ce qui le rend incompatible avec la préservation de la santé de tous les salariés.

Dans la logique des nouveaux SPST, les recommandations des médecins devraient de moins en moins être individuelles et de plus en plus collectives ou en tout cas systématiquement doublées de recommandations collectives qui décentreraient l'impasse de l'inaptitude individuelle pour porter sur la prévention (cela légitimerait le changement d'appellation des SPST issus de la loi de 2021).

1014. Enfin, une autre limite à laquelle fait face le médecin du travail est son manque d'information sur la santé globale du salarié, lequel reste maître des données médicales qu'il entend révéler ou pas, tant les incidences possibles sur son avenir professionnel sont importantes puisqu'est en débat le maintien à son poste ou un éventuel reclassement sur un autre poste, voire un licenciement[1]. L'accès au dossier médical partagé devrait favoriser cependant une meilleure connaissance par le médecin de l'état de santé du salarié, afin de mieux cibler les mesures de protection utiles et le maintenir efficacement en emploi. Cet accès reste toutefois, en l'état du droit, subordonné à l'accord exprès du salarié (*cf. infra* 8.8.1.1).

1015. En définitive, les place et mission spécifiques du médecin du travail ne sont pas toujours bien reconnues ni comprises par les parties prenantes, d'où l'importance des échanges entre l'employeur, le salarié et le médecin du travail tout au long de la vie du contrat.

1. Articles L. 1226-2 et L. 1226-10 du Code du travail.

Encadré 94 : Les actions du SPST en matière de suivi de la santé et leur principale incidence pour le travailleur

	Nature de l'action du SPST	Conséquences pour le salarié	Mots clés
Salarié ne faisant pas l'objet d'indications (ou contrindications) ou propositions	– Sensibilisation du salarié sur les éventuels risques professionnels auxquels son poste l'expose et information sur les moyens de se protéger (L. 4624-1) – Visites périodiques (R. 4624-16) – Suivi adapté au besoin (R. 4624-17) – Surveillance renforcée au besoin (L. 4624-2)	– Intégration et occupation « normale » du poste – Délivrance dans certains cas d'un avis d'aptitude médicale (surveillance renforcée)	– Sensibilisation – Information – Suivi – Aptitude – Surveillance
Salarié faisant l'objet d'indications ou propositions	– Propositions de mesures individuelles d'aménagement, d'adaptation ou de transformation du poste de travail ou d'aménagement du temps de travail (L. 4624-3)	– Pas de changement de poste requis, donc **pas d'inaptitude** – Employeur tenu de prendre en considération avis, indications ou propositions (L. 4624-6)	– Aménagement – Adaptation
Salarié inapte	– Déclaration d'inaptitude assortie d'indications relatives au reclassement du travailleur (L. 4624-4)	– Changement de poste requis (= aucune mesure d'aménagement, d'adaptation ou de transformation du poste de travail possible), donc **inaptitude au poste** – Employeur tenu de prendre en considération avis, indications ou propositions (L. 4624-6)	– Inaptitude – Reclassement sauf mention expresse

8.6 Le contentieux des avis médicaux : un contentieux technique peu adapté à l'urgence

8.6.1 Un objet limité à certains actes

1016. Le régime du contentieux des avis du médecin du travail est régi par les dispositions des article L. 4624-7 et R. 4624-45 du Code du travail.

1017. Le périmètre des avis et mesures susceptibles de recours est délimité par le législateur comme suit : seuls les avis, propositions, conclusions écrites ou indications émis par le médecin du travail reposant sur des éléments de nature médicale en application des articles L. 4624-2, L. 4624-3 et L. 4624-4 peuvent être contestés. Il s'agit donc des constats d'aptitude[1], des avis d'inaptitude au poste et des préconisations d'aménagement, d'adaptation ou de transformation de poste.

1018. Saisie d'une procédure d'avis à donner sur le champ précis des actes et mesures couverts par l'article L. 4624-7[2], la chambre sociale de la Cour de cassation a répondu que « *la contestation dont peut être saisi le conseil de prud'hommes, en application de l'article L. 4624-7 du Code du travail doit porter sur l'avis du médecin du travail. Le conseil de prud'hommes peut, dans ce cadre, examiner les éléments de toute nature sur lesquels le médecin du travail s'est fondé pour rendre son avis* ». La lettre de la chambre sociale n° 9 des mois de mars-avril 2021, publiée sur le site internet de la Cour de cassation, ajoute : « *À la question de savoir si le conseil de prud'hommes statuant sur la procédure prévue à l'article L. 4624-7 précité est compétent pour connaître de l'irrespect, par le médecin du travail, des procédures et diligences prescrites par la loi et le règlement, notamment celles issues des articles L. 4624-4 et R. 4624-42 du Code du travail, la chambre sociale répond que la contestation porte sur le sens même de l'avis exprimé par le médecin du travail* (...) *le conseil de prud'hommes peut examiner tous les éléments ayant conduit à cet avis : à cet égard, la juridiction peut estimer que ces éléments sont insuffisants, notamment parce que le médecin du travail se serait abstenu de procéder à l'une ou plusieurs des investigations prévues par l'article R. 4624-42 du Code du travail : une telle irrégularité, si elle ne permet pas au conseil de prud'hommes de déclarer l'avis inopposable, peut toutefois justifier que le conseil de prud'hommes, s'il l'estime nécessaire, ordonne une mesure d'instruction confiée au médecin inspecteur du travail* (...) ».

1. Les avis d'aptitude sont réservés aux salariés affectés à un poste présentant des risques particuliers pour leur santé et leur sécurité.
2. Il s'agit d'une procédure spécifique par laquelle la Cour de cassation, en dehors d'un pourvoi en cassation dans une affaire précise opposant deux parties, donne un avis juridique sur une question de droit.

1019. Puis, à l'occasion de pourvois, a été posée la question spécifique des conséquences juridiques à tirer des irrégularités commises par le médecin du travail dans la procédure de constat d'inaptitude : inopposabilité de l'avis ? nullité ? invalidité ?

1020. La chambre sociale a tranché en laissant sur ce point une marge d'appréciation aux juges du fond en fonction de l'incidence concrète de l'irrégularité commise sur le sens même de l'avis du médecin du travail et c'est heureux compte tenu de la diversité des situations qui peuvent se présenter. Toutefois, cette première décision s'inscrit dans un contexte factuel très particulier de sorte qu'il paraît prématuré d'en faire une décision de principe[1].

1021. En revanche, toute irrégularité dans la procédure de constatation de l'inaptitude doit être soulevée dans les quinze jours de la notification de l'avis d'inaptitude et dans le cadre précis du recours prévu contre les avis médicaux. À défaut, l'avis d'inaptitude s'impose aux parties au contrat de travail, comme au juge, quelle que soit l'irrégularité de la procédure de constatation[2]. Ce délai est très court, l'employeur et le salarié doivent donc être particulièrement réactifs, mais à travers ce délai, l'enjeu est la sécurisation juridique des avis et, à travers eux, des décisions prises à leur suite.

1022. La chambre sociale a par ailleurs admis qu'une attestation remise à l'occasion d'une visite périodique même non accompagnée de recommandations, mais faisant suite à une succession d'avis médicaux ayant donné lieu à des recommandations, pouvait faire l'objet d'un recours[3]. Cette décision, non publiée au bulletin des arrêts, est sans doute, également, une décision d'espèce.

1. Cass. soc., 7 décembre 2022, n° 21-17.927, publié au Bulletin : est validée une décision de cour d'appel qui ayant relevé que l'inaptitude de l'intéressé ne résultait pas des conditions de travail mais d'une dégradation des relations entre les parties pendant l'arrêt de travail et des conséquences psychiques qui en sont résulté et a pu en déduire que l'absence d'étude de poste récente avait été sans influence sur les conclusions du médecin du travail.

2. Cass. soc., 7 décembre 2022, n° 21-23.662, publié au Bulletin : une cour d'appel qui constate que l'avis d'inaptitude rendu par le médecin du travail mentionnait les voies et délais de recours et n'avait fait l'objet d'aucune contestation dans le délai de 15 jours, en déduit exactement que cet avis s'impose aux parties comme au juge, que la contestation concerne les éléments purement médicaux ou l'étude de poste.

3. Cass. soc., 26 octobre 2022, n° 21-17.484 : « *lorsque le médecin du travail, qui a précédemment proposé, dans l'attente d'examens médicaux complémentaires, une mesure individuelle d'aménagement de poste, revient sur cette proposition après réalisation de ces examens, cette décision est susceptible de contestation selon la procédure prévue à l'article L. 4624-7* ».

8.6.2 Une procédure spécifique avec des experts désignés par la loi

1023. Le médecin du travail délivre son avis sur un formulaire établi par voie réglementaire[1] sur lequel est inscrite la possibilité de former un recours en cas de contestation du sens de cet avis et du délai pour le faire. Le recours est ouvert tant au salarié qu'à l'employeur, mais est encadré dans le délai restreint de quinze jours à compter de la notification de l'avis.

1024. La Haute Cour a précisé que pour constituer la notification faisant courir le délai de recours de quinze jours à l'encontre d'un avis, la remise en main propre de celui-ci doit être faite contre émargement ou récépissé[2]. Cette décision marque donc un coup d'arrêt à la pratique des médecins du travail qui consistait à la remise au salarié de l'avis en main propre, immédiatement après la visite, sans procéder à un émargement ou un récépissé, la date étant consignée dans le dossier en santé au travail et un mail étant envoyé à l'employeur. Les conséquences matérielles ainsi que le coût généré par cette décision de la Cour ne sont pas négligeables en pratique, mais l'esprit de l'arrêt est de conférer à la notion de notification le sens que lui donne l'article 667 du Code de procédure civile qui précise : « *La notification est faite sous enveloppe ou pli fermé, soit par voie postale, soit par la remise de l'acte au destinataire contre émargement ou récépissé* ». Compte tenu des termes généraux employés par la chambre sociale, il faut en conclure que le médecin du travail doit procéder à cette forme de notification de l'avis y compris à l'employeur.

1025. Le conseil de prud'hommes, saisi d'une contestation d'un avis du médecin du travail, statue selon la procédure accélérée au fond, dans les conditions prévues à l'article R. 1455-12 du Code du travail : l'audience est tenue aux jour et heure fixée à cet effet devant la formation de référé du conseil de prud'hommes composée de deux conseillers prud'hommes (au lieu de quatre), un salarié et un employeur. Le jugement est un jugement au fond, exécutoire à titre provisoire de plein droit, à moins que le conseil de prud'hommes en décide autrement.

1026. Le conseil de prud'hommes « *peut confier toute mesure d'instruction au médecin inspecteur du travail territorialement compétent pour l'éclairer sur les questions de fait relevant de sa compétence. Celui-ci, peut, le cas échéant, s'adjoindre le concours de tiers. À la demande de l'employeur, les éléments médicaux ayant fondé les avis, propositions, conclusions écrites ou indications émis par le médecin du travail, à l'exception des données recueillies dans le dossier médical partagé en*

1. Arrêté du 16 octobre 2017.
2. Cass. soc., 2 mars 2022, n° 20-21.715, publié.

application du IV de l'article L. 1111-17 du Code de la santé publique, peuvent être notifiés au médecin que l'employeur mandate à cet effet. Le salarié est informé de cette notification ».

1027. Le médecin-inspecteur du travail territorialement compétent est donc l'expert spécifiquement désigné par la loi. Il dispose non seulement d'une qualification en médecine du travail, mais aussi une bonne connaissance des entreprises de son ressort. Lorsqu'il est désigné par la juridiction, il doit néanmoins quitter sa casquette de médecin-inspecteur pour endosser celle de l'expert judiciaire, agissant en toute indépendance et dans le cadre précis du Code de procédure civile.

1028. Si le texte de l'article L. 4624-7 emploie le terme « *peut* » s'agissant de la décision même d'ordonner une expertise[1], dans le cas précis d'une contestation de nature médicale, alors que la décision judiciaire à venir doit se substituer à l'avis médical en cause, l'expertise semble s'imposer en pratique. À ce titre, le recours à des expertises privées, réalisées à la demande d'une des parties au litige, ne saurait valablement remplacer l'expertise judiciaire réalisée en toute indépendance, « *avec conscience, objectivité et impartialité* »[2] et sous le contrôle du juge.

1029. Pour assurer le principe de la contradiction[3] tout en préservant le secret médical, l'employeur peut désigner un médecin « *mandaté* » qui, tenu au secret professionnel, prend connaissance des éléments médicaux ayant fondé l'avis du médecin du travail, en vérifie la pertinence, voire formule des observations pour le compte de l'employeur qui seront portées, sous forme de « *dire* », dans le rapport d'expertise.

1030. En définitive, contrairement à l'intention du législateur, le contentieux des avis médicaux s'est complexifié et souffre de difficultés récurrentes de mise en œuvre : juridictions prud'homales mal préparées à sa technicité et à la pratique de l'expertise où secret médical et respect du principe du contradictoire doivent être subtilement combinés ; longs délais de procédure qui engendrent des situations d'insécurité juridique sans fin, en particulier si la contestation va jusqu'à une procédure d'appel qui prolonge encore les délais de

1. La chambre sociale a précisé que s'agissant des dispositions de l'article L. 4624-7, dans leur rédaction antérieure à l'ordonnance du 20 septembre 2017, la formation de référé du CPH saisie d'une demande d'expertise, n'est pas tenue d'accueillir la demande : Cass. soc., 23 septembre 2020, n° 18-26.098.

2. Article 237 du Code de procédure civile.

3. Principe de procédure civile qui impose à chaque partie l'obligation d'informer son adversaire des éléments de fait, moyens de droit qu'elle invoque et éléments de preuve qu'elle produit. Le juge doit veiller au respect de la contradiction et ne peut retenir dans sa décision des moyens qui n'ont pas été contradictoirement débattus et se fonder sur des pièces qui n'ont pas été communiquées.

plusieurs mois. Que faire du salarié inapte en attendant le résultat de la contestation de l'avis ? S'il s'agit d'un avis d'inaptitude et que le reclassement est impossible, faut-il le licencier au risque de voir l'avis infirmé et encourir la nullité du licenciement ? Ou faut-il continuer à le rémunérer, alors qu'il n'occupe pas son poste ? De même, en cas de recommandations d'aménagement de poste contestées, l'employeur engage des frais au risque de les voir remis en cause ensuite ! Enfin, les médecins-inspecteurs du travail, en sous effectifs[1], peinent légitimement à prendre en charge cette nouvelle mission légale... C'est pour toutes ces raisons que certains praticiens appellent à une nouvelle réforme du contentieux[2].

8.7 Le nécessaire recours à d'autres professionnels de santé et à des pratiques médicales nouvelles

1031. Les missions des services de santé au travail se sont utilement enrichies, mais dans un contexte de démographie médicale particulièrement faible (*cf.* encadré 95 ci-dessous) due à différents facteurs : manque d'attractivité de cette spécialité médicale chez les étudiants[3], vieillissement de la population des médecins du travail en poste, reconnaissance insuffisante par les entreprises du rôle préventif du médecin du travail.

1032. Pourtant, la pandémie de Covid-19 a été l'occasion de remettre en lumière le rôle majeur du médecin du travail pour conseiller l'employeur et le salarié, notamment sur les moyens de prévenir les risques de contamination au virus et pour contribuer aux campagnes de vaccination, ce au bénéfice de la santé au travail mais aussi de la santé publique.

1. Ils sont à peine trente.

2. « Le contentieux des avis du médecin du travail : regards croisés », entretien avec Emmanuelle Wurtz, Sophie Fantoni-Quinton, Laurence Cohen, Georges Meyer, *La Semaine Juridique - Social*, 8 février 2022.

3. Pour attirer de nouveaux étudiants, la loi autorise une expérimentation sur 5 ans au cours de laquelle, dans trois régions volontaires, les médecins du travail seront autorisés à prescrire des soins et renouveler des arrêts de travail.

Encadré 95 : Médecine du travail et Covid-19

Au cours de la pandémie liée à la Covid-19, une ordonnance a été prise par le gouvernement pour adapter temporairement à l'urgence sanitaire les conditions d'exercice des missions des services de santé au travail[1].

Ainsi, il y était énoncé que les services de santé au travail participent à la lutte contre la propagation de la Covid-19, notamment par :

– « *La diffusion, à l'attention des employeurs et des salariés, de messages de prévention contre le risque de contagion*

– *L'appui aux entreprises dans la définition et la mise en œuvre des mesures de prévention adéquates contre ce risque et dans l'adaptation de leur organisation*

– *La participation aux actions de dépistage et de vaccination définies par l'État* »[2].

Il y était également prévu que par dérogation à l'article L. 321-1 du Code de la sécurité sociale, le médecin du travail pouvait prescrire et renouveler des arrêts de travail en cas d'infection ou de suspicion d'infection à la Covid-19 et réaliser des tests de détection du SARS Cov 2.

Enfin, un décret a précisé les conditions dans lesquelles les services de santé au travail pouvaient reporter certaines visites médicales règlementaires dont l'échéance était intervenue entre le 15 décembre 2021 et le 30 avril 2022. Le report ne pouvant aller au-delà du 30 juillet 2022[3].

1033. De plus, si l'intention affichée du législateur depuis 2016 est de prioriser la prévention primaire, la multiplication des visites individuelles obligatoires (visites de mi-carrière, de fin d'exposition, de fin de carrière, visites de pré reprise et reprise…, *cf. supra* 8.2), qui prennent du temps médical dans un tel contexte démographique dégradé, est une menace pour la bonne fin de cet objectif.

1034. Dès lors, une place nouvelle est donnée à des personnels médicaux chargés d'assister les médecins du travail, voire de les substituer. Il en est ainsi, notamment dans les zones souffrant d'un nombre insuffisant de médecins du travail, du « *collaborateur médecin* », non spécialisé en médecine du travail mais disposant d'une formation spécifique qui lui permet de procéder à l'ensemble des examens de suivi individuel de l'état de santé des travailleurs, sous l'autorité et

1. Ordonnance n° 2020-1502 du 2 décembre 2020.

2. Article 1 de l'ordonnance n° 2020-1502 du 2 décembre 2020.

3. Décret n° 2022-418 du 24 mars 2022 : « *Sous réserve des dispositions de l'article 3, le médecin du travail peut reporter la date des visites et examens médicaux organisés dans le cadre du suivi individuel de l'état de santé en application de l'article L. 4624-1, L. 4724-2 et L. 4624-1-1 à l'exception des visites et examens suivants : visite d'information et de prévention initiale prévue pour les travailleurs handicapés, les travailleurs âgés de moins de dix-huit ans, les travailleurs titulaires d'une pension d'invalidité, les femmes enceintes, venant d'accoucher ou allaitant, les travailleurs de nuit, les travailleurs exposés à certains risques ; l'examen de pré-reprise et l'examen de reprise* ».

dans le cadre d'un protocole écrit et validé par le médecin du travail[1] ; il en de même des internes en médecine du travail ainsi que des infirmiers en santé au travail lesquels peuvent également exercer des missions « *déléguées* » par les médecins du travail[2], à condition de rester dans la limite des compétences qui leur sont reconnues par le Code de la santé publique[3] et d'avoir suivi une formation spécifique[4]. La loi de modernisation sociale de 2016[5] avait déjà posé, pour ces professionnels de santé, le principe de l'exercice « *en pratique avancée* »[6]. Par ailleurs, en application de la loi du 2 août 2021, le suivi médical du salarié pourra également être effectué par un « *médecin praticien correspondant* », médecin généraliste, qui travaille en collaboration avec le médecin du travail. Un décret doit prochainement être pris pour la mise en œuvre de ce nouveau dispositif.

1035. Enfin, est reconnue la faculté de recourir à « *des pratiques médicales ou de soins à distance* » pour assurer, avec l'accord du salarié, son suivi individuel[7]. Mais lorsque le professionnel constate au cours de la visite à distance qu'une consultation physique est nécessaire, une nouvelle visite est programmée dans les meilleurs délais.

1036. Ainsi, après avoir été longtemps isolé dans l'exercice de sa mission légale, le médecin du travail est devenu progressivement un véritable « *chef d'orchestre* »[8], chargé d'animer et de coordonner une

1. Article R. 4623-25-1 du Code du travail.

2. Article L. 4623-9 du Code du travail ; le décret n° 2022-679 du 26 avril 2022 précise les modalités statutaires de l'exercice de la profession d'infirmier en santé au travail dans les SPST et détermine les conditions de délégations de certaines missions aux membres de l'équipe pluridisciplinaire par les médecins du travail.

3. Article R. 4311-1 du Code de la santé publique : « *L'exercice de la profession d'infirmer ou d'infirmière comporte l'analyse, l'organisation, la réalisation de soins infirmiers et leur évaluation, la contribution au recueil de données cliniques et épidémiologiques et la participation à des actions de prévention, de dépistage, de formation et d'éducation à la santé. Dans l'ensemble de ces activités, les infirmiers et infirmières sont soumis au secret professionnel. Ils exercent leur activité en relation avec les autres professionnels du secteur de la santé, du secteur social et médico-social et du secteur éducatif* ».

4. Le décret n° 2022-1664 du 27 décembre 2022 prévoit les modalités de formation spécifique des infirmiers en santé au travail telle qu'exigée par l'article L. 4623-10 du Code du travail, notamment un parcours de formation d'un minimum de 240 heures d'enseignements théoriques et d'un stage de 105 heures de pratique professionnelle en santé au travail.

5. Loi n° 2016-41 du 26 janvier 2016.

6. Article R. 430-1 du Code de la santé publique : l'infirmier exerçant en pratique avancée dispose de compétences élargies par rapport à celles de l'infirmier diplômé d'État. Il participe à la prise en charge globale des patients dont le suivi lui est confié par le médecin, conformément aux dispositions de l'article L. 430-1.

7. Articles L. 4624-1, II et R. 4624-41-1 à R. 4624-41-6 du Code du travail.

8. Propos du professeur Fantoni-Quinton, *Grand entretien autour de la médecine du travail*, Cour de cassation, 20 juin 2022.

équipe pluridisciplinaire d'intervenants en santé au travail, avec des missions toujours plus larges et complètes au fil des années.

1037. Il est aidé en cela par les médecins-inspecteurs du travail qui, affectés dans chaque région et spécialisés en médecine du travail, contribuent à la politique nationale et territoriale de santé au travail, par l'étude des risques professionnels, la délivrance de conseils de prévention et l'évaluation des mesures prises. Ils apportent une expertise supplémentaire sur les liens entre santé et contraintes professionnelles. Les médecins-inspecteurs participent en outre à des projets de prévention avec les CARSAT et l'ensemble des acteurs de la prévention des risques professionnels. Ils concourent également à la promotion de la qualité de vie au travail et au maintien en emploi. Ils exercent donc une mission majeure d'information et d'appui au système d'inspection du travail et aux médecins du travail dans l'application des dispositions légales et règlementaires prescrites en matière de santé au travail. Ils animent et contrôlent le fonctionnement des services de santé au travail[1]. Ils participent, enfin, à la gestion des crises sanitaires[2].

1038. Le médecin-inspecteur du travail, titulaire d'un contrat de droit public, est placé sous l'autorité du DREETS[3], sauf dans l'exercice de ses compétences techniques, lesquelles sont exercées sous l'autorité du chef de l'inspection médicale du travail[4]. Comme les médecins du travail, ils sont actuellement en sous-effectifs pour assurer sereinement et efficacement la plénitude de leur mission légale.

Encadré 96 : Chiffres clés 2022

Focus chiffres clés 2022 (ressources Plateforme https://presanse.qualios.com)

– 4 133 médecins au sein des SPST au 1er janvier 2022 mais 3 478 en équivalents temps plein (médecins et collaborateurs médecins)

– Le nombre moyen de salariés suivis par médecin (en ETP) est de 4 800 personnes (peut atteindre 14 000 dans certains SPST)

– 2 670 infirmiers en santé au travail

– 203 services interentreprises de santé au travail au 1er janvier 2021 (hors services dédiés aux BTP) pour 16 millions de salariés et 1,4 million d'établissements

– 76 800 salariés : nombre moyen de salariés suivis par SSTI

– 489 000 établissements au 31/12/2021 ont justifié d'une fiche d'entreprise de moins de 5 ans (la proportion moyenne de salariés couverts par une fiche d'entreprise de moins de 5 ans est de 58 %)

1. Articles R. 8123-1, D. 8123-2 à D. 8123-5 du Code du travail.
2. Ils ont ainsi apporté une contribution majeure dans la gestion de la pandémie du Covid-19.
3. Direction régionale de l'économie, de l'emploi, du travail et des solidarités.
4. Articles R. 8123-6 et R. 8123-7 du Code du travail.

– 672 000 établissements ont fait l'objet d'une action en milieu de travail en 2021
– 7,1 millions de visites médicales ont été réalisées par les médecins du travail et les infirmiers en santé au travail (dont 9 % à distance)
– 31 % des visites réalisées sont des visites d'embauche
– 9 % sont des visites de pré-reprise
– 22 % sont des visites de reprise
– 20 % sont des visites périodiques
– 18 % sont des visites à la demande
– 509 400 préconisations d'aménagement de poste ont été prononcées en 2021, soit 11 % de l'ensemble des visites réalisées par les médecins du travail
– 2,5 % des visites réalisées par les médecins du travail ont conclu par un avis d'inaptitude, soit 0,7 % du nombre de salariés suivis

8.8 Médecines de ville, du travail et de sécurité sociale : un rapprochement amorcé

8.8.1 Une approche globale de la santé limitée par le principe du secret médical

1039. Pour une meilleure adaptation et coordination des soins à prodiguer et une prévention effective contre les risques professionnels, le rapprochement du médecin du travail, du médecin traitant et du médecin conseil de la sécurité sociale paraît naturellement s'imposer. Le médecin traitant a en effet intérêt à connaître les expositions professionnelles susceptibles de l'éclairer sur les pathologies de son patient et lui permettre de formuler des diagnostics et prescriptions pertinents, tandis que le médecin du travail peut d'autant plus affiner le suivi de santé du travailleur, qu'il a connaissance de ses antécédents médicaux. Le médecin conseil a quant à lui un rôle déterminant dans la définition d'un parcours de soins optimal, de nature à garantir le maintien dans l'emploi du « patient/salarié/assuré » (*cf.* 2.4.1.2).

1040. Pourtant, le droit et la pratique apportent une certaine limite à cette exigence de rapprochement, notamment par les règles du Code de la santé publique régissant le secret médical, malgré les dernières évolutions inscrites dans la loi du 2 août 2021.

Encadré 97 : Le temps partiel thérapeutique, illustration de la nécessaire coordination des médecins

Le temps partiel thérapeutique est souvent l'une des solutions déployées pour faciliter temporairement le retour ou le maintien d'une personne atteinte d'une pathologie lourde. Bien que le dispositif ait fait l'objet de certains assouplissements (la reprise n'est pas obligatoirement consécutive à la période d'arrêt de travail et peut être consécutive à une reprise temporaire à temps complet faisant suite à l'arrêt initial), sa mise en œuvre reste conditionnée par une procédure nécessitant l'articulation de plusieurs acteurs :

– une prescription par le médecin traitant (certificat médical) devant préciser le pourcentage d'activité (50 %, 80 %...) ;

– une attestation de l'employeur comprenant les modalités du temps partiel (répartition des jours, des heures de travail, rémunération correspondante...), la nature de l'emploi et l'accord de l'employeur ;

– une visite médicale de reprise auprès du médecin du travail, constatant la faculté du salarié à reprendre un travail dans le cadre d'un temps partiel thérapeutique (avis aptitude ou inaptitude) ;

– la transmission de la prescription du médecin traitant et de l'attestation de l'employeur à la caisse d'assurance, qui donne son accord, ou pas, après avis du médecin conseil, pour indemniser le temps partiel thérapeutique.

Ce parcours peut être semé d'embûches et faire perdre un temps précieux si les démarches sont réalisées dans un ordre purement séquentiel et sans coordination des parties.

8.8.1.1 Un partage du secret médical très encadré

1041. Le secret professionnel, institué dans l'intérêt des patients, s'impose à tout médecin dans les conditions établies par la loi[1].

1042. Le fait pour un médecin, comme le médecin du travail, d'être lié dans son exercice professionnel par un contrat à tout organisme public ou privé n'enlève en rien à ses devoirs déontologiques, en particulier à ses obligations concernant le secret professionnel et l'indépendance de ses décisions.

1043. « *Ce secret s'étend non seulement aux informations à caractère strictement médical (pathologie, résultat d'examens biologiques et radiographiques, diagnostic, traitement, intervention) mais aussi aux informations personnelles, relatives à la vie privée d'une personne (celles-ci pouvant concerner la famille, la profession ou encore le patrimoine de la personne malade)*[2]. »

1044. Il n'est pas opposable au patient qui doit au contraire recevoir toute l'information nécessaire sur son état, les actes et soins proposés ou dispensés[3].

1045. Sauf s'ils participent à la prise en charge d'un même patient, le secret ne se partage pas, même entre médecins. En effet, le Code de la santé publique légifère strictement le partage du secret professionnel comme suit.

1. Article R. 4127-4 du Code de la santé publique.
2. Extrait fiche « Le secret professionnel et le partage des informations médicales entre professionnels de santé », site du ministère de la Santé.
3. Article R. 4127-35 du Code de la santé publique.

1046. « *Un professionnel peut échanger avec un ou plusieurs professionnels identifiés des informations relatives à une même personne prise en charge, à condition qu'ils participent tous à sa prise en charge et que ces informations soient strictement nécessaires à la coordination ou à la continuité des soins, à la prévention ou à son suivi médico-social et social. Lorsque ces professionnels appartiennent à la même équipe de soins, au sens de l'article L. 1110-12, ils peuvent partager les informations concernant une même personne qui sont strictement nécessaires à la coordination ou à la continuité des soins ou à son suivi médico-social et social. Ces informations sont réputées confiées par la personne à l'ensemble de l'équipe. Le partage, entre des professionnels ne faisant pas partie de la même équipe de soins, d'informations nécessaires à la prise en charge d'une personne requiert son consentement préalable, recueilli par tout moyen, y compris de façon dématérialisée, dans des conditions définies par décret pris après avis de la Commission nationale de l'informatique et des libertés*[1]. »

1047. La loi reconnaît également aux praticiens-conseils du service de contrôle médical un droit d'accès aux données de santé à caractère personnel, seulement si elles sont strictement nécessaires à l'exercice de leurs missions et dans le respect du secret médical[2].

1048. Ainsi et en dehors des cas autorisés par la loi, la violation d'une information à caractère secret par une personne qui en est son dépositaire peut être poursuivie pénalement et réprimée par une peine d'emprisonnement d'un an et d'une amende de 15 000 euros[3], outre des poursuites disciplinaires.

1049. S'agissant du dossier médical en santé au travail :

1050. L'article L. 4624-8 du Code du travail prévoit qu'un dossier médical en santé au travail, constitué par le médecin du travail, retrace dans le respect du secret médical les informations relatives à l'état de santé du salarié, aux expositions auxquelles il a été soumis, ainsi que les avis et recommandations du médecin du travail qui le concernent.

1051. Selon les recommandations de bonnes pratiques de la Haute autorité de santé, ce dossier est le « *lieu de recueil et de conservation des informations socio-administratives, médicales et professionnelles, formalisées et actualisées, nécessaires aux actions de prévention individuelle et collective en santé au travail, enregistrées, dans le respect du secret professionnel, pour tout travailleur exerçant une activité, à quelque titre que ce soit, dans une entreprise ou un organisme, quel que soit le secteur d'activité* ». La HAS précise que « *les objectifs du*

1. Article L. 1110-4 II et III du Code de la santé publique.
2. Article L. 315-1, V du Code de la sécurité sociale.
3. Article 226-13 du Code pénal.

DMST sont d'une part d'aider le médecin du travail : à apprécier le lien entre l'état de santé du travailleur, le poste et les conditions de travail ; à proposer des mesures de prévention ; à faire des propositions en termes d'amélioration ou d'aménagement du poste ou des conditions de travail et de maintien ou non dans l'emploi ; Et d'autre part de participer à la traçabilité des expositions professionnelles ; des informations et conseils de prévention professionnels délivrés au travailleur ; des propositions en termes d'amélioration ou d'aménagement du poste ou des conditions de travail et de maintien ou non dans l'emploi »[1].

1052. Ce dossier est accessible également au médecin praticien correspondant et aux professionnels de santé chargés d'assurer, sous l'autorité du médecin du travail, le suivi de l'état de santé d'une personne, sauf opposition de l'intéressé. En effet, le partage du dossier médical en santé au travail n'est pas tacite puisque l'équipe de santé au travail n'est pas considérée, au regard du Code de santé publique, comme une « *équipe de soins* » mais néanmoins le partage est possible, à condition que le salarié ne s'y oppose pas, alors qu'il a été dûment informé selon les règles du Règlement général sur la protection des données (RGPD), de l'objet de ce partage, de son périmètre et de son droit de s'y opposer[2].

1053. En revanche, le dossier médical en santé au travail d'un salarié, couvert par le secret médical, ne peut en aucun cas être communiqué à l'employeur[3].

8.8.1.2 Un accès au dossier médical partagé sous condition

1054. Jusqu'à la loi du 2 août 2021, il n'y avait pas de connexion entre le dossier en santé au travail du salarié et son « *dossier médical partagé* » lequel recense toutes les données médicales qui le concernent telles qu'ordonnances, comptes rendus d'hospitalisation, examens biologiques… En effet, l'accès pour le médecin du travail au dossier médical partagé n'était pas prévu par le Code de la santé publique qui le réservait, comme rappelé *supra*, aux personnels de santé participant à la prise en charge d'un patient, au sens des articles L. 1110-4 et L. 1110-12 dudit code.

1055. Or l'impossibilité pour le médecin du travail d'accéder au dossier médical partagé ne favorise pas la prévention ni la coordination ou la continuité du suivi de santé de l'intéressé dès lors que « *de*

1. Recommandations HAS janvier 2009.
2. La CNIL a établi une fiche dédiée sur l'espace numérique de santé et le dossier médical partagée le 12 avril 2022.
3. Cass. soc., 10 juillet 2002, n° 00-40.209.

nombreux problèmes de santé restent invisibles et indétectables par un examen clinique du médecin du travail et dont la connaissance ne peut venir uniquement des réponses du salarié aux questions du médecin »[1] ou précisément du dossier médical partagé.

1056. Désormais, depuis la loi du 2 août 2021 et à compter du 31 mars 2022, l'article L. 1111-17 du Code de la santé publique précise que le médecin du travail chargé du suivi de l'état de santé d'une personne peut accéder, sous réserve de son consentement préalable, à son dossier médical partagé et l'alimenter. La personne est dûment informée de son droit d'exercer une opposition à l'échange et au partage d'informations la concernant. Elle peut exercer ce droit à tout moment.

8.8.2 Un rapprochement des acteurs de la santé

1057. Le législateur a prévu de longue date qu'en cas d'interruption de travail dépassant trente jours, le médecin conseil de la Caisse, en liaison avec le médecin traitant, puisse solliciter le médecin du travail pour préparer et étudier les conditions et les modalités de la reprise du travail ou envisager des démarches de formation[2].

1058. De même, pour mieux accompagner certains publics vulnérables ou en situation de handicap et lutter contre la désinsertion professionnelle, la loi du 2 août 2021 a organisé sous des conditions fixées par décret, la transmission aux SPST par le service du contrôle médical, des informations relatives aux arrêts de travail enregistrés[3]. Les SPST sont quant à eux, autorisés à communiquer auxdites caisses des indications sur le poste et les conditions de travail des salariés concernés[4].

1059. Le législateur a par ailleurs intégré les SPST aux « *communautés professionnelles territoriales de santé* » instituées par le Code de la santé publique[5].

1060. Ainsi, au titre des missions dévolues aux SPST, l'article L. 4622-2 modifié par la loi de 2021, précise en effet qu'ils participent à des actions de promotion de la santé dans le cadre de la stratégie nationale de santé publique, notamment en contribuant aux campagnes de vaccination et de dépistage, en sensibilisant les salariés à la pratique du sport et aux situations de handicap au travail.

---

1. Professeur S. Fantoni-Quinton, *Grand entretien autour de la médecine du travail*, Cour de cassation, 20 juin 2022.
2. Article L. 323-4-1 du Code de la sécurité sociale créé par la loi n° 2004-810 du 8 août 2004.
3. Article L. 315-4 du Code de la sécurité sociale et L. 4622-2-1 du Code du travail.
4. Article L. 4622-2-1 du Code du travail.
5. Article 8, loi n° 2021-1018 du 2 août 2021.

1061. De même les cellules pluridisciplinaires de prévention de la désinsertion professionnelle, qui ont pour mission d'identifier le plus en amont possible les salariés vulnérables et de leur fournir un accompagnement individuel pour un maintien en emploi, reposent sur la collaboration entre les professionnels de santé[1] : formation professionnelle à laquelle les caisses primaires d'assurance maladie peuvent participer[2], aménagements de poste préconisés par le médecin du travail…

1062. À ce titre et aux termes d'une instruction relative aux modalités de mise en œuvre des cellules de prévention de la désinsertion professionnelle, le directeur général du travail (DGT) et le directeur général de la Caisse nationale d'assurance maladie (CNAM) insistent sur l'importance de fonctionner en réseau, « *dans une démarche mutualisée associant l'employeur, le management de proximité, les médecins-conseils et les services d'assurance maladie, les autres acteurs du maintien en emploi et les acteurs de la compensation du handicap* »[3].

1063. Les actions d'accompagnement auxquelles la Caisse peut participer, à la demande de l'assuré, comprennent notamment l'essai encadré dont les modalités sont définies par décret[4] et la convention de rééducation professionnelle, mentionnée à l'article L. 5213-3-1 du Code du travail. Ces actions se font en lien avec les acteurs de la compensation du handicap et les acteurs de la réadaptation, selon les territoires.

1064. L'essai encadré est mis en œuvre à la demande de l'assuré, après une évaluation globale de sa situation par le service social, avec l'accord du médecin traitant, du médecin conseil et du médecin du travail assurant le suivi individuel du salarié. Il permet au bénéficiaire d'évaluer, pendant l'arrêt de travail, au sein de son entreprise ou d'une autre entreprise, la compatibilité d'un poste de travail avec son état de santé. La durée de l'essai encadré ne peut excéder quatorze jours, renouvelables dans la limite de vingt-huit jours.

1065. La convention de rééducation professionnelle est réservée aux travailleurs handicapés. Elle est conclue entre l'employeur, le salarié et la caisse primaire d'assurance maladie. Lorsque la rééducation est assurée par l'employeur, elle fait l'objet d'un avenant au contrat de

1. Article L. 4622-8-1 du Code du travail.
2. Article L. 323-3-1 du Code de la sécurité sociale.
3. Instruction du 26 avril 2022 à l'adresse des directeurs régionaux de l'économie, de l'emploi, du travail et des solidarités, des médecins-inspecteurs du travail, des responsables d'unités territoriales, des directeurs des Cpam et des Carsat.
4. Décret n° 2022-373 du 16 mars 2022 relatif à l'essai encadré, au rendez-vous de liaison et au projet de transition professionnelle et modifiant notamment le Code de la sécurité sociale.

travail qui ne peut modifier la rémunération de celui-ci[1]. Si elle n'est pas assurée par l'employeur, elle est effectuée selon les modalités de mises à disposition prévues à l'article L. 8241-2 du Code du travail.

8.9 Retour sur le rôle central de l'employeur dans la prévention de la désinsertion : une réponse face à la complexité du système

1066. Le présent chapitre a mis en évidence les nombreuses chausse-trappes juridiques inhérentes à la procédure de déclaration d'inaptitude et de reclassement des travailleurs, ainsi que la complexité résultant de la multiplicité des acteurs à mobiliser pour conduire et réussir une démarche de maintien et de retour dans l'emploi. C'est pourquoi, en amont de la prévention de la désinsertion professionnelle (PDP), l'accent doit être mis prioritairement sur la prévention primaire, c'est-à-dire sur tout ce qui permet d'éviter l'apparition de pathologies. Lorsque celle-ci échoue, les préventions secondaire et tertiaire prennent le relais, tout en privilégiant une détection anticipée des situations dites *problèmes*. L'expérience montre en effet que, sans surprise, plus la prise en charge des personnes présentant des vulnérabilités de santé est précoce, plus les chances de maintien dans l'emploi sont grandes. Tel est l'esprit de la loi du 2 août 2021 – et du PST4 – qui recentre l'action des services de santé au travail sur les actions collectives de prévention en milieu de travail, mais impose aussi la mise en place de cellules de PDP au sein de chaque service.

1067. Dans ce paysage toutefois, quelle que soit la qualité des efforts de concertation des différents médecins – traitant, du travail et de la sécurité sociale – le rôle de l'employeur reste décisif. Aucune solution d'aménagement de poste, du temps de travail ou de reclassement ne peut être mise en place, ni perdurer, sans l'implication du chef d'entreprise, seul juge et décideur in *fine* de la faisabilité de la solution proposée. Or, cette posture n'a rien d'évident et conduit à rappeler ses conditions de succès.

1068. L'une d'elle, en particulier, repose sur la prise en compte de l'impact des aménagements proposés sur le collectif de travail. Dans un contexte où les effectifs sont souvent calculés au plus juste, la soutenabilité et l'acceptabilité de ces aménagements sont étroitement conditionnées à la manière dont la hiérarchie prépare le retour du salarié au sein de son équipe[2]. À défaut, l'augmentation de la charge de travail qui résulte de la prise en charge, par l'équipe, des tâches

1. Article L. 5213-3-1 du Code du travail.
2. Dans le respect du secret et de l'intimité du bénéficiaire bien entendu.

dont le salarié a été dispensé, constitue un déport de contraintes qui risque de créer des tensions et de faire échouer le dispositif de retour, comme l'illustre le témoignage d'une salariée d'un établissement de santé reproduit dans l'encadré 98 ci-dessous[1]. Certains employeurs considèrent ainsi que les aménagements ont pour effet de surexposer les gens qui n'ont pas de restriction médicale, en limitant les possibilités de rotations au sein du collectif et en rendant la planification des tâches difficile pour les managers. Il s'ensuit qu'une politique d'aménagement de poste se conçoit principalement sous l'angle organisationnel.

Encadré 98 : La nécessaire prise en compte du collectif de travail

« *Travaillant au CHU de…, j'aimerais vous faire un retour sur mon expérience toute récente. En effet, suite à un long arrêt de travail, j'ai pu reprendre dans mon service à mi-temps thérapeutique. Le jour de ma reprise, l'ambiance était plutôt tendue, aucun sourire, aucune empathie de la part de mes collègues. Au fil de la journée, aucune parole, aucun regard, j'étais devenue transparente. Les jours se sont succédé et je ressentais toujours la même ambiance pesante. Pour ma part, je culpabilisais d'avoir eu cet arrêt de travail en laissant à mes collègues ma charge de travail et cette ambiance glaciale me pesait. Oui je reprenais le travail à mi-temps mais j'étais là, non je ne pouvais pas faire toutes les tâches habituelles, certaines m'étaient encore trop difficiles mais j'étais là, je pouvais encore être utile, je faisais l'effort de venir sur des après-midis pour ne pas imposer mes horaires de fermeture à mes collègues…*

Je ne comprenais pas. J'ai donc attendu comme cela toute la semaine en me demandant pourquoi on me faisait cela, qu'avais-je fait de mal. J'ai donc pris la parole lors de notre réunion hebdomadaire (réunion institutionnelle mise en place pour améliorer notre qualité de vie au travail) en demandant à mes collègues et ma référente si on me reprochait quelque chose, si certaines avaient envie de prendre la parole, c'était le moment car moi je me sentais mal, mise à l'écart, dans une ambiance glaciale, ce qui n'était pas le cas avant mon arrêt.

Quelques collègues ont ainsi pu réagir, nous avons échangé sur mon ressenti, le leur, sur le travail à flux tendu en général, faire le point sur les difficultés rencontrées dans le service et pas seulement du fait de mon absence, de mettre des mots sur notre "souffrance". Certaines étaient émues et se disaient fragiles en ce moment.

1. Par ailleurs, il ne faut pas omettre que le travailleur intéressé, dont on dit souvent qu'il doit être acteur de sa santé et de son retour, est lui-même pris dans les méandres d'un parcours de soins régulièrement comparé à un véritable parcours du combattant. Envahi par le combat contre sa maladie et son processus de convalescence, il est déjà aux prises avec de nombreuses dimensions, médicales, familiales, administratives, etc. justifiant le soutien facilitant de l'entreprise.

> *La semaine suivante, très rapidement, nous avons échangé quelques mots pour dire où nous en étions, si les choses s'étaient apaisées. Depuis, la bonne humeur semble revenue. De par mon expérience, il est vraiment utile d'avoir ce type de réunion qui n'a pas besoin d'être longue mais au cours de laquelle on peut échanger, discuter des bonnes choses comme des mauvaises, pouvoir mettre des mots sur les choses qui nous dérangent et trouver des arrangements pour organiser le travail... »*

1069. Les politiques des entreprises en la matière sont très variées mais déterminent grandement, y compris symboliquement, le rapport qu'elles entretiennent à la maladie du travailleur et plus généralement à l'absentéisme dans l'entreprise, ce qui n'est pas sans interroger les politiques RH qui les sous-tendent. Certaines entreprises, par exemple, considèrent que la personne en retour de maladie ne compte pas pour un, tant qu'elle n'a pas retrouvé toutes ses facultés et que son poste fait l'objet d'aménagements. L'effectif théorique n'est donc pas pourvu et permet l'octroi de renforts à l'équipe de manière à ne pas aggraver la charge de travail ou peser sur les résultats commerciaux assignés à cette dernière. D'autres, notamment lorsque leur taux d'absentéisme est faible (de l'ordre de 2 %), considèrent les situations de maintien en emploi comme un épiphénomène et ne développent pas de politique particulière, alors que certaines observent un *continuum* entre absentéisme et inaptitude. Certaines, encore, observent une augmentation des restrictions d'aptitude et construisent en conséquence un indicateur relatif aux événements de santé hors AT/MP. D'autres découvrent que 2,5 % des salariés font 25 % des accidents du travail avec arrêt et s'intéressent, dès lors, au phénomène de poly-accidentés qu'elles n'avaient pas identifié jusqu'alors, ce qui les conduit à cibler leurs actions de prévention et d'accompagnement vers ces publics particuliers (repérage de causes organisationnelles, identification de secteurs propices à *l'accidentalité*, création de modules sur la vigilance partagée[1], etc.).

1070. La méthodologie d'intervention déployée par l'entreprise apparaît en tout état de cause décisive et l'accueil réservé par les représentants du personnel, aux dispositifs d'accompagnement mis en place, dépend largement des intentions qu'ils décèlent de la part de l'employeur et de la manière dont ils ont été impliqués dans leur implantation. L'appel systématique des travailleurs par une assistante sociale d'entreprise à partir d'une certaine durée d'arrêt est par exemple très bien perçu dans une entreprise où sa mise en place a fait

1. Une entreprise ayant investigué la question en détail a par exemple constaté que seuls les changements de postes produisaient des résultats efficaces dans la catégorie des travailleurs poly-accidentés. Une autre a observé des rebondissements parmi des travailleurs poly-accidentés ayant endossé la fonction de tuteurs dans l'entreprise.

l'objet d'un encadrement concerté au sein du CSE. À l'inverse, il est massivement rejeté dans une entreprise où la prise de contact avec le salarié absent est réalisée par un prestataire extérieur et pour les seuls arrêts consécutifs à un accident de travail en vue de leur proposer un aménagement de poste et un retour accéléré[1].

1071. Il est par ailleurs admis que les situations des personnes en risque de désinsertion ont en général révélé des indices préliminaires qui n'ont pas été détectés et traités assez précocement.

1. Les travailleurs et les organisations syndicales y voient le signe d'un intérêt de l'employeur pour la seule dégradation de ses indicateurs de gestion (taux de fréquence et de gravité) mais aussi un manque d'empathie pour le sort de l'ensemble des travailleurs victimes de pathologies non prises en compte par ces indicateurs.

CHAPITRE 9

L'OBLIGATION DE SÉCURITÉ À L'ÉPREUVE DE LA COACTIVITÉ

9.1 L'existence d'un principe de coordination

1072. L'article L. 4121-5 du Code du travail prévoit que « lorsque dans un même lieu de travail les travailleurs de plusieurs entreprises sont présents, les employeurs coopèrent à la mise en œuvre des dispositions relatives à la santé et à la sécurité au travail ». Ce faisant, il instaure un principe de coordination au sein des principes généraux de prévention. Cependant, en dépit de son champ d'application en apparence très large, l'article circonscrit d'emblée la portée du principe aux situations dans lesquelles :

- les travailleurs qui se côtoient ne sont pas de la même entreprise ;
- les travailleurs des différentes entreprises sont des salariés, ou à tout le moins sous l'autorité à quelque titre que soit d'un employeur au sens de l'article L. 4111-5 du Code du travail, ce qui exclut *a priori* les travailleurs indépendants ;
- les travailleurs sont en principe dans le *même lieu* et y sont *présents* en même temps.

1073. Or, de nombreuses situations ne remplissant pas toutes ces conditions sont susceptibles de générer des risques de coactivité qui justifieraient la mise en œuvre d'une coopération entre acteurs. Par ailleurs, le principe ne précise pas si l'un des employeurs en présence est plus particulièrement responsable de la coopération.

1074. En vérité, la coordination entre travailleurs est un déterminant majeur de la santé et de la sécurité au travail et n'est pas le propre des situations de coactivité entre entreprises distinctes. Au sein même de toute entreprise, les relations de travail entre différents services sont un sujet de coactivité en soi et sont même au cœur de l'organisation du travail. Les relations entre les opérateurs de production et le service de maintenance[1], entre le bureau des méthodes et les ateliers[2], entre les services commerciaux et d'ordonnancement de la production[3], entre le service d'achats et les ressources humaines[4], entre les chaînes de montage et de conditionnement[5], entre la logistique et la fabrication[6], etc. sont autant d'interfaces présentant des enjeux de coopération dont le déficit est une cause fréquente de dysfonctionnement, voire d'accidents. La coordination de ces situations est toutefois censée être facilitée par le fait qu'elle relève du pouvoir d'organisation interne de l'employeur et ne nécessite donc pas *a priori* d'être réglementée. Cependant, la complexité des organisations contemporaines d'entreprise (organisations matricielles, centres de coûts, etc.) démultiplie les zones de tensions pouvant générer des situations frictionnelles appelant plus de coordination entre équipes. Ainsi, les RPS ou les risques liés à une charge excessive de travail peuvent être liés, outre au volume et à l'intensité du travail, à une absence ou une carence des régulations organisationnelles requises à la jonction des différentes activités de l'entreprise : allocation des ressources entre services, répartition claire des rôles et des tâches, gestion des interfaces, des priorités, processus d'arbitrage, etc.

1075. Mais le principe de coordination prévu par le Code du travail ne va pas si loin. Il entend répondre au phénomène d'externalisation par les entreprises des fonctions périphériques à leur *cœur de métier* telles que la sécurité, la propreté, la restauration, la gestion des fluides, la maintenance, le transport, etc. et aux exigences de coordination spécifiques qui en résultent en raison de la coexistence de plusieurs responsables d'entreprise. S'il confie un rôle de coordination renforcée à l'employeur quand il agit en qualité d'entreprise d'accueil dans des

---

1. Ex. : une équipe de maintenance intervient sur une chaîne de production encore en activité pour réaliser une opération programmée sans que l'équipe de production ait été avertie au préalable. Les opérateurs des deux équipes seront nécessairement confrontés à des questions de coactivité et de risques afférents. L'absence de coordination préalable augmente ces risques.

2. Ex. : une nouvelle gamme de travail est imposée sans concertation sur la chaîne de montage et rend la tâche de travail plus difficile à réaliser.

3. Ex. : le commercial s'est engagé sur une livraison sous huit jours alors que le carnet des commandes en cours ne permet pas de produire la pièce avant quinze jours.

4. Ex. : l'acheteur acquière des EPI de moindre qualité que ceux demandés par la DRH parce que ses règles d'achat ne prévoient pas de critère de confort.

5. Ex. : la chaîne de montage ne prévoit aucun stock tampon permettant de lisser les à-coups de production, conduisant une surcharge de travail aux postes de conditionnement en aval.

6. Ex. : l'approvisionnement des lignes en composants ne correspond pas aux besoins réels sur le poste de travail, produisant des ruptures ou au contraire des encombrements.

situations particulières, le Code du travail ne lui impose pas d'obligation explicite d'application des PGP à toute personne extérieure intervenant « dans ses murs ».

9.2 L'obligation de coordination

9.2.1 Les fondements de l'obligation

1076. Sur le plan de la prévention, le fondement de l'obligation de coordination repose sur les risques d'interférence résultant de la coactivité de travailleurs provenant de plusieurs entreprises. En pratique, de nombreuses circonstances placent les travailleurs dans de telles situations. Force est toutefois de constater que la coordination ne se met pas en œuvre spontanément. Elle est toujours le fruit d'un effort qui nécessite un cadre plus ou moins formalisé permettant de garantir sa mise en place.

1077. On peut voir dans cette difficulté de multiples causes, à commencer de nature économique, car un des enjeux majeurs de l'externalisation est la recherche de rationalisation des coûts de la prestation externalisée. Cette logique donne l'avantage au moins-disant et n'incite pas à (ré)intégrer, lors de la négociation du contrat de prestation, les coûts induits par les mesures de coordination et de prévention pouvant en découler.

1078. Plus généralement, on peut faire l'hypothèse que le recours à des prestations externes vise à donner de la souplesse à des entreprises qui ne souhaitent plus gérer des activités périphériques à leur cœur de métier. Dès lors, toute réglementation visant à réintroduire des obligations à la charge de l'entreprise utilisatrice contrecarre les souplesses recherchées.

9.2.2 Les hypothèses réglementaires régissant la coactivité

1079. Sur le plan juridique, en dépit de la multiplicité des circonstances de coactivité pouvant être rencontrées, deux situations majeures, régies chacune par un décret spécifique, sont plus particulièrement visées et encadrées dans le Code du travail :

- la coordination sur les chantiers du bâtiment et des travaux publics (BTP). Réputés dangereux, ces chantiers se caractérisent par la coexistence temporaire sur un même site de plusieurs corps de métier avec des entrepreneurs aux statuts différents (employeurs, travailleurs indépendants) et des salariés. Le maître d'ouvrage est identifié dans ce texte comme un acteur de premier plan ;

– la coordination des interventions d'entreprises extérieures (EE) dans une entreprise d'accueil, dite entreprise utilisatrice (EU), pour y réaliser une opération pouvant relever du BTP ou de toute prestation de service telle que le nettoyage, le gardiennage, la restauration, le conseil, l'expertise, la prestation informatique, la maintenance, la réparation, etc.). L'employeur de l'EU occupe dans ce texte une place prépondérante.

1080. Ces deux situations se distinguent schématiquement par le fait que la première – les opérations du BTP – vise les chantiers de construction d'ouvrages *clos et indépendants.* Le chantier est dit clos et indépendant car il est rendu inaccessible au *public* durant les travaux et parce que l'ouvrage n'est *pas en activité* tant qu'il n'est pas livré au maître d'ouvrage. Les enjeux de coordination concernent ici exclusivement les entreprises qui participent successivement ou simultanément à la construction de l'ouvrage dans un périmètre clairement délimité. L'exemple courant est celui de la construction d'un immeuble de bureaux ou de logements protégé par une enceinte périmétrique. Il fait intervenir de nombreuses entreprises du BTP, depuis la construction des fondations jusqu'aux travaux de finition, en passant par les voies et réseaux divers, le gros œuvre (maçonnerie, charpente, etc.) et le second œuvre (électricité, peinture, etc.). Le risque professionnel se situe entre entreprises de BTP réunies temporairement sur ce chantier, dit mobile, ce qui appelle une organisation *ad hoc* de la coordination. Une partie de celle-ci repose sur le maître d'ouvrage, qui n'est pas employeur mais détient une partie des réponses aux questions de coordination qui se posent et conditionnent la sécurité du chantier[1].

1081. La seconde situation vise tous types d'interventions d'une ou plusieurs entreprises extérieures (EE) dans une entreprise utilisatrice (EU) *en activité*[2]. Les questions de coordination portent cette fois sur les risques d'interférence entre l'activité habituelle de l'EU (par exemple un site chimique manipulant des produits inflammables) et celle de la ou des EE (par exemple un plombier devant utiliser un appareil à souder sur ce site)[3]. Les opérations de chargement et de

1. Les dispositions relatives à ces opérations sont codifiées aux articles L. 4531-1 et suivants et R. 4532-1 et suivants du Code du travail au sein d'un titre intitulé « Bâtiment et génie civil » et d'un chapitre « Principes de prévention » suivi d'un chapitre « Coordination lors des opérations de bâtiment et de génie civil ». Ces textes transposent la directive 92/57 du 24 juin 1992, transposition assurée par la loi n° 93-1418 du 31 décembre 1993 et le décret n° 96-1994 du 26 décembre 1994. Ils ont fait l'objet de développements importants dans la circulaire DRT n° 96-5 du 10 avril 1996 relative à la coordination sur les chantiers du bâtiment et de génie civil.

2. On parle aussi d'interventions « en site occupé ».

3. Les dispositions relatives à ces opérations sont codifiées aux articles L. 4511-1 et R. 4511-1 et suivants du Code du travail. Elles sont issues d'un décret n° 92-158 du 20 février 1992, commenté par une circulaire n° 93-14 du 18 mars 1993 et une lettre DRT du 10 octobre 1995, relative aux champs d'application respectifs du décret du 20 février 1992 et du décret du 26 décembre 1994.

déchargement de marchandises réalisées par une entreprise de transport chez leurs clients illustrent les risques d'interférences quotidiens entre entreprises. Ces risques étant particulièrement courants, les paragraphes suivants porteront plus particulièrement sur les obligations régissant cette seconde catégorie d'intervention, régies par les articles R. 4511-1 et suivants du Code du travail.

Encadré 99 : « Décret de 92 » *VS* « décret de 94 » : comment les départir ?

Les difficultés de détermination du décret applicable lorsque les travaux réalisés dans une entreprise relèvent d'une activité de BTP (décret du 20 février 1992 sur les EE ou décret du 26 décembre 1994 sur les opérations du BTP) sont connues de longue date.

Elles ont donné lieu à une instruction du ministère du Travail (lettre DRT du 10 octobre 1995) visant à clarifier la répartition entre les champs d'application respectifs des deux textes. Cette lettre rappelle que le décret de 1992 est de portée générale alors que celui du 26 décembre 1994 « *est beaucoup plus spécifique et est limité à certaines opérations de bâtiment ou de génie civil* » dits « *chantiers temporaires ou mobiles* ».

Même si les deux décrets peuvent s'appliquer à des « travaux » de bâtiment ou de génie civil, il faut réunir plusieurs conditions pour appliquer le décret spécifique du 26 décembre 1994 : d'une part, l'intervention d'au moins deux entreprises effectuant des travaux du bâtiment, d'autre part l'exécution de travaux constituant, en eux-mêmes, une opération pouvant être délimitée de façon précise dans l'espace et dans le temps. Il s'agit, dit la lettre circulaire, « *d'opérations que les promoteurs BTP qualifient «d'opérations structurantes» c'est-à-dire portant sur les éléments essentiels des structures d'une construction, soit dans le cadre de travaux neufs d'extension, soit dans le cadre de restructurations lourdes, conduisant notamment à l'élaboration d'un dossier d'interventions ultérieures sur l'ouvrage ou à la modification de celui-ci* ». On distingue donc « *des risques de coactivité BTP alors que d'autres travaux de bâtiment ou de génie civil portant sur l'entretien usuel (...) justifient pleinement l'application du décret du 20 février 1992* ».

Ainsi, « *les interventions de bâtiment et de génie civil ne constituant pas des opérations pouvant être parfaitement isolées, telles que des travaux d'entretien courant d'électricité, de plomberie, de peinture, doivent rester sous l'empire du décret du 20 février 1992. En effet, ces travaux (...) ne nécessitent pas d'actes préparatoires constituant un réel projet au sens du décret du 26 décembre 1994. Ainsi, au regard du risque BTP (...), l'entretien d'une presse entre dans le cadre même des travaux qui justifient l'application du décret du 20 février 1992* ».

9.2.3 La prévention des risques d'interférence

9.2.3.1 La notion d'interférence

1082. Les textes en matière de coactivité ont en commun de traiter les risques d'interférence résultant de la cohabitation d'entreprises intervenant sur un même lieu de travail. En pareille hypothèse en effet, les travailleurs se côtoient ou se succèdent. Ils génèrent et s'exposent à des interactions susceptibles d'avoir, les uns pour les autres, des effets sur la santé au travail. Mais à partir de quand existe-t-il une exigence de coordination ? Y a-t-il des critères liés à la nature des interventions, à leur durée ?

1083. Les circonstances dans lesquelles des interférences peuvent générer des risques sont très nombreuses et tout aussi variées, ce que reflète la locution très large de l'article R. 4511-7 du Code du travail visant les : « *interférences entre activités, installations et matériels* » respectifs de l'EU et des EE. Ces interférences peuvent générer des risques :

– pour les travailleurs de l'EU, en raison des risques générés par l'activité de l'EE (ex. : utilisation de produits chimiques dangereux par l'EE pour décaper un équipement de l'EU) ;
– pour les travailleurs de l'EE, en raison des risques générés par l'activité de l'EU (ex. : exposition accidentelle à des rayonnements ionisants issus du procédé de fabrication de l'EU à proximité de l'intervention réalisée par l'EE) ;
– pour les travailleurs de l'EU et de l'EE en raison des risques résultant de l'activité des deux entreprises (ex. : l'EU met en œuvre des produits inflammables tandis que l'EE utilise à proximité des meules générant des points chauds).

1084. Les interférences sont souvent directes au sens où elles sont liées à la présence simultanée des travailleurs des différentes entreprises (ex. : les techniciens de l'EU installent une machine tandis que les salariés de l'EE travaillent à proximité). Mais elles peuvent aussi être indirectes quand l'EE peut agir sur les installations ou avec du matériel qui ne sont pas les siens, sans présence de personnel de l'EU alentour et donc sans coactivité apparente (ex. : mise à disposition de l'EU par l'EE d'un échafaudage ou d'un engin de levage ou intervention isolée de l'EE sur des installations dangereuses de l'EU : installation électrique, circuit hydraulique, fosse de maintenance, toiture en matériau fragile, zone contenant des matériaux amiantés, etc.)[1].

1. L'opération doit alors être sécurisée par une intervention préalable de l'EU (consignation électrique, purge du circuit hydraulique, ventilation forcée de l'espace confiné, signalisation des zones dangereuses de la toiture, etc.).

9.2.3.2 Les mesures de prévention requises

1085. Le premier écueil de la coactivité résulte clairement de la méconnaissance des risques liés aux activités de chacun des intervenants. Toute intervention d'une EE implique nécessairement des interférences. Le simple fait pour un visiteur technicocommercial de pénétrer sur un site industriel et de s'y déplacer pour accéder à un atelier l'expose par exemple à un risque de circulation lié à la présence de véhicules dans les allées de l'entreprise. Seule une évaluation préalable des risques susceptibles de résulter de ces interférences permet de les prévenir. Cette évaluation peut parfaitement conduire à constater l'absence de risque. Mais c'est l'absence d'évaluation préalable qui est souvent à l'origine d'accidents.

1086. Une fois les risques identifiés, il appartient aux parties de se mettre d'accord sur la manière dont elles vont les prévenir. Dans l'exemple précédent, l'EU peut décider que les rendez-vous avec les techniciens commerciaux se tiendront exclusivement dans un local réservé à l'entrée de l'usine (risque évité) ou que le technicien devra attendre à l'accueil qu'on vienne le chercher pour l'accompagner jusqu'à l'atelier, de manière à éviter un accident de circulation (risque prévenu). Dans l'exemple plus haut (utilisation d'une meuleuse dans un local où sont utilisés des produits inflammables), l'EU conditionnera probablement l'usage de la meuleuse par l'EE à la délivrance préalable d'un permis de feu par un technicien du site d'accueil, lequel se sera préalablement assuré de l'éloignement des produits inflammables. Il n'est pas rare que les mesures de prévention conduisent à interrompre l'activité de l'EU pendant la durée de l'activité extérieure présentant des risques.

1087. Il s'ensuit qu'il n'existe pas de seuil pour mettre en place une coordination et donc définir un plan de prévention dès lors qu'un risque a été identifié lors de la phase d'évaluation. Il existe en revanche des seuils à partir desquels cette coordination doit être formalisée par écrit[1].

1. Article R. 4512-7 du Code du travail. Il s'agit des opérations dépassant une durée du travail de 400 heures par an, discontinues ou non, calculée en additionnant le nombre d'heures de travail effectuées par tous les salariés des entreprises participant à l'opération (*cf.* circulaire du 18 mars 1993) et des travaux qui, quelle que soit leur durée, sont au nombre des travaux dangereux déterminés par un arrêté ministériel (*cf.* arrêté du 19 mars 1993).

Encadré 100 : Être et paraître en prévention : une coordination pertinente au-delà du seul cadre réglementaire

Le principe de coordination posé à l'article L. 4121-5 et les obligations résultant des décrets relatifs aux opérations du BTP et aux entreprises extérieures excluent des situations où les logiques de prévention et de prudence justifient qu'une coordination soit mise en place. Rien n'interdit par conséquent de s'inspirer de ces textes pour régir les situations qui le méritent.

Ainsi, un centre hospitalier possédant de nombreux établissements de soin dans une grande agglomération sous-traitait la collecte et le nettoyage du linge souillé à une entreprise spécialisée. Il appliquait en conséquence la réglementation relative aux entreprises extérieures (visites communes préalables, plans de prévention et inspections périodiques).

Ayant décidé de réinternaliser cette activité au sein d'une unité spécialisée de l'hôpital, des agents de ce dernier se sont vu confier la collecte et le traitement du linge de tous ses établissements. À ce titre, ils étaient chargés de se rendre quotidiennement dans chacune des structures de soins pour y récupérer le linge et le laver dans un site unique avant de le redistribuer. L'hôpital employeur s'est alors demandé s'il était toujours tenu de réaliser des plans de prévention.

La réponse est évidemment négative sur le plan juridique puisqu'il n'y a plus d'entreprise extérieure intervenante. Mais sous l'angle des risques professionnels, la problématique reste rigoureusement la même. De fait, une équipe spécialisée d'un établissement A se déplace désormais quotidiennement sur des sites des établissements de soin B, C, D, etc. qu'elle ne connaît pas. Elle se trouve ce faisant confrontée sur chaque site à des installations présentant des risques différents, en fonction de l'organisation et de la configuration des locaux et équipements (zones de stationnement, dénivelés, escaliers, ascenseurs, quais de chargement, matériel de manutention à disposition, nature des déchets, etc.). La situation mérite à ce titre une évaluation des risques et des mesures de coordination s'inspirant de la logique du décret relatif aux entreprises extérieures (plans de prévention interne, etc.).

Le questionnement de l'employeur conduit à un paradoxe : en s'en tenant au droit, il pourrait se montrer moins prévenant à l'égard de son propre personnel qu'à l'égard de celui de son prestataire antérieur, alors que son interrogation montre qu'il a bel et bien conscience de la subsistance d'un risque d'interférence, fût-elle entre agents d'une même entité juridique. La culture de prévention plaide en faveur d'une coordination organisée de la prévention, indépendamment de la configuration juridique en présence, dès lors qu'un risque d'interférence entre des entités de travail factuellement distinctes a été identifié.

9.2.4 Le rôle pivot de l'entreprise utilisatrice

1088. Les exemples des paragraphes précédents mettent en évidence l'importance du rôle de l'EU qui, en tant que « maître des lieux », est garante du respect des mesures techniques et organisationnelles arrêtées avec l'EE. Or, ils ne mettaient en présence que deux protagonistes – une EE et l'EU – rendant la coordination, somme toute, assez simple à organiser.

1089. En pratique, de nombreuses opérations impliquent plusieurs, voire de nombreuses EE (ex. : réalisation de travaux de grande maintenance en été, implantation d'une nouvelle ligne de production, etc.), ce qui renforce la nécessité et l'importance d'une coordination générale à la charge de l'EU.

1090. Ce rôle prépondérant est bien inscrit dans la directive-cadre du 12 juin 1989. Le 4° de l'article 6, transposé en partie par l'article L. 4121-5 du Code du travail, indique que la coopération des employeurs a pour objet de *coordonner* la prévention des risques professionnels, de *s'informer* mutuellement de ces risques et d'en *informer leurs travailleurs* respectifs et/ou leurs représentants. Mais le 2° de l'article 10, relatif à l'information des travailleurs, prévoit plus précisément que « *(...) l'employeur prend les mesures appropriées pour que les employeurs des travailleurs des entreprises et / ou établissements extérieurs intervenant dans son entreprise (...) reçoivent (...) des informations adéquates (...)* ». Le 2 de l'article 12, relatif à la formation, prévoit aussi que : « *(...) l'employeur doit s'assurer que les travailleurs des entreprises et / ou établissements extérieurs intervenant dans son entreprise (...) ont bien reçu des instructions appropriées en ce qui concerne les risques pour la sécurité et la santé pendant leur activité dans son entreprise (...)*[1] ». Les obligations sont donc de trois natures – se coordonner, s'informer et se former mutuellement –, mais il ressort explicitement des formulations retenues par la directive que l'employeur de l'EU est tenu à une obligation de coordination générale à l'égard des travailleurs des EE. Il doit par ailleurs s'assurer de l'effectivité de cette coordination.

1091. Cette responsabilité accrue de l'employeur utilisateur n'est à vrai dire pas tout à fait nouvelle. Elle se fonde sur l'idée que, même en l'absence de lien de subordination juridique, ce dernier est doté d'une part de responsabilité à l'égard des travailleurs autres que ses propres salariés, dès lors qu'il les fait intervenir dans un lieu où il détient un pouvoir d'organisation et exerce de fait une autorité.

1092. Cette part de responsabilité s'exprime en premier lieu dans le champ d'application élargi de la partie IV du Code du travail, qui vise non seulement la protection des salariés mais aussi celle des travailleurs (*cf. supra* 3.2). Elle existe par ailleurs de longue date en matière de travail temporaire ainsi que pour les salariés des groupements d'employeur et, pour partie, en cas de détachement temporaire de salariés d'entreprises non établies en France. Autrement dit, elle tend à

1. Ces dispositions sont reprises en droit interne aux articles R. 4511-1 et suivants du Code du travail.

être reconnue dans toutes les configurations complexes, notamment triangulaires, où une absence de contrat de travail avec l'entreprise d'accueil rendrait des travailleurs extérieurs vulnérables alors que leur sécurité est en partie dépendante des actes ou omissions de cette dernière.

1093. En définitive, rien de ce qui se passe dans la sphère décisionnelle et organisationnelle du *chef d'entreprise* ne saurait lui être totalement étranger. Il est comptable, certes dans des proportions variables et sur des bases différentes selon les cas, de la santé et de la sécurité de toutes les personnes exposées dans son enceinte à des risques inhérents à son activité : visiteur, client, passant, fournisseur, prestataire, sous-traitant, etc.

1094. En tant que donneur d'ordre, l'employeur accueillant des EE est en toute logique identifié comme le chef d'orchestre à qui est confié un rôle général de coordination qui lui vaut une forme de responsabilité élargie (*cf.* encadré 101).

Encadré 101 : La coordination générale en pratique

Que recouvre exactement la coordination générale à la charge de l'entreprise utilisatrice ?

Une circulaire du 18 mars 1993, parue dans la foulée du décret du 20 février 1992 (désormais articles R. 4511-1 et suivants du CT) rappelle que ce décret visait à renforcer la prévention des risques liés à l'intervention d'une ou plusieurs EE dans un établissement pour tenir compte du développement important de cette forme d'activité et de la multiplication du nombre des EE intervenant au sein d'un même établissement. À cet effet, les dispositions antérieurement en vigueur, qui prévoyaient uniquement une coordination bilatérale entre l'UE et chaque EE, ont été remplacées par une coordination générale associant l'ensemble des employeurs concernés par une opération préalablement à l'exécution des travaux.

La circulaire précise que « *le décret du 20 février 1992 confie au chef de l'entreprise utilisatrice un rôle essentiel dans la coordination préalable et générale, parce qu'il est déterminant : c'est lui qui connaît les lieux* ». Ainsi est-il indiqué que cette coordination doit se traduire, d'une part par la présence physique de l'EU à toutes les opérations de coordination, celles-ci ne pouvant être déléguées aux intervenants et à leurs sous-traitants seuls, d'autre part par des obligations précises en matière de coordination pendant l'exécution des travaux.

La coordination se matérialise par des inspections et des réunions périodiques, qui peuvent donner lieu à des décisions nouvelles.

Concrètement, lorsque l'opération implique plusieurs EE et que leurs risques respectifs sont analysés de concert durant l'inspection préalable, le chef de l'EU peut, au titre de sa mission de coordination générale :

– fixer un échéancier des interventions limitant la présence simultanée d'EE et les risques d'interférence en résultant ;

– prévoir des règles de circulation temporaires applicables à tous et limitant les risques de croisement et de heurts entre véhicules et piétons ;
– stopper toutes les interventions périphériques lors de certaines phases particulièrement délicates (dégazage d'une cuve ayant contenu des produits toxiques avant son démontage, etc.) ;
– rendre obligatoire l'utilisation en commun d'un échafaudage unique pour en faire bénéficier tous les salariés de toutes les entreprises et éviter les opérations de montage/démontage à répétition ;
– prévoir que toute utilisation d'une nacelle élévatrice par une EE sera obligatoirement faite sous la surveillance de l'un de ses propres salariés, etc.

9.3 La distribution ou le partage des responsabilités

1095. La problématique des entreprises extérieures pose immanquablement la question de la responsabilité respective des acteurs lors de la mise en œuvre de la coordination, *a fortiori* en cas d'accident. Ni la loi ni la jurisprudence n'apportent de réponse tranchée en la matière mais on peut d'emblée affirmer que, plus que d'une distribution claire et binaire des responsabilités, on peut parler d'une responsabilité partagée, qui ne peut être appréciée qu'au cas par cas. Le principe même de coordination induit en quelque sorte celui de *coresponsabilité*.

1096. En premier lieu, le rôle central de l'EU dans la coordination des opérations n'a pas pour effet de déresponsabiliser les chefs d'EE. Ceux-ci sont tenus d'une part de faire connaître leurs risques à l'EU en participant aux inspections communes des lieux de travail et à l'élaboration du plan de prévention, d'autre part d'appliquer les mesures de prévention arrêtées dans ledit plan. Enfin, les règles arrêtées en commun au titre de la coactivité n'affectent pas la responsabilité de l'employeur de chaque EE à l'égard des risques encourus par son personnel du fait de son activité propre.

1097. Des questions d'articulation et de frontières peuvent néanmoins se poser. Le chef de l'EU est en premier lieu fondé à demander que les travailleurs de l'EE respectent les mêmes consignes que ses propres salariés. Il peut à ce titre exiger que, durant toute leur présence sur son site, ils portent certains équipements de protection individuelle (chaussures de sécurité, protections auditives, casque, etc.). Il peut aussi leur demander l'application de mesures spécifiques à la prévention des risques de coactivité (utilisation d'un gilet permettant d'identifier leur présence, exécution des déplacements dans le strict respect d'un périmètre d'intervention assigné et accompagnement par du personnel de l'EU pour tout déplacement en dehors de ce périmètre, utilisation de points chauds uniquement après l'obtention d'un permis de feu délivré par l'EU, etc.[1]).

1098. De son côté, le chef de l'EE reste responsable de l'application des mesures de prévention nécessaires à la protection des travailleurs qu'il emploie et doit veiller au respect des mesures de prévention inhérentes à ses risques propres[2]. Par exemple, le soudeur d'une EE intervenant à proximité d'une cuve de l'EU ayant contenu des produits inflammables est exposé à un risque d'interférence (risque d'explosion lié à la présence d'un point chaud de l'EE à côté d'un combustible de l'EU). L'interférence disparaît si l'EU retire cette cuve avant les travaux par application du plan de prévention arrêté durant l'inspection commune préalable. Mais ce soudeur reste exposé aux risques propres de son activité, notamment à l'inhalation des fumées de soudage. L'employeur de l'EE doit donc protéger son soudeur contre ces fumées, au même titre qu'il le ferait dans son atelier. Quant à l'EU, son obligation résiduelle consistera à signaler à l'EE, le cas échéant, le risque dont elle serait témoin afin que cette dernière prenne les mesures nécessaires et ce, même si elle estime que « *la cause du danger est exclusivement le fait de cette entreprise* »[3]. Le chef de l'EU reste en quelque sorte tenu par une obligation de vigilance à l'égard des activités des EE.

1099. Il en ressort une intrication étroite des responsabilités respectives des entreprises utilisatrices et extérieures et l'impossibilité, compte tenu de leur interdépendance, de dessiner *a priori* une ligne de démarcation figée. En pratique, les frontières du « *Qui fait quoi ?* » sont ténues et doivent faire l'objet d'une appréciation au cas par cas. C'est d'ailleurs ce que font les juges quand ils ont à se prononcer, en recherchant qui, dans la chaîne des acteurs impliqués dans la survenue d'un accident, a concouru par ses actes ou omissions à sa survenue. Ainsi, sur le plan pénal, la distribution des responsabilités peut conduire à la condamnation pour homicide involontaire de toute personne ayant participé à la réalisation du dommage, soit parce qu'elle a violé une obligation manifestement délibérée d'une obligation particulière de prudence ou de sécurité prévue par la loi, soit parce qu'elle a commis une faute caractérisée qui exposait autrui à un risque d'une particulière gravité qu'elle ne pouvait ignorer[4]. Tel fut le cas dans une affaire où la Cour de cassation[5] a confirmé la condamnation de l'ingénieur responsable de maintenance chargé de la coordination de sécurité dans l'EU mais aussi celles de l'électricien

1. Article R. 4512-4.
2. Article R. 4511-6.
3. Article R. 4521-8 alinéa 1.
4. Article 121-3 du Code pénal.
5. Cass. crim., 14 octobre 2003, n° 02-86.376.

chef de poste, du coordonnateur des travaux et du chargé des opérations de consignation. Un salarié d'une EE chargée d'exécuter le nettoyage d'installations électriques avait été électrocuté alors qu'il se trouvait en partie basse des caissons où passaient des câbles qui n'avaient pas été mis hors tension, l'intervention étant censée se limiter à la partie haute qui, seule, avait été sécurisée par les employés de l'EU. Au responsable de maintenance, il est notamment reproché de n'avoir pas exigé une visite préalable et conjointe du site avec le prestataire extérieur, ce qui a conduit à l'élaboration d'un plan de prévention « *succinct et incomplet* ». La cour d'appel lui reproche en outre, malgré une conscience aiguë du danger, une « *mauvaise définition des travaux* », une « *analyse insuffisante des risques du site* » et un « *manque de transmission des informations de base* ». S'agissant du coordonnateur des travaux, chargé de faire le lien entre l'EU et le prestataire, la cour d'appel retient « *qu'il ne s'inquiète pas et n'est pas destinataire du plan de prévention* », qu'il « *savait que l'électricité arrivait dans la zone dont la signalisation par rubalise était défaillante* », qu'il a « *signé le permis de travail à 8 heures avant que la consignation ne soit faite* ». Il lui est donc reproché, « *de par sa qualité et son niveau de compétence* », d'avoir failli à sa mission. Au chargé des opérations de consignation, il est reproché de ne pas avoir respecté « *la procédure de consignation de façon rigoureuse, en laissant ouvrir un panneau en partie basse alors qu'il savait qu'il était sous tension* ». Il a donc abandonné l'équipe du prestataire « *dans une situation où les repères de sécurité sont faussement établis* ». S'agissant de l'électricien chef de poste, la Cour note que « *dans un contexte d'impréparation totale, il ne procède pas à la signalisation des caissons bas ni à une absence de tension dans ces zones-là (...) ; il ne fait valoir aucune observation sur le rubalisage et signe l'autorisation de travail dans une certaine précipitation sans avoir procédé personnellement à toutes les opérations (...)* ».

1100. De même, sur le plan de la responsabilité civile, la Cour de cassation a retenu qu'un manquement de l'entreprise utilisatrice à son obligation règlementaire de coordination des mesures de prévention en cas de coactivité sur son site, engageait sa responsabilité à l'égard des travailleurs de l'entreprise extérieure exposés au risque, mais sur le fondement d'une responsabilité extracontractuelle dès lors que ces travailleurs ne sont pas liés à elle par un contrat de travail[1].

1101. On peut en conséquence retenir la règle suivante : si la notion de coordination n'implique pas la substitution de l'employeur de l'EU à celui de l'EE, elle induit une implication de sa part qui se traduit essentiellement par des obligations d'information, de formation – voire d'alerte – et de suivi.

1. Cass. soc., 8 février 2023, n° 20-23.312, publié au rapport annuel de la Cour.

Encadré 102 : La propension du législateur à renforcer la prévention conjointe

Selon l'article L. 4622-5-1 du Code du travail, introduit par la loi du 2 août 2021, lorsque des salariés d'entreprises extérieures exercent des activités sur le site d'une entreprise disposant de son propre service de prévention et de santé au travail, la prévention des risques professionnels auxquels sont exposés ces salariés est assurée de manière conjointe dans le cadre d'une convention conclue entre les deux services de santé.

L'article D. 4625-34-1, créé par décret du 26 avril 2022, prévoit que cette convention doit être conclue dès lors que l'intervention au sein de l'entreprise revêt un caractère permanent ou que les deux conditions cumulatives suivantes sont remplies :

1° L'intervention des entreprises extérieures, y compris les entreprises sous-traitantes auxquelles elles peuvent faire appel, représente un nombre total d'heures de travail prévisible égal à au moins 400 heures sur une période inférieure ou égale à douze mois. Il en est de même dès lors qu'il apparaît, en cours d'exécution des travaux, que le nombre d'heures de travail doit atteindre 400 heures ;

2° L'intervention expose le travailleur à des risques particuliers pour sa santé ou sa sécurité ou pour celles de ses collègues ou des tiers évoluant dans l'environnement immédiat de travail définis à l'article R. 4624-23 (amiante, agents chimiques CMR, rayonnements ionisants...), ou est réalisée dans les conditions du travail de nuit prévues à l'article L. 3122-5.

Encadré 103 : La coordination à l'épreuve des faits

La règle voudrait qu'une fois la coordination établie, chaque entreprise assume les tâches qui lui incombent. Il n'y aurait plus qu'à exécuter ce que prévoit le plan de prévention. Ce serait faire fi d'une réalité de terrain bien plus contrastée. L'expérience montre que le décret de 1992 est appliqué de manière très inégale. La coordination – quand elle a lieu, ce qui est loin d'être toujours le cas – se heurte en pratique à de nombreux obstacles :

– les interlocuteurs de l'EE (chargé d'affaire, etc.) et de l'EU (responsable des travaux, etc.) en charge d'élaborer le plan de prévention ne sont souvent pas ceux qui seront effectivement présents au moment de l'intervention. Une perte en ligne d'informations importante se produit de part et d'autre ;

– l'écueil le plus répandu est celui de plans de prévention standardisés à l'excès qui, quand ils sont écrits, sont déconnectés de la réalité du terrain. Ils contiennent de nombreuses informations administratives, reproduites à l'identique d'une opération à l'autre, au détriment d'une description précise de la configuration des lieux et des difficultés spécifiques prévisibles de l'intervention (absence de schémas, etc.) ;

– les mesures de prévention arrêtées sont souvent succinctes et se bornent à prévoir, par exemple, la présence d'un échafaudage, sans préciser s'il s'agit de celui de l'EE ou de l'EU et la manière dont son installation sera adaptée aux particularités du lieu : présence d'un pont de levage, de machines au sol, de câbles électriques, de voies de circulation, etc. ;

– les travailleurs de l'EE qui interviennent effectivement dans l'EU (chefs d'équipe et opérateurs) sont fréquemment d'autres personnes que celles initialement prévues : intérimaires, sous-traitants ou tout simplement autres collègues ;

– les conditions de l'intervention, parfois fixées quelques semaines avant l'intervention, ont entretemps été modifiées et rendent les dispositions prévues du plan de prévention inopérantes : matériel mis à disposition par l'EU non disponible, arrêt programmé d'une installation finalement impossible, etc. ;

– le travailleur de l'EE intervient seul et se trouve dès lors placé sous la seule surveillance ou présence du personnel de l'EU, seule à même de constater les situations de risque et prendre certaines dispositions.

Pour seule illustration de ces écueils, souvent cumulés, ce jugement de la Cour de cassation criminelle à la suite de la chute mortelle d'un intérimaire, qui relève qu'au moins trois personnes de la même société étaient intervenues successivement au titre de la sécurité du chantier : le chef de l'entreprise intervenante, son préposé, signataire du plan de prévention car il était présent sur le site, et son chef d'équipe à qui ont été effectivement confiés les travaux. La Cour constate le manque de coordination entre ces trois personnes et l'absence d'information des salariés sur les dangers spécifiques existants ainsi que des mesures envisagées pour les prévenir et les instructions adéquates, alors que, malgré la mise en place à la demande de l'EE d'une échelle à crinoline posée perpendiculairement à la pente de la toiture, ces salariés se trouvaient encore exposés pour l'exécution de leur tâche à des risques de chute que la configuration du bâtiment ne permettait pas d'éviter[1].

Il s'ensuit que l'employeur de l'EE ne peut remplir effectivement et pleinement sa propre obligation de sécurité qu'au prix d'un effort de coordination et de surveillance constant et que, par la force des choses, cet effort doit être partagé avec l'employeur de l'EU. L'employeur de l'EE est ainsi astreint :

– soit à assurer une présence physique permanente afin de pouvoir superviser l'intervention et retirer à tout moment ses travailleurs d'une situation à risque sur laquelle il n'aurait pas prise, faute de pouvoir agir directement sur les installations ou l'organisation de l'EU (option peu réaliste en pratique dans la plupart des cas) ;

– soit à accepter une délégation partielle de son autorité à l'employeur de l'EU, seul à même d'alerter, ordonner et faire mettre en œuvre les mesures à la charge de l'EU ou de l'EE qui s'imposent pour rendre la coordination et la prévention effectives (principe de réalité).

1. Cass. crim., 12 juin 2007, n° 06-85. 279.

9.4 L'applicabilité des PGP aux situations de coactivité

1102. L'impossibilité d'établir une répartition des rôles permettant d'écarter une fois pour toutes la responsabilité de l'EU ou de l'EE dans les situations de coactivité questionne la manière de garantir l'effectivité du principe de coopération prévu à l'article L. 4121-5 du Code du travail. Les décrets relatifs à la coactivité ne répondant pas à toutes les questions, la démarche issue des neufs PGP de l'article L. 4121-2 donne des repères très utiles pour l'action[1].

1103. Un raisonnement prenant appui sur les PGP permet en premier lieu de sortir d'une logique défensive de responsabilité au profit d'une logique proactive de prévention. En effet, en s'accordant sur le fait que la finalité de la coopération est d'éviter un accident, l'EU comme l'EE admettent qu'il existe, pour chacune d'entre elles, un devoir d'agir *hic et nunc* pour prendre les mesures qui s'imposent dans des circonstances données[2].

1104. Par ailleurs, l'EU peut difficilement écarter par avance l'applicabilité d'un principe de prévention à un travailleur qu'elle fait intervenir sur son site. À titre d'exemple, lorsqu'un salarié d'une EE intervient pour réparer l'étanchéité d'un local électrique dans une EU, le chef de cette dernière doit *a minima* donner des informations sur les risques encourus et les règles d'éloignement à respecter pour ne pas s'approcher des parties sous tension. Ce faisant, outre ses obligations réglementaires, il applique l'un des PGP : « *donner des instructions appropriées aux travailleurs* ». L'EU peut aussi baliser les zones interdites mais l'idéal, conforme à la logique des PGP, serait de couper l'alimentation électrique durant l'intervention par application du premier des PGP : « *éviter les risques* ». Il se peut que cette coupure soit impossible mais cette piste doit être privilégiée et explorée avant toute autre car il doit « *remplacer ce qui est dangereux par ce qui n'est pas ou est moins dangereux* ». Il pourrait être reproché à l'exploitant de l'EU de ne pas avoir examiné cette solution si, en cas d'accident, les circonstances montraient qu'il le pouvait mais s'est contenté du minimum, par économie, par facilité ou parce qu'il a manifestement sous-estimé les risques. Seule l'EU pouvant décider

1. Au sens étymologique, « *co-ordonner* », signifie ordonner à deux ou à plusieurs. Or, ordonner revient à « régler les différentes phases d'une chose, d'en organiser le déroulement » (*cf. Dictionnaire historique de la langue française*, sous la direction d'Alain Rey, le Robert) mais aussi à « commander », c'est-à-dire prescrire et décider en tant qu'autorité supérieure. Ainsi, *coordonner* induit la délicate tâche de « commander ensemble », aucune des parties – EU et EE – ne pouvant se désintéresser de ce que fait l'autre et de ce qui se passe concrètement sur le terrain.

2. Il s'agit au demeurant d'une première marche vers une forme assumée de responsabilité partagée ou co-responsabilité incontournable.

d'une telle coupure, ne pas lui assigner l'obligation d'appliquer les PGP aux travailleurs extérieurs reviendrait en pratique à rendre impossible le respect de ces derniers. Car l'EE n'aura d'autre choix que de se plier aux conditions fixées par l'EU – en l'espèce travailler dans un local sous tension – et donc de déployer d'emblée des mesures de prévention dégradées[1].

1105. Aussi, sans aller jusqu'à affirmer l'applicabilité systématique des PGP aux travailleurs de l'EE par l'EU, force est de constater qu'il serait impossible d'opérationnaliser l'obligation de coopération prévue à l'article L. 4121-5 sans recourir à ces principes. Le fait pour l'EU de s'intéresser à la sécurité du travailleur de l'EE n'entraîne pas la reconnaissance *ipso facto* d'un lien de subordination juridique, qui ne relève pas de la même logique[2]. On a vu plus haut que l'employeur a en matière de santé au travail des obligations à l'égard de travailleurs qui ne sont pas ses salariés car le champ d'application de la partie IV du Code du travail tend à lui confier un devoir de vigilance, de surveillance ou de veille à l'égard de tout travailleur exerçant une activité pour son compte et se trouvant dans son périmètre (*cf. supra* 3.2.1). Ce devoir n'implique nullement de donner des ordres[3]. Tout raisonnement tendant à libérer l'EU d'une application des PGP à l'égard des travailleurs de l'EE reviendrait à entériner l'idée qu'il suffirait de sous-traiter une opération pour se soustraire à toute obligation de sécurité, tendance contre laquelle le décret de 1992 a justement pour objet de lutter en responsabilisant toutes les parties[4].

1106. Enfin, les PGP sont le seul cadre de référence mobilisable dans toutes les situations de coactivité non couvertes par les décrets de 1992 et 1994 (*cf.* encadré 104).

1. L'employeur de l'EE, en cas d'accident, sera réduit à expliquer qu'il n'a pu éviter le risque… par la faute de l'EU.

2. Une des raisons pour lesquelles les EU rechignent à prendre trop d'initiatives en matière de SST à l'égard des travailleurs des EE – et donnent des consignes en ce sens à leurs collaborateurs – est leur crainte d'entériner ainsi l'existence d'un lien de subordination, avec le risque d'une requalification en contrat de travail en résultant.

3. Autre illustration de la géométrie variable du champ d'application de la partie IV, la loi généralise parfois l'application des PGP à d'autres acteurs que les employeurs. Dans les opérations du BTP, à partir d'une certaine taille de chantier, ils s'imposent, outre chaque employeur des entreprises intervenantes, à tous les autres acteurs du chantier : le maître d'ouvrage, le maître d'œuvre et le coordonnateur sécurité. Par ailleurs, l'obligation vise à protéger la sécurité et la santé des *personnes* qui interviennent sur un chantier. L'usage du mot : « personne » est le plus large qui puisse être et vise expressément à étendre la protection à quiconque intervient à quelque titre que ce soit (article L. 4531-1).

4. Les dispositions des articles R. 4511-1 et suivants s'adressent tantôt explicitement à l'EE (R. 4511-5), tantôt à l'EU (R. 4511-10), tantôt aux deux (R. 4511-11). L'article règlementaire, qui ouvre le titre I sur les travaux réalisés dans un établissement par une entreprise extérieure, rappelle que les dispositions dudit titre s'appliquent à l'EU et à l'EE.

Encadré 104 : Des situations d'interférence non ou mal couvertes par la loi

Les dispositions réglementaires permettent de régir de très nombreuses situations d'interférence mais ne les couvrent pas toutes. Ceci peut conduire à l'absence de coordination effective en matière de prévention alors même que la coexistence de travailleurs issus d'entités différentes est évidente. Une telle hypothèse n'est pas rare avec le recours croissant à des configurations juridiques complexes, faisant appel à de nombreux protagonistes pour réaliser des opérations qui n'entrent ni tout à fait dans le champ d'application du décret de 1992 sur les entreprises utilisatrices ni dans celui de la loi de 1993 sur les opérations du BTP.

L'effondrement de la scène de concert de Madonna en 2009 au Vélodrome de Marseille[1] est une illustration de la complexité du montage juridique de certaines opérations, rendant la coordination de la prévention puis l'identification des responsabilités respectives très délicates. Au sommet de cette organisation se trouvait A, société américaine, numéro 1 mondial de la production de concerts. Sa filiale française, B, était chargée de l'organisation de la tournée de Madonna en France. Celle-ci avait confié à la SARL C le recrutement des techniciens chargés du montage, dont les victimes étaient salariées. Mais la scène appartenait à la société anglaise D tandis qu'un travailleur indépendant était désigné comme chef d'équipe en charge de « construire la scène ». Enfin, la société E était la spécialiste du levage, propriétaire de la grue appelée à la rescousse.

Qui était responsable de quoi ?

L'organisation de l'événement impliquait au total 10 sociétés. Elle a conduit un acteur à estimer que l'organisation du concert s'était caractérisée par une totale improvisation en ce qui concernait la préparation et la réalisation des opérations de montage de la structure scénique. En définitive, le tribunal correctionnel a poursuivi sept prévenus liés à une des structures concourant à l'organisation du concert pour homicide involontaire, blessures involontaires et infractions à la réglementation générale sur la santé et la sécurité du travail.

Des difficultés tout aussi épineuses existent lors de l'organisation d'événementiels tels que les foires et salons d'exposition, qui regroupent des dizaines d'intervenants (les exposants) dans des configurations organisationnelles ne correspondant pas vraiment aux champs d'application initiaux des décrets de 1992 et 1994 alors que les risques d'interférence sont multiples et les enjeux de coordination majeurs durant les phases de montage et démontage des stands. Face à l'incertitude du régime juridique applicable (les notions de maître d'ouvrage, de maître d'œuvre, d'EU et d'EE sont là encore discutables), les mêmes exposants, qui se déplacent souvent de salon en salon, se voient appliquer des textes différents selon les lieux où ils exposent.

1. Accident dont le procès ne s'est ouvert qu'en 2020. Le toit de la scène, qui devait être soutenu par six tours métalliques de 20 mètres de hauteur, s'est effondré lors de son montage après que quatre des tours sont tombées. Deux techniciens ont décédé en chutant tandis que dix autres salariés ont été blessés.

Ces deux exemples illustrent des vides ou des imprécisions qui rendent incertain le traitement de situations d'interférence issues de montages atypiques. Ces zones d'ombre peuvent inhiber la coordination ou la rendre excessivement complexe à mettre en œuvre, au détriment de l'effectivité de la prévention. Dans une logique responsable et préventive, à défaut de texte précis pour les régir, ils plaident en faveur d'une application volontaire et proactive du principe de coordination par tout donneur d'ordre se lançant dans une opération générant la coactivité de nombreux acteurs.

Encadré 105 : Le cas des travailleurs indépendants dans l'entreprise utilisatrice

L'absence de lien de subordination qui caractérise la situation des travailleurs indépendants à l'égard du donneur d'ordre suggère qu'ils n'ont pas à être particulièrement protégés par ce dernier pour les risques qu'ils encourent du fait de leur activité. Les dispositions du Code du travail ne leur sont donc en principe pas applicables.

Il existe cependant des exceptions notoires, dont le nombre ne cesse de croître. Ainsi, pour protéger les salariés qui évoluent dans l'environnement immédiat des travailleurs indépendants contre les risques inhérents à leur activité[1], ces derniers se voient imposer l'application de certaines dispositions de la partie IV du Code du travail.

Ils doivent par exemple, lorsqu'ils interviennent sur un chantier du BTP, mettre en œuvre, vis-à-vis des autres personnes intervenant sur le chantier comme d'eux-mêmes, les PGP fixés aux 1°, 2°, 3°, 5° et 6° de l'article L. 4121-2. Un certain nombre de prescriptions techniques leur sont par ailleurs imposables sur le chantier[2].

De même, les dispositions relatives aux rayonnements ionisants s'appliquent à tout travailleur non salarié qui exerce une activité nucléaire dès lors qu'il existe, pour lui-même ou pour autrui, un risque d'exposition à ces rayonnements[3].

Des dispositions sont également rendues applicables en matière de coordination des travaux hyperbares lorsqu'une entreprise utilisatrice fait appel à des travailleurs indépendants[4].

Dans le Code rural enfin, certaines dispositions sont rendues applicables aux travailleurs indépendants lorsqu'ils effectuent des travaux en hauteur dans les arbres ainsi que lorsqu'ils interviennent sur les chantiers forestiers et sylvicoles[5] (*cf. supra* 3.4.4).

1. Ex. : le plombier indépendant, qui libère de l'amiante par ses interventions, génère des risques pour lui mais aussi pour autrui en polluant la totalité de la zone de travail.
2. Article R. 4535-1 et suivants du Code du travail.
3. Article R. 4451-4 et R. 4451-9 du Code du travail.
4. Article R. 4661-1 du Code du travail.
5. Articles L. 717-8, L. 717-9 et R. 717-85-1 à R. 717-85-10 du Code rural.

9.5 Le relais des politiques de responsabilité sociale de l'entreprise (RSE)

1107. Si les questions de responsabilité juridique en matière de coactivité peuvent laisser subsister des zones d'incertitude, elles trouvent un relais et des points d'appui potentiels dans les politiques de responsabilité sociale des entreprises (RSE). Le déploiement croissant de ces démarches, d'application volontaire, implique en effet un raisonnement par *parties prenantes* qui conduit à prendre en compte toutes les personnes intéressées à l'activité de l'entreprise. En matière de santé au travail, la norme ISO 45001, relative aux systèmes de management de la santé, (*cf. supra* 2.4.4.6), consacre ainsi plusieurs paragraphes aux sous-traitants. Elle fixe notamment comme finalité à de tels systèmes la fourniture « *d'un lieu de travail sûr et sain aux travailleurs et aux autres personnes sous l'autorité de l'organisme, et à améliorer le lieu de travail* ».

1108. Ainsi, « *l'organisme*[1] *doit s'assurer que les processus externalisés ayant une incidence sur son système de management sont maîtrisés. Le type et le degré de maîtrise à appliquer à ces processus doivent être définis* ». À cette effet, l'entreprise doit établir des processus permettant d'évaluer et maîtriser les risques professionnels dus respectivement :

« *a) Aux activités et opérations des sous-traitants, pour les travailleurs de l'organisme ;*

b) Aux activités et opérations de l'organisme, pour les travailleurs des sous-traitants ;

c) Aux activités et opérations des sous-traitants, pour les autres parties intéressées sur le lieu de travail ;

d) Aux activités et opérations des sous-traitants, pour les travailleurs des sous-traitants ».

1109. La norme prévoit aussi que l'entreprise doit établir des processus lui permettant de s'assurer que les exigences de son système de management de la sécurité sont remplies par les sous-traitants et leurs travailleurs, y compris les critères de santé et sécurité exigés pour la sélection des sous-traitants.

1. Le mot « organisme » dans la norme est le terme générique utilisé pour désigner la structure qui déploie le système de management de la santé. Ce peut être une entreprise, une association, un établissement public, une administration…

9.6 Le cas particulier des travailleurs isolés

1110. Paradoxalement, le Code du travail ne prévoit aucune disposition relative au travail isolé en dehors du cas de recours à une entreprise extérieure faisant intervenir un travailleur seul ou se retrouvant isolé dans un local de l'entreprise utilisatrice pour réaliser sa tâche. Or, le travail isolé n'est pas le propre des interventions extérieures et se rencontre très fréquemment au sein même de l'entreprise, y compris pour du personnel de bureau pouvant paraître faiblement exposé alors que sa situation d'isolement présente par nature un risque en cas de malaise, d'accident cardiovasculaire, d'agression... et bien entendu dans de nombreuses situations d'isolement dangereuses en milieu industriel, commercial ou agricole. Il paraît donc judicieux d'intégrer systématiquement cette problématique dans le cadre de l'évaluation des risques professionnels, même en l'absence d'intervention d'entreprises extérieures.

1111. S'agissant de ces dernières, le Code du travail prévoit que « *lorsque l'opération est réalisée de nuit ou dans un lieu isolé ou à un moment où l'activité de l'entreprise utilisatrice est interrompue, le chef de l'entreprise extérieure intéressé prend les mesures nécessaires pour qu'aucun travailleur ne travaille isolément en un point où il ne pourrait être secouru à bref délai en cas d'accident* »[1]. Il s'ensuit que le travail isolé est proscrit dans tous les cas où cette condition ne peut être satisfaite.

1112. Il est des travaux pour lesquels la présence d'une personne assurant une surveillance constante apparaît indispensable (interventions en espace confiné ou dans une zone éloignée masquant la visibilité du conducteur d'une machine). Mais dans certains cas, le travail isolé ne peut être évité[2]. Un moyen de satisfaire l'obligation de secours rapides consiste alors à assurer un contact visuel (par exemple par caméra) ou à organiser un contrôle verbal (appels réguliers) ou encore à équiper les travailleurs de dispositifs de protection pour travailleurs isolés (PTI), dits *dispositifs homme-mort*, détectant la perte de verticalité ou de mouvement du porteur et déclenchant le cas échéant une alerte.

1. Article R. 4512-13 du Code du travail.
2. Situation fréquente pour les EE auxquelles il est demandé d'intervenir en dehors des heures normales de travail de l'EU pour ne pas en gêner l'activité (personnel de nettoyage) ou lors des heures de fermeture (personnel de sécurité effectuant des rondes nocturnes) ou dans des locaux ou installations réservés aux techniciens de maintenance et dans lesquels personne ne travaille habituellement.

CHAPITRE 10

L'OBLIGATION DE SÉCURITÉ À L'ÉPREUVE DES ÉVOLUTIONS CONTEMPORAINES DU TRAVAIL

1113. Les dernières décennies se singularisent par l'émergence de risques aux contours complexes. Ils sont en particulier plus difficiles à caractériser et à évaluer et ne se laissent pas saisir par les outils d'observation et de mesurage traditionnels de la santé et sécurité au travail (taux de fréquence des accidents du travail, métrologies d'ambiance, vérifications techniques périodiques, etc.). Ces difficultés se répercutent sur tout la chaîne de traitement du risque, de ses causes à ses effets, et posent de nombreuses questions sur les actions de prévention pertinentes, l'estimation de leur efficacité et de leurs résultats, l'imputabilité et la réparation des dommages. Comment en effet mesurer l'effort de prévention de l'employeur lorsque le bénéfice réel de cette dernière n'est souvent pas lui-même mesurable et vient contrecarrer l'idée très répandue dans les sciences de gestion selon laquelle « *tout ce qui ne peut pas être mesuré ne peut pas être géré* » ?

1114. Or, beaucoup des nouveaux *troubles* au travail étant liés à des contextes qualitatifs multifactoriels et comportant un coefficient de perception ou d'appréciation subjective, ils se prêtent mal à la mesure, tant pour l'évaluation de l'exposition au risque que de celle des résultats de la prévention : la pénibilité, l'usure professionnelle, les risques psychosociaux, les troubles musculosquelettiques, la charge de travail, l'ambiance de travail, la qualité de vie au travail sont autant de notions dont la tangibilité ne se réduit pas à des constats factuels simples. Ces risques ne convoquent par ailleurs pas les *sciences dures* et les compétences de l'ingénieur auxquelles la sécurité au travail a très longtemps été associée. Il en va de même pour le juriste dont l'appareillage habituel pour opérer une qualification juridique – l'identification d'une situation de fait à une notion légale précisément nommée, l'association d'un présupposé factuel à un impératif juridique ou l'existence d'une obligation particulière de sécurité – est chamboulé.

1115. Ces difficultés se traduisent par un degré moindre d'encadrement réglementaire et par le recours à des outils de régulation qui relèvent plus du droit souple (préconisations, recommandations, chartes, plans...) que d'obligations détaillées. Ainsi, les risques dont il est aujourd'hui le plus question (TMS[1], RPS...) sont paradoxalement ceux qui sont le moins régis par la partie IV du Code du travail. Et, sauf quand l'émergence d'un nouveau risque sera liée à l'introduction d'une technologie ou d'une molécule dont l'impact spécifique pour la sécurité et la santé sera d'emblée avéré et objectivable, il y a fort à parier que cette tendance se poursuivra. Aussi, les principes généraux de prévention constitueront de plus en plus la seule référence sur laquelle s'appuyer pour guider la démarche de prévention et contrôler le respect de l'obligation de sécurité de l'employeur. La crise sanitaire consécutive à la pandémie de Covid-19 en est une bonne illustration.

10.1 Les risques psychosociaux et la tertiarisation des risques professionnels

10.1.1 La construction laborieuse d'un modèle de prévention

10.1.1.1 La découverte du harcèlement moral

1116. Le travail passé était réputé mobiliser prioritairement la force physique et conduire à des pathologies d'ordre mécanique et musculaire associant le travail à la pénibilité physique. Les organisations contemporaines du travail convoquent quant à elles l'engagement et la motivation, la charge mentale ainsi que la subjectivité et peuvent dès lors déboucher sur des pathologies associant le travail à une forme de souffrance mentale. La santé au travail n'est dès lors plus l'apanage du travailleur physique de l'industrie, de l'agriculture, des

1. En 2017, selon l'enquête Sumer, 985 000 salariés sont soumis à « la répétition d'un même geste ou d'une série de gestes à une cadence élevée », 20 heures ou plus par semaine, soit 4 % d'entre eux. Pour 6,4 % des salariés, cette contrainte s'exerce en plus avec des gestes répétitifs caractérisés par un temps de cycle de moins d'une minute. Les jeunes sont les plus exposés (5,6 % des moins de 25 ans). Les secteurs de l'agriculture et de l'agroalimentaire sont ceux qui affichent les plus fortes prévalences. Les ouvriers non qualifiés restent la catégorie socio-professionnelle la plus soumise aux contraintes articulaires (13,2 %) (Chiffres clés sur les conditions de travail et la santé au travail, août 2021 n° 37, SYNTHÈSE – STAT, Dares-Direction générale du travail-Santé publique France).

mines ou des carrières. Elle a pénétré le secteur des services, faisant des RPS un risque professionnel partagé par toutes les catégories de travailleurs (employés, cadres, fonctionnaires, dirigeants, techniciens, etc.) dans tous les secteurs d'activité. Cette tertiarisation des risques professionnels *via* les RPS a largement contribué à faire remonter la santé au travail dans l'agenda stratégique de toutes les entreprises.

1117. L'émergence ces dernières décennies de ce que l'on nomme les risques psychosociaux (RPS) a donc contraint les pouvoirs publics à bâtir un modèle de compréhension et de prévention de ces risques puis à adapter l'appareillage de la prévention à ce phénomène. Ce processus a été laborieux car, avant d'être ainsi qualifiés, les troubles constatés ont été successivement abordés sous l'angle du harcèlement moral, du stress, des RPS puis de la qualité de vie au travail (QVT). Chacun de ces vocables renvoie à des représentations des causes du risque et des leviers pour les combattre différents. Il est utile de les rappeler car chacune de ces notions reste d'actualité.

1118. Avant 2002, les RPS n'avaient aucune existence légale. Aucune disposition du Code du travail ne permettait de qualifier les plaintes émergentes de salariés narrant de façon convergente des situations de détresse déconcertantes en lien manifeste avec leur travail. L'ouvrage de Marie-France Hirigoyen[1] sur le harcèlement moral, paru en 1998, ne portait pas particulièrement sur le harcèlement au travail mais offrait une description du phénomène permettant enfin de « *mettre des mots sur les maux* » décrits de manière croissante par les travailleurs. Le harcèlement moral fit alors son entrée dans le Code du travail mais prioritairement sous l'angle d'une violation des obligations contractuelles, ce qui explique sa présence, à l'époque, au sein du titre II du livre I du code[2], consacré au contrat de travail, devenu aujourd'hui la partie I relative aux relations individuelles de travail (*cf.* encadré 106).

Encadré 106 : Le choix non anodin de traiter le harcèlement en partie I du Code du travail

La présence des dispositions sur le harcèlement moral aux articles L. 1152-1 et suivants du Code du travail – et non dans la partie IV consacrée à la santé au travail – ne doit rien au hasard.

La question s'est posée lors de la recodification du Code du travail en 2007 de l'opportunité de déplacer ces dispositions au sein de la nouvelle partie IV consacrée à la santé au travail, ce qui aurait eu pour effet de mettre prioritairement l'accent sur les effets du harcèlement pour la santé et de traiter ce dernier sous l'angle de la prévention d'un risque

1. Marie-France Hirigoyen (docteur spécialisée en psychiatrie et psychanalyste), *Le harcèlement moral : la violence perverse au quotidien*, La Découverte et Syros, 1998.
2. Articles L. 122-46 et suivants devenus L. 1152-1 et suivants du Code du travail.

professionnel. Un choix contraire a explicitement été opéré, visant à faire du harcèlement avant tout une question de relations interpersonnelles relevant de la relation individuelle de travail entre un harceleur et un harcelé, le premier pouvant d'ailleurs être l'employeur mais aussi un salarié, supérieur hiérarchique direct ou même collègue de travail. Avant d'être un risque d'origine professionnelle susceptible de faire l'objet de mesures de prévention, le harcèlement moral a donc été réglementé comme une interdiction d'agissements déloyaux, une violation des obligations contractuelles et une infraction passibles de sanctions disciplinaires, civiles et pénales[1]. Dès lors, l'obligation de prévention se résume au premier alinéa de l'article L. 1152-4 selon lequel « *l'employeur prend toutes dispositions nécessaires en vue de prévenir les agissements de harcèlement moral* ».

Si ce choix peut s'expliquer, il a très certainement participé à l'écueil qui a consisté, pendant quasiment une décennie (de 2002 à 2010), à principalement chercher à confondre et sanctionner l'auteur du harcèlement – appréhendé comme un pervers narcissique exerçant ses travers dans l'entreprise – sans s'intéresser aux facteurs organisationnels du travail qui avaient permis à ce harcèlement de s'exprimer. Aussi, si l'émergence légale du harcèlement a pu constituer dans un premier temps un soulagement permettant de qualifier et d'héberger juridiquement l'ensemble des plaintes d'atteintes à la santé mentale, elle s'est avérée dans un second temps être une erreur d'aiguillage. En occultant la dimension collective et organisationnelle et donc les causes profondes des RPS, la traque de l'harceleur a focalisé les énergies sur les comportements individuels et l'identification de bouc-émissaires dans une logique *une victime / un coupable / une sanction* avec des résultats peu probants sur le plan de la prévention[2].

Cet impensé politique, nonobstant les travaux des sciences sociales préexistants alertant sur les dérives organisationnelles à l'œuvre dans les entreprises[3], a contribué à l'effet de sidération qui a dominé au moment de la « *l'explosion des RPS* » lors de la médiatisation des crises suicidaires survenues dans de grandes entreprises à la fin de la décennie 2000.

1. La définition du harcèlement moral de l'article L. 1252-1 du Code du travail n'est pas déconnectée de ses effets sur la santé mais au titre de l'une des conséquences potentielles d'agissements de nature à dégrader les conditions de travail et porter atteinte aux droits, à la dignité et enfin à la santé physique et mentale de la victime ou à compromettre son avenir professionnel (promotions, etc.).

2. L'expérience montre qu'une enquête pour harcèlement moral demande le déploiement de beaucoup d'énergie pour des constats souvent difficiles à établir – malgré le régime aménagé de la preuve – avec des résultats souvent décevants et relevant du contentieux civil, long et aux résultats incertains. La preuve est quant à elle difficile à administrer sur le plan pénal. La victime, même lorsqu'elle a obtenu réparation, a souvent dû quitter l'entreprise entretemps et la sanction du coupable produit peu d'effets sur l'amélioration durable des conditions de travail des collectifs de travail dès lors que les causes profondes des troubles constatés n'ont pas été combattus à la source.

3. Voir notamment, *Travail, usure mentale*, Christophe Dejours, Bayard, 1980, réédition augmentée, 1993.

1119. En même temps qu'étaient introduites les dispositions sur le harcèlement moral à la faveur de la loi de modernisation sociale du 17 janvier 2002, l'article L. 230-2 du Code du travail (devenu L. 4121-1) était modifié et intronisait expressément la protection de la santé mentale parmi les obligations de l'employeur en matière de santé au travail[1]. Cette modification passa toutefois à l'époque quasiment inaperçue et ne fut véritablement redécouverte qu'une dizaine d'années plus tard, à l'occasion de la crise sociale de France Télécom et du *Plan d'urgence sur le stress* lancé par le ministère du Travail en 2010[2].

1120. En attendant, l'obligation de protection de la santé mentale des travailleurs a été réduite à la nécessité d'éloigner l'harceleur et le harcelé, soit en écartant l'harceleur par mutation ou licenciement, soit, plus souvent, en protégeant le harcelé, placé dans un premier temps en arrêt de travail puis déclaré en inaptitude médicale. À charge pour les tribunaux de réparer le préjudice subi. La prévention a donc longtemps pâti de la focalisation des acteurs sur la pathogénicité de certains comportements plutôt que sur les causes de leur survenue et de leur extension à l'échelle d'un collectif de travail.

10.1.1.2 Le modèle du stress et la bataille sur les causes

1121. Tandis que la période 2002-2008 – aujourd'hui assimilée à une période de déni et de connaissances incomplètes – donnait lieu à des demandes et des plaintes croissantes émanant en particulier du secteur sanitaire et social, la fin de la décennie 2000 (2008-2010) a été marquée par le contexte médiatique des suicides survenus dans de grandes entreprises. Plusieurs rapports[3] et études épidémiologiques sont venus éclairer le contexte et ont donné lieu à une réponse politique en trois temps.

1122. La première, baptisée « Plan d'urgence sur le stress », a consisté en octobre 2009 à demander à toutes les entreprises de mille salariés et plus de réaliser *un plan d'action sur le stress.* Ce

1. « *L'employeur prend les mesures nécessaires pour assurer la sécurité et protéger* la santé physique et mentale *des travailleurs.* » Le 7e des 9 PGP fut également amendé en précisant que l'employeur doit planifier la prévention en y intégrant, « *notamment les risques liés au harcèlement moral* ».

2. Il faut se souvenir qu'en janvier 2002, le décret rendant obligatoire la transposition de l'évaluation des risques dans un document unique avait moins d'un an, cette formalité ayant été imposée dix ans après la transposition de la directive-cadre de 1989 par la loi du 31 décembre 1991 (Décret n° 2001-1016 du 5 novembre 2001 portant création d'un document relatif à l'évaluation des risques pour la santé et la sécurité des travailleurs [...]). L'élaboration d'un document unique était en soi une révolution et le focus sur la transposition de l'évaluation des risques traditionnels totalement prioritaire.

3. Rapport Nasse-Légeron de mars 2008, rapport Lachman-Pénicaud-Larose de février 2010, rapport Gollac de mai 2011, rapport du CESE de mai 2013.

plan correspondait à une période où, les connaissances n'étant pas stabilisées, plusieurs courants s'opposaient sur les déterminants des risques, avec schématiquement deux approches dominantes. L'une privilégiait la description du stress excessif comme une réaction à un contexte de transformations du travail auquel il convenait d'adapter les travailleurs et leur ligne hiérarchique en les dotant d'outils de gestion du stress (approche adaptative). L'autre privilégiait une lecture dite organisationnelle en s'intéressant aux dérives gestionnaires des dernières décennies. Elle appelait ce faisant une remise en question des modèles organisationnels à travers, notamment, la restauration d'un dialogue centré sur l'organisation du travail entre les opérateurs et les directions d'entreprise.

1123. Les plans de prévention de cette période étaient prioritairement connotés par la première approche avec la généralisation du recours à des questionnaires et baromètres d'ambiance, la prise en charge des personnes en difficulté par des cellules d'écoute externes animées par des psychologues, des actions de formation à destination des cadres sur la détection du stress de leurs collaborateurs et sur le management de leurs équipes, qui peuvent être classés au rang des actions de prévention tertiaire et secondaire.

10.1.1.3 La consécration d'une origine professionnelle

1124. Le deuxième temps des politiques publiques a consisté à tirer parti des rapports mettant en évidence l'existence de facteurs de risques psychosociaux relevant du pouvoir de direction de l'employeur et sur lequel celui-ci devait agir. Il était donc admis qu'il existe des organisations qui permettent, voire favorisent les RPS, et sont responsables d'atteintes à la santé justifiant une approche sanitaire de la question.

1125. Remis en lumière, le premier alinéa de l'article L. 4121-1 du Code du travail, fixant une obligation de protection de la santé *physique et mentale* des travailleurs, a permis de clarifier la posture attendue de l'employeur. Celui-ci fut enfin résolument invité à aborder les RPS sous l'angle d'un risque professionnel devant être prévenu. Ce faisant, les plans de prévention ont évolué vers des actions portant plus sur l'organisation du travail, sur l'expression des travailleurs sur les difficultés de leur travail ainsi que sur le *management du travail*, apparentés à des actions de prévention primaire.

10.1.1.4 La prise de conscience de relations de travail dégradées

1126. Le ministère du Travail ayant fourni un cadre de compréhension des RPS, il permettait aux entreprises de sortir de l'approche cognitivo-comportementale pour se concentrer sur le champ du travail et son organisation. Il avait toutefois la conviction que cette étape *simplificatrice* devrait être relayée à terme par une troisième dimension, dépassant une lecture des contextes de travail par la seule approche par les risques.

1127. Le troisième temps des politiques publiques a donc consisté, à partir de 2013, à mettre l'accent sur la dimension sociale des RPS en pointant la dégradation du dialogue social et du dialogue professionnel en entreprise, à l'origine d'un climat nuisible à la performance globale de l'entreprise. La QVT est le vecteur de cette politique désormais nommé QVCT et plus particulièrement portée par le 4e PST[1].

1128. Durant toute cette période, les partenaires sociaux se sont saisis de la question des RPS à travers l'accord national interprofessionnel (ANI) de juillet 2008 sur le stress, l'ANI de mars 2010[2] sur le harcèlement moral et l'ANI sur l'égalité professionnelle et la qualité de vie au travail de juin 2013.

1129. Au final, les RPS ayant pour principale caractéristique de constituer un risque exposant toutes les catégories de travailleurs, tous les métiers et tous les niveaux d'encadrement, ils ont incontestablement participé à l'inscription des questions de santé au travail à l'agenda stratégique des entreprises.

1. Cette évolution est une illustration, sur une période de vingt ans, du passage d'une logique de réparation puis de prévention à une logique de promotion de la santé, décrites pour l'ensemble des risques professionnels en début de cet ouvrage (*cf.* 1.5).

2. Un accord sur le harcèlement moral et le stress appelant des déclinaisons nationales avait été conclu au niveau européen en 2006.

Tableau 11 : Approches de la santé mentale et registres d'intervention associés

Clé d'entrée	Nature de l'approche	Nature des interventions	Effets escomptables sur la prévention
Lutte contre le harcèlement moral	Approche régulatrice	– Régulation disciplinaire : sanction du harceleur – Régulation médicale : inaptitude du harcelé	– Pas d'action sur les causes (prévention tertiaire) – Mise à l'écart du coupable et à l'abri de la victime – Éventuellement réparation indemnitaire
Gestion du stress	Approche adaptative	– Actions de formation sur le comportement des travailleurs : apprendre à gérer son stress ... – Actions de formation des managers ; apprendre à gérer les équipes – Actions centrées sur la prise en charge de la personne : cellules d'appuis, numéros d'urgence	– Pas d'action sur les causes – Adaptation de l'homme au travail sans modification du contexte de travail (Prévention secondaire et tertiaire)
Prévention des RPS	Approche organisa-tionnelle	– Action centrée sur les risques et leur évaluation : DUER, plan d'action – Implication des acteurs de la prévention : service prévention de l'entreprise, médecin du travail, représentants du personnel	– Actions sur déterminants organisationnels (Prévention primaire, secondaire et tertiaire)
Promotion de la QVCT	Approche développe-mentale	– Actions centrées sur les ressources du travail (travail bien fait, etc.), moteur de satisfaction et de bien-être au travail – Promotion de la santé, articulation vies privée et professionnelle, dialogue social et professionnel – Mobilisation de tous les acteurs de l'entreprise	– Création d'environnements de travail capacitant, propices au développement des compétences – Conditions globales de travail favorables (Prévention primaire)

10.1.2 Une description des causes stabilisée

1130. Aujourd'hui, les risques psychosociaux (RPS) peuvent être définis comme un vocable stabilisé regroupant un ensemble de manifestations différentes telles que le stress – « *déséquilibre entre la perception qu'une personne a des contraintes de son environnement de travail et la perception qu'elle a de ses propres ressources pour y faire face* », le burnout, les violences internes à l'entreprise (harcèlement moral, harcèlement sexuel, discriminations, conflits de personnes ou d'équipes) et les violences externes (insultes, menaces, agressions de clients[1]).

1131. La nature de l'évaluation du risque est longtemps restée sans réponse ou traitée uniquement à l'aide de questionnaires quantitatifs difficiles à exploiter une fois le constat d'un score péjorant effectué. Cette question a été résolue avec la parution du *rapport Gollac*, du nom du président du collège d'experts ayant remis en 2011 ses conclusions sur les indicateurs de suivi des RPS au travail[2].

1132. Ce rapport a identifié six grands facteurs psychosociaux de risque qui ont fait l'objet d'un accueil consensuel et constituent aujourd'hui la référence pour procéder à l'évaluation et au suivi des risques[3] :

- l'intensité et le temps de travail ;
- les exigences émotionnelles ;
- l'autonomie[4] ;
- les rapports sociaux et la reconnaissance au travail ;
- les conflits de valeur ;
- l'insécurité de la situation de travail.

1. *Évaluer les facteurs de risques psychosociaux : l'outil RPS-DU*, INRS, ED 6403, 2022.

2. Michel Gollac et Marceline Bodier, *Mesurer les facteurs psychosociaux de risque au travail pour les maîtriser*, 2011.

3. Ce consensus n'empêche pas qu'il puisse exister des différences de présentation ou de formulation parmi les différents outils de prévention qui parfois opèrent des regroupements ou au contraire des subdivisions entre les 6 facteurs, sans remettre en cause leur architecture générale. Il n'interdit pas non plus d'explorer d'autres facteurs pertinents dans une situation donnée non cités par le rapport Gollac, qui ne prétend pas à l'exhaustivité.

4. Gilbert de Terssac décrit trois formes de l'autonomie au travail : *l'autonomie requise ou discrétionnaire* désigne les marges de manœuvre octroyées ou les degrés de liberté dont dispose le travailleur à son poste (choix laissé sur la quantité, la qualité, les modes opératoires, les temps de cycle, la liberté de déplacement, de communication, d'horaires, etc.). *L'autonomie conquise* désigne la capacité de « faire autrement » en modifiant les normes de travail afin de faire mieux que ce qui est prescrit. C'est une forme d'émancipation et de prise de pouvoir ou de contrôle sur l'organisation du travail. *L'autonomie apprise* désigne la situation où le travailleur produit des règles en complément ou à la place de celles existantes, non pas dans un objectif de transgression mais d'apport de son expertise pour aider et apprendre. Il pose alors la question de savoir si cette autonomie est réelle ou fausse c'est-à-dire *bridée*, *contrôlée* ou *organisée* (« Autonomie et travail », dans *Dictionnaire du travail*, Michel Lallement (dir.), PUF, 2012).

10.1.3 Un encadrement légal néanmoins limité

1133. Comparés aux autres risques professionnels, les RPS occupent une place très réduite dans le Code du travail, *a fortiori* au regard de l'importance qu'ils ont pris en entreprise et de la littérature foisonnante les concernant. Ils ne sont d'ailleurs jamais nommés sous le vocable de *risques psychosociaux* dans la réglementation mais de manière quasiment elliptique à travers la notion de *santé mentale* à l'article L. 4121-1 du Code du travail puis à l'article L. 4121-2, sous forme d'un renvoi aux articles régissant leur manifestation la plus connue, le harcèlement moral. Aucun décret, à la différence du risque chimique, du bruit ou des vibrations, ne leur est non plus consacré.

1134. Cette discrétion législative et réglementaire transparaît d'ailleurs dans la décision du juge pénal concernant le dossier France Télécom puisque celui-ci, après avoir écarté les qualifications d'homicide involontaire ou de mise en danger de la vie d'autrui, s'est appuyé sur les dispositions relatives au harcèlement moral pour poursuivre les prévenus, en déduisant des pratiques harcelantes généralisées dans l'entreprise, l'existence d'un harcèlement organisationnel. Cette qualification témoigne de l'étroitesse des possibilités de qualification offertes par le corpus légal au regard de la diversité des manifestations possibles des RPS. Elle illustre aussi la tendance à ne plus réglementer les risques émergents mais à les traiter à partir des principes généraux de prévention[1].

1135. Le 26 mars 2010, les partenaires sociaux ont signé, à l'unanimité, un accord interprofessionnel sur le harcèlement et la violence au travail. Cet accord a fait l'objet d'un arrêté d'extension le 23 juillet 2010 par le ministre du Travail qui le rend donc applicable à l'ensemble des entreprises entrant dans son champ d'application[2].

1136. Pour finir, au titre des risques psychosociaux relevant de régimes juridiques spécifiques, figurent les harcèlements moral et sexuel. Pour ces formes de harcèlement, le législateur a créé un

1. Cour d'appel de Paris, 30 septembre 2022.

2. L'article 2 de l'ANI définit comme suit le harcèlement et la violence au travail : « *Le harcèlement et la violence au travail s'expriment par des comportements inacceptables d'un ou plusieurs individus ; ils peuvent prendre des formes différentes (physiques, psychologiques, sexuelles) dont certaines sont plus facilement identifiables que d'autres. L'environnement de travail peut exercer une influence sur l'exposition des personnes au harcèlement et à la violence. Le harcèlement survient lorsqu'un ou plusieurs salariés font l'objet d'abus, de menaces et/ou d'humiliations répétés et délibérés dans des circonstances liées au travail, soit sur les lieux de travail, soit dans des situations liées au travail. La violence au travail se produit lorsqu'un ou plusieurs salariés sont agressés dans des circonstances liées au travail. Elle va du manque de respect à la manifestation de la volonté de nuire, de détruire, de l'incivilité à l'agression physique. La violence au travail peut prendre la forme d'agression verbale, d'agression comportementale, notamment sexiste, d'agression physique…* ».

régime propre, marqué par une qualification juridique très encadrée, avec des règles de preuve allégées pour les victimes.

10.1.3.1 La qualification juridique de harcèlement moral

1137. Le législateur a en effet entendu être précis sur la qualification juridique des actes constituant du harcèlement moral, lesquels doivent être bien distingués d'autres agissements ou d'autres situations engendrant du stress, des tensions ou conflits, sans pour autant entrer dans la qualification de harcèlement moral. À ce titre, la Cour de cassation veille scrupuleusement à ce que la caractérisation des éléments constitutifs, définis par la loi, est bien effectuée par les juridictions. À travers cette qualification juridique rigoureuse, il s'agit également d'éviter une immixtion des juges dans le pouvoir de direction de l'employeur et dans ses choix de gestion économique et de politique sociale, tout en permettant un contrôle juridictionnel, lorsque ses décisions sont susceptibles de porter atteinte aux droits fondamentaux du salarié.

1138. Le harcèlement moral est donc défini à l'article L. 1152-1 du Code du travail (et l'article 222-33-2 du Code pénal) et l'acte incriminé doit remplir les conditions suivantes : l'existence d'agissements répétés (un fait unique étant exclu)[1], ayant pour objet (acte intentionnel) ou pour effet (quand il n'y a pas d'intention d'atteindre le résultat dommageable) une dégradation des conditions de travail (la dégradation doit être avérée et subie personnellement) susceptible de (le dommage n'est donc pas forcément réalisé) porter atteinte aux droits du travailleur (droits de la personne au travail) et à sa dignité (humiliations, vexations), altérer sa santé (physique ou mentale, mais l'altération ne peut être que potentielle), compromettre son avenir professionnel (ces différentes atteintes n'étant pas exigées cumulativement). Le juge doit donc vérifier si ces éléments sont matériellement établis d'une part et, d'autre part, si « *pris dans leur ensemble* », ils laissent supposer l'existence d'un harcèlement moral. Le juge ne peut donc apprécier les éléments fournis par le salarié de manière séparée[2]. À noter que l'auteur des agissements peut être l'employeur lui-même ou l'un de ses subordonnés, voire une personne extérieure à l'entreprise, quand celle-ci exerce en fait ou en droit une autorité sur le salarié victime (*cf.* § 353 et 354).

1139. Le régime probatoire est allégé pour la victime qui, aux termes de l'article L. 1154-1, n'a qu'à établir la matérialité de faits ne laissant que supposer l'existence d'un harcèlement moral, à charge pour

1. La nature identique ou distincte des actes réitérés est indifférente et les actes peuvent se produire sur une brève ou une longue période.

2. Cass. soc., 3 février 2021, n° 19-24.102.

l'employeur de prouver que les agissements dénoncés sont justifiés par des éléments objectifs, étrangers à tout harcèlement[1].

1140. Le harcèlement moral (ou sexuel) perpétré par un salarié à l'encontre d'un autre salarié peut constituer une faute grave pouvant donner lieu à un licenciement. Toutefois, la Cour de cassation a validé la décision d'une cour d'appel qui, ayant constaté que le comportement du salarié mis en cause était « *le résultat d'une position managériale partagée et encouragée par l'ensemble de ses supérieurs hiérarchiques* », a pu décider que les faits qui lui étaient reprochés ne constituaient pas une cause réelle et sérieuse de licenciement[2].

1141. Lorsqu'un litige concerne un salarié de l'entreprise auquel sont reprochés des agissements de harcèlement moral ou sexuel sur un autre salarié, le régime probatoire de l'article L. 1154-1 du Code du travail ne s'applique pas à son égard. De même, l'enquête interne menée conformément aux articles L. 1153-5 et L. 1152-4 du Code du travail[3] n'est pas soumise aux dispositions de l'article L. 1222-4 du Code du travail, aux termes duquel aucune information concernant un salarié personnellement ne peut être collectée par un dispositif qui n'a pas été porté préalablement à sa connaissance. Ce dernier texte régule en effet les procédés de contrôle et de surveillance des salariés mis en place par l'employeur (caméras, enregistrements...), lesquels doivent respecter un principe de loyauté. Or, l'enquête réalisée par l'employeur sur dénonciation de faits de harcèlement mettant en cause un salarié de l'entreprise ne relève nullement du champ d'application dudit texte dont l'objet spécifique est la protection des libertés individuelles des salariés, surveillés sur leur lieu de travail. Dans le cadre de l'enquête consistant à vérifier la matérialité des faits reprochés à l'auteur présumé d'un harcèlement, la discrétion et l'absence de caractère contradictoire peuvent au contraire être utiles, voire nécessaires pour écarter tout risque de pression sur les victimes ou les témoins des faits. La Cour de cassation considère donc que l'enquête interne, même non portée à la connaissance du mis en cause

1. Article 1154-1 du Code du travail ; Cass. soc., 10 nov. 2021, n° 20-10.762 ; Soc., 20 oct. 2021, n° 19-23.844.

2. Cass. soc., 12 juillet 2022, n° 20-22.857 : « *les méthodes managériales de ce dernier envers une autre salariée n'étaient ni inconnues, ni réprouvées par sa hiérarchie avec laquelle il avait régulièrement partagé ses constats relatifs à l'insuffisance de sa collègue. (...) Le salarié avait agi en concertation avec son supérieur hiérarchique et le directeur des ressources humaines et l'employeur avait d'ailleurs pris fait et cause pour lui en défendant les décisions prises en réponse aux doléances de l'époux de la salariée qui se plaignait de harcèlement* ».

3. Ces articles imposent à l'employeur de prendre toutes dispositions nécessaires en vue de prévenir les faits, d'y mettre fin et de sanctionner leur auteur.

et sans qu'il ait été entendu, ne constitue pas une preuve déloyale, issue d'un procédé clandestin[1].

1142. À cet égard, l'accord national interprofessionnel du 26 mars 2010, sus-évoqué, exhorte les entreprises à mettre en place une « *procédure appropriée* » et notamment des enquêtes systématiques en cas de plaintes. Mais, en vertu du principe de la liberté de preuve en matière prud'homale, l'existence d'une enquête interne diligentée par l'employeur et produite pour prouver la faute grave commise par le salarié, auteur de faits de harcèlement, ne doit pas exclure la production d'autres moyens de preuve de nature à caractériser de tels faits[2].

1143. Il en est ainsi de l'évaluation annuelle de l'auteur présumé de harcèlement, laquelle peut être utilisée comme mode de preuve, a précisé la Cour de cassation qui censure une cour d'appel qui a écarté, comme relevant de la vie privée de l'auteur présumé, le compte rendu d'évaluation du supérieur hiérarchique d'une salariée qui accusait ce dernier de faits de harcèlement. La chambre sociale rappelle à cette occasion le principe selon lequel le droit à la preuve peut justifier la production d'éléments portant atteinte à la vie personnelle d'autres salariés, à la condition que cette production soit indispensable à l'exercice de ce droit et que cette atteinte soit proportionnée au but poursuivi[3].

1144. Si l'employeur, tenu d'une obligation de sécurité à l'égard de ses salariés, doit être réactif lorsque des faits de harcèlement moral lui sont signalés, il doit rester prudent dans la mise en cause de l'auteur présumé. Ainsi, la mise en cause précipitée et humiliante d'une salariée, en raison de la souffrance exprimée par une collaboratrice placée sous sa responsabilité, sans ménagement ni précautions suffisantes au moins jusqu'à l'issue de la procédure disciplinaire engagée à son encontre, constitue un manquement de l'employeur à son obligation de sécurité[4].

1145. Le harcèlement moral incriminé par le Code du travail est défini dans des termes identiques au harcèlement moral prévu et réprimé par le Code pénal, mais contrairement au délit qui exige un élément intentionnel[5], le harcèlement moral, faute civile, ne nécessite pas un tel élément.

1. Cass. soc., 17 mars 2021, n° 18-25.597.
2. Cass. soc., 29 juin 2022, n° 21-11.437, publié.
3. Cass. soc., 1er juin 2022, n° 21-15.991.
4. Cass. soc., 6 juillet 2022, n° 21-13.631.
5. La chambre criminelle de la Cour de cassation n'exige pour autant pas une intention de nuire, ni que l'auteur ait voulu le dommage causé à la victime, mais la caractérisation d'un dépassement des limites du pouvoir de direction de l'employeur ; Cass. crim., 13 novembre 2018, n° 17-85.005 ; Cass. crim., 8 septembre 2015, n° 14-83.869. Le délit de harcèlement n'est retenu que si l'employeur avait conscience de dégrader les conditions de travail du salarié : Cass. crim., 22 février 2022, n° 21-82.266.

1146. C'est ainsi que des modes d'organisation du travail relevant d'une politique d'entreprise et générant de la souffrance au travail ont été retenus comme caractérisant du harcèlement moral, indépendamment de tout élément intentionnel, mais à la condition qu'une ou plusieurs victimes puissent être identifiées comme atteintes personnellement[1]. C'est « *la double dimension collective ou générale dans les méthodes de gestion et individuelle dans les effets que ces méthodes doivent produire sur les conditions de travail d'un salarié déterminé* » qui est requise pour remplir la qualification juridique de harcèlement moral[2].

1147. De même, le mode de management par la peur[3] ou par des pressions en matière d'objectifs, dans le cadre d'une organisation très hiérarchisée, avec des moyens de surveillance vécus comme du « flicage »[4] sont de nature à caractériser un tel harcèlement moral de type « *managerial* ». À ce titre, certains auteurs, analysant les derniers développements de la jurisprudence tant civile que pénale y voient un signal fort selon lequel « *l'organisation du travail est au centre de tout… et l'avenir du contentieux du harcèlement moral, un contentieux de l'organisation du travail* »[5].

1148. Transposant sa jurisprudence Air France, la chambre sociale de la Cour de cassation a rappelé dans un arrêt du 1er juin 2016 que « *ne méconnaît pas l'obligation légale lui imposant de prendre les mesures nécessaires pour assurer la sécurité et protéger la santé physique et mentale des travailleurs, notamment en matière de harcèlement moral, l'employeur qui justifie avoir pris toutes les mesures de prévention prévues par les articles L. 4121-1 et L. 4121-2 du Code du travail et qui, informé de l'existence de faits susceptibles de constituer*

1. *Cf.* procès France Télécom qui a donné lieu à un jugement du tribunal correctionnel de Paris le 20 décembre 2020 qui a condamné les anciens dirigeants de la société pour « harcèlement moral institutionnel » en considérant qu'une stratégie managériale d'entreprise et non pas des comportements individuels peut constituer une infraction pénale en créant un « *climat anxiogène ayant eu pour objet une dégradation des conditions de travail en forçant les agents au départ ou à la mobilité au-delà d'un usage normal du pouvoir de direction* ». La cour d'appel de Paris, le 30 septembre 2022, a confirmé le jugement sur l'existence d'un tel harcèlement moral institutionnel : « *les agissements répétés peuvent résulter de méthodes de gestion ou de management, voire d'une véritable organisation managériale, lesquels n'avaient pas nécessairement pour objet initial de dégrader les conditions de travail mais qui ont eu pour objet final ou pour effet dans leur mise en œuvre de dégrader les conditions de travail individuelles et collectives des salariés* ». La cour a retenu 39 cas dont 19 suicides, 12 tentatives de suicide et 8 personnes présentant des symptômes dépressifs.

2. « Le harcèlement moral managérial et le harcèlement moral institutionnel », Alain Carillon, *La Semaine Juridique - Social*, n° 30-34, 2 août 2022.

3. Cass. soc., 6 décembre 2017, n° 16-10.885.

4. Cass. soc., 3 mars 2021, n° 19-24.232, inédit.

5. « Harcèlement moral : 20 ans après, quel bilan ? », Les Cahiers Lamy du CSE n° 221, 1er janvier 2022.

un harcèlement moral, a pris les mesures immédiates propres à le faire cesser ».

1149. Il ne suffit donc pas que l'employeur réagisse et fasse cesser les agissements pour s'exonérer de sa responsabilité, il doit démontrer qu'il a mis en place toutes les mesures utiles de nature à prévenir, donc en amont, de tels agissements, puis de justifier de l'effectivité de ces mesures et de leur efficacité.

1150. Enfin, s'agissant de la prescription de l'action, la Cour de cassation précise que lorsque les faits de harcèlement se poursuivent dans le temps, le délai de cinq ans dont dispose le salarié pour agir devant le conseil de prud'hommes, court à compter du dernier acte de harcèlement, mais le juge peut prendre en considération l'ensemble des faits invoqués, quelle que soit la date de leur commission[1].

10.1.3.2 La qualification juridique de harcèlement sexuel

1151. La qualification de harcèlement sexuel, prévu à l'article L. 1153-1 du Code du travail et à l'article 222-33 du Code pénal, est tout aussi exigeante et doit se distinguer de celle de l'outrage sexiste, contravention de quatrième classe prévue à l'article 621-1 du Code pénal.

1152. Deux formes de harcèlement sexuel sont prévues : le harcèlement sexuel constitué par des propos ou comportements à connotation sexuelle répétés qui, soit portent atteinte à la dignité du salarié en raison de leur caractère dégradant ou humiliant, soit créent à son encontre une situation intimidante, hostile ou offensante. Et le harcèlement sexuel consistant en toute forme de pression grave, même non répétée, exercée dans le but réel ou apparent d'obtenir un acte de nature sexuelle, que celui-ci soit recherché au profit de l'auteur des faits ou d'un tiers.

1153. Depuis la loi n° 2021-1018 du 2 août 2021 et à compter du 31 mars 2022, aux termes de l'article L. 1153-1 du Code du travail, le harcèlement sexuel est également constitué :

- lorsqu'un même salarié subit de tels propos ou comportements venant de plusieurs personnes, de manière concertée ou à l'instigation de l'une d'elles, alors même que chacune de ces personnes n'a pas agi de façon répétée ;
- lorsqu'un même salarié subit de tels propos ou comportements, successivement, venant de plusieurs personnes qui, même en l'absence de concertation, savent que ces propos ou comportements caractérisent une répétition.

1. Cass. soc., 29 juin 2022, n° 21-15.684 ; 21-15.959.

1154. Cet ajout à l'article L. 1153-1 a permis d'harmoniser la définition du harcèlement sexuel avec celle fixée à l'article 222-33 du Code pénal, issue de la loi n° 2018-703 du 3 août 2018.

1155. Cette définition permet notamment de couvrir les situations de harcèlements commises par l'intermédiaire des réseaux sociaux, ce que l'on dénomme « *le cyber harcèlement* ».

1156. L'employeur doit prendre toutes les dispositions nécessaires pour prévenir les faits de harcèlement sexuel, y mettre un terme et les sanctionner[1]. À ce titre, la jurisprudence précise que les obligations résultant des articles L. 1153-1 et L. 1153-5 du Code du travail étant distinctes, la méconnaissance de chacune d'elles, lorsqu'elle entraîne des préjudices distincts, peut ouvrir droit à des réparations spécifiques[2]. De même, l'obligation de prévention des risques professionnels, qui résulte des articles L. 4121-1 et L. 4121-2 du Code du travail est distincte de la prohibition des agissements de harcèlement moral ou sexuel[3].

1157. Les mesures contribuant à la prévention du harcèlement sexuel sont variées[4], elles se réalisent notamment par l'affichage dans les locaux des termes de l'article 222-33 du Code pénal et les coordonnées des autorités et services compétents[5], une mention dans le règlement intérieur de l'entreprise des dispositions réprimant le harcèlement sexuel et les agissements sexistes[6], la désignation d'un référent chargé d'informer et d'accompagner les salariés[7]. Un référent en matière de lutte contre le harcèlement sexuel est également désigné par le CSE parmi ses membres.

1158. Mais attention, si les mesures prises pour prévenir le harcèlement et celles prises pour le faire cesser peuvent être dissociées et donner lieu à des réparations distinctes, les deux types de mesures sont cumulables pour remplir l'obligation de l'employeur qui ne peut rester inactif lorsqu'il a connaissance de faits de harcèlement. Il doit notamment procéder à une enquête[8]. Manque ainsi à son obligation

1. Article L. 1153-5 du Code du travail.
2. Cass. soc., 17 mai 2017, n° 15-19.300.
3. Cass. soc., 7 avril 2016, n° 14-23.705 ; 27 novembre 2019, n° 18610.551, publié.
4. Un dossier de l'INRS revient sur ses notions de harcèlement sexuel et agissements sexistes, décrit les facteurs organisationnels et managériaux, socio-professionnels ou socio-démographiques pouvant favoriser ces agissements et propose des réponses concrètes par des exemples de mesures de prévention telles que : cultiver un climat de coopération plutôt que de compétition, réduire les déséquilibres de genre, afficher et mettre en œuvre une politique de « tolérance zéro ».
5. Article L. 1153-5 du Code du travail.
6. Article L. 1321-2 du Code du travail.
7. Article L. 1153-5-1 du Code du travail, pour les entreprises de plus de 250 salariés.
8. Cass. soc., 29 juin 2022, n° 20-22.220 ; Cass. soc., 9 juillet 2014, n° 13-16.797.

de sécurité, l'employeur qui n'a pris aucune mesure pour éloigner l'auteur du harcèlement sexuel du poste occupé par la victime et s'est contenté de le sanctionner d'un avertissement, alors que la salariée avait développé un syndrome dépressif réactionnel pris en charge au titre d'un accident du travail[1].

1159. S'agissant de l'appréciation, par le juge, du respect par l'employeur de son obligation de prévention, la Cour de cassation a jugé que « *s'il appartient à l'employeur de justifier du respect de son obligation de prévention du harcèlement sexuel, son absence de comparution devant la cour d'appel ne dispense pas cette juridiction d'examiner la pertinence des motifs par lesquels le premier juge s'est déterminé pour juger que l'employeur avait satisfait à son obligation de prévention* »[2].

1160. En application de l'article L. 1154-1 du Code du travail, le régime de l'administration de la preuve du harcèlement sexuel est identique au régime du harcèlement moral, caractérisé par un allègement de la charge probatoire incombant au demandeur à l'action[3].

1161. Par ailleurs, l'article L. 1154-2 du Code du travail permet aux organisations syndicales représentatives dans l'entreprise d'exercer toutes les actions nécessaires à la suppression des agissements constitutifs de harcèlement moral ou sexuel, y compris lorsqu'elles sont engagées en faveur d'un salarié, sous réserve cependant de justifier d'un accord écrit de l'intéressé. Cette faculté présente un intérêt notamment dans les situations où le salarié, fragilisé, n'a pas la capacité d'initier une procédure et défendre ses intérêts.

1162. Une protection particulière est également prévue pour les salariés qui dénoncent ou témoignent de tels agissements et contre lesquels nulles mesures de rétorsion ne peuvent être prises, sauf mauvaise foi caractérisée[4]. Il s'en déduit que le salarié qui relate des faits de harcèlement ne peut être licencié pour ce motif, sauf mauvaise foi,

1. Cass. soc., 17 février 2021, n° 19-18.149.

2. Cass. soc., 18 janvier 2023, n° 21-23.796, B : cassation d'un arrêt qui pour faire droit aux demandes de la salariée au titre d'un manquement à l'obligation de sécurité de son employeur retient que celui-ci n'apporte aucun élément pour justifier qu'il a pris une quelconque mesure nécessaire pour mettre un terme à la situation de harcèlement avérée, alors qu'il en avait connaissance et que cette situation était à l'origine de la dégradation de l'état de santé de la salariée, sans examiner les motifs du jugement qui avait retenu que la société avait cessé de faire circuler dans la même voiture la salariée et son collègue dès qu'elle avait été mise au courant, qu'elle avait informé l'inspection du travail et qu'elle avait effectué tout ce qui était en son pouvoir pour respecter son obligation.

3. À noter cependant que ce régime probatoire ne s'applique que dans le cadre d'une action civile, en cas d'action pénale devant les tribunaux répressifs, la preuve de la commission de l'infraction incombe à l'organe des poursuites, c'est-à-dire le Ministère public.

4. Cass. soc., 10 juin 2015, n° 14-13.318.

laquelle ne peut résulter de la seule circonstance que les faits dénoncés ne sont pas établis[1], mais de la connaissance par l'intéressé de la fausseté des faits qu'il dénonce[2]. Le juge doit, s'il y est invité, rechercher si la véritable cause du licenciement n'est pas la dénonciation de faits de harcèlement[3]. Jusqu'à une décision de la chambre sociale en date du 19 avril 2023, le bénéfice de cette protection supposait que le salarié qualifie et nomme expressément les faits de harcèlement, ce qui était exigeant et conditionnait la protection du salarié à une forme d'aléa en fonction de la bonne ou mauvaise formalisation de la dénonciation. La décision du 19 avril 2023 opère un revirement en admettant la protection légale du salarié contre le licenciement, peu important qu'il n'ait pas qualifié les faits de harcèlement moral lors de leur dénonciation, sauf mauvaise foi. La chambre sociale a entendu rétablir l'équilibre entre l'employeur pour lequel il n'était pas exigé qu'il mentionne la mauvaise foi dans la lettre de licenciement [4] et le salarié qui, par ailleurs, jouit dans l'entreprise et en dehors de celle-ci d'une liberté d'expression, sauf abus, liberté à laquelle seules des restrictions justifiées par la nature de la tâche à accomplir et proportionnées au but recherché peuvent être apportées [5]

1163. Enfin, toute sanction d'un salarié harcelé est prohibée par l'article L. 1152-2 du Code du travail. Ainsi, un licenciement prononcé en raison d'une inaptitude consécutive à des faits de harcèlement moral est frappé de nullité[6].

Encadré 107 : La prévention des violences sexuelles

Aux termes du 7° de l'article L. 4121-2, l'employeur doit intégrer dans la planification de la prévention les risques liés au harcèlement sexuel et aux agissements sexistes. Le 4e Plan santé au travail prévoit quant à lui qu'il doit, au titre de la QVCT, s'intéresser à certains enjeux de société comme les violences sexistes et sexuelles mais aussi les violences conjugales.

Il s'agit par exemple d'outiller les services de ressources humaines et les comités sociaux et économiques pour prévenir ces violences au travail, potentiel facteur de désinsertion professionnelle, en articulant les différents niveaux de prévention (primaire, secondaire, tertiaire).

Le SPST peut aider à l'identification et l'accompagnement des violences conjugales, à l'élaboration d'un protocole de prévention et de lutte contre ces violences, à la sensibilisation et à la formation des personnels des services RH, des services sociaux et médicaux de l'entreprise aux situations

1. Cass. soc., 19 octobre 2022, n° 21-19.449.
2. Cass. soc., 7 février 2012, n° 10-18.035, *Bull.* V n° 55.
3. Cass. soc., 5 juin 2012, n° 11-10.953.
4. Cass. soc., 16 septembre 2020, n° 18-26.696, publié.
5. Cass. soc., 19 avril 2023, n° 21-21.053, publié au rapport annuel.
6. Cass. soc., 10 novembre 2009, n° 08-41.497.

de violence, à la mise à disposition d'un dispositif d'accueil spécifique pour accueillir, écouter et orienter les victimes de violences.

L'entreprise peut organiser des animations, des actions de sensibilisation : campagne d'affichage, rappels des numéros d'urgence, réunions d'information, distribution de plaquettes, diffusion de courts-métrages à visée préventive et pédagogique.

10.1.3.3 La convergence des RPS avec les droits et libertés fondamentaux

1164. Conformément à la définition même du harcèlement moral énoncée à l'article L. 1152-1 du Code du travail, qui interdit les agissements répétés ayant « *pour objet ou pour effet une dégradation des conditions de travail susceptible de porter atteinte aux droits et à la dignité du salarié, d'altérer sa santé physique ou mentale ou de compromettre son avenir professionnel* », on assiste à une convergence entre l'analyse des atteintes aux droits et libertés dans l'entreprise et celle des atteintes à la santé au travail, les premières étant assimilées aux secondes. Le rapprochement entre dignité et santé va au demeurant au-delà des faits de harcèlement moral et obéit à une tendance générale qui dépasse largement le cadre français. Ainsi, la Cour suprême de Taiwan a jugé le 22 mars 2022, dans une affaire concernant des ouvrières exposées à des produits dangereux, que « *le droit à la santé protège non seulement l'intégrité physique et psychologique des personnes mais comprend également l'autonomie et la dignité de la personne, la tranquillité d'esprit ou des émotions et d'autres facteurs qui affectent la santé mentale* ». Elle conclut que le risque d'exposition chimique « *est ressenti psychologiquement et se traduit par des émotions négatives telles que la peur et l'anxiété* ».

1165. Par extension, on peut faire l'hypothèse que les actes contraires aux politiques d'inclusion, de diversité, de soutenabilité, voire de développement durable (éco-anxiété) vont tendre de plus en plus à être analysés comme autant d'atteintes à des droits – principes d'égalité, de non-discriminations – constitutives de dégradation des conditions de travail et de la santé des travailleurs (*cf.* schéma 1 en fin de chapitre 11).

Encadré 108 : Le harcèlement moral en droit international

La France a décidé fin 2021 de ratifier la Convention n° 190 de l'Organisation internationale relative à l'élimination de la violence et du harcèlement dans le monde du travail.

Aux termes de ses articles 1, 2 et 3 qui fixent son champ d'application :

– L'expression « *violence et harcèlement* » dans le monde du travail « *s'entend d'un ensemble de comportements et de pratiques inacceptables, ou de menaces de tels comportements et pratiques, qu'ils se produisent à une seule occasion ou de manière répétée, qui ont pour but de causer, causent ou sont susceptibles de causer un dommage d'ordre physique, psychologique, sexuel ou économique, et comprend la violence et le harcèlement fondés sur le genre* ».

– La convention protège « *les travailleurs et autres personnes dans le monde du travail* » c'est-à-dire « *les personnes qui travaillent quel que soit leur statut contractuel, les personnes en formation, les stagiaires, les apprentis, les bénévoles, les personnes à la recherche d'un emploi, les candidats à un emploi, et les individus exerçant l'autorité, les fonctions ou les responsabilités d'un employeur* ».

– La notion de monde du travail vise la violence ou le harcèlement qui s'exerce « *à l'occasion, en lien avec ou du fait du travail* » ce qui couvre donc tous les lieux où s'exerce le travail, mais aussi les lieux où « *le travailleur est payé, prend ses pauses ou ses repas, utilise des installations sanitaires, ou s'exerce à l'occasion de déplacements, de voyages, de formations, d'événements ou d'activités sociales liés au travail, dans le cadre de communication liées au travail, dans le logement fourni par l'employeur et pendant les trajets entre le domicile et le travail* ».

10.1.4 Des risques particuliers à traiter comme les autres

1166. En précisant à l'article L. 4121-1 que l'employeur doit protéger la santé physique *et mentale* des travailleurs, le Code du travail a fait des atteintes à la santé mentale un risque professionnel *comme les autres*. Ce risque doit par conséquent être évalué et donner lieu, s'il est avéré, à des mesures de prévention obéissant aux neufs PGP : évitement du risque, à défaut, réduction du risque, priorité de la protection collective sur la protection individuelle, etc. De même, son traitement doit privilégier la prévention primaire et ne recourir à la prévention tertiaire qu'en dernière instance, c'est-à-dire lorsque le risque n'a pu être évité (prise en charge psychologique médicale, etc.) (*cf.* 1.3). Tous les repères habituels applicables en matière de prévention peuvent donc être mobilisés.

1167. Ainsi, l'évaluation des risques psychosociaux peut passer par différents outils – quantitatifs, semi quantitatifs, qualitatifs – et prendre plusieurs formes – questionnaires, entretiens, observations – du moment qu'elle explore les différentes dimensions de chacun des six facteurs précités afin de caractériser leur existence et leur intensité dans le contexte professionnel. Autrement dit, le résultat de l'évaluation des RPS devrait donner à voir les investigations conduites par l'employeur pour parvenir à ses conclusions sur chacun des six critères pertinents dans son activité.

Tableau 12 : Critères de caractérisation des facteurs psychosociaux de risques issus du « rapport Gollac »

Facteurs de risque	Critères à investiguer	Commentaires
Intensité et temps de travail	– Contraintes de rythme, objectifs irréalistes ou flous, instructions contradictoires et interruptions d'activité, sous-qualification, facteurs d'ambiance matériel (chaleur, bruit...)... – Nombre d'heures, travail de nuit, travail posté, horaires antisociaux, extension de la disponibilité, présentéisme	*Cf.* travaux de Karasek[1] sur les écarts entre la demande (charge de travail) et la latitude décisionnelle (marges de manœuvre), et le concept de « job strain » (association d'une forte demande et faible latitude) Charge physique et cognitive de travail
Exigences émotionnelles	– Relations avec le public – Contact avec la souffrance – Devoir cacher ses émotions – Peur (de l'accident, de l'échec, de la violence externe)	Ex. : hôtes de caisse, personnel soignant, personnel naviguant de l'aéronautique, téléopérateurs, guichetiers, conducteurs de bus, etc.
Autonomie	– Absence d'autonomie dans la tâche, imprévisibilité, impossibilité d'anticiper, absence de développement culturel, d'utilisation et de développement des compétences, monotonie et ennui, absence de plaisir au travail, trop forte autonomie (pression)	Latitude décisionnelle et marges de manœuvre procédurales mais aussi spatiales et temporelles

1. Robert Karasek, sociologue et psychologue américain, ayant conçu un modèle d'évaluation de l'intensité de la demande psychologique à laquelle est soumis un salarié d'une part, la latitude décisionnelle qui lui est accordée et le soutien social dont il bénéficie d'autre part. Il croise la demande (forte ou faible) faite à l'individu avec le contrôle (fort ou faible) qu'exerce l'individu sur son activité. Les activités les plus stressantes sont celles où la personne a un soutien social faible, avec a) une demande forte et b) un contrôle faible.

Facteurs de risque	Critères à investiguer	Commentaires
Les rapports sociaux et la reconnaissance au travail	– Intégration au collectif – Justice organisationnelle – Reconnaissance des pairs, de la hiérarchie ou des clients – Travail coopératif – Soutien technique de la direction – Évaluation du travail – Discrimination, harcèlement sexuel et moral	*Cf.* Le « modèle de Siegrist »[1] sur l'écart entre les efforts (investissement consenti) et la récompense de Siegrist Intègre la qualité des relations interpersonnelles, la qualité des relations avec les supérieurs, le soutien social (collègues/ hiérarchie), le degré de justice de l'organisation, la violence éventuelle des relations
Conflits de valeur	– Conflits éthiques – Qualité empêchée – Travail utile	*Cf.* travaux de Clot sur le travail empêché et la controverse professionnelle *Cf.* travaux de Dejours sur le travail constructeur de santé ou vecteur de souffrance, les jugements de beauté, d'utilité et le sens du travail
Insécurité de la situation de travail	– Sécurité de l'emploi, du salaire, de la carrière – Soutenabilité du travail – Changement (stratégique, organisationnel, technologique, statutaire, etc.)	*Cf.* travaux sur la signification (le sens) d'une restructuration, le rythme et la conduite du changement, la surcharge de travail consécutive Vigilance particulière en cas de licenciement collectif pour motif économique (PSE, cession, fusion, etc.)

1168. La catégorisation des facteurs de risque permet de sérier les problèmes et surtout d'identifier les pistes de travail pour les prévenir. Mais la complexité des RPS conduit en pratique à constater un

1. Johannes Siegrist, sociologue ayant enseigné la sociologie médicale à la faculté de médecine de Düsseldorf a réalisé des travaux sur le stress et les inégalités sociales au travail. Son modèle « déséquilibre effort / récompense » repose sur le constat de nombreuses situations de travail demandant beaucoup d'efforts et amenant peu de reconnaissance en contrepartie. Ces situations sont source de nombreuses réactions émotionnelles et physiologiques chez les salariés et peuvent déboucher sur des pathologies.

cumul et une interdépendance de tout ou partie de ces facteurs dans la même entreprise, rendant d'autant plus difficile l'élaboration du plan d'action. L'expérience montre qu'un plan repose généralement sur une multitude d'actions de nature très diverse avec le risque de compliquer l'évaluation de leur impact respectif et de leur efficacité globale.

1169. Le modèle proposé à la section 5.2 peut parfaitement être utilisé pour donner de la lisibilité et de la cohérence aux mesures prises et s'assurer que l'entreprise prend, conformément aux exigences jurisprudentielles, *toutes les mesures de prévention prévues aux articles L. 4121-1 et L. 4121-2 du Code du travail.*

Encadré 109 : Le sens au travail, une obligation contractuelle ?

Le sens donné au travail peut varier considérablement selon les individus mais revêt au moins trois dimensions récurrentes : sa finalité, sa valeur et sa cohérence interne.

La finalité concerne la compréhension des buts poursuivis, la place et l'utilité du travail dans la chaîne de valeur. La valeur concerne le jugement que porte le travailleur sur son propre travail (travail bien fait) et que portent ses pairs et autrui sur ce même travail (jugement de beauté et d'utilité). La cohérence concerne la convergence des actions qui guident le travail : normes de production, normes de qualité, normes de sécurité, normes environnementales, etc. (absence d'injonctions paradoxales).

Pascal Béguin conclut que « *chacun a droit le droit de vivre une vie sensée* »[1]. Le salarié pourra-t-il un jour obtenir la réparation d'un préjudice moral en invoquant l'atteinte à la dignité consécutive à une exécution déloyale du contrat de travail résultant de l'absence d'un sens suffisant conféré au travail et caractérisant un travail non décent ?

10.1.5 Des risques comme les autres à traiter de manière particulière

10.1.5.1 Les spécificités des facteurs psychosociaux de risque

1170. La définition du risque, présenté au début de cet ouvrage comme le résultat d'une exposition directe à un danger, doit être nuancée en matière de RPS.

1171. Les six facteurs de risques énumérés à la section 10.1.2 ne sont pas en soi constitutifs de dangers mais peuvent contribuer à la création de *situations dangereuses*, lorsqu'ils se présentent ou se combinent dans des circonstances défavorables. Pris isolément, aucun d'eux n'est à proprement parler un danger. La complexité et l'intensité du travail, l'autonomie, le contact avec le public et le changement

1. Dans *Ergonomie : 150 notions clés*, Éric Brangier et Gérard Vallery (dir.), Dunod, 2021, p. 460.

ne sont pas *a priori* dangereux et peuvent au contraire être des facteurs de satisfaction et de développement professionnel.

1172. Le risque psychosocial survient dans des situations où le poids de ces facteurs devient excessif (effets de débordement liés à une complexité ou une intensité trop forte du travail, etc.) ou au contraire insuffisant (absence d'autonomie, de sécurité, de soutien, etc.). Cet excès ou ce manque de « quelque chose » est au demeurant vécu différemment selon les travailleurs – ou par un même travailleur selon les périodes de son existence – et en fonction des compensations qui peuvent s'opérer entre les différents facteurs. Une charge de travail élevée peut ainsi être vécue favorablement si le travailleur dispose d'une grande latitude décisionnelle.

10.1.5.2 Les spécificités de l'évaluation du risque

1173. Le fait que les RPS soient *des risques comme les autres* n'ôte rien au fait qu'ils présentent des spécificités méritant un traitement particulier et ce, dès la phase d'évaluation des risques. L'unité de travail à laquelle il est recouru pour évaluer tous les autres risques de l'entreprise peut par exemple ne pas être pertinente pour l'examen des RPS. Ces derniers résultent en effet fréquemment de problèmes inhérents aux interactions entre différents services ou unités d'un établissement, c'est-à-dire dans les zones dites *carrefour* ou *frontières* dont le déficit organisationnel de coordination peut conduire à des tensions (*cf.* tableau 13 sur les facteurs d'analyse de la charge de travail). Analyser les RPS à l'échelle de l'unité de travail habituelle peut alors occulter ces tensions interservices et s'avérer inapproprié. Une définition de l'unité de travail adaptée aux RPS et propice à une approche plus transversale des dysfonctionnements organisationnels est dans ce cas préférable.

1174. Une autre spécificité des facteurs psychosociaux de risque réside dans les modalités mêmes de leur évaluation. À la différence de risques dits traditionnels, il est impossible de recourir à des mesurages ou des constats visuels qui certes peuvent toujours être soumis à discussion mais offrent un cadre objectif ou à tout le moins observable. L'évaluation des RPS passe plutôt par des échelles de perception. Par nature subjective, celle-ci ne prive pas l'évaluation de pertinence mais mobilise des questionnaires[1] nécessitant de recueillir la parole des travailleurs intéressés, notamment dans le cadre d'entretiens collectifs, afin de caractériser les *situations problème* ou au contraire celles qui constituent des facteurs de protection pour la santé. Ainsi, indépendamment des questionnaires individuels du type « baromètre »

1. Ces questionnaires peuvent faire l'objet d'une validation scientifique pour éviter les biais d'interprétation et garantir la représentativité des réponses.

pouvant être dispensés à distance, la conduite de ces entretiens doit obéir à une méthodologie et des savoirs faire particuliers de la part des enquêteurs[1].

10.1.5.3 Les spécificités des actions de prévention

1175. Si les approches de prévention primaire, secondaire et tertiaire peuvent parfaitement être déclinées en matière de RPS, la nature même des actions à conduire dépend de leviers et d'acteurs qui ne relèvent pas de la santé au travail *stricto sensu*. C'est particulièrement vrai de tout ce qui a trait aux relations sociales dans l'entreprise, à son organisation et au management du travail.

1176. En clair, nombre de décisions prises pour prévenir les RPS ne relèvent pas tant d'un plan d'action élaboré au titre de la santé au travail que de la mise en œuvre d'un ensemble de mesures liées à l'organisation du travail et aux relations sociales proprement dites. Il en va ainsi des méthodes de travail, qui peuvent être génératrices de stress mais dont l'amélioration relève de décisions managériales, parfois stratégiques, adossées à des modes de concertation sans rapport direct avec la santé et la sécurité. Ceci conduit à rappeler que la fusion des instances représentatives du personnel opérée en 2017 est en partie inhérente à la prise de conscience de la largeur du spectre des déterminants sur lesquels il convient d'agir pour améliorer les conditions de travail. Cette conscientisation explique aussi pourquoi, dès l'origine, la QVT s'est démarquée des RPS en insistant sur les liens indissociables entre les conditions du travail et les questions de performance économique de l'entreprise.

1177. Plus prosaïquement, de nombreuses situations de travail durablement dégradées, que l'on peut qualifier d'« *infra RPS* », sont potentiellement annonciatrices de tels risques. Constitutives d'irritants, elles sont génératrices de désengagement, de turn-over, d'usure, d'absentéisme et révèlent souvent un déficit d'attention aux difficultés rencontrées par les travailleurs pour réaliser leur travail[2]. À titre d'exemple, les interruptions récurrentes consécutives aux pannes intempestives d'une ligne de production sur laquelle des défauts de maintenance préventive sont signalés en vain depuis de nombreux mois par les opérateurs ou les doubles saisies informatiques consécutives à un système d'information inadapté dont les modifications sont sans cesse remises au lendemain, sont des facteurs potentiels de crise dont là encore la résolution outrepasse un plan d'action en santé et sécurité et interpelle les pratiques gestionnaires de l'entreprise (*cf. supra* 6.6.1).

---

1. *Cf.* ED 6403, INRS, *op. cit.*
2. *Cf.* notion de travail empêché.

1178. Ces spécificités ont mis en évidence les limites d'une seule approche par les risques et la nécessité d'agir sur d'autres ressorts que la santé au travail, entendue au sens stricte, pour sortir de la crise des RPS. Elles ont conduit à l'émergence laborieuse du concept de qualité de vie au travail, devenue qualité de vie et des conditions de travail.

10.1.6 Vers un droit de la qualité de vie et des conditions de travail (QVCT) ?

10.1.6.1 Une notion polysémique difficile à appréhender

1179. L'ANI de 19 juin 2013 sur la QVT et l'égalité professionnelle a marqué la transition, difficile et inachevée, des RPS vers la QVT. Cette transition n'a pas signé la substitution d'une approche par l'autre – les deux coexistent aujourd'hui – mais la volonté d'aborder la santé mentale et le bien-être au travail sous un autre angle que celui des risques professionnels. Il s'ensuit que la principale différence entre RPS et QVT réside dans le fait que cette dernière s'intéresse à des ressorts autre que ceux qui sont habituellement mobilisés pour procéder à une évaluation des risques et concerne des acteurs, des dispositifs et des actions plus larges.

1180. L'ANI lui-même témoigne du tâtonnement et des hésitations des signataires pour définir la notion de QVT tout en donnant des indications utiles sur ce qu'elle recouvre. Il s'agit en premier lieu de « *dépasser les approches des RPS sur les seules dimensions de la souffrance au travail* ». Aussi, « *l'enjeu de la prévention n'est plus seulement de réduire les risques, mais de développer des conditions d'organisation pour bien travailler (...) en s'appuyant sur l'activité concrète des salariés, leur vécu et leur expression* ». En outre, l'accord précise que la QVT « *est également associée aux attentes fortes d'être pleinement reconnu dans l'entreprise et de mieux équilibrer vie professionnelle et vie personnelle* ». Dès lors, la QVT se traduit en pratique par des actions « *qui permettent de concilier amélioration des conditions de travail pour les salariés et performance globale de l'entreprise* ». Bien que ce ne soit pas forcément plus éclairant, la QVT est souvent résumée comme incarnant une *approche positive du travail*.

1181. Le vocable originel de « *qualité de vie au travail* » est somme toute trompeur. Il a pu donner lieu à des méprises, notamment la croyance au fait que la *qualité de vie* dont il est question porte sur les aspects périphériques au travail[1] alors que l'intention des négociateurs était sans conteste de centrer la QVT sur le travail proprement

1. Ambiance des lieux (canapés, babyfoots, etc.), convivialité (recrutement d'un *chief happiness officer* proposant des activités : cours de relaxation, massages, alimentation saine, *afterworks*, conciergerie, outils de communication interne...), etc.

dit. Un mésusage ou un usage restreint de la notion a donc primé dans un premier temps, mis en évidence par les travaux d'Yves Clot qui lui préférait celui de « *qualité du travail* »[1], terme lui-même non dénué d'ambiguïté mais permettant de rappeler la centralité des conditions de réalisation du travail dans la QVT. Ce point est explicite dans l'ANI, pour lequel la QVT « *vise d'abord le travail, les conditions de travail et la possibilité qu'elles ouvrent ou non de "faire du bon travail" dans une bonne ambiance, dans le cadre de son organisation* ». Au final, selon l'accord, « *les conditions dans lesquelles les salariés exercent leur travail et leur capacité à s'exprimer et à agir sur le contenu de celui-ci déterminent la perception de la qualité de vie au travail qui en résulte* ».

Encadré 110 : Quand qualité du service et qualité du travail sont indissociables

Dans le secteur de la santé, il est admis que la qualité des soins est indissociable de la qualité des conditions d'exercice du travail des personnels de santé. Satisfaire la seconde n'est pas satisfaire une obligation mais une condition qui rend la première possible.

Ainsi, dans une clinique privée, la consigne donnée par les services gestionnaires de remplir à ras bord les boîtes destinées à contenir les seringues usagées aux seules fins d'économiser des consommables – l'achat jugé excessif de boîtes – a rapidement été identifié comme un facteur d'augmentation des accidents d'exposition au sang par piqûre pour les personnels évacuant ces déchets.

Outre le caractère irritant de la mesure, l'absentéisme consécutif à ces accidents a entraîné une dégradation du service préjudiciable au patient et à l'établissement de santé, les économies du jour devenant les contre-performances du lendemain[2].

1182. Depuis, la « *qualité de vie au travail* » (QVT) est devenue la « *qualité de vie et des conditions de travail* » (QVCT). Cette évolution résulte de l'ANI sur la santé au travail du 9 décembre 2020 et a été entérinée par la loi du 2 août 2021 *pour renforcer la prévention en santé au travail*. L'adjonction des conditions de travail à la QVT peut paraitre superfétatoire mais permet de réaffirmer la volonté de s'intéresser centralement, à travers la QVCT, aux questions relatives au temps de travail, à l'organisation du travail (rythmes, autonomie, ambiance, changements...), aux contraintes psychosociales (relations avec le public...).

---

1. Voir notamment *Le travail à cœur ; pour en finir avec les risques psychosociaux*, La Découverte, 2015.

2. L'absentéisme devient ainsi un indicateur particulièrement pertinent car il recèle des informations qui font sens pour les trois parties prenantes et permet d'entrevoir des pistes de prévention dont l'intérêt peut être partagé.

1183. Aujourd'hui, la consécration légale de la QVCT permet de décrire celle-ci comme l'ensemble des actions, très variées, qui concourent à fournir un cadre de travail propice à un sentiment de satisfaction professionnelle. Ces actions peuvent se répartir en trois grandes catégories :

- les conditions organisationnelles de réalisation du travail et les lieux dans lesquels elles peuvent être débattues et régulées ;
- les conditions d'articulation entre la vie professionnelle et la vie hors travail, incluant le télétravail, les transports, la déconnexion… ;
- le cadre de vie au travail, intégrant l'encouragement aux pratiques sportives, l'ambiance des lieux, les services offerts aux travailleurs…

1184. Si l'on se rapporte aux définitions données au début de cet ouvrage, la QVCT revient à agir en *prévention primaire* et dans une logique de *promotion de la santé* (*cf. supra* 1.3).

10.1.6.2 Une obligation de négocier

1185. La QVCT est devenue un objet de négociation périodique obligatoire. L'article L. 2242-1 du Code du travail prévoit que l'employeur doit engager une négociation sur l'égalité professionnelle entre les femmes et les hommes, portant également sur la qualité de vie et des conditions de travail, au moins une fois tous les quatre ans avec la ou les organisations syndicales représentatives ayant créé une section syndicale dans son entreprise.

1186. Les dispositions supplétives de l'article L. 2242-17, applicables en l'absence de dispositions conventionnelles en disposant autrement, indiquent que la négociation sur la QVCT doit porter sur l'articulation entre la vie personnelle et la vie professionnelle des salariés, l'exercice du droit d'expression directe et collective, les modalités d'exercice du droit à la déconnexion et la mise en place de dispositifs de régulation de l'utilisation des outils numériques, en vue d'assurer le respect des temps de repos et de congé ainsi que de la vie personnelle et familiale[1].

1187. Par ailleurs, dans les entreprises dont au moins cinquante salariés sont employés sur un même site, la négociation doit aussi porter sur les mesures visant à améliorer la mobilité des salariés entre leur lieu de résidence habituelle et leur lieu de travail, notamment la réduction du coût de la mobilité, l'incitation à l'usage des

1. Sur ce dernier point, à défaut d'accord, l'employeur doit élaborer une charte, après avis du CSE, définissant ces modalités de l'exercice du droit à la déconnexion et prévoit en outre la mise en œuvre, à destination des salariés et du personnel d'encadrement et de direction, d'actions de formation et de sensibilisation à un usage raisonnable des outils numériques.

modes de transport vertueux et la prise en charge de certains frais de transports personnels (carburant ou alimentation des véhicules électriques...).

Encadré 111 : Les diligences de prévention vues par le juge

Depuis 2015, la Cour de cassation contrôle le respect de l'obligation de sécurité de l'employeur en vérifiant qu'il a pris « *toutes les mesures de prévention prévues par les articles L. 4121-1 et L. 4121-2 du Code du travail* ». Ceci implique de prévenir les risques professionnels en amont par le biais d'actions de prévention primaire *mais aussi* de prendre des mesures de préventions secondaire et tertiaire pour faire cesser le risque lorsqu'il se réalise (*cf. supra* 1.3). En matière de RPS, la Cour de cassation rappelle dans un arrêt du 4 novembre 2021[1], que l'employeur doit pouvoir démontrer qu'il a bien pris toutes ces mesures.

En l'espèce, le responsable de l'atelier de reprographie d'un magasin d'articles de sport a demandé des dommages-intérêts à son employeur pour manquement à son obligation de sécurité au motif qu'il ne lui avait pas fourni de chaussures de sécurité alors qu'il lui avait reproché à plusieurs reprises de ne pas en porter et qu'il n'avait pas donné suite aux préconisations de réaménagement ergonomique de son poste par le médecin du travail.

La Cour d'appel a considéré que l'employeur n'avait pas manqué à son obligation de sécurité car, s'agissant des chaussures de sécurité, le salarié n'établissait pas avoir demandé à l'employeur que lui soit transmis le catalogue des chaussures transmis aux autres salariés et, s'agissant du réaménagement de poste, ce salarié avait lui-même demandé qu'il soit différé. La Cour de cassation infirme l'arrêt d'appel en réaffirmant qu'il appartenait à l'employeur de démontrer qu'il avait pris les mesures nécessaires pour assurer la sécurité et protéger la santé du salarié et non au salarié de démontrer qu'il avait fait des demandes en ce sens.

10.2 La charge de travail et la soutenabilité des organisations

1188. La charge de travail peut schématiquement être définie comme « *la quantité de ressources mobilisées par une personne dans la mise en œuvre d'une tâche*[2] ». Dans cette interface entre exigences et ressources, les exigences de la tâche peuvent être physiques (charge physique) et/ou cognitives (charge mentale) tandis que les ressources pour y faire face sont variées : force physique, état de santé, moyens matériels à disposition, expérience, connaissances, compétence, capacité attentionnelle, soutien des collègues mais aussi caractère épanouissant

1. Cass. soc., n° 20-15.418 du 4 novembre 2021.
2. *Ergonomie : 150 notions clés*, Eric Brangier et Gérard Valléry (dir.), *op. cit.*

ou au contraire rébarbatif du travail à réaliser, etc. L'équilibre entre ces deux pôles est plus ou moins soutenable et satisfaisant.

10.2.1 Le poids de l'organisation et du modèle économique

1189. Les risques pour la santé liés à une charge de travail excessive sont bien identifiés. Ce sont d'abord des risques physiques d'accidents du travail liés à la fatigue et à la perte de lucidité, les risques de maladies professionnelles telles que les troubles musculosquelettiques ou encore de *lésions identifiables et durables* liées à la pénibilité ou *usure professionnelle*. Ce sont par ailleurs des risques de nature cognitive liés à la charge mentale de travail, dont l'une des manifestations les plus connues est aujourd'hui le burnout. Ces risques ont été abordés dès l'accord national interprofessionnel de mars 1975 sur les conditions de travail, au tournant d'une crise économique de grande ampleur, à une période charnière de réorganisation des entreprises et de leurs modèle socio-productif (*cf.* encadré *infra* 116).

1190. La question de la charge de travail, en particulier de la charge mentale, a pris un tour aigu ces dernières années. Les sciences sociales, dans le sillon des RPS, ont identifié de nombreux facteurs explicatifs de cette émergence, parmi lesquels :

- la généralisation d'organisations du travail, y compris dans le secteur tertiaire, visant à optimiser les temps productifs : flux tendus, zéro stock, Lean management, *full kitting*, etc. ;
- les politiques de rationalisation des coûts, souvent associées à des restructurations, qui, en instaurant des ratios d'effectifs calculés au plus juste, mettent les organisations en tension pour s'adapter aux fluctuations ou aléas de l'activité ;
- la pression induite par les systèmes d'évaluation et de surveillance des travailleurs, dont la part variable de la rémunération adossée à la fixation d'objectifs de résultats tend à croître ;
- l'intensification[1] et la densification[2] du travail liées aux possibilités offertes par les technologies numériques.

1191. La conjonction de ces facteurs entraîne une réduction des temps morts et des marges de manœuvre des travailleurs permettant une récupération physique ou mentale suffisante.

1192. Le modèle économique et productif sur lequel repose une activité est donc un déterminant essentiel de la charge de travail. Plus ce modèle s'appuie sur un cadre concurrentiel faisant reposer son avantage compétitif sur les prix – et donc sur la réduction des coûts – plus

1. Faire plus du même geste professionnel dans le même laps de temps, avec des contraintes de délais et en relation avec des acteurs extérieurs (clients, usagers...).

2. Faire d'autres gestes professionnels dans le même laps de temps : « multi-tasks ».

les conditions de travail constituent une variable d'ajustement susceptible de se dégrader[1]. Un tel schéma s'accompagne souvent de salaires et qualifications à la baisse et place de fait la prévention au second plan. Les travailleurs « *prennent alors des risques* »[2] dont l'origine est très fréquemment le *facteur temps* (*cf. infra* 10.3). Ainsi, un entrepreneur s'engageant sur la célérité du service – restaurateur, livreur, dépanneur, etc. – ou dont la rémunération de la prestation est indexée à un temps de réalisation calculé au plus juste – travaux de propreté, services à la personne, etc. – reporte nécessairement une partie de la contrainte sur les conditions d'exécution du travail des travailleurs, dont les marges de manœuvres sont réduites d'autant ou inexistantes[3]. Il s'agit là d'une clé de lecture décisive pour la compréhension de la recrudescence des plaintes et troubles liés à la charge de travail.

1193. Exercer un contrôle sur la charge de travail revient donc à s'intéresser à l'organisation du travail et à la soutenabilité du modèle économique sur laquelle elle s'appuie[4].

Encadré 112 : La charge physique en chiffres[5]

En 2017, selon l'enquête Sumer, 1,9 million de salariés sont soumis à de la « manutention manuelle de charges » 10 heures ou plus par semaine, soit 7,7 % d'entre eux. Les hommes sont plus exposés que les femmes, ainsi que les jeunes (8,7 % des moins de 25 ans, et 10,9 % des 25-29 ans) et les ouvriers (17,2 %). Le secteur de la construction affiche la plus forte prévalence, suivi par le secteur du commerce et de la réparation automobile et l'agriculture.

En 2016, selon l'enquête Conditions de travail et Risques psychosociaux, 34,3 % des salariés déclarent devoir rester longtemps dans une posture pénible ou fatigante à la longue pendant leur travail. Cette contrainte a fortement progressé au cours des trente dernières années, puisqu'elle concernait seulement 16,2 % des salariés en 1984, mais semble marquer une pause depuis une dizaine d'années. Les jeunes de moins de 25 ans sont plus fortement touchés (38,7 %) par cette contrainte que les salariés plus âgés. Les secteurs de l'agriculture (76,3 %) et de la construction (61,4 %) exposent le plus leurs salariés à ce type d'effort.

1. Le paroxysme de ce modèle peut conduire à de la concurrence déloyale, par exemple *via* le recours au travail dissimulé.

2. En réalité, ils sont exposés par la force des choses à ces risques, qu'ils sont obligés de prendre pour réaliser le travail aux conditions imposées.

3. Les racines de la surcharge puisent ici directement dans les clauses du marché négocié avec le donneur d'ordre.

4. La norme ISO 45003 sur la santé psychologique au travail et le management des RPS, parue en 2021, pointe les risques de surcharge et de sous-charge de travail, la pression temporelle, les cadences, le travail monotone, l'urgence, etc.

5. *Chiffres clés sur les conditions de travail et la santé au travail*, Équipe Sumer, Dares, Direction générale du travail, Santé publique France, Synthèse Stat' août 2021.

10.2.2 Les facteurs influençant la charge de travail

1194. Même s'ils sont identifiés, les risques inhérents à une surcharge de travail sont probablement parmi les plus complexes à appréhender dans les organisations contemporaines du travail en raison notamment de leur ubiquité et de leur dimension qualitative, parfois difficile à objectiver. Dans ce cas, l'évaluation de la charge de travail ne consiste pas tant à chercher à la quantifier qu'à repérer, parmi les nombreux facteurs « *qui font charge* », ceux sur lesquels l'employeur a prise et qui constituent autant de champs qu'il doit prendre en considération pour évaluer les risques et agir en prévention. Ces facteurs peuvent être regroupés en quelques grandes catégories, résumées dans le tableau ci-dessous. Ils comprennent l'organisation du travail, la complexité du travail, les exigences du travail, le temps de travail, les marges de manœuvre dont disposent les travailleurs, les soutiens dont ils bénéficient pour réaliser leurs activité, les changements, les compétences et le sens du travail.

Tableau 13 : Les facteurs de charge à surveiller

Influenceurs	Éléments favorables ou défavorables
Organisation du travail	– Les outils de gestion, les normes de travail, directives et procédures applicables – Les ressources matérielles mises à disposition (équipements, systèmes informatiques, applications, environnement physique de travail – Les écarts entre les procédures prescrites et l'activité réelle – Les modes de gestion des aléas – Les effectifs réels comparés aux effectifs théoriques
Exigences du travail	– Les contacts avec le public ou les usagers (face à face, téléphone, cumul des deux) : contrôle émotionnel, gestion de tensions...
Caractéristiques du temps de travail	– La durée du travail et ses dépassements (volumes quotidien et hebdomadaire) – Les repos – Les coupures dans la journée (fractionnement) – La variabilité d'un jour sur l'autre, l'absence de prévisibilité pour la semaine suivante – Le travail posté (variable ou fixe), le travail de nuit, le travail du dimanche, les astreintes – L'articulation vie privée/ vie professionnelle (devoir emporter du travail à domicile, pouvoir maîtriser son emploi du temps, avoir des repères temporels stables pour assurer la concordance des temps...)

Influenceurs	Éléments favorables ou défavorables
Contraintes de rythme	– Les cadences automatiques, objectifs quantitatifs de productivité ou de performance (normes de production, délais impératifs : heure, journée, semaine…) – La dépendance aux collègues, demande extérieure exigeant une réponse immédiate, obligation de se dépêcher (respect de la chaîne du froid, livraison,), impossibilité d'interrompre son travail quand on le souhaite… – L'abandon fréquent d'une tâche pour une autre, cumul des tâches – Les dispositifs de surveillance constante (hiérarchique, informatisé….)
Marges de manœuvre	– L'autonomie décisionnelle, dépendance aux autres en cas d'incident, faculté de prioriser ou de modifier l'ordre des tâches à accomplir – Les temps de récupération – La clarté des rôles
Changements	– Les modifications permanentes des organisations (changements de techniques, de poste, d'outils métiers, de procédures, turn-over…) – Les restructurations, déménagements, nouveaux projets (PSE, rachat…) – Les changements de circonstances au quotidien
Soutien	– Le soutien de la hiérarchie et entre collègues (entretiens périodiques, instances de régulation de la charge et d'arbitrage des priorités, révision des objectifs ou des délais) – Le remplacement des absences, la réallocation des ressources ou l'apport de renforts (CDD, CTT) en cas de surcroît d'activité – La reconnaissance du travail
Compétences	– La capacité à utiliser des compétences (sous-utilisation) – L'adaptation des compétences – L'expérience
Sens du travail	– Les conflits de valeur – L'utilité du travail – L'identité professionnelle

10.2.3 Les circonstances de variation de la charge

10.2.3.1 Les circonstances environnementales

1195. L'augmentation de la charge de travail apparaît en général à la faveur d'un *changement de circonstances*. Celui-ci peut être temporaire ou durable et justifie dans ce dernier cas une véritable étude de l'impact prévisible de ce changement sur les conditions de travail (*cf. supra* 5.1.4.2).

1196. Les plans de sauvegarde de l'emploi (PSE) sont par exemple une circonstance particulière d'accroissement de la charge de travail pour les salariés « rescapés », tant dans la phase de transition (adaptation aux changements de postes, au nouveau périmètre des responsabilités, à la taille des équipes, temps d'apprentissage, perturbations consécutives à la mobilité et aux reclassements, etc.) que dans la phase « post-restructuration », durant laquelle les projections de la nouvelle organisation sont mises à l'épreuve des faits. L'expérience montre en effet que le calibrage des restrictions d'effectifs et celui des effectifs de l'organisation-cible – après réorganisation – reposent souvent sur des hypothèses ou des estimations résultant de ratios de gestion ne reflétant pas une projection ou une simulation détaillée du travail à venir et comprenant donc une part de présupposés difficiles à justifier *a priori*. Le projet de dématérialisation d'une procédure peut ainsi prédire la suppression de trois emplois alors que sa mise en œuvre effective invalidera cette projection. La prévention consistera alors à adosser à la réorganisation un dispositif d'évaluation et de suivi en temps réel des effets produits par la nouvelle organisation sur la charge de travail. Ce dispositif prévoira une part de réversibilité et autorisera des ajustements (renforts d'effectifs, révision des objectifs quantitatifs ou des échéances temporelles, etc.) en fonction des besoins (*cf. infra* 10.2.5). S'il n'est pas nécessairement demandé à l'employeur d'avoir procédé à des décomptes prédictifs extrêmement détaillés et par nature théoriques, il devrait *a minima* être en mesure d'expliquer, notamment au CSE, les hypothèses sur lesquelles il s'est fondé pour estimer la charge de travail et les besoins en effectifs correspondants ainsi que les mesures qu'il prendra pour réguler la charge de travail si ses hypothèses s'avèrent en pratique inexactes.

1197. La charge de travail peut aussi varier à raison des fluctuations normales de l'activité (saisonnalité, heures d'affluences quotidiennes ou hebdomadaires, fréquence des changements de séries sur une chaîne de production, etc.) ou de ses aléas (pannes ou déréglages persistants d'une machines, défauts de qualité récurrents nécessitant des rattrapages de production, retards de livraisons, etc.).

10.2.3.2 Les variabilités individuelles

1198. Alors que de nombreuses activités de travail sont conçues pour un travailleur moyen qui n'existe pas, le plus souvent un homme, le travail est en réalité réalisé par des personnes ayant des caractéristiques individuelles très différentes pour un même poste de travail : taille, poids, état de santé, etc. Ces variations interindividuelles induisent des efforts (postures, amplitudes de gestes, etc.) ou une fatigabilité entraînant une perception différente de la même charge de travail pour deux individus.

1199. À cette variabilité interindividuelle s'ajoute une variabilité intra-individuelle. Une même personne ne perçoit pas les contraintes du travail de la même manière en fonction de l'heure de la journée, du jour de la semaine, de l'accumulation de sa fatigue, de la proximité passée de ses congés, mais aussi de son âge, de son ancienneté, de son expérience et du processus de vieillissement de chaque travailleur, etc.

Encadré 113 : Les TMS, de risque émergent à risque persistant

Les troubles musculosquelettiques (TMS) résultent d'un déséquilibre entre les capacités physiques du corps et les sollicitations et contraintes auxquelles il est exposé. Ils peuvent apparaître rapidement mais s'installent[1] le plus souvent de façon progressive après une longue période de sollicitations intensives des parties du corps atteintes. Ils peuvent avoir des origines diverses mais le lien avec l'activité professionnel est bien établi.

Longtemps présentés comme un risque émergent inhérent à l'introduction d'organisations productives optimisant les cycles de production et plaçant les organisations sous tension dans les décennies 90 et 2000 (juste à temps, zéro stock, etc.), les TMS sont aujourd'hui un risque installé et persistant dont les liens avec les RPS et la charge de travail sont bien documentés.

Ils ont augmenté de 60 % depuis 2003 et représentent en 2022 plus de 87 % des maladies professionnelles entraînant un arrêt de travail ou une réparation financière en raison de séquelles. Par ailleurs les lombalgies aigues représentent 20 % des accidents du travail et constituent la première cause d'inaptitude avant 45 ans. 45 % entraînent des séquelles lourdes (incapacités permanentes) et 30 % des arrêts de travail sont causés par des TMS[2]. Les TMS touchent les articulations, les muscles et les tendons et les principaux TMS reconnus en maladie professionnelle concernent le syndrome du canal carpien du poignet (39 %), le syndrome de la coiffe du rotateur de l'épaule (30 %), l'épicondylite du coude (22 %).

1. https://www.ameli.fr/medecin/actualites/les-tms-premiere-cause-d-indemnisation-pour-maladie-professionnelle-en-france (juin 2022).
2. *Ibid*.

Les activités en cause sont les gestes répétitifs, les positions articulaires extrêmes, le port de charges lourdes, le travail statique, les vibrations et chocs mécaniques. Tous les secteurs sont concernés mais principalement les transports et la logistique, le commerce agroalimentaire, le BTP, la propreté, la métallurgie, le secteur sanitaire et médico-social.

Les contraintes psychosociales et organisationnelles sont réputées aggraver les TMS : manque d'autonomie, travail monotone, pression temporelle, manque de soutien social, rythme et contenu du travail, délais de réalisation trop courts, temps de récupération insuffisants...).

10.2.4 L'évaluation et la régulation de la charge de travail

10.2.4.1 Les composantes de la charge

1200. La charge de travail, définie comme « *l'activité humaine manuelle ou intellectuelle, exercée en vue d'un résultat utile*[1] », est aussi décrite en ergonomie comme « *le coût d'une activité à celui qui la pratique*[2] » ou « *le rapport entre la demande de la tâche et les ressources disponibles* ». Il y a donc lieu de caractériser ces ressources, de vérifier leur existence et leur qualité. On parle de surcharge de travail lorsque les ressources du travailleur sont dépassées par le coût que nécessite le travail. On parle de sous-charge lorsque le travailleur ne dispose pas de suffisamment de travail pour maintenir son attention.

1201. La charge de travail est difficile à caractériser et nécessite d'opérer une triple distinction entre la charge prescrite, la charge réelle et la charge vécue ou ressentie par le travailleur. Cette dernière revêt évidemment une dimension subjective mais aussi fugitive puisque cette perception est différente d'un individu à l'autre et, pour un même individu, d'une période à l'autre, en fonction des nombreux paramètres qui peuvent venir l'influencer (âge, expérience, compétence, état de santé, contraintes familiales, motivation, intérêt du travail, etc.).

1202. En tout état de cause, lorsque l'article L. 4121-4 du Code du travail prévoit que l'employeur doit prendre en considération « *les capacités du travailleur à mettre en œuvre les précautions nécessaires pour la santé et la sécurité* », il faut comprendre que ces capacités sont tout autant déterminées par les compétences de l'intéressé[3] – à défaut de quoi sa charge[4] de travail vécue sera nécessairement

1. *Dictionnaire de médecine*, Serge Kernbaum, Flammarion, 1982.

2. *Repères pour l'analyse de l'activité en ergonomie,* Jacques Leplat, Presses Universitaires de France, 2008.

3. Ces compétences peuvent être en deçà des tâches confiées (sous-qualification) ou au contraire au-delà (sur-qualification), ce qui dans les deux cas se traduira par une perception négative de la charge cognitive.

4. Le rapport entre la demande de la tâche et les ressources disponibles.

péjorée – que par le volume de travail prescrit et réel qui le met ou non en capacité de travailler sans mettre sa santé en danger. Autrement dit, les capacités de ce dernier dépendent non seulement de ses facultés individuelles mais aussi en partie du caractère *capacitant* de l'environnement de travail offert par l'employeur.

Encadré 114 : Les trois dimensions de la charge de travail

Selon l'Agence nationale pour l'amélioration des conditions de travail (Anact), *la charge de travail prescrite* recouvre tout ce qu'il est demandé de faire, que ce soit sur le plan qualitatif ou quantitatif : les objectifs, les prescriptions, les outils et moyens à disposition...

La charge réelle correspond à ce qui est réellement réalisé : les aléas, les ajustements, le travail non prévu, le travail réalisé avec le soutien des collègues...

La charge vécue correspond à la représentation que chacun se fait de sa charge et du sens du travail.

10.2.4.2 Les critères d'évaluation de la charge

1203. Les paramètres d'évaluation de la charge de travail peuvent être mécaniques, physiologiques, temporels ou cognitifs.

1204. Les paramètres mécaniques se prêtent aux organisations tayloriennes – qui n'ont pas disparu – et assimilent la charge de travail à la quantité de travail à accomplir par unité de temps. La charge est ici corrélée à la cadence et est d'autant plus quantifiable que le résultat du travail est matérialisable : nombre de produits fabriqués, de dossiers traités, etc. Cette cadence peut être plus ou moins bien vécue selon les marges de manœuvre dont disposent les opérateurs pour atteindre l'objectif fixé en fin de poste : possibilité de faire varier le rythme et quitter son poste pour prendre une pause sans interrompre la production, ou de passer en dessous (ralentissement) ou au-dessus (accélération) de la cadence nominale ou, au contraire, rythme imposé par la cadence automatique de la ligne de production. La quantification ne suffit donc pas pour rendre compte de la charge dans toutes ses dimensions. L'approche mécanique n'est évidemment pas utilisable lorsque le travail est une prestation, un service.

1205. Les paramètres physiologiques (augmentation du rythme cardiaque, de la température, consommation d'oxygène, constriction des vaisseaux sanguins, montée d'adrénaline, contraction musculaire...) permettent de mesurer l'effort physique de travail ou le stress psychologique mais sont complexes à mettre en œuvre en situation réelle de travail et renseignent peu sur la charge de travail vécue. La charge physique de travail peut également être objectivée à travers le recours à des questionnaires (échelle de Borg) et un travail d'observation de l'activité et de l'environnement du poste de travail (port de charges, distances à parcourir, espace de travail, etc.). Mais si le déploiement de tels outils est approprié dans le cadre de l'évaluation préalable puis périodique des risques, il est méthodologiquement lourd à mettre en œuvre en situation réelle et beaucoup moins opérant pour anticiper et réguler les variations de la charge de travail individuelle ou collective des travailleurs au fil de l'eau.

1206. Dès lors, les paramètres temporels sont les plus communément utilisés et ce d'autant plus que, la charge de travail étant très peu réglementée dans le Code du travail, la durée du travail et ses dépassements – heures supplémentaires et durées maximales du travail – sont les seuls indicateurs légaux de son niveau et de ses éventuels excès. Toutefois, les relevés de pointage, quand ils existent, ne reflètent que le volet quantitatif de la charge et ne disent rien de son contenu (intensité, densité, qualité du travail), facteur pourtant déterminant de la perception qu'en ont les travailleurs. Cette difficulté est accrue pour les salariés travaillant avec un forfait en heures ou en jours, dont le respect et la réalité sont très difficiles à établir (*cf.* encadré 115 ci-dessous).

1207. Les paramètres cognitifs[1], enfin, permettent d'approcher la dimension vécue de la charge de travail. Ils peuvent être documentés *via* des questionnaires adressés aux travailleurs s'intéressant aux facteurs de charge énumérés dans le tableau 13 *supra*, par exemple la nécessité de se concentrer intensément durant de longues périodes, la fréquence des interruptions intempestives des tâches en cours ou des demandes contradictoires, le temps disponible pour terminer un travail, l'obligation de répondre immédiatement à une sollicitation, la dépendance vis-à-vis des autres travailleurs, une surveillance constante par la hiérarchie, etc.

1208. L'évaluation de la charge de travail est en conséquence un exercice complexe que l'employeur ne peut aborder qu'à travers le croisement constant d'une batterie d'indicateurs et d'indices variés de nature quantitative et qualitative : nombre et complexité des dossiers à traiter, fréquence des pannes, volumes des absences non remplacées. Il peut aussi repérer des signaux de surcharge à travers la surveillance de critères tels que les prises et reports des congés, le nombre de jours épargnés sur les compte épargne temps, le volume des repos compensateurs acquis, l'évolution de l'absentéisme, le turnover, les résultats d'entretiens individuels et collectifs dédiés ou abordant expressément la charge de travail, l'analyse des dérives ou

1. Il existe aussi des paramètres physiologiques pour mesurer la charge cognitive tels que les rythmes cérébraux *thêta* et *alpha* mais ils sont difficiles à mettre en œuvre en pratique et à interpréter.

dysfonctionnements récurrents de l'activité (retards de production ou de dossiers, défauts qualité, etc.), les alertes des représentants du personnel ou du médecin du travail, etc.

Encadré 115 : Charge de travail et conventions de forfait : une exigence d'effectivité

Les articles L. 3121-53 et suivants du Code du travail prévoient la possibilité de forfaitiser la durée du travail en heures et en jours.

L'objet même des conventions de forfait en heures étant de s'affranchir des contraintes d'un décompte précis de la durée du travail tout en garantissant un volume d'heure globalement équivalent à celui qui résulterait de l'application de l'horaire collectif de travail, une des principales questions posées par leur utilisation est celle des dispositifs de contrôle et de régulation qui permettent de compenser l'absence de pointage pour s'assurer que la charge de travail est compatible avec la santé des intéressés[1].

Les conventions de forfait en jours sont quant à elles décorrélées de la durée légale et des durées quotidiennes et hebdomadaires maximales du travail[2]. Elles peuvent même prévoir le renoncement du salarié à une partie de ses jours de repos, en contrepartie d'une majoration de son salaire, et sous réserve que ce renoncement soit compatible avec les dispositions légales en matière de repos quotidien et hebdomadaire, de jours fériés et de congés payés[3]. Elles sont dès lors réservées à un nombre restreint de salariés, sans qu'il puisse, là encore, être porté atteinte à la santé des intéressés. À ce titre, l'employeur doit « *s'assurer régulièrement que la charge de travail du salarié est raisonnable et permet une bonne répartition dans le temps de son travail*[4] ».

Les forfaits annuels, qu'ils soient en heures ou en jours, sont mis en place par accord d'entreprise ou de branche. L'accord doit notamment déterminer les salariés potentiellement concernés et le nombre de jours (dans la limite de 218) ou d'heures compris dans le forfait. Pour les forfaits en jours, il doit préciser « *les modalités selon lesquelles l'employeur assure l'évaluation et le suivi régulier de la charge de travail du salarié* » et communique périodiquement avec ce dernier sur cette charge, sur l'articulation entre son activité professionnelle et sa vie personnelle, sur sa

1. La CJUE considère que le contrôle du respect d'une durée maximale du travail et de repos journaliers et hebdomadaires des salariés impose « *une détermination objective et fiable du nombre d'heures de travail quotidien et hebdomadaire* », ce qui paraît *a priori* contradictoire avec le principe même du forfait (14 mai 2019, aff. C-55/18).

2. Article L. 3121-58 du code du travail : ces conventions sont réservées aux cadres disposant d'une autonomie dans l'organisation de leur emploi du temps et dont la nature des fonctions ne les conduit pas à suivre l'horaire collectif ou aux salariés dont la durée du travail ne peut être prédéterminée et qui disposent d'une réelle autonomie dans l'organisation de leur emploi du temps.

3. Articles L. 3121-59 et L. 3121-64 II du code du travail. Par ailleurs, à défaut de précision dans l'accord, le nombre maximal de jours travaillés dans l'année est de deux cent trente-cinq (L. 3121-66).

4. Article L. 3121-60 du Code du travail.

rémunération ainsi que sur l'organisation du travail dans l'entreprise[1]. L'accord doit également fixer les modalités d'exercice par le salarié de son droit à la déconnexion.

À défaut de stipulations conventionnelles sur le suivi de la charge de travail, une convention individuelle de forfait en jours peut quand même être conclue, mais à condition que l'employeur établisse un document de contrôle mentionnant le nombre et la date des journées ou demi-journées travaillées, ce document pouvant être renseigné par le salarié sous la responsabilité de l'employeur. L'employeur reste bien entendu tenu de s'assurer que la charge de travail du salarié est compatible avec le respect des temps de repos quotidiens et hebdomadaires et doit « *organiser une fois par an un entretien avec le salarié pour évoquer sa charge de travail, qui doit être raisonnable, l'organisation de son travail, l'articulation entre son activité professionnelle et sa vie personnelle ainsi que sa rémunération*[2] ». De même, à défaut de stipulations conventionnelles sur les modalités d'exercice du droit à la déconnexion, celles-ci sont définies par l'employeur et communiquées aux salariés concernés.

En résumé, la qualité du contrôle qu'exerce l'employeur sur la charge de travail des salariés au forfait repose sur l'effectivité ou le caractère au contraire purement formel du dispositif de régulation qu'il a mis en place. La différence entre les deux est ténue et ne pourra parfois être mise à jour que lors de l'examen au cas par cas des caractères *raisonnable* de la charge et *régulier* des contrôles, ce qui peut expliquer les écarts d'appréciation dans la jurisprudence entre des modalités de contrôle en apparence similaires. Il semble qu'en fait la logique de régulation doive primer sur celle de contrôle *a posteriori* et qu'il soit attendu de l'employeur une réactivité au fil de l'eau – en clair qu'il aille au-devant du salarié sans attendre un constat tardif – afin de pouvoir ajuster la charge de travail en temps réel. Ont ainsi été considérés satisfaisants :

– un système de déclaration hebdomadaire ou mensuel par le salarié du nombre de jours travaillés et de repos pris, dès lors que ces déclarations font l'objet d'un examen régulier par le supérieur hiérarchique. On suppose que le fait que la déclaration soit renseignée par le salarié lui confère une crédibilité accrue ;

– un système faisant l'objet de points réguliers sur la charge et l'organisation du travail. Le fait que l'employeur prenne l'initiative de ces points atteste de sa proactivité et de la capacité qu'il se donne d'agir en prévention ;

– un système d'alerte permettant de saisir la hiérarchie en cas de difficultés afin de définir une organisation du travail plus équilibrée. L'existence d'un tel dispositif constitue une corde de rappel pour le salarié dans les cas où la régulation normale aurait été mise en échec.

À l'inverse, la Cour de cassation a invalidé dans un arrêt du 13 octobre 2021 les clauses d'une convention collective au motif qu'elle n'instituait pas un suivi effectif et régulier permettant de remédier en temps utile à une charge de travail incompatible avec une durée raisonnable mais un

1. Article L. 3121-64 II du Code du travail.
2. Article L. 3121-65 du Code du travail.

bilan annuel et la possibilité en cas d'amplitude journalière durablement forte de faire un point avec la hiérarchie[1]. De même, la cour a invalidé un accord prévoyant une durée maximale et minimale de travail par jour, un récapitulatif hebdomadaire des journées et demi-journées travaillées et un état mensuel des heures travaillées, dès lors qu'un mécanisme de suivi effectif et régulier n'avait pas été installé[2]. Voir enfin, dans le même sens, l'arrêt du 14 décembre 2022 à propos de la convention collective du commerce de détail non alimentaire[3].

1209. On ne saurait par conséquent trop conseiller de garder, sous quelque forme que ce soit (agendas et ordres du jour de rendez-vous d'entretiens, relevés de conclusion, comptes rendus d'entretiens, communications, etc.), une trace de la veille effectivement tenue par l'employeur.

10.2.4.3 Les critères conventionnels

1210. Faute de repères réglementaires dédiés explicitement à la charge de travail, les sources conventionnelles permettent d'identifier les critères d'appréciation jugés pertinents par les parties signataires pour l'évaluer et la réguler. L'attention est particulièrement portée sur l'organisation du travail et le travail d'organisation incombant en retour à la hiérarchie. Par exemple :

- l'accord *Orange* du 21 juin 2016 fixe une méthodologie d'évaluation et d'adaptation de la charge de travail. Très détaillé, il contient en annexe des outils de questionnement sur la charge de travail lors de la conduite de projets et des fiches de conduite d'entretien individuel sur la charge de travail ;
- l'accord *Thalès* du 20 mars 2018 sur la qualité de vie et le bien-être au travail prévoit que la charge de travail repose sur l'adéquation des objectifs fixés avec les compétences et qualifications des salariés. Les managers doivent s'assurer d'une bonne répartition du travail entre les membres de l'équipe et de leur niveau d'autonomie suffisante (prise de décisions...). L'évaluation de la charge intègre l'organisation matricielle de l'entreprise (articulation des missions transverses avec celles de l'équipe de rattachement) ainsi que les obligations de formation à la charge du salarié au titre du transfert de compétences. L'Entretien annuel d'activité doit aborder la compatibilité des objectifs avec la charge et le temps de travail, sans préjudice d'un suivi régulier tout au long de l'année « *par le n + 1* » et des temps de réunions collectives dédiés à

1. Cass. soc., 13 octobre 2021, n° 19-20. 561.
2. Cass. soc., 21 septembre 2022, n° 21-15. 114.
3. Cass. soc., 14 décembre 2022, n° 20-20. 572.

la QVT qui portent pour partie sur la charge de travail. En cas de difficultés d'un salarié, la hiérarchie remédie à la situation *via* une nouvelle répartition du travail entre les membres de l'équipe, une redéfinition des objectifs ou de leur délai de réalisation, des actions de formation ou l'allocation de ressources complémentaires sur un projet, etc. Une attention particulière est portée à l'adéquation de la charge de travail des salariés à temps partiel avec leurs objectifs ;
- l'ANI du 26 novembre 2020, pour une mise en œuvre réussie du télétravail, prévoit la fixation des plages horaires durant lesquelles l'employeur peut contacter le salarié, en cohérence avec les horaires en vigueur dans l'entreprise (3.1.3), la fixation d'objectifs clairs afin que le management à distance se concentre sur la résolution des dysfonctionnements et évalue plus facilement la bonne répartition de la charge de travail (4.1), la nécessité de prévenir les risques d'isolement pour les salariés en télétravail mais aussi ceux qui travaillent toujours sur site et peuvent voir leur charge de travail aggravée par l'absence physique de leurs collègues (5.2) ;
- l'accord de la branche des caisses d'épargne du 1er juillet 2022 prévoit que les augmentations ponctuelles d'activité et les imprévus sont une occasion d'initier des ajustements, des actions de régulation et doivent être pris en compte dans l'évaluation des résultats.

Encadré 116 : Les normes de travail et la charge de travail dans l'ANI de 1975

L'accord national interprofessionnel du 17 mars 1975 sur l'amélioration des conditions de travail ouvre ses trois premiers articles sur la charge de travail, dont le contenu, malgré leur inspiration industrielle, est toujours d'actualité et parfaitement transposable au secteur des services.

L'article premier indique que les normes de travail ne doivent pas conduire à un rythme et à une intensité d'effort musculaire ou intellectuel ainsi qu'à une tension nerveuse imposant une fatigue excessive, la charge de travail supportée par les salariés devant être compatible avec les exigences de leur « santé physique et morale ».

Les critères devant être pris en considération pour établir les normes de travail sont énumérés à l'article 2 :

1) Le volume de travail à travers le nombre de pièces à produire, le nombre d'opérations à effectuer, le nombre de machines ou d'appareils à conduire ou surveiller, la vitesse de la chaîne, le rythme de fonctionnement de la machine, qui doivent correspondre à un effort normal ;

2) les effectifs en nombre suffisant pour éviter une charge excessive eu égard notamment au remplacement des absents ;

3) les temps de repos non récupérables qui doivent être intégrés dans les gammes de travail lorsque celui-ci est effectué à des cadences ou un rythme imposé collectivement ou individuellement ;

4) des effectifs calculés de manière à comprendre le nombre approprié de remplaçants pour permettre l'utilisation réelle des temps de repos lorsque la nature du travail le nécessite (travaux en ligne ou assimilés).

L'article 3 considère que l'objectivité des normes de production est établie lorsque deux mesures échelonnées dans le temps conduisent au même résultat toutes choses égales par ailleurs.

Moyennant quelques adaptations pour tenir compte des évolutions contemporaines du travail, ces facteurs d'appréciation de la charge de travail restent pertinents et proposent des repères et points de contrôle utiles pour s'assurer que l'évaluation de la charge dans l'entreprise est compatible avec des efforts normaux.

10.2.5 Le contrôle opéré par les juges

1211. La cour d'appel de Paris a rappelé dans un arrêt du 13 décembre 2012, dit « arrêt FNAC », que « *la charge de travail est généralement définie comme la description de l'activité d'un salarié pendant une période donnée, en mettant en correspondance le temps donné pour effectuer une tâche, les moyens matériels, les connaissances et expériences des intéressés* ». La cour a ordonné dans cette affaire la suspension de la mise en œuvre du projet de réorganisation de l'entreprise, qui a manqué à son obligation en omettant de chiffrer les transferts de charge des postes supprimés sur les salariés restant en fonction.

1212. Le juge administratif considère dans des affaires d'homologation de plans de sauvegarde de l'emploi, que la charge de travail a été correctement évaluée et prise en compte dans les mesures de prévention lorsque la société a évalué la charge de travail des nouvelles activités par référence aux sites existants exerçant ces activités, en corrigeant les données recueillies par rapport aux spécificités du site et en mettant en place des commissions locales chargées de formuler des remarques et des observations sur l'organisation du travail projetée, ces aspects devant faire l'objet d'échanges ultérieurs au fur et à mesure du développement du projet. En outre, l'ajout de treize postes à l'organigramme-cible et le passage d'un cycle de 24/48 à 3X8 pour le rythme de travail d'un chef de feu attestent d'évolutions tenant compte des observations des représentants du personnel[1]. De même, l'entreprise est jugée avoir procédé à une évaluation sérieuse de la charge de travail avant et après restructuration quand elle a élaboré des tableaux précisant suffisamment les transferts de charges induits par la suppression de certains postes, en énumérant les missions concernées, et même en l'absence de précision quantitative[2].

1. CAA de Paris, 8e chambre, 25/01/2022, 21PA05618, inédit au recueil Lebon.
2. CAA de Versailles, 4e chambre, 13/04/2022, 22VE00197, inédit au recueil Lebon.

1213. Les juges constatent par ailleurs qu'en matière de consultation des représentants du personnel, il n'existe pas dans le Code du travail d'obligation de leur communiquer systématiquement un document d'évaluation de la charge de travail. Ainsi, lorsque l'instance est consultée avant une décision d'aménagement, la Cour de cassation estime qu'il n'y a pas lieu d'exiger de l'employeur qu'il produise un tel document dès lors que les élus ont reçu des informations précises et suffisantes leur permettant d'appréhender le contenu de la nouvelle organisation et d'en mesurer les conséquences sur l'évolution des conditions de travail des agents[1]. Ceci ne signifie pas que l'employeur est dispensé d'évaluer l'impact de son projet sur la charge de travail mais qu'il n'est pas obligé de formaliser le résultat de cette évaluation dans une *étude d'impact* dédiée.

1214. Il reste recommandé d'aborder le sujet explicitement lorsque la nature et l'ampleur du projet modifient substantiellement l'organisation et laissent présager, au moins pendant la phase de changement et de montée en charge de la nouvelle configuration, une augmentation prévisible de l'activité des travailleurs.

10.2.6 Le caractère raisonnable ou soutenable de la charge

1215. Plus l'activité du travailleur obéit à des exigences de flexibilité et de disponibilité, plus les modes de contrôle et d'évaluation quantitatifs de la charge de travail deviennent inopérants (pointages, mesures, etc.) et laissent place à des contreparties qualitatives liées aux règles procédurales de fixation/révision des objectifs, d'allocation/réallocation des ressources, de régulation des aléas, de délais de prévenance, de consentement, etc.

1216. Face à l'impossibilité de recourir à une méthode mécaniste et objective aboutissant à un indicateur synthétique permettant d'évaluer la charge de travail[2], sa régulation repose sur la surveillance de son caractère *raisonnable* ou *soutenable,* laquelle requiert une démarche dialogique (*cf.* 6.6.1). Cette surveillance repose de manière privilégiée sur la traçabilité de la régularité et de l'effectivité des échanges entre le travailleur et sa hiérarchie (comptes rendus d'entretiens, relevés de conclusions de réunions, suivi des décisions…), ainsi que sur les aménagements consentis par cette dernière pour faciliter et alléger au besoin le travail.

---

1. Cass. soc., 12 mai 2021, n° 20-20.971, inédit.
2. Un nombre de dossiers à traiter est une indication en soi mais renseigne peu sur la charge cognitive qu'il représente en fonction de leur complexité. De même le port de pièces de même poids peut entraîner une charge très différente selon leur forme, leur difficulté de préhension, la distance à parcourir, l'espace disponible, etc.

1217. L'employeur devrait en outre compenser les difficultés d'évaluation de la charge de travail inhérentes à une forte variabilité de l'activité par une « explicabilité » des critères sur lesquels il s'est appuyé pour estimer cette charge et allouer les ressources.

1218. En tout état de cause, l'existence de marges de manœuvre pour réaliser le travail, en particulier lorsque celui-ci est enserré dans des butées temporelles (temps de cycle, heure, journée, etc.), conditionne en grande partie la perception qu'a le travailleur de la soutenabilité de la charge (possibilité de choisir le moment de la pause, existence de stocks tampon sur la ligne de production, libertés dans le mode opératoire, etc.).

Encadré 117 : *Zones frontières* et *zones carrefour*, la coordination au cœur de la charge de travail

Les plaintes relatives à la charge de travail naissent souvent dans les *zones frontières* ainsi que dans les *zones carrefours* de l'organisation du travail. Elles révèlent des déficits d'interfaçage ou des angles morts – autrement dit de coordination – entre différents services de l'entreprise sans que chacun de ces services ait nécessairement commis d'erreur ou pris conscience de cette carence organisationnelle.

Les zones frontières sont celles où se joue la répartition des tâches et des responsabilités entre les parties prenantes d'un processus – le « qui fait quoi ? ». La perception de surcharge survient quand la frontière est floue ou conflictuelle et génère des dysfonctionnements : doublons, manquements, etc.[1].

De même, les zones carrefours sont celles où plusieurs processus se rejoignent et placent le travailleur en situation de devoir faire des choix sans que les priorités et leur arbitrage soient prévus ou se mettent en place[2].

Ces zones critiques sont sources de confusion et de frictions. Elles deviennent des irritants et sont perçues comme des facteurs de charge. Les mettre en lumière permet d'identifier les déterminants sur lesquels agir et de déboucher sur un plan d'action (clarification des périmètres, critères et instances d'arbitrage des priorités, réallocation des ressources, renfort, abandon de redondances, etc.).

L'employeur doit donc pouvoir rendre compte des démarches qu'il a entreprises en vue de comprendre et agir sur la charge de travail inhérente à chaque processus et à ses interactions entre différents services, de sorte à réguler la charge de travail. L'analyse des situations litigieuses (ce qui est fait, où, quand, par qui, avec quoi et avec qui aux différentes étapes du processus) passe concrètement par une observation visuelle et un recueil de la parole des intéressés. Ce moment permet de faire émerger les causes de

1. Ex. : ce qui relève du service de maintenance d'une part et des opérateurs de production en cas de panne d'autre part.

2. Ex. : le service des achats assailli de nombreuses demandes simultanées et qualifiées d'urgentes ou prioritaires par les différents donneurs d'ordres dans l'entreprise.

malentendus et d'élaborer de nouvelles règles de fonctionnement, confirmant ce faisant la formule selon laquelle « *l'organisation du travail est un travail d'organisation* » et plus particulièrement de coordination rendue nécessaire par la division des tâches inhérente à l'organisation du travail.

10.3 Le temps de travail, entre dépassements et débordements

1219. Durée, horaire et rythme de travail sont les trois dimensions qui doivent aujourd'hui être prises en compte pour dresser les contours variés du temps de travail et leurs effets respectifs sur la santé au travail[1]. Aux côtés du temps objectif, caractérisé par la durée du travail et les risques tangibles inhérents à ses excès – accident, fatigue physique – se dessine un temps subjectif, composé d'horaires désynchronisés et de temps intensifiés, produisant des effets plus pernicieux : désordres physiologiques et psychiques, burnout, usure, fatigue mentale…

1220. Le droit du travail, historiquement droit de la durée collective et des maximas, par nature quantitatif, peine à encadrer un temps de travail de plus en plus individualisé et flexible. Cet aspect du temps ne peut, sur le plan de la protection de la santé au travail, être appréhendé à travers des modalités d'affichage ou de pointage. Ne se prêtant ni au *décompte* ni à la *mesure*, il laisse place à une logique d'*évaluation* et de *régulation* sur le fondement, notamment, des PGP.

Encadré 118 : Le facteur *temps* dans les accidents du travail

Un stagiaire décrit les écarts à la sécurité prescriptive dans son entreprise. Il met en évidence ce faisant que la plupart d'entre eux trouvent leur origine dans la contrainte temporelle[2]. L'injonction explicite de production se transforme en injonction implicite de *gagner du temps*, en contradiction avec le respect des consignes de sécurité, très souvent synonyme de ralentissement coûteux de la production : « *Pour certains appareils, il ne faut pas mettre de sécurité. C'est soit une perte de temps, soit on ne peut pas faire du tout le travail. (…) Normalement, toutes les machines à commande numérique, dès qu'on ouvre un tout petit peu la porte, la machine devrait s'arrêter… mais eux (les ouvriers), ils ont enlevé cette sécurité. Ils l'ont mise un peu plus loin pour pouvoir ouvrir la porte un peu, pour passer le bras avec un crochet et pour enlever les copeaux pour prendre la pièce* ».

1. *Cf. Vers la fin du temps de travail ?*, Jens Thoemmes, PUF, 2000.

2. Cet exemple, très représentatif de nombreux constats d'accidents, est tiré de l'article : « De la formation à l'emploi : quelles connaissances des risques ? Le cas d'un accident dans l'agro-alimentaire », Nathalie Frigul, Annie Thébaud-Mony, dans *Santé au travail et travail de santé*, Florence Douguet, Jorge Muñoz (dir.), Presses de l'EHESP, 2008, p. 27 à 41.

On lui demande de nettoyer les portes des machines de l'intérieur car des copeaux et des poussières s'y sont accumulées : « *on aurait pu enlever les portes mais il fallait presque une demi-journée pour ça, alors qu'en rentrant dans la machine on en avait pour un quart d'heure* ». Il doit par ailleurs utiliser un produit de nettoyage dangereux et sentant très fort, ce qui le contraint à travailler en apnée lorsqu'il pénètre dans l'enceinte confinée.

Ce même témoin trouve plus tard un emploi dans une entreprise où il est conduit à transférer des cartons d'un tapis de chaîne à l'autre. Le rythme est soutenu et chaque carton pèse 10 kg. Il doit répartir la charge des tapis « *afin d'éviter les encombrements qui risquent d'entraver la fluidité de la production et d'arrêter le chaîne. Le geste doit être précis (...). Un carton qui part de travers risque de faire blocage quelques mètres plus loin* ». En voulant éviter un encombrement, il se précipite pour retirer l'obstacle sur le tapis, trébuche sur le convoyeur et se blesse grièvement. Selon la victime, actionner l'arrêt d'urgence pour remettre le carton en place était impensable et l'aurait soumis aux remontrances de la direction et aux invectives de ses collègues : « *si j'avais mis le carton en travers, ça aurait bloqué toute la machine ! Ça aurait été une perte de temps et c'était de ma faute alors* ».

Combattre le risque à la source ici ne peut passer par d'autres solutions que d'agir sur le facteur temps. Il est certes intéressant de travailler sur les raisons techniques qui conduisent les cartons à se mettre de travers et générer un incident de production, mais *l'adaptation du travail à l'homme* doit en tout état de cause conduire à laisser au travailleur des marges de manœuvre suffisantes pour adopter des gestes de prévention.

10.3.1 Le temps quantifié

1221. L'*hygiène et la sécurité* du travail, on le sait, se sont construites à partir de la réglementation de la durée du travail, notamment les durées maximales de travail autorisées des enfants et des femmes afin de protéger les populations les plus vulnérables. Plus de 150 ans plus tard, c'est à nouveau *la santé et la sécurité* qui ont été au fondement du droit de la durée du travail avec la directive du 4 novembre 2003 sur l'aménagement du temps de travail[1]. Celle-ci s'appuie explicitement sur l'article 137 du traité instituant la Communauté européenne, laquelle doit soutenir et compléter l'action des États membres « *en vue d'améliorer le milieu de travail pour protéger la santé et la sécurité des travailleurs* ». Elle se fonde également sur la

1. Directive 2003/88/CE du Parlement européen et du Conseil du 4 novembre 2003 concernant certains aspects de l'aménagement du temps de travail. Elle succède à la directive du 23 novembre 1993, qui fixait des « prescriptions minimales de sécurité et de santé en matière d'aménagement du temps de travail, applicables aux périodes de repos journalier, aux temps de pause, au repos hebdomadaire, à la durée maximale hebdomadaire de travail, au congé annuel ainsi qu'à certains aspects du travail de nuit, du travail posté et du rythme de travail.

directive-cadre du 12 juin 1989 sur la promotion de la sécurité et de la santé des travailleurs. À ce titre, elle fixe des périodes minimales de repos journalier, hebdomadaire et annuel, des périodes de pause, un plafond pour la durée de la semaine de travail.

1222. Il est intéressant de noter que la directive prévoit que la notion de repos doit être exprimée en *unités de temps*, c'est-à-dire en jours, heures et/ou fractions de jour ou d'heure. Elle retient donc une acception du temps de travail centrée sur une approche quantitative et objectivable qui postule que les temps quantitatifs de travail et de repos, au sens de leur durée, constituent le critère déterminant pour protéger la santé et la sécurité. Seuls les excès, parce qu'ils sont générateurs de fatigue, de perte d'attention, de risques accrus d'accidents, sont par conséquent interdits et le « *repos suffisant* » est défini comme une durée de repos suffisamment longue et continue « *pour éviter que les travailleurs ne se blessent eux-mêmes ou ne blessent leurs collègues ou d'autres personnes et qu'ils ne nuisent à leur santé, à court ou à plus long terme, par suite de la fatigue ou d'autres rythmes de travail irrégulier* »[1].

1223. En droit interne, le temps de travail quantitatif est assez bien réglementé. C'est un droit qui délimite en fixant des durées dites normales (35 h hebdomadaires), maximales (10 h et 12 h quotidiennes, 48 h et 60 h hebdomadaires), des amplitudes (13 h par déduction de la durée de repos quotidien d'au moins 11 h), des césures, des seuils, des délais de prévenance obligatoires, etc. En corollaire, l'évaluation et la régulation du risque sont axées, à l'instar de nombreux risques professionnels, sur la mesure et plus particulièrement celle du dépassement des durées maximales. Toutefois, les outils de suivi et de contrôle, qui s'avèrent adaptés et faciles à mettre en œuvre pour toutes les organisations de travail dotées d'horaires fixes et collectifs (affichage, pointage, etc.[2]), deviennent beaucoup plus délicats à gérer dès lors que les horaires sont individualisés et que l'activité est soumise à de fortes variations. L'employeur doit alors, conformément au 3° de l'article L. 4121-1 du Code du travail, se doter « *d'une organisation et de moyens adaptés* » pour s'assurer du respect des *maxima*. L'absence d'affichage ou de dispositif de décompte horaire automatisé (badgeage, pointage, etc.) devra être compensée par un formalisme (relevés individuels, etc.) et/ou des modalités de régulation qualitatives (entretiens réguliers, etc.) plus exigeantes et potentiellement moins fiables pour contrôler la durée du travail. L'employeur aura tout intérêt à pouvoir justifier du caractère adapté de l'organisation mise en place (*cf. infra* tableau 14).

1. 9° de l'article premier.
2. L'affichage des horaires – aujourd'hui dans une moindre mesure – et les pointeuses font partie des dispositifs qui permettent historiquement de réguler le cadre de présence au travail.

Encadré 119 : La durée du travail dans les enquêtes[1]

En 2018, la durée habituelle hebdomadaire du travail des salariés à temps complet est de 39,1 heures, stable depuis 2014, ce qui ne préjuge pas de la durée effectivement travaillée au cours d'une année, laquelle tient compte de facteurs individuels (heures supplémentaires, jours de congé, etc.) ou collectifs (jours fériés, chômage partiel, etc.), qui peuvent faire varier la durée du travail des salariés d'une semaine à l'autre.

La même année, la durée annuelle effective de travail des salariés à temps complet est de 1 679 heures en moyenne, supérieure à l'équivalent annuel de la durée légale (1 607 heures).

Les cadres à temps complet déclarent, en moyenne, les durées les plus longues tant annuelle (1 834 heures en 2018) qu'hebdomadaire (43,1 heures) et quotidienne (8,6 heures). Les autres catégories affichent des durées habituelles hebdomadaires proches de 38 heures. Les employés de commerce (230 jours en 2018) et les ouvriers non qualifiés travaillent plus de jours dans l'année (223 jours en 2018) que la moyenne (214), contrairement aux professions intermédiaires (209) et employés administratifs (206).

Les femmes à temps complet travaillent en moyenne 1 611 heures par an, contre 1 730 heures dans le cas des hommes, en parti parce que leur métier ou leur secteur d'activité diffèrent. Par ailleurs, la durée du travail est liée à la situation familiale : les femmes de 25 à 49 ans vivant seules travaillent plus que celles vivant en couple avec enfants (131 heures de plus en moyenne), excepté les employées de commerce et de service. À l'inverse, les hommes cadres de 25 à 49 ans travaillent en moyenne plus lorsqu'ils sont en couple avec enfants que les hommes vivant seuls.

Les non-salariés déclarent des durées du travail plus élevées que celles des salariés avec, en moyenne, une durée annuelle effective de 2 065 heures et une durée habituelle hebdomadaire de 45,5 heures.

10.3.2 Le temps aménagé

1224. L'approche quantitative de la directive de 2003 conduit à instaurer un cadre en deçà ou au-delà duquel il n'est pas permis d'aller[2] mais à l'intérieur duquel l'aménagement du temps de travail est à peu près libre pour autant qu'il soit négocié ou concerté.

1225. La directive reconnaît toutefois que, au-delà de la durée des repos et des temps travaillés, « *les modalités de travail peuvent avoir des effets préjudiciables sur la santé des travailleurs* ». Elle renvoie alors aux PGP en précisant que « *l'organisation du travail selon un certain rythme doit tenir compte du principe général de l'adaptation*

1. *Chiffres clés sur les conditions de travail et la santé au travail*, *op. cit.*
2. Mais il est possible de prévoir des dérogations règlementaires ou conventionnelles au cadre même (articles 17 et 18).

du travail à l'homme »[1]. Le rythme dont il est question ici vise les organisations de travail posté telles que le travail en équipe « *selon un certain rythme, y compris le rythme rotatif, qui peut être continu ou discontinu, entraînant pour les travailleurs la nécessité d'accomplir un travail à des heures différentes sur une période donnée de jours* »[2].

1226. Bien *qu'aménagé*, ce temps peut être considéré comme relevant encore d'une approche quantitative dès lors qu'il constitue une modalité d'organisation du travail délimitée et quantifiable en volume (3X8, 5X8, 2X12, etc.) et en fréquence (régulier, occasionnel, fixe, tournant, etc.). Ces formes d'aménagement ne font d'ailleurs nullement obstacle à l'utilisation des dispositifs de décompte de la durée du travail traditionnels (pointage, etc.). Mais la directive pointe le fait qu'elles peuvent présenter d'autres risques pour la santé que ceux inhérents au nombre d'heures réalisées, notamment en raison des contraintes que leur caractère décalé impose aux travailleurs.

1227. Ainsi, certains rythmes de travail sont réputés à risque. C'est le cas du travail de nuit, dont les effets sur la santé sont désormais bien documentés et donnent lieu à une réglementation européenne et nationale détaillée s'agissant des exigences de suivi de la santé des travailleurs exposés[3]. Mais le travail de nuit n'est qu'une des nombreuses modalités dites d'*horaires de travail atypique* (HTA) suspectées d'avoir des effets néfastes pour la santé[4]. Le périmètre des HTA ne fait pas l'objet d'une définition juridique à ce jour et recouvre une typologie potentiellement très vaste d'aménagements horaires, qui se caractérisent par des temps de travail décalés ou désynchronisés des rythmes biologiques ou physiologiques naturels (rythmes circadiens de 24 h) ou des temps sociaux les plus répandus : week-ends, congés scolaires, horaires d'ouvertures des commerces, etc. La semaine de travail typique étant par convention assimilée à une semaine de cinq jours – du lundi au vendredi entre 7 et 20 heures – on compte parmi les HTA le travail de week-end, le travail posté (3X8...) ou encore le travail fractionné.

1228. Les effets néfastes de ces modes d'organisation sur la santé peuvent se révéler à court terme (fatigue, perte de sommeil, baisse de la vigilance...) ou à long terme (perturbation des fonctions biologiques

1. Le principe général d'adaptation, dans la directive-cadre de 1989 et le 4° de l'article L. 4121-2 du Code du travail qui le transpose, prévoit que *le travail monotone et le travail cadencé* doivent être organisés de sorte à atténuer leurs effets sur la santé.

2. 5° de l'article premier.

3. Indépendamment de la réglementation européenne, le travail de nuit a été classé dans le groupe des cancérogènes probables pour l'homme par le Centre international de recherche contre le cancer (CIRC) en 2007.

4. Une étude française (Hamieh *et al.*) portant sur plus de 137 000 salariés à partir de la cohorte Constances confirme, par exemple, que les horaires atypiques sont associés significativement à la consommation de substances psychoactives.

dues au dérèglement des horloges internes, obésité, troubles cardio-vasculaires, diabète, stress...). Au regard des PGP (*éviter les risques, remplacer ce qui est dangereux par ce qui est moins ou non dangereux*), des HTA ne devraient par hypothèse être mis en place que pour répondre à des besoins qui ne peuvent être pourvus par des travailleurs en horaire normal. Dans cette hypothèse, la prévention va consister à agir par des aménagements, notamment organisationnels, de nature à en atténuer les effets : par exemple en installant des rotations de deux à trois nuits consécutives au plus, afin de ne pas donner le temps à l'horloge biologique de se dérégler, ou en instaurant au contraire des équipes de nuit stables basées sur le volontariat, afin de favoriser leur acclimatation. Il est également possible de faire démarrer le travail posté du matin après 6 heures et non à 5 heures comme c'est souvent le cas. La prévention passe également par une information sur une hygiène de vie compatible avec les HTA (temps de sommeil, alimentation, etc.) – en application du principe général d'*instructions appropriées données aux travailleurs* – ainsi que sur une politique des ressources humaines (GEPP) favorisant des parcours professionnels permettant le retour à des horaires moins contraignants, dans une logique de prévention de l'usure et de la pénibilité.

Encadré 120 : Les horaires atypiques en France[1]

Les horaires de travail atypiques (HTA) concernent principalement les professions qui assurent la continuité de la vie sociale, la permanence des services de soins et la sécurité des personnes.

Le travail le samedi est la modalité la plus fréquente (35 % des salariés le pratiquent au moins une fois sur une période d'observation de quatre semaines), suivie du travail le soir (23 %) et le dimanche (19 %).

Les employés travaillent plus souvent le samedi (45 %) et le dimanche (25 %). Les ouvriers, quant à eux, sont plus concernés que les autres par le travail de nuit (13 %) et des horaires alternés (14 %).

Les salariés à temps partiel déclarent travailler le samedi (37 %) un peu plus souvent que ceux à temps complet, alors que ces derniers connaissent davantage des horaires tardifs (25 % le soir et 10 % la nuit).

Les femmes et hommes n'exerçant pas les mêmes professions, ils ne subissent pas les mêmes contraintes d'horaires. Par exemple, parmi les employés, les hommes déclarent plus souvent travailler le week-end (cas des policiers, pompiers, agents de sécurité, etc.) que les femmes (cas des agents de services hospitaliers, aides-soignantes, etc.).

1. *Chiffres clés sur les conditions de travail et la santé au travail*, *op. cit.* Les horaires atypiques retenus ici (il n'existe pas de définition légale de cette notion) concernent les personnes déclarant avoir travaillé le samedi, le dimanche, le soir (de 20 h à minuit) ou la nuit (de minuit à 5 h), au moins une fois au cours des quatre semaines précédant l'interrogation.

10.3.3 Le temps compressé

1229. Les temps quantifiés examinés aux paragraphes précédents peuvent être qualifiés d'objectifs dans la mesure où ils peuvent être décomptés. Mais ce *temps objectif* ne dit rien de ce qui se passe au sein même de l'unité temporelle de référence qu'est l'heure ou la journée. Or, aux côtés de ce temps objectif, existe un *temps subjectif*, déterminé par un contenu qualitatif dont la durée du travail *pointée* ne rend pas compte. Ce temps *vécu* ou *perçu* peut être décrit comme un temps *condensé*, *accéléré* ou *compressé*, susceptible lui aussi d'avoir des effets sur la santé. Le *rythme de travail* prend ici le sens de cadence ou de vitesse d'exécution – laquelle peut être objectivée dans le cas d'un travail manuel – mais aussi d'*intensité* et de *densité* du travail, beaucoup plus difficiles à caractériser, en particulier dans le cadre d'un travail dit intellectuel ou mobilisant des ressources cognitives.

1230. Ainsi, les organisations du travail mises en place au cours des dernières décennies, documentées pas une littérature abondante, se sont-elles caractérisées par une sollicitation permanente du travailleur sans nécessairement se traduire par une augmentation du volume total d'heures réalisées. L'exigence d'instantanéité des réponses et la simultanéité des tâches – faire plus de choses en moins de temps ou dans le même temps et potentiellement avec moins de moyens – ont pour effet de réduire les plages de récupération et les temps de décélération. Elles produisent un sentiment de dispersion, de réduction des marges de manœuvre et plus généralement de perte de prise sur le temps.

1231. Cette densification de l'heure et de la journée de travail illustre la perception d'une accélération des temps et du poids croissant de la part contrainte et non maîtrisée de la durée du travail[1]. Elle se traduit dans les enquêtes sur le travail par l'expression du sentiment de devoir toujours ou souvent se dépêcher, de manquer de temps ou d'être constamment interrompu… bref d'avoir moins de marges de manœuvre et de possibilités de récupération. Mais ce temps subjectif, qui met directement en cause *le contenu du travail* et son organisation, ne peut être aisément caractérisé et est à ce jour dépourvu d'instruments d'évaluation simples et éprouvés. Il oblige à s'en remettre aux seuls PGP pour prévenir les effets délétères constatés, qui peuvent prendre des formes diverses : burnout, stress, violence au travail, mais aussi absentéisme, turn-over, désengagement, etc. voire accident du travail.

1. 45 % des salariés estiment qu'ils doivent « toujours » ou « souvent » se dépêcher dans leur travail et 30 % considèrent qu'ils doivent « fréquemment interrompre une tâche pour une autre non prévue » et que c'est « un aspect négatif de [leur] travail ». Ce dernier aspect est plus fréquent pour les femmes occupant un emploi de cadre (39 %) ou de profession intermédiaire (42 %) (Chiffres clés sur les conditions de travail et la santé au travail, *op. cit.*).

1232. L'évaluation des risques étant en principe une évaluation préalable, celle-ci devrait prendre en premier lieu la forme d'une étude de l'impact prévisible d'une nouvelle organisation sur les conditions de travail, en particulier sous l'angle de sa *soutenabilité*. Le 4° de l'article L. 4121-2 précisant que le principe d'adaptation du travail à l'homme doit être mis en œuvre *dès la conception et le choix des méthodes de travail et de production*, l'employeur devrait être en mesure, notamment lors de la phase de consultation des instances représentatives, d'indiquer le dispositif qu'il entend mettre en œuvre pour s'assurer de cette soutenabilité, afin de pouvoir prendre des mesures correctives au fil de l'eau (questionnaires périodiques, recueil des plaintes, espace de discussions sur le travail, commission de suivi, etc.). Il est également possible de s'appuyer sur l'article L. 4121-4 qui oblige l'employeur à prendre en considération *les capacités du travailleur à mettre en œuvre les précautions nécessaires pour la santé et la sécurité*. Au-delà de la formation et de l'expérience de ce dernier, ces capacités sont contingentes à l'organisation dans laquelle il est placé et, en l'espèce, au temps dont il dispose pour prendre effectivement lesdites précautions.

1233. En résumé, le *facteur temps* apparaît comme un déterminant essentiel dans l'analyse de très nombreux accidents du travail ou dans les troubles du travail en entreprise souvent classés au rang des RPS ou de la charge excessive de travail. Le manque de temps, l'empressement, la précipitation, sont fréquemment – pour ne pas dire presque toujours – présents dans l'arbre des causes des accidents. Ils constituent un facteur explicatif en l'absence duquel le dommage ne serait pas survenu. Il existe bien entendu toujours une raison pour laquelle le travailleur s'est dépêché. Cette explication circonstancielle est généralement d'ordre organisationnelle. La violation d'une consigne de sécurité est souvent motivée par la volonté d'intervenir dans un processus de production sans l'interrompre, afin de remédier à une anomalie, car cette interruption, qui génère en général un ralentissement de la cadence, une perte de production, voire de matières premières, contrevient aux indicateurs de performance économique assignés par ailleurs aux opérateurs.

Encadré 121 : Intensité de travail et pression temporelle

L'enquête Conditions de travail et risques psychosociaux permet de repérer les situations de travail qui accroissent l'exposition aux différents facteurs de risques psychosociaux, dont l'intensité du travail. Ainsi en 2016[1] :

– 45 % des salariés estiment qu'ils doivent « toujours » ou « souvent » se dépêcher dans leur travail ;

1. *Chiffres clés sur les conditions de travail et la santé au travail*, *op. cit.*

– 30 % considèrent qu'ils doivent « fréquemment interrompre une tâche pour une autre non prévue » et que c'est « un aspect négatif de leur travail ». Ce dernier aspect est plus fréquent pour les femmes occupant un emploi de cadre (39 %) ou de profession intermédiaire (42 %).

Près d'un salarié sur trois déclare avoir des objectifs chiffrés à atteindre, notamment les hommes cadres, ce qui peut accroître le sentiment de pression au travail.

10.3.4 Les temps articulés

1234. Deux phénomènes majorent aujourd'hui les problématiques liées au temps de travail. D'une part le temps de trajet pour se rendre au travail et rentrer à son domicile, qui peut avoir pour effet d'allonger substantiellement la « journée de travail », d'autre part l'articulation entre temps privé et temps professionnel, particulièrement importante depuis le développement du télétravail.

1235. Ces sujets peuvent paraître à la périphérie des questions de santé au travail et du périmètre d'obligation de sécurité de l'employeur mais ne le sont de toute évidence pas si l'on en juge par l'arrêt de la cour d'appel de Versailles du 10 mars 2022[1], qui a reconnu la possibilité pour l'employeur de mettre fin au contrat de travail d'un salarié, responsable support technique, qui avait fait le choix de déménager à 450 kilomètres de son lieu de travail localisé en région parisienne car ce déménagement lointain avait pour effet d'augmenter substantiellement les risques pour sa santé et sa sécurité. La cour s'est appuyée sur l'obligation de sécurité incombant à l'employeur en application de l'article L. 4121-1 mais aussi sur celle de chaque travailleur de prendre soin de sa santé et de sa sécurité prévue à l'article L. 4122-1. Elle retient en outre que l'employeur est tenu de veiller au repos quotidien du salarié et à l'équilibre entre sa vie familiale et sa vie professionnelle dans le cadre de la convention de forfait annuel en jours à laquelle il était soumis. Quelle que soit l'issue finale de ce contentieux, il met en évidence l'impact reconnu du temps de trajet sur la santé (fatigue) et la sécurité (risques d'accident)[2].

1236. S'agissant de l'articulation des temps, elle a pris une telle importance qu'elle est devenue un thème de négociation périodique obligatoire en entreprise (*cf.* 2.3.2.4).

1. N° 20/02208.

2. Le sujet doit en outre être articulé aujourd'hui avec les problématiques environnementales incitant à promouvoir des politiques de mobilité compatibles avec de moindres dépenses énergétiques. L'entreprise est ainsi aujourd'hui incitée à réduire son impact carbone à travers des initiatives qu'elle ne peut mettre en œuvre qu'en cohérence avec la politique des transports publics développée dans son environnement (bus, tramways, train, bicyclette, etc.).

10.3.5 Du temps de travail aux temps de travail

1237. Au-delà de sa durée, il existe donc une multiplicité de paramètres à prendre en compte pour apprécier les effets potentiels du temps de travail sur la santé des travailleurs. Sous l'angle de l'évaluation et de la prévention des risques, cette pluralité invite à parler *des* temps de travail plutôt que *du* temps de travail. Le tableau ci-dessous propose une synthèse de ces différents temps afin de bien différencier les facteurs de risques et les leviers sur lesquels l'employeur doit agir pour prévenir tout effet délétère en fonction de l'organisation du travail, sachant, qu'en pratique, ces différents éléments se conjuguent souvent de manière complexe.

1238. Certains aménagements d'horaire peuvent au demeurant être plus ou moins acceptés selon les travailleurs et l'évaluation des risques devrait intégrer leur caractère subi, concerté ou choisi ainsi que leur prévisibilité et leur réversibilité

Tableau 14 : Les différents temps de travail et les moyens de les réguler

	Les différents temps de travail			
	Le temps quantitatif		**Le temps qualitatif**	
	Le temps de travail décompté	**Le temps aménagé**	**Le temps compressé**	**Le temps articulé**
Focale	Décompte de la durée du travail et des temps de repos	Aménagement des horaires de travail	Rythme et contenu du travail	Conciliation des temps
Principaux paramètres et Caractéristiques	– Durées quotidienne et hebdomadaire du travail – Temps quotidien et hebdomadaire de repos	– Horaires décalés – Amplitudes de travail et de repos – Rythmes d'alternance	– Intensité – Densité – Délais de réalisation – Simultanéité et interruptions des tâches	– Temps de trajet – Porosité des temps et des espaces de travail
Objectivation du risque (ou éléments d'évaluation)	– Dépassements des limites	– Cumul des contraintes (nuit, week-end, variations...)	– Soutenabilité des rythmes – Perception de maîtrise du temps	– Perception des marges de manœuvre – Conflits de valeurs

	Les différents temps de travail			
	Le temps quantitatif		Le temps qualitatif	
	Le temps de travail décompté	Le temps aménagé	Le temps compressé	Le temps articulé
Les manifestations du risque	– Fatigue – Baisse de la vigilance – Accident	– Fatigue – Baisse de la vigilance – Perte de sommeil – Perturbation des fonctions biologiques (dérèglement des horloges internes, obésité, troubles cardiovasculaires, diabète, stress…)	– Débordement/ épuisement – Burnout – Usure	– Débordement/ épuisement – Burnout – Absentéisme
La régulation légale (traçabilité et suivi)	– Affichage, pointage, badgeage…	– Moyennes et cumuls autorisés – Textes conventionnels	– PGP : limiter le travail monotone, le travail cadencé – Textes conventionnels	
La régulation préventive	– Système d'enregistrement et de suivi des décomptes d'heures (traçabilité) – Repos – Récupérations	– Liberté de choisir – Réversibilité – Surveillance de la santé et préservation des cycles biologiques – Gestion des parcours professionnels (évolutions de carrière) – Temps de récupération – Prévisibilité des variations et délais de prévenance (planification)	– Suivi effectif de la charge – Régulation au fil de l'eau – Décorrélation du rendement et de la cadence du niveau de rémunération[1] – Possibilité de contrôler son emploi du temps[2]	– Stabilité des repères temporels pour favoriser la concordance des temps – Avoir du temps pour soi

1. Ex. : la convention collective nationale des transports routiers exclut les rémunérations incitant directement ou indirectement au dépassement de la durée du travail ou des temps de conduite autorisés, telles que des primes calculées en fonction des distances parcourues et/ou du volume des marchandises transportées.

2. Ex. : ne pas être assujetti aux exigences de la production, avoir des marges de manœuvre et de la latitude décisionnelle, ne pas subir la pression temporelle *ie* la maîtrise du cadre temporel.

10.4 Le télétravail et ses ambivalences

10.4.1 Les limites du droit commun de la santé au travail

1239. Le télétravail a longtemps été réservé à des catégories de travailleurs très circonscrites, dans le cadre d'accords expérimentaux corsetés limitant ses possibilités d'exercice. Il s'est dès lors souvent développé dans les entreprises en marge de la loi où il s'est déployé à bas bruit dans de véritables zones grises en raison des redoutables questions pratiques qu'il soulève et auxquelles le Code du travail ne répondait pas pour la simple raison qu'il n'a pas été pensé pour régir cette modalité d'organisation du travail. Les dispositions des articles L. 7411-1 et suivants Code du travail relatives au travail à domicile ne sont par exemple pas du tout adaptées ou transposables au télétravail (*cf. infra* encadré 122).

1240. L'ordonnance du 22 septembre 2017 a entendu libéraliser le plus largement possible les possibilités de recours à cette formule afin de sécuriser ses modalités d'utilisation en l'absence d'accord collectif de travail. Elle s'est en outre voulue volontairement imprécise sur toutes les dispositions de nature à brider cet usage de manière à ne pas restreindre d'un côté ce qui était venu l'assouplir de l'autre. Aux termes de la loi, le télétravail est donc introduit dans l'entreprise idéalement par voie d'accord collectif, à défaut par une charte unilatérale et à défaut encore par tout moyen permettant de formaliser l'accord entre l'employeur et le salarié[1].

1241. La pandémie de Covid-19 a généralisé le recours au télétravail dans de nombreux secteurs et à de nombreuses catégories de travailleurs, avec pour effet de remettre en lumière les questions pratiques qu'il continue à poser, notamment sous l'angle de la santé au travail.

1242. L'introduction du télétravail dans l'entreprise, en tant que nouveau mode d'organisation du travail, est incontestablement à mettre au rang des *changements de circonstances* justifiant une mise à jour de l'évaluation des risques au titre des articles L. 4121-1 et L. 4121-3-1. Cette évaluation doit être à la fois spécifique et globale car elle concerne les risques propres des télétravailleurs comme ceux des salariés dont l'activité ne peut être télétravaillée mais impactée par ricochet par suite de l'absence physique des télétravailleurs sur leur lieu habituel de travail[2]. L'organisation des interactions entre les deux catégories de travailleurs est par ailleurs nécessairement modifiée et doit donc aussi être analysée sous l'angle de son impact

1. Article L. 1222-9 du Code du travail.
2. Par exemple, déport de la charge de certaines tâches des télétravailleurs nécessairement réalisées sur place et devant être redistribuées et prises en charge par les travailleurs restés sur site.

potentiel sur les conditions de travail. La mise à jour de l'évaluation des risques professionnels liés au télétravail est justifiée par conséquent par la nécessité d'examiner la prévention des risques traditionnels déportés au domicile du salarié à la faveur du télétravail (risque électrique, risque incendie, etc.) et celle des risques nouveaux générés par le fait de travailler à distance (isolement, etc.).

1243. La question est d'autant plus épineuse que l'employeur n'a par définition pas accès au domicile du travailleur alors que ce dernier obéit bien à la définition du *lieu de travail* prévue à l'article R. 4221-1 du Code du travail[1]. Ceci conduit à des interrogations quasiment caricaturales sur la manière dont l'employeur pourrait garantir l'interdiction d'autoriser les boissons alcoolisées sur le lieu de travail[2] ou l'obligation de procéder quotidiennement à la désinfection des cabinets d'aisance[3]. Or, régi par les articles L. 1222-9 et suivants du Code du travail et par l'accord national interprofessionnel (ANI) du 26 novembre 2020 « *pour une mise en œuvre réussie du télétravail* », le télétravail est faiblement encadré en matière de santé au travail[4].

1244. Sur le plan légal en effet, le Code du travail se contente d'indiquer que l'accident survenu sur le lieu où est exercé le télétravail pendant l'exercice de l'activité professionnelle du télétravailleur est présumé être un accident de travail. Sur le plan conventionnel, le paragraphe 3.4 de l'ANI consacre un paragraphe aux règles de santé et sécurité. Peu normatif, il indique que le recours au télétravail peut être un moyen de limiter certains risques en cas de circonstances exceptionnelles, notamment en cas de pandémie[5]. Surtout, il rappelle que, dans tous les cas, « *l'employeur ne peut avoir une complète maîtrise du lieu dans lequel s'exerce le télétravail et de l'environnement qui relève de la sphère privée* ». Cette limite, à la fois aveu d'impuissance et reconnaissance de l'inviolabilité de la sphère intime du travailleur, illustre la singularité substantielle du télétravail au regard d'un droit de la santé au travail conçu dans l'optique d'un espace et d'un temps de travail collectifs et unifiés.

1. Article R. 4241-1 du Code du travail : « *Pour l'application du présent titre, on entend par lieux de travail les lieux destinés à recevoir des postes de travail situés ou non dans les bâtiments de l'établissement, ainsi que tout autre endroit compris dans l'aire de l'établissement auquel le travailleur a accès dans le cadre de son travail* ».

2. Article R. 4248-20 du Code du travail.

3. Article R. 4228-13 du Code du travail.

4. Sauf à considérer que l'ensemble de cet accord est, comme son intitulé l'indique, entièrement tourné vers la recherche des conditions de travail favorables au déploiement du télétravail.

5. De fait, il revient à appliquer le 1er des PGP en évitant le risque car il soustrait le travailleur de l'exposition au danger que constitue un virus. Il peut toutefois dans certains cas générer d'autres risques qui doivent être mis en balance dans une logique bénéfices/risques (vulnérabilité à l'isolement, violences conjugales à domicile, etc.).

1245. Il s'ensuit que le télétravailleur est supposé bénéficier du droit commun de la santé au travail dans un environnement normatif où quasiment seuls les PGP permettent de guider la démarche de prévention de l'employeur. Ceci rend d'autant plus nécessaire l'ouverture d'une rubrique spécifique au sein du DUERP pour y transcrire l'analyse des risques visée à l'article L. 4121-1 afin d'attester la prise en compte des impacts potentiels du télétravail sur la prévention. L'ANI identifie en particulier les risques d'isolement liés à l'éloignement du salarié de la communauté de travail et à l'usage des outils numériques (déconnexion, etc.). Il mentionne également les règles relatives à l'utilisation des écrans de visualisation et plus généralement les recommandations ergonomiques applicables en matière d'aménagement de postes[1]. Mais d'autres risques ont pu être soulevés depuis la pandémie liée au Covid tels que le dépassement et l'élasticité des horaires de travail, le surinvestissement, l'aggravation de pratiques addictives, l'immixtion de la vie professionnelle dans la vie privée, la confusion du statut et de l'usage des jours de repos, de RTT, de *jours pour enfant malade* et des jours de télétravail.

1246. Enfin, la demande de télétravail formulée par les salariés peut aussi être le symptôme de conditions de travail en présentiel dégradées (bruit, relations professionnelles délétères, interruptions permanentes, etc.). La majorité de ces risques portant sur la relation de travail, ils mettent en exergue l'importance des volets organisationnels et managériaux dans la prévention.

Encadré 122 : Obligation de sécurité et respect du domicile privé : la voie du service de prévention et de santé au travail

Comment l'employeur, débiteur d'une obligation de sécurité, peut-il s'assurer des conditions de travail des télétravailleurs alors que, pour des raisons évidentes de respect de la vie privé, il ne peut se rendre au domicile de ces derniers, du moins pas sans leur autorisation ?

Certains services de prévention et de santé au travail proposent, parmi leurs prestations, de réaliser des études de poste au domicile du télétravailleur afin de lui donner des conseils de prévention, notamment d'aménagement ergonomique de leur poste de travail informatique. Le consentement du télétravailleur, tracé dans le dossier médical de santé au travail, est bien entendu là aussi requis mais, semble-t-il, bien plus volontiers accepté.

1. On pense en particulier aux articles R. 4542-1 et suivants du Code du travail qui régissent le travail sur écran de visualisation mais aussi aux règles relatives à l'aménagement des postes de travail (bureau, siège, etc.). Cette dernière dimension est très certainement sous-estimée, la question de l'adaptation du domicile privé à un travail de bureau étant encore peu évoquée alors que l'apparition de troubles musculosquelettiques liés au travail sur écran est très documentée.

> En effet, l'inspection médicale du travail a toujours rappelé que, contrairement aux lieux de travail dans l'entreprise, dont l'accès est garanti par le Code du travail pour le médecin du travail et son équipe pluridisciplinaire, l'accès aux lieux de travail des travailleurs exerçant leur activité professionnelle à leur domicile ou au domicile d'un tiers est soumis à l'autorisation du résidant du domicile. C'est le cas notamment pour la prise en charge des salariés du particulier employeur.
>
> La visite à domicile du SPST est donc un moyen pour ce dernier d'assurer une action en milieu de travail au bénéfice de catégories de travailleurs qui en seraient sinon exclus.
>
> La question reste en revanche entière des modalités de reconnaissance d'une maladie professionnelle attribuée à des facteurs ergonomiques (pathologie lombaire, etc.) par le télétravailleur qui aurait refusé l'accès à son domicile a son employeur et au SPST[1]. Comment le médecin peut-il émettre une demande d'aménagement de son poste ? Comment l'assurance maladie peut-elle réaliser son enquête ?

10.4.2 Le rôle renforcé du management et son effectivité

1247. L'ANI du 26 novembre 2020 met l'accent, pour la prévention des risques, sur l'accompagnement des collaborateurs et des manageurs ainsi que sur l'adaptation de leurs pratiques managériales (postures, rituels), *via* notamment des formations adaptées aux spécificités d'une organisation du travail à distance. Mais l'accord contient plus généralement de nombreuses préconisations qui peuvent être lues comme autant de facteurs de protection et de prévention des risques lors de la mise en place du télétravail : définition d'une quote-part maximale de télétravail autorisé, fixation d'objectifs clairs, objectivation des critères d'appréciation de la productivité, détermination des plages horaires durant lesquelles le télétravailleur peut être contacté, énonciation des règles d'usage de la messagerie électronique, mise à niveau des compétences numériques des télétravailleurs, etc. La prévention de l'isolement induit par ailleurs le maintien du lien social par la mise à disposition d'espaces de travail collaboratif ou d'espaces de discussion sur le travail (*cf.* 6.6.1), la possibilité d'interpeller son manageur[2] ou de saisir le service des ressources humaines et le service de prévention en cas de difficultés, la formalisation du parcours d'accueil et d'intégration des nouveaux arrivants (rapprochement des entretiens), etc.

1. Selon l'article L. 1222-9 du Code du travail, seul « *l'accident survenu sur le lieu où est exercé le télétravail pendant l'exercice de l'activité professionnelle du télétravailleur est présumé être un accident de travail au sens de l'article L. 411-1 du Code de la sécurité sociale* ».

2. Ceux-ci doivent donc être outillés de manière à savoir écouter et détecter les signaux d'alerte de leurs collaborateurs.

1248. Mais comment l'employeur peut-il justifier la complétude et l'effectivité des mesures prises au regard de son obligation de sécurité ? À l'aune de quels critères l'inspecteur du travail ou le juge peuvent-ils exercer à leur tour un contrôle de leur pertinence ? La moindre maîtrise par l'employeur de l'activité réelle du télétravailleur est consubstantielle à cette modalité de travail. Celle-ci ne peut être régie par des règles aisément vérifiables ni par des dispositifs de surveillance automatisés aux effets contre-productifs sur la santé ou le bien-être au travail. Elle ne peut être compensée que par l'instauration d'un cadre de référence dans l'entreprise comprenant notamment :

- l'énonciation de principes cardinaux : confiance[1], autonomie, responsabilité, volontariat, réversibilité, etc. ;
- des règles procédurales préétablies : identification des activités non *télétravaillables*, formalisation de l'accord, période d'adaptation, modalités et délais de prévenance des changements, processus décisionnels, etc. ;
- des dispositifs de régulation visant à garantir l'effectivité du cadre tels que des entretiens périodiques, une instance interne de recours voire d'arbitrage des différends, etc.

1249. Face à l'impossibilité de tout vérifier que génère le travail à distance, ces règles doivent être conçues comme un faisceau de précautions dont la combinaison permet de contenir les dérives et de substituer à cette distanciation physique, une régulation qualitative du télétravail. Cette régulation implique d'en faire un objet de dialogue social et à tout le moins de diagnostic partagé. Elle peut être adossée à un questionnaire adressé périodiquement aux salariés et à la mise en débat de ses résultats au sein d'une commission de suivi paritaire *ad hoc* dans l'entreprise.

1250. Il faut néanmoins signaler que saisie d'un pourvoi contre un arrêt rejetant une demande de dommages et intérêts pour violation du droit au repos, la chambre sociale de la Cour de cassation a rappelé que la preuve du respect des seuils et plafonds prévus par le droit de l'Union européenne et des durées maximales de travail fixées par le droit interne incombe à l'employeur, y compris lorsque le salarié effectue deux jours de télétravail à son domicile et conserve une liberté d'organisation de son temps de travail[2].

10.4.3 L'ambivalence d'un risque « codécidé »

1251. Le télétravail percute la matrice usuelle d'analyse des risques professionnels car les indéniables avantages perçus par les salariés recèlent concomitamment des inconvénients. Chacune de ses

1. En proscrivant notamment les modes de contrôles intrusifs de l'activité.
2. Cass. soc., 14 décembre 2022, n° 21-18.139.

caractéristiques peut en effet être présentée comme une opportunité d'amélioration des conditions de travail qui contient son revers de médaille : autonomie *versus* isolement, conciliation des contraintes familiales *versus* intrusion dans la vie privée, marges de manœuvre accrues *versus* surinvestissement, souplesse *versus* disponibilité constante, réductions des trajets *versus* sédentarité, égalité professionnelle *versus* renforcement des tâches domestiques des femmes, etc.

1252. Dès lors, le télétravail fait l'objet d'une certaine ambivalence qui résulte d'une particularité non anodine : bien qu'il s'agisse d'une modalité d'organisation, il repose sur le volontariat et un accord mutuel de l'employeur et du travailleur, voire une sollicitation explicite de ce dernier. C'est là une originalité voire une exception qui, à l'heure où émerge le concept d'*hybridité*, fait du choix de cette modalité, non pas une décision unilatérale de l'employeur mais une codécision. Lorsque le travailleur est en demande de télétravail, il opte non seulement pour une organisation du travail hybride mais pour un choix bénéfices/risques dont il estime la balance favorable.

1253. Cette dimension participe au floutage des frontières et rend en particulier difficile d'apprécier la durée effective du travail que l'employeur doit pourtant surveiller. Or, à l'instar du salarié en forfait jour, le télétravailleur peut réaliser certaines activités personnelles pendant son temps théorique de travail ou au contraire continuer à travailler en dehors des périodes électroniquement badgées. On peut voir là une des raisons pour lesquelles l'ANI du 26 novembre 2020 insiste sur le fait que l'employeur ne peut maîtriser tous les risques et rappelle que « *le salarié en télétravail est tenu de respecter et d'appliquer correctement les règles de prévention et de sécurité* », manière pour lui de rappeler qu'il accorde le télétravail à la demande du travailleur. La donne change évidemment lorsque l'employeur est lui-même à l'initiative de cette organisation, par exemple dans un souci d'optimisation des espaces immobiliers ou en cas de circonstances exceptionnelles telles que la pandémie de Covid-19.

1254. Tout ceci éclaire la complexité du rapport au télétravail et la raison pour laquelle sa réversibilité est un facteur de prévention. À l'instar des formules atypiques d'organisation du travail – travail de nuit, travail du week-end, travail en 2X12, etc. –, le télétravail peut convenir à certaines périodes de la vie du travailleur et pas à d'autres, pour des raisons qui lui sont propres et peuvent le conduire à réviser son choix. Il s'ensuit qu'il est impossible de le considérer comme favorable ou défavorable pour la santé *a priori* et qu'il doit être abordé sous l'angle de la concertation sur ses conditions propices ou non d'usage.

Encadré 123 : Le travail à domicile et autres zones grises des conditions de travail

Les particularités du télétravail illustrent l'invisibilité des conditions de travail propre à toutes les activités qui échappent par nature au contrôle factuel de leurs conditions de réalisation.

Les travailleurs à domicile, tels que définis par le Code du travail, sont ainsi des salariés régis de longue date par ce dernier et bénéficient des dispositions de la partie IV[1] mais sont exclus en pratique des contrôles de l'inspection du travail[2]. Or, ils peuvent être conduits pour des travaux très divers (travail manuel d'assemblage ou de montage, travail intellectuel de traduction...) à effectuer de nombreuses heures de travail, à travailler dans des locaux et à des postes inadaptés, à utiliser des équipements ou des produits dangereux.

Ce constat pourrait être étendu à d'autres parmi ceux régis par la partie VII du Code du travail, consacrée *à certaines professions et activités*, notamment les employés à domicile d'employeurs particuliers, les voyageurs représentants ou placiers VRP, et plus généralement tous les travailleurs dont l'activité implique une grande mobilité géographique, notamment ceux utilisant une plateforme de mise en relation par voie électronique.

10.5 Le risque infectieux au travail : les enseignements du Covid-19

10.5.1 L'évaluation adaptée du risque biologique

1255. La pandémie de Covid-19 est un exemple topique de *risque exogène* (*cf.* 11.1.4) dont certaines caractéristiques sont transposables à toute pathologie contagieuse (virus, bactérie...). Elle illustre aussi la problématique du risque ubiquitaire, sans origine professionnelle mais susceptible de se réaliser en milieu professionnel (virus contracté sur le lieu de travail) ou d'impacter l'activité professionnelle (virus importé au lieu de travail). Dans tous les cas, le risque devient de fait un risque professionnel et à tout le moins un sujet de santé au travail.

1256. Mais, en cas de survenue d'une épidémie, le risque doit-il désormais être systématiquement évalué dans le cadre des dispositions du Code du travail sur la prévention des risques biologiques[3], quelle que soit l'activité professionnelle exercée ? Dans le cas du Covid-19, le Gouvernement a tranché la question par un décret pris pour la

1. Articles L. 7411-1 et suivants du Code du travail. Au sens de ces articles, les télétravailleurs ne sont pas des travailleurs à domicile, même si, dans le langage commun, la confusion peut être faite.

2. Une visite des lieux de travail par l'inspection du travail n'est possible qu'avec l'accord du travailleur pour pénétrer dans son domicile.

3. Article R. 4421-1 à R. 4427-5 du Code du travail.

circonstance, ne s'appliquant qu'aux entreprises qui ne relèvent pas habituellement de la réglementation sur les risques biologiques et pour le seul cas du SARS-CoV-2 afin que les règles applicables dans ces entreprises soient proportionnées[1].

1257. Plus généralement, un raisonnement par cercles concentriques permet d'adapter la réponse de l'employeur aux circonstances dans lesquelles il est confronté au risque biologique.

1258. Dans le premier cercle, le risque de Covid est d'origine professionnelle car le travailleur est sciemment exposé à l'agent biologique, même si l'objet de son activité n'est pas d'utiliser ou « *mettre en œuvre* » l'agent incriminé. Ainsi, de même que les égoutiers sont par nature exposés à des risques biologiques au contact des eaux usées, les travailleurs des laboratoires d'analyse de tests sont exposés au virus recherché en cas d'épidémie, ainsi que tous les personnels – soignants ou non – au contact des malades infectés par le virus : médecins, infirmiers, aides à domicile, agents de nettoyage, plombiers intervenants sur les installations sanitaires d'une unité de soins dédiée, etc. Les travailleurs de ce premier cercle ne sont pas exposés à un risque exogène mais à un risque professionnel au sens de l'article R. 4421-1 du Code du travail c'est-à-dire au titre d'une activité qui peut conduire à exposer de manière habituelle des travailleurs à des agents biologiques même si elle n'implique pas l'utilisation délibérée de tels agents. Dans ce cas, l'évaluation du risque biologique doit être systématique.

1259. Un deuxième cercle, beaucoup plus vaste, englobe tout travailleur exposé fortuitement dans le cadre de son activité professionnelle et sur son lieu de travail à une personne potentiellement atteinte par le virus. Le risque n'est pas inhérent à l'activité de travail mais le résultat du contact incident *pendant le travail ou* à *l'occasion du travail* avec des personnes évoluant dans le même espace, en l'espèce l'espace professionnel (exemple d'un vendeur en boulangerie : le risque peut provenir du client qui ignore qu'il est contagieux pour le vendeur comme du vendeur qui peut l'être pour le client). Les

1. Décret n° 2021-951 du 16 juillet 2021 fixant le cadre applicable des dispositions du Code du travail en matière de prévention des risques biologiques dans le cadre de la pandémie de SARS-CoV-2. Le champ d'application de la réglementation relative à la prévention des risques biologiques, fixé par l'article R. 4421-1 du Code du travail, s'applique aux entreprises dont la nature de l'activité expose les travailleurs à des risques biologiques. Le décret de 2021 est un décret d'adaptation qui vise les entreprises qui, en temps normal, ne relèvent pas du champ d'application de cette réglementation mais s'y sont trouvées assujetties du fait de la possibilité des travailleurs d'être exposés au SARS-CoV-2 dans leur contexte professionnel (industries, entreprises du secteur tertiaire (banques, assurances...), commerces, transports, établissements recevant du public (hôtels/cafés/restaurants, spectacles...), événementiel, entreprises du BTP, etc.).

expositions ne sont pas spécifiques au geste professionnel mais à une cohabitation spatiale qui pourrait tout aussi bien survenir dans les transports en commun, une salle d'attente, un établissement scolaire... Raisons pour lesquelles les règles de distanciation sociale lors de la pandémie de Covid-19 étaient les mêmes dans tous ces milieux. Dans ce cas, toute personne (collègue, client, fournisseur...) devient en soi un vecteur et un facteur de risque. Le risque n'étant pas propre à l'activité de travail, il disparaît lorsque l'épidémie est terminée et peut être qualifié d'exogène. C'est à cette catégorie de travailleurs que le décret *ad hoc* du 16 juillet 2021 précité s'applique pour le cas du SARS-CoV-2[1]. L'évaluation des risques doit être réalisée lorsque le risque se révèle, au titre de l'obligation de *prise en compte des changements de circonstance* prévue au dernier alinéa de l'article L. 4121-1.

1260. Un troisième cercle, encore plus large, comprend toutes les situations d'expositions extraprofessionnelles : déplacements dans les transports collectifs, vie familiale, loisirs, achats domestiques, etc. Il complexifie l'évaluation du risque dans la mesure où ce dernier résulte des expositions du travailleur « *hors travail* » mais contraint l'employeur à considérer son collaborateur comme potentiellement contaminé et contaminant au travail dès l'instant où il a pénétré dans l'enceinte de l'entreprise. C'est la raison pour laquelle le télétravail, en rompant la chaîne de transmission – action habituelle face à un risque biologique –, constitue ni plus ni moins qu'une mise en œuvre radicale du premier des PGP : *l'évitement du risque*.

1261. Enfin, l'employeur doit évaluer l'impact de l'absence des personnes contraintes à l'isolement du fait de leur contamination ou de leur confinement obligatoire sur la santé et la sécurité des travailleurs encore présents à leur poste de travail (surcharge de travail, travail en mode dégradé, plan de continuité, etc.).

1262. Dans toutes ces hypothèses, conformément aux PGP, « *l'employeur doit prendre les mesures nécessaires pour assurer la sécurité et la santé physique et mentale des travailleurs. Ces mesures comprennent des actions de prévention des risques professionnels, des*

1. Les dispositions du décret de droit commun relatif aux risques biologiques concernant les dispositions générales (articles R. 4421-1 et suivants), les principes de prévention (R. 4422-1 et suivants) et l'évaluation des risques (R. 4423-1 et suivants) s'appliquent intégralement. L'employeur doit donc évaluer les risques en fonction de la situation sanitaire et des recommandations des autorités sanitaires, et mettre en œuvre les principes de prévention adaptés en application de l'article L. 4121-2. Il peut, au vu de cette évaluation, ne pas appliquer les dispositions dont il démontre l'inutilité, notamment si les mesures mises en place sont suffisantes pour protéger les travailleurs, si besoin en s'appuyant sur les recommandations prises par le ministère du Travail (protocole national pour assurer la santé et la sécurité des salariés en entreprise face à l'épidémie de Covid-19, remplacé depuis le 14 mars 2022 par le guide repère des mesures de prévention des risques de contamination au Covid-19).

actions d'information et de formation, la mise en place d'une organisation et de moyens adaptés ». Il doit veiller à « *l'adaptation de ces mesures pour tenir compte du changement des circonstances et tendre à l'amélioration des situations existantes* ». Ainsi, il lui appartient d'évaluer régulièrement la situation afin de prendre toutes les mesures utiles pour protéger les travailleurs exposés.

Encadré 124 : Covid-19, la perte des repères et la confusion des genres

Un des enseignements de la pandémie de Covid-19 est la perte des repères qu'a constituée la confrontation des règles applicables à la population générale au titre de la santé publique – les gestes barrière – avec les règles de prévention applicables en milieu professionnel. Le port du masque chirurgical en est une illustration.

Les PGP invitent à privilégier la protection collective sur la protection individuelle lorsque le risque ne peut être évité. Les EPI sont donc ce qui doit être utilisé lorsque l'utilisation des équipements de protection collective est impossible ou insuffisante. À ce titre, le masque de protection respiratoire est une solution de derniers recours pour protéger les travailleurs évoluant dans une atmosphère polluée et le travail en vase clos ou avec des dispositifs de captage à la source dispensant de l'usage d'un masque doit toujours être privilégié (*cf.* 5.1.8). Aussi, la généralisation du port du masque en milieu de travail lors de la crise sanitaire a-t-elle été dans un premier temps source de trouble pour les préventeurs en risques professionnels.

La logique des PGP aurait voulu en effet que le risque soit évité (télétravail) ou limité par des protections collectives techniques ou organisationnelles (jauges, écrans transparents, aération, distanciation sociale). La difficulté de travailler avec un EPI et les conditions requises pour que son efficacité dans la durée soit garantie pouvaient faire craindre que le travailleur ne l'utilise pas ou l'utilise mal et se sente à tort protégé. Dans le cas du Covid, cette crainte était que le sentiment de protection apporté par le port du masque génère une baisse de vigilance à l'égard des gestes barrière et de la distanciation sociale et ce d'autant plus que, de surcroît, les masques chirurgicaux ne sont réglementairement pas reconnus comme des EPI.

Ce trouble résulte d'une confusion quant à la fonction première du masque chirurgical quand son port a été rendu obligatoire, cette fonction ayant certainement insuffisamment été expliquée. Ce dernier est en effet conçu pour limiter la propagation par la personne qui le porte de ses germes (virus, bactéries…) vers l'environnement par la bouche, le nez et les voies respiratoires. À l'inverse du masque de protection respiratoire utilisé en milieu professionnel, l'objectif n'est donc pas de protéger le travailleur porteur contre des polluants extérieurs mais de protéger l'entourage immédiat dudit porteur contre la contamination microbienne. Autrement dit, ce masque n'est pas porté par les professionnels de santé pour se protéger mais pour protéger le patient d'un risque d'infection. Ceci ne signifie pas que le masque chirurgical n'apporte aucune protection au travailleur mais qu'il n'est pas conçu pour être un appareil respiratoire filtrant les particules extérieures.

Ainsi, les mesures de protection rendues indispensables lors de la pandémie de Covid-19 étaient le résultat d'une combinatoire entre des impératifs de santé publique et de santé au travail. En même temps que l'employeur doit protéger ses travailleurs, ces derniers doivent protéger leur entourage, ce qui met ici en exergue la notion d'obligations respectives. Une fois rendu intelligible, ce mixage inédit redevient compatible avec la logique des PGP : l'employeur prend à titre principal des mesures d'évitement du risque ou de protection collective pour la prévention du risque professionnel ; il les combine à titre auxiliaire – de santé publique et dans son propre intérêt – à des mesures complémentaires telles que le port du masque, pour la prévention des contagions et de l'épidémie.

10.5.2 La mise à jour incidente d'autres risques

1263. La Covid, à l'instar de la rougeole, la varicelle, la tuberculose mais aussi la grippe, est une infection aéroportée qui se propage dans l'air ambiant par voie aérosol, en particulier dans les espaces confinés, clos et mal ventilés.

1264. Une des mesures de prévention, durant la pandémie, a consisté à équiper les locaux de travail (bureaux, salles de réunion, etc.) de détecteurs de CO_2 permettant non pas de mesurer la présence du virus dans l'atmosphère, mais d'évaluer un taux de renouvellement d'air insuffisant, susceptible d'augmenter le risque de contamination en cas de présence du virus. Le déclenchement fréquent de l'alarme dans de nombreux locaux a ainsi mis en évidence une problématique plus générale d'aération déficiente des lieux de travail. Elle soulève la question de la qualité de l'air intérieur et de la ventilation générale des lieux de travail, indépendamment de tout risque épidémique, qui prend d'autant plus d'importance qu'elle devient un sujet de santé publique et environnementale. Cette question n'avait toutefois, jusqu'à la période récente, pas porté sur la présence d'agents biologiques dans l'air mais celle de polluants liés à certains agents chimiques (benzène, composés organiques volatils, formaldéhydes, phtalates, etc.) largués par les matériaux présents dans ces locaux (murs, sols, mobiliers, textiles, etc.). La qualité de l'air intérieur devient donc un risque émergent alors même qu'elle est un sujet ancien mais renouvelé par le changement des circonstances. L'évaluation des risques doit d'autant plus être renforcée que les solutions mises en place peuvent à leur tour générer des risques (par exemple, émission d'ozone produit par l'utilisation de certains purificateurs d'air).

10.5.3 La responsabilité de l'employeur dans un contexte d'incertitudes

1265. Une des premières difficultés du Covid-19 lors du démarrage de la pandémie résultait de l'ignorance des circonstances dans lesquelles la pathologie pouvait être contractée, des situations d'exposition devant être prioritairement évitées et des moyens de prévention et de protection pouvant être utilement mis en place. Dans ce contexte, les recommandations des « *fiches métier* » mises en ligne sur le site du ministère du Travail ont été conçues en fonction des connaissances disponibles et ont évolué dans le temps. Elles ont été bâties sur le fondement des PGP, seule référence légale alors disponible.

1266. Dans ce contexte mouvant, la responsabilité de l'employeur était d'assurer une veille active afin de pouvoir adapter l'évaluation de ses risques et de ses mesures de prévention en fonction des recommandations du gouvernement. Cette veille était largement facilitée par les canaux de communication publics et leurs différents relais. Ainsi, en cas d'infection au virus reconnue comme accident du travail, la faute inexcusable de l'employeur pouvait être établie dès lors que l'employeur avait conscience du danger auquel était exposé le travailleur et qu'il n'avait pas pris les mesures nécessaires pour l'en préserver.

Encadré 125 : Les PGP, pierre angulaire de la lutte contre le virus au travail

Le juge des référés du Conseil d'État a confirmé dans une décision du 19 octobre 2020 qu'une application combinée des principes généraux de prévention permettait, à droit constant, de concilier la poursuite de certaines activités de travail avec « *l'émergence d'un nouveau coronavirus de caractère pathogène et particulièrement contagieux et sa propagation sur le territoire* ».

Une organisation professionnelle a demandé la suspension de l'exécution du protocole national pour la santé et la sécurité des salariés publié par le ministère du Travail, en particulier du port systématique du masque en entreprise inscrit dans ce document. Le juge a rappelé en premier lieu que « *pour accompagner les employeurs et les salariés dans la mise en œuvre des mesures de protection contre le Covid-19 sur les lieux de travail, la ministre du Travail a, dans un premier temps, établi plusieurs "fiches conseils métiers" détaillant les précautions à prendre dans différents environnements de travail, publié ces fiches sur le site ministériel et publié sur le même site des guides de bonnes pratiques établis par les organisations professionnelles et syndicales dans certaines branches d'activité* ». Dans un deuxième temps, un protocole national de déconfinement puis un protocole pour la santé et la sécurité des salariés en entreprise ont été adoptés.

Le juge a alors rappelé qu'« *aux termes de l'article L. 4121-1 du Code du travail, (...) : «L'employeur prend les mesures nécessaires pour assurer la sécurité et protéger la santé physique et mentale des travailleurs (...). L'employeur veille à l'adaptation de ces mesures pour tenir compte du changement des circonstances et tendre à l'amélioration des situations existantes». L'article L. 4121-2 du même code prévoit que ces mesures doivent être mises en œuvre «sur le fondement des principes généraux suivants : / 1° Éviter les risques ; (...)». L'article L. 4121-3 dispose que : «L'employeur, compte tenu de la nature des activités de l'établissement, évalue les risques pour la santé et la sécurité des travailleurs, y compris (...) dans l'aménagement ou le réaménagement des lieux de travail ou des installations (...). À la suite de cette évaluation, l'employeur met en œuvre les actions de prévention ainsi que les méthodes de travail et de production garantissant un meilleur niveau de protection de la santé et de la sécurité des travailleurs (...)». Il résulte de l'ensemble de ces dispositions que l'employeur est tenu de prendre et doit pouvoir justifier avoir pris toutes les mesures de prévention nécessaires pour assurer la sécurité et protéger la santé physique et mentale de ses salariés. Cette obligation de sécurité impose à l'employeur de revoir, au vu des risques et des modes de contamination induits par le virus du Covid-19, l'organisation du travail, la gestion des flux, les conditions de travail et les mesures de protection des salariés. L'appréciation du respect de cette obligation par l'employeur s'effectue nécessairement, en vertu notamment du dernier alinéa de l'article L. 4121-1, en tenant compte de l'état des connaissances scientifiques en la matière, lesquelles sont publiquement diffusées, notamment par le Haut conseil de la santé publique ».*

Le juge constate enfin que le protocole contesté constitue en fait un ensemble de recommandations déclinant de manière opérationnelle l'obligation de sécurité de l'employeur dans le cas particulier de l'épidémie de Covid-19. « *Il s'ensuit que, dès lors qu'en l'état des connaissances scientifiques, le port du masque dans les espaces clos est justifié et constitue, en combinaison avec des mesures d'hygiène et de distanciation physique et une bonne aération / ventilation des locaux, la mesure pertinente pour assurer efficacement la sécurité des personnes, la suspension éventuelle du protocole n'aurait aucune incidence sur la mise en œuvre pratique des obligations légales de l'employeur.* »

CHAPITRE 11

L'OBLIGATION DE SÉCURITÉ FACE AUX RISQUES ET OPPORTUNITÉS À VENIR

11.1 Des risques qui se profilent

1267. La partie IV du Code du travail obéit à une construction du droit de la santé au travail qui jusqu'à une période récente pouvait laisser penser qu'elle était exhaustive. Tous les risques étaient présumés identifiés et encadrés par des décrets qui énumèrent et régissent assez précisément ce sur quoi l'employeur doit porter son attention :

- la conception et l'utilisation des lieux et équipements de travail ;
- les risques liés à des nuisances identifiées et nommées (agents chimiques et biologiques, rayonnements, bruit, vibrations, etc.) ou à des activités ciblées (manutention manuelle, travaux hyperbares, installations classées, chantiers du BTP, etc.) ou encore à des situations de travail particulières (coactivité, etc.).

1268. Le volume impressionnant des textes en cause[1] pourrait suggérer que tout ce qui ne figure pas dans ce corpus ne relève pas de l'obligation de sécurité de l'employeur. Or, de nombreux risques sont aujourd'hui reconnus comme des risques professionnels sans pour autant faire l'objet d'un chapitre particulier dans le Code du travail. Le Covid-19 en est l'illustration la plus récente.

1269. Les PGP ont marqué un premier tournant en ce sens en confirmant l'abandon d'un droit technique et réglementaire au profit d'un droit universel à la protection des travailleurs. Ils consacrent l'impossibilité de tout réglementer en offrant un cadre de référence principiel,

1. Il faut y ajouter une multitude de textes non codifiés, d'arrêtés et de normes.

droit commun de la santé au travail et corde de rappel pour toutes les situations non encadrées réglementairement. À la fois socle et filet de sécurité, les PGP permettent de ne plus faire paraître un nouveau texte chaque fois qu'un risque inédit se fait jour. De sorte que, paradoxalement, les risques aujourd'hui les plus importants du point de vue de la sinistralité enregistrée par la branche risques professionnels de la sécurité sociale (TMS) ou en termes de cause d'arrêts maladies et de plaintes en entreprises (RPS) sont aussi ceux qui sont le moins réglementés et pour lesquels la seule source juridique mobilisable sont les PGP.

1270. Il y a de fortes chances pour que cette tendance se poursuive et que la gestion des risques d'aujourd'hui et de demain, souvent qualifiés d'émergents, soit renvoyée, sauf besoin particulier, à l'application des PGP, considérés comme le meilleur moyen de répondre à la complexité, la plurifactorialité, l'ubiquité ou l'hybridité des évolutions techniques et sociétales impactant le travail[1]. Le principe d'*adaptation aux changements de circonstances* est notamment au centre des compétences que l'employeur doit favoriser pour préserver la santé au travail dans un contexte d'accélération des mutations du travail.

1271. Il n'est pas possible de dresser *a priori* une liste complète des risques à venir mais il est possible d'en proposer une typologie, de sorte à les rendre prévisibles et savoir les identifier lorsqu'ils se présentent. Ceci conduit à distinguer plusieurs catégories résumées de manière simplifiée dans le tableau 16 en fin du présent chapitre.

11.1.1 Les risques traditionnels réactivés par des usages nouveaux

1272. Certains risques, en premier lieu, ne sont pas nouveaux par nature mais en raison du contexte dans lequel ils apparaissent. Ils sont bien identifiés, font l'objet d'une réglementation détaillée et donnent lieu à des solutions de prévention éprouvées mais surviennent ou resurgissent à la faveur d'évolutions sociétales. Les changements dans les comportements de consommation, les pratiques d'achat, la mobilité, etc. génèrent par exemple des activités nouvelles accompagnées de risques connus mais déplacés. Ces changements de contexte peuvent s'analyser comme des *changements de circonstances*, au sens de l'article L. 4121-1 alinéa 6. Les risques en cause n'appellent pas de solutions inédites mais des adaptations de la prévention qui peuvent

1. L'utilisation des nanomatériaux est par exemple encore peu réglementée, notamment du point de vue des travailleurs qui les utilisent dans le procédé de production, ce qui n'ôte en rien la nécessité de prendre des précautions lors de leur mise en œuvre en raison des risques que peuvent laisser supposer leurs caractéristiques dimensionnelles ou la toxicité déjà connue de la substance en cause par exemple.

être traitées dans le cadre de la mise à jour de l'évaluation des risques qui doit normalement précéder toute modification dans l'organisation du travail de l'entreprise. Un point d'attention toutefois, certaines innovations sociétales, en apparence anodines ou localisées, sont susceptibles d'entraîner des répercussions insoupçonnées sur toute la chaîne de valeur de l'entreprise et méritent à ce titre une évaluation approfondie de leurs effets sur tous les maillons de cette dernière.

1273. À titre d'illustration, la généralisation du concept « *drive* »[1] dans les enseignes de la grande distribution a induit de nombreux changements dans l'utilisation des lieux de travail et dans l'organisation du travail proprement dite : stockage des produits, traitement informatique des commandes, préparation des colis, interface avec les clients, etc. Son implantation s'est souvent réalisée dans des locaux réaménagés dont la configuration initiale n'avait pas été conçue pour cet usage. Il s'ensuit des risques classiques de circulations interne et externe (état des sols des entrepôts et parkings, adaptation des roues des chariots de livraison, collisions avec les livreurs et les véhicules des clients, etc.), de manutention manuelle (gestes et postures, poids des colis, chariots à fond constant, etc.), d'exposition aux intempéries, etc.

1274. Par ailleurs, des nuisances supposées circonscrites peuvent réapparaître à l'occasion du retour à des procédés anciens mis en œuvre dans le cadre d'usages renouvelés ou encore par suite d'une meilleure compréhension des mécanismes d'une substance ancienne sur l'organisme. C'est le cas de la silicose, pathologie associée aux mineurs exposés à de la silice cristalline avec des temps de latence élevés. Le développement récent des opérations de découpe et d'usinage des pierres reconstituées contenant de la silice agglomérée, notamment pour fabriquer des plans de travail de cuisine, a mis en évidence l'apparition de silicoses accélérées ou de pathologies ciblant d'autres organes dans des populations jeunes et sportives. L'obligation de veille de l'employeur ne porte donc pas seulement sur l'évolution des techniques – découpe et usinage sont des procédés on ne peut plus traditionnels – mais sur celle des connaissances, en l'occurrence médicales, qui conduisent à reconsidérer les risques et la prévention dans des situations qui pouvaient sembler maîtrisées.

11.1.2 Les risques traditionnels accrus par des technologies nouvelles

1275. La période actuelle se caractérise par une accélération de transformations structurelles telles que la *transition numérique*, la *transformation énergétique,* la *transition écologique*. Ces changements

1. Procédé consistant pour le client à passer sa commande sur internet et à venir la récupérer à un point de retrait.

s'accompagnent d'innovations technologiques pouvant générer des risques qui ne sont pas inconnus mais confrontent néanmoins à des contraintes techniques ou organisationnelles augmentant de manière inédite le risque initial. Celui-ci, contrairement au paragraphe précédent, ne peut être prévenu par la seule mise à jour de l'évaluation des risques mais requiert une véritable évaluation initiale.

1276. Ainsi, le développement du secteur des énergies renouvelables, avec la production d'énergie solaire, éolienne ou de biogaz, s'accompagne d'installations technologiques dont les risques traditionnels sont augmentés du fait du recours à des procédés nouveaux ou à leur survenue dans des environnements combinant ces risques de manière originale. Aux risques de chutes de hauteur lors de l'intervention sur un parc éolien en mer s'ajoutent, par exemple, des risques de noyade inhérents aux contraintes de l'accostage ou des difficultés liées aux caractéristiques configurationnelles des éoliennes qui rendent délicate l'installation d'équipements de protection collective habituels. De même, l'installation de panneaux photovoltaïques en toiture induit des risques de chute identiques à ceux d'un couvreur, doublés cependant de risques électriques inhérents à la pose des panneaux. Ou encore, le développement de la filière hydrogène pose la question du risque d'atmosphères explosives et des caractéristiques chimiques de l'hydrogène, capable de fragiliser certains matériaux en interagissant avec eux.

1277. Ces risques étant connus[1], ils sont couverts par les dispositions réglementaires qui les régissent déjà mais appellent des solutions de prévention inédites justifiant une évaluation à part entière en raison du contexte dans lequel ils surviennent : adaptation au contexte marin et à la configuration des éoliennes dans l'exemple ci-dessus. La part souvent substantielle de la technologie dans ces innovations renforce la nécessité d'une collaboration étroite entre opérateurs et ingénieurs, le plus en amont possible du projet, afin d'intégrer, dès sa phase de conception, les conditions d'interventions ultérieures sur l'ouvrage : maintenance, etc.[2].

1278. Enfin, ces risques sont souvent liés à des emplois nouveaux – ici les « emplois verts » – ce qui implique d'adosser les formations *métier* à un volet *santé au travail* renforcé et intégré au geste professionnel.

1. La focalisation sur le risque connu conduit souvent à un niveau très élevé de prévention en raison de la réglementation relative à la protection des populations et de l'environnement (ex. : installation d'hydrogène). Il y a lieu dans ces cas de veiller à ce que cette focalisation ne conduise pas à « invisibiliser » les risques pour les travailleurs. Par ailleurs, à l'instar des risques examinés au paragraphe précédent, il convient de prendre en considération les incidences d'une nouvelle technologie sur l'ensemble des acteurs susceptibles d'être impactés par son introduction (pour l'hydrogène : stations de remplissage des véhicules, précautions spécifiques d'intervention des pompiers en cas de sinistre…).

2. Ex. : utilisation d'un robot pour le nettoyage des panneaux solaires.

11.1.3 Les risques nouveaux

1279. Certaines innovations révèlent des risques à l'usage. Ces risques, en partie méconnus ou peu documentés, sont nouveaux en ce qu'ils se manifestent sous la forme de lésions ou symptômes inhabituels dans le champ des risques professionnels. L'utilisation de la réalité virtuelle (RV)[1] et celle de la réalité augmentée (RA)[2], par exemple, sont susceptibles de perturber le système sensoriel et conduire à des vertiges, nausées, sueurs, pâleurs, etc.[3], à modifier les capacités sensorimotrices et perceptives, à perturber les rythmes circadiens (lumière bleue des écrans à LED), à produire des lésions de la rétine, à provoquer des crises d'épilepsie chez certaines personnes.

1280. D'autres risques sont nouveaux en raison d'évolutions sociétales qui en reconnaissent plus largement l'existence. C'est le cas des troubles de stress post-traumatique (TSPT) résultant de l'interaction entre un sujet et un événement dans un environnement dont la symptomatologie est invalidante et peut aller jusqu'au handicap fonctionnel. Bien que récemment pris en compte en milieu professionnel, le TSPT présente l'avantage de faire l'objet d'une définition par le DSM-5[4] qui le décrit comme une exposition à la mort, une blessure grave, des violences sexuelles. Il est donc reconnu qu'il n'a pas le plus souvent une origine professionnelle mais qu'il expose néanmoins certaines catégories professionnelles comme – outre les militaires bien sûr – les sauveteurs, les pompiers, les professionnels de santé, les policiers, les personnels pénitentiaires, etc.[5]. Cette liste n'est évidemment pas exhaustive – un conducteur de train ou de métro peut être exposé au TSPT en cas « d'accident voyageur » sur la voie – et peut, tout en se gardant de tout amalgame, être mise en regard des statistiques de la DARES selon lesquelles un salarié sur quatre déclare avoir été victime d'une agression verbale, physique ou sexuelle du public, de ses collègues ou de ses supérieurs hiérarchiques au cours des douze derniers mois[6].

---

1. Ex. : immersion totale dans un monde virtuel entièrement généré par un ordinateur avec un visiocasque.
2. Projection d'éléments fictifs dans un environnement réel avec des lunettes, une tablette, etc.
3. Cybercinétose ; avis ANSES juin 2021, qui invite à développer les études et recherches pour mieux connaître les effets sur la santé.
4. Diagnostic and Statistical Manual of Mental Disorder.
5. Références en santé au travail n° 167, INRS.
6. *Chiffres clés sur les conditions de travail et la santé au travail*, Synth stat. 2016.

Encadré 126 : Le cas des nanomatériaux

Compte tenu des incertitudes entourant les risques liés à un usage encore récent, la problématique des nanomatériaux renvoie à bien des égards à celle du principe environnemental de précaution.

Les nanomatériaux sont des particules ultrafines conférant à la matière de nouvelles propriétés physiques et chimiques et donc aux matériaux fabriqués des caractéristiques inédites. Leurs applications sont multiples dans l'industrie. Elles peuvent franchir les barrières biologiques après avoir été inhalées et leur toxicité peut varier d'un nanomatériau à l'autre.

Les expositions professionnelles peuvent se présenter lors de toutes les phases de production : le transfert, l'échantillonnage, la pesée (mise en suspension et incorporation de nanopoudres), l'agitation, le mélange et le séchage (suspension liquide contenant des nano-objets), l'usinage de nanocomposites, le conditionnement, le stockage et le transport des produits, le nettoyage, l'entretien et la maintenance des équipements, la collecte et l'entreposage des déchets…

À ce jour, les mesures de prévention appliquées sont les mêmes que pour les autres agents chimiques dangereux mais une veille constante sur les connaissances scientifiques propres à chaque nanomatériau doit être assurée par ceux qui les utilisent (*cf.* base R-Nano de l'ANSES).

11.1.4 Les risques exogènes

1281. L'entreprise est de plus en plus confrontée à des phénomènes qui, même s'ils ne constituent pas des risques professionnels inhérents à son activité, ont un impact sur le travail et la santé des travailleurs. Ces phénomènes s'imposent à l'employeur et peuvent être qualifiés d'exogènes dans la mesure où ils trouvent leur origine dans des facteurs extérieurs à son organisation et son fonctionnement – ils n'ont donc pas *d'origine professionnelle* –, mais affectent ces derniers et peuvent même les mettre en péril. Ils obligent l'employeur à les prendre en considération et à agir en conséquence même si, il est vrai, leur caractère externe rend difficile l'application de certains PGP tels que « *combattre le risque à la source* ».

11.1.4.1 Risques d'origine environnementale

11.1.4.1.1 Le changement climatique

1282. Même si nombre d'entre eux relèvent probablement de l'anthropocène, les risques environnementaux sont des risques exogènes en ce qu'ils ne trouvent pas leur origine directe dans l'activité de l'entreprise exposée[1]. Ils se manifestent, dans le cadre du réchauffement climatique, par des événements ponctuels mais potentiellement ravageurs tels que les catastrophes naturelles (inondations, coulées de boue, ouragans, incendies, etc.) ou durables et répétitifs (épisodes de canicule, etc.). L'augmentation des températures, par exemple, génère des coups de chaleur et un épuisement qui peuvent aggraver le risque d'accident et aller jusqu'à des décès liés à la chaleur. Le réchauffement accentue aussi la pollution de l'air, l'apparition d'agents pathogènes, tandis que des rayonnements UV plus intenses comportent des risques oculaires ou de cancer de la peau.

1283. Dans tous les cas, ces risques influent sur le contexte professionnel et obligent l'employeur à prendre ces paramètres en considération, soit en en faisant un objet nouveau mais permanent de l'évaluation des risques lorsque le changement est structurel, soit en procédant à une mise à jour de cette évaluation lorsque le changement provient d'un événement soudain. Cette dernière solution, mobilisée en général dans l'urgence, suppose toutefois une grande réactivité et présente un risque élevé de réponses improvisées, inadaptées et dangereuses. Elle dénote alors une impréparation qui pourrait être jugée coupable lorsque la conscience du risque est avérée, fusse-t-il extérieur à l'entreprise, en raison notamment de sa fréquence et donc de sa probabilité[2].

1284. La prudence invite par conséquent à anticiper les épisodes exceptionnels lorsqu'ils sont prévisibles et peuvent avoir un effet sur la

1. Il ne s'agit donc pas ici des risques pour l'environnement liés à l'exploitation d'installations classées pour la protection de l'environnement (ICPE) mais des risques pour la santé au travail résultant de dérèglements environnementaux. Selon l'Anses, « *le changement climatique entraîne une augmentation des risques professionnels, autant en matière de prévalence, de distribution que de gravité* », *Évaluation des risques induits par le changement climatique sur la santé des travailleurs*, Avis de l'Anses, rapport d'expertise collective, 2018.

2. « *La nature, la fréquence et le coût des crises ont sensiblement évolué au cours des vingt dernières années. (…) Les retours d'expérience des grandes crises récentes montrent que les organisations ayant entrepris une démarche préalable visant à garantir la continuité de leur activité sont les plus résilientes face aux événements déstabilisants. Bien qu'il soit utopique de chercher à tout prévoir et maîtriser, le responsable d'une organisation – publique ou privée – se doit de concevoir et mettre en œuvre des stratégies de protection permettant d'éviter certains événements, ou tout du moins d'en limiter les effets directs sur les objectifs de l'organisation, et d'assurer la continuité d'activité malgré la perte de ressources critiques. Cet impératif conditionne (…) naturellement la responsabilité personnelle du dirigeant. (…) Un plan de continuité d'activité (PCA) a par conséquent pour objet de décliner la stratégie et l'ensemble des dispositions qui sont prévues pour garantir à une organisation la reprise et la continuité de ses activités à la suite d'un sinistre ou d'un événement perturbant gravement son fonctionnement normal. Il doit permettre à l'organisation de répondre à ses obligations externes (législatives ou réglementaires, contractuelles) ou internes (risque de perte de marché, survie de l'entreprise, image…) et de tenir ses objectifs* », *Guide pour réaliser un PCA*, Secrétariat général de la défense et de la sécurité nationale, édition 2013.

santé, la sécurité et les conditions de travail. La pandémie de Covid-19 a ainsi mis en évidence la nécessité de se doter de plans *de continuité de l'activité* (PCA) en prévision des circonstances contraignant à travailler en mode dégradé pendant l'événement et lors de la reprise de l'activité[1]. Sauf cas particuliers[2], de tels plans ne sont nullement obligatoires mais s'avèrent en pratique une réponse appropriée aux exigences des principes de prévention. La perspective de délestages électriques pendant la saison hivernale, autre risque exogène, ne peut ainsi être ignorée de l'employeur, tant du point de vue des conséquences sur son activité économique et la sauvegarde de ses installations et équipements que du point de vue des risques professionnels pouvant en résulter.

1285. Le PCA n'est autre qu'une modalité d'évaluation des risques appliquée à un événement redouté et relevant d'une approche secondaire et tertiaire de la prévention puisqu'applicable lorsque le risque s'est réalisé. À ce titre, il fait partie des documents dont l'employeur peut se prévaloir dans l'optique de démontrer qu'il a pris toutes les mesures de prévention prévues par les articles L. 4121-1 et L. 4121-2 du Code du travail. En effet, en l'absence de texte particulier, la démarche issue des PGP constitue la référence qui permet de déterminer les mesures de prévention applicables. Ainsi, s'il est difficile de combattre des *phénomènes naturels* à la source, il est possible de privilégier des mesures de protection collective telles que l'aménagement des horaires de travail pour éviter les heures les plus chaudes de la journée, l'augmentation du nombre de pauses ou la liberté de les prendre quand le travailleurs le souhaite.

11.1.4.1.2 Les expositions passives

1286. Les risques environnementaux peuvent également être de nature géologique et conduire à des expositions professionnelles qui ne sont pas inhérentes à l'activité de l'entreprise mais génèrent néanmoins un risque pour les travailleurs. Il s'agit en quelque sorte d'*expositions passives* en contexte professionnel dont la nécessaire prise en compte est récente. À titre d'illustration, le risque radioactif du radon, exhalé naturellement par les sous-sols granitiques et volcaniques, expose les travailleurs des établissements sis sur de tels sols à l'inhalation de particules émettant des rayonnements lors de leur désintégration dans l'organisme[3]. Lorsque la présence de radon est avérée, l'employeur doit donc l'inclure dans l'évaluation des risques et

1. Les entreprises avaient déjà été invitées à réaliser un PCA en 2009 à l'occasion du plan national de prévention contre la pandémie de grippe A (H1N1).

2. Établissements de crédit, entreprises d'investissement, établissements de santé, opérateurs d'importance vitale.

3. L'IRSN tient et met à jour une carte de France classant les communes en trois catégories. Dans les communes classées en zone 3, la concentration en radon est obligatoirement mesurée.

prendre des mesures de prévention en conséquence, quand bien même aucun décret ne régit ce type d'exposition dans la partie IV du Code du travail. Une fois encore, les PGP constituent le cadre de référence qui doit conduire à privilégier l'évitement du risque (étanchéité du sol), la protection collective (circuit de ventilation,) et en dernier lieu la protection individuelle (port d'un masque de protection respiratoire).

1287. Le risque d'exposition passive à un polluant atmosphérique peut également provenir de la construction d'un bâtiment professionnel sur un terrain ayant hébergé par le passé des activités industrielles polluantes et dont les sols peuvent émettre des substances dangereuses très variées (stockages d'hydrocarbures, etc.). Cette situation se présente de plus en plus fréquemment dans le cadre de la réhabilitation de friches industrielles.

11.1.4.2 Risques d'origine sociétale

1288. Les entreprises sont de plus en plus confrontées à des populations de travail dont les caractéristiques individuelles ou les contraintes personnelles évoluent au rythme de phénomènes démographiques (vieillissement, maladies chroniques évolutives...), d'évolutions sociologiques (situations d'aidant[1], situations monoparentales[2]...) ou d'habitudes de vie (sédentarité, addictions nouvelles...) qui ne constituent pas des facteurs de risque professionnel en soi mais confrontent l'employeur à des problématiques de santé au travail. Le risque découle ici de la non-prise en compte de ces évolutions. Il interroge la capacité de l'entreprise à *adapter le travail à l'homme* en mettant en place une organisation à même d'accueillir en son sein des travailleurs qu'une organisation standard aurait pour effet d'exclure, *via* par exemple une procédure d'inaptitude médicale.

1289. En adoptant une posture *accueillante*[3], l'entreprise améliore les conditions de vie au travail de personnes potentiellement en situation de vulnérabilité tout en réduisant les risques d'absentéisme, de turn-over, de pénuries de main d'œuvre. On passe alors d'une logique

1. Selon l'ORSE et l'institut BVA (2020), sur 8,3 millions d'aidants familiaux, la moitié est en emploi. Ils sont âgés en moyenne de 52 ans. Dans le 2e baromètre « Aider et travailler », il y aurait 20 % de salariés aidants dans les entreprises françaises et 70,9 % seraient inquiets de l'impact de l'aidance sur leur travail.

2. On dénombre 24,7 % de familles monoparentales en 2020 ; 82 % des parents isolés sont des femmes ; 70 % des femmes qui divorcent exercent une activité professionnelle et les mères sont plus souvent sans emploi que les pères monoparentaux (source, enquête annuelle de recensement Insee).

3. À ne pas confondre avec une posture compassionnelle, potentiellement source de tensions au sein de l'entreprise. La capacité à adapter le travail aux différentes sources de contraintes des travailleurs relève d'un travail d'organisation et de l'organisation du travail.

d'employabilité à une logique *d'employeurabilité*. Cette idée rejoint la notion de travail et d'organisation soutenables qui sont au cœur des politiques de qualité de vie au travail et de promotion de la santé évoquée au début de cet ouvrage (*cf. supra* 1.2.2). Sur le plan légal, les fondements d'une telle démarche ne sont pas tant à rechercher dans les PGP que dans le principe d'égalité professionnelle et les dispositions relatives à la lutte contre les discriminations. Sur le plan sociétal, ils relèvent d'une politique d'inclusion ou de diversité à même de renforcer l'attractivité de l'entreprise.

11.1.4.2.1 Les travailleurs atteints de maladies chroniques évolutives

1290. Sous l'influence de nombreux facteurs, liés notamment au vieillissement de la population au travail, aux progrès de la médecine, aux politiques de maintien dans l'emploi et d'inclusion, mais aussi à l'augmentation de la fréquence et de la précocité de ces maladies dans des populations *jeunes*, de plus en plus de personnes sont conduites à travailler avec des pathologies chroniques[1] telles que le cancer, une maladie neurodégénérative, le diabète, la polyarthrite, l'hypertension artérielle, une insuffisance rénale, un asthme ou encore des pathologies mentale (dépressions).

1291. Ces affections sont suspectées d'être en partie liées à des facteurs environnementaux, d'origine professionnelle ou non – pollution, perturbateurs endocriniens[2], etc. – ou encore à une sédentarité excessive à l'origine d'obésités elles-mêmes sources de complications médicales. Or, comme son nom l'indique, la maladie chronique évolutive ne se traduit pas forcément par une incapacité de travail. Elle implique des hauts et des bas, des retentissements pour la réalisation de certaines tâches, des périodes de fatigabilité, des répercussions sur

1. « *Affections de longue durée qui, en règle générale, évoluent lentement* », OMS. Selon le site internet de ministère de la Santé, « *Une maladie chronique est une maladie de longue durée, évolutive, avec un retentissement sur la vie quotidienne. Elle peut générer des incapacités, voire des complications graves (...). L'impact de la maladie sur la vie quotidienne dépasse largement les domaines de la santé et du soin. Améliorer sa qualité de vie et être plus autonome, c'est aussi pouvoir accéder à un emploi ou s'y maintenir, participer à une vie sociale et vivre le quotidien avec plus de facilité* ».

2. Les perturbateurs endocriniens, qui modifient le fonctionnement hormonal et peuvent produire des effets sur la santé des personnes ou leur descendance, sont typiquement des substances chimiques qui illustrent la complexité des risques contemporains. Ils sont utilisés en milieu professionnel mais aussi dans de nombreux usages de la vie quotidienne (plastiques...), produisent des effets qui ne sont pas nécessairement proportionnels à la dose d'exposition et pourraient différés lorsqu'ils sont mélangés ou varient selon l'âge ou l'état de la personne (grossesse...). Ils ne font pas l'objet d'une réglementation spécifique dans le Code du travail mais sont surveillés et classés par l'Agence nationale de sécurité sanitaire en trois catégories : avérés, suspectés, présumés. À ce titre, ils sont clairement une source d'inquiétude que l'employeur doit traiter dans le cadre des PGP.

les capacités physiques et cognitives, qui varient en intensité ou en fréquence dans le temps et sont en partie imprévisibles. Cette imprévisibilité n'est pas aisée à prendre en compte au cas par cas dans l'entreprise. Toutefois, il est démontré que le cancer augmente les risques de perte d'emploi et que la possibilité de travailler dans un cadre sécurisé durant la pathologie peut être, sous certaines conditions, un élément important du processus de guérison. Dans une logique de prévention de la désinsertion professionnelle, les services des ressources humaines des entreprises sont donc de plus en plus confrontés à des questions de maintien dans l'emploi[1]. Mais le droit, qui sépare historiquement et de manière étanche l'exécution du contrat de travail – régie par le Code du travail – et la suspension dudit contrat – régie par le Code de la sécurité sociale – peine à y répondre.

1292. Alors que pendant très longtemps la maladie longue ou lourde a automatiquement été associée à l'arrêt de travail, la question se pose aujourd'hui de permettre au travailleur de poursuivre son activité avec et malgré sa pathologie. L'exercice est peu compatible avec le régime des indemnités journalières et complémentaires, dont le séquencement et la durée ne sont pas nécessairement ceux de la maladie vécue, tandis que les régimes de temps partiel thérapeutique, de reprise de travail léger, de consolidation ou d'invalidité du droit de la sécurité sociale n'offrent pas les souplesses suffisantes pour permettre des réponses adaptées aux capacités réelles du travailleur ou aux contraintes de son travail. Côté Code du travail, la restriction d'aptitude, même partielle, ou la reconnaissance du statut de travailleur handicapé, si elle est réduite à une approche compensatrice, ne sont pas non plus des réponses appropriées.

1293. L'employeur peut néanmoins agir en prévention dans le cadre du droit existant, par exemple en repérant toute altération de l'état de santé du travailleur ayant un retentissement sur ses capacités fonctionnelles et de travail en amont de tout arrêt de travail puis en déployant une stratégie progressive de maintien au poste antérieur avec des aménagements temporaires ou durables. À défaut, il le reclassera vers un autre poste de l'entreprise ou, en dernier lieu, en reconversion dans une autre entreprise.

1. Le sujet est devenu une question de santé publique majeure, reprise de manière explicite par le 4e Plan santé au travail : « *Les maladies chroniques, comme le cancer ou le diabète, touchent aujourd'hui 15 % de la population active, mais elles pourraient concerner 25 % de la population active d'ici à 2025. Un à deux millions de salariés seraient concernés par un risque de désinsertion professionnelle lié aux maladies chroniques, soit 5 à 10 % des salariés. Améliorer le maintien en emploi de ces personnes devient donc un enjeu majeur, poursuivi de manière convergente par le PST 4 et plusieurs outils de santé publique comme la stratégie décennale de lutte contre le cancer* ».

1294. L'entreprise apparaît quoiqu'il en soit comme un acteur pivot du parcours de soins du travailleur, articulant le service de prévention et de santé au travail, l'assurance maladie, le médecin traitant et l'employeur, ce dernier étant seul à même de mettre en œuvre les aménagements de poste permettant de concilier l'exercice d'une activité professionnelle avec la pathologie. Il ne peut toutefois le faire efficacement que sous un angle organisationnel et collectif c'est-à-dire en veillant à la soutenabilité et l'acceptabilité par le collectif de travail (l'équipe, le services, l'atelier, etc.) des aménagements mis en place, sans déport sur eux des contraintes et de la charge de travail.

Encadré 127 : Les maladies chroniques en France

Une maladie chronique est une maladie de longue durée, évolutive, avec un retentissement sur la vie quotidienne.

Dans la synthèse du rapport 2019-2020 *Handicaps et emploi* de l'Igas, il est rappelé que 22 % de la population présente une maladie chronique évolutive. « *De nombreuses pathologies sont devenues chroniques et le progrès des traitements permet plus souvent aux personnes concernées d'envisager la poursuite d'une activité professionnelle, parallèlement à leur parcours de soins. Pour certaines affections, le travail est d'ailleurs reconnu comme un facteur potentiel d'amélioration de la santé, dès qu'il est effectué dans des conditions adaptées.* » Selon les statistiques de la sécurité sociale, ces pathologies représentent les 2/3 des dépenses (104 milliards) pour 1/3 des assurés soit 24 millions de personnes.

11.1.4.2.2 Les conduites addictives

1295. Selon la MILDECA (Mission interministérielle de lutte contre les drogues et les conduites addictives), 11 % des femmes cadres ont une consommation à risque d'alcool. 37 % des actifs utilisent les outils numériques professionnels hors temps de travail. 18,6 % ont eu un épisode d'alcoolisation ponctuelle importante dans le mois, 9,5 % ont des ivresses répétées, 9,6 % ont consommé du cannabis dans l'année[1]. Les addictions peuvent donc recouvrir des réalités très différentes, liées à la consommation de produits (tabac, alcool, médicaments ou drogues) ou à des conduites n'impliquant pas de tels produits (dépendance au travail dite *workaholisme*, aux jeux, à internet, au téléphone…).

1296. Le travail posté, de nuit et isolé, les postes à responsabilités élevées (stress, pression hiérarchique et obligation de résultat…), les postes exigeant de la vigilance (contrôle du procédé sur les sites à hauts risques, postes de surveillance…), les postes de conduite ou de pilotage (transports, manutention mécanique…), les métiers des arts

1. Données tirées du Baromètre santé de Santé Publique France (2014, 2017), de l'OFDT (2017), de la Cohorte Constances (Inserm) et de l'Étude ELEAS (2016).

et des spectacles, de l'hébergement et de la restauration, de l'agriculture, de la construction ainsi que les métiers impliquant des relations avec le public sont particulièrement concernés. Or, la consommation de produits peut provoquer des accidents de travail consécutifs à une perte d'attention ou de vigilance, une modification de la perception du risque ou une prise de risque. Son traitement est complexe car elle est en partie seulement exogène. Elle peut avoir eu lieu sur le lieu et au temps de travail mais aussi en dehors de ceux-ci tout en entraînant des répercussions dans l'entreprise. Elle est par ailleurs inhérente à la personne mais peut avoir des causes extérieures.

1297. Aujourd'hui, si les conduites addictives ne sont pas un phénomène nouveau dans l'entreprise, leur prise en charge et le regard qui est porté sur elles ont évolué. D'une part, un travailleur rencontrant des problèmes d'addiction n'est plus nécessairement vu sous le seul angle disciplinaire mais sous celui de la pathologie dont il souffre et de ses effets potentiels sur son travail et le travail de son entourage. D'autre part, il est aujourd'hui admis que les pratiques addictives peuvent aussi trouver leur origine dans des conditions de travail difficiles ou être facilitées par celles-ci. Dans cette dernière hypothèse, l'employeur se retrouve confronté à son obligation de sécurité et d'évaluation des risques. Cette dernière doit alors porter en particulier sur la charge de travail (objectifs atteignables, responsabilités supportables, travail monotone ou isolé, climat relationnel de compétition ou, au contraire, convivialité excessive et tolérance de consommations en contrepartie de conditions de travail éprouvantes)[1].

1298. L'employeur doit par ailleurs surveiller l'accessibilité des substances sur le lieu du travail (tabac, alcool et médicaments notamment) ou dans les locaux sociaux (restaurants d'entreprise, cafétérias, lieux de pause, *afterworks*, etc.), ainsi que dans certaines circonstances (pots de départ, accueils de clients, etc.) de sorte à limiter les incitations à consommer.

1299. En tout état de cause, cette extension du périmètre d'intervention de l'employeur, pour un risque en partie externe, s'accompagne nécessairement d'interrogations sur son rôle et sa responsabilité, dans le respect de la liberté individuelle des travailleurs et la protection de leur vie privée. Les addictions, à la jonction de la santé publique et de la santé au travail, doivent donc avant tout, pour légitimer les actions à visée préventive de l'entreprise, devenir un objet de prévention collective (prévention primaire par l'action sur les conditions de travail et les messages de prévention), puis au besoin d'accompagnement

1. 1/3 des fumeurs réguliers, 9 % des consommateurs d'alcool, 13 % des consommateurs de cannabis déclarent avoir augmenté leurs consommations à cause de problèmes liés à leurs situations professionnelles au cours des 12 derniers mois. Source : *Baromètre santé* 2010, INPES.

individuel (prévention secondaire et tertiaire). Celui-ci ne peut toutefois pas être assuré sans l'appui de professionnels (service de santé au travail, associations spécialisées, etc.) – ne serait-ce que pour pouvoir poser un diagnostic fondé – ni sans liaison ou sans considération de l'environnement privé de la personne en cause pour assurer un continuum de sa prise en charge et augmenter ses chances de succès. Plus que jamais, l'articulation entre vie privée et vie professionnelle joue ici un rôle déterminant et l'accompagnement des salariés présentant des conduites addictives s'apparente à une démarche de prévention des inaptitudes et de la désinsertion professionnelle (*cf. supra* 11.1.4.2.1 et encadré 91).

11.1.4.2.3 Le vieillissement au travail et la pénibilité

1300. Selon la Dares, en France, en 2019, 37 % des salariés ne se sentent pas capables de tenir dans leur travail jusqu'à la retraite. L'exposition à des risques professionnels – physiques ou psychosociaux –, tout comme un état de santé altéré vont de pair avec un sentiment accru d'insoutenabilité du travail. L'étude révèle que les métiers les moins qualifiés, au contact du public ou dans le secteur du soin et de l'action sociale, sont considérés par les salariés comme les moins soutenables. Les salariés jugeant leur travail insoutenable ont par ailleurs des carrières plus hachées que les autres et partent à la retraite plus tôt, avec des interruptions, notamment pour des raisons de santé, qui s'amplifient en fin de carrière. Une organisation du travail qui favorise l'autonomie, la participation des salariés et limite l'intensité du travail tend à rendre celui-ci plus soutenable[1].

1301. Ce qui vient d'être décrit n'est autre que le résultat d'un processus de vieillissement au travail. Cette notion, comme celle de soutenabilité à laquelle elle renvoie, n'est pas juridique et correspond à des perceptions très différentes selon les personnes. Elle n'en renvoie pas moins à des réalités physiologiques incontournables, dont l'acuité est renforcée par la démographie de la population française, dite vieillissante. Elle trouve par ailleurs une expression juridique à travers le dispositif de prévention de la pénibilité introduit aux articles L. 4161-1 et suivants du Code du travail. *Vieillissement* et *pénibilité* ne sont certes pas synonymes mais ce dispositif vise à permettre la prise en charge des salariés âgés exposés à certaines formes de pénibilité au cours de leur carrière.

1. « Quels facteurs influencent la capacité des salariés à faire le même travail jusqu'à la retraite ? », *Dares analyses* n° 17, 9 mars 2023.

1302. Le mot pénibilité lui-même a disparu du Code du travail et le titre VI du livre I de la partie IV du Code du travail parle, à la place, des « *effets de l'exposition à certains facteurs de risques professionnels* ». Quiconque n'a pas connaissance de l'historique de ces dispositions peut peiner à comprendre leur articulation avec le reste de la partie IV, laquelle couvre tous les risques professionnels. On doit donc retenir que le titre VI correspond à un dispositif juridico-technique « autonome » ou « parallèle » accordant, dans un contexte d'accompagnement de plusieurs réformes des retraites, des droits aux salariés ayant été exposés à des facteurs de risques limitativement énumérés et sous des conditions de seuils et de durées d'expositions déterminées réglementairement[1]. Ces seuils ne constituent pas des seuils de santé mais d'ouverture de droits (droit à la formation en vue d'une mobilité ou d'une reconversion professionnelle, droit au passage à temps partiel ou à un départ à la retraite anticipé[2]).

1303. Ce dispositif est difficile à qualifier car il se situe à la charnière de la réparation ou de la compensation (départ anticipé, temps partiel) et de la prévention (formation, reconversion). C'est pourquoi, du point de vue de la prévention, on préfère parler d'usure que de pénibilité, afin de mieux rendre compte du processus long qui caractérise le vieillissement et de la prévention qui peut le rendre soutenable.

1304. Le tableau ci-dessous synthétise l'articulation légale des « ex-critères de pénibilité » dans le Code du travail, rendue peu aisée à la suite des aménagements successifs apportés par les différentes réformes des retraites.

1. Signe de sa conscience du caractère en partie artificiel de l'autonomie du dispositif, le législateur a jugé utile de préciser à l'article L. 4163-1 que « *le seul fait pour l'employeur d'avoir déclaré l'exposition d'un travailleur aux facteurs de risques professionnels mentionnés au I de l'article L. 4163-1 dans les conditions et formes prévues au même article ne saurait constituer une présomption de manquement à son obligation d'assurer la sécurité et de protéger la santé physique et mentale des travailleurs résultant du titre II du présent livre* ».

2. Compte professionnel de prévention (C2P) régi par les articles L. 4163-1 et suivants du Code du travail. Il bénéficie aux salariés exposés à six facteurs de risque (activités exercées en milieu hyperbare, températures extrêmes, bruit, travail de nuit, travail en équipes successives alternantes, travail répétitif). L'utilisation du compte est faible. À la fin 2021, en cumul depuis la création du dispositif, 13 600 salariés ont demandé des conversions de points, alors que 1,9 million de comptes professionnels de prévention ont été ouverts. Pour 9 600 salariés, il s'agissait d'une demande de majoration de durée d'assurance au titre de la pénibilité, pour 2 600 de temps partiel, et pour 1 500 de formation professionnelle (données SIPP 2022, REPSS AT-MP fiche 1.11).

Tableau 15 : Articulation des ex-critères de pénibilité dans le Code du travail

Liste législative (article L. 4161-1 du Code du travail) énumérant de manière générique les 10 facteurs de risques professionnels autrefois nommés « facteurs de pénibilité »
1° Contraintes physiques marquées : a) Manutentions manuelles de charges ; b) Postures pénibles définies comme positions forcées des articulations ; c) Vibrations mécaniques ; 2° Environnement physique agressif : a) Agents chimiques dangereux, y compris les poussières et les fumées ; b) Activités exercées en milieu hyperbare ; c) Températures extrêmes ; d) Bruit ; 3° Rythmes de travail : a) Travail de nuit dans les conditions fixées aux articles L. 3122-2 à L. 3122-5 ; b) Travail en équipes successives alternantes ; c) Travail répétitif caractérisé par la réalisation de travaux impliquant l'exécution de mouvements répétés, sollicitant tout ou partie du membre supérieur, à une fréquence élevée et sous cadence contrainte.
Liste réglementaire (article D. 4161-1) visant à préciser les 10 facteurs législatifs (essentiellement par un renvoi à leur définition réglementaire dans la partie IV du Code du travail)
1° Contraintes physiques marquées : a) Manutentions manuelles de charges mentionnées à l'article R. 4541-2 ; b) Postures pénibles définies comme positions forcées des articulations ; c) Vibrations mécaniques mentionnées à l'article R. 4441-1 ; 2° Environnement physique agressif : a) Agents chimiques dangereux mentionnés aux articles R. 4412-3 et R. 4412-60, y compris les poussières et fumées ; b) Activités exercées en milieu hyperbare mentionnées à l'article R. 4461-1 ; c) Températures extrêmes ; d) Bruit mentionné à l'article R. 4431-1 ; 3° Certains rythmes de travail : a) Travail de nuit dans les conditions fixées aux articles L. 3122-2 à L. 3122-5 ; b) Travail en équipes successives alternantes ; c) Travail répétitif caractérisé par la réalisation de travaux impliquant l'exécution de mouvements répétés, sollicitant tout ou partie du membre supérieur, à une fréquence élevée et sous cadence contrainte.
Liste réglementaire (D. 4163-2) des 6 facteurs retenus au titre de l'alimentation du compte professionnel de prévention (C2P)[1]
Activités exercées en milieu hyperbare définies à l'article R. 4461-1 ; Températures extrêmes ; Bruit mentionné à l'article R. 4431-1 ; Travail de nuit dans les conditions fixées aux articles L. 3122-2 à L. 3122-5 ; Travail en équipes successives alternantes ; Travail répétitif caractérisé par la réalisation de travaux impliquant l'exécution de mouvements répétés, sollicitant tout ou partie du membre supérieur, à une fréquence élevée et sous cadence contrainte.

1. Pour ces facteurs, auxquels sont associés des seuils d'exposition non repris dans ce tableau, l'employeur est tenu à des obligations déclaratives lorsque lesdits seuils sont dépassés, afin d'alimenter le C2P des salariés concernés ; le cumul des points acquis à ce titre leur ouvre droit à de la formation, un temps partiel ou un départ anticipé. L'employeur est également tenu, lorsqu'une certaine proportion de ces salariés est atteinte, de conclure un accord de prévention ou d'élaborer un plan d'action unilatéral de prévention (art. L. 4162-1).

Tableau 16 : Risques nouveaux, nouveaux risques et contraintes associées

Nature et origine du risque	Exemples	Nature de la réponse
Risques traditionnels liés à des usages nouveaux	– Chutes de hauteur consécutives au développement et à l'entretien des murs végétalisés sur les bâtiments (systèmes d'arrosage, tailles périodiques, etc.) ; – Accidents de circulation liés à la suppression des pesticides le long des voiries et générant des interventions de désherbage manuel sur les terre-pleins ; – Accidents de livraison induits par l'ouverture de magasins de proximité dans des locaux exigus et dépourvus de stationnements en centre-ville (*supérettes*) ; – Accidents de manutention ou collisions dans les points de retrait des Drive ; – TMS ou exposition à des agents chimiques dangereux (composants, impuretés) liés à la collecte et la déconstruction des appareils dans le cadre de l'économie circulaire : manutentions lourdes, expositions au plomb et autres métaux	– Risques généralement déjà couverts par le Code du travail, inhérents à des *changements de circonstances* et devant simplement être intégrés dans l'évaluation préalable des risques pour donner lieu à des mesures de prévention adaptées mais déjà connues et disponibles – **PGP mobilisés** : mise à jour de l'EVRP/adaptation des mesures de prévention pour tenir compte des changements de circonstances
Risques traditionnels augmentés par des technologies nouvelles	– Risques de chute pour les travaux de maintenance des éoliennes en mer (le risque est complexifié par des contraintes nouvelles comme le risque de noyade lors de l'accostage ou la difficulté d'installer des dispositifs de protection habituels dans un espace réduit ou accidenté) ; – Risques de chute couplés à un risque électrique pour l'installation de panneaux photovoltaïques en toiture	– Risques connus mais dont les solutions de prévention doivent être adaptées (dans l'exemple ci-contre, au contexte marin) et appellent des innovations techniques ou organisationnelles – Risques souvent liés à des emplois nouveaux (emplois verts...) adossant les formations métier à un volet santé au travail renforcé et intégré (acquisition de nouvelles compétences) – La part majeure de l'innovation technique implique la nécessité d'un travail étroit avec les « techniciens » lors de l'ingénierie de conception, notamment pour anticiper le travail futur des travailleurs installateurs, (interventions de maintenance...) – **PGP mobilisés** : enrichissement de l'EVRP/tenir compte de l'évolution des techniques/ adapter le travail à l'homme/

Nature et origine du risque	Exemples	Nature de la réponse
Risques exogènes à l'activité de travail	Risques d'épidémies (virus (Covid)/ bactéries…) Risques d'origine environnementale liés au changement climatique (ambiance thermique de travail liée aux canicules, incidences d'événements violents tels qu'inondations, incendies…), à la pollution (air respiré) ou à des expositions géologiques (radon)… Risques d'origine sociétale liés à l'évolution des modes de vie (sédentarité, situations monoparentales, salarié aidant, addictions nouvelles…) ou démographique (vieillissement des populations couplé à l'allongement de la période de vie au travail, maladies chroniques évolutives…)	– Risques non liés à l'activité de travail mais prenant corps dans le contexte professionnel et confrontant l'entreprise à sa résilience et sa capacité d'adaptation à des données externes impactant simultanément la santé au travail et la poursuite du travail – Plans de continuité de l'activité (complétude de l'EVRP) – La réponse aux situations individuelles particulières induit souvent des innovations organisationnelles dont le succès et l'acceptabilité par la collectivité de travail sont encadrés par une approche organisationnelle sécurisant l'accès équitable au dispositif (télétravail ou horaires aménagés, partage des tâches etc.)[1] – **PGP mobilisés** : tenir compte de l'évolution des circonstances/ évaluation et enrichissement de l'EVRP
Risques inhérents aux changements dans le travail (Formes, lieux et temps de travail atypiques)	Télétravail, travail hors les murs, *flex-office*	– Risques de nature organisationnelle, peu encadrés réglementairement sur le plan de la santé au travail – **PGP mobilisés** : tenir compte de l'évolution des circonstances/ évaluation et enrichissement de l'EVRP

1. L'ANI du 26 novembre sur le télétravail fait par exemple de ce dernier un outil de prévention de la désinsertion professionnelle pour les salariés en situation de handicap, ceux présentant des problèmes de santé ou atteints d'une maladie chronique évolutive ou invalidante : « *Dans ce cas, l'organisation du travail peut être adaptée, et des aménagements de poste (…). Le manager porte une attention particulière aux salariés en situation de handicap et ceux présentant des problèmes de santé ou atteints d'une maladie chronique évolutive ou invalidante afin de ne pas créer de situations d'isolement du collectif de travail* ». De même, « *Le télétravail peut être mobilisé pour accompagner le travailleur dans son rôle d'aidant familial, de manière articulée avec les dispositifs et droits spécifiques* ».

Nature et origine du risque	Exemples	Nature de la réponse
Risques liés à l'introduction de nouvelles technologies	Digitalisation Objets connectés Travail augmenté (exo squelettes, voice speaking…) Réalité virtuelle et/ou augmentée	– **PGP mobilisés** : EVRP/ Adaptation du travail à l'homme/ donner des instructions appropriées/ actions de formation

11.1.5 Les risques mal menés

11.1.5.1 Le mésusage des concepts

1305. Si la santé au travail a longtemps pâti d'un manque d'attention ou d'une attention circonscrite au strict périmètre de la sécurité du travail, elle s'est imposée à l'agenda stratégique des entreprises au cours des deux premières décennies de ce début de siècle. Trois événements de nature différente en témoignent. Le revirement jurisprudentiel de 2002 tout d'abord, avec l'avènement de l'obligation de sécurité de résultat qui a profondément contribué à faire évoluer le curseur des exigences à l'égard de l'employeur. La création de la partie IV du Code du travail en 2008 ensuite, dédiée à la santé au travail, qui a permis de *sanctuariser* la matière en lui donnant une architecture et une articulation cohérentes – un corpus et une doctrine – là où beaucoup ne voyaient qu'une compilation de textes pointilleux réservés à l'ingénieur. La « *crise des RPS* » enfin, qui, à partir de 2010, a fait prendre conscience de l'impact potentiel de toute décision stratégique de l'entreprise, quelle qu'en soit la nature, sur les conditions de travail et la santé au travail. Ce dernier point a beaucoup contribué à faire de la santé au travail une problématique universelle, partagée par toutes les catégories de travailleurs, employés comme cadres, et dans tous les secteurs, y compris celui des services et le secteur public.

1306. Le point commun de ces grands revirements, en particulier ceux liés à l'obligation de résultat et aux RPS, est qu'ils ont émergé à la faveur d'une crise précédée de longues périodes de déni d'un risque. L'obligation de sécurité de résultat, en 2002, faisait suite au dossier de l'amiante. Elle a conduit à une focalisation sur le mot *résultat* qui a permis d'alimenter, à l'encontre du but recherché, une crispation juridique décourageant des démarches de prévention jugées perdues par avance. Le tempérament jurisprudentiel opéré en 2015 a permis de maintenir le cap d'un niveau de prévention très élevé tout en le rendant atteignable. De même, la mise en lumière des RPS fut le résultat d'une lente dérive de pratiques gestionnaires longtemps valorisées, avant d'être mises en causes lors de l'irruption de la *crise sociale* de France Télécom. L'existence d'un malaise généralisé au travail a fini par être reconnue, au risque toutefois d'être invoquée pour toute situation au travail problématique ou conflictuelle. Comme souvent dans ces circonstances, l'effet de balancier faisant suite à une prise de conscience tardive peut conduire à des interprétations contre-productives.

1307. Qu'il s'agisse par ailleurs de l'attention à l'égard de nouveaux risques ou de la moindre tolérance à l'égard de risques existants, un écart demeure toujours entre la prise de conscience sociétale desdits risques – parfois jusqu'à l'emballement – et leur reconnaissance réglementaire et judiciaire. Ceci est en partie attribuable au fait que l'expansion du champ de la santé au travail examinée en début de cet ouvrage conduit à prendre en considération des troubles dont on a vu que la dimension subjective rend leur qualification plus complexe. Ce d'autant plus qu'ils renvoient à des notions qui ne sont pas définies en droit (*cf.* schéma synthétique en fin du présent chapitre).

1308. Ainsi, les *risques psychosociaux*, le *burnout* ou le concept d'origine psychanalytique de *souffrance au travail* (*cf. infra* 11.1.5.2), aujourd'hui très largement utilisés, n'existent pas à ce jour dans le Code du travail. Dès lors, si ces notions ont permis de mettre des mots sur des phénomènes jusqu'alors indicibles, l'absence de qualification juridique disponible les concernant ne permet pas de donner d'issue réparatrice aux plaintes qu'ils génèrent. Cette carence empêche par la même occasion d'en faire des objets de prévention dans l'entreprise ou conduit inversement à en faire le réceptacle commode mais infécond de tout ce que l'on ne sait pas caractériser.

1309. Trois écueils possibles au moins peuvent ainsi être signalés :

- le recours à des mots-valises pour héberger sans discernement, sous le même vocable, des situations présentant des niveaux de gravité très différents, au détriment des cas les plus graves mais aussi les plus difficiles à traiter (*cf.* 11.1.5.2) ;
- une occultation de risques traditionnels invisibilisés par l'hypermédiatisation de ces risques émergents, fussent-ils conceptuellement flous et mal circonscrits (*cf.* 11.1.5.3) ;
- faute de définition précise, une *récupération* de la plainte par des solutions marchandes de type *solutionnistes* ou son instrumentation par une dénonciation sans débouché pour la prévention (*cf.* 11.1.5.3).

11.1.5.2 Le risque des mots-valises

1310. Tant qu'ils n'ont pas fait l'objet d'une définition scientifique rigoureuse ou d'une traduction juridique permettant de les qualifier, les nouveaux concepts peuvent donner lieu à un mésusage. Ils peuvent par exemple induire des réponses basées sur un raisonnement *émotionnel* ne distinguant pas le *vrai* du *ressenti*, au détriment d'une prévention basée sur une approche compréhensive et une évaluation sereine de la situation. Ainsi, par exemple, la *souffrance au travail* est une locution utilisée aujourd'hui pour désigner des réalités très variées, complexes et aux contours mouvants. Elle recouvre, sans que ses utilisateurs les discernent, une multitude de manifestations et surtout de perceptions subjectives dont certaines ne relèvent d'aucune pathologie tandis que d'autres reflètent de véritables atteintes à la santé mentale. L'invocation croissante d'une souffrance oriente en outre souvent l'analyse vers une interprétation psychologisante de la situation dénoncée ou la déploration des moindres capacités individuelles d'adaptation du travailleur avec le recours fréquent à des cellules de soutien, au détriment d'une analyse au fond des déterminants du risque[1].

1311. Le remède à cet écueil réside en premier lieu dans un travail de recueil rigoureux de la description des troubles incriminés, visant à documenter les facteurs de risques qui en sont la cause et de clarifier le lien entre ces facteurs et des atteintes identifiables à la santé. La caractérisation correcte des choses permet d'identifier les leviers et niveaux de prévention appropriés devant être mobilisés. Surtout, elle permet d'opérer un discernement et une graduation entre situations, afin de prendre en charge de manière adaptée et prioritaire la souffrance pathologique. La responsabilité de l'employeur est alors d'agir sur les causes sur lesquelles il a prise, à savoir les dimensions dysfonctionnelles de l'organisation du travail concourant à cette souffrance pathologique.

---

1. « *Tour à tour confondue avec les notions de stress, de mal-être, ou encore réduite à une plainte uniquement psychologique, la notion de souffrance au travail a connu ces dernières années une telle vulgarisation qu'il serait tentant de la ranger parmi les notions "fourre-tout", désignant le domaine flou de ce qui serait en psychologie le signe d'une détresse difficilement caractérisée mais ressortissant de la sphère du pathologique. À force d'imprécision, cette notion aurait même pour certains souffert de son succès, perdant de sa légitimité conceptuelle* », Frédérique Debout, *Dictionnaire des risques psychosociaux,* Le Seuil, 2014. Rappelant que « *travailleur, c'est faire l'expérience du doute, de la peur, de la douleur, de la fatigue, ou même encore de l'échec* », l'auteure indique que « *Affect, ressenti corporel, la souffrance n'est pas en elle-même le signe d'un trouble pathologique mais appartient à la normalité* ». Elle peut donc connaître « *un destin pathogène ou non pathogène* ». Dans le premier cas, la souffrance se traduit par des symptômes physiques et psychopathologiques tandis que, dans le second cas, elle est « *subvertie en plaisir* ». Ainsi, « *la souffrance ne devient pathogène que dans un second temps, à cause d'organisation du travail empêchant le sujet de s'en défendre* ». En tout état de cause, « *en tant que vécu subjectif, elle n'est ni mesurable, ni évaluable selon des critères chiffrés ni comparables* ».

1312. On parle encore de *souffrance éthique* pour désigner celle qui « *résulte de la collaboration ou du consentement de la personne à des actes pour autant réprouvés par elle-même et aurait pour conséquence l'expérience ou la prise de conscience de sa propre lâcheté ou de la soumission au système*[1] ». Certains considèrent que le modèle de subordination français est une résurgence du modèle de subordination féodal – l'obéissance dans l'honneur – s'inscrivant dans un rapport à plus noble que soit. Il s'ensuivrait que la souffrance éthique survient lorsque le conflit qui habite le travailleur met à mal la légitimité de la subordination[2].

1313. Il reste que, quelle que soit l'acception retenue de la souffrance, elle doit qualifier les choses de manière précise et proportionnée, de sorte qu'un désaccord, un mécontentement, une frustration ou une déception puissent être traités sur le plan managérial à hauteur de leurs causes et de leurs effets et que la dimension réellement pathologique de la souffrance soit traitée à bon escient.

11.1.5.3 Le risque de détournement

1314. L'écueil du mésusage des concepts tel que celui de souffrance évoqué au paragraphe précédent est bien entendu possible dans le sens inverse. Il en va ainsi du *bonheur au travail*, dont ce n'est pas tant la sémantique que la promesse qu'il contient qui conduit à en faire un possible détournement de l'objectif de santé au travail du Code du travail. En effet, quand bien même le concept de santé doit être entendu au sens large, l'objectif de bien-être ou de satisfaction au travail a donné lieu à un courant tendant à inviter l'employeur à créer un environnement propice au bonheur des travailleurs.

1315. C'est ainsi, par exemple, qu'est apparue la figure du *Chief Happiness Officer* (CHO) ou « *responsable bonheur* », chargé dans certaines entreprises de fournir des prestations désormais connues telles que la mise à disposition de baby-foots, salles de sport ou de sieste, conciergeries, potagers en terrasse, plats diététiques, etc. Le risque est ici de concentrer l'action sur des interventions périphériques au travail. Elles n'agissent pas sur l'organisation du travail, ne combattent pas les risques à la source et ne se situent pas sur un registre de prévention primaire. Si elles peuvent constituer un complément de confort pour les travailleurs, elles ne sauraient tenir lieu de politique de prévention et constituer les mesures prévues aux articles L. 4121-1 et L. 4121-2 du Code du travail.

---

1. Philippe Fauquet Alekhine et Sylvie Guy-Pellisson, *Dictionnaire des risques psychosociaux*, Le Seuil, 2014.

2. *Ibid.*

11.1.5.4 Le risque d'effet de halo

1316. L'acception extensive de la définition de la santé conduit à un déplacement des risques ou plus exactement de l'attention portée à certains risques professionnels, encouragée par la médiatisation privilégiée de phénomènes dans lesquels tout un chacun se reconnaît plus volontiers. Ceci peut créer un effet de halo et détourner l'intérêt à l'égard de risques dits classiques dont les statistiques rappellent qu'ils sont toujours bien présents[1].

1317. Les médias – spécialisés comme généralistes – ont par exemple fait du télétravail[2] ou du forfait-jour des sujets de première actualité, tant dans un premier temps sous l'angle de leurs opportunités que, dans un second temps, de leurs risques pour la santé. Au point de donner l'impression que télétravail et forfait concernent une majorité de travailleurs alors qu'ils restent prioritairement une problématique spécifique aux cadres ou aux personnes dont l'activité se caractérise par un certain degré d'autonomie. La réalité du monde du travail, comme la pandémie de Covid-19 l'a mis en évidence, reste celle d'un travail majoritairement présentiel, exposant à des risques professionnels encore très présents : manutention manuelle, chutes de plain-pied, exposition au bruit, aux machines, aux produits dangereux, etc., ce que nombre de préventeurs s'attachent à souligner.

---

1. Aucun risque professionnel n'a donné lieu à autant de littérature que les RPS, ce qui se comprend par leur caractère transverse et universel mais produit un effet de halo. En 2019, tous régimes confondus, on dénombre 783 600 AT avec au moins un jour d'arrêt, ce qui représente 20,4 accidents par million d'heures rémunérées. 39 650 accidents du travail donnent lieu à la reconnaissance d'une incapacité permanente et 790 sont mortels. Le risque d'accident du travail grave est plus élevé dans la construction, l'agriculture, les industries extractives, le travail du bois, le transport et l'entreposage. La fréquence et la gravité des accidents du travail sont particulièrement importantes dans les activités de gros œuvre, de couverture et de charpente, ainsi que dans la manutention de marchandises ou de bagages (Dares, novembre 2022 : « Quels sont les salariés les plus touchés par les accidents du travail en 2019 ? »).

2. « *En ce qui concerne le profil des télétravailleurs, les résultats d'études s'accordent sur certaines de leurs caractéristiques. Les télétravailleurs sont en majorité des personnes qui travaillent à temps plein, qui occupent des postes à responsabilités (par exemple, cadres ou encadrants), qui ont un niveau de formation initiale élevé (diplômés du supérieur), d'âge moyen (35-50 ans), plutôt des hommes, vivant en zone urbaine, en couple et ayant un ou des enfant(s) (Alizadeh, 2012 ; Bureau of Labor Statistics, 2016 ; Haddon & Brynin, 2005 ; Ojala, 2011 ; Peters et al., 2004 ; Vilhelmson & Thulin, 2016 ; Vittersø et al., 2003 ; Welz & Wolf, 2010)* ». « Les incidences du télétravail sur le travailleur dans les domaines professionnel, familial et social », Émilie Vayre, *Le travail humain*, 2019/1 (vol. 82), p. 1 à 39.

11.1.5.5 Le risque de marchandisation

1318. La Mission interministérielle de vigilance et de lutte contre les dérives sectaires (MIVILUDES) alerte sur le risque de telles dérives dans le champ de la formation, du développement personnel et du coaching : « *Selon Santé Publique France, 3 millions de Français souffrent actuellement de troubles psychiques sévères. La crise sanitaire a sensiblement impacté la santé mentale des individus, tant dans leur vie professionnelle que personnelle. L'isolement, la peur et la remise en question de l'organisation du travail ont conduit bon nombre de personnes à vouloir évoluer, voire à changer de vie, pour compenser un sévère mal-être*[1] ».

1319. La mise en visibilité des questions de santé au travail, dont on doit se réjouir, a donc aussi eu pour effet de créer un véritable marché, ouvert à des vendeurs de solution dont la rigueur scientifique, la robustesse et tout simplement la pertinence et la nécessité ne sont pas toujours avérées. La pandémie de Covid-19 a notamment mis en évidence la commercialisation rapide de solutions de protection individuelle, de désinfection ou d'assainissement douteuses. L'écueil est aggravé chaque fois qu'il est question de risques pour lesquels les connaissances scientifiques n'ont pas encore permis de faire émerger un modèle de compréhension et de prévention stabilisés. L'employeur, en cas de doute, a donc intérêt à valider ses choix d'achat de biens de prévention ou de prestations d'accompagnement, ou le contenu de son cahier des charges, auprès des instances de prévention à sa disposition : service de prévention et de santé au travail, Carsat, Anact, etc.

11.2 Des opportunités pour la santé au travail

11.2.1 La notion d'opportunité, contrepoint du risque

1320. Une application parfaite des principes généraux prévention est la garantie d'une absence de conséquences néfastes de l'activité du travailleur sur sa santé. Ce résultat est l'idéal visé par le préventeur mais reste le fruit d'une approche par les risques dans laquelle la recherche d'élimination systématique des causes possibles d'un dommage peut conduire à l'évitement du risque sans pour autant produire de la satisfaction au travail. Or, l'état complet de bien-être physique, psychique et social qui définit la santé selon l'OMS ne se réduit pas à *l'absence de quelque chose*, en l'occurrence de maladie. Il procure à la personne un sentiment de réalisation et d'amélioration de sa condition, en l'occurrence de ses conditions de travail. Il n'est

1. Rapport d'activité 2021.

donc pas possible d'achever cet ouvrage sans tirer les conséquences de son propos introductif sur le passage d'une logique de réparation à une logique de promotion de la santé, ou de prévention tertiaire à prévention primaire.

1321. La logique d'évaluation des risques induit la recherche privilégiée des effets indésirables de ces transformations sur le travailleur mais introduit un biais en tendant à masquer les bénéfices qui peuvent apparaître en abordant ces transformations également sous l'angle des opportunités qu'elles offrent[1]. Les modifications apportées en entreprise sont en effet souvent le fruit d'une modification de l'organisation socio-technique, elle-même motivée par la recherche d'un avantage compétitif apportant une réponse aux attentes du client et de l'actionnaire. Elles sont rarement dictées par l'amélioration des conditions de travail, ce qui explique la découverte après coup de risques pour la santé qu'il est plus difficile de combattre. La recherche systématique des opportunités d'une transformation pour améliorer par la même occasion les conditions de travail est le plus sûr moyen d'assurer son acceptabilité et d'éviter les écueils d'un projet n'intégrant pas dès l'amont la prise en compte des conditions d'exécution du travail dans la nouvelle configuration. Il s'agit donc d'adopter une posture dans laquelle le travail est mis au même rang que l'actionnaire et le client de sorte qu'un équilibre satisfaisant soit trouvé entre les trois parties[2].

1322. Aussi, les *opportunités* s'avèrent une occasion propice de mettre en œuvre les PGP en *tenant compte de l'évolution des techniques* (robotisation de tâches pénibles ou dangereuses), *des changements de circonstance* (suppression de doubles saisies lors de l'introduction d'une nouvelle implication), *du principe d'adaptation du travail à l'homme* (introduction de sièges et tables réglables lors de l'installation d'une

1. Le terme « opportunités » est celui utilisé par la norme ISO 45001 sur les systèmes de management de la santé et sécurité au travail pour systématiser l'analyse des opportunités d'amélioration des conditions de travail en même temps que l'analyse des risques de chaque activité ou situation de travail.

2. « *L'amélioration durable de la compétitivité des entreprises implique la prise en compte coordonnée des actions liées à la performance industrielle et aux conditions de travail, et en particulier à la santé et à la sécurité au travail (...). Elles sont souvent rendues nécessaires par un contexte socio-économique toujours plus exigeant et visent à préserver la santé des salariés tout en développant la compétitivité des entreprises et l'emploi. Le document "Performance industrielle, intégration des conditions de travail, de la santé et de la sécurité du travail", adopté par le comité technique national de la métallurgie (CTNA) le 1er octobre 2015, peut servir de guide pour ces démarches* » (accord du 7 février 2022 dans la métallurgie).

nouvelle chaîne de conditionnement), *du principe de substitution* (suppression des chariots élévateurs dans l'atelier de production lors de la conception d'une nouvelle ligne d'approvisionnement), etc.[1].

Encadré 128 : Facteurs de ressources et facteurs de contraintes

Une autre manière d'aborder la question est de considérer que les conditions de travail sont satisfaisantes lorsqu'elles résultent d'une régulation équilibrée entre les exigences de l'organisation d'une entreprise et celles des travailleurs, ces tensions étant considérées comme inhérentes à toute organisation productive.

L'Anact a développé en matière de RPS un modèle d'analyse, nommé « *contraintes / ressources / régulations* », ou « *modèle C2R* », dans lequel elle place les facteurs de contraintes (ce qui est perçu par le travailleur comme un obstacle à un bon travail) en regard des facteurs de ressources (ce qui est perçu comme permettant de réaliser le travail dans de bonne conditions et de se réaliser). L'identification des ressources et des contraintes avec les salariés dans une situation donnée permet de travailler avec ces derniers au développement des premiers et à la réduction des seconds.

Sont par exemple comptés, au titre des facteurs de ressource : une charge de travail équilibrée, un effectif suffisant, des moyens de travail appropriés, une participation des travailleurs aux décisions, un métier reconnu, un sentiment d'expertise, un histoire sociale partagée, des perspectives de développement de l'entreprise, une qualité reconnue des produits et services, un appui de l'encadrement, une entraide entre collaborateurs, etc.

Cette approche, qui s'inscrit dans la logique de promotion de la santé examinée à la section 1.3.5, présente l'intérêt de s'intéresser à des leviers qui dépassent le seul registre des risques professionnels et d'impliquer par conséquent tous les acteurs de l'entreprise susceptibles d'activer les ressources précitées.

1. « *Le contexte, comme les caractéristiques de la société, change. L'apparition de nouvelles techniques et organisations du travail conduit à de nouvelles analyses sous l'angle de la santé et de la sécurité au travail, de leurs risques potentiels, mais aussi des apports positifs au travail. Dans ce contexte, les démarches de prévention des risques professionnels et de qualité de vie et des conditions de travail permettent d'anticiper les conséquences des évolutions techniques et organisationnelles. Il est donc conseillé de les engager en amont de ces évolutions, plutôt qu'*a posteriori » (*ibid.*).

11.2.2 Le changement sous l'angle de l'opportunité : l'exemple de l'intelligence artificielle

1323. Dans le champ professionnel, l'intelligence artificielle (IA)[1] est très souvent médiatisée sous l'angle de la menace pour l'emploi représentée par la grande proportion de *tâches* susceptibles d'être automatisées dans tous les secteurs d'activité. Elle est toutefois une bonne illustration des opportunités qu'elle peut aussi offrir, notamment dans toutes les situations, apparemment fréquentes, où ce n'est pas l'emploi qui est supprimé mais certaines des activités qui y sont rattachées. Plus que de suppression, il faut alors parler de transformation ou de déplacement du travail[2]. Si les activités supprimées se trouvent être celles qui sont pénibles ou dangereuses pour les travailleurs, l'IA devient une occasion d'améliorer les conditions de travail, voire de mettre en œuvre les PGP à travers l'*évitement* du risque (1er PGP), sa *substitution* (6e PGP) ou la prise en compte de l'*état d'évolution des techniques* (5e PGP).

1324. La finalité du recours à l'IA dans un process détermine donc le potentiel plus ou moins vertueux de son usage. Si celui-ci est une contrainte, le travailleur doit, contre toute logique des PGP, s'adapter aux nouvelles fonctionnalités de la machine dont il n'est que le complément. Il s'ensuit des risques bien identifiés de perte du contrôle humain (exclusion du travailleur de la décision), de standardisation des tâches (monotonie), d'apparition de micro-tâches (perte de sens et intérêt), d'anxiété, de détresse psychologique ou de frustration (sentiment de menace consécutif à l'effacement de l'expertise humaine), de choc ou de collision physique (pincement, coincement, coupure, écrasement)... à l'inverse, la machine peut venir aider, compléter, voire *augmenter* l'humain en lui donnant la possibilité d'accéder à des zones (drones, robots, etc.) ou des performances (gains de temps, diminution de la charge de travail, augmentation de l'efficacité ou fiabilité, etc.) qu'il n'aurait pas pu atteindre sans le secours de la machine.

1. La proposition de règlement européen établissant des règles harmonisées concernant l'IA (AI Act publiée le 21 avril 2021) la définit comme « *un logiciel qui est développé au moyen d'une ou plusieurs des approches et techniques et approches énumérées à l'annexe I (et qui peut, pour un ensemble donné d'objectifs définis par l'homme, générer des résultats tels que des contenus, des prédictions, des recommandations ou des décisions influençant les environnements avec lesquels il interagit* ». L'annexe I en question vise notamment les techniques d'apprentissage automatique, de programmation inductive, les moteurs d'inférence et de déduction, les systèmes experts, les approches statistiques, l'estimation bayésienne et les méthodes de recherche et d'optimisation. L'IA recouvre une très grande variété d'applications possibles et peut se concrétiser sous des formes très différentes (robots, avatars, logiciel, etc.). Elle concerne toutes les catégories de travailleurs (ouvriers, employés mais aussi cadres) et caractérise à ce titre la tertiarisation de l'économie. *Cf. Humains et machines, quelles interactions au travail ?*, décembre 2022, Conseil national du numérique, CNUM).

2. On parle alors d'emplois hybridés dans lesquels l'IA modifie l'activité mais ne supprime pas l'emploi (radiologues, chirurgiens, infirmiers, etc.).

1325. Mais l'IA peut aussi être introduit dans une logique de soutien à l'activité de travail, par exemple en libérant le travailleur de tâches pénibles ou pauvres et en lui permettant de se concentrer sur des activités à forte valeur ajoutée, plus stimulantes et intéressantes et ayant davantage de sens. On parle par exemple de *cobotique* lorsqu'il s'agit d'introduire des robots industriels dits collaboratifs ayant des interactions avec les travailleurs[1]... ou d'aide à la décision lorsque celle-ci repose sur des faits analysés à partir d'un grand nombre de données.

Encadré 129 : Risques et opportunités (paradoxaux) du numérique et de l'IA

Nature du dispositif	Risques	Opportunités
Robots intelligents numériques, avec ou sans enveloppe matérielle	– Accidents lors des interactions avec la machine (heurts, collisions, etc.) – Intensification résultant d'un asservissement de l'opérateur au robot (ex. : subordination du livreur à domicile à l'algorithme de management de son activité ou du préparateur de commande au dispositif de commande vocal) : TMS, déqualification, perte de sens	– Délestage des employés de gestes et tâches répétitifs au profit de tâches plus enrichissantes – Réduction du port de charges lourdes (bras articulés déchargeant les palettes d'un véhicule, unités mobiles déplaçant des marchandises dans un atelier logistique, etc.) – Logiciels d'anticipation des pannes pour limiter les interventions d'urgence « accidentogènes » (maintenance préventive) – Pilotage à distance des drones et des robots permettant d'accéder à des zones difficiles d'accès (tunnels, tranchées, fosses et autres espaces confinés, contaminés, etc.) = diminution des expositions pénibles (contraintes posturales...) ou dangereuses (agents chimiques, biologiques, rayonnements ionisants, etc.) – Développement de nouvelles compétences (liées à l'usage de l'outil ou à la libération de temps pour d'autres tâches) – Assistance ou soutien à l'activité (amélioration de l'efficacité), aide à la décision (analyse de données)

1. À la différence des robots industriels conventionnels, associés à l'automatisation, dont l'accès aux parties mobiles dangereuses est interdit en phase de production ou autorisé uniquement dans des conditions précises pour effectuer certaines opérations de maintenance.

Exosquelettes[1]	– Collision avec une autre personne – *Technosolutionnisme* : *inutilisabilité* en raison de l'inadaptation à toutes les tâches à réaliser ou à toutes les morphologies – Déplacement des TMS sur d'autres articulations – Asservissement à la machine[2]	– Soulagement de la charge physique de travail par la réduction des efforts musculaires lors de l'élévation des bras ou du redressement du corps après flexion, par exemple pour le port de charges lourdes (TMS, etc.) – Aide ou retour au travail de travailleurs handicapés ou faisant l'objet d'une restriction d'aptitude
Outils de messageries instantanées, téléphones professionnels, e-mails visioconférence et de surveillance	– Horaires décalés et dépassements horaires (troubles du sommeil, etc.) – Surcharge informationnelle – Hyper-connectivité (*vs* déconnection[3]) = burnout – Brouillage vie privée/ vie professionnelle – Fatigue physique et psychique (travail sur écran : lombalgies, tendinopathies[4], fatigue visuelle) – Charge mentale (ex. : modérateurs de contenus sur les réseaux sociaux, etc.)	– Horaires libres – Flexibilité et efficacité des cadres (concentration, etc.) – Fluidification des échanges et travail collaboratif (espaces collaboratifs) – Limitation des (temps de) déplacements – Meilleure conciliation vie privée/ vie professionnelle (qualité de vie et pouvoir d'achat)

1326. L'évaluation de l'impact de l'IA sur la santé au travail devrait par conséquent devenir un des critères de choix, aux côtés des

1. « *Structure mécanique externe qui vise à améliorer, assister, ou suppléer une capacité motrice. Un exosquelette est à peu de choses près une orthèse, qui est un appareillage qui compense une fonction absente ou déficitaire et qui assiste une structure articulaire ou musculaire. Contrairement à un système prothétique qui remplace une partie du corps, un exosquelettte vise à entourer un membre du corps, afin de fournir une assistance physique motrice du mouvement à la personne* », Institut des Systèmes Intelligents et de Robotique de Sorbonne Université et du CNRS.

2. Fondamentalement, ces appareillages posent la question de savoir s'ils contribuent à l'adaptation du travail à l'homme ou de l'homme au travail.

3. Accord européen du 22 juin 2020 sur la numérisation au travail.

4. DARES, « Télétravail durant la crise sanitaire. Quelles pratiques en janvier 2021 ? Quel impact sur le travail et la santé ? », *Dares Analyses*, n° 9, février 2022.

avantages techniques et économiques, préalablement à son implantation. L'évaluation des usages et la gouvernance des dispositifs, après implantation, devrait quant à elles permettre de gérer l'ambivalence des innovations introduites.

Encadré 130 : L'intelligence artificielle incorporée aux EPI

Les possibilités offertes par l'IA peuvent apporter des fonctionnalités nouvelles et supplémentaires aux fonctions traditionnelles des EPI[1]. De *passifs* (faire barrière contre une projection, atténuer un choc, limiter une chute, filtrer un bruit, etc.), ceux-ci deviennent *actifs* en apportant une assistance à l'opérateur ou à son entourage, par exemple en lui délivrant des alertes à partir d'informations captées dans son environnement afin qu'il puisse agir.

Ainsi, des chaussures de sécurité peuvent désormais intégrer dans leurs semelles des dispositifs de détection alertant un responsable en cas de perte de verticalité du travailleur. Cette fonction ne se substitue en rien à la fonction protectrice originelle de la chaussure et n'améliore pas non plus sa performance contre les risques d'écrasement ou de perforation. Elle apporte en revanche une protection nouvelle car elle utilise la chaussure comme une opportunité d'amélioration de la sécurité. De même, un gilet de haute visibilité peut être doté d'un dispositif de détection anticollision prévenant son porteur lors de l'approche d'un véhicule ou des gants peuvent changer de couleur en présence de certains produits toxiques, etc.

Les EPI peuvent donc aujourd'hui géolocaliser, mesurer un rythme cardiaque, une température, détecter un gaz, etc. Ces dispositifs d'alarme ou de détection sont embarqués et s'ajoutent à l'équipement de base mais n'ont pas de capacité de protection intrinsèque et ne sont donc pas juridiquement des EPI[2]. La nature et la finalité première de ces derniers demeurent les mêmes et fait que l'EPI doit rester une solution de dernier recours chaque fois qu'il est possible de recourir à une protection collective permettant de s'en passer, conformément au 8° de l'article L. 4121-2.

1. Aux termes de l'article R. 4311-8 du Code du travail, « *un équipement de protection individuelle (EPI) est un dispositif ou un moyen destiné à être porté ou être tenu par une personne en vue de la protéger contre un ou plusieurs risques susceptibles de menacer sa santé ou sa sécurité* ».

2. On parle de « systèmes de protection individuelle intelligents (SPII) » mais cette catégorie ne correspond à aucun définition juridique à ce jour.

Schéma 1 : Le paysage remodelé de la santé au travail

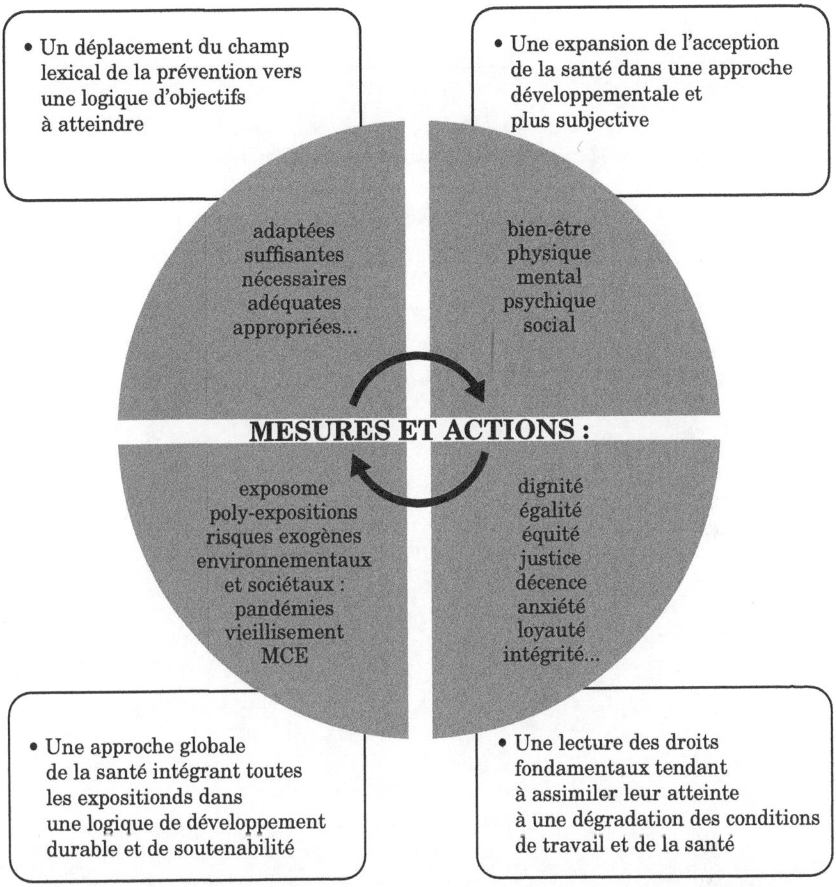

CONCLUSION

1327. L'obligation de sécurité est une contrainte juridique. La prévention est une conformation d'esprit. Mais l'une et l'autre sont étroitement et nécessairement liées : pas de respect de l'obligation juridique de sécurité sans démarche de prévention et pas de prévention efficace sans sanction juridique de son manquement.

1328. L'obligation de sécurité consiste pour l'employeur à faire ce que l'on est en droit d'attendre de lui pour protéger les travailleurs des risques auxquels ils sont exposés, en agissant sur tous les leviers sur lesquels il a prise (techniques, organisationnels, humains). Mais ces leviers ne sont pas figés et évoluent en fonction de l'acception sociétale du risque, de la prévention et de la santé. Or, à travers la grille de lecture des principes généraux de prévention, l'évolution de la tolérance du risque et des exigences de santé est pleinement prise en considération, même à droit constant. Il a été démontré au fil de l'ouvrage que, dans les situations les plus complexes où s'enchevêtrent des régimes de responsabilité distincts, en raison du nombre et de la diversité des acteurs ou au contraire face à des vides juridiques au regard de risques nouveaux, les principes généraux de prévention, au caractère universel, apportent les réponses opérationnelles, protectrices, et assises sur un socle juridique pertinent et solide. Ces principes, qui sont la transposition fidèle des articles 5 et 6 de la Directive-cadre du 12 juin 1989, ont vocation à couvrir efficacement les situations les plus nombreuses et variées, voire prévaloir sur des normes légales contraires ? Cette primauté suppose néanmoins que ces articles 5 et 6 soient considérés par la Cour de justice de l'Union européenne comme ayant un effet direct en droit interne, afin qu'ils soient opposables, à tout le moins dans les rapports entre l'Union et les États membres. Gageons qu'indépendamment de leur vaste contour matériel, le caractère suffisamment précis et inconditionnel de ces principes généraux de prévention soit un jour reconnu par la Cour de justice de l'Union pour consacrer pleinement leur primauté.

1329. En tout état de cause, toute approche centrée exclusivement sur la recherche d'exemption de responsabilité juridique ne peut qu'être vécue comme une course sans fin et décourageante, à la recherche vaine d'une conformité qui n'existe pas. Et ce d'autant plus que le risque professionnel n'est qu'un des risques que l'employeur doit prendre en compte dans la conduite de ses affaires. Une approche exclusivement axée sur les risques le conduira fatalement à des arbitrages entre les risques économique, financier, commercial, environnemental… avec une forte chance pour que la balance ne penche pas en faveur de la santé au travail.

1330. C'est pourquoi l'obligation de sécurité doit sans cesse être réaffirmée, réinterrogée dans son contenu et sa violation en tant que de besoin sanctionnée, avec une vraie assimilation de sa dimension préventive et éducative, y compris par les juges. Il reste toutefois qu'en matière de prévention, si on ne régule pas sans sanction, on ne régule pas non plus par la sanction. La culture de prévention, qui n'est pas une notion juridique, est ce qui fait qu'une personne agit d'une certaine manière avec la conviction que c'est ainsi qu'elle doit faire. Le mode opératoire qu'elle déploie ne résulte pas d'une contrainte mais d'un geste professionnel auquel la prévention est intégrée. La prévention – ou le *travail en prévention* – devient alors une compétence du travailleur et cette compétence s'exprime dans un cadre de travail propice, fourni par l'employeur.

1331. La promotion de la santé au travail est cette approche du travail, encore en devenir, dans laquelle le travail reprend la place centrale d'un facteur de santé, contribuant au développement de l'Homme et où, grâce aux conditions favorables de travail instaurées, l'employeur satisfait simultanément ses objectifs de performance et l'obligation de sécurité qui lui incombe.

1332. Aussi, une organisation de travail vertueuse revêt-elle *a minima* les qualités suivantes :

– elle a la culture de l'évaluation et du suivi. L'évaluation des risques n'est pas toujours préalable et doit pouvoir être faite sur le champ ou au fil du temps. Elle suppose que les travailleurs soient suffisamment outillés pour déployer une démarche réflexive avant d'agir lorsqu'ils se trouvent confrontés à une situation de travail inattendue. Ces « *travailleurs réfléchis* » sont nécessairement formés à la démarche d'évaluation et savent, faute de connaître par avance tous les risques, identifier leur présence quand survient une situation nouvelle. L'employeur, en retour, accepte cette décélération et le temps pris sur la production pour se livrer à cette réflexion ;

- elle recherche systématiquement l'impact et vise donc l'anticipation. Tout projet est appréhendé sous l'angle de son impact potentiel sur la santé et les conditions de travail, en examinant aussi bien les risques que les opportunités à la faveur du changement opéré. Cet examen est collaboratif car l'impact ne peut être anticipé que s'il mêle le point de vue des futurs utilisateurs à celui des concepteurs. À cet égard, le CSE et la CSSCT sont des lieux stratégiques pour porter la question des conditions de travail à la même hauteur que les autres critères de décision de l'employeur. La complexité croissante des innovations implique cependant une capacité des représentants du personnel à investiguer toutes les dimensions du projet[1] ;
- elle est dynamique et a intégré la nécessité de ne jamais tenir l'évaluation et le plan de prévention y adossés pour acquis. Elle a une capacité à repérer et identifier les *changements de circonstances* susceptibles de justifier une nouvelle analyse de risques et une adaptation en temps réel des mesures de prévention en place ;
- elle valorise la remontée des signalements, qu'elle n'interprète pas d'emblée comme une erreur humaine ou une violation des consignes par les travailleurs mais comme une possible lacune de l'organisation et une information permettant d'améliorer les procès ; elle ne se focalise pas, dès lors, uniquement sur les risques et les *facteurs de contrainte* mais s'intéresse aussi aux *facteurs de ressources* (retours d'expérience, démarches vertueuses, pratiques et solutions favorables...) qui méritent d'être préservés, valorisés et étendus ;
- elle reconnaît le rôle essentiel du dialogue professionnel et a fait de la capacité de la ligne hiérarchique à mettre les procédures de travail en discussion une compétence professionnelle reconnue et valorisée, voire une condition pour accéder à des responsabilités managériales. De cette manière, l'encadrement peut apporter des aménagements aux procédures de travail prescrites de son service de sorte à concilier les nécessaires marges de manœuvre laissées à ses équipes et le respect des exigences de production, tout en veillant à interdire des dérives inacceptables en matière de sécurité. Une telle compétence devrait conduire à modifier la formation de la ligne hiérarchique dans un sens moins tourné vers le *leadership* que la capacité à conduire des espaces de discussion avec ses collaborateurs ;

1. Par exemple, lors de l'introduction de l'intelligence artificielle dans un logiciel, l'explicabilité des algorithmes mis en œuvre et la détection de leurs biais potentiels, afin de négocier sur « *la régulation de la manière dont est utilisée l'IA plus que sur la régulation de la technologie en elle-même* » appelle une formation adaptée des élus ainsi que de la ligne hiérarchique sur les enjeux économiques, éthiques, juridiques, organisationnels de cette introduction...

– elle accorde toute son attention aux conditions du travail réel. Elle évite ce faisant les messages contradictoires et les effets d'annonce en communication sur la prévention, invalidés par les faits (chartes, valeurs, règles cardinales en prévention, etc.), en résolvant rapidement les dysfonctionnements signalés par les travailleurs à leur poste de travail, avant qu'ils ne deviennent des irritants ;
– elle ne délègue pas les questions de conditions de travail aux seuls préventeurs dans l'entreprise et implique les responsables de tous les services, ingénieurs d'étude, techniciens méthodes, achats, etc. en charge des processus et de l'organisation ;
– elle a la capacité de capitaliser et transférer le fruit des expériences réussies dans son environnement de travail et dans les situations de travail du quotidien.

1333. L'ère de la prévention primaire et de la promotion de la santé annoncée au début de cet ouvrage est donc celui d'une ambition conciliatrice, sinon réconciliatrice, entre le travail *produit d'un résultat* et le travail *en train de se faire*, fruit d'un processus profondément humain. Son idéal est un projet politique, qui donne corps au poème de Lawrence :

« Le travail n'a pas de sens
À moins qu'il ne vous absorbe
Comme un jeu absorbant.
S'il ne vous absorbe pas
S'il n'est jamais amusant,
Ne le faites pas.
Quand un homme se donne à son travail
Il est vivant comme un arbre au printemps,
Il ne fait pas que travailler, il vit ».

TABLE DES MATIÈRES

CHAPITRE 2
Les sources de la santé au travail

CHAPITRE 3
Le champ d'application de l'obligation de sécurité

CHAPITRE 5

Comprendre et mettre concrètement en œuvre les principes généraux de prévention

CHAPITRE 6

Le rôle et la place du comité social et économique (CSE) dans la prévention

CHAPITRE 7

La formation en santé au travail

CHAPITRE 8

Prévention et suivi de la santé : de l'aptitude individuelle à la santé du collectif

CHAPITRE 9

L'obligation de sécurité à l'épreuve de la coactivité

CHAPITRE 10

L'obligation de sécurité à l'épreuve des évolutions contemporaines du travail

CHAPITRE 11

L'obligation de sécurité face aux risques et opportunités à venir

Cet ouvrage a été achevé d'imprimer en juin 2023
dans les ateliers de Normandie Roto Impression s.a.s.
61250 Lonrai (Orne)
N° d'imprimeur : 2302594
Dépôt légal : juin 2023

Imprimé en France